武義文獻叢編·何德潤卷 下

陳玉蘭／主編

中華書局

武川詩鈔

〔清〕何德潤　輯

崔小敬　校點

校點説明

崔小敬

　　《武川詩鈔》是清何德潤編輯的一部以武義籍作家爲主的詩歌總集。全書共十七卷，分爲四編。卷一爲"宸翰"，録唐昭宗、宋高宗、明宣宗爲武義人所作御製詩三首；卷二至卷九爲正集，專録武義人士所作詩歌；卷十爲詩餘，含武義人士及武義以外人士所作與武義有關之詞；卷十一至卷十三爲外集，録武義以外人士或游歷武義、或宦游武義所作詩歌；卷十四至卷十六爲附録，卷十七爲補編，附録收光緒以後游武義者，補編爲補以上三類所遺漏者，然以上四卷均無目録，亦不見於總目録。

　　《武川詩鈔》所輯詩歌自唐代孟浩然之《宿武陽川》始，然據學者考證，此詩雖出自武川舊志，然應爲當時纂志者誤收，詩題之"武陽川"并非浙江之武川，孟浩然亦未有武川之行。如此，則内集九卷（卷二至卷九）收武義人士之作，自宋代鞏豐、張淏、揚邁、楊鳶、姜特立等至清代陳榮紱、范錫欽、何尤、徐寶模、王樹屏等共計一百三十二人，其中卷八爲閨秀，卷九爲方外。卷十詩餘收十五人，然與内外集均有重合。外集三卷收非武義人士之作，自唐代孟浩然、宋代司馬光、范鎮、韋驤、朱熹、呂祖謙、陳亮、葉適、陸游至清代余能睿、鄭祖澇、李畊玉、王楹、王棟等計一百六十一人（其中二人失名）。附録三卷收光緒以後湯佶昭、羅家稭、袁子喬等三十六人，補編一卷收徐暄、王弘誨、張瀚、陳太烈等十二人。全書共收詩人三

1241

百四十餘人，收詩一千五百餘首。

　　全書於編輯體例無說明，據内容看，首按作者籍貫分内、外、附、補四編，具體排列大致以朝代爲分期，清代人數較多者則分爲數卷。每一作者名下有雙行小字夾注，簡要介紹其名號里籍、仕歷官階、事迹著述等，或略或詳，字數不一。所輯諸詩大多未注明出處，有注明者多出于舊志或本集。武義歷代詩作，基本搜集殆盡，堪稱完備。如清代詩人朱慎，其詩作雖數量極多，然不自矜惜，故散佚極多，武義舊志及《金華詩録》《名家詩成》《詩觀三集》《兩浙輶軒録》中均有收録，而何德潤得武義廩生葉青錢所藏其婦翁李太學鈔本，得不見于《浮園詩集》之詩多首，“因盡登之”。然就原稿樣式看，應仍未最後定稿，附録部分有大片空白，似有意保留以待日後添補。且前後無序跋之類文字，應亦屬未定本。

　　《武川詩鈔》原爲稿本，共三册，封面有“光緒己丑（十五年，1889）春月。少霞題。策杖行吟薄暮天，溪橋如帶柳如烟。當年失水漂流處，略彴輕孚緑樹邊。邑志，參《孝烈編》”字樣，詩爲卷二王貫之《孝里八景》之八。卷一至卷十三（二册）藏于上海圖書館，卷十四至卷十七（一册）藏于浙江省金華市博物館。《重修金華叢書》主編黄靈庚先生四處訪求，始將二者合爲一帙，以全本形式影印出版。本次整理，即以《重修金華叢書》版本爲底本，整理以斷句標點爲主，不作注釋。原書有缺字，可補者補之并出校記，無可補者一仍其舊。

　　因筆者水平所限，疏謬之處尚祈指正。

武川詩鈔目録

卷三

武川詩鈔卷一

宸　翰

唐

昭宗皇帝諱燁①，初名傑，又名敏，懿宗第七子。在位十六年，廟號昭宗、聖穆景文孝皇帝。

賜倉部侍郎徐鎰

解組歸田履舄輕，天將五福畁康寧。四朝人物推耆舊，萬古清風在典型。郊野亦能知有道，朝廷久欲訪遺經。帝城此後瞻依近，長傍南弧望極星。《康熙邑志》

宋

高宗皇帝諱構，徽宗第九子。在位三十六年，廟號受命中興全功至德聖神武文昭仁憲孝皇帝。

題中書舍人徐嶠卷

展卷雲烟動，淋漓墨尚新。法猶王逸少，妙自衛夫人。睡足幽

① "燁"原作"煜"，避康熙諱，現回改。

膔午，心閒小閣春。我來題筆陣，千載共相珍。按，此詩《嘉慶志》駁
《康熙志》徐嶠科分之誤，并削其人，且疑非高宗所作。然玩本詩"墨尚新"句，
其非進卷時題可知。今仍依《康熙志》錄入。

明

宣宗皇帝諱瞻基，仁宗太子。在位十年，廟號宣宗、憲天崇道英明神聖欽文
昭武寬仁純孝章皇帝。

賜 韓 叔 暘

三五元宵樂事同，鳳城無處不春風。月如懸鏡千門皎，燈若聯
珠萬點紅。歌舞戲呈丹闕下，簫韶聲過碧雲中。太平有象承天運，
佑我邦家祚國隆。《康熙邑志》

宋

鞏　豐字仲至，號栗齋，提轄左藏庫。呂成公弟子，祀鄉賢。著《東平集》二
十七卷。

咏 玩 珠 亭

明招寺對一山，最近而獨圓。下俯方池，諸山爭向之。爲
郭景純之說者，指其形如龍之爭珠。吾徒則貴其四無所倚，可
玩而不可狎。東萊呂巽伯因履展經之，舊創亭於其巔，將玩珠
爲名，且囑其老友東平鞏豐先賦古詩，以啓其同社。諺所謂以
瓦礫博珠者，幾是邪！

明招林麓邃，按古有遺迹。風流阮將軍，誠不負此屐。邂逅失
玄珠，驪龍求不得。何年走其中，千載未有獲。禪家獨眼龍，來此

駐瓶錫。群龍竟趨之，獨眼如未識。任其自紛挐，笑伊虛用力。南渡東萊翁，實在肇幽宅。褒武錫元勳，自天開兆域。歲時來上冢，車馬臨阡陌。念昔事先生，同門至千百。旦旦對此山，相視真莫逆。自閱大火災，屢逗愈寥寂。斯亭築山巔，如人岸巾幘。自徑以登亭，俄然判儒釋。挾朋吟松風，橫琴坐苔石。亭居眾木間，占地僅二席。玲瓏八牕通，未覺棟宇窄。被褐士所懷，嗟自比秦璧。照乘與藏淵，其勿昧所適。庶幾慰九泉，夜光生麗澤。若茲亭子壞，則付斧斤克。客去我無言，抹開四山碧。邑志

哭東萊先生 有序

　　明道東萊先生之葬，豐既爲文以侑奠，所以尊道德、述行藏之意，雖略備於詞，而悃愊繾綣之私，有未盡究者。豐自弱冠即獲拜先生於山林，追數門人，莫如豐舊。己丑、庚寅之歲，先生遞次金華，分教嚴灘，已而校讐道山，豐皆獲裹糧負笈以從。如是者數年，齒壯而家甚貧，遂迫於課試，月書季考，往來庠序，歲時游於水陸，自是寖疏函丈矣。今年秋九月，始以上舍生第進士，幸無舉子累，可以竊數年之暇，終事先生於寂寞之濱。而九原不可作，未知幾流涕痛哭長嘆息而可以伸此恨也！乃依唐人張籍祭吏部韓昌黎之義，賦古風一篇，聲韻名數如之，庶幾寫豐之悲，而補文之所不及焉。其詩曰：

嗚呼呂夫子，天資素顓印。文獻紹家學，刻意稽虞唐。看書眼如月，洞照所未詳。雲霧養豹質，彝尊琢龍章。錐鋒裹頭歲，躃足游四方。取友半楚越，篤志日自強。着眼囂塵上，口不掛否臧。堅車遵大路，驂靳多王良。筆陣萬人敵，嚴嚴亞夫營。叶。既壯道愈焯，維斗揭太常。朝路閱時變，有意夫明昌。嗚呼命非耶，一病俄殂喪。百年能幾見，痛在予衷腸。恭維經濟學，日就而月將。便便五經笥，笑視古錦囊。訂史參理亂，一一堪施行。聖伏道絕塞，翳

我爲發明。叶。無心著師説,獨逷時輩聲。叶。盤礴九雲夢,胸次莫與京。叶。鑪烟對姬孔,脱落翰墨場。耳目所纂緝,如春之發生。叶。退然避時譽,斂衽不肯當。居憂寄蕭寺,舉俗載其名。叶。户外屨常滿,攝齊願升堂。樹陰敷書户,静對書一床。是中亦何有,乃獨不可量。吾則不爾拒,歲寒永相望。嗟豐幼甚愚,誦讀初濫觴。先生與之進,聞見昔未嘗。摳衣莫我舊,歲籥今幾更。叶。山林有陳迹,尚想曳杖行。叶。精衷無渝泐,氣序有翕張。俯仰十數載,淹流竟奚成。叶。群趨競場屋,意氣無激揚。荏苒去函丈,有愧弟子行。册府羅鷺羽,尋拜尚書郎。明堂資衆木,待公舉修梁。豐時游庠序,門牆邇康莊。幸偕二三子,振袂時騫翔。黄塵烏帽底,自覺神觀清。叶。每伺趨局暇,進挹班馬香。先生爲酬酢,講貫忘暄涼。於時萃英髦,王路均且平。叶。蘇醒憂國病,斟酌鑒古情。叶。門外有過轍,頗怪來往并。叶。再歲感末疾,長江理歸航。江濱多送客,飛蓋驚鳧鷖。走實厭衆味,食魚必河魴。豈其嗜野簌,而置稌與秔。敬願持此心,不厭道阻長。及歸供灑掃,藥餌常在旁。庶幾秉一炬,上接星宿芒。師門謝賓客,童稚亦嘆驚。叶。惟有舊學徒,尚俾承餘光。神閒造沖邈,氣定絕慨慷。嘯傲羲皇上,税駕無何鄉。今歲二月中,豐入須女城。叶。床下拜龐老,城隅有幽坊。維時春氣和,天宇新霽晴。叶。先生呼我俱,緩步臨前楹。叶。露菊耀翠羽,風篁韵繁筝。叶。晝坐欣至夕,話盡一再更。叶。誨言皆砭石,易知復難忘。委曲到肝膈,如啜黄昏湯。出門九徘徊,三復心遑遑。提撕不予棄,感切涕泗橫。叶。先生有遺書,故墟有山房。尚冀疾有間,挈領提其綱。敢以學爲嬉,坐使素業荒。誓當服明訓,爲衣不爲裳。筆著將脱稾,後生有憲章。家傳人誦之,豈但師程張。研精故有造,栖遲誰無成。叶。嗚呼寝門慟,兹禍誰使令。叶。天高不可訴,仰視空茫茫。枯琴在東壁,遺履陳西厢。未續千古泪,桂魄三缺盈。叶。慨昔身健日,浮言多謗傷。黃鐘自疏越,衛鄭徒錚錚。叶。事定蓋棺了,元黃闕青箱。堂堂那復見,薄奠抒寸誠。叶。斯文倘有繼,斯道其張皇。矢心薦明蠲,精爽庶歆饗。叶。　　邑志參《東萊外錄》。

登靈鷲興聖寺新閣[①]

山從西域來,寺自東南有。林泉既奇秀,巖穴更深黝。世僧奮空拳,經始不已久。俄然幻傑閣,丹碧照林藪。相輝靈隱前,更勝天竺後。理公坐厓屋,千歲骨已朽。坡翁昔曾游,遺句今在否。洞猿不待呼,清晝時一吼。《咸淳臨安志》

翠蛟亭 《咸淳臨安志》:在餘杭縣。

翠蛟亭,泉出天柱之趾,將至洞霄門,數折下墜,方盛時,如蛟飲澗。亭當木石最奇處,舊取東坡詩語,名以"舞翠"。客謂不若直名"翠蛟"為不費答,知宮事王君思明欣然改之,為賦一首。

木石相因依,妙處在得水。遇其相合時,澗壅水多止。巍巍天柱峰,雙洞空無底。怪石抱山迴,灌木參天起。青蛟走玉骨,元脉貫石髓。曲折暫得伸,掀舞如掉尾。亭成自何年,不陋亦不侈。秋深泉久縮,亭影照清泚。忽遇水飛流,亭入銀濤裏。怒蛟卷亭去,相去不盈咫。一落墜雨㵼,力竭勢方已。終疑入江湖,赴海日千里。昨夜山雨號,梧竹盡風靡。轟雷與石鬭,蛟怒幾欲死。吾亭方晏然,清曉見窗几。因携一尊來,與客相料理。膡擬畫將歸,題詩却留此。《咸淳臨安志》《金華詩錄》

迎暉亭 在臨安寶林院山南

我來將值日午時,千峰照耀碧玻瓈。集賢村落俯列屋,寶林樹

木呈幽姿。人言可比雙徑雄，妙處乃在阿堵中。崇岡展嶂屹亭左，似約老眼專窺東。日出烏鳥飛，日入牛羊下。再游當與夸父期，不用山僧遠迎迓。《咸淳臨安志》

曉起甘蔗州

曉起東風惡，晴嵐忽變昏。船隨山共走，霧與水相吞。鉦鼓遙知寨，桑麻略辨村。雨來無準則，容易湮柴門。《金華詩錄》

湖嶺下十里是爲黯淡灘行者多至此捨舟

急流方了又高岡，日永周旋未覺忙。壁上字多知店老，嶺邊松茂喜車涼。叢叢亂篠承欹石，帖帖新荷戀小塘。黯淡惡灘應笑我，爲虞魚腹犯羊腸。《瀛奎律髓》

蠟 屐 亭

千古高風挽不回，故山花落又花開。莫欺亭畔蒼蒼蘚，曾印高人屐齒來。邑志

炊熟日有懷松楸

小樓吹斷玉笙《金華詩錄》誤作"聲"。哀，春半餘寒去復來。五歲不澆墳上土，望江心折刺桐開。《敬鄉錄》、《濂洛風雅》。《金華詩錄》：感發哀慕之忱，此種稱最，不徒以文爲工。

晚晴便有春意

風正波平可進橈，水光山影暮相交。殘陽欲去猶回首，一抹斜紅曳竹梢。《濂洛風雅》

翠 微 亭

就亭舉杯，落葉滿地。知宮王君請和韋蘇州"落葉滿空

山"之句。

行迹年來到處稀，獨於巖壑有深期。鵝溪道士能相屬，請和空山落木詩。《洞霄詩集》

洞霄即事

積蘚青逾一寸痕，山靈守護幾千春。長藤橫繫巖邊木，何日重來挂葛巾。仝上

張　淏字清源，紹興丁丑進士。將仕郎，主管尚書吏部架閣文字，舉備顧問，乞休，特授奉議郎守大社令。著有《雲谷雜記》、《寶慶續志》、《艮嶽記》、《武成志》。

徐文子見訪

五花麟駒簫飛雲，鳴珂敲月曙色分。晨光炯炯照玉勒，華風熠熠生衡門。磊磊落落萬人英，氣射斗牛貫九精。筆扛龍文百斛鼎，鯨呿鼇擲風雨驚。英辭琳琅潤金石，寒芒正色如明星。滛哇亂雅快一掃，英莖韶濩重鏗鍧。質高器大聲必廣，古來才士豈虛名。嗟我壯歲困五窮，終年齷齪文字中。絕編壞簡徒自苦，炊沙鏤冰初何功。志高意廣才不足，奴輩豈特笑孔融。龍潛蚖肆亦物理，草廬未必非英雄。天生我材必有用，誰能便與朽腐同。願得側翅附鴻鵠，追風掣電凌太空。《雲谷雜記》

揚　邁字德夫，嘉泰癸亥進士。歷官秘書丞、起居舍人、集賢修撰、朝議大夫、寶謨閣待制，賜紫金魚袋致仕。卒贈龍圖閣學士、正議大夫。謚文簡，著有《名賢墨迹類編》。

游　九　鎖

尋幽向何處，大滌山水好。九峰拔奇秀，下有松石老。白雲和

紅葉，滿徑無人掃。振衣長風生，一笑登木杪。《洞霄詩集》

楊 廱字方叔

自郡城歸故園和姜邦傑韵

風流早得名，兩鬢任星星。花徑春長掃，林扉夜不扃。精神老益壯，風月醉還醒。妙句難酬和，窮搜入杳冥。《梅山續集》

姜特立字邦傑，以蔭授承信郎，召試，除閤門舍人，東宫同主管左右春坊，尋授高州刺史。又除寧遠節度使致仕，贈開府儀同三司。著有《梅山正、續集》。

過 釣 臺

兩山夾青蒼，月照江茫茫。一杯酹老娀，孤興發滄浪。賢哉羊裘公，不肯仕漢光。冥鴻已高翔，弋者應相忘。

次韵仲至珠荷

觀彼雨中荷，跳珠自涓滴。初集尚端停，稍多還倚側。虛明是本體，不受世鑽刻。初疑鮫人泣，相向盤中擲。又疑石筍街，抛洒天不惜。但見漾玻璃，詎容登几格。高低相依映，傾瀉才咫尺。瀏漓丹砂汞，晃蕩摩尼色。照乘倘見收，價恐千金直。日乾風勢定，泯若無留迹。固知造化巧，又似兒女劇。

醒 心 亭

昔人醒心處，惟恐玉山頹。我今醒心亭，正與醉為媒。醒心非醒酒，所醒遺形骸。如病得大丹，如夢忽驚回。如暗秉巨燭，如蟄發春雷。有時酩酊中，蓬蓬自形開。下視名利場，昏曉走塵埃。醒

處元不醒，醉時良可哀。嗟哉我何人，顛倒有至懷。不求醉中醒，
却醒醉中杯。

説　　詩

作者固已難，讀者亦未易。有寶斯識寶，至寶況難值。三家竇
人子，豈辨瑚連器。鼠璞將見珍，周鼎或見棄。詩道誠難言，大要
該六義。其高出蒼天，其深潛厚地。枯中發穠華，淡處有餘味。似
拙乃藏巧，借鈍以宣利。開闔要波瀾，組織須經緯。或險而莫親，
或平而足貴。圓轉各隨形，悟入非力至。不止事吟哦，先須存興
寄。變態千萬端，勝處同一致。以此而讀詩，庶得古人意。

再賦醒心

小橋枕蒼灣，一水繞清激。橫來莫尋源，委去無寄迹。戲魚時
渡淺，好鳥忽鳴寂。堂坳隱空窔，竹樹閟寒碧。朝霏溢朱栱，倒影
泛瑤席。仰窺一徑上，始覺藏深闢。尚憶客中行，盤嶠倦登陟。峰
回路忽下，溪館曾休息。高低相掩映，景趣無終極。偈來坐忘疲，
欲去或窮夕。安得青霞人，共茲白雲適。

子　　陵

不爲故人屈，清名日月侔。當時若相漢，不過比元侯。元侯功
易歇，子陵名不滅。所以想孤風，猶如隔前日。

鵬鷃問答

吾聞北溟鵬，翼若垂天雲。矯首扶桑汜，投趾崑崙垠。渴飲黃
河流，飢食紫淵鱗。長翮盈千里，短羽重萬鈞。去以六月息，棲止
良苦辛。黑風忽翻海，未易容其身。偶與斥鷃遇，問鷃有所樂。鷃
云我么麽，豈暇議寥廓。爲生誠甚微，爲計亦易足。吸以針棘露，

分以鷦鷯粟。決起槍榆間，却向蓬蒿落。不睎九萬程，只願一枝
托。鵬聽鷦所云，似若生羨慕。彼小乃有餘，我大適爲苦。呼鷦問
所安，鷦笑而不語。

繭 庵 落 成

繭庵吾自營，所喜以吾息。一絲出巧心，口眼費經畫。無畏亦
無累，豐儉隨人力。時時携妻子，杯酒縱酣適。家人獻歌舞，賓友
雜嘲劇。此意少人解，此庇無終極。曹瞞西陵前，作伎竟何益。劉
伶墳上土，誰與酒澆滴。高堂豈不好，要自非吾宅。王侯與氓隷，
萬古一枯腊。自營自落之，詎敢當達識。有酒更頻來，寬作十年
客。董芳洲曰：按，原抄本末句"十"字下脱一字，今以"日"字足之，然作"年"
字亦可。德潤按："日"字不如"年"字佳。

禍　福

君子多短拙，動或福隨之。小人最狡獪，往往觸禍機。巧者極
人力，拙者無所爲。巧拙不必問，天道自平夷。

寄 方 叔

落葉滿滄灣，墜露濕疏柳。幽人曉無事，杖策經林皋。忽焉若
有省，懷此山中友。便欲借風翰，翩翩插雙袖。

無　客

無客意不佳，獨飲有何好。雖非甕下豪，亦匪澤中槁。百年會
有極，正要舒懷抱。不賦獨酌謠，相期醉鄉老。

出 閩 中

飄蓬不歸根，而我還故里。有食即可安，何必土風美。豈非俗

緣故，墮此膠漆底。艱關一月程，況復携老稚。囊空畏途遠，蓐食常夜起。人生貴適意，犇走殊未已。俟有三徑資，吾生恐無幾。

賦孫宰知魚亭

萬物各有適，所樂乃其天。達人默識之，此意妙難傳。賢哉漆園吏，知魚豈其然。客問子非魚，烏知魚樂全。答云我所知，知之濠梁間。問者固已遠，答者不亦難。要知知魚樂，當作夢蝶觀。周與蝶非兩，魚我寧相懸。海門孫夫子，讀書必鈎元。結草製小亭，下瞰碧玉灣。因魚揭佳名，理賾非言詮。夫子固知魚，魚亦知君賢。我欲從之游，褰裳濯清泉。魚乎可勿猜，久矣忘機緣。

江口阻風

人間有净境，咫尺不易通。今朝解塵縛，始到天人宫。疊嶂擁崔嵬，夏木鬱青蔥。白鳥巢半山，掩映畫圖中。高低開窗牖，綠陰翳芳叢。境寂意自佳，坐久心彌空。更兹主人賢，晤語禪味融。歸途若有得，便欲超樊籠。奈此塵緣深，踪迹如驚鴻。驅車出蘭若，俯首坐疏篷。連日滯江干，風雨渺冥濛。緬懷支道林，此會何時逢。

足弱再賦

四大假合成，足弱非我病。但作如是觀，乃悟真實性。當時維摩詰，聊示世間身。凡欲問疾者，正墮煩惱因。我若於爾時，便當作禮去。病既無從生，自有歡喜處。

感　嘆

日月爭其逝，昏曉成古今。桑榆能幾何，可但惜分陰。有花須共賞，有酒須頻斟。追念舊交游，半卧青楓林。

寄　齋

君齋以寄名，寄齋有何義。豈非异邦人，偶爾寓斯地。静觀浮世間，何物不是寄。天地即蘧廬，吾身一郵置。百年聊托宿，六鑿共游戲。一朝撒手行，妻子却復棄。寶貨不隨身，主人若箇是。不如飲無何，日就醉鄉睡。四海皆弟兄，何必桑與梓。若問吾故家，滕公是同里。

積　日

積日乃成歲，積歲不覺老。始焉泉涓涓，末乃海浩浩。少年玩時日，事業良草草。況復滯鈍資，謀身苦不早。只今在桑榆，風燭那可保。譬如秋後花，能得幾時好。遇酒且舒眉，前程付蒼昊。

感戚夫人事

女以色而死，士以才而亡。處才不才間，此語最深長。我昔愚自信，遭逐方悲傷。投之歸山林，爲樂殊未央。失馬反爲福，始悟得不償。向來尤其人，今乃被恩光。忮心成美意，陷阱爲康莊。寄語斯鞅輩，善刀宜早藏。

感　物

四時有代謝，卉物互相踰。紅者方蕊萼，白者已芬敷。人生一氣中，一出造化鑪。乘除無了時，逝者如斯夫。願作澗松老，莫作朝菌枯。壽夭又在天，顔跖同一塗。爲顔不爲跖，趣向各异殊。已矣勿復言，有酒且歡娱。

看　花

是我皆有態，品格不須論。方其得意時，掀舞春風前。正如東西施,彼此兩爭妍。有萬吹不同,各自矜其天。

朝　雲

東坡真天人,萬事早超悟。生死固了然,刀鋸不足怖。方其謫嶺海,負瓢歌道路。此已遺形骸,死埋隨到處。朝雲爾何人,從公不忍去。萬里烟瘴深,此豈有羨慕。當時士大夫,反眼相背負。孰料禍患中,義行惟妾娥。懿哉配坡公,清名照縑素。惠州松樹林,不是小蠻墓。自注:謂小蠻求去也。

詩人有至樂

詩人有至樂,俗士不知味。可以安賤貧,可以輕富貴。可以履憂患,可以散淹滯。如彼逐臭夫,終日鮑魚肆。方其樂其樂,蛆蛆甘所嗜。天特私吾徒,慎勿洩其秘。

飯間戲作

平生無事業,只是養此腹。雖曰負將軍,念爾相追逐。一朝我若行,枵然入空木。問爾何所之,無功難受祿。

山　居 邑志作"王澤山居"

山居少交游,在家仍懶出。忽得佳友生,開懷可銷日。杯盤隨所有,新故皆如一。客辭邑志作"醉"。不肯留,我歡終未畢。

偶　題

平生疏散性,萬事皆真率。惟於五字城,如用蕭何律。爲官既無稱,治生亦無術。濩落每如斯,一長何足述。

雲　山

茫茫幾雲山,中有萬古人。人間有生死,出没如浮雲。山雲有銷歇，世人無斷絕。所以西方尊，不言生與滅。

中　古

中古風俗純，田野多賢人。沮溺識孔某，漁父辭伍員。後世多薄俗，往往妖孽作。小則爲勝廣，大則爲莽卓。物壞蟲生之，俗壞奸生之。古道日已遠，嗚呼其可悲。

修　竹 原注：爲王俊卿國正賦所居也。

入門見修竹，茲士已可人。不必問寒温，便可飲清醇。此興諒不淺，此意亦已真。安得王子猷，相與共卜隣。

松石歌壽皇太子殿下

萬生總總各殊禀，中間變化通希夷。大椿一萬八千歲，蟠桃結實千年期。雖云閲世最久遠，要自與物同推移。不如長松老爲石，仙家舊事尤瑰奇。嘗聞道士馬自然，曾見天寶觀前屈鐵枝。指云此木三千年，去後合變堅凝姿。當時山上五里松，龍攣虎蹲相與伴化無餘遺。六丁夜半奉玉勅，雷公礧碪原注：上先念切，下徒念切。轟取之。陽侯河伯亦好事，洪濤巨浪移荒陂。至今空山斷塹所遺者，一塊未許千金窺。壺山柏木不足道，原注：壺山有柏，半化爲石，餘猶是堅木。康干節理由人爲。原注：回紇康干河有松，人斫之投水中，三年化爲石，節理皆松也。何如此石最耐久，萬年千載無成虧。上不爲女媧補天闕，下不爲顓皇撑地維。直似送將廣成子，日與西子對坐同盤嬉。蓬萊海水會清淺，廣成之壽無已時。

續麗人行 原注：即坡公賦周昉畫欠伸内人。

畫師不作春風面，豈是玉容容易見。動人正在阿堵中，妙處猶須著歌扇。沈香亭邊初睡起，鬢髮瓏鬆薄梳理。欠伸背面故作妍，

半矚牆頭出桃李。畫成衆目爭回顧，只欠孫娘折腰步。似見不見
愁殺人，始是人生腸斷處。愁腸易斷可奈何，古往今來此恨多。君
不見，李夫人，不肯回身看漢君。又不見，楊太真，擁行莫戀屬車
塵。自古蛾眉多蠱國，玉顏畫就還傷神。

送宇文尚書歸蜀之官遂寧

吾聞峨嵋秀絕幾千古，下有人材紛可數。長公少公兩玉人，一
以爲龍一爲虎。先生晚出躡其後，萬里東來謁明主。青衫羸馬百
官底，一紀垂金啓封土。要將馮翊試長材，故向蓬溪開督府。當時
三鱣張講肆，今日雙麾趨郡所。白頭老父來挽舟，朱組門生爭負
弩。莫辭遞迢溯夔峽，便見奔騰下牛渚。西川東國一陶鈞，盡洒沙
堤丞相雨。

李仲永墨梅

寫竹如草書，患俗不患清。畫梅如畫馬，以骨不以形。墨君曩
有文夫子，蟬腹蛇跗具生意。當時一派屬蘇公，兩葉風枝略相似。
花光道人執天機，信手拈出孤山姿。陳元幻作西子面，此妙俗士那
能知。近時賞愛楊補之，補之嫵媚不足奇。李生於梅却有得，高處
自與前人敵。倒暈疏花出古心，暝雲暗谷藏春色。我一見之三嘆
息，意足不暇形模索。君若欲求之點畫，胡不去看江頭千樹白。

因見市人以瓦缶蒔花屋上有作

城中寸土如寸金，屋上蒔花亦良苦。因思離宮與別館，南至
九嵕北鄠杜。東西延袤八百里，橋梁裹空七百柱。傷哉好大荒
主心，豈識世間蓬蓽趣。一丘一壑吾輩事，隨分園池何用許。我
今度地山一隅，栽柳栽花已無數。大雖不足小有餘，便可終身爲
老圃。

古風送陳省元

梅山老人頭雪白，摸索曹劉何認得。平生鹿鹿視餘子，誰是詩中真巨擘。踵門忽得天下士，慕我虛聲遠相覓。袖中磊塊出奇語，和璧隋珠暗相射。對之坐久神氣定，言下分明箭鋒直。傍觀如堵相駭愕，頗復見我有此客。雄篇累日費酬答，但怪筆端飛霹靂。君才自是千里騎，鞭影不搖何待策。古人妙處應自知，悟解多端難指畫。請君更去勘諸方，莫道梅山得消息。

次石魚韵

君不見隴州石魚生地下，中有鯖鯽皆同化。又不見衡湘石魚生山中，魚身鱗鬣俱如畫。世間何獨此石爲魚形，石蛇石蟹皆如生。蝦蟇口吻酷肖似，蠨蝑蠕動幾能行。悠悠荒怪不可考，吾意造物初無情。陰陽融結亦偶爾，俗智詎可窺杳冥。葉君得此不足惜，君自川岳儲英靈。來春禹浪忽變化，頭角天上看崢嶸。此時回首看此石，棄置殆與沙礫并。

晨 起 信 筆

姜子胸中有至樂，青山白雲也不惡。不求作佛不求仙，却笑時人用心錯。樂天兜率墮渺茫，徐福神山更遼邈。丈夫天地要同流，俯仰隨化吾何求。太虛爲體隘九州，不須更述逍遙游。

明 月 歌

月在天兮何高，我居世兮何卑。高卑相去幾萬里，年年夜夜長相隨。明月入我懷，我攬明月輝。妙明中間含萬象，此時此境誰能知。

老　饕

東坡嘗作老饕賦，姜子年來老更饕。血氣已衰肌肉瘦，正如槁木渴春膏。伯仁若見求牛炙，畢卓如逢覓蟹螯。頜臅酒鯖和海錯，晚菘春韭雜溪毛。搜尋奇味須兒輩，調苆精能付主庖。君子固知居遠殺，老人詎可食無餚。隣翁時喜分甘脆，侍妓偏能佐酒醪。萬事灰心惟有此，婆娑牖下任陶陶。

詩　人

自古詩人多坎壈，早達惟有蘇長公。流離嶺外七年謫，受盡人間半世窮。我方六十遇明主，前此獨臥空山中。豈惟食粥動經月，門外往往羅蒿蓬。嗚呼詩人天愛惜，不與富貴惟窮空。彼蒼於我亦厚矣，但畀明月和清風。

説　神　篇

天道若不神，何以驚物而懼人？君道若不神，何以號令鼓萬民？故聖人以是而設教，奄有四海爲天下君。

歲莫直舍感懷

歲莫坐公館，永懷時序遷。雪消殘臘外，春到早梅邊。夜色侵烏鵲，年光送管絃。無人同晤語，抒寫賴詩篇。

出使過嘉禾城外

江南清絕處，此地數經過。疏柳依秋浦，歸船亂晚波。王侯幾蟻穴，天地一漁簑。安得玄真子，同編唱和歌。

重午和鞏教授韵

屈子沉淵日，年年舊俗忙。佳人誇綵縷，稺子競新裳。鉦鼓喧魚步，杯盤列象床。山翁獨無事，燕坐只焚香。

九日寄方叔

安穩楊夫子，秋來闕寄音。遙憐好兄弟，相伴老山林。菊是故園色，人無舊賞心。雲萍兩漂泊，西望一長吟。

同方叔自郡城歸故園

吏隱豈無名，東南一客星。松關今有主，岫幌不須扃。無夢妨清睡，惟閒伴獨醒。著鞭吾已晚，先愧一鴻冥。

寄　方　叔

懶過醒心亭，無人作伴行。禽魚皆命侶，松竹亦同聲。只作留時意，那思別後情。連宵懷晤語，心惻未能平。

又

二老論交日，真成百歲期。同行雙野鶴，得意一山雌。病起憐加飯，書來渴寄詩。已添新蠟屐，此興報公知。

懷故友楊方叔

游戲人間世，清虛物外緣。皇家雖結網，空谷竟遺賢。無恨堪懸劍，傷心有斷絃。今年湯餅約，爲爾一凄然。

繭　庵　初　營

萬物有終始，吾生如幻泡。辛勤蠶作繭，來往燕營巢。不作藁梐掩，寧須馬革包。劉伶行帶鍤，未免達人嘲。

山堂鞏先生挽詩 原注：諱庭芝，字德秀。

源流簡公出，名字魯山宗。避地江之左，驚人易以東。機雲千載上，歙向一門中。敬止山堂老，才名是至公。

風采儒林虎，波瀾學海鯨。公家五進士，此地半諸生。句漏丹還就，中牟政亦成。如何賈太傅，位不至公卿。

縹章南北异，轉手死生分。手澤空遺墨，書籤冷舊芸。行須潘岳誄，碑已蔡邕文。身後無儋石，玄成似子雲。

道中小詩呈虞察院

歸路指城隅，城樓出畫圖。水光搖野艇，雲影掠平蕪。祇合山林住，胡爲朝市趨。邱丹不浪出，五字訪姑蘇。

旅　　懷

寄迹雙溪上，秋聲動遠林。斷雲流影薄，過雁去痕深。舊館生離思，新愁闕寄音。到頭俱夢事，俯首一長吟。

幽　　事

日日營幽事，時時有好懷。雨園殘竹粉，風砌落松釵。伴蝶行花徑，聽蛙傍水涯。窮通了無謂，不必更安排。

出　閩　中

晚出仙霞嶺，平原豁故關。石窮千里徑，雲失萬重山。漸喜鄉音近，遥知兒輩歡。不緣懷里社，倦翼未須還。

夏　夜　露　坐

脱幘思悠哉，峥嶸望斗魁。好風蘋末起，清興月邊來。天地供吟筆，星河落酒杯。神仙去不遠，便欲跨蓬萊。

恭和御製玉津園詩

輦路雲開雨腳疏，君王游樂萬幾餘。滄波不盡烟中景，清唱忽

來江上漁。此日丹青須立本，何人詞賦似相如。小臣賡載無別語，
但咏山河壯帝居。

聖駕幸東宮

仙仗天臨下五雲，承華氣象一時新。薰風澹蕩飄黃緻，瑞腦紛
紜點翠裀。綵服戲時天一笑，寶卮捧處日重輪。從今家國同休慶，
且壽雙親億萬春。

和陸嚴州韵 原注：游。

遙知三徑長荒苔，解組東歸亦快哉。津岸紛紛群吏去，船頭袞
袞好山來。平時佳客應相遇，勝日清尊想屢開。若許詩篇數還往，
直須共挽古風回。

和陸郎中放翁 鈔本無"放翁"二字，此從邑志。

午庭風雨撼高槐，一洗城頭十丈埃。老子坐間尋句好，好，原
鈔本作"去"，今從邑志。故人門外寄詩來。勁鋒久服穿楊妙，鈍思深
慚擊缽催。請邑志作"清"。佩左符君未可，邑志作"得"。要聽吟思發
春雷。

使　　北

持哀萬里敢辭難，汴泗都歸指顧間。車上去程依北斗，馬頭歸
夢到南山。頗驚魏國山河少，尚覺周家境土慳。聖主若圖恢復計，
直須神武取榆關。原注：《五代史》：中原之險正在榆關，自石晉失之，故
無險可守。

和方叔中秋

待月裴回東澗濱，一天風露淨無塵。老人歡意年年減，佳節清

光夜夜新。悼往難傳雲外信，舉杯即復眼中人。飄然遙想騎鯨興，更覺高歌有鬼神。

秋園漫賦呈方叔

裊裊鮮飆動遠林，亭亭暮靄占遙岑。淵明松菊秋容澹，仲蔚蓬蒿露氣深。莫笑四携亭未具，且環十鼓坐同斟。更許少待桂花發，林下春容把臂吟。自注：余以四携名亭而未具，姑以瓦鼓坐客。

楊方叔過訪送行

遙傳軒蓋度西岡，亟返柴車喜欲狂。不憚除堂十夫費，且謀解榻半窗涼。歸途送目雲千疊，別夜尋思月一方。何日能來慰牢落，梅山花發待傳觴。

呈　方　叔

聱牙落魄一閒官，職事何嘗見一班。不是論松須説劍，若非尋壑即觀山。閒看落葉隨風去，冷笑奔雲送雨還。更有劉巖楊處士，伴渠癡坐老花間。

喜楊方叔見訪 自注：初以梅花爲約，既而仲春方至。

憶別西風首重回，今朝相見笑顏開。梅花膈底思君語，桃葉春前望客來。足健尚堪凌虢虢，詩工未許繼堆隤。山園近日新成趣，正要相携把酒杯。

方叔每歲一相逢送行

耐久交情歲月深，今朝何事返家林。北鴻西燕一年別，流水高山千古心。何日從公歌舊曲，無人伴我賦清吟。若爲雲氣從東野，應繞劉巖紫翠岑。

送方叔

九日相携上翠微，安仁悼内不勝悲。琴中只弄無絃曲，歌裹聊陳鼓缶辭。來歲預爲湯餅約，今朝空過菊花時。君家兄弟如相問，爲報頤間已素絲。

和鞏教授趨朝

昨夢中宵拾夜光，曉驚新句墮書旁。英游只合陪青瑣，偉論何須列皂囊。溪上林巒新紫翠，船頭橙橘半青黄。兹行好語須頻寄，祇恐空疏窘報章。

和答鞏提轄見賀浙東總戎

黜陟何嘗到耳邊，旋栽花木學平泉。二年竊食祠官冷，一日頒恩寶篆鮮。閫寄暫居油幕副，朋從遥憶竹林賢。詩筒從此長來往，應有人編唱和篇。

歸山間舟中寄黄正言

黑風吹雨亂雲奔，一舸浮家過別邨。便有新涼生竹樹，更添清興集棨樽。打篷點點催詩思，著面蕭蕭冷醉魂。來日小溪山水活，一波盡是使君恩。

鞏大監挽詩

列國名卿號衆多，山堂族望最巍峩。魏宮賓客推公幹，交趾威名畏伏波。老去一麾供坎壈，歸來三徑足婆娑。從今詩酒交朋少，悵望新阡淚若何。

罷劉巖酒庫

世事升沉倅蝶化，吾生來往更蠅營。歸心有愧陶元亮，家事當如向子平。豈是木雞猶有變，故令漚鳥尚相驚。老夫本自無城府，抱甕何如過此生。

題琅山大江

初出岷源一綫微，波濤到此浩無涯。坤輿橫貫五千里，天塹雄當百萬師。虎戰龍爭猶可記，鷗閒鷺靜幾曾知。莫言天意限南北，正是中興混一時。

禁中聞杜鵑

飛叫入仙城，千門夜未扃。那知清禁裏，却有野人聽。

野　步

江山客思滿，雲水稻田空。日塢懸秋實，霜林墜晚紅。

公　館

公館當清夜，移尊近北塘。秋聲連蟋蟀，月色淡芙蓉。

小　橋

小橋橫野澗，物色自孤清。終日相晤語，松聲與水聲。

出　郭

歲莫偶出郭，斜陽帶遠村。雪松含臘意，沙水動春痕。

春　曉

春來貪起早，春思還繚繞。一語破春愁，黃鸝韵清曉。

山　中

山中有至樂，靜者得其意。所以入山人，同來不同味。

雲　岑

雲岑抱秋陰，水木起夜色。原野漸蕭條，田禾捲阡陌。

古　意

共綰同心結，那知有別離。對人爭忍説，不敢畫蛾眉。

寄鞏丈哭孫

情愛難纏曠士襟，俗緣那似道緣深。已知達識空諸幻，萬事從頭付醉吟。

雙桃寄鞏經略

只説瓜蓮竝蒂生，幾曾仙實見雙成。却疑西母猶多事，戲作人間兒女情。

忽見雙桃入眼新，捧看驚動坐間賓。老夫得此渾無爲，特壽高堂兩玉人。

謁　塋

新晴衝曉謁先塋，頗愛山行竹樹清。日午未須回俗駕，且留趺坐聽松聲。

賦鞏丈鸚鵡

隴汧歸路渺漫漫，且向金籠刷羽翰。院静日長頻送語，時時圖得主人看。

和鞏教授訪別

君來別我還歸去，君去重來定幾時。此後相思無可寄，相思欲寄莫如詩。

寄鞏大監

十里兼旬信不通,每看金皐想高風。已知憚暑難迎客,不敢將詩更惱公。

閏七夕呈譙內知舍人

佳期有盡情無盡,一再相逢意若何。正使長年成會合,臨分依舊黯情多。

送楊方叔還山

一語何嘗及世氛,若非說劍即論文。有時伴我松岡上,閒看南山萬塢雲。

可人自是難招喚,此去相從定幾時。來歲春風煖行色,隱侯樓上要題詩。

壬子歲送方叔

經年懷抱幾曾開,面上康衢一寸埃。已向西偏營小築,高懸一榻待公來。

送方叔

海鷿天外絕虞羅,偶爾來游澗谷阿。世上稻粱留不得,翩然還戀玉山禾。

和鞏宰送牡丹

香泥筠籠遠擎來,曾向河陽縣裏開。堪笑杜陵何短拙,却憑蕭八覓桃栽。

次楊元會白蓮韵

不御鉛華似洛妃，清虛全與道相宜。月明何處回仙駕，獨立沙頭爾許時。

方叔元振元老同令姪舍人見訪

聯翩三鳳接華裀，小阮驅車復後塵。嵇呂相思千古事，後來命駕更無人。

送墨魚鞏大監

底事呼爲海裏羊，陀尼爲背錦爲裳。殷勤送與曲湖老，要薦君家玳瑁觴。

寄方叔黄草道服

非蕉非苧復非綌，不是山人木葉衣。寄與詩翁莫嫌陋，看山長袖白雲歸。

贈　方　叔

世間曠士如君少，天下閒人似我稀。一曠一閒無一事，只應鷗鳥共忘機。

懷　方　叔

憶昔尊前共賦詩，如今仙去杳無期。吟魂想只空山裏，嘲弄風光人不知。

甲辰夏獻詩百篇，孝宗皇帝翼日宣諭宰執召試中書，今兹節鉞之賜，皆三聖恩德。建堂貯節，有上梁文一聯，云"百首之清詩夜上，九重之温詔晨頒"，因足成篇，以侈大賜。

百首清詩夜上，九重温詔晨頒。自古封侯賜璧，慷慨只立談間。

六　言

康樂尋山伐木，子猷愛竹叩門。我已烟霞痼疾，每逢佳處開尊。

姜邦傑詩，邑志祇録"和陸郎中山居"二首，此從《梅山續集》中録出。集係鈔本，雖經先輩董明經洹校訂，然不無訛錯，俟得善本再考。

武川詩鈔卷二

明

何　貴字叔瑛，洪武中以明經舉賢良科，授福建汀州知府，政簡刑清，平定上杭反側，溪南有負固者，柔來安輯之。修龜山讀書巖。調守長沙，治之如汀。靖難詔下，挂冠歸隱寶泉山。南贛中丞歐陽吉贈詩有曰：“獨步才名垂宇宙，高歌逸興在滄浪。”以林下終。

寶　泉　亭

昔時驄馬客，今賦寶嵒詩。天迥雲歸盡，泉香魚自知。偷閒成散逸，投老願栖遲。杖履空亭下，長歌酒一巵。

勝地今歸憩，承平不易逢。雨荒三徑菊，雲冷半崖松。水色侵寒袂，山風雜暮鐘。瀟湘迴憶處，夢斷九疑峰。《清源宗譜》。　德潤按：寶嵒，邑志訛作“寶泉”；山風，邑志訛作“松風”。

洪　鐘字聲之，永樂甲申進士，翰林院庶吉士，刑部主事。

送劉孝廉南還

曉風吹去馬，之子賦歸與。御柳三春後，京塵半載餘。兵戈頻客夢，湖海只鄉書。為報同懷侶，天涯久索居。嘉慶修邑志

項 霖<small>成化年貢。</small>

過阮遙集公墓

東流碧水自迢迢，山色依稀帶六朝。亭下多年人不見，空標蠟
屐與金貂。《阮譜》

徐平胡<small>字安世，號碧潭。嘉靖間贖父罪，三中武舉。平倭寇功授金華所指揮
僉事，賜堂額曰"忠孝"。著有《寧儉錄》。</small>

不 寐

不寐難成夢，焚香理素琴。聞雞方起舞，抱膝且長吟。蘿月當
窗細，松風入帳深。江湖與廊廟，憂國一般心。<small>徐嶽宗鈔本</small>

閏 月 中 秋

一年喜得雨中秋，萬里銀河皓魄流。處處笙歌爭宴賞，不知誰
抱杞人憂。<small>仝上</small>

海 誓

忽聞清海奮長鯨，濯浪揚沙漁獵驚。割土授封皆下策，急推良
將作干城。<small>仝上</small>

感 時

文官苦要武官錢，刮盡兵膏實可憐。飽煖平時求不得，赴湯蹈
火孰當先。<small>仝上</small>

望 後 見 菊

未逢九日見黃花，逸興翩翩詩興賒。自是老懷愛幽獨，漫携仙

杖覓青霞。仝上

吳　燧家貧力學，事親孝，母病，禱於天，夢神告以五拗湯可愈，用之果驗。父故，旁舍火，憑棺號慟，火即滅。躬運土石成墳，哀毀骨立，行道感之。嘉靖間歲貢，二十一年旌其門，官武寧教諭，遷天津教授。

吊　東　萊

宿雨寒花泪未收，霜凋玉樹有靈丘。老樵一曳山中杖，含古明招景自幽。《金華詩録》

韓光濟字仰斗，號憔熙。孝子王世名師，萬曆間歲貢。著有《碧山詩集》。吳興施守官敘其詩，謂"居心正大，品行端方，神流意透，躁釋矜平，癏痗柴桑，頡頏輞川，卓卓足傳者"。

南　國　有　佳　人

南國有佳人，雅操勵冰雪。素質謝鉛華，誰爲諒芳潔。寶瑟鳴陽春，調高絃欲絕。知音不成賞，孤嘯坐秋月。

登吳山望海因宿紫陽洞天

薄暮登吳山，橫望大海東。海底一輪上，倒影凌飛虹。秋空淡水色，上下磨青銅。西極天姥脊，南盡會稽峰。相對萬餘里，紫翠明芙蓉。復憩紫陽石，桂影搖天風。靈籟響陰壑，玉露垂孤桐。悠然吸清氣，宛在玉虛宮。

春日偕任星嶽游西湖

古刹羅芳樹，平堤襯落花。亭從湖面出，橋向寺門斜。畫舫搖春碧，繁妝映暮霞。却憐歌舞地，無計駐韶華。

山　居

石橋東畔路，深樹野人家。流水沿牆曲，青山繞屋斜。松蘿成夙契，烟月亦生涯。況是秋風裏，鮮鮮滿徑花。

乙酉下第

聖代文章重，書生學問迂。漫勞心禹稷，仍負世唐虞。松菊荒餘徑，風波厄病軀。扁舟富春道，悵望旅情孤。

登　樓　原注：時寓錫山。

細雨河橋館，西風水驛樓。天長征雁斷，日落亂雲愁。壯志驚朝鏡，鄉心碎暮秋。黃昏砧杵急，泪滿敝貂裘。

洞虛宮望月

雨霽青天迥，高樓獨倚闌。可憐今夜月，不在故鄉看。露下瑤壇潤，光搖玉宇寒。更深還未寐，搔首自長嘆。

晚　霽

散步古原曠，初晴豁遠眸。垂楊留晚照，細草刷春流。轉徑尋黃鳥，臨磯待白鷗。長歌斜日落，新月水西頭。

過釣臺

曉出嚴陵瀨，風花散荻洲。山凭高閣迥，日耀大江流。漢業今荒苑，雲臺亦古丘。客星亭上樹，依舊動深秋。

早春述懷

世味經心久，流光轉眼新。梅消千點雪，柳暗一時春。生事慚樵牧，行藏負聖神。鬐年荒學術，五十尚儒巾。

過王生時望墓

寂寞春山路，萋萋春草深。雲橫千古恨，天鑒百年心。壯氣青霄迥，精魂白日陰。孤溪讀書處，回首泪沾襟。

壯士去不返，空驚易水寒。林烏號月冷，蜀魄怨春殘。挂劍懸心許，遺文拭泪看。君言猶在耳，自注：生托孤於余。肯負寸衷丹？

哭王生時望 有序

余門人王生時望，年二十三，復父仇死孝，臨終以孤兒寡媳見托。數年師友之誼，至今日而長別矣，爲之慘然。

胡蝶山頭挂白虹，翔鸞嶺腳起悲風。百年正氣歸天表，五夜精靈入夢中。鳴劍共知嗟壯烈，觸階誰不惜英雄。哀哀寡媳孤兒哭，落日荒村野水東。

清夜獨坐東示湯生汝南 應箕

讀罷山城欲四更，半窗殘月傍巖生。此時心境千愁息，別是乾坤一氣清。庭樹參差來倒影，風松斷續送虛聲。却憐好景無人會，寂寂空堂獨病醒。

病中柬俞少渠徐西川二山人

山窗苦病強高臥，風雨那堪徹夜頻。寥落黃花將歲晚，參差白髮爲秋新。百年草草聊過日，萬事悠悠懶向人。寄語東隣羊仲子，芒鞵竹杖好相親。

水 簾 亭

宇宙自今古，逝者無消息。如何此中意，可是三人得。

秋日白陽庵中山居雜興

山居無四隣，白日長似夜。隔樹時有聲，一葉空庭下。
明霞映疏林，落葉滿幽徑。相趁飛鳥還，犬吠空山應。
山前紅葉飛，山後白雲起。時有讀書聲，出自半山裏。

山　　居

白石橋邊古木，青山影裏人家。斜日一簾疏雨，輕風幾片飛花。
沿溪三里五里，對門千峰萬峰。流水自今自古，白雲無夏無冬。

無礙寺晚霽

雨霽苔痕濕未乾，滿堦碧草翠雲團。長吟自愛禪居靜，古殿月
來松影寒。

重重烟樹護雲林，倚劍狂歌對酒吟。到處相逢莫相問，碧天明
月是知心。

山　　居

萬叠青山障小廬，千竿修竹映窗虛。柴門儘日松雲鎖，一樹梅
花伴讀書。

宮　　詞

銀燭燒殘午夜長，西樓迴月映椒房。忽聞前殿笙歌裏，飛燕頻
催入未央。

昭君詞

琵琶那敢怨嬌姿，自愧無錢買畫師。不是漢家天子薄，按圖原
未識蛾眉。

送徐少川成總戎

馬上西風拂玉鞍，錦袍光射劍花寒。封侯萬里渾閑事，銅柱還留百世看。《碧山詩集》

徐大望字宗文，諸生。喪父毀瘠骨立，事母盡孝，撫幼弟至壯不析產。臨歿，囑弟孝母，語不及私。

挽王友死孝

人生豈無死，嗟君獨不歿。自碎千金軀，哀哀爲枯骨。父屍既可全，國典亦勿越。英靈照乾坤，萬古如日月。《孝烈編》

徐若魯字希曾，諸生。

挽王孝子

古人已不見，古道竟誰過。參奇亦邈矣，荊豫其若何。多君仁孝志，爲父秉天戈。悲風振林木，烈日照山河。逝者不可返，感慨淚滂沱。《孝烈編》

徐大崇字以禮，諸生。

吊王友

人何生？生於父。君何死？死於父。報生以死禮所安，此死不與衆死伍。君不見，人生如朝露，紛紛零落同邱土。嗟君此生獨不歿，浩氣英風自千古。憶昔讀書弧溪頭，青燈夜坐風雨秋。君今辭我去，宇宙何悠悠。橫望西山巔，顧瞻易水流。魂兮不來奚所求，奚所求？人生此心果不負，百年未滿死亦休。我來杯酒將蘋

藻，白水青山生暮愁。《孝烈編》

徐世德字作求，諸生。

哭　王　友

相知真不易，此日見生平。豈是忘秦怨，終懷覆楚情。皇天悲壯憤，白日照精誠。重把遺書玩，潸然涕泗零。《孝烈編》

何一清字承乾，諸生。

哭　王　友

江山鍾間氣，宇宙起窮愁。撫劍中宵泣，懸圖密室謀。維君能報父，使我賦同仇。那聽鳴陽卦，鐘聲咽畫樓。《孝烈編》

項世傑字子俊，諸生。

吊　烈　婦

一自鳴陽失所天，寶釵零落翠花鈿。遺孤獨抱燈前泣，舊話惟憑夢裏傳。矢志久拚從地下，真心那復戀人寰。翩翩正氣聯霄壤，不逐平蕪没野烟。《孝烈編》

李應章字煥堯，諸生。

挽王友死孝四絕

擊破仇關心似石，公廷耿耿披肝赤。請君乞死等鴻毛，肯與親顏評黑白。琴堂矢志

夢繞椿萱魂恍惚，一繩端爲綱常發。保和深鎖五更寒，叫落子

規樓外月。譙樓自經

　　觸碎公廷頭欲折，須臾赤地流鮮血。人生同有父子情，對此如何不哽咽。公庭碎首

　　自靖鳴陽氣初絕，天邊一點殘星滅。沉沉未曙曉風催，鐘響訃音都澀噎。鳴陽訃音　《孝烈編》

胡大信字炳烈，萬曆年貢，寧德訓導。

過 胡 蝶 山

　　六年悲憤結愁雲，一劍光搖白日昏。胡蝶山頭風雨夜，至今猶自泣游魂。《孝烈編》

陶義方字燕詒，太學生。

追孝子讀西銘

　　弧溪曾記讀西銘，仁孝由來性自成。今日從容歸地下，乾坤肖子屬王生。《孝烈編》

邵夢龍字子雲，萬曆歲貢。任延平通判，署順昌縣，詳革清軍硃價，民甚德之。再任惠州通判。著有《摘古訓蒙》三卷。

瞻 孝 烈

　　乾坤正氣鍾雙美，鐵石精誠並一腔。夫義自堪懸日月，妾軀何敢負冰霜。瀟瀟落木悲連理，渺渺飛鶯憶共翔。青史垂名同不朽，壺山熱水有餘光。《孝烈編》

徐應揚字春臺,萬曆年貢,延平通判。

四 箴 詩

莫談他氏過,常審自家非。好譽多譏毀,輕從易背違。無求相信篤,省事結交稀。萬禍皆因口,躅爭但息機。人箴

忿少身心泰,欲消神氣清。兩忘能定性,多慮最傷生。味淡滋彌厚,言稀過亦輕。應酬懷坦恕,身世自和平。己箴

守正終無錯,存誠畢竟通。一毫偏執處,百事謬迷中。起弊還因法,崇名莫喜功。格頑惟至孝,貫日是精忠。仕箴

鼎鼎三才貴,昂昂七尺軀。此心忘料理,隨處盡模糊。正大通天地,公私判聖愚。浮生如醉夢,醒者莫踟蹰。學箴　徐嶽宗鈔本

靈 雨 亭

> 亭以靈雨名,昭神應也。武川壬辰五月至七月不雨,啓堂陳侯以爲禱於壺山之神可得雨,遂率僚屬往禱焉。甫及旋車,靈湖隨應,侯乃爲修其圮宇而建之亭,因名之。今遷成都矣,武民由是志去思,命愚賦靈雨。

夏來無雨百泉乾,雷君不出暑炎炎。祝融七月尤咆勃,火雲百里如馳烟。澗溪沼沚皆涔蹄,無奈天河不浴豨。原隰壤畝盡龜坼,自分老農無顆粒。賢侯善政憂民窮,仰瞻雲漢心忡忡。聚艾自焚希諒甫,積薪起火效戴封。六事成書登絕頂,一腔精血通穹窿。層巔忽冠愜民望,劉城聞奏鼓聲震。披衣玉女隨車行,應節商羊順時奮。發苗生鮒慰三農,得粟爲襦伊誰頌。武民既甦頌侯德,我侯不居歸神功。神宇鼎新亭亦建,蕭徵屢應樂無窮。里巷懽呼陳侯雨,雨及一方猶小補。更祈噀水濟成都,大作商霖遍下土。嘉慶修邑志

徐　煥字堯文，萬曆年貢，寧德訓導。

挽 王 孝 子

獨負綱常重，誰論軀命輕。成仁與取義，端不愧平生。《孝烈編》

顧應臣字作忠，崇禎年貢，徐州判官，有善政，陞府經歷，士民作詩送之。

觀 野 樓 即 事

矮屋編茅槿縛籬，騷人住處恰相宜。萬間突兀夢難到，一室清幽心自知。窗下無燈童睡早，林間有月鶴歸遲。八荒便作庭除看，南北東南任所之。嘉慶修邑志

徐　燦字子明，崇禎年貢。上饒主簿。

魚 鷹 巖

最愛巖中景，天然入畫屏。水光含鏡碧，山色擁螺青。抱子猿歸洞，巢雲鶴下汀。從容吟眺晚，落日正亭亭。嘉慶修邑志

徐世椿字大年，崇禎歲貢。

游壺峰二亭遥望上亭

西郊偶爾一游遨，迢遞雙亭引興豪。烟景收來纔及半，風雲通處欲窮高。懸流注澗瀉飛瀑，幽響連松鼓怒濤。願洗塵踪訪物外，扶筇難進暫停勞。嘉慶修邑志

徐堯咨字一中，崇禎歲貢，奉新主簿。

吊王孝子

王君壯氣不尋常，烈烈轟轟作一場。銘劍多年懷宿憤，捐軀千古植天綱。身騎箕尾雲應墮，血染庭皆石亦香。爲吊英賢祠下過，寒烟枯木鎖斜陽。《孝烈編》

顧廷樞字機榮。

游明招山過東萊墓有感

深山老木景迷離，碧草蒼苔臥斷碑。惆悵哲人何處去，疏鐘古寺野烟垂。嘉慶修邑志

王貫之字道一，孝子姪孫。

孝里八景

讀書巖

石竅玲瓏洞裏天，茂林修竹滿齋前。此間不是優游地，擊節沉吟忠孝篇。

垂釣磯

胡蝶山限弧水頭，昔人於此偶垂鉤。臥冰得鯉驚奇迹，記取游鱗伴脯脩。

龍頭石

山勢騰挐人俊偉，峰頭隱隱雲光飆。劇憐孝子死□年，見首神龍不見尾。

鷺翔嶺

峰巒飛舞比鷺翔，鏡破當年獨自傷。未許群鴉棲嶺畔，會雙待

死有鴛鴦。

羊 塘 新 月

　一鑑靈源静不波，每看新月夜初多。分明古井清寒水，照見妾心來素娥。

山 庵 白 雲

　勝地回龍兜率天，風塵不得到山巔。白雲一片從空起，半罩峰頭半覆椽。

谷 口 風 松

　百丈喬松障石屏，濤聲斗覺起蒼冥。劇憐深谷清陰合，樹静争如風不停。

溪 橋 烟 柳

　策杖行吟薄暮天，溪橋如帶柳如烟。當年失水漂流處，略彴輕孚綠樹邊。邑志參《孝烈編》。

武川詩鈔卷三

國　　朝

劉　燧字木生，順治年貢。

哭　孝　子

　　我今哭孝子，彷彿枕戈時。白虹繞胡蝶，碧血殷莊衢。英靈良可接，玉骨應難糜。手斧今何在，請得一玩之。斷不攫之去，拜泣涕漣如。

朱　慎字其恭，號菊山。才氣高邁，下筆淋漓滿紙，兼工書畫，善鼓琴。康熙丁卯以拔貢入京，公卿愛其才，爭致之，意弗屑也。父爾殿爲江都令，卒於官，慎扶喪歸葬。後還寓廣陵，與蔣易、孔尚任、宗元鼎、張潮諸名士詩酒倡和，篇什流傳，名動江淮間。毛際可評其詩“清眞雄健，合襄陽、少陵爲一手”。吳綺稱爲“千秋豪士，一代才人”，世咸以爲知言。卒年僅四十餘。著有《浮圜詩文集》、《三代法物考》。有女，亦能詩。

山　中　讀　書

　　溪聲九曲流，山色四圍碧。我屋在其中，於焉永朝夕。庭交竹樹陰，門鮮車馬迹。寂然何所營，澄懷覽載籍。紛與先民游，千秋見肝鬲。愉悦不能言，片雲落几席。

春日游壺山

春氣薄朝岫，草樹含菁英。秀色不可挹，蒼然引遠情。長林一以眺，烟霞相與清。紆回緣石磴，軒豁登山坪。懸崖互陵厲，眾壑紛逢迎。獼猴抱樹窺，嘻笑如平生。攀尋路欲盡，邃谷杳無聲。久之林風起，空際聞啼鶯。遂至一巖裹，坐聽流泉鳴。清響颯然來，幽思與之并。我心了可見，此樂難為名。游賞雖未窮，所得亦已贏。夙志寄遐曠，幸無物外縈。願言托泉石，結此山中盟。

南山看紅葉留飲田家

長空霽烟霧，景物恣冥搜。澄懷挈高侶，共作南山游。愛此紅葉鮮，含光矜素秋。灼如夭桃吐，燦若明霞流。委蛇循溪谷，縱橫歷畦疇。策杖不知遠，步入山之幽。遂逢田舍翁，輟鋤相邀留。茅茨三五間，蘭菊各成邱。卷簾喚客坐，老甕開新篘。霜果雜野簌，味好逾珍羞。引觴忽頹然，夕陽沉山頭。拂衣辭主人，歸路晚烟稠。涼颷吹丹楓，蕭蕭迎醉眸。矯首發長嘯，清音答樵謳。田家有至樂，軒冕何足求。

待酒伴不至

向夕苟不飲，頹然喪其真。所以見明月，便思招故人。如何久延佇，而未聞足音。吻渴詎能待，孤杯先自斟。

送孔東塘使君還朝

與君話別離，累日苦不足。謂可復遷延，盡此酒一斛。行李忽出門，棹歌聲迫促。相對在斯須，手分還重握。含淒不能言，中腸若轉轂。吁嗟公與余，同客邗江曲。出處雖殊途，困頓頗同局。公為疏鑿來，思以奠禹服。司空寡訏謨，舍從道傍築。遂使公久淹，進退嘆維谷。裘葛罄饔飧，殘書充敝簏。所友皆單寒，莫能資斗粟。我因先櫬羈，僑居城東屋。廉吏不可爲，麥舟風誰續。遺累況多端，剜心已無肉。厨下釜常懸，饑容慘僮僕。感君氣誼深，貧賤交彌篤。觴咏慰窮途，往來破孤獨。因依一載餘，轉盼流光速。君今奉絲綸，還朝鳴佩玉。便道還家山，春酒北堂祝。萱草色青葱，萊衣光歷録。親串齊稱觴，迭奏絲與竹。堂上慈顔開，清輝助樺燭。小人亦有母，別來改寒燠。素髮垂兩肩，思兒淚蔌蔌。身無雙飛翼，何日將半菽。誰非人子哉，而我獨不穀。君歸已有期，我行尚未卜。竚立送飛帆，回首仰天哭。

過崔青嵵齋頭聽俞吉雲彈琴

暮天雨初歇，萬象來餘清。步屐尋我友，傾蓋話平生。座有金陵客，能爲太古聲。酒半整衣起，抱琴就月明。月色白皓皓，冰絃清瑩瑩。一彈而再鼓，音節按重輕。天地忽沕穆，羲軒相送迎。妙理恍可即，玄象難爲名。惟德虛堂上，颯颯松風聲。我亦學安絃，所業殊未精。聞此意超越，身若登蓬瀛。海水夜汩没，先生移我情。

飲　酒

昨夜夢我死，家人哭滿堂。蘧然忽復覺，月影流匡床。此夢苟不返，萬古終茫茫。乃知夢與死，所分在短長。咄哉身尚在，胡不傾千觴。

望　嶽

攬轡立平野，肅然瞻岱宗。蒼翠壓近郭，岌嶪凌高空。勢已絡徂徠，氣欲吞龜蒙。洞口吐白日，山腰迴罡風。衹冠衆嶽首，鎮作東魯雄。七十二天子，曾以金泥封。簡策在何處，縹渺烟霄中。秦時五松樹,豈尚留青蔥。只有宣聖迹,孤碣鐫高峰。仰止再三嘆,孰云吾道窮。

十月晦自都門迴廣陵是日家母從南至

崎嶇上燕京,所志不得遂。幡然理棹歸,天寒黑裘敝。義命夙所安,敢萌怨尤意。惟念北堂人,離隔在天際。入門問荊妻,鄉書曾數寄。話言未及終,忽覺我母至。趨迎入庭中,或恐是夢寐。整衣拜膝下,一拜一垂泪。吁嗟不肖兒,別母將三歲。扶輿慚潘岳,奉檄愧毛義。方期駐游裝,便作迎親計。南北禽停舟,豈曰非異事。皇天憐此身,斗然得所恃。秉燭話家常,夜分不能睡。

游　石　鵞　洞

女媧鍊石補蒼穹,手持玉斧游鴻濛。遍鑿名山五色石,天衣補就山骨空。武川巖洞遺迹多,特留缺陷彰神工。昔我攬勝行西山,曾登雙玉及金公。今復携伴游石鵞,意勢陡覺爭奇雄。攀蘿踏磴歷幽折,徑路逼仄林青蔥。手排雲霧陟其上,天然石室何玲瓏。層樓百尺恣登眺,萬象變化歸簾櫳。沕淪磅礴有元氣,呼吸直與帝座通。高談雄辨發異響,宛若鼉鼓聲逢逢。洞中二石尤怪特,卧龍伏虎排西東。上有珠泉常滴瀝,氣味香潔迥不同。老僧烹泉邀客飲,肌骨習習生涼風。前村主人能好客,携肴擔酒來山中。松杉枝上月色白,菩提座前燈影紅。共拚卜夜遣清興,頹然一醉傾郫筒。三宿於斯興逾劇,斗覺愁疾俱消融。人間有此神仙宅,何須更覓蓬萊宮。他年儻遂赤松志,願住此山爲老翁。

魚　鷹　洞

纔游石鵞嘆奇絕,更向魚鷹恣登陟。好峰踏盡不知疲,願與吾儕賈餘力。初來嶺下路難尋,漸至山腰徑逾仄。懸崖壓足雲模糊,古樹蒙頭日昏黑。深林時聞虎豹鳴，懍懍寒風顫雙肋。危梯百丈遙躋攀，口開氣喘不得息。捫蘿轉入石門中，中有仙洞何軒特。豁若巨魚將吞舟，矯如蒼鷹乍奮翼。俯視下界渺無垠，仰瞰上穹勢欲逼。旁側峰巒成鬥奇，凸凹倚墜態難測。人間那得此殊觀，應是飛來天竺國。騷人自古多遨游，誰能畫圖寫真色。鑒微上人同游伴也。妙丹青，四顧躊躇若有得。歸來急剪吳江綾，爲我淋漓酣潑墨。

雪 中 作

昨夜猛風裂窗紙，曉來大雪紛紛然。竹爐炭濕火無焰，室中氣冷如深淵。兩腳凍皺行不得，薄衾覆面白晝眠。我寒尚有薄衾在，貧交滿眼衣無綿。嗚呼，安得揚州之雪化爲鹽，數千萬石堆吾前，任吾顧盼揮金錢。

賦得玉人何處學吹簫

隋皇當日幸邗溝，旌旗蔽野黃塵浮。粉黛三千隨鳳輦，蒼黎八萬挽龍舟。龍舟鳳輦江邊駐，夾道繁花撲香霧。宛轉離宮亙蜀岡，流連行樂無朝暮。暮來行樂樂更多，清夜嬉游共踏歌。歌扇團團憐皎月，舞衣灼灼媚晴波。波光月色渺無際，照入秋宵秋轉麗。苑中螢火億萬千，橋上美人二十四。美人相對吹瓊簫，韵發清商繞指嬌。願引雙鸞來寢閣，生憎孤燕過窗綃。此時碧玉觴齊捧，含態含情非一種。帳中夜夜醉忘歸，一十六院遞承寵。豈知歡樂難久長，宇文之禍起蕭牆。鏡裏可憐好頭頸，一朝斂魄向雷塘。雷塘無復人歌舞，紅粉相隨化黃土。簫聲不到玉勾斜，惟聽群鴉啼暮雨。鴉啼暮雨聲何哀，帝子佳人去不回。橋頭風景誰憑吊，遙憶當年杜牧才。我亦江都久爲客，一行故苑一嘆息。繁華滿目總成空，且引金樽看月色。

七 夕 歌

　　七月七夕月華明，烏鵲渡頭橋始成。橋邊脉脉雙星聚，此是牛
女相逢處。霧帳雲屏正合歡，歡未終時天欲曙。天欲曙，可奈何，
牽裳握手泪滂沱。此日相思還復始，此時相送隔銀河。隔銀河，情
難極，舊愁猶繫兩心間，新恩又作長相憶。長相憶，何時休，一年一
度空綢繆。翻羨姮娥長獨宿，更無人惹別離愁。

幽 居

　　地僻塵難到，春深氣漸温。風花游滿院，烟柳卧當門。近檻移
書榻，臨池滌酒尊。待邀隣友過，斟酌遣黃昏。

西 溪 即 景

　　幽意全無著，閒行曲澗西。苔痕含宿雨，屐齒滑春泥。一徑楊
花落，連山杜宇啼。最欣農事畢，處處把鋤犁。

彈 琴

　　群動聲俱息，蒼然夜色深。惟餘天際月，照見此時心。披拂臨
清沼，春容理素琴。潛魚依密藻，竊聽似知音。

西 湖 秋 泛

　　湖光澄不極，結伴此閒游。日落高峰暮，雲寒古寺秋。持鰲頻
喚酒，聽鳥一停舟。忽有香風度，盈盈人倚樓。

舟抵吉安與劉裕公太守夜話

　　路遠費追尋，停帆喜不禁。高齋深夜月，尊酒故人心。別夢重
重數，新詩細細吟。欲知官况冷，挂壁有清琴。

旅　思

可惜春將去，憑軒覽物華。雨肥三月筍，風落五更花。多病還爲客，何時始到家。遣懷呼小僕，窗外撥琵琶。

典　裘

耻貸監河粟，饔飧迥自愁。荒荒存八口，草草過三秋。身外無長策，寒來且再謀。羨他蘇季子，猶有敝貂裘。

晤毛會侯年伯有述

异地孤身在，公來我益悲。燈前如見父，座上執呼兒。所幸慈幃健，深慚奉檄遲。萬愁言不盡，含泪勸殘巵。

題鄭破水梅花書屋圖

清絕梅花塢，柴門水一灣。暗香吹不盡，高士在其間。卷幔雲連榻，開尊月滿山。自從和靖後，又見此人閒。

夏日楊爾珌招集平山堂讀壁間歐蘇二公辭感懷有賦

慶曆遺堂在，深深竹樹間。頻來銷赤夏，幾度改朱顏。山水依然好，歐蘇去不還。風流剩佳句，捫碣蘚痕斑。

絕妙辭誰繼，徘徊首重搔。風前同吊古，花下一揮毫。細雨涼初到，芳尊興益豪。不知千載後，亦復羨吾曹。

宿天津關

空囊無可稅，亦滯此關門。宇宙書生賤，江湖榷吏尊。隣舟填曲岸，人語亂黃昏。莫飲天津水，天津自古渾。

吳 山 晚 眺

避喧棲古寺，眺遠上層臺。湖影烟中出，潮聲樹杪來。雲封吳代石，雨長宋時苔。何限登臨意，高歌酒一杯。

嚴 子 陵 釣 臺

龍興白水帝圖新，咄咄終難起故人。自有皋夔能佐命，何妨巢許獨垂綸。性耽邱壑真成癖，氣傲王侯詎易馴。孰是行藏才不滯，維師曾釣渭溪濱。

秋濤禪師從維揚還明招山，過小齋把晤，漫成短章

忽看飛錫下蓬蒿，慰我經年別夢勞。香鉢携來揚子月，袈裟濕透廣陵濤。荒庭對菊秋光老，短榻論心燭影高。他日虎溪還過訪，與公相笑出林皋。

登 滕 王 閣

雨過城頭夕照開，楚天孤客獨登臺。衡廬黛色排雲出，章貢濤聲拍地來。如此江山堪作賦，於今宇宙孰憐才。子安去後風流歇，剩有殘碑臥綠苔。

吉安郡樓有懷故鄉諸同學

離群浪迹楚江隈，落日登樓首重回。望裏關山鄉信斷，夢中風雨故人來。大都短褐貧相似，遮莫芳尊興未頹。滿眼春光違勝賞，愁懷怕見百花開。

九日自雙溪登舟赴家大人任所,同人沈天石、葉茂之、林惟瞻、葉燕友、劉宸臣、王象初、黃章佐諸君舉餞八咏樓,各賦詩贈行,限樓字,即席賦答留別

千里趨庭賦遠游,故人相送挽行舟。瓊簫璧月揚州夢,紫雁黃花越水秋。才愧子安勞祖道,咏追沈約共登樓。茰觴飲罷烟帆發,落日江天起暮愁。

金 陵 秋 感

南國秋深木葉凋,憑高縱目晚天遥。江聲不斷來三楚,山色依然似六朝。雉堞鳴箛風獵獵,園林放馬草蕭蕭。古今無限興亡事,付與旗亭酒一瓢。

至都門奉訪孔東塘博士對酒漫賦

蕪城觴咏罄交歡,別後相思路森漫。八月新鴻鳴遠塞,三年舊雨入長安。朝衣典去貧如故,市酒賒來醉不難。各話生平無限意,起看星斗已闌干。

晤李紫翔有述

仙舟憶昔過蕪城,比道笙歌送汝行。闊別三年多變態,相逢一慟有餘生。懷中白璧誰堪獻,囊底青錢久不名。且向旗亭同取醉,秋風落日吊荆卿。

寄 懷 徐 漢 章

最憶城西舊草堂,與君晨夕此倘徉。先人一宦餘空橐,游子多年別故鄉。彩筆催頹誰更健,青衫飄泊總堪傷。向時尊酒論文地,老盡窗前樹幾行。

寄王西指內弟二首

與君看月到揚州，官閣新詩迭唱酬。分手一歸江上棹，驚心六度客中秋。叔敖有子常被褐，王粲無家獨倚樓。往事不堪重記省，蜀鵑遼鶴古今愁。

當年總丱結姻親，忝爾家尊獎譽頻。早盼華簪依魏闕，誰知短褐滯江濱。瘦妻多病常思母，嬌女能詩未字人。百事關心歸不得，側身南望涕沾巾。

閏 七 夕

依稀景物近中秋，還見穿針上綺樓。此夜雙星重繾綣，今年少皞亦風流。臨河烏鵲橋仍架，向月蜘蛛網更稠。邂逅從來多意外，人間思婦莫深愁。

盈盈河漢水增波，傳道天孫駕又過。落魄半生愚轉甚，佳期兩度巧誰多。屢從客舍傳瓜果，難到家山問薜蘿。歲月漸移人漸老，芳尊入手且高歌。

喜 雨

午夢驚聞殷地雷，須臾急雨濺莓苔。鵝兒得水雙雙浴，燕子尋巢得得來。乍愛清涼移几席，遠觀霡足倚樓臺。西秦久旱今何似，膚寸深期遍九垓。

好雨真能消酷暑，滿空涼氣落檐牙。已滋郊外千畦稻，況潤庭前幾樹花。逆旅雖無禾可納，豐年定有米堪賒。暫開懷抱須謀醉，笑脫綈衣付酒家。

閏端陽席上贈張月娥校書用唐人萬楚五日觀妓原韵

一枝軟玉倚窗紗，兩度芳辰見麗華。皓腕重懸長命縷，香鬢新插並頭花。情多最喜年逢閏,歡劇生憎日易斜。借問酒闌人散後,今宵行雨向誰家。

夏夜李笠翁招飲湖上

湖光瀲灩漾晴空,雀舫行來一鏡中。堤白漸高楊柳月,杯香頻過藕花風。歌喉恰應簫聲轉,舞袖輕搖燭影紅。如此追歡良不厭,肯教踪迹遽西東。

登 八 咏 樓

鶯花滿眼足消愁,勝地追歡興更幽。三月風光閒對酒,百年懷抱此登樓。芙蓉山色尊前落,燕尾溪聲檻外流。欲吊休文何處是,泠泠古井碧烟浮。

雨後過吳蘭次先生齋中看梅

心會高齋幾樹梅,防他風雨暗相催。却因帶濕娟娟好,能不聞香得得來。待月已拚深夜坐,驅寒真愛巨觴開。衡茅咫尺如同舍,晨夕過從興更頻。

寄王侍郎阮亭先生十八韵

偉任司天祿,耆儒領地官。五章行指鶴,千仞故翔鸞。岱嶽丰標並,奎芒彩筆干。歌吟中允句,濡染右軍翰。偽體裁能盡,元音振不難。起衰文郁郁,獨立武桓桓。後輩模楷久,先生汲引寬。黑裘趨輦下,青眼出朝端。石向他山采,絃教古調彈。數奇遲命服,年壯尚塵冠。荒驛慈烏返,蕪城旅雁單。尋銘頻拭壁,懷遠一憑闌。治行高誰埒,風流迥未殘。曩先生司李廣陵,凡名勝處多所留題。珣玭時把晤,謂西齋、勿齋兄弟。游夏亦追歡,謂宗定九、李大村、朱西柯諸君。感義聯唇齒,沾恩浹肺肝。憐才仍吐哺,籌國願加餐。馬取神洼霧，魚收瀚海瀾。終須依末照，更擬入長安。

邗江舟中奉贈閣學韓慕廬先生三十二韵

文心滋僞巧，藝苑日荒蕪。崛起韓夫子，猗歟古大儒。高懷追正始，健筆挽群趨。義闡羲軒奥，詞摛左國腴。行間山嶽舉，腕下鬼神驅。貫斗聲華赫，凌雲鑒賞殊。王曾名獨擅，董相學誰俱。頹俗煩撐拄，時髦作範模。至今風氣厚，未覺體裁渝。我企芳型久，公知積悃無。昔年曾鍵户，終歲但操觚。每詫新聲盛，常憂古調孤。江干傳巨製，燈下發狂呼。端的逢遷固，依稀覿柳蘇。自兹神已契，何日手停摹。經擬窺邊笥，書還問陸厨。登龍心耿耿，執雉意區區。悵此天涯客，飄如水上鳧。乾坤艱邂逅，歲月重踟蹰。今日杯同把，平生願已符。丰標瞻雪巘，襟抱對冰壺。話舊悲遺逸，時先生爲冒巢民徵君作墓銘。論文豁滯愚。微長能見取，遠志更相須。謬許龍爲友，寧知馬是駑。停舟期再宿，奉詔趨前途。一起東山卧，行司北斗樞。賡歌調律吕，熙載翊唐虞。賤子身猶困，先生業正紆。茅征思彙拔，水擊想搏扶。延佇情何極，臨分夜欲徂。淮徐波浩淼，燕翼路崎嶇。早有羈人夢，追隨入上都。

郊　行

芳郊二月日遲遲，水曲山坳信所之。何處看來春最好，新鶯啼入杏花枝。

采　蓮　曲

雨過蓮塘暑氣消，相將女伴泛輕船。却臨碧水深深照，人面荷花一樣嬌。

花香粉氣兩氤氳，細語花間悄不聞。一陣好風何處起，荷珠吹落白羅裙。

采蓮只在水中央，汗滴清波別有香。暗囑侍兒輕撥棹，休教驚起睡鴛鴦。

芙渠深處盪蘭舟，堤上何人故出游。却教玉顏藏不住，更攀荷葉障嬌羞。

雙橈動處起微瀾，匼匝香風襲綺紈。采到蓮心愁不語，歸時要與玉郎看。

送徐棟枵歸武川

嘹嚦長空一雁哀，客中送客重徘徊。歸時爲訪東籬菊，荒草叢中幾朵開。

春 日 溪 邊

舴艋輕舟趁曉風，一溪芳草碧烟中。停橈試問垂綸叟，洞口桃花幾樹紅。

聞　笛

西風漸覺客衣單，搔首斜陽獨倚闌。何處樓頭吹短笛，滿城楊柳起秋寒。

《金華詩録》評《十月晦日自都門回廣陵是日家母從南至》詩云：五言古學杜，已能得其真實樸至處。評《七夕歌》云：此是學駱丞體，結語從義山"嫦娥應悔偷靈藥，碧海青天夜夜心"二語翻出。評詩後云：其恭與李梧岡交，既卒，梧岡挽之，詩曰："江東詩好誰如爾，天上樓成只爲渠。"梧岡眼中無餘子，所許必非常才也。又云："當年緑綺猶存否，子敬人琴兩絶聲。"自注：余曾以古琴贈其恭。當日其恭必善琴，《彈琴詩》亦非空言也。惜未見全集。其鄉人僅從《離珠集》、《名家詩成》二選本中抄録寄來，恐不盡其所長。

《嘉慶武義志》：《春日游壺山》"我心了可見"，"了"作"略"。"游賞雖未窮"，"未"作"無"。均誤。

《金華詩録》:《春日游壺山》"游賞雖未窮","賞"誤作"想"。

都門送劉斑庭明府之任武義

風塵游子息征車,正值仙郎奉檄初。一見遂令歌父母,此行端不負詩書。荒城寂寞千山裏,舊俗凋殘百戰餘。梟烏到時甘雨遍,定知霑灑及吾廬。

送徐松之游西湖

別我將安適,西冷續舊游。江山雙老眼,風雨一孤舟。鷲嶺鐘聲曉,蘇堤柳色秋。好詩吟不盡,端可豁窮愁。

酒 人 嘆

數載客廣陵,途窮意頗暢。酒徒十餘人,聚飲劇豪宕。彼此日招邀,鬚眉畢相向。如何今歲中,茲事乃多曠。或則事遠游,或則抱久恙。人稀興漸頹,往來非昔況。何事無盛衰,念之重惆悵。

以上見《名家詩成》,《浮園集》中未載,附鈔於此。

入 山

戰場家已破,世路我何艱。歲月頻犇走,兵戈遞往還。驚魂迷間道,微命寄深山。却羨雲中鳥,高飛爾獨閒。

荒 途 夜 宿

安堵知何日,犇波尚至今。荒村聊假寐,落葉暗驚心。谷口豺狼滿,床頭草木深。雞鳴催我去,未敢戀餘衾。

僻 地

宇宙頻争戰,滄桑幾變更。皇天方好殺,僻地暫偷生。殘雪梅初放，孤村月自明。不堪長蠖伏，拭泪望河清。

山　夜

谷隘風全緊，山高月半開。眼空歸鳥盡，腸斷暮猿哀。衣薄親爐火，愁深厭酒杯。干戈方滿地，何日洗塵埃。

山 中 除 夕

歲月今宵盡，烟塵到處同。年華愁疾裏，往事夢魂中。飄泊頻看劍，艱危獨省躬。應將無限恨，搔首訴春風。

咏　竹

淇右傳佳種，猗猗列萬竿。臨窗搖碎日，映水出層瀾。正直凌霄漢，艱危歷歲寒。翛然塵世外，惟待子猷看。

修潔人間賞，幽貞象外觀。梅松堪作侶，霜雪未知寒。山鬼愁何極，湘君泪不乾。最宜新雨後，清翠洒千竿。原注：《楚詞·山鬼》篇有"幽篁不見天"句。

颯颯多清韵，亭亭自逸姿。虛中如有主，直節更無私。翠影搖清漢，脩竿漾綠漪。若將製長笛，應待野王吹。

寄　友　人

芳草年年綠，桃花處處紅。故人經歲別，尊酒幾時同。鄴架書應滿，蓮鄉句益工。未能乘雪夜，聊此寄春風。

山中九日 原注：甲寅之變，予避寇入永康山中，感而賦此。

對節思家感慨深，携壺莫上最高岑。萬方戎馬昏天地，百戰川原變古今。綠柳黃花聊破涕，青山碧水總傷心。誰憐避地多歧路，仙境桃源不可尋。

晤徐漢章述懷

經年離亂隔雲峰，相對翻疑夢裏逢。詩酒暫同今日意，塵埃不似舊時容。無家久已傷鴻雁，避世安能效赤松。回首春風歡笑地，不勝清淚咽寒蛩。

嘆　息

嘆息年來事已非，烽烟四望黯斜暉。深山出没豺狼吼，曠野倉皇鳥雀飛。白草黃沙皆戰血，蒼頭赤子盡戎衣。堪憐慟哭誰家婦，日暮招魂尚未歸。

寄楊保生表兄

題詩寄與曉來鴻，悵望雙巖思不窮。一自干戈離別後，幾回涕淚夢魂中。山河戰伐悲流杵，踪迹飄零嘆轉蓬。何日烟銷重把袂，閒傾尊酒對東風。

登壺山寺

蠟屐閒游事已違，高亭一望涕沾衣。青山綠樹年年在，畫閣朱樓處處非。適野哀鴻何日返，從軍蕩子幾人歸。干戈滿目沙塵暗，無地潛身效采薇。

對雪感懷

干戈擾擾連山起，風雪飄飄撲面吹。剩有殘生隨冷落，曾無隙地可栖遲。杜陵世亂詩千首，阮籍途窮酒一卮。人事天心誰可問，采芝高蹈是吾師。

恢復後登城樓有感

鼙鼓笳聲動地哀，荒城一眺一徘徊。山川百里驚烽火，樓閣千家變劫灰。蜀國啼鵑空恨切，遼陽飛鶴獨歸來。繁華想像渾如夢，剩得鶉衣痛未裁。

夏夜李笠翁先生招飲東湖泛月 原注：湖在嚴州。

三年不到此湖東，湖上新荷依舊紅。往事已經離亂後，斯游如在夢魂中。金波蕩槳隨明月，玉斝飄香任好風。勝席相逢應共醉，不須搔首嘆飄蓬。

咏 臘 梅

一枝搖曳朔風天，彷彿鴉妝染額妍。冷艷正宜金菊友，孤芳更占玉梅先。寒飛碧落香逾靜，月映黃昏態倍娟。自异羅浮游冶處，好將幽夢擾清眠。

贈 林 中 梓

石麟天上已蜚聲，才子人間早擅名。彩筆欲傾巫峽水，丰姿如映玉壺晶。已知畫入王維妙，更喜詩同謝朓清。似爾風流真獨步，一鳴應使萬人驚。

壺山紹宗上人以黃柑見遺，口占一律答謝

不到壺峰已兩月，烟霞幽致近如何。忽看雲外霜柑落，知是山中秋色多。別有清香時噴礴，應從仙手日摩挲。興來渾欲携觴去，醉聽黃鸝一曲歌。

題 籬 畔 梅 花

園林雪後吐幽芳，不與春葩鬥艷妝。自爾清高塵世外，偏宜瀟灑竹籬旁。月含素影娟娟靜，風引寒枝細細香。惟有林逋堪結賞，微吟相對意何長。

咏 梅 花

一枝瘦影照寒塘，落落仙姿静自芳。玉貌何須金作屋，冰心祇許雪爲郷。春生驛路詩堪寄，月冷羅浮夢未央。不用巡簷頻索笑，傾城原是舊時妝。

贈楊明府二首

綵筆翩翩擅二京，風流仙令舊知名。到來雨露隨車灑，頓使烽烟徹地清。北嶺青雲翔烏影，南湖緑水瀉琴聲。山城近見光輝滿，爲有郎官一宿明。

雙烏翩翩下碧虚，壺山遙見五雲舒。庭堦寂静揮絃日，觴咏優游卧理餘。已見潢池多佩犢，更聞清署有懸魚。春來試看花城錦，只恐河陽尚未如。

元旦上家大人

陽律初回日色和，東風吹暖入庭柯。却看梅柳年光換，且喜椿萱樂事多。簾外紅雲移淑景，尊前黄鳥弄新歌。寸心願把春暉報，莫使流光浪擲梭。

秋 日 懷 友

秋熱何曾玉露零，幽棲尋勝幾回經。辭巢燕子當簷去，不雨閒雲繞檻停。架上書存高士傳，城東夜卜酒人星。鷄豚頻踐年年約，泉石相期到百齡。

吊 昭 君

盈廷無策備邊隅，翻遣蛾眉赴遠區。環珮何堪辭漢主，琵琶從此醉單于。千秋怨魄隨青塚，一代紅顔剩畫圖。回首玉鞍斜日路，雁門未出泪先枯。

賦得蕩婦高樓月 二首

向晚無消息，空床祇自憐。不如樓外月，常得近郎邊。
瀲瀲樓頭月，含光伴玉閨。多情不相厭，照妾一生啼。

夏 日 題 芭 蕉

我愛芭蕉樹，獨坐芭蕉下。夜久生微風，開襟一瀟灑。

獨　　立

園亭生靜思，得意即徘徊。獨立不知暝，林中歸鳥來。

春　　莫

出戶探芳菲，春歸在何處。幽澗寂無聲，落花浮水去。

北　　軒

避暑北軒中，高眠坦其腹。清風颯然來，吹此林間竹。

午　　睡

雨餘亭館清，夏簟涼於水。獨臥無人知，松風驚夢起。

館　　夜

看書日欲暝，聊復枕書眠。醒來望明月，已過竹林邊。

秋日懷李笠翁先生因題桐葉

雲山渺渺隔長途，欲寄相思雁却無。日暮題詩向桐葉，秋風吹
得到西湖。

早梅詩呈楊明府 二首

昨夜香風散九英，一枝春色到寒城。使君盡日閒相對，爲有冰心似箇清。

往步寒郊探早梅，南枝先向曉風開。怪來底事香偏馥，應是河陽仙令栽。

蘭江留別葉子祚孝廉

扁舟欲發水淙淙，把手臨歧恨滿腔。今夜不知何處宿，好憑飛夢到蘭江。

以上不見《浮園詩集》，係廩生葉青錢出其婦翁李太學鈔本見示，因盡登之。

王應璠 字子璵，諸生。

咏譜山下浮石

兀峙中流不記年，幾看陵谷變桑田。隨波隱見非阿世，與物浮沉別有天。多竅未曾離渾沌，虛空早已却糾纏。而今悟得元中妙，欲買漁舟伴爾眠。康熙修邑志

中 峰 教 寺

竹裏禪關傍水開，香雲繚繞舊亭臺。巉巖怪石堪珍玩，長引幽人屐齒來。仝上

熟 溪 游 舫

疏柳依稀夾岸陰，清謳隨水韵瑤琴。夜來燈火搖江影，疑是波間灑碎金。仝上

熟 溪 漁 歌

撥棹憑風漾碧波，生涯惟荷一輕蓑。我隨明月相携飲，明月滿江伴我歌。仝上

武川詩鈔卷四

國　　朝

何師吕字尚甫，諸生。沈潜好學，藏書數萬卷，一生寢饋其中。蒐羅既廣，問無不知，時有書厨之目。著有《睒喬齋雜咏》。

睒　喬　齋

何以適志，青山白雲。何以娛目，朝霞夕曛。上有長林，下有回溪。黃麋晝出，玄猿夜啼。耳號松風，以當管絃。匡坐大石，手汲清泉。樂哉山居，可以徘徊。巖洞斗絶，豁焉中開。竹房内幽，石壇外朗。有客清談，無人獨往。紅塵不到，神游太虛。一事關心，焚香讀書。《清源宗譜》

自　　咏

曲江有芳蕊，江長渺難越。蟾宮有桂叢，無階望空峯。束髮事詩書，抗心求古益。雕蟲何足云，薄懷經世術。日月如逝波，去去何其疾。年逼知命期，纖長痛無述。仝上

止　　窩

結屋名止窩，僅若斗般大。一枕午風凉，俗慮了無礙。神游蓬島間，意出塵寰外。爲問華山人，此趣應獨解。嘉慶修邑志

1342

自　述

爲道思難進，求閒亦未成。憑將無益事，誤此有涯生。見水携筇去，聞山挾策行。感時多漫語，虛竅偶然鳴。《清源宗譜》

徐俟召字君待。康熙三十二年舉人，著有《井汲集》。

石鵝巖麓雲庵

携筇尋古刹，幽迹絶塵埃。貌古餐丹粒，毛豐長緑苔。難供江淹筆，堪憶右軍才。尤喜中峰上，雲閒淡可裁。康熙修邑志

偕江邑侯 留篇登誥山聚奎塔次韵二首

爲攬溪南勝，同登百尺巒。最宜塵外景，堪作静中觀。斗宿分平野，魚龍躍淺灘。山靈應有約，共祝大夫官。

登山何所事，鍊石補危巒。七級環飛翠，千秋起壯觀。祥開壺巘岫，秀擁熟溪灘。僻邑風斯古，奚須問稗官。同上

石棊砰和蕭天章學博韵

尋幽來郭外，路出寺前峰。林静堪歲月，山高不礙筇。人偕殘局老，砰倩白雲封。欲遣公餘興，毋嫌蠟屐重。嘉慶修邑志

壺山步劉司馬韵

閒步松陰寺，泉流瀉石寒。階前環萬壑，户外聳千巒。縱目乾坤小，放懷烟水寬。孤亭人去後，幽處可棲鸞。仝上

武　陽　十　景

壺　山　春　霽

新雨初收霽色開，春風蕩漾思悠哉。鳥能解語銜香至，山亦知

時擁翠來。無限嵐光生遠岫，何妨屐齒破蒼苔。老僧也識尋芳處，
徙倚亭皋久不回。

淑 水 秋 澄

　　□□□□鎖碧流，蘆汀荻浦静涵秋。丹楓夾岸紅千葉，緑水如
雲碧一洲。遥見人從橋下過，恍疑舟向鏡中游。興來閒坐苔磯上，
濁酒清琴對野鷗。

北 嶺 松 雲

　　挈伴同游到嶺巔，松陰雲影兩悠然。松翻雲影層層靄，雲挂松
陰淡淡烟。雲影逗窗閒似客，松陰拂户静於禪。此中消息誰能解，
松在山中雲在天。

南 湖 烟 月

　　湖光潋灩碧連天，風送荷香滿客船。雨散飛花沾宿霧，月明垂
柳帶輕烟。幾家樵舍依山曲，是處漁村傍水邊。安得蓑翁同結伴，
菰蒲叢裏共鷗眠。

靈 洞 雙 奇

　　捫蘿直躡最高峰，咫尺仙凡隔幾重。玉洞合吞雙日月，金巖遥
擁一芙蓉。苔侵石磴長留屐，風過山櫺不礙松。放眼頓忘歸路遠，
夕陽古寺一聲鐘。

陽 巖 五 色

　　陵谷經今已遞遷，巉巖千古疊山巔。光鋪瑞日峰頭晃，色映祥
雲谷口懸。非獨幽奇稱勝地，還憑變幻卜豐年。女媧鍊處多遺石，
留貯寰中再補天。

金 柱 垂 簾

　　每憶先賢感舊游，停車坐向水亭幽。泉懸洞口全消暑，玉碎巖
前半欲秋。隨雨遄飛聲細細，因風斜捲影悠悠。一從人去山容寂，
珠箔長垂懶上鈎。

寶泉漱玉

小徑斜穿衹樹林，淙淙泉響弄晴陰。風清長送天然筑，夜靜時聞月下琴。伶利四圍攢石齒，澄泓一掬滌塵心。當年記否乘驄客，漱枕歸來說到今。

九峰連翠

誰擘巉巖遣五丁，峰峰染翠插窅冥。九嶷石色雲端白，一抹山光雨後青。有客還丹初啓鼎，何人披錦爲張屏。岩嶤絕類天台景，坐盡斜陽醉亦醒。

八素棲霞

避秦今已幾多旬，此地猶傳昔避秦。山素只緣來白叟，谷深應不染紅塵。林前草木皆披錦，洞裏乾坤自送春。想是幽居嫌冷落，桃花放出賺漁人。

冬夜宿壺山

爐燒獸火夜初長，靜叩禪關爇玉釭。風動竹聲寒到枕，月移梅影瘦橫窗。時聞飛葉惺松下，且聽疏鐘冷落撞。爲有佛燈斜照座，不知纓絡暗經幢。

春日游西湖

萬頃湖光漾碧空，輕帆短棹挂春風。綠浮細柳侵杯底，香染飛花拂座中。畫鼓敲殘斜月白，彩舡搖破夕陽紅。多情最是堤邊鳥，巧弄笙簧處處同。

月　夜

半綸未挂一身輕，高臥溪山午夜清。枕上聞雞思起舞，冰輪如鑑影分明。已上詩刻板尚存湯俊勳家。

贈秋濤禪師重建明招寺詩

松爲寶蓋竹爲椽，古刹重開兜率天。林静堪藏閒日月，窗虛剩
得好山川。杖錫遥從銀漢落，花宮隱與翠微連。石頭路滑無緣到，
愧却東坡笑問禪。康熙修邑志

菊 溪 賞 菊

山溪霜冷寂涵秋，夾岸黄英映碧流。質漾清漪沉澗底，花偕紅
蓼滿灘頭。欲從妃水尋仙迹，故向淵明學壯游。坐石餐英情自遠，
歸來衣袖暗香浮。同上

望大家巖 嘉慶修邑志巖作"山"。

千年古刹聳危巒，遥望徘徊興未闌。石筍插天晴蔽日，飛泉挂
檻夏生寒。欲隨鸞鶴尋仙迹，無奈藤蘿礙客冠。聞道大家風景別，
莫將勝地座中看。金華詩録：大家山在武義治西二十里，又名大姑山。志
云：趾有新婦山，二山相向。晋令張彦卿女適幾月，姑婦並没，神靈各主一
山。大家雲起，新婦即雨。山川出雲，蒸氣成雨，山靈亦似有所役，蓋一奇也。
山下溪亦曰大家溪。

憂中有懷虞梅卿年兄

嚴灘握別阻仙舟，無限牢騷入暮愁。每憶談心還聽雨，那知分
手更悲秋。思家有夢驚炊臼，落木無聲感敝裘。幾度關山離別恨，
長憑旅雁到滄洲。同上

憩 山 亭

風塵僕僕憩長亭，蟬噪枝頭不忍聽。渺渺歸期還未卜，愁懷空
對萬峰青。同上

吊　孝　子

胡蝶山前一劍光，至今猶自吐風霜。英魂不逐愁雲散，化作長虹挂北邙。《孝烈編》

朱若功字日定，號學齋。康熙己丑進士，授雲南昆明令。寬明廉介，墊解逋賦四千兩有奇，除陋規錢以萬計。忤上官，調呈貢。呈俗奉孔子像於釋老右，若功斥禁之，民始知尊聖。致仕，宦橐蕭然，以壽終。

咏　挽　縴

一握牙籌趁曉天，經綸常在萬民先。鞠躬盡瘁知何事，只爲濟人不自憐。友鹿山人口誦。

何嘉猷字訏遠，康熙年貢。父承祖割股療親疾，崇禎十三年旌孝。嘉猷讀書長山，著有《懷親詩》三十章。

復　仇　刃

一腔熱血染刀尖，胡蝶山中仇命殲。幾度摩挱余欲泣，當年割股憶家嚴。《孝烈編》

楊聲遠字駿公，康熙歲貢。家貧力學，暇則游覽山水，著有《惜陰集》五十卷。

美人折梅花圖

獨契孤芳意，何妨出手寒。香風吹不盡，切莫待春殘。

撚梅深隱惜，厭傍曉風吹。幽恨憑誰訴，容華空自知。《金華詩錄》

顧　庚字子由，諸生。

八　素　山

冥鴻豈復在人間，往迹猶存八素山。杉桂久依玄豹隱，薜蘿深鎖白雲閒。蛟龍潭上時歸去，笙鶴峰頭自往還。幸隔茅店惟咫尺，松根擬築小柴關。嘉慶修邑志

樂在堂偶成

浪迹歸來十載餘，依然松竹繞吾廬。溪山雙屐足携酒，烟雨一簑堪釣魚。課子頻開窗下卷，呼僮莫輟隴頭鋤。柴門靜掩雲深處，抱膝長吟意自如。

草堂風拂净無埃，坐對西風氣爽哉。鏡裏休驚頭上雪，花前且醉掌中杯。雲知峰好飛猶抱，鳥愛林幽去復來。問古時時能不厭，縹囊緗帙盡難開。同上

魚　鷹　巖

高岡仄徑立闌干，謖謖松風拂袖寒。僧住逍遥蒼翠上，客來縹緲碧雲端。泉飛絶澗灣灣白，霜染疏林處處丹。不泛扁舟烟水外，焚香石室卧蒲團。同上

徐鼎軾字期瞻，康熙間諸生。

龍　門　嶺

草屋楓林葉半紅，欣逢九日到山中。不須更覓登高處，已在龍門第一峰。康熙修邑志

胡蝶山和嚴先生韵

寂寂山迴一水東，夕陽慘淡映丹楓。當年血淚痕猶在，留照人

間萬古紅。《孝烈編》

徐之成字遜之，康熙年貢。詩一首，見邑志。

劉　巖

　　結伴尋幽入翠微，石籠蓬闕靜朝暉。珠簾挂檻空中落，鷲嶺回環雲外飛。豕鹿無心窺佛相，烟霞有意染僧衣。何須更覓桃源路，洞裏乾坤醉不歸。

周維新字續宣，康熙間諸生。詩一首，見《孝烈編》。

胡蝶山和巖先生韵

　　力挽狂瀾一柱東，剛腸烈烈慘霜楓。而今追憶揮謦處，猶自心傷血泪紅。

王　瓊字待成，乾隆間諸生。著有《清靜草堂集》，詩二十六首，《秋夜獨坐》、《夏客白溪》見《金華詩録》，餘見本集。

秋 夜 獨 坐

　　人靜夜將半，蟲鳴秋已深。遙情千里月，獨坐一生心。詩就誰來和，杯乾自可斟。殘燈光不滅，耿耿照彈琴。

夏 客 白 溪

　　夏日山居好，風清正午天。桑樞閒放鶴，竹榻臥聽蟬。劍帶鷄聲舞，琴依鳥影懸。陽潭非弱水，自在即神仙。

春日游壺山寺

　　盤桓來野寺，步入半間雲。徑曲鐘聲漫，春深草色焄。無言花脉脉,有托鳥欣欣。游倦還斟酒,因緣醉裏聞。寺畔依山爲樓,曰"半間雲"。

秋日游法雲寺

晨入法雲寺,林東旭日明。柳烟含曙色,桐葉帶秋聲。郭外群山瘦,門前一水平。雨花飛十地,可是悟無生。

秋日登香山寺浮圖

憑臨望四遠,晚眺入浮圖。秋老林容净,天空鳥影孤。松雲昏北嶺,烟月起南湖。恍到蓬萊頂,乾坤貌一壺。

秋登天階景壁①樓

登山還遠眺,獨倚最高樓。雲路中峰繞,鐘聲半嶺浮。飛飛將落葉,渺渺欲窮秋。城郭環如畫,蕭條對客愁。

望 白 山

白巔危百尺,望出世塵間。雲近烟迷路,天低日絆山。蒼巖看鳥過,古樹聽猿攀。應少牧樵迹,何人最往還。

送 徐 光 鼎

涼風吹畫閣,落葉滿秋池。昨夜談心處,今朝把臂時。樹遮歸去路,雲斷望中思。漫道留君切,還愁後會遲。

游 朱 呂 講 堂

朱呂新堂迥,淵源熟水東。山高喬木古,澗絕水泉通。俎豆生賢氣,詩書振士風。明公崇理學,麗澤更無窮。

---

① 壁,原作"璧",據《武川備考》改。

宮中行樂詞

連昌古行宮,至今説玄宗。念奴歌新曲,力士舞春風。池柳萬絲緑,牆桃千葉紅。太真闌干立,望仙春正濃。

鴛鴦樓繡閣,珠玉滿紗窗。宮女開嬌眼,諸姨掃淡妝。登樓春酒美,臨砌落花香。吹管調新曲,上皇睡海棠。

前有樽酒行

黄菊臨杯緑映亭,窗蟲砌竹不堪聽。清風明月冷石屏,露滴金樽酒更馨。但願長醉不願醒,羽扇倒持撲流螢。霜葉赤,落霞碧,故園桃李今若何,秋木長吟愁孤客。

長 相 思

長相思,泪如雨,嬌面如花誰家女。愁思蒼茫雲海間,闌干獨倚唱金縷。遠人期至不歸來,一行音書寄鴻羽。上有天孫之獨宿,下有孤雁之隻處。夢魂落葉一齊飛,遥遥隔斷湘江水。長相思,與誰語。

上 明 招 山

霜風冷書聲,秋月寒展齒。二聱北邙山,雙亭東流水。上山覓遺踪,松間聊倚徙。

秋夜登八咏樓

八咏一樓月,雙溪千山雪。野寺梵聲殘,郡閣歌鍾歇。樹帶人馬聲,葉染江山血。雁影傍城空,客心映流澈。秋夜此一登,慨然萬愁揭。

秋登誥山

滿野黃花景色幽，閒時對景眄汀洲。年來山上過還過，不信人間秋更秋。霧繞壺峰亭隱在，船停熟渚水平流。聚奎故址今何處，惟有象龍相對愁。

東皋晚眺

風吹鄉思路漫漫，日落長空返照寒。飛葉辭枝催髮白，晚花成實想心丹。烟迷老樹棲鴉集，雲冷深山宿鳥摶。孤客東皋薄暮望，不堪人事日凋殘。

水簾亭吊古

憑眺水簾望巑岏，昔時勝事久凋殘。松陰寂寞懸泉在，花氣芬芳石徑寒。千古英賢隨水逝，一天珠玉落雲端。宋人舊句猶堪認，落木蒼涼不忍看。

自　慨

美玉原當待價沽，饔飧不復辨精麤。草堂寂寞朝吟冷，竹榻凄涼夜睡孤。餬口他鄉同棄物，傍人何處不窮途。年來抱膝東皋野，素位堂中作草廬。

暮秋客館寄朱杞

他鄉共酌客身間，异地同悲涕淚潸。喜見黃花愁裏放，怕看白髮鏡中斑。眼前秋色何容易，世上功名只等閒。寄語幽齋知己道，明朝秋盡急登山。

立　秋

大火西流去，玄蟬叫不住。聞來落葉聲，愁滿梧桐樹。

秋 夜 獨 坐

蕉雨聲何慘,桐風意已枯。夜深悲獨坐,窗外有人無。

送 友

漫漫江山路,飄飄雲鳥飛。送君到谷口,欲別又牽衣。

游東寺 集唐詩

殷勤竹林寺,到來生隱心。空留一片石,閒坐聽春禽。

春 閨

日長繡倦正添愁,獨自看花上翠樓。無限春情何處訴,凭闌不語只低頭。

秋 閨

紅燭無光冷畫樓,金風蕭瑟動銀鈎。聲聲驚得相思骨,一夜秋閨夢裏愁。

《清靜草堂詩集》鈔本,余倩王紹香得之陽山竹軒先生邵裕森家,殘破不可卒讀,紅露薪齋先生王建中爲校補成集。近又從廩生邵炳鑾處得一本,與前本不類,意者前所見鈔本乃晚年自定之藁,邵君所藏其初藁歟?

朱廷偉字咸熙,諸生。

水 簾 亭

來訪鴻儒宅,任情過碧堤。峰閒秋月淡,亭外白雲低。水逸山光净,烟浮草色迷。清風寒澗底,對此有餘凄。《金華詩錄》,竝見嘉慶修邑志。

徐　斌字文煥，號拙庵。乾隆年貢。好古嗜學，博通經史，著有《四書人名考補》，又著《名臣錄》，未就而卒。

武城絃歌送涵翁張邑侯

使君朝北闕，祖道出東城。花映千山秀，風飄兩袖清。蒲鞭歌舊德，竹馬占新迎。日捧承恩近，露濃待漏盈。紫泥褒袞字，青瑣紀循聲。晨聽漢題柱，遙瞻福曜明。嘉慶修邑志

徐光鼎字調梅，諸生。

武城絃歌送涵翁張邑侯

鶴書來萬里，鳧舄去千程。驥足雲方展，牛刀政久成。管絃民物古，山水畫圖清。桃李公門盛，驪歌滿武城。嘉慶修邑志

王日泰字吉甫。乾隆歲貢，新城訓導。

曉游壺山憩慈雲庵

西巘月稍落，東嶺霞初紅。晴光射蒼翠，朵朵開芙蓉。縈紆緣曲澗，歷亂披幽叢。崖傾徑逾仄，峰回路不窮。泫泫含花露，泠泠出谷風。紅泉瀉翠篠，白雲覆青松。偶來尋初服，遂已息塵悰。更訪支公室，日午聞清鐘。嘉慶修邑志

王鴻業字以烈，諸生。

明招山訪呂紫薇墓

山巉石立風稜稜，氣削太華芙蓉青。聞有紫薇呂公墓，春秋故解餘麟經。其人雖沒文章在，詩心仍粹西江派。獨於瘦硬取通神，

險絕丰稜筆以外。玄堂築向明招山，琢瓊刊璧披雲間。我來訪古斷碑卓，一塹尚抱峰回環。況復東萊森道學，合離朱陸中尊嶽。兀圖古易炳先型，回首朱雲肯顛角。嘉慶修邑志

揚廷榜字芳遠，號金山。乾隆丁酉舉人，臨海教諭。

何節母壽詩 金氏

瞻彼寶巖，泉流觚觚。飲我冰心，節標松柏。我聞何母，族稱孝婦。嗟我良人，青年分手。欲從地下，奈有翁何。呱呱在抱，涕矢靡佗。上承下撫，甘心荼苦。婦也子也，爲依爲怙。斷機畫荻，俾之成立。鬢序蜇聲，光於里邑。桑榆暮年，霜雪貞堅。龍章表宅，鳳誥榮先。莫萊初飛，壽慶古稀。蘭孫森列，競舞斑衣。高映婺星，佳氣盈庭。籌添後至，用祝遐齡。《汲園彙編》

病 中 口 占

僕僕風塵八十年，少逢安樂每憂煎。從今撒手歸真去，且學希夷一覺眠。揚姚士注：先祖嘉慶己卯九月十六日臥疾長興學署，索筆賦此而卒。《揚氏譜》

王惟孫字祖蔭，號荔村。乾隆己酉拔貢，青田教諭。著《荔村詩稿》四卷。

山 居 秋 暝

殘葉滿蒼苔，石徑攀蘿上。西嶺夕陽微，天涼秋氣爽。窗虛松子落，月照清泉響。幽興誰與同，野鹿時來往。

雪後獨行溪上探梅

曉來策蹇行，忽見青山列。修竹俯迴溪，風驚灑殘雪。幽鳥時

一啼,寒林香不絕。佳人遲未來,恨此芳梅節。

明招山拜呂東萊先生墓還過智覺寺

尋山興自佳,況有同心侶。引策捫烟蘿,石磴初霽雨。林巒乍明滅,雲壑互吞吐。危石搆奇峰,修竹映孤嶼。遂造呂公墳,再拜奠芳杜。蒼碑凌寒烟,歲深蘚花聚。昔賢不可見,精廬寄空宇。惟餘太古風,依依照巖户。涼飈起澗波,夕陽半平楚。仰止具夙心,聞鐘重延仁。

月夜何筠湄見過

林塘忽陰映,新月生初夕。幽禽棲欲驚,草露紛如積。故人清夜過,開軒展瑤席。坐久微風來,細雨灑階石。竹氣送餘清,苔色上虛白。已覺幽興佳,況偕素心客。觴罷重徘徊,悵然感行役。

園 亭 春 夜

坐久棲鳥喧,明月出東巘。泠泠夜漸深,幽興正不淺。何人抱琴來,隔花迎吠犬。

水簾亭 原注: 邑南金柱山麓。
宋朱晦庵、呂東萊、陳龍川、鞏栗齋諸公嘗游此賦詩。

飛瀑出林杪,灑作巖下泉。白雲一回照,山色寒蒼然。昔賢去已久,危搆倚虛烟。苔壁篆文字,藻荇曳淪漣。俯仰餘勝迹,風流誰與傳。矯首龍門峽,願言乘高騫。龍門峽亦諸公游處。

觀 田 家

微雨歇芳園,杏花紅欲圻。田家呼飯牛,茅屋晨烟白。布穀亦已鳴,犁鋤趨南陌。就餉傍桑根,日晏未遑息。豈不念勤劬,恐受飢寒迫。風雨且知時，筋力敢自惜。却哂不稼身，無能空役役。

望霞姑山

春風不相約，忽綠溪上山。山態何窈窕，一一擁翠鬟。竹樹深
葱蒨，黃鳥鳴其間。鳥鳴飛復集，烟雲相與閒。我心適無事，不覺
樂意關。逝將理策去，采真弗復還。

泛武陽溪

漾舟入清溪，雙槳澹容與。烟生不見人，但聞隔岸語。岸花落
中流，流水引花去。魚泳知水香，舟行復幾許。日暮東風吹，微微
溪上雨。

宿寶泉庵

入山忘路深，山翠翳夕景。越澗穿綠蘿，因造招提境。花藥覆
重階，到門鐘聲靜。老衲上方來，汲泉煮蒙頂。夜深山月高，涼露
滴松影。浮生擾俗緣，塵襟未能整。偶茲夢寐清，頓令發深省。晨
起羨白雲，棲息在蒼嶺。

宿山寺

新月生未高，人影已在地。攜笻過野橋，聊尋烟際寺。疏鐘忽
出林，泠泠漾山翠。乞食僧初還，捫蘿客適至。夜靜上方明，坐聽
松子墜。

擬古別詩

朔雪蔽平原，洌洌慘羸馬。問子行何之，馳驅不少假。晨鷄催
客裝，踟蹰送于野。後會未有期，分手還重把。丈夫志四方，泪豈
兒女下。勞勞征路間，誰非遠別者。

咏 史

季子困秦歸，含憤不得吐。開篋夜陳書，引錐輒刺股。簡練爲揣摩，用志亦良苦。惜哉所學成，僅圖卿相取。士習一以卑，居然儒而賈。煌煌聖賢籍，視爲金玉府。魯連江海人，高風自千古。

安石耽聲妓，東山常自隨。及登廟堂上，猶然竹與絲。嗟哉東晉季，大廈已難支。強臣伺鐘簴，驕虜逼廬沘。從容寄談笑，一身坐鎮之。乃知棟梁任，非可尺寸規。胡銓亦志士，嶺海挾黎姬。

游 雙 玉 巖

平生游歷頗好奇，慣踞虎豹躡蛟螭。九峰東來雙玉峙，振衣獨自窮攀追。危礀盤曲一千仞，履險步仄不知疲。是時初春雨正霽，萬岫草木迥新姿。雲氣飄忽若可馭，徑趨玉女窗下窺。石扇玲瓏開宮殿，天然境界碧琉璃。或云媧皇補天曾此鍊山骨，手探五色石陸離。又疑五丁鑿山通鳥道，以其餘力恣遨嬉，劈開青玉雙龍馳。幽篁叢木深窅窱，宛有人兮駿文貍。傳聞洞中古神女，但凡請禱隨所期。山僧引我前拜奠，我口姑諾心則疑。從來倚伏總由命，福非倖獲神曷爲。且乞香泉煮苦茗，一吸兩腋清風吹。玉堂詞人去已久，剩有殘碑苔蘚滋。明宋潛溪先生曾游此，有記。披讀數過日向暮，却尋來徑步遲遲。懸梯峻絶一回望，深林倒挂青猱悲。

古 詞

妾栽女貞木，郎作楊白花。女貞不改四時綠，楊花飄蕩落誰家。昨歲西風度，知君遙在錦城住。今年芳草生，似道移舟漢陽渡。玉釵敲斷不成眠，夜夜烏啼門外雨。

昭 君 圖

漢家天子求國色，圖訪掖庭苦未得。豈謂好女顏如花，一朝遠謫適龍沙。絕代蛾眉詎不有，埋沒總由丹青手。關山萬里起黄雲，馬上琵琶空回首。圖畫當年已失真，況今玉兒久沙塵。可憐世俗悠悠者，争説丹青畫裏人。

慈尊寺古松歌

危磴横盤兩古松，交柯屈鐵何奇絕。懍然空殿六月寒，炎天豈欲灑飛雪。膚蝕蒼蘚虎豹蹄，陰慘黑枝鬼神逼。山深路僻過者稀，我來一顧一嘆息。松乎松乎，爾既不生於岱宗日觀之高峰，金檢玉册大夫封。又不能呼風雨學變化爲石，令世詫作仙人迹。凍雪獨凌深澗邊，白雲長閉空山夕。自古寄材多坎坷，松乎松乎奈爾何？

王 孝 子 墓

青林颯颯山風苦，哀禽啼烟鬼嘯雨。碧血蝕土三百秋，蒼碑半裂苔花古。父死兒生生非兒，讐生兒死死無父。手刃讐頭酬父靈，六載苦心共誰語。匕首光搖天地寒，擲空化作老蛟舞。

齋 中 題

溪光四面抱茅屋，沙徑草花紅簇簇。屋外郭熙畫秋山，盡日捲簾看不足。蠻觸相尋幾時休，車馬年年争遠游。一邱一壑真吾事，白雲招來山之幽。

徵穀謠 原注：歲丁巳，有所見而作。[①]

月黑鴟鵂呼，飛啄人家屋。昨夜縣符下，火速徵官穀。惡吏如虎虎擁狼，踞坐上頭索酒肉。窮年辛苦奉公家，誅及雞豚猶不足。官府愈怒吏愈横，寡婦哀哀舍南哭。夜深聲咽四壁愁，吏醉去眠寶釵樓。

---

① 頁眉處有何注：選入《續輶軒録》，"寶釵"改作"倡家"。

大 水 嘆

平地歘倒江河入，白雨崩騰黑風急。山腹吼裂水爭飛，老蛟向人作人立。田禾漂没古木號，千村萬落犇洪濤。爺娘妻子不相顧，咫尺性命輕鴻毛。往歲一冬天少雪，入夏無麥民愁絶。今歲上臘雪下多，老農預爲有年歌。豈意陽侯忽逞毒，飛廉屏翳恣揮呵。血肉腥穢魚爲市，可憐人畜相併死。浮雲慘淡蒼天愁，人哭鬼哭聲塞耳。嗚呼，安得化作百千身手遍持扶，死者獲收困者蘇。男兒有志庇四海，況此更爲桑梓區，仰天搔首空悲吁！

掘 草 根

> 原序：哀飢民也。歲辛未，吾婺大旱，民至掘草根以食焉。

朝掘草根，暮掘草根。腸枯欲斷，相向聲吞。室有老穉，饑餓不能出門。奄奄待絶，莫由博一餐。風吹草號日色昏，望見隔城燈火，高樓大戶誰之屋。奚奴餧馬，槽中尚餘菽粟。以手掬之遭鞭樸，側立路旁泪蔌蔌。

苦節吟爲何氏姊暨甥媳徐氏作

珤泉之水清且泚，中有孤雌喪其雄，獨啄芹與芷。上有老姑，下無黄口，奈何哉我夫！一解。桑有青蟲，蠃則似之。夫有猶子，妾則嗣之。辛苦憔悴，形影自隨。但祝兒成立，庶幾夫靈獲所依。一朝摧折，妾曷用生爲？二解。兒作泉下人，室有紅顔婦。長跽姑前，號慟叩首，乞爲郎立後。死者不朽，生者誓相守。三解。維山有石，維井有水。水不可波，石不可徙。姑兮婦兮，心生身死。四解。

新 婦 祠

落日深山路，明妝新婦祠。回廊花木映，古砌石苔滋。神雨疑聞佩，靈風欲滿旗。數峰溪上好，猶似學蛾眉。

蠟 屐 亭

吾愛阮遙集，高風猶竹林。一生惟好屐，茲地遂投簪。谷口人何往，亭前草又深。萋萋行迹在，幾兩欲相尋。

宿 寶 巖 寺

上方鐘磬罷，深夜掩禪扉。涼月到疏竹，清光生客衣。松濤經露響，螢火度烟飛。因悟維摩理，始知文字非。

城　　西

幽絕古城西，白沙十里堤。竹深文蕭宅，花映武陽溪。野廟春迎社，人家午喚雞。秦餘風俗在，洞口豈曾迷。原注：孟襄陽《宿武陽川》詩："雞鳴問何處，風俗是秦餘。"

雙 坑 村

危崖懸徑上，老屋架雲栖。野味充麋鹿，山泉灌圃畦。燈青聞鬼嘯，月白有禽啼。太古風斯在，君家本子西。原注：主人唐姓。

過 福 聖 寺

清磬鳴何處，雙林曲澗東。野雲樵徑白，楓葉寺門紅。萬事看山盡，諸緣見佛空。古碑荒草裹，無字臥秋風。

錢 塘 歸 舟

解纜西風外，扁舟曙色間。斷霞江口樹，初日海門山。客路秋將盡，鄉關夢幾還。翻憐沙渚上，獨有白鷗閒。

旅 夜 感 懷

矮屋風威動，單衾旅夢長。柝鳴五更月，雁度萬家霜。持檄功名薄，倚閭鬢髮蒼。那堪逢歲暮，猶自滯他鄉。

不 寐

不寐傷春意，偏來倚枕中。關山千里客，風雨一孤篷。冷火點前浦，寒鐘沉遠空。旅魂應已倦，無夢到江東。

渡 江

大江亘南北，烟波兩岸遥。雨移京口樹，帆落廣陵潮。鐵甕城猶古，金甌業已銷。空將一杯酒，何處酬前朝。

黃 金 臺

昭王求駿馬，此地起高臺。白日寒猶古，黃金氣已灰。空群原有種，用世豈無才。余亦燕關客，含情首重回。

淮 上 聞 砧

秋聲來不斷，處處送清砧。獨對孤舟月，難爲此夜心。楚山驚木落，淮水向人深。寂寞天涯路，霜華早滿襟。

朱 秉 三 招 飲

桃椎多隱趣，憶我動相招。雨後花三徑，風前酒一瓢。嬌兒能拜客，小婢解吹簫。允矣幽棲樂，誰云近市囂。

江 夜 舟 行

客心争早夜，歸路敢停橈。月落津催鼓，風生海上潮。移燈知艇過，吠犬覺村遥。底事罾魚者，更深未肯饒。

亡弟延之忌日

永訣猶前日，寧知已隔年。六人吾最長，一死汝爲先。白髮含慈淚，青山閉墓田。呱呱孤女在，相看倍潸然。

田家雜興

歲稔眠能穩，日高猶掩門。山風樵響答，野碓水聲吞。有客皆農圃，無愁到子孫。引觴兀然醉，一笛喚前村。

春夜送客

小閣夜留客，酒紅燈復青。竹深藏落月，花暗動疏星。握手行將別，傾杯不欲醒。明朝江上望，歸雁去冥冥。

項六吉回自都門賦贈

項斯標格勝，游倦賦歸來。舊業青編在，新詩白雪裁。聖朝方重道，吾子實懷才。行見金門詔，詎終滯草萊。

送顧鹿哇赴省

山林藏拙地，才子豈淹留。疏柳一瓢酒，峭帆千里秋。曲江濤正壯，枚叔筆誰儔。破浪乘茲去，看君作勝游。

初到青田作

浪迹成匏繫，栖栖萬嶺間。地臨滄海近，官與白雲閒。孤驛幾行雁，故鄉何處山。石門名勝在，聊自一追攀。

寄徐嘉賓

古梅香裏別君廬，又是東風二月初。山爲憶深常有夢，友因交淡轉無書。寒餘舊臘雪難盡，閏入新年花尚疏。借問南洲徐孺子，清樽短榻近何如。

寄何筠湄

憶汝碧筠草堂好，梅花來值早春前。對床共話山中雨，倚樹還聽谷口泉。豈謂浮雲成一別，相看芳草已三年。何當卜築牆東住，落日青松伴鶴眠。

寄　弟

千家碪杵搗寒暉，遠近川原木葉稀。叢菊不堪三徑別，晚鴻偏作一行飛。杜陵寄食常多病，王粲思家且未歸。白髮憑君勤問侍，懸知弗負老萊衣。

寄樓更一先生

盧溝折柳惜分裾，契闊於今十載餘。伏枕曾嬰公幹疾，關門尚著子雲書。新涼此日吟叢桂，舊雨何時話草廬。我亦年來雙鬢白，相逢應笑兩蕭疏。

登閣見梅花寄張丹村

海天雪後萬山蒼，小閣晴開倚夕陽。到眼梅花如舊識，驚心春色是他鄉。催詩此日懷何遜，載酒誰人偶顧疆。欲待折來一相寄，月明空自伴昏黃。

吳山酒樓題壁

關山木落客心驚，醉倚高樓雨乍晴。海氣曉吞吳苑樹，江潮秋齧越王城。塵顏已比黃花瘦，尺素頻看白雁征。日暮天風西北起，萬家寒送搗衣聲。

江上望越中

挂帆東望落崔嵬，日照霞邊萬嶺開。越國山川盤海盡，禹陵風
雨截江來。四明狂客誰相識，孤棹剡溪更不回。却憶蘭亭修褉地，
擬將曲水泛流杯。

錢塘懷古

依然形勝霸王都，極目蒼茫落照孤。地阨大江吞百越，潮迴滄
海控三吳。錦衣歌舞終蕭瑟，鐵券山河尚有無。陌上花開重回首，
傷心不獨在西湖。

北 固 樓

當年武帝駐霓旌，帶甲曾屯十萬兵。一自南朝收王氣，空餘北
固枕江聲。樓臺歷歷金山寺，雲樹蒼蒼鐵甕城。回首不堪羊侃恨，
紙鳶遙放晚天晴。

黃 河

黃河西望接天迴，積氣茫茫九道開。仙掌遠分星宿落，客槎橫
拂斗牛來。桃花曉漲三春雨，竹箭晴生六月雷。此日榮光方獻瑞，
宣房遺陋漢皇才。

丹 陽 懷 古

南北中分此地迴，六朝巨鎮實雄哉。江流日夜荊揚合，野色蒼
茫海岱來。蕭衍遺樓空睥睨，呂蒙故壘沒蒿萊。登臨莫漫誇天塹，
鐵甕秋生暮笛哀。

贈 內

當年燈下結新盟，相對春風兒女情。只道文君能得婿，可堪羅

隱未成名。蛾眉待埽憐非舊,馬齒頻增笑此生。却有一言持贈汝,不妨放誕且卿卿。

何曾夫婿解封侯,也復年年賦遠游。楊柳難禁頻贈別,菱花那得不關愁。半生似燕將黃口,廿載過駒欲白頭。堪笑莫遺臣朔肉,歸來還與細君謀。

書臺山 原注：宋侍郎徐文肅嘗讀書於此。

水部風流不可尋,書臺遙指碧山岑。斷碑字沒荒烟臥,空谷人來落葉深。北伐邀功奸相計,中朝抗疏直臣心。千秋悵望遺踪在,曳杖重將諫草吟。

北 嶺 登 高

危樓百尺倚嵯峨,縱目長空雨乍過。秋水漲邊飛雁滿,夕陽明處亂山多。携壺又值黃花節,吹帽其如白髮何。風景依依無限感,醉憑曲檻且高歌。

無 題 原注：和友人作。

珠簾低映畫堂深,幾片桃花隔水潯。漫道登牆能一顧,須知買笑待千金。青鸞已斷雲中信,綠綺空移海上心。最是九層沉速火,燒來寸寸恨難禁。

髻挽巫雲巧樣梳,盈盈恰在破瓜初。胸前但自懷紅豆,掌上何人繫翠裙。一枕花魂迷蛺蝶,半簾月魄望蟾蜍。效顰偏是東村女,昨日妝成上錦車。

擬 唐 人 宮 怨

細草曾承輦,君王不再行。春風復何意,吹傍玉階生。

宿 野 人 舍

石床夢乍覺，隔林聞遠鐘。蒼然松色白，月在澗西峰。

別 離 曲

郎行逐馬蹄，馬嘶春草去。春草看又生，馬今嘶何處。

溪 上 即 目

樹頭風乍生，溪口月初曙。遙聽捕魚人，隔烟時一語。

江 南 曲

郎逐楊白花，妾停桃葉渡。楊花朝暮飛，不傍渡頭住。

督 亢 坡

圖窮壯士死，擊筑爾何人。惜哉燕太子，不令偕入秦。

溪 西 即 目

溪頭數點晚鴉黃，瑟瑟西風野水長。隔岸樵人呼渡急，一肩紅葉立斜陽。

真 娘 墓

夕陽芳草影離離，零落誰憐絕代姿。畢竟鍾情由我輩，小桃花下又題詩。

滕 文 公 廟

六國山河寄暮烟，荒城古廟尚依然。春蕪門外縱橫綠，曾繞夕陽舊井田。

讀 史 偶 咏

霓舞驚殘鼙鼓來，六軍駐馬重徘徊。玉環不爲三郎死，争得鑾輿蜀道回。

無 題

夢采瑶臺第一枝，春風幾度惹相思。鶯聲未老花先謝，不爲情人住少時。

菊 妃 溪

空山雨歇竹鷄啼，無數人家古樹西。一路吟來秋色好，菊花開遍菊妃溪。

寒 食

一身爲客海雲西，回首千山意欲迷。寒食孤城春寂寂，杏花落盡子規啼。以上《荔村詩稿》。

壽何節母 金氏

德門高行達楓宸，獻壽初開設帨辰。丹詔宣來金闕曉，紫霞泛出玉壺春。花明綺席堆安棗，日麗蘭堦奉岳輪。最羨老萊堂下戲，斑衣更映綵袍新。《汲園彙編》

王惟絃荔村弟，字昭文，諸生。

壽何節母 金氏

不遇歲寒日，安知松柏貞。青春垂泪盡，白髮此心明。觸引南陽水，花深蜀帝城。間扶靈壽杖，坐看舞衣輕。

一片媧皇石，先姑志尚存。當年親峻節，今日煥新思。韶景增華髮，花香入酒樽。從容問挽鹿，猶憶平生言。

鬖髿持門戶，驚飇禦獨難。誰知千劫火，能煉一心丹。氣感欂櫨斂，宗全匕巳安。崑岡今鬱鬱，還見白虹蟠。

未識陶歐母，于茲見嗣徽。春風朝畫荻，秋雨夜鳴機。不倦今猶昨，真爲古所稀。萱堂晴日麗，蘭玉亦生輝。《汲園彙編》

王惟縣荔村弟，字延之，諸生。

秋夜武陽溪泛舟

浩浩白露繁，商風激林樾。宵知清溪轉，復見溪上月。徘徊如有情，幽興何能歇。嘉慶修邑志

過仙景橋喜晴

過橋忽覺晚天明，雙屐閒携曲澗行。山口墮雲收宿雨，樹頭穿日放新晴。漫嫌活活深泥没，且喜依依細草迎。好語野鷗莫相負，溪山曾訂舊時盟。同上

武川詩鈔卷五

國　　朝

鍾德馨字懋修，號雪厓。乾隆歲貢，餘姚訓導。著有《周易本義翼》。

過胡蝶山吊王孝子

胡蝶山深水幽咽，六年忍飲仇人血。凄凄畫影斷肝腸，稜稜快斧寒霜雪。事成函首告家祠，辭母囑妻氣壯絕。當時徒欲生王生，麗譙一投天地裂。嗟哉山中草木隨時腐，林間鵙鳥啼何補。惟有片石踞危巔，堪與王生並終古。《孝烈編》

揚世英字冠群，號春圃，乾隆甲寅舉人。任□□□□□□□著有《四書説辭》、《稡摭諸經》、《稡摭諸史》、《稡摭堂詩》、《重編□□□□□□千字文》、《增廣百家姓》。

梅花百咏 集陸放翁句　錄十五首

舍北新丹數葉楓，聊將俠氣壓春風。高標不合塵凡有，絕艷真窮造物工。留得朱顔憑綠酒，懶將白髮對青銅。疏枝冷蕊誰能畫，一樹梅花一放翁。其一《風雨夜坐》《留契亭之二》《梅花已過之四》《南園觀梅》《贈道流》《枕上口占之三》《梅花之四》《梅花之三》

雪中僵臥不須悲，湖上梅花手自移。屑玉定煩修月户，夜窗喜對出塵姿。讀騷未敢稱名士，簪帽憑誰揀好枝。漫道閒人無一事，却緣危坐得新詩。其四《贈惟了侍者》《梅花之六》《梅花之三》《對梅花獨酌》《受外祠勑》《次韵張季長》《觀紫笑花》《雨中作》

石鏡山前送落暉，人人襟袖帶香歸。簷頭殘雨晴猶滴，江路梅花開尚稀。俗客年來真掃迹，世緣但可付猗違。神仙不飲塵凡酒，空想燈前語入微。其五《春殘》《尋梅之五》《自寬》《歲暮出游》《山園雜咏之三》《親舊見過》《梅花之八》《懷故山》

夜寒皴玉倩誰温，百卉千花了不存。傷雁養翎依荻浦，梅花如雪照江村。玉壺莫貯臙脂淚，衫袂猶留掃黛痕。顧影自矜如許瘦，倚牆危坐嚥朝暾。其十三《得梅一枝》《寒食道中》《晚立》《春寒》《無題》《次韵李季長》《新秌之二》《幽居書事》

坐看庭樹六番黄，瘦損梅花更斷腸。不用采芝驚世俗，衹將搜句答年光。荒唐但向先師愧，造物能容吾輩狂。約束園丁勤灑掃，本來無事亦成忙。其二十二《閒中》《湖村夜興》《寄題朱元晦》《初夏閒適之二》《書南堂壁》《東窗小酌》《雪後至後園》《東籬》

已破梅花一兩枝，亭亭獨立見奇姿。誰知剪燭焚香夜，正是層冰積雪時。痛飲相如無奈渴，清言叔寶不勝羸。爲憐未慣叢香冷，拈起幽懷總是詩。其三十四《閒游》《梅花已過》《小飲示座中》《梅花之一》《過六和塔前》《初夏北窗》《游仙之四》《夜歸舟中作》

幽窗吹破紫雲腴，世事如今盡伏輸。菘芥羹甘勝蜜，地爐煨芋軟如酥。最憐鬢畔千莖雪，高謝人間九折途。只有梅花知此恨，不教一點上蜂鬚。其三十七《晝臥聞展茶》《世事》《病中遣懷五》《病思》《雨夜》《刈穫後書事》《梅花之一》《緗梅之三》

仙穴尋梅雨墊巾，自緣纖瘦不禁春。猶嫌未豁胸中氣，要結他生物外因。朱閣凌空雲縹渺，千峰拔地玉嶙峋。廣平莫倚心如鐵，世態年來又一新。其四十一《別榮州》《江上梅花》《南鄭馬上作》《自咏》《婺州極目亭》《黄亭夜雨》《梅花之一》《幽居》

斜陽烘蕊小窗妍,且結梅花淡淡緣。萬事已拋孤枕外,春風常在短筇前。入門明月真堪友,買斷清閒不用錢。尚恐俗塵除未盡,惟留白眼望青天。其四十六《嘉州戲作》《殘臘之二》《山園》《新開小園》《書興》《書適》《暑中自遣》《雨後小酌》

列屋蛾眉不足誇,寒泉古井自煎茶。妖魂艷骨千年在,理髮熏衣一笑譁。孤月有情來海嶠,冷官不禁看梅花。舊時京洛塵埃面,俗語安能挂齒牙。其五十一《齋中雜題之一》《幽事》《夢觀牡丹》《闈中作》《客思》《梅花之八》《寓嘆之二》《睡起至園中》

空堂臥對一燈幽,蕊殿仙姝下界游。醉裏試吹蒼玉笛,樽前好在黑貂裘。官倉求飽真聊爾,薄祿縻人尚小留。憶探梅花如昨日,問渠情味似儂不。其五十六《雨夜》《梅花之九》《桐廬縣泛舟》《東堂》《晨起有感》《雨後小酌》《晨起》《春晚書懷之二》《送牡丹》

離離斗柄欲東回,暖逼梅花爛漫開。鐵馬蹴冰悲昨夢,地爐無火畫寒灰。每持杯酒呼江月,自洗銅壺試玉醅。戲集句圖書素壁,一塵那許到靈臺。其七十《冬日排悶之二》《春日驟暄之一》《早自烏龍廟歸》《擁爐不出》《示客》《雜感之四》《東籬之一》《和范參政之七》

室中花氣襲衣巾,瑤樹瓊枝照路人。醉眼本輕千古事,野梅又報一年春。鼎來雖恨王陵戇,馬磨何傷許靖貧。想得今宵清絕夢,斷雲欲散更輪囷。其九十四《春近》《丫頭巖題字》《遣興》《歲前之四》《家釀頗勁》《初寒病中》《舟中作》《小雨頗寒》

殘蕪落葉歲峥嶸,小院回廊夕照明。絕世本來希獨立,風流正自合傾城。清泉白石生來事,湘竹洛藤誤得名。春近野梅香欲動,錦囊零落負詩情。其九十八《知寒》《小院》《遣懷》《梅花》《枕上懷故山》《得木杖》《開東園之四》《衡門晚眺》

早慕功名已絕癡,腐儒碌碌本無奇。清閒即是桃源境,懷抱惟應風月知。但遣奚奴持古錦,合將金屋貯幽姿。放翁欲作梅花譜,擬遍寒山百首詩。其百《獨登東巖》《秋夜讀書》《遣興之四》《梅花已過》《南

省宿直之二》《賦蠟梅》《緗梅之二》《次韻范參政之二》

趙清獻公高齋十絕句，爰即其韻集放翁詩成七律 錄四首

素壁徐升天宇閒，諸公袞袞遂難攀。每因清夢游敷水，乞得殘骸老故山。一鶴每臨雲雨上，忠言乃在里閭間。憑闌頓覺氛埃遠，塵土填胸愧滿顏。《高齋寺樓月夜醉中作》《祭風神辭》《東籬之一》《東園小飲之四》《立秋前三日》《識愧》《池上晚雨》《聽事望馬目山》

山雲缺處起重樓，水作珠簾月作鈎。斂版那供新貴使，開編時與古人游。國中漫說無雙士，世上原無第一籌。丞相苦留猶不住，金經百鍊豈容柔。《水月閣》《雲門道中》《游萬州岑公洞》《小齋壁間》《大風雨連日不止》《作短歌自遣》《孤坐無聊》《賀張時可》《醉題埭西酒樓》

一湖秋水濯塵纓，白髮蒼顏無宦情。許國肺肝知激烈，通都氣象尚崢嶸。長安不是無卿相，山澤何妨老太平。莫道孤翁心似鐵，頭銜字字敵冰清。《濯纓亭》《秋晚敝廬小葺一室》《道院遣情》《吊張才》《叔諫議》《南鄭馬上作》《杖錫平老》《冬晚山房書事》《霜冷》《散吏》

北陌東阡有故墟，子孫幸不廢菑畬。郊居本自依農圃，廉讓何妨化里閭。海檜屈蟠依怪石，蕨芽珍嫩壓春蔬。一錢留得終羞澀，多事從來笑漢疏。《負郭田》《太息之三》《新年書感》《自笑》《秋夜讀書》《有感之二》《初夏北窗之二》《示鄉憐》《一錢》《貧中自戲》

和沈月田重陽前一日集張氏園小飲詰朝
同登爛柯山六首 集放翁句 錄二首

山家隨分有園池，說向公卿未必知。下澤乘車終碌碌，滿村蘺麥正離離。人生適意方爲樂，老業呻吟未廢詩。爽氣收回騎月雨，爛柯人看洞中棋。其二《小園》《歲暮之一》《江寧冬望》《縱步近村》《西巖翠屏閣》《歲晚幽興》《村社禱晴有感》《縱筆之一》

兩鬢如蓬日夜枯，宦游依舊是癯儒。漆園傲吏猶非達，騎鶴仙

人不可呼。俗事不教來眼境，功名正爾嘆頭顱。樵柯爛盡棊方劇，富貴真堪一笑無。其四《南堂夜坐》《戲作》《上虞逆旅感懷》《寄贈章冠之》《初寒在告有感》《望西南諸山》《入峽感懷賦長句》《郊居之二》以上梓稬堂集放翁詩

壽何母金節婦五言排律十六韵 集香山句

金氏陂中遇，青衿水部郎。哀絃留寡鵠，濟苦得慈航。著立禮經內，皎如秋水光。精神欺竹樹，秉節貫冰霜。闇澹屏幃故，從前事意忙。火銷灰復死，水荇葉仍香。虛潤池邊地，憑看竹下房。心期遙草綠，春染柳梢黃。且有承家望，焉知畏景長。新年逢吉日，長幼合成行。鶴毳變元髮，芳林對北堂。奉觴承麴蘗，望霽劇禎祥。新蕚排紅顆，尖纖嫩紫芒。三盃藍尾酒，一琖冷雲漿。山裏猶難覓，花中無此方。已開第七秩，藹若有餘芳。《汲園彙編》

王　鷔字占之，乾隆歲貢。

何節母壽詩 金氏

亭亭松節藹春暉，羨爾斒斕五色衣。杯泛紫霞開綺席，詔銜丹鳳降彤闈。譜陔已叶瑤笙奏，盈砌還欣玉樹依。不須池上探仙笈，母範於今式尹韋。《汲園彙編》

黃　竹字竹坡，一字歌雲。諸生。

和王荔村送春原韵

料峭東風花事殘，單衣未試尚餘寒。垂楊密處鶯聲老，芳草前頭蝶夢闌。勞苦半生雙鬢白，投閒此日百憂寬。殷勤相送春歸去，

且待明年兩兩看。

酬王荔村見懷

獨坐非逃禪，予懷識所止。時有幽禽鳴，覺亦醒心耳。得句自爲歡，彈琴志流水。薄俗不相關，經濟生涯只如此。門稀花外車，忽睹雲門使雙赤鯉。爲言無限情，都譜入蜀紙。啓看錦繡詞緘見深情，令人頓生忽悲喜。卓哉君子儒，春風遍桃李。陶溪黃譜此詩無彈琴二句，“經濟”作“生涯”，“雲門使”作“雙赤鯉”，“爲言”二句亦無，“啓看錦繡詞，令人頓生喜”作“啓緘見深情，令人忽悲喜”。

寒食坐雨

小樓坐聽雨潺潺，節序催人損客顏。世俗最於寒食重，家園却祗夢中還。浪游自愧非長策，及早誰能返故山。新綠成陰新茗上，何時稍霽出郊關。

疊 前 韵

春陰漠漠雨潛潛，聊復安身杖履間。濁酒微曛憐獨飲，新詩粗就喜重删。病軀不慣同寒食，老眼偏宜看遠山。野鵲林鶯俱聞寂，更誰雲外叩花關。

無 題

一枕相思一枕風，落花片片疊殘紅。如梭鶯燕笙歌裏，入畫樓臺烟雨中。玉杵仙因何處覓，胡麻香飯有誰同。不如小噴金猊火，燒盡龍涎得半弓。

丙戌春，傅良弼、商巖以舊抄本見示，得此詩。詩不題名，惟題目下注“黃竹坡”三字，疑竹坡是字，俟考。黃譜載《酬王蕎村》詩互异，竹坡名竹，一字歌雲。

何元啓字牖承，一字佑人，號筠湄。嘉慶丙辰恩貢。博極群書，工古文辭，與義烏樓上層友善。

壽家節母金氏

元夕仙伴遨太清，瑤草琪花不夜城。曉來北堂人攬揆，瑞色昭融海屋春。春陽布澤嚴寒後，造物福人豈其偶。柱砥中流石補天，歷以諸艱俾單厚。緬昔倉皇蒙難初，矢義曾不緩須臾。兒號長夜機緘露，鬼神實相千金軀。長松干霄根入地，飽歷風霜等閒事。繫髮孤危立後心，飲源酸楚陳情泪。五十年中絕笑懽，食藜容易食蔗難。與月同明長皎潔，惟天不老共高寒。屆今獻壽歌且舞，雲笈編來皆珪組。無限長歌復短歌，況有南陔笙歌補。綺筵相對日華開，雪消花氣滿瓊臺。躋堂踵接傳經幔，婪尾香濃椒柏杯。果然景象雲泥別，方至如川升如日。綵服堂前青童笙，矞雲天上彤史筆。浥爾清芬誦瑤篇，貞壽嗣徽映後先。褒榮疊膺恩綸錫，夜夜祥光起燭天。《汲園彙編》

宗譜續源流考詩

惟甈斯縣，惟椒斯盈。上治下治，人道親親。親盡則疏，不知何人。嗟塗之人兮，其始一身。根幹枝葉兮，忍尋斧斤。鬱鬱兮紫荊，悠悠兮我心。碩大蕃衍，何枯何榮。藹然孝弟，視此宗盟。《清源宗譜》

項秉謙字六吉，號坤山。嘉慶辛酉拔貢，任宣平教諭。

題陳薌泉寒江獨釣圖

玉龍夜鬥爭攫拏，觸碎頹雲飛作花。老翁吹火起理櫂，敲篷不斷聲爬沙。寒氣逼人酒無力，破簑作被睡未得。翻身跳入冰壺中，一竿收盡空江色。吁嗟寂寂此垂綸，舟膠凍合無寸鱗。人間釣術亦何限，胡爲守此甘沉淪。君不見大將登壇拜功狗，釣筒一擲沐猴走。又不見鵝鸛亂譁入蔡州，羊頭燕頷齊封侯。自來只解重青紫，雲臺詎兒羊裘子。翁今故態猶狂奴，何日風雲生渭水。老翁聽罷顏爲開，笑而不答心悠哉。静裏不覺香風度，隔江已放幾枝梅。徐玉森鈔本

何節母壽詩 金氏

南山松與柏，勁質凌冰霜。四時此柯葉，不改色蒼蒼。誰共閱千齡，巋然壽而康。孺人麗州產，珥貂世澤長。綢直君子女，秉德殊貞良。作嬪入高門，嘉耦推無雙。鳴和豈環佩，見美匪珠璫。願舉齊眉桉，高風希孟光。無何靈禽至，一叫天爲荒。謂是玉樓成，修文忽徵郎。黄口方在抱，白頭還在堂。賷恨屢磨笄，顧此終徬徨。偷息與將雛，艱辛乃備嘗。回禄相參元，楹書幸未亡。篝燈宵課讀，機杼相與張。有子一夔足，絶學傳青箱。今攜渥水駒，雲路恣騰驤。以兹閨閣師，遂令輶軒揚。何以昭聖善，鸞誥儲緗縹。何以表高行，綽楔齊巴孀。匪直今時榮，還貽奕世芳。見者但睜眙，誰與堪頡頏。下走亦有母，孺人姊妹行。竹箭同根生，勵操差相方。獎贈勞鉅公，迭承阮芸臺撫憲、劉洵芳學憲手書匾額見贈。寵錫遲龍章。自愧非歐九，母德何由彰。璇閨今設帨，綺席開春陽。競賡介壽詞，鞱膡與稱觴。濫和許齊竽，徒用增悚惶。松柏自長春，南山共無疆。《汲園彙編》

王　岐字岳柱，號雪塢。嘉慶間諸生。著有《病呻集》。

月　下

明月照高窗，山色侵人影。修竹引清泉，天籟聽還静。披襟坐

石床，凄凄生微冷。獨鴻夜猶飛，令人發深省。《病呻集》，以下同。

棄 物 吟

聖朝無棄物，棄者物自蠹。物蠹愧蟲生，人棄免人惡。我憐江漢女，行行畏多露。洞屬如不勝，執玉有餘慕。郭璞游仙人，生理惜未悟。放神青雲外，辱身在旦暮。吾生欲全真，努力安窮素。君看赫焰烟，化盡雲間霧。

飛 石 怪

飛石怪，吾語汝。汝來自何方？汝作此奚爲？已無千丈峻，難起百重危。不能興雲而蔚薈，曷嘗激水而推移。汝無自喜，吾謂汝痴。無言徒碌碌，學隖亦卑卑。空作超距戲，誰傳擊晋師。汝不見洛陽城東香鑪形，遍爲爾德祀明馨。又不見寶家玄鳥瑞娉婷，璽檀流輝傳天靈。斯因作祥古爲福，不與妖牛狂吼遭刑戮。或云古人授卵穎悟神，吾已澄心詩書開明目。或云床頭五色來美人，風風雨雨幽人之貞獨自宿。飛石怪，吾語汝。黔驢之技吾已知，不必此地巧稱奇。潘江陸海詎能支，休學精衛唧盡磊礫力空疲。吾今告汝一闋詞，稔勝堂贈酒滿卮。無方無算任所之，勿復爲厲人間驚。小兒速自投荒歸海隅，免得强弧毒矢雷電驅。吾今告汝詞已畢，撫胸不禁長太息。水底含沙慣射人，白日青天如昏黑。汝果飛走有威芒，應與若輩角死力。汝爲鬼，彼爲蜮，何日雙雙自攻擊，妖沙化塵怪石泐。自注：甲午客壇溪館，北即主人堂室。四月中，每夜有飛石投窗隙，莫知其來處。然猶不着人，及漸傷器皿，作歌告之，越一日乃息。

病中寄何佑人社友

懷君懷君在雙泉，結廬高處青山巔。山間明月霽懷開，流輝虛谷光圓圓。明月爲懷玉爲骨，清風撲人爽眉髮。每見明月欲從君，空對

屋梁見月没。脉脉羈愁萬叠雲，披雲難吸雲邊月。憶昔學劍日磨鋒，
期與公等同杖鉞。濯足長江慕斬蛟，百丈波濤鍊寸舌。舌鋒未試落星
芒，壯心忽被阿魔折。我今無復汗流鳴，君亦暫抱駑駘劣。朽索焉能
束騏驪，倦朋聊爲六月熱。秋風有日拂桂林，垂天彩雲騰羽翼。翺翔
應集館閣梁，錦屏莫鄙宮妃色。從來脂粉賤文章，山玉含輝亦陋仄。
冰壺拭净毛髓痕，難向途人鳴鮮潔。英公泉水好譏人，迅急終抱汪
洋缺。我今長揖謝故人，落花衰柳幾回春。敗軍言勇空譖譖，孰與
刀圭救病身。巴歌一曲投君側，蘇緒肝腸愁雲黑。嗚呼，美人芳草
兩悠悠，吾欲佩之任去留。夜月啼鵑泣春愁，低頭床下思不休。

寶 劍 篇

自注：汝威母舅捷鄉魁，賓朋宴於華萼堂，出寶劍相示，
命作歌。

我愛太阿初出匣，光芒逼人三千丈。雨師灑道雷公鼓，蛟龍捧
鑪星爲象。孔章一顧起塵塗，青石函中受真賞。此物由來世所珍，
明珠暗投慣駭人。蓬頭突鬢誰氏子，按鐔侯門唱食貧。車魚本非
長鋏志，胡爲珠履輕嘗試。紫蜺鋤禾識者悲，駿馬嘗垂服鹽泪。我
亦學劍慕干將，劍花拂處鋒不利。下同鈍錐争攝履，空懷穿屋飛騰
意。翠綠精華果异常，既堅且紐統白黄。星射斗牛輝寒芒，署名殿
上邀龍章。直臣當年請上方，曾傳斬佞酬君王。

水 簾 亭

一徑蒼苔滑，蕭條接遠空。雨痕山影表，雲色水聲中。蘚印高
人篆，松鳴逸士風。拂烟尋古調，零落泣寒蟲。

大 士 庵

石骨天開就，蕭森一味幽。霧吞山下日，雲鎖洞中秋。樹色無

人徑，風聲到遠樓。興歸飛鳥外，隨月下汀洲。

雲 半 間

天涵飛閣聳，曲徑接蒼雯。積翠移清晝，空陰護白雲。雨收松子落，竹静水聲聞。坐聽梵鐘起，吾生夢已分。

重游寶泉岩

佛緣曾有舊，撫景憶前形。竹是常時綠，山多別後青。雲光磨白日，水色老烟汀。揖客僧何笑，當年尚髫齡。

晚憩萬安寺

香刹層山裏，幽堂積翠封。禪心焚古柏，佛面老青松。霧薄籠花淺，池清得月重。我來忘色相，雲影在高峰。

讀先嚴詩稿

久泯庭前禮，空留身後詩。一生多著作，大半寫愁思。開卷如見父，沉吟執訓兒。孤燈照隻影，越讀越凄其。

旅 夜

閉戶深宵寂，秋風獨自鳴。有聲聞過雁，無緒理鄉情。懷中孤月冷，燈下萬愁明。漸嘆衰老至，少坐倦旋生。

月 夜 舟 中

明月生虛谷，乘風夜放船。江空誰作主，水闊自連天。山影流沙磧，星光渡野烟。彷彿銀河近，吾欲問張騫。

寄湯廣新社友

分袂驚秋色，相思落夏筠。未知何日別，又是一年春。短褐論丈地，長居善病身。誰憐潦倒客，垂老作離人。

亦識常時語，人情淡處長。以之酬密友，翻覺益淒涼。自病生枯骨，人懷各异鄉。一從秋去後，非復舊春光。

久別難爲想，迂愚合守窮。無金堅道誼，抱病念微躬。鳥倦依山靜，花開入眼叢。長君能幾歲，衰劣已成翁。

未忍安家食，學備各寄居。行藏迷去處，身事任驅除。勵志存青眼，療生惜敝書。深山多雨露，努力慎居諸。

過靜山隱居

門前多綠草，半惹隱君心。竹徑通泉入，花闌引路深。無情求太古，得意在山林。諼諼聲如訴，松風自韵琴。

閒　　情

排雲鋪一榻，日日坐韶華。看樹留飛鳥，聽風惜落花。春從何處住，香到野人家。且伴三眠柳，乘陰卧碧紗。

齋頭偶成

日落閒亭晚，風歸柳影疏。斷雲流澗底，新月入窗虛。雨歇涼生竹，蕉匀綠滿書。澄心臨碧沼，能伏愧潛魚。

山行投宿

策杖投荒島，尋春過別涯。平田匀綠水，村隖各桃花。有病難消渴，逢人問酒家。誰知忙屬到，猶得駐烟霞。

山房漫興

閉戶觀青草，幽心相與閒。放神隨去鳥，雲影滿空山。雨過苔還潤，風來竹自删。淙淙流活水，我意在其間。

抱石存真性，偷閒得小林。有池容好月，隨處見天心。雲色時通畫，高山會入琴。烟霞非痼疾，却自愧華簪。

聞 鵑

月色匡床裏，幽情草露間。魂銷新雨夜，春去舊時顏。白髮羞明鏡，青燈照故關。孤靈悲蜀帝，垂泪泣雲山。

栽 菊

踪迹多秋色，生涯半落籬。因憐春事去，暗與菊花期。晚節從茲植，嚴霜應自支。親扶幽逸幹，未必世人知。

還 家

匝地風塵遍，歸來此閉關。短莖添白髮，長路愧青山。泛愛非交道，窮途駐晚顏。登堂伺色笑，偷拭泪痕斑。

雨後過南星溪

斷雨殘烟溪水清，嵐開山角天初晴。白雲裊裊飛千丈，黃鳥關關時一鳴。釣叟垂綸就淺渚，村農驅犢鞭深耕。閒中風月遶生理，我欲其中營世情。

過平田村 自注：離南星溪五里。

南星才過又平田，五里春山積翠連。雲入溪心都作水，雨殘樹杪各成烟。桑麻接徑秧初媚，桃柳分門草正妍。處處鳩鳴閒日少，慚予何事馬蹄穿。

蘆 花 塘

山陽烟村取次過，太平景物盡熙和。桃花水曲長橋少，翠竹林深矮屋多。小艇無風依岸口，牧童橫笛入雲窩。杜鵑何處聲凄切，百媚春光一擲梭。

山中寄荔村

客路花居暫解鞍，綠蕉陰裏寄辛酸。人來异地孤懷冷，春到窮山二月寒。離別自經多病後，星霜漸上鬢雲端。荊州何日飛征雁，分下茅廬十部官。

自　述

孰號長翁湖海濱，於今我欲側其倫。無由自馭真駑馬，不待人憐是病身。遍地星霜瓠落客，滿懷風月太平民。殘鐏一醉消閒日，草店山橋不擇隣。

喜社友何佑人至

四月涼天陰復晴，入簾草色與雲平。燕忘旅迹眠梁靜，人到羇棲獨坐驚。一病頹然惟瘦骨，縱談非復舊狂生。數番別我神交杳，此日纔孚解渴情。

曾記接詞深柳堂，繁花落盡易新篁。病雖較昔差忘倦，學到於今愈就荒。彈鋏空歌車莫駕，枕戈未旦臥先僵。棄材似我宜湖散，無復烏袍十往狂。自注：何至有赴科之約。

山館偶成

新筍抽梢過隔牆，荔風蓼雨綠蕉床。晴陰天氣梅初熟，冷暖人情日正長。雲滿關山惟去鳥，花飄客路各埋香。病纏忘却生機活，翻笑池魚跳躍狂。

晚憩寶巖寺

石路藤崹籬竹牆，秋風十里杜蘭香。水聲莫辨來何處，雲色無心到上方。貝葉含禪神象伏，曇花護鉢毒龍藏。梧桐月上初收雨，疏響瀟瀟滿室堂。

到尋樂軒訪李新會不值 自注：前年予曾館此。

復向東皋續舊盟，春風送到馬蹄輕。雨痕半落苔初長，孤館重來草又生。氈席仍登王子敬，名鄉失却鄭康成。黃鶯啼柳蕉牕晚，不勝當年離別情。

徐師淦字慎之，元搏子。嘉慶間諸生。

咏 王 孝 子

由來孝子名，亙古長昭揭。我奇王生事，從容兼激烈。終天抱恨，寸腸鬱結。鑄劍圖形，謀秘不洩。星霜雖六易，此志詎少折。一夕胡蝶山前後，悲風四起甚淒切。何物炯炯搖星光，雙目忽眩驚電掣。瞥見孝子氣填胸，尺劍在手仇頭挈。入門闔室盡彷徨，白髮紅顏聲嗚咽。吁嗟乎，天不共戴何日忘，直到於今始一決。吾事已完奚生爲，頭顱觸碎天地裂。幾回經過蝶山麓，春來杜宇猶啼血。《孝烈編》

徐仁美字慕西，嘉慶歲貢。

壽何節母金孺人

婦以節爲重，節以孝爲先。鄉人稱何母，我因知其賢。彭城古名門，四德生無偏。結褵方五載，一旦失所天。水漿不入口，決志從九泉。轉念呱呱者，況有老者焉。婦當兼子職，母亦仔父肩。忽逢祝融氏，一炬熛飛烟。獨念翁槥在，諸凡皆舍旃。卓哉知輕重，誠孝何間然。丸熊勤教子，鳳毛自翩翩。太史標彤管，名公褒瑤

篇。一朵靈壽花,松柏卓峰巔。《汲園彙編》

王士鷺字叶鳳,嘉慶間諸生。

壽何節母金孺人

聖世崇孝節,天心重彝倫。卓哉何壽母,巾幗一完人。自從子歸後,鼓瑟兼采蘋。奈何夫不天,忽焉竟喪淪。孩生甫十月,翁年逾七旬。吞針忍一死,茹茶甘苦辛。調羹雙膳潔,課讀五經陳。口講而指畫,慈母勝嚴親。水火兩遭劫,遇艱節彌貞。始知歷霜雪,益以顯松筠。恩榮隆國典,一朝降紫宸。今屆建寅月,適當設帨辰。椒盤並柏酒,華堂羅衆賓。舉觴齊稱頌,眉壽永千春。《汲園彙編》

阮紹榮字泮耀,嘉慶間諸生。

壽節孝何母金孺人

鬱鬱南山柏,不爲霜雪移。青青北堂草,任彼疾風吹。人生非貞遇,安能造福基。吾聞孟氏母,勵學斷杼機。又聞歐陽母,和膽誨其兒。母賢子成立,今古皆如斯。猗歟水部郎,妙年發英辭。自云幼失怙,終鮮連理枝。所恃高堂上,拊育勝嚴師。深恩良罔極,報德浩無涯。賤子聽未畢,瞿然有所思。烈烈清風嶺,慘慘烏鵲詩。令望炤千古,寧但炳一時。屆今年七十,頌祝聽口碑。甘節由苦節,貞吉膺春禧。《汲園彙編》

楊　榮字以仁,嘉慶間諸生。

壽節孝何母金孺人

母壽臻古稀,母心甘苦節。昔年甫青春,所天竟摧折。藐孤兩兒女,舅姑垂大耋。菽水奉高堂,遺言痛永訣。昔年有祖姑,畫荻心早切。母克嗣其徽,彤管標貞潔。大姑與小姑,兩山皎如雪。今當介壽眉,春酒香可歠。走也告母氏,母言稱姑姪。登堂拜母黨,門楣新綽楔。請看旌節花,芳偕靈芝茁。

范心昂字家駿,監生。

壽節母何金氏

九天綸音降金闕,杖扶靈壽花旌節。當年鉛膏悉屏時,風雨空閨添蕭瑟。李密有情尚可陳,祖姑在堂仗誰邮。伯道無兒亦已矣,呱呱在抱計焉出。情天有意標芳貞,坎坷偏教相摧折。子持門户春皆秋,於今年華登七袠。君不見懸厓之柏澗底松,獨立寒天搖酸風。真氣盤固彌青葱,落落磊磊年年歲歲凌長空。《汲園彙編》

林德濂字廉水,嘉慶間諸生。

壽何節母金氏

自天鍾毓彭城金,義門孝友揚徽音。厥後仁山傳理學,何王金許並古今。道氣旁溢流閨闥,煒煒彤管多球琳。瑤池冰雪發晶瑩,丹山寶樹棲孤禽。清源壽母式純懿,苦茹荼蘖霜雪侵。綺歲結褵習姆教,婉嫕淑慎守女箴。入門荊釵脱珠翠,婦佐子職恭且忱。數載瓦璋次第舉,郎垣一朝星竟沉。托孤抛女誓同穴,慟欲崩城恨特深。公姆含悲謂新婦,婦能撫孤天鑒臨。到今食報膺介祉,節行上聞帝曰欽。小人有母魯齋裔,曾甘苦節力難禁。年亦與母相比齒,鶴髪冰姿一般心。更添令子成瓜葛,桑榆相矢痛加針。各念當年丸熊意,各訓兒孫培槐陰。迭侍期頤圖貞壽,迭舞斑衣霞觴斟。
《汲園彙編》

王玉環字解連，諸生。

何節母金孺人壽詩

寶玉巖高高插天，玉龍昂首雙噴泉。一作冰清一玉潔，蜿蜒出硐相後先。折向德門左與右，欲合未合淳洄久。毓將雙節比雙清，昔有貞姜今壽母。壽母者誰孺人金，祖姑而後完貞心。自來極盛難爲繼，節竟能雙誰不欽。況復恩勤勞鞠育，九重已悉持身淑。坊表詔許齊懷清，綸褒更與昭式穀。即今桃熟宴瑤池，綵衣舞罷歡介眉。瓊闕金仙原不老，新詞猶爲祝期頤。他日河陽來漢使，底說神方傳舅氏。南陽甘谷自延年，看取雙流門外水。《汲園彙編》

湯以伸字聖引，布衣。

何節母金氏壽詩

寶婺輝南極，金萱蔭北堂。紫泥綸綍煥，彤管姓名香。秋雨嚴霜冷，春風愛日長。蟠桃今正熟，綽楔沐恩光。《汲園彙編》

范峻泰字吉亨。

何節母金氏壽詩

蔗老多佳境，高齡蠱寶泉。志貞無量壽，節感有情天。紫誥瑤階降，紅蘭玉砌妍。萊衣當此日，拜舞定聯翩。《汲園彙編》

周鶴翔字清遠。

壽節孝何金氏

椒花却傍女貞霏，恰向貞媛頌古稀。五十年來昭亮節，八千歲

裹承慈徽。蒼松澗底風濤静，瘦竹巖前月色輝。不用琅璈仙奏曲，家聲水部式閨闈。《汲園彙編》

王芳林字嘉樹，諸生。

何節母壽 金氏

寶泉山下擬蓬萊，會見麻姑進壽杯。青鳥書從雲外降，紫泥誥自日邊來。十年風雨森慈竹，一片冰霜鍊老梅。繞膝有孫孫有子，斑衣舞罷笑顏開。《汲園彙編》

周顯謨子紹文。

壽何節母金氏

稱未亡人五十年，今逢設帨敞華筵。一樽滿進麻姑酒，盈架中存列女篇。紫誥榮膺金闕下，斑衣戲舞玉堂前。徽音久洽賓朋祝，寶婺星輝燭九天。《汲園彙編》

何應魁字斗齋，附貢。

家節母金氏壽詩

華堂春暖客三千，寶婺星輝映綺筵。王母不聞方外術，麻姑原是女中仙。但看此日青鸞舞，還咏當年黃鵠篇。早有徽音揚淑範，恩綸疊沛九重邊。《汲園彙編》

顧鍾漢字有光，諸生。

贈王羽儀鴻兼補祝其尊人七十

意氣縱橫唱入雲，往時樽酒共論文。先聲特發江東秀，捷足能空冀北群。堂上承顏娛永日，天涯極目悵斜曛。懷思根觸真無那，讀到循陔每憶君。

　　重三時節敞瓊扉，尊人生辰在上巳。南極星明映少微。馬氏白眉春日樂，杜陵黃髮古來稀。遙知扶杖人還健，却愧登堂願竟違。君到親年余定至，入門看舞老萊衣。《蘇陽王譜》

武川詩鈔卷六

國　　朝

范肇沂字浴德，號梅峰。嘉慶甲子舉人。

落　葉

霜華幾度下林柯，此樹婆娑意若何。一徑寒山人迹少，半床清夢雨聲多。懶因客至童初埽，悶比書成字易訛。況是西風斜日裏，蕭蕭吹上洞庭波。《浙江詩課》

陳稷馨字蘚畦，諸生。

將進酒祝何節母金氏壽 集李謫仙句

將進酒，春天和。北堂千萬壽，興酣樂事多。遥見仙人綵雲裏，風吹香袂空中舉。宛疑麻姑强起來，歌舞携壺酌流霞。燦然啓玉齒，云是古之得道者。上朝三十六，玉皇紫皇乃賜白兔所擣之藥方。金丹寧誤俗，與人駐顏光。聞有貞義女，精神四飛揚。一朝開光曜，龍鸞炳天章。屏風九疊雲錦張，酒徒詞客滿高堂，欲行不行各盡觴。延年獻佳什，此歡安可忘。將進酒，酌醴奉瓊筵，服之四體輕。珠翠誇雲仙，願同西王母，逍遥不計年。《汲園彙編》

何蛰儀字牅雲,嘉慶間諸生。著有《四六雜草》。

小溪觀魚

敧岸小桃紅,晴灘垂柳綠。游魚兩三頭,逃過笒箮曲。

王殿耀字輝吉,號蓀畦。嘉慶間諸生。著有《盤根錯節詩稿》,佚於兵,今存七十二首。

張家村咏古

> 自注:始祖彥卿,晋爲永康令,後隱居邑之白陽山。凡邑內張姓竝始於此,宋之肅巽、具中等皆其後。

古道荒畦夕照侵,遺編莫考幾沉吟。蒼生欲起東山卧,墨綬難羈老鶴心。撟響丹崖誰引屐,烟迷白水寂揮琴。一時莫挽征輪轉,千百年來閱至今。

夙抱高騫本絕群,終因養晦樂耕芸。久抛桑梓歸無計,尚及嬋娟嫁有裙。八伯何心偏誕放,五胡没策息紛紜。浮雲一笑深林後,理亂中原更不聞。

八 素 山

太素超然懷葛民,何心物外寄閒身。登高有蕨堪供采,避世無人得問津。羽翼耻從游説客,網羅痛視虎狼秦。自從一別洛陽後,隔斷塵寰千百春。

淒涼賦罷北風篇,携手同歸怳昔年。不願紛華於位外,劃分定數是生前。五丁何日開靈窟,雙壁至今豁洞天。可許雲英堪煉服,應搜紺碧向崖巓。自注:山出五色雲英,狀如玻璃,鮮明可愛。

琪草瓊芝杳莫尋,翠微絕處幾登臨。金蘭聲氣風從律,縞紵交游水在心。玉雪雙歸青嶂冷，膏肓一臥白雲深。詢虞不少興周侶，未屑埋藏數至今。

白 陽 山

長岡續續水溶溶，靈秀川原古特鍾。白姆嬭遺新婦廟，陽巖高接丈人峰。銷沉廢徑淪殘劫，剝蝕盤根認古松。箕潁千秋懸慨想，欲追芳躅竟奚從。

阮 公 廟

東迴佳氣鬱蒼蒼，金碧年湮肅煒煌。維昔鸞皇約高臥，至今山水有餘香。七賢林內婦翁老，五色巖頭夕照長。金玉音沉空谷杳，我來三度過苔廊。

征驂幾遍軟紅塵，一榻林泉悟退身。不效賢昆爲誕伯，應歸坦道作幽人。命名於玉真堪比，近德當年誰是隣。屢向山扃叩陳迹，磯頭日夜水粼粼。自注：公名瑤，黃門之從弟，伯倫之佳坦也。世人誤作孚。

書 臺 山

城西屹起小重岡，引領遙遙企栝蒼。往事空遺雙日月，劫灰閱歷幾滄桑。兩朝笏冕鍾靈秀，百里雲山繞混茫。文獻莫徵碑碣盡，豪吟欲下屢徬徨。

屐齒句留遍草萊，鎮風一帶夕陽開。高墟邱壑長如此，時勢唐宋各自來。華國文章才卓絕，蒙冤甘露變堪哀。關心夜半商飆起，猶怪書音激砌苔。

丁 姑 橋

籃輿秋晚向南都，剛渡端溪更曲湖。聞說白華多勝迹，蘋花香近望丁姑。

金絲村外路迢迢，倉部祠前落葉飄。不知已抵通津處，猶喚奚奴訪石橋。

繞徑松篁廠小亭，石梁斜照晝冥冥。西風嗚咽磯頭水，遙憶當年九女靈。

晴虹百尺映澄流，八寶峰前落日幽。擬乞荊關收粉本，寒鴉古木不勝秋。

驟漲驚湍駛渺茫，行行轉瞬困褰裳。關懷痛切淪胥苦，不意人間有女郎。

冰霜懿範肅當時，水遠山長無盡期。紫竹叢深寒食路，頻年風雨聽啼規。

紛紛堪怪絕冬烘，涇渭源流迥不同。底事分明繫巾幗，無端烏有說丁公。

鴻濛往事已如雲，填石凌波杳莫聞。笑指新番佳話在，滄桑幾遍又逢君。

磷磷細磧露清潯，澤國安瀾感至今。淒惻汀邊數行柳，猶纏拯溺一片心。

津亭回首陡蕭然，蒼莽寒沙起莫烟。欲吊幽芳無覓處，碧峰凝黛隔遙川。

九女廟 有序

嘗閱郡志，載有九女廟，而邑乘失收，心疑久之。某歲客南，與所親晚步野外，於長林豐草間有野廟蒼涼，所親告余曰：此九女廟也。一時喜出望外，適近處有書友何某，訊其端末，作詩十章，并托錄於靈龕之上。

縱目平皋霽色開，委遲十里遍蒿萊。忽聞稱說幽靈迹，笑指遙程得得來。

蕪没荒原九女墩，依依往事暗銷魂。人來向晚西風裏，荆莽齊腰入廟門。

四圍山色繞蒼蒼，傾圮頹垣映夕陽。玉几塵封人迹少，平林罨罟咽寒螿。

古裝玉貌静娟娟，亞座連襟像宛然。脂粉一空塵世氣，分身合在九嶷巔。

霧縠冰綃疎地垂，珊珊玉步恍來遲。香風笑語低相約，記否靈岡采紫芝。

擬了塵寰幾夙緣，紫皇詔下九重天。想應還轉功成候，甕底飛騰羽化年。

春閨少小勉承歡，悵赴紅閨再見難。任是返魂香爇盡，青天碧海兩漫漫。

鶴駕鸞軒擁綵雲，沉沉漏盡籟初分。半空颯爽靈風起，環珮聲歸月下聞。

竹籬深隖小桃斜，白石磯平舊浣紗。井畔荒蕪陳迹盡，而今野老説盧家。

携手嬉春陌上時，花開如錦柳如絲。桑田不起蓬萊漲，斜日蒼茫天四垂。

清　溪　橋

紆回窈窅路曾經，日半山行不斷青。一指笑穿松徑出，磧砂開處翼雙亭。

摘明山勢鬱崔巍，埒岸人稀長碧苔。追到當年無盡景，不勝詩思却飛來。

蒼藤翠竹暗林丘，隔斷紅塵盡日幽。半晌忽聞人唱晚，白蘋灘嘴盪漁舟。

雲根匝處鬪玲瓏，底柱基成山骨空。徹底澄流深莫測，憑虛駕起一長虹。

撼石驚湍響隔濱，嚴寒脛涉往來頻。祇今坦步平如砥，十二年前記問津。

紫翠千重緑幾彎，歸鴉墟落夕陽殷。分呈累幅維摩册，人上平橋指顧間。

霽景澄空卵色微，疏林葉響碎斜暉。一肩束楚明霞外，短笠人從渡口歸。

雲梁四碧面群峰，崇教原深鬱古松。向背不知何處所，隔岡時報一聲鐘。

蓊鬱人烟欲莫時，欲行旋住且遲遲。笑談今日輿梁頌，怕説當年苦葉詩。

石齒崚嶒槲葉凋，山程曲曲水迢迢。窮幽未極情何限，緩步携筇下埜橋。

石　佛　山

烟霞邱壑水雲限，九折羊腸仄徑開。記得當年阮居士，聳肩兜子跨山來。

古木年深長薜蘿，山巔石像影嵯峨。此行莫笑渾無緒，親向幽人墓下過。

涼風激激瀉淪漪，落葉蒼苔漬淺湄。人代荒涼耆舊盡，清溪山下住經時。

亂鴉薄靄散黄昏，西日亭亭吊古魂。幾覓銷沉殘碣在，蒿萊影遍是朱門。

武　陽　十　景

壺　山　春　霽

兀起蓬峰插太清，油雲捲却午初晴。樓前一望青如洗，儘付荆關畫不成。

　　青葱崰畔日光含，夕翠朝烟薄蔚藍。如此空明螺髻影，樗伽山下憶雲曇。

熟 水 秋 澄

　　白沙灘嘴净炎蒸，窺映魚蝦指不勝。晝静覽來風浪聞，水晶盤裏一輪冰。

　　澂潭百尺倒青空，洲尾西銜夕照紅。試借雲梁高下擬，鏡臺挂出兩晴虹。

九 峰 連 翠

　　峩巢千尋倚日旁，西來指數儘堪詳。蒼圭秀笏遥相拱，合説九疑屬武陽。

　　烟崖半隱碧霄中，落日回環紫翠重。却恨謫仙携不得，留題此地錦屏風。

八 素 棲 霞

　　宮闕高凌尺五尺，朝陽罨靄洞門鮮。遥知醉倒峰頭上，一笑仙翁盡皓然。

　　素侣烟霞訂舊盟，此生久絶虎狼驚。會當重與蟠桃約，杖履飄然度赤城。

南 湖 烟 月

　　一蓑微雨霽黄昏，青草浪平三尺痕。風定看來明月上，朧朧夜色隱前村。

　　莎草垂楊傍淺湄，湖光如拭净琉璃。橋邊鬥鴨人歸盡，夜半金波潋灩時。

北 嶺 松 雲

　　晴空四壁净塵氛，巉壑秋風爽籟分。晚興閒來嶺頭望，虬髯帶霧動氤氳。

　　紺壁紅牆壓翠巒，幾曾笙鶴此經還。祇應千古松雲色，留與青霄想像間。

陽巖五色

霞闕蝦腸百鍊精，九重補就墮崢嶸。至今峭壁回頭望，恍惚神
媧下玉京。

射的傳奇信有諸，千齡休咎驗非虛。莫將頑性等倫看，雲物占
來遜未如。

靈洞雙奇

剚屴千重抱石關，靈區杳絕隔塵寰。曉來晴旭峰頭射，軒豁神
宮吞吐間。

捫蘿躡足上崔嵬，鳥道羊腸百折開。直造洞門深處見，仙靈各
占一蓬萊。

寶泉漱玉

蕊珠深處不勝清，乳窟澄泓活潑生。一嘿瓊漿寒徹骨，風吹石
齒想玲玲。

闕一首

金柱垂簾

界道山梁瀑布聲，垂光不動晃簾旌。驚疑曷應飄風入，碎下玲
瓏一桁晶。

石室雲窗鎖綠苔，頻年寶蒜倩誰開。月明記取中宵景，曾引嫦
娥入照來。

春　草

暖蒸黍谷透青陽，未及花開點綴香。一夜東風添信息，五更
細雨拆微茫。莓苔徑僻塵稀到，鶗鴂聲多日漸長。句好豈真才是
累，令人終古憤隋煬。

土脈春深鬱似烘，新痕翦進碧蒙蒙。西堂幻夢更聲裏，廢苑香
愁雨意中。披拂青袍縈舊想，淒清碧血蔚遙空。惱人不盡芳時景，

古道荒城在處同。

柔茵幾遍綠毿毿，静裏風光仔細諳。沙嘴半彎勻似畫，裙腰一道净於藍。落花無意紅香點，啼鳥有情泪血含。何限斜陽舊時景，年年凝睇在郊南。

熨貼催成白袷裳，春明肯負好韶光。相思相對多時景，和雨和烟盡處芳。鸚鵡洲邊晴卧馬，小兒坡外晚歸羊。數聲短笛村墟遠，蠟屐青油幾處忙。

戲和半醒軒烟草 十四韵

此種因誰致，飛烟入口充。金繅絲縷縷，露浹葉叢叢。挼捻猶綿軟，疏分較髮鬆。湘筠三尺紫，石火幾星紅。排悶吹噓裏，凝思静定中。氤氳香滿頰，謦欬氣如虹。客坐芝蘭室，檠收翡翠籠。捉談權代茗，適興試拈筒。樣屢翻新製，嘗真覓法躬。嗜同薑不厭，餐笑腹仍空。透肺精須爍，熏心意小融。騰芳週海宇，未食有仙翁。性辨巴菰烈，名標黑虎雄。和章因博粲，草草掇雕蟲。

再　　和

世味今嘗遍，人情在處同。黔黎生富庶，綠縟草滋豐。翕爾青烟噴，熒然嚼火攻。嘴嚙三寸玉，掌拓一枝筒。品索酸醎外，情耽呼吸中。灼殊分粒艾，唾等嚼殘絨。酒國人初醒，詞場句未終。芬芳輪吐納，魂壘付消融。不假爐熏熱，遥令鼻觀通。靈臺香欲沁，枲几煨如烘。敲石談知己，揮煤唤小童。奇争鴉煮片，巧競水吞銅。亥市售偏詭，丁男藝益工。胡妨詩再咏，游戲笑春風。

烟　　管

翦得湘妃竹，虛中被綫穿。熏人時覓草，着炷即生烟。泪本斑痕滑，銅腔小樣圓。芳馨思渴若，金石戛鏗然。覿面賓初款，挑燈客未眠。三秋裝玉露，一脉噀龍涎。味覺餘津在，拈看信手便。火攻真下策，管見愧當年。作杖曾扶老，隨身況執鞭。殘灰蘭麝剩，纖手錦囊褰。遍國香何衆，伊渠柄獨專。炎涼經最慣，節目喜仍堅。歷歲留翻耍，無心或棄捐。多君依戀意，常挂嘴唇邊。

水　烟　壺

既乞身藏滴，云胡外着烟。頸長如許韠，腹捧不勝憐。焰孔三分窄，蓮鬢一撮然。吞聞聲汩汩，吐恍霧綿綿。舌本波瀾滾，壺中氣味全。香生金鴨暖，輝透燭龍圓。齒笑遺銅臭，神游向石泉。揭瓶將口守，沸鼎幻茶煎。百鍊光追琢，終朝指繞纏。戲因痴客舉，玩豈雅人傳。雄猛錐鑽鼻，飛揚雪滿筵。坎離包卦象，雷雨戰丹田。養性休沾吻，迷津幸息肩。車薪杯□想，諮復解頤篇。

烏　烟 自注：即鴉片

唉啜尋常事，稱鴉語便危。叫無聲啞啞，釀得患遲遲。綫燭團成結，糖津凍似脂。珍封裝玉盒，默嚌蘸銀匙。竹几銅燈矮，藤床角枕欹。金丹茹一粒，鶯粟刺千枝。肺腑寒香沁，枏檀信口吹。烟蒸緣火炙，骨醉覺筋弛。此技真淫巧，能痊没國醫。情沉迷不返，習久樂忘疲。漏静更闌後，歌酣酒困時。浮生云若夢，底事竟如癡。孽匪由天作，人甘被世欺。疇將爰止語，仰屋借瞻其。

顧倬橢原名成憲，號鹿畦。道光丙戌進士，任江西浮梁知縣，歷署永豐、鄱陽縣事，饒州府景德鎮同知、南昌府吳城同知。

壽節孝何母金孺人

華筵一曲奏雲璈，翠鳳銜來閬苑桃。況是稱觴傳綵舞，剛逢綽楔下綸褒。傾霞醉月歡新宴，畫荻丸熊溯昔勞。烈焰重延經手屑，遺書獨檢倍心忉。即今世業青箱繼，彌羨清風絳幔高。膝下龍駒初躞蹀，階前玉樹並譽髦。徽音上嗣聯彤管，佳客爭趨染紫毫。此日瑤池歌燕喜，祥烟護處晉春醪。《汲園彙編》

書臺山燒香竹枝詞 八首

明朝准備換團紗，趁早商量挽髻鴉。不但同心釵股好，街頭新買木犀花。

五五三三步曉涼，大家爭占上番香。隣家更比儂家早，已過城南第十坊。

村中少婦最殷勤，步入城門路未分。也學城中好妝飾，淡紅衫子砑羅裙。

西橋亭下水聲清，西橋亭外山色明。山色輕勻似儂貌，水聲宛轉似儂情。

紅燭高燒列幾行，喃喃絮語禮空王。小姑也有心頭事，背客私添一炷香。

庵外游人撥不開，出門羞澀互相推。阿誰該向前頭去，又轉廊東立一回。

街西便訪舊姻家，姊妹邀呼過款茶。難得好風吹客到，留儂新煮紫蘭芽。

藕白茭紅棗子肥，紫羅帕重貼新衣。喚奴分送隣家去，道是書臺利市歸。徐家驥鈔本

何應蒙 字子正，元啓長子，監生。

集詩經壽家節母金孺人

温温恭人，淑慎爾止。柔嘉維則，壽考維祺。似續祖妣，令聞不已。對揚王休，彤管有煒。天之方難，曷其有極。哀我憚人，以

極反側。鬹子之閔斯，保其家室。其在于今，昊天不忒。報以介
福，俾爾熾而昌。亦聿既耄，載錫之光。如松柏之茂，壽考不忘。
酌以大斗，稱彼兕觥。孝子不匱，以似以續。寢廟既成，神降之福。
維彼碩人，受天百禄。四方來賀，復我邦族。維予小子，借曰未知。
明明使賦，心焉數之。於焉嘉客，備言燕私。以雅以南，作爲此詩。
《汲園彙編》

何應豪字英齋，元啓幼字。道光丁酉歲貢。

壽家節母金孺人

節孝垂坊表，千秋式母儀。幾經夭折處，已到古稀時。蓬苑留
仙果，蘭階晉壽卮。效顰申一祝，從此卜期頤。《汲園彙編》

雜　　感

炎炎夏日苦煩蒸，却暑由來説不清。那識熱腸心不熱，翻嫌半
榻冷於冰。

士與佳人都薄命，今來古往類如斯。紅顏憔悴青衫老，獨對西
風泪暗垂。

秋月春花獨自悲，傍人笑我太情癡。那知自古多情者，情不到
癡不算奇。

何振鮫字珠圓，諸生。

集文選詩壽家節母金孺人

松柏有本性，不爲歲寒欺。婉彼幽閒女，嫌婉及良時。作嬪君
子室，恩愛兩不疑。私願偕黄髮，良人顧有違。

眷言懷君子，撫衿長嘆息。嘆息獨何爲，精衛銜木石。高節難

久掩，由來自古昔。敷奏究平生，聖心眷嘉節。

福履既所綏，更有延年術。旨酒盈金罍，象筵鳴寶瑟。安寢北堂上，從容養餘日。探懷授往篇，以酬荆文璧。《汲園彙編》

春　草

嫩草離離到處同，芳郊十里散東風。吳宮恨惹斜陽裏，楚客魂銷細雨中。一道裙腰拕地碧，雙携屐齒踏花紅。聲聲杜宇天涯路，悵望王孫思不窮。

杏花村外望萋萋，恰恰黃鶯陌上啼。紅雨迷離江路北，青袍掩映畫橋西。咸陽宮闕添新恨，謝氏池塘續舊題。遠邇懷人歸未得，綠雲暗處白雲低。

秋　柳

秋容老去事堪憐，半畝荒涼落葉天。彭澤門前籠夕照，永豐坊裏織寒烟。馬嘶驛路悲今日，人過隋堤憶往年。未免有情看不得，桓公涕泪亦徒然。

江南江北綠陰稀，憶昔游亭汁染衣。一片離迷憐舊雨，幾番憔悴對斜暉。將軍營裡人初散，少婦樓頭事已非。惹得寒鴉聲慘切，林皋月上夜猶飛。

昨夜吹來玉笛寒，梁園景物盡消殘。空懷古驛絲絲縷，莫綰行人去去鞍。張緒風流曾憶否，王恭態度欲描難。蕭然無限金城感，和雨和烟不耐看。

吳門蕭索雁聲凄，何處垂楊蔭綠堤。容騎歸從江浦北，游人望斷板橋西。依依野渡憑誰喚，脉脉長亭衹自迷。借得春光如許後，千絲萬縷織來齊。

汨羅江吊古

千古懷沙志未伸，扁舟一棹吊靈均。巫烟渺渺愁公子，芳草萋萋怨美人。漁父曲遺湘水岸，女嬰魂斷楚江濱。秋風暮雨離騷意，此恨何從叩大鈞。

桐江有感

釣臺俯映暮江清，竟自垂綸傲漢卿。巢許懸知君有意，伊周轉笑爾無情。原因遯世非欺世，却恐逃名又得名。若使冥鴻終遠舉，羊裘何處覓先生。

蒼　梧

重瞳帝子別情多，憶昔蒼梧可奈何。湘浦愔愔春欲暮，洞庭淼淼水空波。英皇淚雨愁斑竹，楚鬼悲風嘯女蘿。瑟鼓馮夷猶未歇，遺音宛爾寫哀歌。

姑蘇懷古

悵望姑蘇起暮哀，當年歌舞已全灰。吳王自愛傾城好，西子原從敵國來。千縷晚雲迷廢苑，一痕秋月照空臺。浣紗人去風流杳，鎖得蓮花未忍開。邵裕森種竹軒鈔存藁

王　某光緒乙亥秋，從俞永忠齋頭得詩草一卷，無作者名氏。觀其《懷王孝子》稱"宗先生"，知爲姓王。觀其《四十自[誚]》注道光乙巳，知爲道光間人。然遍訪俞家父老，已無有知之者矣。

經胡蝶山懷孝子時望宗先生

至性能千古，青山亦有名。林烟噓憤氣，石港激哀聲。花外啼鵑苦，春來古樹榮。行游經此地，能不憶先生。

借　米

缺米時思假，饔飧獨自謀。鑿精非我計，多少任君周。請粟知

無用,呼庚异與儔。莫云塵甑結,竟作折腰求。

四十自誚 原注: 道光乙巳孟春。

四旬今已歷,藹日滿晴天。不惑究奚在,無聞竟果然。歲同愁作伴,身與病爲緣。敢道容顏老,殷殷志欲堅。

過 燕 山 嶺

峻嶺今初涉,燕山客路新。林間聞宿鳥,石級住行人。村遠方知靜,僧閒未免塵。低頭看野渡,幾個問迷津。

里 蘭 橋

津梁利往越時多,圮廢如今可若何。瀚海空傳飛駿馬,長江難再駕黿鼉。千年斷石青埋草,兩岸無舟綠漾波。幾度褰裳嗟病涉,寒風蕭颯旅人過。

乙未壇溪道中

寒天滿目使人愁,客地凄涼放去舟。柳岸停風飛細蝶,江干無雨泛輕鷗。早烟一帶歸途繞,夜月三更旅夢悠。何日忙鞋忙得了,盡隨雲水共沉浮。

燈 花

月淡疏窗燈影橫,寒光一朵吐芳莖。色鮮慣惹閨人夢,香槁無煩粉蝶爭。葉不連枝空作態,花非有種自生明。何來喜事偏相報,蟲玉釵頭綴五更。

牡 丹 怨

新簇繁枝本异材,名花何自冷春臺。沉香亭北猶遺恨,故縮芳心鎖不開。

消瘦形容病後身，梳妝且懶粉脂勻。花房無限青春意，半在淒涼三月辰。

好種移來國色香，狂風妒殺美人妝。楊妃去後芳魂歇，幾度尋思惹恨長。

落盡群英始吐葩，今朝冷落舊繁華。東皇豈厭丹顏媚，獨秘人間富貴花。

趙務時字逢聖，諸生。

贈古愚子釣魚詩

龐眉皓首貌如孩，手把漁竿傍石臺。莫謂磻溪今已遠，恐君釣出後車來。邵炳鑾鈔本

趙務從字善登，號辛齋，嘉慶間諸生。

贈古愚子長歌

天上玉皇香案吏，罡風飄墮神州地。星辰日月俱羅胸，將相王侯不當意。帝遣巫陽來上穹，煨其桀驁洪鑪中。阿香一笑掣電紅，鑄就烟波一釣翁。翁初墮地哭不休，萬二千日走泡漚。甄苦生塵踵出履，絕大乾坤一詩囚。刳盡芒鋒滌腸腑，自昔詩人例窮苦。平生一片直諒心，坐此竟成愚而古。王母雲書閉蓬萊，不許笑傲金銀臺。却恐之子塵埃沒，旋命天人入夢陪。命顧禹山把臂吟，命陶彭澤出雲林。命趙清獻携琴鶴，吐語香生花裏心。上元夫人供仙果，絳雲彩鸞擁列坐。舉盃聯吟興陶陶，始知世外乾坤大。雲日蒼茫開霽顏，隨地付與釣魚灣。朝烟時出月時返，豈羨子陵富春山。嗟我跰弛無繩墨，欲怒不得喜不得。幸君相伴游騷壇，拈毫翦紙歡無極。只爲此生酸楚多，因君唱出釣魚歌。天心水心一月印，清輝四面豁烟波。烟波

釣叟居何里，熟水東渡陽山趾。客來不須問姓名，持竿便是古愚子。

題陳巨川大濟小照

幽軒枕碧流，喬木散濃樾。結契在林泉，囂塵已斷絕。乘時愛景光，流覽多清徹。朝披竹間風，夕淘沙際月。況當春日晴，楊花飛未歇。東西罕定踪，兒童自怡悅。感此戒垂堂，委懷企曩哲。相將從所好，襟懷滌冰雪。

秋 夜 有 懷

皓月當秋別樣新，桂花籠影轉愁人。分明簾額留顏色，却恨清輝照隔隣。

邵廷珪字秉玉，別號古愚子，諸生。著有《夢餘集》。

春 日 即 事

春園花草鬥芳菲，香入簾櫳影拂衣。細雨才過風定後，近人飛鳥亦忘機。

和友人房中草

原注：友人書齋西厢草自牆根緣生房中，作詩徵和。

寂寞蕭齋發夙根，因何移種自平原。衹憐幽静空搖綠，未受陽和一點恩。

慰 友 安 貧

險阻平夷自兩歧，芒鞋踏破不須悲。前途饒有佳風景，努力山窮水盡時。

秋泊蘭江

何處簫聲響不休，西風送冷到孤舟。蘭江月色明如畫，却照離人一夜愁。

贈　別

浮雲漠漠游人意，楊柳依依離別情。握手長亭無所贈，心隨明月伴君行。

春　閨

爲覓侯封久不歸，窗前桃李正芳菲。生憎胡蝶知消息，頻向花叢故故飛。

戲與小影留別

笑儂已是夢中夢，憐爾猶爲身外身。朝夕盤桓終有盡，姑留幻影在紅塵。

和趙逢聖釣魚元韵

老景癡狂轉似孩，持竿每坐釣魚臺。江頭是我養生處，不管有無日日來。

漁家樂

江水灘頭急，上舟却費力。過來一重灘，笑傲橫吹笛。

静　夜

挑燈悲獨坐，静夜寂無聲。不忍看明月，恐生離別情。

送湯静齋大坤回里

才喜他鄉遇故知，那堪半載復相離。君回故里須憐我，空具歸心未有期。

美 人 風 箏

何方窈窕厭塵寰，拂袖凌風若等閒。已得升天朝玉闕，爭多一綫在人間。

客 館 聞 鶯

一聲初出谷，宛轉意無窮。百囀來高樹，千門度曉風。鄉心芳草外，客夢落花中。歸路江南近，前村杏正紅。

客 館 聞 蟋 蟀

感秋聲獨早，唧唧向天明。不管他鄉客，偏來砌下鳴。淒涼悲冷月，斷續咽殘更。聽爾情如訴，爲誰甚不平。

嘉慶十年七月二十日，夢至一境，瓊葩鬥艷，清香撲鼻。偕客四人酌酒賦詩，席上奇菓形如小鳥，紅碧相間，客曰"此綿竹花菓也"。醒後猶記得"人從花裏出，吐語亦清香"句，因足成五律

非想非非想，逍遥萬慮忘。座中無俗客，席上有佳章。仙菓盈盤脆，名葩滿目芳。人從花裏出，吐語亦清香。

禽 言

姑惡，姑不惡，新婦惡。不聞新婦奉姑恪，但聞新婦訴姑虐。聲諤諤，莫聽錯。姑惡姑惡。

得過且過，留得殘生當自賀。幾經受折挫，還把農桑課。門前吏催租，一聲柴扉破。急完逋賦囊無餘，贏得豐年轉凍餓。真無奈，得過且過。

行不得也哥哥，平地伏坎坷，江上阻風波。高山深谷，羅網實多，捷足其如迷途何。行不得也哥哥。

提壺盧，家中無酒市可沽。既不能得志游皇都，又不能著書紹典謨，何妨大事皆糊塗？李白詩百篇，劉伶荷一鋤。綠楊紅杏帘，影孤提壺盧。

不如歸去，虛在異鄉勞思慮。陌上繁花已散香，陌頭垂柳空飛絮。人生多別離，達宦遜甿庶。他鄉難久留，故鄉在何處？不如歸去。

過明招山吊呂成公墓

荒荒古墓不勝哀，太史坑中木葉摧。故宅嘗聞依水次，先生故居在金華，近溪邊。講堂欣見傍山隈。長留道氣垂青簡，剩有殘碑臥綠苔。蒿目傷心隨俯仰，明招一碧白雲開。

過胡蝶山吊王孝子

一點孝心貫白虹，至今古木起悲風。芳名應與河山永，正氣常留天地中。麗譙樓高雲繚繞，鳴陽鐘咽月朦朧。無君非法言猶在，花影猶疑血染紅。

偶　　成

底須得志聚多財，便自長貧樂也該。蓋篋妻搜釵鬶去，春衣兒典酒沽來。有時把釣觀魚躍，無處看花待菊開。世事浮雲何足論，且憑吟案把詩裁。

閒　感

半世還如夢，平生竟似癡。憂愁磨歲月，骨肉隔天涯。對月添新恨，看花憶故枝。窮通何足計，難遣別離時。

困

不經茲日困，那見少年歡。身世偏疑隘，乾坤本自寬。鶯啼溪柳月，風泣夜松寒。投足崎嶇徑，長吟蜀道難。

游明招山 原注：寺有蠟屐亭、朱呂講堂。

抗懷尋勝迹，結伴到禪關。翠黛時明昧，白雲長往還。風回蠟屐古，鐘靜講堂閒。仰止高賢在，徘徊日暮山。

游　寶　泉　巖

十八盤空曲，原注：山最高，一徑曲折而上，俗呼十八盤。林幽一徑通。村家春霧外，城郭暮雲中。寺古花應淡，心閒境未窮。山坳泉水靜，澄徹繞蘭叢。

林　泉　自　樂

林泉愜素志，隨處豁胸襟。水靜魚翻浪，山幽鶴在林。和風宣化育，圓月見天心。群動無非道，推遷成古今。

江　行　即　事

江上多幽趣，徜徉野渡邊。微風織細浪，斜日漾晴川。魚戲江心月，鳶飛雲外天。物情皆自得，吾亦樂忘年。

愚　翁　自　遣

看破人情寧守株，年逾八十我忘吾。幸逢明盛烽烟靜，況沐康强疾病無。把釣原來消白日，吟詩也欲覺迷途。却慚碌碌空懷抱，未敢移山轉自愚。

和友人述懷元韵

貧富命在天，人心須知足。貲財本倘來，得失何榮辱。奢麗矜豪華，金屋堆珠玉。窮約甘清貧，布帛與菽粟。可憐世富翁，心高身似僕。設饌皆珍羞，被體盡綺縟。謀獲才得隴，貪心猶望蜀。營營肆妄爲，尚自亂衷曲。舉世艷多金，炎涼成風俗。拭眼覷逢迎，言笑容可掬。豈知淡泊人，曠達無拘束。貧也原非病，孔門著芳躅。陋巷有餘歡，信道乃誠篤。慨想古聖賢，渺渺今誰續。松柏同敷榮，不凋異群木。率性樂天真，胡爲名利酷。幸逢世太平，歲豐無瘠沃。優游終我生，即此云了局。幹村楊道生曰：從性情中流露而出，稚子老嫗都曉，久之如食甘蔗，漸入佳境。徐香輔曰：錯落入古。金明莘曰：蒼逸古茂，一氣渾成。

陳上治字率祖，諸生。

五 百 灘 行

彩虹倒影落雙溪，溪水盈盈綠拍堤。群峰一束陡作勢，五百灘流聲向西。聲聲相屬何時已，一步一灘灘一里。亂石嵯岈不肯容，奔湍怒激疾於矢。篙師到此群喧豗，驚心如過艷澦堆。千篙相攢力已瘁，船底猶走晴天雷。幾番轉氣轉辟易，往來牽挽勞絡繹。輕舟才上百重灘，遠纜已到雙溪驛。人道舟行上水難，我言上水舟易完。人生涉險在知險，漫羨順流如飛翰。君不見，五百灘頭水如瀉，來舟欲上去舟下。與君試登玄暢樓，看此上灘下灘者。《浙江試牘立誠編》

蠟屐亭

吾愛阮遥集,曠懷殊絕倫。曾携雙屐齒,老此百年身。往事隨流水,孤亭閱舊春。苔痕閒踏遍,悵絕獨游人。同上

武川詩鈔卷七

國　朝

阮懷澄字清之，諸生。

題楓林坐愛圖

　　楓林燦成行，幽人坐其下。睠此秋林丹，遠勝春妖冶。春花挹露須葉扶，秋葉經霜比花腴。等閒祇解春花好，誰復秋來興不孤。惟有幽人識秋意，遠上寒山領其趣。御者顔亦如楓醉，倦來楓下支頤睡。

鄭樹棠字蔭庭，改名錫申。道光丁酉拔貢，中庚子科順天鄉試，任山東邱縣令，卒於官。

館　中　遣　懷

　　生涯豈是老儒冠，暫作經師到杏壇。不信冬烘添苦惱，翻緣夏楚動辛酸。詩文漫説言能了，孔孟猶然讀未完。但覺聱牙皆壁簡，何曾換骨有金丹。心思鴻鵠彎弓易，指點鴛鴦學繡難。書爲別風訛屢見，句因雌霓誤頻刊。劍無烈士將誰贈，琴絶知音只自彈。异本鈔餘忘趙璧，殘碑仿後裂齊紈。游偕童子偏遺點，業誨諸生每笑韓。握槧玄亭愁腕脱，橫經馬帳欲唇乾。南山霧豹聊同隱，北海雲

1413

鵬尚未摶。静夜瀟瀟窗外雨,短檠相對發長嘆。徐家驥鈔本

董　洹字芳洲,道光□□□歲貢。著有《補蘿山房詩草》。

白 姆 道 中

白石龍潭路,紅牆新婦祠。山風欲作雨,吹得鬢絲絲。

游 雙 玉 巖

玉山高望與雲平,石洞雙開似鑿成。獨上化城身不覺,此來真個御風行。

仙翁遺蛻石庵邊,見説通身爪髮纏。何似不留軀殼在,直騎一鶴上遥天。

已見阿爺成氣母,又聞乃女嚥黄婆。雙巖便是修真宅,瑶草金花此地多。

縋險探幽總覺奇,下山已是夕陽時。聞鐘且就蓮宫宿,一路尋詩到大慈。

書 臺 山

古迹城西説宋唐,高臺獨上望蒼蒼。禍延甘露思丞相,疏劾平原憶侍郎。人代已非空廢址,山形依舊枕斜陽。西風讀罷殘碑字,梵誦鐘聲出佛堂。

八 素 山

八士翩翩去不還,衣冠樸素竟名山。蒼生久矣法爲苦,白袷飄然心自閒。已避虎狼離世網,應騎麋鹿上儒班。定儲却笑采芝者,四皓無端入漢關。

1414

龍 女 祠

白雨濛濛灑簷瓦，祠外野雲如走馬。疾雷一聲劈山飛，雨霽天容净如寫。星旃羽蓋青螭車，貴主還宮樂有餘。廟巫舞罷衆靈散，新月倒挂蒼山虛。

雙 渠 田 家

大姑山下野田秋，瀸瀸雙渠繞舍流。晚稻登場蕎麥熟，炊烟如織出林邱。

新 婦 祠

行行入西山，一灣溪水緑。岸上百餘家，靈祠森古木。新婦誰家婦，明妝儼在目。下馬刷殘碑，字漶難卒讀。似云晋時人，少小性幽淑。嫁爲里中婦，彌月尚未足。一朝失所天，夫也竟不禄。上有寡處姑，守節志貞篤。艱難養一子，冀以延嗣續。如何甫結褵，而遽年命促。地下父子聚，世上婦姑獨。哀哀杞梁妻，切切城隅哭。兩世爲孤孀，豈云非慘毒。願以一死隨，此身誓不辱。未幾相繼殁，貞魂棲幽谷。上帝鑒其貞，命司此川瀆。精靈永相依，來往蒼山麓。姑山雲滃濛，婦山雨淋漉。至今此方民，禾稼年年熟。碑詞固云爾，吾意别有屬。薄俗輕名節，婦道多反覆。五嫁醜難言，三少穢莫濯。文君遠山眉，蔡女胡笳曲。才貌詎不佳，彤管無足録。失身再事人，强顔徒自恧。若與兹神較，碎璧與完玉。落日禱祀稀，催閉廟門速。余亦策馬行，去投前村宿。挑燈爲此辭，聊以警頹俗。庶幾緑窗人，聞風企芳躅。

月夜登壺山寺閣

寺樓高壓水雲鄉，永夕磋聲徹上方。竹外沙嶼烟外艇，分明月色似瀟湘。

山　　寺

數杵清磬響，知有小叢林。一徑穿雲入，空山落葉深。

大 家 山 歌

大家之山高插天，懸崖斗上生雲烟。我家違山無十里，蹉跎
不往空華顛。昨者訪友至巖塢，謝家青山恣沿緣。就中景物與
世別，巖翠千重落眼前。主人夙具游山屐，借我一網神飛鳶。平
明策杖發山下，羊腸鳥道幾登遷。首經石筍洞，巖隙天光穿。涼
飇森毛骨，六月欲披氊。崖傾路仄不可以徑陟，縱欲他往安能矯
捷如猿鳶。次探洗頭盆，盆水清涓涓。石上鎮常滿，盛夏不枯
煎。俯身外視忽駭絶，厠足奚止萬丈淵。坐不垂堂古所戒，忍以
性命輕試捐。捨之不復更回顧，急往前進窮山巔。何年祠宇駕
其上，中有神像貌嬋娟。絳節晨趨朝玉闕，青螭夕卸下瑤樓。金
支翠羽光離合，夢雨靈風態萬千。問兹何神各异説，大約不外圖
經傳。或云大家班彪女，避兄固難曾居焉。余謂固死事旋雪，何
必挈家此盤旋。又況東征尚有賦，胡獨此來無一言。踵訛襲謬
世多有，小姑彭郎想亦然。一云張姓彥卿女，嫁爲人婦方盛鬋。
一旦姑婦相繼歿，精靈肸蠁憑山壖。姑爲大家婦新婦，至今二處
鼓神絃。余謂此説差近理，靈异可入名山編。是時日正午，天宇
灝澄鮮。百里之內盡目睹，坐數邑里如星躔。轉瞬白雲生，四散
兜羅綿。須臾彌漫遍山谷，千峰浮没只露一二青螺尖。俯視下
方但一氣，有如銀海白浪滾滾相鋪填。對此目眩發長想，便欲身
泛蓮葉船。太乙仙人笑拍手，指顧直到三山邊。家山高，高插
天，終當服食求長年。青天白日山頂眠，静看烟雲自生滅，不管
人世之爲滄海與桑田。

讀朱菊山浮園詩集

十載客揚州，青衫坐白頭。眼高無八座，詩好足千秋。笑罵傾燕市，悲歌繼楚囚。終憐遺集在，長共越江流。

匆　　匆

自笑年來況，真成踪迹奇。溪山長獨往，漁釣是生涯。婦病中餐輟，兒頑上學遲。匆匆都不管，去與老僧期。

千金買莫愁，百金買如願。便足了一生，此外吾無羨。

湯思曾 字希顏，號春岑，諸生。

在館寄示二子深、定

作客他鄉又一秋，故園風景動人愁。重陽時候天猶暖，家內無須寄敝裘。湯定之鈔本

董　幹 字貞之，號雲莊。洹之子，諸生。

賀節婦詩 原注：鍾元祐妻。

井畔雙梧桐，枝柯共連理。上有鳳凰棲，和聲協宮徵。鶬鳴占五世，發祥兆此始。何意狂颿生，摧折巢竟毀。僅遺一孤雛，雌鳴愴不已。誓將以身殉，下赴九泉裏。顧念此嬰孩，捨母究何倚。含涕强乳哺，勸慰從妯娌。豈不慘孤孀，命也實遭否。性是女貞木，心如古井水。白雪潔可方，白玉瑩可比。熒熒一片心，足不出門軌。及兒年就塾，擇傅善訓子。宵燈每聽讀，端坐織麻枲。兒惰母性嚴，兒勤母心喜。果然續書香，黌序聲蔚起。咸曰此母嚴，懷清感鄉里。綽楔頒朝廷，堅貞松柏擬。流芳及後世，彤管定傳美。從此年逾高，

白髮增暮齒。含飴日弄孫，諸福膺繁祉。回憶茹荼時，萱堂聊慰矣。

俞節婦詩 原注：鍾金鑑妻。

武川西南境，靈秀所鍾毓。歷峰高崔嵬，菊溪漾澂綠。溪山環如畫，鍾氏此聚族。鍾家有佳兒，佳婦尤賢淑。不幸甫弱冠，命也竟不祿。蘭芽忽摧折，天乎何太酷。寡妻守空閨，泪眼長簌簌。豈不欲殉身，從君葬山谷。可憐膝無兒，繼立仗二叔。守志近十年，忽忽風中燭。一旦啓巾箱，更衣晨盥沐。王母仙禽來，异香盈古屋。一室姑姊妹，相向皆慟哭。嗚呼玉潔身，從此已埋玉。昔我游其里，六年坐鄉塾。長老談節義，盈耳復在目。挑燈爲此辭，或堪表芳躅。以上《鍾譜》。

踏　車　謠

翹首望天雲，雲起天之半。忽被橫風吹，雨氣復消散。陽鳥日揚威，爍石光燋爛。池塘已枯涸，禾稻猶待灌。踏車聲不斷，轆轤傍溪岸。足翻一勺水，背流兩肩汗。哀哀我農夫，逢此年旱嘆。吾欲叩天閣，倒注傾河漢。一洗炎氛清，庶慰窮民嘆。

夏旱苦熱感而有作

夜熱人不寐，朝來起獨早。開門望平疇，芃芃遍黍稻。何意兼旬晴，火輪光杲杲。下田已龜拆，高原久枯槁。祈龍龍不靈，迎神神空禱。健吏方下鄉，官廠當洒掃。以上鍾萬榮鈔本。

傅宗儒字珍山，道光間諸生。

梅峰歸鶴 棗巖十景之一

鶴入孤山起暮烟，高峰梅發雪盈天。何人招到疑鄧尉，有客相逢話堯年。枝密鋤曾明月映，花寒守向白雲邊。遙知夜半鳴深處，隱約聞聲百丈巔。

龍門春雨 棗巖十景之一

無端細雨亂飄零，洒落龍門響不停。溜急疑登天關迥，宵長恰在小樓聽。似曾點額風雷誤，却喜滋花桃杏馨。待到新晴應訪李，膺門高峻想開扃。徐家驥鈔本

章經畬 字禾田，□□歲貢。

題 課 耕 亭

築土誅茅只數椽，竭來訪此結新緣。春花烁月供詩客，青箬綠蓑披散仙。紅雨落時秧馬滑，白雲深處水牛眠。治生也是儒生事，莫謂耕氓止一廛。

亭邊又搆一新宮，常炷心香祝歲豐。萬竈炊烟連瓦白，一竿曉日照窗紅。勞形欲借仁人粟，涸迹堪餐隱士菘。別有襟懷關切處，情田種得普天同。徐玉森鈔本

湯祖焞 字雲根，諸生。善寫花卉。

題 畫

本待春光到，何須紫與黃。濡毫聊適興，即此是天香。牡丹

自爲濂溪賞，此花迥不同。淤泥原未染，紙上認波中。蓮

蕭瑟秋風裏，黃花燦短籬。莫嫌開太晚，自有傲霜枝。菊

高人來絕代，月色護幽姿。攝得香魂入，香生淡墨時。梅　原

注：道光戊戌作於棗巖精舍。長日如年，藉此消閎，工拙不自知也。畫幀今存。

題 白 菜 圖

一畦霜後佳，寫出多村氣。願贈有心人，時時知此味。

題 蒲 桃 圖

异域來佳種，天馬記歌謳。年深入中國，却被鼠來偷。此幀見西山農家。

徐岱封字云亭，咸豐間諸生。

蠟屐亭懷古

寂寥空谷繞林坰，蠟屐猶存舊日亭。新雨痕留騷客綠，亂山色向酒人青。貪教障籠羞談約，醉復銜杯喜學伶。冷落生涯惟幾網，凭闌惆悵掩雲扃。

丹楓黃葉翠繽紛，慘淡孤亭帶夕曛。寺近鐘聲闌鳥語，簷低竹影礙苔紋。山泉一曲涼飛雨，野徑三弓亂卧雲。晋代風流今已矣，徘徊空憶阮將軍。

此間風物本多妍，水色嵐光斷俗緣。夜月亭中雙屐挂，夕陽闌外一僧眠。烟霞白下頻思戀，車馬黃門早棄捐。安石東山何處是，明招應得與同傳。

三百年來大雅稀，驚人不見謝玄暉。六朝風杳山空在，一屐亭存客已非。題壁句多同嚼蠟，看雲僧或可傳衣。情深吊古欷歔久，策杖翻教上翠微。

當日朝廷事亦艱，權奸跋扈政摧殘。結廬自覺埃塵遠，著屐不吟行路難。祇要青山恒有主，何妨白髮轉無官。千秋奇士芳華歇，獨坐空亭一浩嘆。

朱呂曾來有舊因，三間講院此爲隣。荒亭寂寞憐狂客，古墓凄涼哭美人。者莫浮生雙屐齒，如何終老百年身。苔痕踏遍空回首，誰脫金貂換酒頻。

斯亭屈指幾回游，馬迹輪蹄尚小留。破寺鎖沉支一榻，中年感慨付三秋。僧因醉月肩偏亞，人愧停雲句未遒。可否竹林堪繼武，前山悵絕路悠悠。

高風磊落避塵喧，生計蕭然一酒尊。分付雲山留倦客，那知屐履斷吟魂。爲聞鐘磬方梅市，若有楸枰亦謝墩。閒倚闌干數踪迹，秋深苔蘚了無痕。

十里平田五里山，阮家亭子豎中間。白雲封處門常閉，紅樹低時客未還。落月無言松徑淡，涼秋有恨菊畦間。從今莫負烟蘿約，耐得人生幾度攀。

欄檻凋零十二層，頹垣壞壁半摧崩。山林有約懷名士，鐘梵無情老病僧。今日覽亭嗟圮毀，何時卜築壯崚嶒。葭蒼露白伊人渺，終古茫茫恨不勝。

謁呂成公祠

淑水東去湖峰高，明招橫亘山週遭。東萊内艱結茅屋，昌明道學推人豪。鳥聲報眠鐘聲起，常伴寺僧久棲止。博議卅卷摘雄談，雜詩五章發妙理。家庭師友淵源深，風雨千里來相尋。晦翁既至南軒繼，武川當日如濂潯。閨幃知學兒知道，村邑生光俗純皞。鞏徐洪張時執經，並茂華實灑蘭藻。衣冠已杳祠堂存，講院三間圍頹垣。夕陽楓葉山容老，瓣香瞻仰尤斷魂。烏虖吾武本荒僻，先生獎勵更誘掖。遂使閭閻樂絃歌，人知詩書士繩尺。專祠小築東門東，千烁萬載昭報功。何時移置向書院，東萊祠改天齊宮。

采茶曲

穀雨春風閒，綠雲香滿山。女兒競連袂，采茶崖谷間。巉巖嵬且碬,弓鞋行邐迤。纖手擷龍牙,筠籠盛鷹嘴。向晚鶯亂啼,歸來夕陽西。地罏添慢火,炒焙煩取携。前夜聞榷茶,上品供官家。中下持街市,得錢笑語譁。去歲完私債,今年葺茆舍。更願麥苗豐,聊資阿女嫁。

穫 稻 詞

碧畦黃稻隴參差,一歲秋成正此時。踏月不知霜影冷,腰鐮猶道五更遲。

橫斜綉陌午風香,打稻聲中野興狂。偏喜擔雲歸路近,短橋行過即低牆。

黃花紅葉淡孤村,農事初成樂子孫。今歲官租須早納,免教胥吏到柴門。

茅簷笑語喜豐年,報賽家家祝萬千。日暮紛紜村社散,小兒扶着醉翁肩。

題 課 耕 亭

曉日山城麗,幽亭曲徑通。鳥啼花隖裏,人行竹林中。履濕知多露,鈴鳴覺有風。遙看巖五色,目送白陽東。

何處撞鐘也,轟轟百六通。韵流山寺外,聲到野亭中。巒翠迷晴靄,花香趁曉風。因此懷稼穡,惆悵小闌東。以上皆徐玉森鈔本。

王庭揚字際可,一字學賢,號柳堂。藐畦先生之子。同治四年補行,咸豐辛酉科竝同治壬戌恩科副榜。

咏 王 孝 子

五夜磨刀聲嗚咽,欲忍不忍肝腸裂。一劍誅仇血暈紅,慨然自首公庭中。灘頭流水如泣父,柩來兒頭折至今。論者發長嘆,不死父兮竟死官。嗚呼！全父全君心獨苦，王生一死自千古。

明 招 懷 古

明招之陽有一客，蓬頭披髮常禿幘。尋盡五嶽終無山，閒來此山着雙屐。典午中代倒太阿，盈廷紛紛無擘畫。庾亮終是敗少年，蘇峻果然謀叛逆。惹得交廣歌歸來，斑斑屐齒留蒼苔。有佳山水足娛目，冬巖雪梅春雲竹。寒時薜荔堪爲裳，飢來茯苓亦辟穀。一披袈裟滿山中，詫説開山獨眼龍。如今祇留亭子在，金貂蠟屐皆成空。惟有青山常不改，水自西流雲自東。

王建中字薪齋，道光中游庠，咸豐初補增。著有《聞録雜草》。

游 明 招 山

五六年前欲到山，而今始得一追攀。終朝隨歷亭三座，何日伴吟屋十間。讀罷殘碑嫌眼老，鈔傳好句待時間。同人未盡登臨興，猶想來春訂往還。

山 蘭

不歸園圃鬥繁華，栽近山中處士家。四季長抽君子葉，一春專放美人花。管教空谷成香界，偏藉幽林護玉芽。野蝶游蜂尋未到，芳心自許軼凡葩。

水 竹

心虛節勁又通圓，不愛山邊愛水邊。慣向淇泉分翠影，閒依湘曲弄清漣。繫舟静報平安信，留客深銷塵俗緣。若得梅花斜更好，幽香逸韵兩娟娟。

俞川客感

何處無山水,俞川迥不侔。峰嵐皆左轉,溪澗合西流。真鑒迷青眼,微石誤黑頭。翩翩年少士,閒坐不知愁。

室小饒幽興,山深絕俗塵。閒惟燈對榻,雅與竹爲隣。學舍青雲客,萱堂白髮親。雨師剛灑道,起坐欲歸頻。

咏 孝 烈

爾室銘刀日,靈前泣像時。不怕仇不死,只恐死先兒。

水各西流去,名同百代傳。生才原有偶,易地則皆然。

陳 隴

相距俞川十里連,往還越宿幾多天。陽生澗底冰猶壯,春去岡頭雪未消。有屋樓門皆接路,無山磴道不開田。我來最賞花深處,一徑通流引石泉。

夢 游

倚枕抛書日正長,有人導我黑甜鄉。桃源留飲天台宿,可惜醒來悉頓忘。

六十生日親友製錦稱觴,却之不恭,受之有愧

六十年來計已非,爲人作嫁慣空歸。錦屏難却親朋祝,藉襯萱堂舞綵衣。

千爲傑字立三,號樂齋。道光己酉拔貢。光緒丁亥赴省候選教諭,卒於旅次。著有《倚杵山房詩集》。

酒 香

芸窗竹屋暗香含,有酒無時不半酣。收拾青山歸美醞,招呼紅

友作清談。落花以外春長在，累月於中醉亦堪。如此奇芬須領取，醇醪飲罷自餘甘。

元 日 燈 詞

上元共樂歲華新，花柳含芳各自春。此夜年年燈事鬧，一年不似一年人。

冬 夜

鬱鬱流年恨，迢迢獨夜人。雨添無限泪，風作不平鳴。酒夢輕千里，詩懷徹五更。天寒吟亦苦，愁緒一時并。

與湯雨園深之徐香巖嶽宗諸友游新巖

此日晴偏好，來游尋鳥道。嶺頭石欲危，山脊雲如抱。花帶曉風香，樹含秋色老。高峰上幾重，恍入蓬萊島。

放 鶴 亭

孤山放孤鶴，山色尚青青。放鶴人不見，空留放鶴亭。

冬夜不寐 回文

殘漏覺風寒，坐吟獨辛酸。彈琴撫夜半，團團照月看。

八 素 山

有士衣冠素，見說避秦來。山已成千古，人今安在哉。風流一溪水，舊迹變蒼苔。我游曾到此，日暮意徘徊。

舟 次 書 感

年來浪迹類飄蓬，海角天涯感慨同。有意雲山迎遠客，無情風雨打孤蓬。心存擊楫才偏拙，志欲乘槎路未通。何日大川占利涉，中流破浪趁長風。

友鶴山房即景

千里身爲客，山房點綴工。窗橫蕉葉綠，牆出豆花紅。旅思秋風裏，鄉心夜雨中。閒來惟一醉，舉目望飛鴻。

偶　吟

到處詩情酒興多，偶然歡醉便吟哦。九州風景曾躬閱，百歲光陰等客過。俗未能除聊爾爾，事皆無緒但何何。算來還藉杯中物，酩酊沈酣發浩歌。

答湯雨園見贈元韵

來游領略新巖景，笑掬靈泉水一盂。試問先生門外柳，於今蟻夢有還無。雨園屋前古柳中多蟻，不時入座。

挽項坤山師

司鐸鮑村地，宣平古名鮑村。相隨歷一年。文章型後進，品誼媲前賢。月落鱣堂冷，雲虛馬帳懸。春風回首處，惆悵泪潸然。

汴州道中

春花熳爛鳥聲柔，離却杭州到汴州。八歲抛家今廿載，鄉音未改話從頭。

流年一局爛柯棊

聲聲鳴在不平時，放眼看他世事奇。天地恢恢容蟻蝨，風雲擾擾起龍彪。慨懷管樂將誰比，竊慕莊聃轉自悲。笑讀元人詩句好，流年一局爛柯棊。

三月二十日又自左溪挈家至石閘口

忽覺百花開，離人此又來。三遷猶輾轉，兩地幾徘徊。夜月空山落，春風趁曉催。不如禽鳥樂，巢穩傍林隈。

童蓮塘紹彬新集龍門草聞而寄懷

聞君遯迹在龍門，添得詩篇到處存。放眼古今原了了，感懷天地亦昏昏。能無泣鬼驚神句，空有忠君愛國言。何日林泉得携手，好從漁父問桃源。

隨羅雨樵子森大令勸耕

春風滿野菜花香，大麥青青小麥黃。漫説兵餘人力足，今年仍似去年荒。

菊　枕

無事閒來静掩扉，琴床竹榻自忘機。夢中忽見陶彭澤，笑向東籬采菊歸。

左溪秋夜

凄涼秋夜坐，正是避灾時。地僻溪流活，山高月上遲。蟲聲鳴抑鬱，木葉落離披。何日妖氛静，康衢再咏詩。

丙寅八月十三日偕孝廉任亮甫、王錫侯、
金愛堂、王純甫游伏羲畫卦臺

原注：臺在上蔡縣文明寨，離城三十里，傍有耆圃，後有三皇殿。

同到文明寨，登臨引興長。臺高留一畫，廟古仰三皇。老圃靈
菖茁，秋風桂子香。洗心瞻拜罷，日落四山蒼。

何顯瑩 字鏡華，號蘭臺。太學生。

孝　里

高瞻綽楔蓋雲中，老屋三間尚未空。孝子廳猶在。劍氣縱橫霜
鍔白，血痕慘澹夕陽紅。至今村落都生色，自昔軺軒重采風。碧水
青山依舊在，我來何處覓英雄。

移居竹林瑞室

爲愛林泉好，移家到此居。莫嫌無長物，尚帶一床書。
了却人間事，隨緣杖履游。登巖尋白鹿，入谷訪青牛。
七賢風味在，只此竹林間。酒釀雙泉水，樓迎四面山。
斗室饒幽雅，明窗逗綠陰。晚來明月上，我欲理瑤琴。

湯深之 字雨圍，咸豐丙辰恩貢。

孝里八景小咏

讀書巖，石巉巉，草堂圍列古松杉。伊人展卷清宵讀，忠孝二
字心鐫鑱。石巉巉，讀書巖。

垂釣磯，水激飛，魚不上鈎人不歸。臥冰求鯉有家法，何妨灘
頭暈夕暉。水激飛，垂釣磯。

龍頭石，踞山脊，神物存身蠖屈尺。一乘風雷奮攫拏，山鬼撄
撄喪魂魄。踞山脊，龍頭石。

鸞翔嶺，名足省，鸞鳴鳳應掠雙影。慈烏反哺有時過，梟鳥那
容到此境。名足省，鸞翔嶺。

羊塘月，一鈎揭，斂住精光且不發。幻痕印水白如刀，早爲凶
蛟示斧鉞。一鈎揭，羊塘月。

山庵雲，常氤氳，長虹噓氣白日曛。六載沉冤一朝洒，嵐頭猶
自裹素氛。常氤氳，山庵雲。

谷口松，春可冬，陽和去矣雪霜封。嚴風有意試貞節，山崖又
見後凋容。春可冬，谷口松。

溪橋柳，縈左右，欲挽頹波使回首。弧溪橋下秋水澄，正氣沖
烟射星斗。縈左右，溪橋柳。

應吳上游請由長盤嶺過香渠用董芳洲先生韵

爲有尋山約，言過好友家。離村峰愈束，入嶺樹多斜。谷口餘
秋秫，田心放豆花。壺觴吾有主，野店不須賒。

平　坑　寺

青峰環古寺，清净少游踪。鳥道通禪意，山花媚佛容。翛然塵
境遠，瞥與老僧逢。爲我烹香茗，澆兹壘塊胸。

東　奉　亭

東道誰爲主，西來此有亭。客心千里淡，山色四時青。欲去愁
蓬梗，相逢類水萍。何堪名利逐，風雨不曾停。

巖塢懷沈眉生先生

原注：先生名壽民，安徽人。明崇正末年徵至京師，上書
論楊嗣昌。後在江南與阮大鋮不合，避難來武，與族祖五先公
交厚，遂隱於巖塢。

明季賢徵士，上書撼宰臣。身幾離世網，居暫寄巖濱。往哲風
規在，當年隱迹淪。崖松森百尺，想見舊丰神。

由香渠至周岡

歸路非前徑，中途見小村。家藏黃葉塢，室露白牆垣。野黍秋都熟，衡門午不喧。漁郎如到此，恐訝是桃源。

讀金忠節公傳

殘局分明着手難，且從劫子嘔心肝。金陵城外前朝鬼，愧殺遼陽九祭官。

銀印賫還故主前，忠魂已逐孝陵烟。再來不值錢文一，父老無須艤舊船。

西　　施

夷光秉德自柔嘉，歌舞何能誤國家。不用屬鏤誅宰嚭，吳宮秋月冷窗紗。

邵裕孫 亦名裕森，號竹軒。工詩，屢應童試不售，援例入太學。

宮　　怨

瑤虸金鋪迤邐開，內官傳說翠華來。西風吹入昭陽院，空倚朱欄望一回。

祝太平 字階三。□□□□□歲貢。

讀 孝 烈 編

六載厲劍王孝子，父仇不報心不死。一旦手刃仇人頭，所生仇復無忝爾。干將既逝莫邪悲，誓日從夫九原裏。三年泪眼向兒枯，靡他靡慝終自矢。子死父兮婦死夫，一門孝烈濟雙美。迄今憑吊胡蝶山，青林颯颯悲風起。扶植綱常賴斯人，安可不樹風聲表宅里。嗚呼，世人孰不爲人子，王子死孝乃如此。世人孰不爲人婦，俞婦殉夫又如彼。千秋卓卓垂芳名，筆墨有光重青史。

徐嶽宗字香巖。同治□□歲貢。

朱 烈 婦 行

黃塘堰頭水榮榮，黃塘堰口風泠泠。斜捍禦水尋常有，黃塘胡爲行踪停。云有前年朱烈婦，世系原出紫陽後。鍾郝復生巾幗賢，髺鬒婉孌芬衆口。自從于歸隴西時，夏川咸道嫺閨儀。令範莊誦《列女傳》，宜家早賦《召南》詩。蔦蘿長松推賢淑，彤管書賢難盡錄。中饋無自蒙奇殃，令德定知綏厚福。何期流寇擁如蜂，游騎四出誰當衝。狂風飄蕩柳惹恨，急雨沾濕花無容。烈婦罵賊節不屈，黃塘流水聲如泣。翻身躍入清流中，愁雲四出氣森鬱。招魂歸來向黃塘，炎炎天暑尸亦香。玉貌如生人驚絶，嘖嘖傳誦謹邦鄉。阿爺哭女死於賊，貽我行狀語凄切。我爲含悲還起敬，敬此抗節閨中杰。事聞彤廷褒詔宣，旌門令典千萬年。處常早聞烈婦孝，處變爭嘆烈婦賢。嗚呼，安得處變皆如烈婦賢！

蠟屐亭咏古

明招翠繞青蒼蒼，山腰山足栽新篁。阮公當日何飄揚，來此樓止堪徜徉。祖約好貨謀多藏，對客捫擋徒自忙。何如蠟屐流芬芳，神色閒暢情悠長。禿髮一官空宦囊，金貂換酒頻傾觴。動履霞舉真軒昂，風徽晉史猶昭彰。迄今訪勝過講堂，皆留綠蘚亭亦荒。遥集遺迹深瞻望，暮烟古瓦鋪夕陽。

隨羅雨樵子森大令到小南鄉勘荒勸耕

大南鄉遍小南鄉，爭説好官名氏香。一路福星臨隴畝，千家春日起農桑。秧才脱穎鋒猶嫩,麥早生鬚色漸黃。山坳最是關心處,兵燹頻年沃土荒。

早起辛勤曙色明,村村父老笑相迎。田飛有雉能馴伏,野罔無牛好給耕。供帳不勞諸里正,車輿屏却自徒行。沿途代向山氓訴,也使尊官識下情。

何文綺 字凌雲,號雲軒。□□□□□恩貢。

讀 孝 烈 編

六載深仇一朝雪,孝果以誠不以日。仇頭在手婦驚啼,離母別妻心斷絶。身非吾有豈苟然,天生正氣還之天。孝子殉孝婦殉節,秦碑漢史相流傳。吁嗟乎,孝里一坊當途立,行人過之起蕭瑟。
《孝烈編》

陳榮紱 字朱甫,號幻雲。郡庠生。

歸 途 即 事

芳塍漸漸入桐溪,麥滿平疇草滿堤。新見翩躚雙燕子,紅襟掠過板橋西。

春 閨 怨

風風雨雨暗消磨,九十韶光次第過。閒拾桃花和粥嚥,一腔心事是春多。

舟次富春時月明如鏡

風微柳繫舟,嘯傲海天秋。醉卧船頭月,長江枕底流。

即　　事

閒階最幽處，秋雨長莓苔。盡日無人到，海棠花自開。

元　夜　曲

溶溶明月垂金粟，燦燦明燈燒華燭。華燈照月月照人，照見美人顏如玉。歌管聲中游冶郎，綺羅香裏窈窕娘。無端相逢燈月下，欲行不行各斷腸。

悼花詞 錄一

一年春事又蹉跎，無力可回逝水波。自信生身非項羽，虞兮唱斷奈卿何。

自　　勉

謾將學業付東流，立志當追古者謀。調鼎有梅原耐冷，傲霜無菊不爭妍。

閒 居 雜 興

經眼繁華等暮烟，年來百計亦蕭然。病多幸賴君臣藥，囊澀慚無子母錢。野簌山肴清比佛，吟魂醉魄淡於仙。生平解識貧非病，居易由來號樂天。

范錫欽 字巨川，諸生。

偶　　成

僕僕紅塵四十年，雲烟過眼總徒然。治生孰若長生好，且住山莊學散仙。

何　尤 字應拔，號雲山。咸豐乙卯游邑庠。

礧硈秋感

千里蕭條景物空，露珠難濕野烽紅。飄零螢火棲新鬼，咽怨蟬聲泣老翁。作客萍踪曾逐水，驚秋梧葉獨經風。近來故土無消息，聞道援師出閩中。

雲山兄性直行方，制藝古服勁裝，詩則平易近人，然不自存藁，即世後皆散逸。此詩避地括蒼作，檢舊帙得之。

徐寶模 字子楷，嶽宗子。諸生。

讀書樂 錄二

春來鳥鳴谷，旭日照林木。有時映山光，清輝滿茅屋。雅興乘韶華，騁懷堪寓目。花草助芬芳，書香恒馥郁。

夏景敷百昌，多識以知方。佔畢深樹裏，陰木囀鸝黃。燕居芸編抱，齒頰流芬芳。薰風入懷袖，意味彌深長。

王樹屏 字价庵，別號拈花一笑道人。諸生，早卒。

野　望

四野蒼茫迥，平蕪一望空。何人傳好信，極目眄歸鴻。山色寒烟裏，秋聲落木中。自饒幽興發，不更問窮通。

武川詩鈔卷八

閨　　秀

國　　朝

朱　榅 拔貢慎女。諸生□□由室。

春園即事

庭院無人草自芳，春慵聊復步回廊。幽蘭嫋嫋當風靜，新竹娟娟愛日長。悄向花叢尋蛺蝶，閒依池畔看鴛鴦。侍兒欲學秋千戲，畫架輕移背夕陽。

一桁銀簾幌水晶，苔痕不損屐無聲。樹從白石凹中出，人在綠陰深處行。照眼桃花姿鬥艷，殢人柳絮態嫌輕。言歸莫待阿娘喚，替織回文錦早成。

彈　琴

月光如水漾庭花，欲撥琴絃意恐差。却笑不解文姬音早辨，變聲音律忽何轉又到胡笳。朱光華鈔本

1435

陳玉環太學生發枝女，年十六卒。

繡　　枕

鴻寶書還在，鴛鴦泛欲浮。新裁初熨貼，小樣最溫柔。偎暖春風面，橫波秋水眸。只因多好夢，又惹美人愁。

阮卿卿

春　　雨

潤遍郊原漲滿溪，杜鵑聲裏草萋萋。花紅帶露胭脂濕，柳綠含烟翠黛低。

點點輕隨淡淡風，簷頭鐵馬響丁東。梨花無力楊枝軟，壓住春光一院中。

流　　螢

疏簾不碍映明星，小院沉沉漏乍停。恰好一番秋雨過，亂飛花架閃流螢。

段　雲汪□□□室，早寡。

雨　後　眺　望

野外添新綠，湖中漲白波。人喧爭渡雜，鳥噪出林多。屐齒層層印，烟痕淡淡拕。斜陽雲罅漏，半道下山阿。

童關關歲貢紹彬女。年十六，未嫁卒。

春　　雨

雲影半銜黑，南窗燈焰青。雨從深夜落，人在小樓聽。

送徐三静表姊

送君西江畔，依依奈別何。問君何日返，莫去隔長河。

春　　初

惆悵春風何處來，綠楊搖影入樓臺。江南一夜撩人雨，無數夭桃簇簇開。

春　　晚

桃花綽約李花香，流水無情映夕陽。却怪春風吹太急，飛入紅樓錦瑟旁。

椎　生

　　原注：自蓄一八哥，名之曰"椎生"，以其有鬐也。後半年飛去不返，作此志感。

有鳥有鳥名椎生，朝飛空谷暮歸來。一夕迷途不回首，喚伴門前聲尚催。

武川詩鈔卷九

方　　外

晋

德　謙 眇一目，號獨眼龍，居明招山。

示　衆　頌

明招一拍和人稀，此是真宗上妙機。石火瞥然何處去，朝生鳳子合應知。《獻徵録》

偈

鎩刀叢裏逞全威，汝等諸人善護持。火裏鐵牛生犢子，臨歧誰解凑吾機。仝上

石　　晋

義　照 拄錫金柱山。

因　事　有　偈

虎頭生角人難措，石火電光須密布。假饒烈士也應難，懵底那

能有差互。《傳燈錄》。按,《獻徵錄》有差互作“解回互”。

國　朝

沙　熊

武城絃歌送涵翁張邑侯

神君愷悌本慈祥,瞻視尊顏雅度汪。禮樂化民成俗善,移風端不在桁楊。

松雲深處靜盤桓,聞道年來佛是官。舞鶴懸魚知雅化,花城瑞靄映栴檀。嘉慶修邑志

慈　基俗姓朱,行三,宣平典史子。披剃於大慈寺,尋住金公巖。著有《空空集》。

金　公　嵓

一聲夜猿啼,撼得山門響。山月寒照人,光滿藤蘿上。

大　乘俗姓徐,邑南勑令橋人。應童子試不售,父母妻子皆殁,遂入明王寺爲僧。

春過燕山嶺

閒携杖錫嶺頭東,嶺上春花一味紅。無際春光尋不得,春光却在此花中。

白　牡　丹

花脫紅塵外,春歸太素中。猶嫌矜富貴,不耐淡烟籠。

守　定自閩中來,住持金柱寺。咸豐辛酉粤寇入邑,鄉勇與寇戰於城下。勇敗,守定殉而還,尋示寂。

水　簾　亭

讀罷儒書又佛經,春山花滿日斜庭。閒來試入簾櫳裏,一道寒光戶半扃。

城　下

忉利天宮浩劫遭,降魔杵動建旛高。別饒成佛功夫在,立地何須放下刀。

定　空俗姓何。自江右來,住持大士庵。

夜歸山寺

薄暮還樵徑,冥冥度翠微。山看明月上,身帶白雲歸。疏漏穿花榭,孤螢歇竹扉。入門無一事,兀坐亦忘機。

武川詩鈔卷十

詩　　餘

宋　游水簾亭四闋　江南序

朱　熹<small>字元晦，謚文。婺源人。</small>

山徑崎嶇路，危巢步可攀。風颯颯，水潺潺，流泉穿石水回環。鳥棲巖下樹，龍臥石中潭。我來不覺精神爽，深入簾櫳四月寒。

呂祖謙<small>字伯恭，謚成。金華人。</small>

巖前清漱玉，銀綫挂珠簾。山隱隱，水漣漣，石峽浮雲帶斷烟。登臨旋鳥道，身向白雲邊。重來曲水三杯酒，坐臥苔磯一醉眠。

陳　亮<small>字同甫，號龍川。永康人。</small>

有液垂銀溅，珠簾不用鈎。山寂寂，水悠悠，石室生寒五月秋。微行苔印履，流水不浮舟。林外夕陽歸路急，未知何日再重游。

鞏　豐<small>字仲至，號栗齋。邑人。</small>

石聳泉飛急，淵深流自長。聲滴滴，影蒼蒼，一泓清影瀉滄浪。澗草侵人碧，山花遠路香。水簾佳景皆詩句，酒興無如逸興狂。<small>均見邑志。</small>

歸　途　咏

朱　熹

樵子村，近黃昏。回首簾亭杳，又見疏松漏月痕。深沈！

吕祖謙

白雲收，水共流。飛簾猶未捲，回首萬山相對愁。何尤！

陳　亮

日莫天，樹宿烟。巖前敲石鼓，潛龍猶自井中眠。多年！

鞏　豐

人影稀，咏而歸。夕陽簾色白，接天遠岫繫殘暉。幾希！　並見
邑志。

國　朝

翁嵩年 字康飴，仁和人。由舉人任邑教諭，康熙戊辰成進士，授户部主事，陞刑部郎中，督學廣東。

江南序 水簾亭步宋朱文公韵

峭壁人難渡，懸蘿客易攀。山寂寂，澗潺潺，孤亭聳立萬峰環。日華明遠岫，霞彩映澄潭。先賢去後風蕭瑟，惟有青松耐歲寒。嘉慶修邑志

程　揆錢塘人，貢生。康熙三十四年任邑教諭。

江南序 水簾亭步宋呂成公韵

孤亭嵌石隙，瀑水瀉珠簾。寒悄悄，碧漣漣，高岫殘陽映暮烟。猿啼山峽裏，犬吠竹籬邊。自慚未得閒僧趣，長向此中抱月眠。嘉慶修邑志

徐俟召見前

江南序 水簾亭步宋陳龍川先生韵

簾自垂今古，長留月半鈎。人悄悄，意悠悠，萬壑松濤起暮烁。山深稀俗迹，澗窄絕漁舟。風景依然渾似昔，每懷往哲未同游。嘉慶修邑志

徐鼎軾見前

源净流俱潔，山深路自長。烟漠漠，樹蒼蒼，數聲牧笛過滄浪。棲鳥依林静，落花滿澗香。三杯不管金烏墜，戴月歸來興轉狂。嘉慶修邑志

朱　恂字忱九，爾殿子。諸生。

望江南 十闋

幽居好，一室足徜徉。眼底乾坤容我傲，人間歲月任他忙。閒散是吾鄉。

幽居好，嘯咏可忘年。架上名書隨意讀，囊中新句不時添。此樂頗難言。

幽居好，褊性愛孤栖。伴我看花惟粉蝶，催人進酒有黄鸝。聲

氣覺相宜。

幽居好，景物四時佳。窗外有池常躍鯉，庭前無地不栽花。差足度年華。

幽居好，車馬絕逢迎。竹下携壺邀勝侶，花間得句贈幽人。不受俗塵侵。

幽居好，心遠地相宜。靜看方塘來活水，閒聽好鳥說禪機。真意少人知。

幽居好，何事最關心。愛鳥不刪巢鳥樹，惜花常設護花鈴。生意滿園林。

幽居好，不用更登臨。山色曉歸窗外綠，溪聲夜入枕中侵。不盡坐園情。

幽居好，何必學逃禪。一箇蒲團明月裏，幾聲清磬晚風前。勝入梵王天。

幽居好，絕勝臥香閨。時引風姨來竹榻，閒邀月姊共金巵。真色世間稀。湯于殿鈔本。旁識云：康熙甲申應鐘月湯氏羽南一字猗蘭偶錄。

朱　慎 見前

相思引 春景

落紅飛白點香窠，燕子穿花巧弄梭。烟鎖垂楊宿霧和，雨如縚，芳草隨春漲綠波。

如夢令 閨情

簾外綠醋紅媚，春色釀人如醉。妝罷怯擎杯，斟盡一觴紅淚。無計，無計，別是一般憔悴。

長相思 閨情

桃花飛，杏花飛，點點飛花貼繡幃。日長午夢遲。鶯兒啼，燕兒啼，啼到南園春盡時。春歸人不歸。

又

曉風吹，晚風吹，吹盡殘紅綠正肥。爲他愁翠眉。漏遲遲，月遲遲，泥立空階花影移。憶他他怎知？

生查子 怨思

心悄悄，午夢啼殘花外鳥，人去香踪杳。　欲怨如何可，怨待拋，怎生得拋。一點情芽何日了，恨闊春江小。

浣溪沙 春夜

新花拂短牆，明月窺深戶。花月雨朦朧，相對空淒楚。　倚遍小朱闌，曲曲愁難數。萬轉復千回，捱盡相思苦。

菩薩蠻 春閨

芳草如茵日色妍，玉銷香瘦只思眠。醒來猶帶泪痕鮮。楊柳絲中鶯解語，桃花片裏燕窺簾。含情深倚畫樓前。

又 秋閨

樓外長江宿霧迷，岸旁疏柳曉霜欺。西風回首別郎時。既不知歸須莫去，那堪一去便忘歸。教人怎不恨淒淒。

采桑子 閨情

桃花零落香猶故，子規淒切聲如訴。芳草自青青，王孫奈薄情。　　無言空斂翠，殘粉和清泪。明月又生窗，教人燒夜香。

卜算子 登樓

閒愁一段渾難送，獨上高樓。上得高樓。倍入雲山萬疊愁。
却嫌送不閒愁去，更下高樓。下得高樓，又踏新來一段愁。

金蕉葉 秋閨

門外雨瀟瀟，化作相思泪。風打紗窗陣陣寒，閃閃殘燈昧。
耐耐薄情郎，書也何曾寄。算來只有夢相逢，却又人難睡。

阮郎歸 秋雨

芭蕉寒重，一聲聲風敲雨慟。簷前鐵馬輕弄，凄涼與誰共。
香榻重衾獨擁，劣燈花燃成惡夢。愁懷無處斷送，清砧傍夜永。

海棠春 閨思

南園芳草緑成衣，烟深柳皺眉。爲春憔悴怕春歸，隔簾花又
飛。　　愁遠黛，惜芳菲，香殘蝶翅低。濕花小雨弄霏微，重門掩
繡幃。

眼兒媚 海棠

嬌姿旖旎垂標韵，睡未足，春風喚醒。烟散曉寒，輕露浥，新妝
靚。　　一枝臨水波生暈。微雨過，濕紅沁沁。小燕啄花飛，點點
胭脂印。

又 梅花

梅花昨夜春先到，疏簾外，暗香飛繞。瘦影半窺池，水面花心
照。　　携尊近向花階眺，淡月下，冰魂縹緲。枝上着輕風，花也

如傾笑。

西江月 清明

繞砌浮絲襯英，花信晚風輕。一簾疏雨，三杯濁酒，斷送清明。空教春色愁中過，搔首恨難平。銜泥燕子，啼紅杜宇，一樣無情。

虞美人影 雪意

夜半風凝雨凍，曉來飛絮漫天。披寒怯立小庭前，箇箇山頭白占。　更上南樓遠眺，頻支北檻留連。一川瓊樹月明烟，愁目茫茫空斷。

南柯子 雪意

關雲鎖雨天如寐，故作多般雪意。點點飄颺空際，天也垂粉淚。　佳人和酒闌干倚，雪映紅妝共醉。素袂輕撩雪墜，一樣風前委。

南歌子 曉風

夢斷蛩初静，寒飛霧正濛。曉來獨自倚簾櫳，拾得一天新恨上眉峰。　人隔蒼山遠，愁添翠露濃。羅襟無淚寄征鴻，惟有一聲長嘆付西風。

浪淘沙 莫春

楊柳弄輕黃，蝶困鶯藏，一簾妬雨逗花妝。枝上落紅春不管，更遭風狂。　憑檻惜餘芳，草綠烟蒼，留春無計送春忙。杜宇一聲催去也，流水花香。

又 冬意

至後日初，長閱盡年芳。闕十字梅斜插滿，不讓春光。　　獨自倚寒窗，盼下斜陽，隔簾吹送晚風香。今夜月明花且媚，好着思量。

又 思親

風急翦飛鴉，寒透窗紗，思親望斷白雲賒。江路梅花開已遍，人隔天涯。　　何日返輕橈，又過年華，歸期幾度信燈花。枕上夢魂行欲盡，今夜誰家。

瑞鷓鴣 秋閨

烟鎖梧桐院落幽，黃花飄泊晚風秋。三更夜雨和愁漲，一枕清江入夢流。　　情漠漠，恨悠悠，蠻吟芳草醉離憂。愁容怕對菱花瘦，背立銀燈影自羞。按，"醉"字恐誤。

又 秋恨

簾外西風碎井梧，日長無奈碧窗孤。夢隨春去魂如斷，病入秋來淚亦枯。　　難翦拂，轉支吾，眉尖拾得恨相扶。一行歸雁鐘聲暮，又是愁人斷腸初。

醉春風 閨怨

睡損羅衣褪，淚溼香腮暈。愁來倚遍玉闌干，悶、悶、悶。相歡何日，相見無期，相思有分。　　生爲多情困，翻被無情恩。自憐自語自悲啼，恨、恨、恨。驚魂一片，清怨千般，柔腸百寸。

又

香冷鴛鴦被，枕漲胭脂淚。吹簫人去夢難尋，悔、悔、悔。未經離別，何曾解着，惱人滋味。　　雲雁書成僞，喜鵲聲休碎。眉尖幽恨幾時無，愧、愧、愧。薄倖愁煩，相思孽債，今生還未。

南鄉子 春閨

鶯語弄春柔，理却殘妝上翠樓。臥綠堆紅花落也，悠悠，人不知歸花也羞。　　芳草織汀洲，可奈王孫耐薄游。恩愛而今空有淚，休休，贏得相思一段愁。

玉樓春 咏愁

心頭一寸愁千朵，心未鎖時愁已鎖。愁來深處渾無愁，世上多愁誰似我。　　幾番珠淚愁中墮，待破愁城愁更躲。送愁不去奈愁何，夜夜知愁燈下坐。

南鄉子 春閨集唐人句三闋

落日在簾鈎，柳色參差掩畫樓。寂寞空庭春欲晚，羞羞，輕薄桃花逐水流。　　長眉滿鏡愁芳草，何年恨始休。妾夢不離江上水，悠悠，倏忽還逢南陌頭。

杜甫　司馬禮　劉方平　杜甫　常理　杜牧　張潮　無名氏

芳草綠汀洲，春日凝妝上翠樓。別怨自驚千里外，低頭，人自傷心水自流。　　溪邊春事幽，悔教夫婿覓封侯。不忿黃鸝驚妾夢，添愁，簾幙襜裧不挂鈎。

李□□　王昌齡　高適　劉長卿　杜甫　王昌齡　鄭谷　袁不約

花鳥惜芳菲，翠幙紗窗亂鶯啼。江水流春去欲盡，傷悲，無數容顏空自知。　　深坐顰蛾眉，王孫詎肯念歸期。玉枕夜寒魚信斷，淒其，離魂潛逐杜鵑飛。

劉希夷　張謂　張若虛　張謂　李白　皇甫冉　胡曾　常莊

又 秋閨集唐人句

烟波處處愁，琪樹西風枕簟秋。竹裏登樓人不見，凝眸，惟見長江天際流。　　薄暮思悠悠,雙鬟慵整玉搔頭。明月自來還自去,誰留,更憑飛夢到瀛洲。

　　薛瑩　許渾　張謂　李白　袁不約　崔魯　盧弼

　　已上均見李中山鈔本。前有標題:武川朱慎其恭簽,湖上李漁笠翁鑒定,新安張潮山來參訂。

徐鼎軾見前

朝中措 白陽山居

　　峰巒萬疊繞烟霞,古木帶啼鴉。試問茅廬何處,翠微山下人家。　　千竿修竹,一彎綠水,滿地桑麻。怕有漁郎尋覓,沿溪不種桃花。嘉慶修邑志

湯于殿字羽南,一字猗蘭。雍正歲貢,任會稽訓導。

贊成功 送涵翁張邑侯

　　甘棠一樹,百里姘嶸,艷桃明李影重重。深深護惜,倚醉春風,琴調鶴弄,喜溢花封。　　九天湛露,忽洒庭中,將歸槐省代天工。瞻依愛重,擬比靈松,時時撫頂,願報枝東。嘉慶修邑志

周獻廷字子修。

折楊柳 送涵翁張邑侯

　　瞥見西風下玉珂,趁時和彩雲堆裏。影婆娑,恩重波。　　百里桑麻榮世澤,兩歧多爭投蝌蚪。落文河,聽謠歌。嘉慶修邑志

傅宗烈字子偉。

侍香金童 游新嵒

乍到新嵒，景象仙凡別。路險仄，層峰經九折。不是地天交造設，那有茅庵向雲中結。　　洞門前尺水瀠洄流不竭。試掬飲，香浮甘且洌。斗覺纖塵俱隔絕，引得清機，瑩然爽澈。嘉慶修邑志

趙務從見前

一萼梅 春夏秋冬四闋

東齋鳥語曙雲初，帖走壁魚，玉漾蟾蜍。花紅兒面春何如，才習四書，又習六書。

南薰小沼泛蓮花，碧罩窗紗，紅切浮瓜。垂髫執卷聲聱牙，不是書家，定是詩家。

西園月色碧梧風，葉落江楓，蓼綴江紅。吟殘人坐天香中，不寄詩筒，便寄郵筒。

北窗晴日映茅檐，竹捲疏簾，牙撿書籤。階前映雪絮飛黏，妙醞盃添，妙句詩添。

瑞鶴仙 咏釣叟

樂哉釣叟，只一味垂綸，烟波前後。獨立傍楊柳，總不知世事，惟鷗作友。有魚適口，也當些葷腥過酒。喚山妻，和蒜屑薑滿盆，噀鼻香透。　　知否？人間富貴，世上功名，子虛烏有。把一竿可長壽，願明日又趁小港晴陰，釣得游鱗到手。任千愁，都付江流，漂去長久。均見邵炳鑾鈔本。

武川詩鈔卷十一

外　集

唐

孟浩然本名浩，字浩然，以字行。襄陽人。張九齡爲荆州，辟置於府。無遇合，以布衣終。嘗訪天台、永嘉山水，過武陽川留宿，有詩見邑志。

宿　武　陽　川

川暗夕陽盡，孤舟泊岸初。嶺猿相叫嘯，潭影自空虛。就枕滅明燭，叩舷聞夜漁。鷄鳴問何處，風物是秦餘。

宋

司馬光字君實，夏縣人。寶元進士，仕至尚書左僕射。贈太師、溫國公，諡文正，從祀文廟。

贈　張　翊

楚俗號難治，司刑尤擇賢。精明片言析，舒慘一方連。松不凋寒色，絲曾斷直絃。清風出江外，已在下車前。康熙邑志

范　鎮字景仁，華陽人。舉進士第一，仕至户部侍郎，封蜀國公，謐忠文。

贈　張　翊

芝檢十行詔，竹刑三尺書。朝廷尚清净，囹圄自空虚。底處安民堵，方春理使車。江山登覽勝，盡是六朝餘。康熙邑志　按：翊，淏之祖。徐邦憲帖：自其祖流寓武義，是邑人也。嘉慶志不收，非是。

韋　驤嘉祐八年知縣事。

八　素　山

秦時隱君子，隱逸家雲泉。惟蘄德行粹，不使名字傳。太素八先生，服履皆皎然。至今圖籍中，以素名其山。蕭然叢祠在，冷屋祇數間。鄉人殊不省，往往來祈年。予宦已盈歲，嘆謁慚遷延。企想風誼高，俯視輕人寰。商山猶可愧，踪迹何班班。作詩以頌美，誰謂誇神仙。邑志

朱　熹嘗過婺州勘荒，又至明招寺與吕成公、鞏栗齋講學。

游白鹿洞熹得謝字賦呈元範、伯起、之才三兄并示諸同游者

歲月有環周，窮臘忽受謝。睠睠山水心，幸此朱墨暇。招呼得良友，邂逅成夙駕。深尋故轍迹，喜見新結架。永懷拾遺公，藏器此待價。橫流詩書澤，下及楊李霸。炎神撫興運，制作流大化。石室萬卷藏，綸言九天下。規模未云遠，荒蕪良可詫。自非賢邑宰，誰復此精舍。會當求敕賜，畢願老耕稼。更與盡心期，臨流抗風榭。嘉慶修邑志

答元範别後寄惠佳篇用韵

故人别我去，一月曠音驛。今朝得新詩，開卷意已適。知君到

里門，征騎聊一息。行復敞天閽，從容正朝幘。自今九霄路，不復兩塵隔。容與日華東，翱翔禁扉北。回頭五峰下，寂寞笑孤客。不賦歸去來，心形謾相役。《揚譜》

復元範寄梅花七絕二首

十畝荒蕪春不歸，寒梢無處問芳菲。感君寄我江南信，一夜清香染客衣。

轉眼相將送客歸，問君何處得芳菲。遠來共此花前醉，莫待佳人唱縷衣。仝上

呂祖謙講學明招寺，鞏峴、鞏豐、鞏嶸、洪無競、張成招、徐一夔、鄭良臣、劉粹中、劉敏中、劉允中、劉時中皆其弟子。

明招山居雜詩四首

鳥聲報僧眠，鐘聲報僧起。靜中輕白日，藐視東流水。風月有逢迎，出門聊倚徙。傳遍南北村，松間橫屐齒。

前山雨褪花，餘芳棲老木。卷藏萬古春，歸此一窗竹。浮光泛軒楹，秀色若可掬。豐腴當夕餐，大勝五鼎肉。

牆竹生夏陰，風荷留宿露。解衣一盤礴，此豈不足付。

風簷裊茶烟，銅瓶語相泣。清陰一疏箔，不礙飛花入。嘉慶修邑志

題綠映亭二首

涼美翻翻不受塵，芒鞵藤杖及清晨。開窗小放前溪入，澄綫光中獨岸巾。

鷺浴魚跳在鏡屏，搖青浮碧太鮮明。牆東種得陰成幄，隔葉看來却有情。同上

鞏采若府推母錢夫人挽章

內助功推冠，名成父子間。中原遺俗盡，舊族素風還。石窬天開邑，宮門日綴班。光華竟何許，夕照在西山。

歷歷稱鵷地，悲涼騎省闈。風枝今日恨，露葉去年痕。鸞翥昏遺鏡，魚枯泣舊軒。曲湖春色滿，不到北堂萱。《東萊集》

陳　亮字同甫，永康人。常與呂東萊、鞏仲至講學於水簾亭、明招寺。

送文子徐妹丈赴隨州太學椽用司馬文正公送先郎中詩韵爲別

昔仰南洲德，今逢世嗣賢。聲名江左重，文教漢東專。君意思空馬，吾生肯絕絃。江頭無語處，一葉浪花前。

送文子赴闕

直排閶闔挽天潢，分得雲章自帝鄉。電抶雷掀驚偉特，詔成鈞奏快鏗鏘。紫泥新拜絲綸寵，前席行依日月光。禁侍燕閒如獻納，願將民瘼達君王。

送文子轉漕江東

九重寤寐憶忠誠，故向長沙起賈生。魏闕絲綸新借寵，秦淮草木早知名。已聞塞下消鋒鏑，正自胸中有甲兵。萬幕從茲無減竈，笑看臥鼓舊邊城。

詔頒英蕩促鋒車，暫借長才按轉輸。昔嘆當年無李牧，今知江左有夷吾。休論足食爲先策，自是平戎在用儒。來歲春風三月暮，沙堤隱隱接雲衢。均見邑志。

葉　適字正羽，號水心。永嘉人。常訪東萊於明招山，又與鞏仲至兄弟往來講學。

挽鞏仲至

　　老衰泣無泪，行嘆復坐嗟。荒涼鶴鳴村，尚友初萌芽。當時各年少，涉世迷驪騧。中天懸明月，爭欲伸手拿。朝語日再晨，夜談更五撾。君文早貴重，蜀錦載明車。離離三千首，雅正排淫哇。石碑富規製，玉策垂芳葩。簡牘尤妙美，一字不可加。笑我自山野，悲君混泥沙。古稱騷人窮，留與後代誇。昨誰寄音信，已受南臺銜。俄然被彈射，翻燎北塢畬。季也守大郡，千里藝桑麻。請登小芙蓉，萬仞凌烟霞。茲乃隱者事，亦復期屢差。書來病良慰，誓言指春華。爲我秉柏燭，瀹以蔣富茶。那知是絶筆，楊柳空白花。頗疑魂氣升，彷彿天之涯。多生注周易，遙望草玄家。《鞏譜》

題　月　谷

　　昔從東萊呂太史，秋夜共住明招山。正見谷中孤月出，倒影摖碎長林間。憑師記此無盡意，滿掃一方相並閒。已下均見邑志。

送　鞏　仲　同

　　花溪初逢日苦短，橘井重尋意更長。天催鵷鷺玉樓去，漱流下並龍洲旁。春風忽高行斾起，酒盡何如添野水。古來交契看老時，與公安得輕別離。

寄示呂巽伯換酒亭詩

　　瑯琊初址未完牢，猶倚虛名用我曹。自可全將醒前了，何因偏向醉中逃。艱危未肯當時共，誕逸空傳後代高。還有遠孫留墓側，遠亭寒雪夜騷騷。

陸　游字務觀，號放翁。山陰人。

夜讀鞏仲至閩中詩

詩思尋常有，偏於客路新。能追無盡景，始見不凡人。細讀公奇作，都忘我病身。蘭亭盡名士，逸少獨清真。邑志

寄姜梅山雷字詩

章臺官柳映宮槐，寶馬蹄輕不動埃。只怪好詩無與敵，誰知古學有從來。江山常逐客帆遠，歲月不禁衙鼓催。剩納東林投净社，高情千載有宗雷。同上

呂喬年字巽伯。

謁阮將軍墓偕友人鞏仲至賦

阮公卜宅廢何時，高士曾來訪古基。枯骨成塵隨古往，盛名如日至今垂。菖蒲墩畔參差見，梨木邱中次第推。此老想應泉下笑，謂經千載有人知。《阮譜》

時　瀾

從先生明招道中呈伯廣、炳道

燕子楊花各自飛，雨乾溪路綠初肥。無人會得風雩意，可是千年瑟竟希。舊邑志

黃　幹字直卿，號勉齋。閩縣人。嘗過邑，與呂陳諸儒講學於明招寺。

明招山懷舊

明招古木葉千層，山自浮雲溪自橫。春老鶯藏無覓處，遺編燈火屢吞聲。邑志

王　柏字會之，號魯齋。金華人。慕東萊遺迹，嘗栖明招數月，與邑人士講學。

拜東萊呂先生墓有感八首

憶昔龍門續斷弦，滎陽一脈浚家傳。誰知麗澤收聲早，夢奠於今八十年。

神皋王氣默腥羶，爵命今年下日邊。俎豆孔堂新劍佩，風烟晋國舊山川。

九原英魄一山藏，回首懷忠道路長。天意未開南北限，要教北學王南方。

林麓幽幽氣象閒，三年肄習萃衣冠。自從引翼無求地，荊棘叢中路頓寬。

炯炯長空一片雲，東南鼎主統斯文。卷藏萬古春歸去，只有餘光在此君。

研席嘗樓一柏堂，至今魚鼓訴凄涼。溪山不掩中和氣，發見隨時草木香。

竹輿侵晚出山阿，宿露清圓憶舊哦。當日解衣盤礴意，明明分付一池荷。

仲氏孤忠徹九天，青原淡月慘遺編。摩娑朱子哀傷句，寂寂庭前自愴然。邑志

元

許　謙字益之，號白雲。東陽人。

送劉漢臣歸武川

抱膝住青山，長日青山對。烟雲散不收，昏晨變奇態。應知住

山心，不在萬物内。乾坤古神器，機運誰謝代。以道獵衆能，兀兀意獨在。歸去令史翁，天根同一嘅。

幽居有感寄劉漢臣隱居

太古固無言，有言淳樸喪。詩書已失真，龍馬終成象。身在羲皇後，心在羲皇上。萬事多變遷，真宰自無恙。均見邑志。

許廣大 天台人。進士，至正甲申爲邑尹。

謁阮將軍墓

將軍不減漢嫖姚，落日英魂尚可招。幾度登山尋蠟屐，每知沽酒想金貂。千年宅古人何在，三尺墳荒草不凋。況有東萊遺短碣，細摩蒼蘚認前朝。《阮譜》

陳　樵 號鹿皮子。東陽人。

蠟　屐　亭

七賢老死獨南奔，袖有江亭墮淚痕。故國已懸新日月，醉鄉不識舊乾坤。金貂曾入丹陽市，蠟屐應歸白下門。惆悵黃門墓前柏，不禁三度感吟魂。邑志

明

王　禕 字子充，諡文忠。義烏人。嘗寓邑徐氏積慶堂。

贈　徐　氏

武川之溪，涮水所發源。西流到金華，合爲雙溪，波流益沄沄。當其發源處，粵有徐氏居其村。渠家奕世尚禮詩，種德植義，素以積善聞。有弟與昆，有子及孫，一門之内，藹然若春温。世業不隕，

善之所積，是乃慶所存。試觀在昔，或七葉珥貂，或三世列戟，悉由微賤高其門。積德所致，詎謂無其因？彼有稔奸肆惡，乃獲尊福安榮？若天之未定，非天實蟊蟊。我願徐氏有引而勿替，百世雖遠慶益敦。謂予不信。請看武川水，源源長，非可溲。邑志

胡　翰 字仲申，金華人。由賢良舉官翰林，纂修《元史》。後爲衢州府教授。晚歲告歸，卜居三洞上，幅巾短杖，徜徉終身。

送何叔瑛之官長沙

美人南征雲陽壚，我欲從之道鬱紆。晝夢衡峰半空紫，覺來失却巴陵湖。對君把酒心茫然，七十二峰猶眼前。玄猿攀蘿石壁仄，黃鶴空洲芳草連。春寒風多太陰黑，瀟湘淋漓濕雲色。楚宮花木啼杜鵑，舟子商人泪橫臆。君欲去兮可奈何，側知王事難蹉跎。離心不惜瑤華贈，聊爲湘纍誦《九歌》。《清源閣書錄》

王　琦 字文璉，仁和人。由翰林爲四川按察使、兵備僉事，居官清白，衣敝至以楮補。

送何太守叔瑛赴長沙

原注：文璉時爲福建提學。

昔愁閩嶠千峰仄，轉入巴渝萬里賒。豈料聖恩憐賈誼，猶煩牧郡出長沙。蠻中瘴遠三湘水，江畔春逢十月花。遙聽岳陽樓上笛，可能回首憶京華。《清源閣書錄》

劉　儁 湖廣人。永樂間交趾賊簡定反，儁參沐晟軍，被圍，卒。贈兵部尚書，諡節愍。

送何太守叔瑛還浙

故人解官去，木落楚天青。正值秋風候，因思蒓菜羹。離愁醉

裏失，長嘯澤邊行。執手從茲別，一杯空愴情。《清源閭書録》

歐陽吉長沙人。官南部中丞。

送何叔瑛太守還南

許辭榮禄被恩光，爲念風流白首郎。獨步時邑志作"才"名垂宇宙，高歌歸邑志作"逸"興在滄浪。書藏石室烟霞滿，身入浮邱歲月長。南望海天猶萬里，可無魚素遠相將。《清源閭書録》

董　遵字道卿，蘭溪人。中弘治十四年鄉舉，官南昌訓導，歷江浦令，調廣東感恩縣。

拜東萊先生墓

麗澤淵源世所宗，明招千古聳邱封。平生仰止高山意，都在生芻一束中。邑志

黄　春字伯元，弋陽人。弘治甲子舉人，嘉靖二年任邑令。有善政，改調永康。民赴當道保留不獲，斂金贈之，不受。因建却金亭。

却　　金

宰邑慚無澤及民，北行民復贈金頻。方蠶婦苦絲售早，未穫農嫌穀糶新。剜肉補瘡醫未得，損人肥己怨難隣。但願百里民皆足，垂橐空行孰笑貧。邑志

賈天民字公遠，東陽人。明經，官揚州司訓。

慈尊寺五景

翠蠹三垣近，龍樞肘腋前。夜深群籟聞，側耳聽鈞天。捫星閣

不逐東風解,空山六月寒。流經暘谷口,酷似魯城看。凝冰池瓊漿天上瀉,點滴甚分明。流落千巖底,琅瑝獨有聲。漱玉澗縹緲山疑動,朦朧午不開。老僧衣半濕,新向塢中來。埋雲塢蛇龍來海上,若向梵堂栽。何物留青帝,鸞旗不擬回。長春松邑志

梁　栗泰和。

挽御醫揚云

名家三葉擅岐黄,畚歲飛騰上帝鄉。醫國常看沾雨露,活人屢見起膏肓。延年空有長生術,棄世仍存肘後方。令子遠歸扶旅襯,都城祖餞總堪傷。《揚譜》

林　琚三山。

挽御醫揚云

曾與真人海上逢,許多妙巧奪天工。衛生有術談思邈,垂老成丹慕葛洪。參朮年深紅杏塢,松楸日落白雲封。古來醫道通仙道,精爽應游紫府中。《揚譜》

陳　學同郡。

挽御醫揚云

名家醫術如蘇董,方外功名骨已仙。靈杙墊隨溪上化,藥壺誰向市頭懸。四朝寵遇人咸重,三世遺芳子有傳。遙想牛眠佳兆在,杏山深處橘林邊。《揚譜》

湛若水甘泉。

贈　鶴　橋

華表千載鶴，飛空亦無橋。橋頭有高人，獨觀千載遥。

　　嘉靖丁未秋八月，甘泉湛公寓於衡岳，爲門人衡山簿揚子鶴橋贈。揚子曰："請問獨觀之旨何如?"甘泉子曰："夫獨觀者，以我觀也。以我觀者，在觀學問。觀學問在觀政，觀政在觀於千百世之上，又觀於千百世之下，斯得其旨矣。"揚子曰："敬聞命矣。"《揚譜》

陳　慶字□□，永豐人。太常卿。

贈　徐　文　材

雨後棠陰翠作團，科徵不擾夜眠安。路逢野老争相説，百十年來無此官。邑志

唐愈賢

過　慈　尊　寺

野寺山深五月秋，杜鵑啼雨隔烟樓。三年浪迹空衢路，慚愧僧房半日留。邑志

沈　杰

過　慈　尊　寺

道出雙溪雨乍晴，百花香散水痕平。雲從白日巖前起，人向青

山畫裏行。

細雨霏霏點落花，白雲句引到仙家。山僧知我三衢主，不問姓名先煮茶。邑志

王　崇字□□，永康人。

咏 百 可 園

百可園中結小堂，春風畦水菜花香。道人若解真滋味，月滿寒潭夜未央。邑志

陳師仲師，邑志作"思"。石城人。貢生。萬曆五年任邑令。

吊 王 生 歌

噫嗟王生天所成，矢志雪仇金石真。幼抱一卷明彝倫，綱常微軀較重輕。痛爾父爲讐所喪，臨終未覩空淒愴。雲愁雨泣恨悠悠，海之闊兮天之曠。隱怨全軀豈懦夫，佯與仇人叙友于。銘刀二字深藏匣，負劍寸心入畫圖。漫言志在雲和月，仇共戴天心百結。愁觀烏鳥日含哺，忍聽杜鵑夜啼血。春來露潤野草芳，孝子感之暗悲傷。奮身殺仇蝶山下，數年冤結成晞霜。鳴陽之門日未曉，手握天綱發長嘯。偉人偉節千古稀，獨跨神龍入天表。爾訃未聞山岳驚，爾身一逝天柱傾。駕雲乘風孰爾群，日與賢哲游太清。曾聞顏家烏啄成，婺州之邑以義名。人百不贖王生身，誰謂武邑無令人。《孝烈編》

鄭　鍾常山人。萬曆八年任邑教諭。

歌 孝 子

懍懍烈士董子張，父仇未復死未忘。更聞浙西有董黯，釋罪表

廬振東漢。猗歟二董秉剛氣，光昭竹帛世珍貴。何人讀書知此味，卓爾王生庠之蔚。十齡母病祈神衛，失水漂流幸不死。弱冠游學父仇傷，哀慟誓報不同方。佯與仇和待時彰，繪圖負劍侍父旁。利匕夜半時煥光，立斬仇元出仇臟。赴官請死不辭殃，賢令欲檢全賢良。生堅不忍父屍戕，頭觸階石血飛揚。少甦袖出孝忠章，英魂耿耿招巫陽，追逐二董共翺翔。吁嗟乎！若王生者，真足以植萬古之天綱。祠祀永永蘋藻將，姓名應同宇宙而流芳。《孝烈編》

陸　㵰東陽學官。

哭 王 孝 子

慷慨義烈士，乃超往古中。譬彼波瀾間，砥柱誰爲同。白刃生霜雪，鑠鑠耿寸衷。一往遂不復，委身如飄蓬。

室餘嬌麗姿，堂存白髮親。呱呱援我膝，棄置寧忍聞。仇家猶戴天，飲泣徒逡巡。恩愛百不念，九原多苦辛。

束髮誦詩書，矩步登宮牆。囁嚅胡爲者，躑躅內自傷。大孝乃稱夫，惜死匪烈腸。椒蘭有遺馨，涕泗不能將。

盜泉勵貞頤，封識還其儔。歲月互變遷，含冤益啾啾。隕仇道路旁，矢志不可留。壯氣皎日星，將令懦士羞。《孝烈編》

易儆之衢州知府。

讀 孝 烈 傳

一門子婦重綱常，白虹赤日共流光。殺父有仇肉未食，戴天苟活悲洪荒。昆吾久礪强含辱，壁題頻對畫圖哭。昂昂吐氣塞滄溟，手提利匕剚仇腹。仇殺魂隨杜宇飛，誓見黃泉父子悲。閨中少婦有烈性，慷慨從夫死如歸。姑老兒孤豈不戀，憐君大別無從面。夫既殉父婦殉夫，蕙摧蘭謝花飛片。古來復仇重董生，董生猶自此身輕。何如錚錚兩孝烈，連環圭璧共晶瑩。難以百身贖其死，芳名千古揚青史。閒來披閱空悵然，孤月照人清如水。《孝烈編》

陳大烈 瓊山人。舉人。萬曆十六年任邑令。

重陽後一日登誥山

呼友誥山頭，傳杯對北嶺。烟村傍月明，斗杓凌空耿。雨後暖回春，霜前夜未冷。江干散步歸，細弄清波影。邑志

吊 孝 烈

許身非俠客，報父豈寒盟。正氣千年在，剛腸百鍊成。爲郎孝獨重，倚婿節雙清。寂寞空庭上，旌書映月明。《孝烈編》

劉春曜 曜，《孝烈編》作“耀”。長寧人。吏員。萬曆十五年任邑主簿。

吊 王 孝 子

矢死復仇志，捐生殉父情。精心堪貫日，正氣可寒星。躬荷三綱重，名留萬名馨。弧溪風雨夜，猶自動悲聲。《孝烈編》

陳堯言 餘杭人。萬曆十七年任邑教諭。

瞻 王 孝 子 像

遺像猶存一幅箋，腰間短劍爲誰懸。餘生有恨同千古，此意無言已六年。斷得仇頭雲漠漠，歸來父冢草芊芊。等閒血染階前石，留與後人仔細看。《孝烈編》

錢夢松 _{龍游人。舉人。萬曆二十六年任邑教諭。}

偕友登壺山

選勝尋芳萬仞峰，群英相伴采芙蓉。高登頓覺塵寰迥，俯盼還驚鳥道重。談吐竭來星斗近，咏歌歸去晚烟籠。蘭亭修禊嗟陳迹，此日銜杯道味濃。邑志

咏王孝子

讀書從來少識字，君識孝字劇分明。一時激烈頭顱碎，百世聞風心膽傾。《孝烈編》

重陽後一日又登壺山

清秋爽氣逼人來，巒壑晴氛照酒盃。百里風光亭上合，萬家烟樹掌中開。興豪兩度乘黄鵠，官冷三年坐碧苔。攀鵑登虬心尚壯，狂歌玉女下蓬萊。邑志

許成德 _{龍游人。萬曆十八年任邑訓導。}

咏孝烈

對圖飲泣乾坤老，按劍悲鳴日月寒。最是傷心階下石，至今猶自血成癍。

三年忍死遺孤小，一旦隨君白骨寒。欲識湘君千古意，請看竹上幾多癍。《孝烈編》

王應豸 _{江山學官。}

挽王孝子

血泪偷垂已六年，腰懸利匕志彌堅。虛生未了無窮恨，得死方

伸不共天。自昔浪云司寇法，於今端廢蓼莪篇。剛腸激烈真男子，撫卷令人一悵然。

吳之鵬給事。

吊王孝子

短劍包藏刻畫明，刺懷六載不俱生。武同董黯非求釋，義比荊卿已有成。封識宛然心始白，繪圖瑟若氣難平。乾坤剛大於斯在，武義因君得重名。《孝烈編》

傅應貞侍御。

哭孝子

殺身報父原非易，就義從容重泰山。博浪椎秦千古憤，橫橋伺趙二毛斑。英魂已駕雲霄上，正氣常留天地間。最是鳴陽風色慘，令人懸想凋朱顏。《孝烈編》

徐夢徵上海人。諸生。

孝烈歌九首

有父有父陷仇羅，王生負笈他鄉過。聞訃歸來棺已蓋，籲天無路將奈何。母言不忍屍出坎，輿議償金佯與和。錙銖計值謹封識，伺釁乘機夜枕戈。嗚呼一歌兮歌始發，王生寸寸肝腸裂。老猿古樹號舌枯，謝豹空山叫唇血。

有母有母髮髼髼，慷慨赴死良未堪。弟長兒生俟有托，留與他年供旨甘。繪圖鑄劍踪迹密，臥薪嘗膽憂如惔。堂萱才茂靈椿折，咄嗟深痛冤宿含。嗚呼二歌兮歌已露，今生好把慈闈慕。不信試看獸與禽，羊跪乳兮烏反哺。

有弟有弟始弱齡，父死非命殊伶仃。兄碎仇頭赤長劍，怒氣摧山山鬼驚。圄圉疾走誓必瘐，弟願代兄返慈庭。涕泗陳詞孔融列，環堵嘖嘖稱豪英。嗚呼三歌兮歌不虛，手足連枝總一軀。鶺飛原上鳴常棣，雁字天邊寫友于。

有妻有妻粹明哲，生長名宗饒禮節。感夫殉父羅氏儔，柎腹追踪爰旌杰。生兒五載覺有承，頓削芳容遄永訣。屈指那能此淑姬，名高嵩岳心冰蘗。嗚呼四歌兮歌孔揚，青鸞折翼廢翱翔。笑殺塵埃鶺羽落，存亡轉眼分炎涼。

有子有子才五齕，褪褓甫脫孩亂時。婷婷泣涕尋慈母，母氏冥冥何所之。曩生囑婦善鞠育，婦默難言心自期。自期不久歸陰籙，夜雨悲風墓草萋。嗚呼五歌兮歌如許，赤子嗷嗷向誰語。王生宗嗣僅少延，含笑吟吟入黃土。

有身有身丁不祥，合門骨肉兩分張。夫兮慘擊椎博浪，妻兮活斃槁首陽。王生斫仇懇求死，觸階濺血驚鄉邦。汪令反覆欲生貰，歡忻入地偏骯髒。嗚呼六歌兮歌已動，一身羽輕綱常重。國法天經兩不謇，千烁廟食人欽拱。

有像有像繪父容，王生私祀密室中。昕夕瞻依暗盟祝，戒葷秉禮意虔恭。不與母妻竭衷愫，寸肩耿耿獨豪雄。對越朗吟忠孝冊，報仇牢執心怔忡。嗚呼七歌兮歌轉盛，視父如生倍誠敬。蒼天不幸先殞身，勃勃英魂殲仇命。

有劍有劍非刺客，隱忍圖懸人豈識。銳氣憤鬱行雲飛，金波爛閃長虹白。二字勒鐵并勒心，六稔從容計何力。蝶山凹處斬仇首，此身齏粉甘如蜜。嗚呼八歌兮歌漸終，劇牙礪齒誅元凶。石裂山搖吼猛虎，天昏日慘號狂風。

有歌有歌是徐生，素仰人間孝烈名。孝若王生雞巢閣，烈如俞氏皇儀廷。瑞鳥飛翔雌雄侶，頹風振起三綱明。倘俾伊人生我邑，

九峰三泖殊崢嶸。嗚呼九歌兮歌再作，天地芳名恒鼎若。覽編應數武川奇，那數華亭沙外鶴。《孝烈編》

俞世美字□□，宣平人。宜黃知縣。

哭 烈 婦

吾宗有淑女，烈婦小字蓮，吾姪女也。孝里早于歸。夫子成仁去，孤兒忍涕揮。鴛從烏鳥泣，鸞逐雉皇飛。老拙傷心處，曾添舊嫁衣。《孝烈編》

高　寵金壇人。萬曆十六年任邑訓導。

謁孝子祠

祠宇初新熟水旁，一門孝烈荷天常。興思往事猶生氣，細讀遺文更斷腸。恩詔九天名教重，英雄千古史書光。我來杯酒將蘋藻，古道西風正夕陽。《孝烈編》

鍾　韶金華教官。

讀 孝 烈 傳

讀罷王生傳，潸然淚滿襟。乾坤完直養，山岳露精英。矢志千鈞重，捐生一羽輕。翔鸞岡上石，風雨夜崢嶸。

再讀王生傳，從容就義難。佩刀幽憤結，觸石覺心安。白日靈魂爽，清霜古樹寒。祠堂瞻道貌，生氣尚桓桓。

三復王生傳，刑于羨媲賢。芳垂千載後，心死五年前。自古綱常重，於今孝節全。仰瞻雙鶉侶，天漢共高騫。《孝烈編》

王錫爵 <small>字元馭。太倉①人。大學士。</small>

送節推揚舜山之任武昌<small>棟</small>

薊門雪色照春初，之子翩翩入楚墟。捧檄今持三尺法，下帷昔授五車書。孟嘉在郡名偏重，庾亮登樓興有餘。江漢風流宜佐吏，好音應寄武昌魚。

> 揚生博學，壯齡往從予於太學。今謁選銓部，每試輒第一，信乎人情愛才不相遠也。奉檄爲親，亦各其志。余獨惜夫圖南之翼，辱在一枝，聊書以志別懷云。賜進士及第詹事府少詹事兼翰林院侍讀學士經筵講官實錄副總裁太原王錫爵元馭甫書。《揚譜》

趙志皋 <small>字汝邁②，蘭溪人。大學士。</small>

送楊邦隆<small>棟</small>之武昌

御苑春風入酒杯，對君揮手一徘徊。雙旌度月燕山曉，四牡連雲楚岫開。佐府風流誇妙選，明時經濟仗雄才。試看北極星辰動，應有徵書日下來。《揚譜》

朱南雍 <small>侍講經筵，禮科給事中。</small>

送楊節推舜山<small>棟</small>之任武昌

柳搖春色動長安，有客臨風振法冠。七澤曉晴空鶩鳥，三湘雲淨見祥鸞。東風拂拂生寒谷，明月娟娟照碧瀾。欽恤要承新主意，俊臣元禮傳須看。《揚譜》

---

① "太倉"二字原缺，據《明史》補。
② "汝邁"二字原缺，據《明史》補。

盧懷忠江西道監察御史。

送揚節推舜山棟之武昌

羨君鬢髮奮英髦，詞賦凌雲意氣豪。仙詔忽承霄漢露，霓旌遠映武陵濤。三春甘雨車前至，萬里秋霜野外高。佇看循良成异績，璽書應得聖明褒。《揚譜》

曹　慎肖崖，武昌知府。

送 別 揚 舜 山

虎竹符持下鄂州，蘭心久向使君投。峴山叔子碑仍在，南國甘棠蔭已稠。來暮有歌傳故里，懷人無日不登樓。琴邊鶴夢初醒處，悵望江頭李郭舟。《揚譜》

張翼先宿野，武昌府同知。

送 別 揚 舜 山

細雨高齋思惘然，美人芳草隔遥天。獨憐遺澤流江漢，又見薰風拂管絃。此地江山增勝迹，明時事業屬才賢。金蕉亦有瀟湘夢，尺素雙魚次第傳。《揚譜》

施守官字懋伯，吳興人。韓光濟友。

哭孝子步韓師原韵

煜煜天邊貫白虹，瀟瀟弧水起寒風。枕戈積慮六年裹，劃刃酬心一劍中。首碎官堦血自碧，骨埋空谷氣還雄。賢師不負生成德，廟皃禾炊峙越東。《孝烈編》

許弘綱字張之,號少薇。東陽人。吏部尚書,內閣大學士。

悼 孝 烈

世態江河已濫觴,獨憐孝烈重綱常。仇魂白刃揮胡蝶,伉儷青春拆鳳凰。地下芳名天共老,人間正氣日爭光。只今祠墓旌雙璧,萬古寒烟吊夕陽。《孝烈編》

陸可教字敬承。蘭溪人。禮部尚書。

復 讐 刃 歌

王生袖中雪三尺,一縷白光射天碧。想當垂泪夜磨拭,高蒼雨霜星隕石。悲風撲幃動空壁,血污游魂傍兒立。母妻不聞聲交嗌,燈青眼黃月無色。白日荒郊竟相值,手挈讐頭血華赤。笑撫妻兒母前泣,茲刃茲身事今畢。請看刻字豈無因,就中殺仇兼殺身。有妻奉母子嘗烝,七尺捐棄同秋塵。嗚呼棄身難棄刃,血暈如虹常炯炯。君不見白公之劍伍胥鞭,至今日月含光景。邑志

屠 隆字長卿①。四明人。

贈鎮國將軍徐少川

將軍意氣何騰驤,樓船泛海凌滄茫。白羽翻空驚草木,赤旗閃日照扶桑。壘壘諸島列遠近,綠山布就魚麗陣。鳴笳疊鼓聲震天,鯨鯢聞之皆遠遁。將軍②坐嘯靖東陲,鵲印黃金封拜時。邑志

---

① "長卿"二字原缺,據《明史》補。
② "軍"下原衍一"軍"字,今刪。

孫可教番禺人。

贈鎮國將軍徐少川

丈夫同意氣，相見自相憐。慷慨平戎策，悲歌寶劍篇。江天紅樹遠，塞草白雲連。分袂今朝別，蛟川思黯然。邑志

焦　竑日照人。

贈鎮國將軍徐少川

文經武緯擅時名，獨擁貔貅搗賊營。氣洗九天雲作陣，風翻五指木皆兵。鳳山朽拉么麼散，龍囷烟飛鬼神驚。試看滇海花封甸，萬載聲名亘古榮。邑志

陳子龍字臥子。青浦人。

贈鎮國將軍徐少川

熊羆百萬擁樓船，大將班師海上還。鳥陣八門屯日月，龍泉三尺靖烽烟。匣中斗印黃金鑄，帳外星旗赤羽縣。勳業獨齊班定遠，聲名早已重蛟川。邑志

張國裳字乾伯①，晋江人。舉人，萬曆三十二年任邑令。

上元偕薛郧陽劍龍五人登壺山慈雲庵聞歌次韵

壺山緩步忽聞聲，一曲陽春滿座傾。奎聚浮萍他日況，響傳空谷故人情。琉璃不盡分星爛，醽醁有餘發露英。莫道慈雲能鎖閣，

---

① "乾伯"二字原缺，據《武川備考》補。

古來曾羨米嘉清。邑志

七夕前一日郊行喜雨二首

雨作愁霖賦，旋逢爍石時。扶鳩夆龍急，騎竹釀桴馳。步月看離畢，聞雷聽濯枝。銀河先昔雨，豈與天孫期。

秋來炎氣徹，雨帶繒雲傾。旦起猶飄滴，宵深不絕聲。鵠林飛且盡，秔畹槁還生。正乃洗車日，隨軒散菽行。

兒童歌五章

天仁愛，暑恒暘，不舞商羊奈若何？　田圻龜，苗虺黃，如茨如梁奈若何？　雨有絲，風吹颺。滂滂湯湯奈若何？　壺山禱，潭龍翔，隨車不將奈若何？　平地三尺水，農家三尺金。願賜甘霖慰侯心，速賜甘霖慰萬心。舊志

喜　雨　五　章

赤土生烟暑若湯，須臾瓦溝雨琅璫。樂未央兮樂舞商。　銀河雨合一夜滂，轆轤懸挂水成潢，樂未央兮樂乃康。　涼風吹雨下塍瀼，焦禾立起萬斯箱，樂未央兮樂田臧。　矯攪玉龍爪尾長，噴洒神漿雨白陽，樂未央兮樂靈光。　不出郊兮天不雨，一出郊兮隨車雨。東海無冤兮召父，樂未央兮樂腹鼓。舊志

李　柟

寄懷武川徐默樵司馬

武陵山色曙烟開，澤國爭傳召父來。系本駒王瞻偉望，名高麟子識雄才。琴堂佐理賢聲遠，松廨哦詩雅韵裁。幾欲摳衣襟水隔，海雲生處想追陪。邑志

胡一桂字百藥，四明人。

烏 山 八 景

象 壇 牧 唱

象壇落日黃，村唱在牛背。歸鳥尋其巢，雙雙忽飛去。

庾 嶺 樵 歸

庾嶺饒梅樹，梅花白於雪。樵子夜歸來，肩出梅梢月。

白 露 清 溪

清溪淨如練，蘆葦何蕭索。屬玉翩翩來，影帶寒雲落。

銅 鼓 异 石

石鼓誠奇絕，形貌竟何似。我欲一來觀，上頭記姓字。

橋 亭 觀 水

春色滿橋亭，倚闌看流水。日暮東風狂，楊花自飛起。

厦 阪 耕 雲

手牽有角犍，乘春出厦阪。老農愛白雲，力耕不知晚。

茶 山 祖 庵

茶山舞落花，節逢寒食至。上山祭祖來，下山踏青去。

旂 峰 神 廟

旂峰鬱蒼翠，廟貌已千秋。夜靜松風寒，處處啼鵂舟。均見《烏山金氏譜》。

翁夢鯉金華知縣。

題 山 坑 寺 壁

地僻人烟寂，溪深水色寒。小舟穿亂石，疋馬向危巒。徑曲羊腸險，橋傾雁齒殘。平平遵道者，只識改途難。邑志

沈壽民字眉生，宣城人。崇禎中應詔入都，劾楊嗣昌及熊文燦，名動天下。尋移疾歸，攜家寓邑南岳塢，隱居終身。

移 家 武 陽

城頭噴噴雀生烏，何事椒糈降古巫。早護高冠逋八素，武義八素山，志稱秦末有八人俱縞素冠履，遁栖於此，故名。莫貪短櫂學三吳。雲平萬里愁沙暗，月散千山負影孤。寄語子魚休記取，管生原是一迁儒。邑志

朱用純崑山人。

題孝子何允元卷後

伊人何令聞，至性蘊孤襟。曠代遺羹感，終身刲肉心。會當風義薄，因見孝思深。抗迹寧高世，詒謀復照今。雲凝婺女分，花隕菊妃陰。夙尚期無替，微言謝所欽。《石城宗譜》，竝見邑志。

葉方藹崑山人。

題何孝子允元卷後

古有三不朽，孝特行之常。此名可專屬，誰歟生空桑。昔賢重色養，竭力罔弗將。慨遇恒不齊，苦樂亦難量。或承懽菽水，或赴蹈火湯。歌哭各天性，金石同一剛。卓卓何允元，刲股起親尪。慘淡泣白日，激烈耿秋霜。大義久淪喪，薄俗輕三綱。小儒愛一軀，鰓鰓虞毀傷。安知大孝心，生死等考祥。摯性出呼籲，奚暇及顯揚。厥生怙恃恩，踵頂不足償。誰爲甘暴棄，讓彼獨流芳。諷世作詩歌，勗哉共勿忘。《石城宗譜》，竝見邑志。

武川詩鈔卷十二

外　　集

國　　朝

梁　遂河南鹿邑人。進士，順治八年任邑令。乙未、丙申民飢，多方安輯，詳請蠲糧。尋內陞中翰。

游石鷲巖

飛巖張鳥革，虛洞敞雕梁。鑿削存混沌，登臨得渺茫。崖深不受日，樹寫每邅霜。萬古懸不墜，淙淙碧溜長。

北嶺晨鐘

萬山奔海門，鎖鑰扼要隘。兩崖劈斧皴，錯磨砥如齘。虎豹面面蹲，雲氣擁不敗。四圍發松聲，似濤湧砰湃。破寺摐晨鐘，乘風到官廨。霜威助凄清，曉嵐割沆瀣。能令戶寢驚，滿城消聾瞶。

香山寺浮圖

危塔刺天天欲破，礙日阻雲不得過。下有崇岡力勇擎，禿龍倒卓弗肯臥。俯視諸峰盡兒孫，劃裂嵐翠縫一痕。長虹飲澗出其底，

1478

風雨纏空祇半吞。七級崑崙婺女傍，飛鳥羽茶不得上。四壁磴道
盤梢雲，虬松謖謖波濤壯。蕭槭秋聲自西來，吹徹杈枒衆壑哀。碧
海扶桑望若薺，仙人樓閣何崔嵬。滄桑翻覆變朝夕，富貴幾時頭顱
白。邱中麋鹿解攝生，疏散何如衣冠客。所以達者耽山水，同心幽
谷惟蘭芷。人爲烟火苦塞胸，風月千年悲無主。高岑昔日登慈恩，
筆搖山岳詞結雯。挂冠有誓成虛語，北山騰笑又移文。

湯山坪內白庵

五丁何日鏟浮尖，茨棘廓清著一龕。竹已生孫松結子，老僧猶
自話閩南。均見嘉慶修邑志。

葉永堪字更生，金華人。著有《聽松樓集》。

履 坦 渡

一水界兩邑，中流揚素波。放艇於其間，臨風發浩歌。夏月午
不熱，水氣侵衣多。大麥兩岸黃，稻秧綠如莎。繞邨皆灌木，黃鸝
兩兩和。孤蓬沿水涯，來去紛如梭。方塘虹作梁，茅屋雲爲窩。炊
烟一縷升，裊裊停山阿。居然是太古，作息竟如何。

保 息 亭

一亭卓嶺上，四顧接山光。籃輿冉冉升，坦履非羊腸。叢條散
新碧，野卉霏幽香。好鳥不時鳴，鼯鼠蹲其旁。側見青龍剎，風來
梵音長。携筇一訪之，山衲蕭趨蹌。新茗綠可鑑，七椀滌塵腸。琅
玕戞翠陰，落影濕我裳。行道不知息，坐久欲相忘。幽懷寫難盡，
那復見夕陽。

紡 車 嶺

摳衣陟高岡，依迴自盤礴。人從雲端來，路向樹杪落。烟靄淡

餘暉，宿霧失山角。濤聲兩地起，松兼瀑布躍。瀑飛山骨寒，松吟暗香薄。上有壯繆祠，衮冕儼山岳。鳥雀繞屋鳴，香火亦蕭索。對此遠會心，晚烟起漠漠。牧簸數聲吹，夕陽在西閣。

壺　山

行行出西郭，爽氣逼人憐。一聲清磬響，壺山在我前。萬松儼車蓋，撐空褭翠烟。寒濤落天半，孤亭踞其巔。蘭若傍山麓，慈雲接蕙橋。兩道夾修竹，蒼陰一色圓。山僧貌甚古，見我來周旋。引我登高樓，恍惚別有天。遙睇大小峰，峰峰入座妍。微飇拂稻針，綠錦鋪山田。俯仰集清景，身亦如登仙。卬友罷釣漁，駐足曾兩年。雲霞半收拾，留此翰墨緣。我來長太息，爲咏蒹葭篇。邑志，參《金華詩錄》。

李經邦 遼陽人。蔭生。康熙四年任邑令。

雨中鄉徵即事

撫字無長策，催科愧不才。亦知民力盡，其奈簡書催。路僻深溪阻，山昏驟雨來。恐驚雞與犬，村外重低回。

父老持樽酒，殷勤勸使君。盤飧羞遠市，揖讓恕無文。共說隨車雨，閒看過嶺雲。嗟予行役者，何事日紛紛。按：公以催科至杳渠，父老迎之。公曰：“此村何無秀士？”父老對以無力讀書。公慨然贈數金，俾設義塾，并作此詩。今村人置田收息爲士費，竝祠祀公於大家山神左方。

王士禎 字貽上[①]，號阮亭，新城人。刑部[②]尚書。

署武義縣尹徐君殉節詩

連城大帥豎降旛，獨有微官死報恩。故印猶存同仗節，巫陽無

---

① “貽上”二字原缺，據《清史稿》補。
② “刑部”二字原缺，據《清史稿》補。

地與招魂。雙松幾歲哦廳事，大鳥何年立墓門。聞道荒城還渴葬，怒潮穿脇越江昏。邑志

毛際可字會侯，遂安人。

登壺山亭

選勝快茲游，危亭俯歸鳥。静緑蔭深林，一徑窮幽峭。寄目曠層空，日落荒城小。烟雲時蔽虧，前峰尚了了。坐久聞遠籟，清磬出樹杪。徙倚屐齒留，孤懷亦繚繞。得句未可携，臨風懷謝朓。邑志

王文龍常山人。

壺山和壁上韵

眼底千峰與萬峰，高天漾碧散芙蓉。山僧入定鐘聲静，客子探幽屐步重。庭桂經冬香不改，洞雲落樹翠還封。茗酣且學蒲團坐，豪興枯時野興濃。

三衢有客我仍來，宛見當年笑舉杯。墨迹淋漓雙板在，山容淡宕一樓開。鶴冲遥碧銜飛雨，鹿覓輕陰卧亂苔。信是深山深處好，游踪偶寄擬蓬萊。邑志

熊　載四川昆明人①。

望雨喜雨圖詩

憫雨之艱，何時霈足。今此下民，不遑朝莫。　滌滌山川，藴隆不雨。寧當我身，斯土耗斁。　早不可摧，靡咻靡噢。惟民之

---

① 原稿如此，或偶誤。

依，莫之能揩。　豈獨民依，奚裕國賦。憂心如熏，傍徨瞻顧。

右憫雨四章

爰望雨矣，俟于都鄙。目爲之視，手爲之指。　濛萋倏起，滂
沱伊始。四郊瀰瀰，願言勿止。　尤懼復已，寧回屯否。俾獲所
恃，樂我婦子。　偕及疆圻，于耒于耜。禾易嶷嶷，我心則喜。

右望雨四章

喜雨喜雨，載歌載舞。去我疾苦，予我仰俯。　其雨其雨，惟
澤之溥。焦勞者誰，易兹樂土。　興雨祁祁，播兹百穀。民愚不
知，稽首良牧。　雨真是金，雨盡爲粟。問雨何來，公誠所沃。

右喜雨四章

原跋：朱老父臺來宰昆明，種種善政不可勝紀。辛丑之夏，亢暘
爲災，步拜祈禱，至於郊野，偕吾民瞻望靡寧，急欲其雨，又恐其不雨。
目如注，心如焚，蓋憂之深，故望之切。既乃甘霖果應，辛回旱暵，而
召豐和。民不敢忘其敬勤所自，繪圖志之，形於詩歌，以爲躋堂之獻
云。康熙六十年季冬月下浣吉旦治年家教弟熊載頓首拜題。

又

憫雨同民憂，喜雨同民樂。使君能子民，沛然愈民瘼。

原跋：公至誠祈雨，實深切於民隱，即默回乎天心。惟能敬天，
乃能勤民；惟能勤民，乃能盡職。正所謂"愷悌君子，民之父母。受
天之祐，壽考萬年"者。熊郅昌跋。

馬汝爲

望雨喜雨圖詩

辛丑夏旱亘千里，中田有禾枯欲死。朱侯徒步禱桑林，甘雨如
注心則喜。跨馬郊原省農耕，酒食携來餉婦子。村童羅拜列馬前，

轉凶爲豐受公祉。吁嗟吏道今難言，早夜止勤催科耳。朱門歌舞畏春陰，寧顧溝壑有轉徙。願將朱侯喜雨圖，遍視民牧作懿軌。聖主至今重循良，霖雨蒼生自兹始。

孫　鵬

望雨喜雨圖詩

俄看赤土忽萌萌，誰信商羊亦有情。多謝使君頻往祝，甘霖一滴一精誠。

徐翔鵾

望雨喜雨圖詩

重稼誰知爲國深，隴頭日日問晴陰。畫工縱有天然手，難寫邑侯一片心。

王綱振

望雨喜雨圖詩

枯者已蘇焦者鮮，旱深直賴雨爲天。要知德至感通處，龍聽指鞭霆受鞭。

陳　玫

望雨喜雨圖詩

火雲如蓋地生烟，是處枯魚泣涸泉。莫道回天無妙術，雨從心上灑桑田。

徐　曙

望雨喜雨圖詩

兩載頻將善政敷，憂吾民者其公乎？我□好處青天識，何必拈來入畫圖。

任　重

望雨喜雨圖詩

雨地池塘水□傾，村南村北慰農情。滂沱已自徵公澤，猶復田間一勸耕。

謝履忠

望雨喜雨圖詩 有序

辛丑六月，天久不雨，禾苗將槁。邑侯朱老父臺步禱神潭，甘霖立沛。農人歡忭，並力南畝，新秧齊蒔。公親勘勞來，喜動眉宇，披覽是圖，憂民之心，恍然如揭。爰作短歌，以紀其實。

嗸嗸蒸庶實堪傷，六月田疇未插秧。一自使君虔禱祝，頓教和煦失驕陽。

傾盆甘雨滿塵埃，策馬郊原特特來。爲望溟濛烟霧裏，千畦高下一時栽。

盡室辛勤趁曉涼，披簑扶耒叱牛忙。兒童也解耕耘事，共說今年穀又穰。

盂漿饅首及時頒，冒雨循行暮未還。不是憫農心倍切，誰能慰勞遍田間。

趙元祚

望雨喜雨圖詩

　　山中禋雨去尋龍，火傘曾行烈焰中。借得龍湫一滴水，萬家秧馬亂西東。

　　霖雨蒼生我未能，使車到處有雲騰。一番潤過生禾黍，雨打蓑衣唱綠塍。

司　鈞

望雨喜雨圖詩

　　犁雲鋤雨有誰功，人在二天雨露中。從此化將炎酷盡，榴花有火不燒空。

范啓仲

望雨喜雨圖詩

　　農不能耕可奈何，雨珠雨玉總蹉跎。如今雨雨真珠玉，點點從天灑太和。

　　右詩皆題於圖之上方。圖二幅，每長八尺許，朱學齋若功宰昆明時，其邑人所贈也。辛酉寇難，散落一富人家。學齋裔孫贖歸，重加裝池。光緒乙亥，余獲觀之，因錄其詩。

李　漁 號笠翁，蘭溪人。

暑夜集朱其恭暨同寓諸子湖濱看月，時有報兒輩游庠者分得微字

　　解衣盤礴送斜暉，暑到湖濱力漸微。勝集止應來酒伴，世情豈

合上漁磯。飲當皓月寧知夜，歌到陽春盡欲飛。慚愧平原無十日，一宵猶放醉人歸。《一家言》

又得六魚一首

良夜何堪嘆索居，相期放艇入芙蕖。渾如舊識忘形後，誰道良朋識面初。明月近山愁去疾，清風隔水願來徐。談鋒不似更籌少，漏盡還誇興有餘。同上

徐　潮□□□錢塘人。武英殿大學士。微時嘗寓邑南何尚甫家，"東山草堂"額手書猶存。

武 陽 道 中

只見花間去，俄從水裏登。鳥歌春未足，樹古石疑崩。隴畔眠耕犢，溪邊杖老僧。桃源驚已入，牢記路層層。

憑 虛 閣 待 月

出門月正好，此夕客亭涼。風細鐘過遠，燈殘花暗香。溪光寒漸白，星影淡微藏。欲問來何暮，疑先照故鄉。均見邑志。

孫　桐黃海。

香 山 寺

因溪傳寶塔，訪寺到香山。樹帀炊烟杳，城縈帶水彎。鳥啼霜葉散，雲靜暮鐘閒。已倦登臨興，夕陽背影還。

壺 山 亭

孤亭屹立俯層岡，拄杖重登覺興長。徑仄每防松子滑，風迴時

羨藥苗香。清溪幾曲飄羅帶，怪石千鋒射劍鋩。已與山靈成舊識，
白雲應許共翱翔。

書臺山晚眺

壺山開晚照，寺磬報新晴。烟樹全迷郭，雲峰半壓城。歸殘邊
雁影，叫老杜鵑聲。歲月何堪問，漁樵寄此生。均見康熙修邑志。按：
此首因起句有“壺山”字，嘉慶志遂誤題“壺山”，今从舊志。

劉德新郡丞。

登 壺 山

曳杖招提寺，林深映日寒。晴雲封曲徑，宿雨洗層巒。僻邑川
原古，孤亭宇宙寬。峰頭遙一望，長嘯引仙鸞。邑志

諸 錦秀水人，嘗寓邑西。

栝 松 歌

原注：在武義縣大慈寺前，中空四蔭，數百年物也。

凡木大抵堅多心，櫄楩栲漆供材料。梗楠杞梓楓豫章，其材充
實登廊廟。他如柞棫雖不材，亦惟瑟彼爲民燎。樸樕朱儒本無用，
斯爲居楔殊蓬蘽。胡然老樹獨離奇，霜皮黛色窮幽眺。高山圍削
如負牆，溪風穿過聞清嘯。空明不受修蛇蟠，燿燿或來螢火照。一
枝一榦一椏杈，似臼似枅似窈窱。虛心直上不蒙籠，與物無私窺道
要。虬龍吟響晚鐘撞，威鵄襪褵山鬼嘯。有力爭思致劇駿，神物未
肯隨溲溺。適時桃李競翩反，百媚由渠供好笑。榮枯雨露定無偏，
會有群仙來衆顠。

雙　巖

雙巖左右互嵌空，佛厂因依寂歷中。快意不妨風雨會，懸厓疑與地天通。山半欲雨仍霽，及巔而下。茅茨竹木層層閣，石澗溝塍瀺瀺同。更向下方看古栝，蒼皮蛻骨透玲瓏。

白望峰下野梅一株

先生五載金華住，兩見梅花澗底開。慚愧孤芳莫相賞，瀑泉終日閧如雷。癸丑、甲寅，余兩過此。均見邑志。

李鳳雛 字紫翔，東陽人。拔貢。任曲江令。有《梧岡詩集》。

喜朱其恭自廣陵至都即席作并以留別

故人蕭寺解征鞍，邂逅開顏一笑看。袖裏夜光江月滿，望中秋色海雲寒。惟呼濁酒澆狂客，自喜霜螯勝熱官。只恨相逢旋相別，銜杯休道燭花殘。原注：其恭飲余酒，方擘蟹，閽者報有八座拜。其恭叱曰："不以八座易八腳。"飲啖自若。《金華詩録》後挽其恭詩云："揮成一賦千金易，持得雙螯八座輕"，亦指此。又云："司馬何人藏禪草，中郎有女讀遺書"，注云：其恭感懷詩有"瘦妻多病常思母，嬌女能詩未字人"。

江留篇 字念于，廣東饒平人。康熙三十一年任邑令。

武 陽 十 景

壺 山 春 霽

爲愛陽和好，來看雨後天。梅花銜曉日，鳥語媚晴川。山擁千峰翠，風移萬井烟。春城無限景，不出小亭前。

熟水秋澄 "熟"一作"淑"。

熟水連天碧,秋來似掌平。波光浮月白,山色入溪清。堤上楓千葉,雲間雁一聲。機心久已息,蘆畔訂鷗盟。

北嶺松雲

不到松陰處,那知雲獨閒。伴僧眠石榻,送響落禪關。翠色平鋪野,嵐光遠接山。坐看心不厭,紅日已西還。

南湖烟月

鼓枻游郊外,城南一水幽。輕烟長拂座,明月恰當頭。雲净偏宜夜,荷疏不礙舟。堤邊風景好,欲去又還留。

八素棲霞

當日避秦地,於今更若何。山前游屐少,洞口落花多。人去空雲水,林深長薜蘿。烟霞尋舊侶,日日到巖阿。

九峰連翠

雲屏千仞立,面面染烟霞。雨洗山容净,秋深黛色加。雲橫疑影合,路轉覺峰斜。鳥道攀蘿上,居然入九華。

寶泉漱玉

捫蘿尋碧澗,一水滌塵襟。雨後涵秋色,風前瀉素琴。淙淙穿石過,冷冷入雲深。坐對寒侵骨,悠然感我心。

金柱垂簾

石壁瀉飛泉,千條落檻前。雰霏荆玉碎,斷續驪珠穿。錦帶烟蘿挂,銀鈎新月懸。悵懷先哲去,茅塞路茫然。

陽巖五色

遥看補天石,方知造化工。嵐光青靄裏,山色畫圖中。晚翠明還滅,朝霞淡復濃。陸離殊可愛,游屐莫嫌重。

靈洞雙奇

策杖西郊外,尋幽別有天。洞寬吞日月,窗静宿雲烟。山色供圖畫,泉聲弄管絃。豪吟無限興,遥寄夕陽邊。舊志

金振甲字霞嶼，山陰人。歲貢。康熙三十三年任訓導。

重九同王逸仲諸君集飲壺山

重尋九日盟，天末羽觴傾。嘯引詩前興，歡鍾物外情。千峰延遠翠，一壑隱孤清。歸暮愁離索，階蛩伺月鳴。舊志

王士駿錢塘貢生。康熙二十七年任教諭。

和金霞嶼重九集飲壺山韵

同是天涯客，相逢心可傾。芳辰良不易，霽色快游情。挾彈鴻驚避，飛觴僕數清。夕陽紅葉亂，長嘯四山鳴。舊志

金雲沛

和重九集飲壺山韵

重赴壺山約，携樽天半傾。曠懷千古事，高會百年情。城市烟中小，溪山霽後清。留連無去意，花院晚鐘鳴。舊志

嚴曾榮仁和人。舉人，康熙間以郡學署邑學事。

胡　蝶　山

日落荒山野水東，丹心獨自映丹楓。青萍揮作綱常劍，不減豐城射斗紅。《孝烈編》

程　揆錢塘人。貢生。康熙三十四年任邑教諭。

白　溪

孤村散籬落，深樹掩溪樓。徑古羊腸曲，洲移燕尾流。野亭歸

晚渡，芳草遍行驄。問此宜桑苧，余將卜小邱。康熙邑志

壺　　山

尋幽踏翠興偏濃，携手同行不倩筇。綠竹叢中三曲徑，白雲深處數聲鐘。官閒可悟諸天法，僧老能談半偈宗。更上層樓青眼豁，烟嵐拓盡見群峰。

熟溪秋行

橙黃橘綠報深秋，雁陣南飛影渡樓。閒向熟溪溪上坐，怕將霜鬢對清流。邑志

鞠孫樓婺縣人。進士。康熙五十三年任邑令。刻有《蘅芸草》。

暑雨吟效昌黎體

歲御丁丑月積陽，南宮久莅赤熛狂。朱幡絳幟漫大荒，鞭策火龍助僭晹。洪鑪鎔鑄金石戕，騰爍出焰焚巫尪。煎熬澤源涸河梁，淩威叱咤遏禹强。斂足躕息慎川防，麻姑指海塵欲揚。蛟螭魔蜃鱗黿黿，蠑伊蜃蜻無潛藏。鱗爪乾枯冤莫償，慂之上帝帝悲傷。勅召頊冥詢厥詳，火孫水祖敢逆行。整列陣隊蕭嚴霜，翦伐酷虐拯善良。前驅飛鳥驍雄張，黯黮重疊疾輕飈。屏翳焱涌啓土囊，激怒不休招滄涼。拔木偃軸走櫋槍，鳴鐘伐鼓列缺忙。馳突怒鬬莫或違，旬稜硫磕列崖岡。金鞭灼灼耀旌幢，飍昱迅忽不可望。千車萬騎淩空翔，天地旋側相磨撞。晻靄列曜發寒芒，跳踔黑虯舞商羊。五丁併力決西江，奔赴青驄沛神漿。霆霆巖谷皆泱泱，飛湍喧豗散琳琅。巨魖讋慄魂膽亡，沈脇滅頂頓且僵。攀援無術束手降，宥其死罪加懲創。屏逐西服遁遠疆，罪人既得恩澤長。息兵旋衆迴九閭，報績册功各無殃。高高下下安故常，遂命金天易清商。仰瞻玉宇

湛蒼蒼,草木沾潤沐清光。穡神稽首告豐穰,上帝仁心憐下方。

短 歌 行

波流逝不返,春花難再芳。人生誰百年,蓬嶠路渺茫。螭蠻不可頓,衰草埋頹光。蟋蟀爲我迫,歲暮鳴在堂。置酒莫辭醉,乘此鬢未霜。

春 雨 和 韵

春到知何處,霓霖閉夕霏。空濛如霧散,瀟洒傍雲飛。遣寂頻尌酒,愁寒且掩闈。莫嫌花事晚,苔砌綠初肥。

春 霽 和 韵

簷曉禽聲亂,一簾風日和。游絲飛藹藹,弱柳舞傞傞。物候抒容態,情懷寄嘯歌。長安花正發,寂處奈春何。

偶 吟

局縮篷廬窄,渺然寄所思。坐看春事老,誰遣夕陽遲。有恨易成醉,無愁難得詩。穹蒼未可問,鬼母笑人癡。

新 晴 晚 空

客懷尤苦雨,極目晚晴天。綠遍高低樹,青迷遠近烟。閒雲隨意懶,宿鳥動人憐。渡口潮應落,歸帆何處懸。

江 行 遇 風

天塹浸空碧,飄然一小槎。魚龍走天末,烟霧羃平沙。拍岸聲偏急,隨風勢更斜。短篷何所際,蘆渚暫爲家。

白浪立千仞,江天渺不分。怒攻搖遠嶼,狂捲亂浮雲。身命孤帆繫,朋儕野鶩群。人間無穩路,何獨怨江氛。

步　友　韵

羞作風塵昏夜求,幽居寂歷怕逢秋。對床花雨聲聲細,壓檻江
雲片片浮。籬鸚應訾溟海志,逵鴻豈滯稻粱謀。愁來欲借銜杯遣,
無奈銜杯又欲愁。

花　前　獨　飲

曲巷蕭條坐卧閒,春光也肯到柴關。紅英遶砌皆知己,白墮盈
樽亦解顏。入世自嫌情坦率,無才端合命堅頑。酒家沽債休催迫,
定不癡言後貴還。

懷　　舊

烟浦月無際,浮金漾碧波。何時乘小艇,狂醉復高歌。
把袂訴衷曲,茫茫難盡言。隔窗風送雨,對此已銷魂。
客舍西風苦,村醪強勸酬。今宵凄斷處,不是爲蟲愁。

積　陰　見　月

何處輝光忽報晴,翛然相對證空明。應知净境原無滓,消盡微
雲月自生。

四　禽　言

家家扒僕,家家扒僕,東村西舍,勤耕牧兒。夫負笠,婦子隨,
細雨斜風播新穀。家家扒僕莫憚煩,秋來租逋須償還。
泥滑滑,泥滑滑,陰霧凄迷雨不絶。江湖滿地風波生,粟紅秧
爛麥飛蝶。泥滑泥滑莫言愁,去年苦旱已無收。
提壺提壺沽春酒,人生不飲空自負。村醪白薄比關中,醉鄉聊

把愁懷剖。提壺提壺情陶然，空囊其奈無一錢。

　　脫布袴，脫布袴，未得成新又棄故。門前縣吏催多時，憑伊估直輸官賦。脫布袴，雙淚垂，零星百結將何爲。《蘅芸草》

王崇炳字虎文，東陽人。以諸生貢太學，有《學穭堂集》。

題沈徵士隱迹録 有序

　　　　徵士沈壽民，字眉生，宣城人。崇禎間大司馬東陽張國維以异才特薦，未授職。三疏劾兵樞楊嗣昌，不報。明亡，晦其姓氏入金華山，往來蘭溪、武義，爲蒙士師。時給諫姜公應甲隱於緇流，心迹相契。徵士有孫曰廷璐，字元佩，偕今太守唐公至婺訪其祖在金華時事，庶與宋遺民謝翺輩同志不朽。浦江傅旭元爲作《隱迹録》。

　　日月沈水海水黑，忠良同入昆明劫。趙岐身投賣餅家，梅福去作吳門卒。宛陵亦有沈徵君，辟世行吟走大澤。國之將亡柱石空，元戎重寄歸萊備。徵君應薦挺危論，請劍慷慨朱雲風。投匭上書不見省，飄然一舸來江東。回首銅駝已荆棘，萬里河山付楚弓。白雲須臾變蒼狗，青山不掩群公醜。有才不用用非才，禾黍離離淚盈斗。滅迹潛名麋鹿群，物色倖脫當途口。首陽七尺薇蕨身，學圃書田時灌糯。金華諸山鬱嵯峨，芙蓉秀色明江波。十萬生靈值亂離，殘山剩水哀情多。金貂不入丹陽市，蠟屐亭邊忍淚過。孤鐙冷燄照獨夜，頭上歲月空蹉跎。竹隖梅花春色好，寂寞行逢石頑老。姜公自號“石頑和尚”。欲哭無聲歌不成，時與歙歔説天寶。長烟荒荒白日暮，雙溪草色非前度。即今文孫千里來，欲向遺民訪平素。山川滿目不見人，碧桃紅杏春無數。江城樓閣夜蕭蕭，鹿田風雨雉子號。徵君之賢今謝翺，錢篋一聲山月高。《金華詩録》

張人崧字滄亭，號涵翁，堂邑人。進士，雍正十三年任邑令。

過山堂先生故居

南渡山堂經一編，獨開筆路啓名賢。鵝湖半屬墨腰論，鹿洞誰
傳定性篇。後輩何王推鼻祖，於今朱呂共加邊。端村東去流泉路，
蕭索榛荆瓦鉢烟。邑志

徐母季孺人七十

婺光焜燿耿星輝，設帨筵開花滿幃。早歲柏舟傳勁節，千秋彤
管表慈徽。恩勤手綫留長被，教重遷居勗斷機。登第他年欣載母，
移封行看煥萊衣。徐家驥鈔本

汪正澤餘干人。進士。乾隆十一年任邑令。邑北徐盛殿村有要害處，豪右
謀葬，村民訴公。公斷爲官基，永禁扦掘。民德之，即地建汪公祠。

題山堂先生粟齋先生遺稿

理學名家久，醇儒聚一門。東平開道胍，熟水繼詞源。前席聞
朱呂，賢聲屬祖孫。即今欽往哲，遺筆共留存。邑志

黃　槐邑署令。

題二鞏先生遺稿

夙慕儒宗誦古編，追隨函丈步先賢。水簾亭畔淵源在，麥飯詩
中道義全。蒇爾武城開理學，依然鹿洞續薪傳。我來茲土無多日，
仰止遺規願執鞭。邑志

吳名夏烏程人。

題二鞏先生遺稿

奕奕高風百世瞻，文章理學祖孫兼。溯從南渡傳鄒魯，還向東平接建炎。亭外泉聲流謦欬，寺前花影落書籤。依稀十里明招路，想像群賢講論嚴。邑志

過　孝　里

孝烈誰相耦，鍾靈在一門。厥仇子已報，有節婦同敦。明史看高揭，壺山與并存。幾回經舊里，長嘯吊雙魂。《孝烈編》

俞　捷宣平人，開化教諭。

過孝里吊烈婦

誦罷柏舟賦，機聲冷女紅。劍光磨苦雨，燈影閃凄風。幽咽啼猿斷，潺湲流水空。英魂結不散，白日貫晴虹。《孝烈編》

任文翼遂寧人。進士，乾隆二十一年任邑令。

題二鞏遺稿

峩峩東平公，山堂富群說。師承得其心，經心妙能抉。爲官獨尚教，百里人盡悅。文孫復繼起，結契半前格。儒風大能播，家學遠豈絕。至今崇祀典，俎豆未曾徹。我來訪遺踪，惘悵堂已滅。惟餘山泉韵，毫素一何潔。三賢互酬倡，幽芳並堪擷。蔥羹與麥飯，高致更誰接。悠然千載上，把卷思遙結。邑志

戚蓼生德清人。

題山堂栗齋兩先生稿

道胍來山左，賢聲啓浙東。女牛開粵府，鄒魯紹儒風。淑水縈
流合，明招素運通。門庭遵祖笏，道義郁孫桐。蠟屐清颼古，葱羹
至味融。綠圖詮秘旨，丹槧著神功。衆喙葳蕤息，微言斧藻工。綿
延扶一髮，炳蔚牖群蒙。璧合惟先後，弓傳誰异同。自應朱呂並，
不共宋元終。典籍遺芬永，蘋蘩命禮隆。揭來摩卷軸，奕禩仰奚
窮。邑志

何思温靈石人。貢生。乾隆二十九年任邑令。

題二鞏遺稿

拂拭儀型道自尊，蠹餘卷軸敢輕論。鴻文今古齊朱呂，間氣山
川毓祖孫。杖履至今留愨俗，衣冠自昔屬清門。傳香一瓣分明在，
珍重前人手澤存。邑志

諸克紹錢塘人。舉人，乾隆二十三年任邑教諭。

吊 王 孝 子

蘇不韋亡董黯死，武川又見王孝子。不知子胥是天人，有劍忍
令土花紫。一朝血濺仇人頭，孝子含笑作纍囚。有子延饋祀，有媍
主中霤。孝子不死父，烈媍寧死夫。此身亦寄耳，後先同捐軀。吁
嗟乎！胡蝶山前胡蝶飛，青青松柏鬱成圍。年年寒食飄花候，猶有
行人酹酒歸。邑志

李宗文浙江學政。

題 孝 烈 編

　　婺州古名邦，山川蘊靈异。元明數鉅公，理學踵相繼。流風扇僻壤，人識忠孝字。下逮巾幗間，媰女明大義。曰余奉綸音，持衡忝星使。入疆甫下車，采風徵軼事。煌煌孝烈編，有客手貽示。孝子生武川，弱齡負偉器。一朝遭父難，痛憤爲裂眦。念當直諸官，忍見折骸骴。上承慈母心，下爲似續計。强顏與仇盟，受金密封識。六載覆盆冤，背人暗垂涕。千金買匕首，夜半屢磨試。誓斷仇人頭，一雪重泉恚。要擊歧路旁，元凶應手斃。函首歸士師，束身就俘係。刑官曲求生，代援復仇議。孝子頻觸階，斑斑血濺砌。碎首完父骸，君親兩無愧。是時孝子婦，號呼願從逝。俯念呱呱兒，一縷千鈞寄。請以三年留，竟此撫孤志。茹荼報亡魂，閉唅尋夙誓。嗚呼孝與烈，雙義一門萃。當其蹈死時，授命志乃遂。偷生固非安，徇名亦何意。百載誦遺編，懍懍見生氣。卓爲風俗坊，允宜俎豆祀。此帙經三刊，楮墨保無墜。發潛賴後賢，流芳自奕世。呵護有神靈，寒茫照天地。邑志

陶士麟會稽人。舉人。乾隆二十七年任邑教諭。

題 孝 烈 編

　　熟溪之渚壺山陽，厥星維婺垂寒芒，厥邑維武稱烏傷。中有人兮秉天地之正氣，浩然與日月而爭光。綽楔俎豆揚芬芳，姓氏猶傳孝子王。孝亦人之庸行耳，誰無父者君獨子，死忠死孝古良難。父仇不報心不死，胡蝶山前石徑斜。西風古木悲啼鴉，青天爲我撥雲霧，白日爲我停飆車。寶刀不飲仇頭血，干將莫邪等頑鐵。此時相對心眼明，摀胸扼吭斯一決。投身獄吏何所辭，觸石淋漓痛父屍。

子捐軀兮妻殉節，令名千載靡窮期。有明二百七十祀，君行列傳登
青史。孝義之林幾輩真，晨星落落差堪指。偶來孝里掇風詩，芳躅
依然話昔時。未知蠟屐金貂客，肯與臨風話酒卮。邑志

戴全忠

用陸宗伯復讎刃韵

王子昂藏軀七尺，潛鑄寶刀燦於碧。暗中把握時磨拭，矢志報
仇堅鐵石。手繪遺像懸堂壁，兒身帶劍旁侍立。托言學古聲吞嗌，
膠序列名無喜色。一日山中仇忽值，斬却仇頭雙手赤。辭家自首
咸驚泣，復仇夙志今已畢。善刀藏久豈無因，勝算和盤在一身。父
骸不露永嘗烝，妻亦捐軀同芥塵。於虖當年二字刃，色正芒寒光炯
炯。此是千烁名教繫，豈與薛氏青萍同光景。《孝烈編》

諸葛彬

讀孝烈傳志感

宇宙從來聖賢肩，孝烈流傳千古少。惟有王家事最奇，慷慨却
自從容肇。痛父生遭切近災，枕戈六載神思悄。山阿劍落凶人頭，
紛紛熊虎皆驚倒。深閨少婦蹶然興，願與聯翩入冥渺。夫曰不可
視藐孤，微斯之故吾死早。寸腸如割爲遲留，呱呱天相離懷抱。敬
將一綫寄姑嫜，三年舊諾乘春曉。孝子夷猶烈婦隨，一門占盡人間
好。吾宗汝寶年二十，從父客游遭賊摽。大呼身代縱親歸，老人收
骨埋荒草。此在有明嘉靖時，志乘章章都可考。同是先生一輩人，
元夜相逢豈相掉。我今捧讀孝烈書，泪涔更甚《陳情表》。挺生至
性本殊尤，雲霄相視何縹緲。山可騫兮水可涸，英靈白日常皦皦。
《孝烈編》

陸大潮

讀 孝 烈 集

丈夫稱孝嬙稱烈，武水清奇鍾偉傑。王子父命被毆絕，矢志報仇鑄尺鐵。一軸丹青時泣血，兒身懸劍傍侍立。朝夕焚香誓必雪，怒氣白虹光貫徹。冉冉三年服既闋，列名庠序冤鬱結。從茲拋却舉子業，手編忠孝時翻閱。洎乎生子甫彌月，謂予有後祀不滅。胡蝶山頭仇忽接，手刃仇頭笑持挈。別妻拜母爲永訣，詣官自首惟聽折。令擬檢屍別有説，懼殘死父聲嗚咽。慷慨委命一何決，俞氏死夫期死節。勉事耄姑撫孤子，三年懷抱乳方輟。絕粒從容亦永別，生同室兮死同穴。赫赫綱常雷電掣，汗簡流芳兀碑碣。徐君讀傳憂殘缺，搜舊補亡新雕鍥。干莫塵封忽重潔，洗心把卷聲凄切。《孝烈編》

黄河清字潤川，臨海人。

永康至武義舟中作

心逐大江流，西津此溯游。灘舟穿石罅，水碓擣村頭。過邑動經日，離鄉旋背秋。無爲倦水宿，客路正悠悠。《樸學堂詩鈔》

黄　彬字□□□□人。金華知府。

金華詩録書後 録一

山棲傳有講堂山，又記明招相竝閒。"洒掃一方相竝閒"，葉水心《明招山》句。佳士得師宗派正，謂宋儒鞏仲至先生，武義人，吕成公弟子。歸人拜母綵衣斑。朱菊山詩："整衣拜膝下。"風流尚覺清芬襲，草樹仍看秀色環。把讀遺詩重引領，高雲杳杳水潺潺。

吳國玫字□□□□人。邑教諭。

金華詩錄書後

臨海唐初稱傑，釣徒江上爲漁。詩人遺此前軌，高格因之可書。

持節中州至死，渡河心事臨終。忠臣大節如許，詩壇誰角兩雄。

宋元之間才盛，婺州山水生光。社題雜興方謝，文稱大家柳黃。

青村丁元之季，潛溪開明之先。一代人文稱盛，于今詩格超前。

朱泰茹字□□□□人。邑訓導。

金華詩錄書後

浙東雲山莽無數，高矗金盆秘靈府，寶婺樓前一星吐。神仙官府傳渺茫，仙都秀傑天中央，能使變化爲文章。吳興八咏散雲錦，騷人墨客紛接袵，誰與鍾郎較詩品。鍾嶸《詩品》，休文在中品。婺州太守岷峨客，日向塵編迹陳迹，況有溪南老詩伯。謂家樊桐先生。悠悠月夕還風晨，明珠散落秋復春，不遇象罔終沉淪。殷勤著意搜遺缺，盛事千秋不容沒，國門可懸日可揭。方今盛世文教昌，徵儒白虎開明堂，要令幽渺皆張皇。清廟猗那大作手，風騷一代才量斗，四海歌風遍童叟。伊余居近三神山，秉鐸來傍初平仙，縹緲那得相追攀。金丹換骨夫何有，三載寒氈柳生肘，敢道才人困箕口。階下龍鬚晚更蒼，金華山産龍鬚草，見《元和郡國志》。亭邊蠟屐秋苔妨，幾回撫卷生徬徨。

武川詩鈔卷十三

外　集

國　朝

陳松齡 字鶴年，號雪巖。浦江人。乾隆丁酉拔貢。

偕何音玉游寶泉巖試泉有作

雨歇颺微風，衆山净如洗。取道登靈巖，揭衣涉澗水。路仄神轉清，境絶足方起。頓折探幽厓，盤旋領虚美。騰身五里間，萬箇蒼筠裏。忽聞木樨香，便覺通禪旨。小憩來庵中，幽興不可已。出門觀寶泉，潔白果難比。解事羨沙彌，挹取補茶史。我才愧東坡，試泉竊其似。蟹眼與松濤，煎烹有源委。我量非玉川，舉甌聊爾爾。微汗透肌膚，餘甘回頰齒。斯泉信可寶，錫名得毋泲。請易以沁心，山靈庶唯唯。憶昨游慧山，品評亦同是。昨歲自京都回南，舟過無錫，與同行品泉慧山，有詩。須臾羅山肴，一飽復進此。夕陽漏竹林，予亦下山矣。緩步踏層雲，長懷頻顧指。《清源閣書録》

杜　鰲 字海山，金華人。拔貢。

寄柬何牖承 元啓

晉代風流自昔傳，池塘青草句如仙。問余何事腸枯索，猶未相

1502

逢謝惠連。

五陵不羨有輕肥，端雅如君見亦稀。北海忘年非自屈，正平襟抱應同歸。

瓣香懷袖幾經秋，門外無人雪自浮。輝吐寶泉千丈焰，不勝高眺上南樓。

滿秋石字碧山，號若谷。滕人。舉人，嘉慶中爲邑令。

述　懷

東風吹百草，萋萋故園綠。春暉九區中，生意無日足。況是一寸心，悠悠常相屬。車轍到天涯，始自門前發。心隨車轍長，不隨車轍没。

灼灼欲成實，無風亦搖落。何堪午夜中，驟雨復相薄。流水去不歸，疏英散無著。既不惜芳顏，何辭委溝壑。但恐遭浮萍，與君轉束縛。

倚枕望滄海，中宵見月明。茫茫滄海底，幽阻尚通情。與君非异宇，周道如砥平。安知日月間，弦望不迭更。馬思原中草，鹿食野之苹。嗟爾友君子，豈不感此生。

春深雙燕子，飄然海外來。呢喃巢我屋，生子復喈喈。暮宿朝以食，飛鳴兩無乖。念我同群友，中道何參差。昔爲燕同巢，今爲鵠遠離。不有同巢樂，焉知遠離悲。珍重待西風，好音會有期。
《斷蔗山房詩薁》

擬　古録一、二

昨夜桃花開，今日桃花落。開落君不知，相思何處著。妾顏如花紅，妾命如葉薄。春光自淡沱，東風何曾惡。

生小住橫塘，長大嫁南浦。南浦送君行，君行妾搖櫓。行行慎

烟波，去去愁風雨。烟波風雨中，莫折蓮絲藕。君愛藕花紅，不知
蓮心苦。仝上，後倣此。

百藉山房感懷雜詩 錄二、五、七

　　古有桃花源，千秋閟神界。一朝復豁然，移舟入深靄。昔人皆
已沒，井臼遺物在。無言問桃花，榮落幾時代。想見古仙真，瀟灑
皆我輩。何必避秦人，遠出塵境外。

　　乳鴨將雛戲，鷺絲對影眠。門前半篙水，花外一溪烟。有客時
載酒，呼童去刺船。溪上春雨來，飽滋山下田。四鄰耕且種，鹵莽
我亦然。忽憶看山約，忘草太玄篇。

　　斫却陌上桑，莫教春蠶老。蠶老多新絲，輾轉還自繞。拔去畦
中花，莫受蜂蝶攬。蜂去蝶不來，落花成煩惱。海底珊瑚樹，豈在
花葉好。精光苟不磨，吾亦愛吾寶。

山 鬼 五 章

　　北風其涼，陰雪將作。山鬼四啼，鴟鴞聲惡。夜冥冥兮無人，
正楓林兮月落。

　　有立于堂，載輪其首，載箕其口。上著朱衣，下露其醜。曳尾
搖搖，而不知其善走。

　　亂我於山者，鳥之囮與。下我於淵者，獸之罝與。狐兔跳梁，
白雉羅與。君試低吟，我和歌與。鑄鼎象物，不知其魑與。

　　荒林破冢，愀然而悲，肅然而恐。風發發，雷殷殷，大澤龍蛇回
遠春。

　　枵尒腹，晳尒皃，譆譆詘詘先號咷。而後笑其君也哉，吁嗟乎
窈窕。

織 錦 曲

　　冰海有情生長絲，繰雪素手盈輝輝。繽紛藻繪綺風垂，日華三

浴升咸池。霓裳妙舞輕風吹，飄欲仙乎嫦娥飛。七襄終日弄杼機，銀河胍胍微波詞。靈犀一點通者誰，蕙娘窈宨心璇瓂。璇瓂織成錦紋迴，聯縣中有千相思。相思寄君君不知，零落篋底成塵灰。獨坐空房泪沾衣，鮫綃迸落珍珠稀。却望扶桑遍清暉，坐愁長對春蠶饑。

客　夜

古屋禁風雨，晨雞不肯鳴。孤燈照秋夢，碎葉作寒聲。心與黃花淡，人如野鶴清。荒涼三徑側，一夜水烟平。

寓館雜興 其五

家在湖干住，風光我獨監。孤村浮遠水，隔岸走高帆。載酒雲生屐，看花雨濕衫。蓬廬書萬卷，世味少酸鹹。

念　遠

涼風吹木末，落葉下中庭。客況渾如此，秋聲不可聽。斷雲天一雁，寒杵夜雙星。浩渺靈槎路，烟波正未停。

冬夜漫成 其二

良玉炎能化，名花種不傳。丈夫留本色，美女待佳緣。慷慨終投筆，寬柔莫佩弦。無成甘碌碌，委運任蒼天。

山　樓

一雁窗前度，清霜已在林。山樓滿紅葉，海國足秋陰。此際憑高枕，誰家急暮砧。孤燈聞夜雨，百感壯年心。

促　織

一聲空外鶴，萬里海天尋。床下真微物，燈前亦苦吟。秋風吹病骨，夜雨滴鄉心。搗練山城急，何勞響細音。

蟻　鬪

　　群蒙自渾爾，血氣有爭心。蠻觸忘真幻，沙蟲變古今。數行殘史罷，一院落花深。短夢槐柯底，微雲起夕陰。

曝　背

　　曝背茅簷下，微陽感至誠。歷窮真氣達，出險道心生。宿凍融新靄，寒條返故榮。静中參物理，默默總關情。

消　暑

　　借酒消炎暑，翻書引睡魔。松陰覆白石，荷氣散清波。梁宋方籌水，湖湘尚枕戈。不才容自放，私幸寄烟蘿。

別　南　溪

　　尋詩溪上路，徙倚對新晴。得意花含笑，無心鳥不驚。水流山影活，雲散日華清。只有霜前柳，依依別思生。

白　牡　丹

　　麗極偏宜淡，無瑕璧亦羞。君王素富貴，名士最風流。玉兒雲中見，瑤臺月下游。一聲歌白雪，春色壓揚州。

病　起

　　溪上秋無賴，山山帶晚烟。閒花一徑雨，衰柳數聲蟬。時序行如此，離憂忽悄然。匏瓜念獨處，蕭瑟咏涼天。

秋　砧

　　搗練風凄凄，空閨意轉迷。夢回雞塞遠，月落鳳城低。妾手親刀尺,君心壯鼓鼙。莫因寒到骨,兒女共悲啼。

秋　笛

正有關山別,誰家玉笛音。西風催下葉,明月在高岑。久客他鄉泪,孤征萬里心。老龍吟一曲,寂寂暮江深。

秋　燈

唧唧寒蛩碎,小窗風雨時。影留孤客伴,心盡落花知。江上看明滅,尊前憶別離。秋螢還自照,冷淡數行詩。

秋　燕

不入昭陽院,朱門尚幾家。勞將雛子去,遠到海天涯。南國年年別,西風故故斜。重來尋舊壘,春影夢梨花。

秋　蝶

曾負麻姑去,羅浮頂上游。不知身是夢,零落故園秋。片綠飄金井,殘紅冷玉鈎。深閨傷遠別,爲尒重含愁。

秋　草

豈止傷遲暮,思君未敢言。秋風歌敕勒,春雨憶王孫。冷入懷人夢,青留去國魂。寸心原不死,驗取舊燒痕。

重陽前夕有懷

新月上弦詩思催,笛聲縹緲近樓臺。萬家砧杵清霜裏,一枕星河秋雁來。病起客情容易冷,花隨節氣自然開。明朝又欲登高去,醉向青山醱酒杯。

重　相　遇

逝水飛花淡蕩風,去來無意總成空。抛殘翡翠仍含綠,擊碎珊瑚不損紅。雙燕巢回畫堂北,流鶯啼斷小樓東。廿年飄泊重相遇,桃葉桃根似轉蓬。

有 所 思

月明繞遍碧闌干,碧海音沉蜀道難。渡口桃根何處泊,樓中燕子古來單。春情儘受鶯花攪,詩思偏禁風雨寒。司馬青衫頭欲白,琵琶忍怨莫輕彈。

溪 上

照水影娟娟,哀玉繁欲碎。一溪水荭花,草蟲鳴幽籟。

偶 成

隱約遙山翠黛低,灣環流水路凄迷。小門深掩桃花庵,盡日無人春鳥啼。

記 夢

尋芳買醉杏花村,壚上春風惱客魂。夢裏十年曾到處,落紅滿地掩柴門。

畫 菊 留 別

寫罷黃花雁去低,重陽別後總凄凄。他年舊雨如相憶,人在西山秋樹西。

閨 中 月

星如彈子月如弓,悄立含情向遠空。十萬控弦臨紫塞,碧雲天外有孤鴻。

無　題

呷呷綠頭鴨子鳴，春深細雨一池萍。儂家小住池東畔，仄徑叢蘆撥棹聲。

夏 日 偶 成

楝花覆屋與簷齊，簷下陰濃路欲迷。鹽老麥黃稀客過，綠雲深處子規啼。

題潔園 潔，本作"汲"。

郭洞好山水，將軍何氏園。一家敦古處，兩世表貞門。井稅安耕鑿，書田課子孫。記余投宿處，燈火向黃昏。

問此園名潔，清秋霜後林。貞松忘歲臘，慈竹自陰森。明月前溪水，空山太古琴。彈成黃鵠曲，時有鳳鸞音。《汲園彙編》

嚴　榮 字□□吳縣人。知金華府。

何節母金安人壽詩

菊妃山色靄蒼蒼，中有瑤姬介壽堂。高節嗣音輝大母，令儀式穀育諸郎。梅吟水部流芬遠，鸞錫泥封集祉長。我忝守邦應表德，尊前珥筆紀清芳。《節壽集》

朱　奎 字□□遂昌人。邑教諭。

節母何金氏六十壽詩

春花不旋踵，冬幹凌霜雪。體質判剛柔，堅脆原區別。我欽孺人壽，我羨孺人節。節高壽亦高，歷久彌峻潔。因茲廉耿槩，端委資采擷。女德固無終，姆教惟自徹。景彼義門姝，宋金彥博家敦孝，時稱爲義門金氏。穉齒著芳烈。夙嫺班昭訓，更裕梁嬺哲。相攸羞紈綺，作嬪懲嫚嫟。登堂具棗脩，入室屏綵纈。明星夜光爛，鳬雁晨踪頡。絲絃方靜好，風雨驟摧裂。傷心髮兩髦，疾首輒百折。轉念悲椿庭，觸目護蘭苗。羞莪泣衰齡，哺雛賡嗚咽。俯仰集衷懷，依戀增剴切。歿爲身相從，存爲心相結。一日百年情，半生十指竭。婦職慰泉壤，母儀嚴肩鐍。有子能荷薪，有孫兼樹臬。奇香何處來，嚴寒正懔冽。屋角有梅花，占春透萌蘗。絲綸雖未賁，頤壽祥光泄。良由得天厚，乃能托身絕。所以堅愈久，百卉不我屑。未艾慶方來，慈壽徵緜祇。

又七十壽詩 用前韵

庭中有奇樹，含章素如雪。嚴寒毓細馨，原與群芳別。內堅葆松心，外勁媲竹節。塵氛自湔除，墉墉隨涓潔。我昔窮討搜，采采薄言擷。不到沍寒時，安識澄潭徹。爲憶己未春，餘寒尚栗烈。曾偕屋角梅，壽彼幃中哲。上堂獻芯芬，臨除屏戲蝶。明妝水有仙，掃迹陽團纈。直下殫煦嫗，剛中挺頑頡。令子審鈎鈴，孫行警綻裂。久久益堅凝，故故無摧折。冰心老逾勁，霜芽寒更苗。風雨濯柯條，雲霞少充咽。長護白玉環，永留黃金切。十年猶一朝，百歲不解結。壽域如井泉，清華濬難竭。景運況迎機，福履剛啓鐍。新祠嶜如墉，崇坊卓如臬。花封色正腴，紫泥香更冽。良以蘊蓄厚，永命滋由蘗。源深故流長，發露儘宣泄。是惟鍾奇尤，所以標殊絕。夜迴耿銀光，冬寒飛玉屑。以此進觥觴，更上長苞祇。《節壽集》

錢儀吉□□□嘉興人。

天姥辭 壽武川何節母金氏

瞻彼天姥，松柏猗猗。嚴霜既降，而節貫四時。彼貫四時，實嚴霜成之。一解。昔者夫歿，誓身其捐。十之月呱呱，拜于姊。惟姊憐弟，曰：我不憚勞，曰撫曰撫，大義不可逃。乃呱呱者，輒獨念母不乳，五更哀號。二解。舅姑聞之急我何，祇一塊肉，若胡可引決。且言且哭，俄悄然無聲。一踣幾絕，乃幡然中悟，拜於舅姑，曰：婦痛不念此，曰撫曰撫，敢不提挈。三解。乃抱兒歸，鞠之教之，惟曰：母恃家貧，無庇生。昔一僕力耕以養，今僕又死。有舅有姑，有男女子，亦有僮使。凡百所需，皆出十指。以潔祭祀，以御賓客，以奉甘旨。四解。豈惟甘旨，至於藥餌。凡舅姑恒服食，黃精豨薟，若棗粉米。以朝以夕，惟謹視。翁年八十餘，姑六十餘，至於考終，慎如始。五解。嘉慶己巳，母七十，先廿年餘，子有聲于黌。厥後詔下，凡四方節孝，有司采聞以旌。六解。旌曰：惟節孝金氏女，惟何氏婦，惟諸生松濤母。聞者咸感嘆興起，爭爲母壽。惟母之壽，惟母之有，不見松柏，豈生培塿。七解。　《節壽集》

江澄然□□□婺源人。

古梅行 壽武川節母何金氏

世間多少閒桃李，那復備嘗風雪味。芳菲不過三月天，一時徒自誇紅紫。我愛大姑山下梅，幽姿瀟灑絕塵埃。無花不帶冰霜氣，有子仍調鼎鼐材。耐寒心性月華白，堅貞直可傲松柏。莫將凡艷爭芳妍，恐他相顧遂失色。君不見玉幹瓊枝盡向榮，托根原是近蓬瀛。嘉卉更承天露渥，應與蟠桃共長生。《節壽集》

潘有棠□□□錢塘人。

擬古四章 壽武川節母何金氏

山前挺秀芝，庭前藹慈竹。雲氣覆紅霞，霜痕戛綠玉。富貴亦幻境，神仙乃清福。金姥大羅天，長生秘寶籙。

郝鍾古賢媛，禮法今留存。孟陶古賢母，學業今淵源。淑性仰璇閨，懿範欽梓門。春風九十度，春色花明蕙。

崑岡雛鳳聲，荻丸足起慕。虎觀重明經，鸞座高作賦。叢桂馥成秋，蓀蘭清被露。累葉嗣徽音，謝家寶玉樹。

瞻彼畫錦堂，五色煥衣裳。瑤圃蟠爲實，蓬島瓊爲漿。霞杯映璀璨，雲璈叶宮商。萊袍新試綵，彤管荷天章。《節壽集》

董學豐 字□□金華人。

擬楊鐵厓孤鳳辭 壽武川節母何金氏

丹山高崔巍，中有凰與鳳。匹偶不數年，凰失鴛鴦夢。長夜鳴啾啾，聞者心爲痛。上有單母凰，相顧益增慟。幸生一鸞雛，翩翩質殊衆。醴泉時下咽，竹實時上供。三影同一棲，出入皆侍從。野火忽焚巢，繞樹悲屢空。舒翼嫗小雛，不使背腹凍。拮据銜木石，再搆依雲棟。雛毛漸長成，教以絲絃弄。文章爲華國，音律足時用。有子復如此，知母德邁種。門題聖世祥，豈與凡鳥共。飲啄今反哺，丹液貯銀甕。益算正無涯，引吭歌椒頌。《節壽集》

倪巨源 □□□嘉興人。

壽武川何節母金孺人

丸丸山上松，鬱鬱澗底柏。霜雪歷歲寒，柯葉不改易。秉性得嚴凝，物然人乃亦。卓哉何氏母，貞粹玉比德。异縣仰賢聲，曰嬪君子宅。何圖雙鴛鴦，翻飛一朝隻。殉冗豈所難，俯仰情默默。上唅白髮翁，馨潔缺晨夕。下視黃口兒，孤單寄一胍。老穉交相倚，敢以死塞責。子職婦能兼，母教師無敵。要知母行完，幾見母身

瘠。所喜膝下雛,雲霄排六翮。苦節困斯亨,佳境老漸得。輶軒撫
實聞,褒嘉丹詔錫。婺州覘婺星,長夜光熊奕。《節壽集》

楊家龍□□□餘杭人。

壽武成節母何金氏

蘭江碧玉流,婺峰翠黛矗。山水競清華,間氣鍾閨淑。嶽嶽何
氏母,勁節凌松竹。及笄咏好述,偕隱駕高鹿。胡爲丁不辰,天遽
奪夫禄。夫存亦與存,夫殁生不獨。我志矢靡佗,彌留夫泪掬。上
有垂白親,下有黃口犢。煢煢此老稚,舍爾將依孰。執手重丁寧,
聞者俱痛哭。嗚呼千萬鈞,一諾擔其簏。嶺上蜀鵑啼,海中精衛
啄。即欲效磨笄,徒死等溝瀆。大廈已將敧,肯任少傾覆。一柱苦
支撐,而寧避怨讟。故壘認烏衣,遺珠竟還櫝。貞孝格蒼穹,鬱攸
亦返蔌。凡此劇艱辛,屈指難更僕。母也備嘗之,從未形踧踖。何
以奉高堂,旨酒豆籩肉。何以勗遺孤,經書子史讀。四十有八年,
洵克瞑夫目。因思魯敬姜,教子貽式穀。更羨衛共叔,妻擅柏舟
作。落落千載下,有母追前馥。茹荼荼不苦,蔗境甘斯續。玉樹矯
臨風,聲譽振邦族。投契悉英豪,門環長者輻。截髮景高風,登堂
爭拜肅。共說水部才,多由賢母育。今歲艷陽時,欣屆七旬祝。西
池鳥欲來,東海桃初熟。鬓影漾銀漢,身曳五銖服。仙樂響嘈嘈,
彈璈復樹筑。麟哺鳥爪擎,延齡匪恃菊。吾宗老子雲,萬卷蟠胸
腹。銀鹿忽銜箋,分得徵詩牘。大節實堪欽,敢以不文復。據事而
直書,弗諛亦弗顯。庶幾采輶軒,貞操紀錦軸。坊表一何崇,聖代
殊恩沐。軒纛字凌雲,絕勝懷清築。餘杭阿姥墩,與儂正隣屋。往
籍傳蔡經,酒爲麻姑漉。海水有淺清,油囊總芳郁。《神仙傳》:蔡經
以油囊向餘杭姆沽酒。準擬沽十千,醿醴傾萬斛。一舸載蘭江,春波
泛醽醁。同謁婺女峰,群真相角逐。靄靄紫雲飄,萊衣看起伏。敬

譜岡陵詩，用介無疆福。《節壽集》

方化從□□□淳安人。

壽武川節母何金氏

巴氏懷清臺，秦世高其節。不羨丹穴貲，德操勵冰雪。古道尚餘今，武城婺江潔。金母鍾太陰，忽遭天柱折。袴中植遺孤，啼瀝杜鵑血。融風鬱攸從，勝火木不熱。宏濟於艱難，甘苦嘗備閱。允婦全四德，吳妃擅三絕。出險占利貞，獨立成單子。群推有此子，黌舍噪奇傑。中饋及老傳，高堂□耄耋。北海樽幾行，南山頌俱悦。柏舟格應旌，松心勁如鐵。必貴識王琪，門多長者轍。文孫弄二難，傳呼效聲徹。蕪音附鸞箋，愧作長歌闋。《節壽集》

金　澍□□□金華人。

壽武川何節母金氏

雪浸古嶺松，霜試重巖菊。賦畁足本性，艱貞覺可獨。茹苦漸回甘，蒼蒼錫遐福。璇閨甲子高，彤管家聲馥。令曾姑邵以節孝著。猶憶乙卯秋，旅館識永叔。余在省城識令嗣鶴岑。談心及家難，隱睹雙眉蹙。自謙己非才，老母推賢淑。太息甫結褵，所天遽賦鵩。拊膺肝腸摧，嚮晦不敢哭。仰事有舅姑，俯觀有遺腹。許身雖分明，進退嘆維谷。舍輕而取重，孤鴛強栖宿。室中視乳哺，堂前視糜粥。傷哉母一身，清温兼顧復。少長遂丸熊，畫荻教誦讀。風疾陡焚巢，蘿牽重補屋。不惜機杼斷，但慮年華速。至今稍成立，終嗟負教育。顧我聆斯言，斂容心更肅。冰霜懍節操，坤靈溯鍾毓。積厚流愈光，餘慶叶夢卜。豈特閨中秀，士林皆屈伏。走惜遭飢驅，身若寒鴉縮。未由瞻母儀，歸來耀邦族。今春屆古稀，親朋盡忭祝。座盈珠履賓，會擬瑤池續。蘭桂快騰芳，春暉藹慈竹。階前旌節花，亦效老萊服。願添海屋籌，益壽女貞木，常性夸瑞徵，青鸞與白鹿。借問采紫芝，何似歌黃鵠。《節壽集》

項陳謨□□□永康人。

壽武川何節母金氏

星輝騰婺女，遙接鼇峰峙。熊熊光皎潔，照徹雙泉水。雙泉水雙清，種壽差堪擬。壽母古井心，宿然波不起。荼甘七十春，礪節誰當似。前光分餘暉，嗣音有繼美。而今庭鳳飛，斑綵鬪華綺。令旦近元辰，椒觴傳梓里。顧我雖少文，未到神先迤。望雲額手頻，續貂接珠履。共仰鸞誥頒，躋堂介繁祉。《節壽集》

余文煮

武陽何節母金孺人壽詩

西那都開春色曉，十二璚樓接縹緲。正是三千桃熟時，霞箋一幅傳青鳥。爲言鶴髮人中仙，冰雪作懷玉作抱。比周高行梁媛奇，絜漢清風班誠少。昔年綽楔樹峩峩，夾路歡聲動隣媼。以德獲福乃其理，天遣幽貞錫難老。即今綺席張華堂，左琳右翠兩環繞。萼綠金環華嶺星，飛觴高捧麻姑爪。法英顧曲雙成笙，頃刻紅塵化蓬島。騰騫威鳳翔天衢，嬰婗文麟畫錦褓。猗歟金母真靈人，記否當年甘荼蓼。君不見長松童童矗天表，托根丹岡之林杪。烟霞鍊出堅貞姿，萬八千年青未了。《節壽集》

胡振聲□□□錢塘人。

武川何節母金孺人七十壽詩

青螺舟載醴酒，紫雲曲祝岡皋。群仙開笑口，蓬萊春色久。壽母今朝七十春，玉杖一枝輕在手。手扶綠玉杖一枝，萊衣繞膝樂怡怡。七十年來如一日，冰壺心迹子孫知。誰道海之汪洋不可填，誰道天之缺陷不可補。補天填海多辛苦，母賢種種難縷數。人定從來能勝天，笑看滄海又桑田。養成丹桂凌雲秀，種出蟠桃映日鮮。蟠桃丹桂紛紅綠，筵開玳瑁燒華燭。瑤池河女在人間，長春天啟長生籙。飛來天上紫泥香，椒花梅花共芬馥。《節壽集》

何裕承□□□山陰人。

壽武川家節母金孺人

節母之節鞠姬山，孤高壁立不可攀。節母之心鞠溪水，澄徹無波清見底。水光山色春溶溶，梅花初放官閣東。衆賓烯犐春酌酒，次第登堂介眉壽。母言四紀未亡人，客道七旬慈壽辰。有子能文驥足馴，有孫繩武鳳毛新。烏頭已表完貞志，鸞誥重推錫類仁。走也少孤今已幘，有母未嘗小人食。慨賦同宗節母詞，春暉寸草思何極。《節壽集》

周　煒□□□東陽人。

武川何節母金氏壽詩

彩雲一朵排春妍，青鳥飛墮瓊華牋。鸞鳳叶空笙管沸，長春讌啟瑤池仙。手持冰桃祝金母，髟髟鶴髮今又玄。母謝衆賓笑相語，幾見姮月能長圓。謫來塵世七十載，朝朝望斷銀河天。薽砧何在飛破鏡,波瀾不起古井泉。番番黃髮呱呱泣,火山冰洞交浸煎。偷生匿影躬撫養,有淚暗滴清涓涓。高深陵谷幾遷改,負郭幸有桑麻田。子能讀書佐夜織,孫能負米供晨餔。殊恩況復荷天寵,苦衷欲語聲先咽。但將清白付孫子,雪魂要伴梅花川。滿座希韓競諾諾,世間安得如母賢。冬心列艷卓不朽,彤管寫向青珉鑴。《節壽集》

商耀然□□□金華人。

壽武川節母何金氏

西華玉女萬丈高,當秋皎潔凌寒霄。亭亭石骨矗然立,衆山羅列如兒曹。千古堅貞誰似者,鶴岑之母節堪寫。笄篁持操松柏心,詎出曹姑鮑母下。聞說當年挽鹿來,夭桃灼灼三月開。調羹洗手一能敬,舉桉齊眉兩莫猜。花結同心魚比目,半載鸞鳳忽獨宿。丁年寂寂冷青娥,子夜淒淒歌黃鵠。播天舞地欲追隨,願化青陵蛺蝶飛。無奈上有白髮之舅姑,下有黃口之孤兒。相悲相忍且茹苦,誓作健婦持門户。養老撫幼日劬勞,道旁見者咸淒楚。零丁孤苦歷艱辛,兼子兼父只一身。算橘租菱躬操券,銜蘆填石嘗臥薪。持家久復辭貧里,教子還能作名士。一枝柳汁早舒青,七葉桐孫編結蕐。今日斑綵舞霓裳,藍橋午夜搗玄霜。瓊液遞進三百斗,西池南岳遥相望。《節壽集》

戴殿泗□□□浦江人。

壽武川何節母金氏

夙嫺班女訓,能咏謝家詩。黃鵠俄分翼,春蠶有異絲。貞心曾絕粒,素願只餔糜。應得書彤管,閨中識母師。《節壽集》

方元鶹□□□金華人。

壽武川何節母金氏

藉藉傳貞孝，無慚族黨稱。槃匜兼藥裹，刀尺共書燈。色養斑衣舞，榮旌綽楔增。萱樓春日永，介壽倍歡騰。《節壽集》

徐聯芳□□□於潛人。

壽武川何節母金氏

竹有貞筠蘭有馨，謳傳寡鵠足儀型。未忘春酒供衰齒，獨耐寒檠課弱齡。四十年中心可白，百千世後史猶青。德門自昔榮華衮，冰雪於今石上銘。

盧炳濤□□□東陽人。

壽武川何節母金氏

買燈初過上元節，錦帨新懸紫綺筵。天遣冰霜留晚節，人經荼蓼得長年。難忘別鵠離鸞怨，喜見庭芝砌草鮮。願把女貞作靈壽，媥星朗朗菊妃巔。《節壽集》

應曙霞□□□永康人。

壽武川何節母金氏

銀屏百幅絢朱欄，淑慎儀型協古歡。不羨望夫傳化石，全勤教子切和丸。一簾明月松陰冷，幾樹清霜荻影寒。珠履紛來爭獻頌，琅璈曲奏五雲端。《節壽集》

陳　岱□□□錢塘人。

壽武川何節母金氏

　　巾幗有名賢，松筠節操堅。授書垂髫後，垂桉及笄年。乍聽簫聲叶，俄嗟鏡影偏。五更愁鶴唳，一載絶鸞絃。同穴真無悔，餘生誓共捐。白頭悲莫慰，黃口弱誰憐。特恐增遺憾，因而強自全。錫甘親色笑，丸苦最搜研。漏静鳴機徹，燈寒課讀便。炊常踰巧婦，事總奮空拳。饌喜陶家盛，隣侔孟母遷。黔廬灾切近，赤地境顛連。亂緒潛經緯，深宵暗涕漣。艱辛惟矢志，岐嶷幸承先。羽羨雛成鷇，功儕石補天。月輝秋自朗，蔗味老逾鮮。玉管陽和轉，丹房甲子緜。一枝嘉蔭茂，雙璧异光聯。瑞靄凝萱砌，琅璈奏綺筵。我隨珠履客，齊誦九如篇。《節壽集》

邵志尹□□□錢塘人。

壽武川何節母金氏五排一百韵

　　節孝徽音嗣，珩璜母德全。欽褒輝畫棟，女史紀彤編。越郡名門舊，彭城望族聯。五侯連第宅，七葉珥貂蟬。炎漢遺華胄，璇閨重女娟。西京誇閥閱，東閣啓楠梗。懿範堪儀式，貞心得静專。華堂開壽域，珤婺映星躔。賓客長裾集，街衢駟馬駢。未能同祝嘏，請爲賦詩篇。遠溯勝衣日，爰稽毀齒年。銘蘭搖彩筆，賦菊鬭雲牋。婉娩遵師教，柔嘉得母憐。《周南》詩解誦，《内則》禮無愆。織錦回文巧，簪花細字妍。浣衣辭綺縠，椎髻却釵鈿。酒食供惟謹，麻絲治最便。名媛方待字，君子正求賢。樓迥鸞初駕，河深鵲已填。委禽成伉儷，歸妹合坤乾。家室宜無忝，晨朝起必先。和如琴瑟鼓，情比葛藟纏。牖戸綢繆盡，尊章奉養虔。捧槃居室内，侍膳寢門邊。藥裹參苓備，庖厨糗餌煎。歸寧勤澣濯，承祀潔牲牷。共

舉梁鴻桉,相隨冀缺田。餉耕春野外,伴讀夜燈前。德祖才偏敏,
休文體太羸。金萱方謝也,珠樹漸凋焉。弱質原堪慮,沉痾豈易
痊。兒甘殉阿母,婦願代重泉。稽首朝求佛,焚香夜祝天。膏肓成
痼疾,床笫久纏緜。玉折悲長吉,蘭摧惜惠連。共牢人不返,同穴
志彌堅。五載為嘉耦,三生了宿緣。携雛歸族黨,絕粒斷炊烟。兒
去啼難止,翁聞涕自漣。藐孤吾屬望,獨活爾從權。似續關宗祐,
承祧主豆籩。幸能存裪裸,聊以慰華顛。合族同聲勸,高堂大義
宣。含酸遵舅命,茹痛抱兒還。璧返連城寶,珠回合浦淵。敬姜躬
自績,孟母里頻遷。淚染湘江竹,心枯玉井蓮。孤鸞寧復舞,破鏡
那重圓。銜石憐精衛,呼魂泣杜鵑。家門遭偃蹇,身世歷屯邅。守
節冰霜勵,流光日月旋。小姑俄棄世,邁舅亦昇仙。鬒髩無膏沐,
麻衣有淚濺。柱頭期鶴返,隴上卜牛眠。立樹栽松柏,營墳起陌
阡。豐碑留姓氏,哀誄付雕鐫。寒食陳椒醑,清明挂紙錢。竭誠喪
葬畢,大孝里閭傳。往事嗟何及,餘生益慎旃。勤能操井臼,利僅
在漁佃。糠麮聊充腹,庭除獨仔肩。春風朝采葛,秋雨夜裝棉。機
杼親紝織,衣裳自洗湔。敲碪聞曠野,汲水向前川。截髻雙鬟墜,
紉針十指穿。火災驚焱焱,水患苦油油。摩勒奴先殞,樵青婢亦
捐。一家餘數口,獨力任雙拳。鞠育兒初長,單寒嗣可延。艱難知
稼穡,生小戒游畋。遜志功無怠,窮經力自研。百家供涉獵,六籍
費丹鉛。彩夢江淹筆,青留子敬氊。長才堪製錦,美政待烹鮮。學
冠儒林彥,名成弟子員。鯤將離巨浸,驥欲騁長鞭。擊水三霄上,
追風萬里騫。先人心已慰,慈母慮旋蠲。雁命佳兒奠,羊為小女
牽。庭闈畢昏嫁,階砌長蓀荃。種玉成嘉瑞,含飴動笑嫣。羽毛看
滿矣,頭角早嶄然。孝義傳家永,詩書世業沿。風姿尤濯濯,才調
亦翩翩。遵例初通籍,分曹待赴銓。重堂臻耄耋,三世荷陶甄。誥
奉龍章煥,衣頒翟茀褕。雙貞追往迹,慈壽起修椽。七襄瑤觴泛,
三秋綵帨懸。菊花留晚節,桂樹發連卷。東海籌盈屋,西池酒滿

船。藕開華十丈,桃熟歲三千。仙侶乘鸞鶴,霓裳按管絃。素娥辭月殿,金母降雲騈。九節菖蒲茂,三山芝草芊。冠裳看濟濟,車馬正闐闐。釜熟胡麻飯,羹調銀液鱻。華燈懸燦爛,綵服舞蹁躚。母德欽州郡,家聲振市廛。敬成詩百韻,遥祝古稀筵。《節壽集》

魯　興□□□錢塘人。

壽武川何節母金氏

曲水流觴候,高堂設帨辰。彭城推令族,閬苑集嘉賓。甲子更番換,冰霜閱歷頻。泉香名益壽,樹暖記恒春。繞砌森蘭玉,盈階蔚鳳麟。東皇催柳綻,西母獻桃新。天上長生館,人間自在身。珩璜賢共仰,疇範福駢臻。璈譜皇娥瑟,星輝婺女津。境真饒蔗味,節欲勵松筠。鳩杖榮三錫,魚軒拜七旬。璇閨欽藇備,仁見慶恩綸。《節壽集》

孫有嘉□□□杭州人。

集詩經壽武川節母何金氏

念彼共人,生此王國。淑慎其身,柔嘉維則。或哲或謀,有孝有德。令妻壽母,其儀不忒。　琴瑟在御,鴛鴦在梁。載衣之裼,載弄之璋。誕彌厥月,逝者其亡。嗟我懷人,莫敢或遑。　燎之方揚,其室則邇。搔首踟躕,迺慰迺止。在其板屋,柞棫拔矣。終焉允臧,令聞不已。　彼君子女,象服是宜。教誨爾子,莫不令儀。實發實秀,有熊有羆。室家之壼,惟蒿之基。　靡瞻匪母,保艾爾後。謂我劬勞,嘗其旨否。降爾遐福,綏我眉壽。爲此春酒,以祈黄耇。　維莫之春,王國克生。東有啓明,西有長庚。式歌且舞,

鼓瑟吹笙。母氏聖善，福禄來成。《節壽集》

黄調元_{古婺}。

辛卯仲冬送揚金山南旋

天涯萍梗最相親，問字玄亭別有因。今日離筵休墮泪，眼前多少未歸人。

仲宣樓上莫徘徊，半壁街前古月臺。奪錦還推君妙手，御溝春暖想重來。

張邦彦_{浦陽}。

送揚金山南旋

北風烈烈整歸鞍，水落冰堅静素瀾。料得過江春信早，一枝梅寄故山寒。

吉　瑞_{長白}。

集唐句送揚金山南旋

平生心迹最相親，去去何時却見君。一曲離歌兩行泪，馬前紅葉亂紛紛。

袁春鼎_{黄陂人。進士，嘉慶二年任。}

謁阮遥集祠 嘉慶戊午秋

千秋廟皃倚明招，想見風流絶代標。家國艱難群策左，林泉肥遯一身遥。烟開石崦珠光動，雨長莓苔屐齒消。今日摳衣松竹畔，隱囊紗帽映金貂。

拜阮遙集墓

一片袈裟地,逃名阮鎮南。松楸餘屐齒,今古傍雲庵。碑染苔無字,林深岫有嵐。好憑天際鶴,時與佐清談。

謁呂成公墓

侵晨出古寺,和露上明招。四面山腰抱,千秋馬鬣標。采樵吾有禁,摩碣字難描。幸近將軍墓,清談慰寂寥。均見《阮譜》。

翁　昌

吊阮將軍

蠟屐金貂成往事,雙亭依舊六朝山。剖符不願名州去,携酒偏尋野趣閒。高塚一邱烟草碧,古碑四尺雨苔斑。將軍已矣經千載,景仰遺踪不可攀。《阮譜》

失　名見邵炳鑾鈔本。

阮公亭懷古

遨游杖履歸東武,一角荒亭記千古。文采風流廢徑存,終朝嗚咽泉聲苦。袈裟聽撤笑悠悠,無復科頭人更游。落日深山高仰止,白雲荒草秋復秋。

失　名亦見邵炳鑾鈔本。

阮公亭懷古

聞說竹林賢有七,清狂誕伯在其側。典午事湮叩渺茫,荒苔殘礎空遺迹。盤鬱蒼松千百年，几人尋訪墓門前。知音後有鹿皮子，石上哀唫詩數聯。千秋山斗同瞻仰，昔我愛公懸想像。蠟屐金貂不可尋，驚風落葉空惆悵。吁嗟乎！途窮漫爾向明招，心緒年來不自聊。憑吊黃門書未足，歸投蘭若喚鐙挑。

戴　洪蘭溪人。

蠟　屐　亭

白下沽名酒，東陽看好山。萍踪雙屐到，鴻爪一身閒。古寺春花發，空亭夜月彎。烟蘿尋舊約，幽興想追攀。《立誠編》

韋昌壬東陽人。

蠟　屐　亭

空谷蛩音杳，於今峙此亭。痕消三徑綠，響憶亂峰青。韵事山鐘記，遺踪酒市經。黃門人去後，寂寂掩雲扃。《立誠編》

黃殿維東陽人。

蠟　屐　亭

高風懷晉代，落落避塵喧。幾兩平生足，千秋此老存。烟霞歸白下，車馬謝黃門。載酒前途往，模糊認碧痕。《立誠編》

余能睿義烏人。

蠟　屐　亭

晉代阮遙集，明招迹偶停。金貂曾換酒，蠟屐舊名亭。狂客風流遠，空山姓氏馨。竹林堪繼武，惆悵對雲垌。

　　緬想南奔日，浮生付水萍。那知山色好，仍對酒人青。障籠羞稱約，傾壺且學伶。至今登眺處，企足仰芳型。《立誠編》

鄭祖澇浦江人。

蠟 屐 亭

　　馬癖兼錢癖，風流亦可憐。有人耽蠟屐，信步入層巔。八達芳塵杳，千烁軼事傳。蘭亭應比迹，不減永和年。

　　避地成高隱，明招樹色橫。山原待奇士，亭竟屬先生。月照雙扉白，風飄兩袖清。即今雲棟裏，橐橐似聞聲。

　　放浪形骸外，真堪繼仲容。踏雲攜幾兩，複嶂破千重。脫屣情如在，憑欄翠自封。何當蘿徑月，曳履尚遺踪。

　　足迹豈常到，斯亭已不磨。可曾攜酒榼，來此印苔窠。姓字名流重，輪蹄後輩多。矯情笑安石，折齒意如何。《立誠編》

李畊玉字藍田，□□人。能詩善畫，嘗游邑南，與傅宗儒、湯深之唱和。

柬 巖 十 景

梅峰歸鶴

　　豈是遼陽化後魂，羅浮夢醒又黃昏。寒香搖動迎仙客，素羽蹁躚到水村。飛倦知還憑本性，開繁不落具靈根。西湖處士如相約，爲子爲妻漫比論。

菊溪觀魚

　　扁舟彭澤賦歸時，盡日扶笻向水湄。清極鱗鬐紛可數，機忘鷗鷺漫潛窺。霞橫峻嶺妃何在，秋老空山菊又蕤。我欲臨流修尺素，倩他雙鯉寄相思。

龍 門 春 雨

禹門突兀峙烟霄，上有清潭境地超。萬疊墨雲騰碧海，一天春雨洶秋潮。瀑懸翠壁疑龍挂，浪泛桃花任鯉跳。碣石祇今何處是，停槎空自認前朝。

鷄 巇 秋 霜

曉來翹首望崇岡，秋老晴峰翠羽張。三唱啼殘茅店月，五更催落板橋霜。漫誇秦時飛陳寶，未許函關逸孟嘗。待映朝霞還吐綬，光華應得媲鸞皇。

石 僧 曬 衲

幾時卓錫此山林，參破禪關歲月深。一衲曬乾今古日，千秋鎮定去來心。裝添可費兜羅絮，補綴應須乞巧針。天女散花曾着未，消除結習夕陽沉。

靈 井 鳴 泉

謁來龍井聽龍吟，一勺無從問淺深。水調泠泠翻舊譜，樵歌款款和清音。峰青夜鼓湘靈瑟，雨暗山鳴霹靂琴。父老年來歌大有，不須祈禱降甘霖。

棗 巖 日 映

何年仙種植雲巒，映日盛來瑪瑙盤。石髓凝成千歲果，風霜鍊就九還丹。應從王母蟠桃熟，不雜人烟橘柚寒。定許安期停鶴馭，扶桑影裏笑尋看。

妃 嶺 霞 棲

層巒疊嶂慣棲霞，是否神妃尚寄家。松影橫釵眉畫月，雲光擁髻鬟飛鴉。林開步障支紅錦，草映裙腰護絳紗。如綺如羅迷菊徑，遙看疑是武陵花。

石 筍 插 雲

不比園蔬迥絶群，巍然直上插晴雯。山靈莫厭無兼味，仙客端宜對此君。犢角籠筠纔出土，龍孫挺拔早凌雲。參禪玉版來坡老，定托瑶簪護曙氛。

蒼 松 篩 月

誰擎翠蓋廣寒旁,篩落紛紛白兔光。片撒龍頭疑種玉,碎迷地上誤鋪霜。濤聲無事挑燈聽,桂影渾猜隔幕望。蕩漾幾番驚鶴夢,露零應怯羽衣涼。

王　楹字子琴,歙人。同知衡。

卜 居 武 城

歷盡風塵苦,身心轉愛閒。尋春沿熟水,買酒傍壺山。綺陌田千畝,黃茅屋數間。更贏腰腳健,亦任二毛斑。

又

歸到壺陽臥一邱,山窗高敞豁層樓。當門綠樹千章合,繞郭清溪十里流。藏酒待需朋友到,買書端爲子孫謀。老農心事無他望,百畝田禾樂有秋。

喜 友 遠 至

三徑長莓苔,柴門久不開。好風吹客到,疏雨送秋來。十載人千里,終宵夢幾回。新愁攪舊恨,都付掌中杯。

漫　興

客裏光陰疾,秋聲到枕初。山雲净如紙,恰趁雁來書。

游蠟屐亭 亭已圮

阮氏風流何處尋,青松翠竹尚成林。六朝一客游山屐,千古何人空谷音。不假籃輿防路滑,更扶藤杖入雲深。我來瞻拜豐碑下,

但見蒼茫返照侵。《寄壺山居稿》

王　棟字雲浦，楹弟。監生。

漫　興

　　回首江南隔暮烟，臨風莫唱鷓鴣天。却將詩句題今夜，爭得春光似舊年。愛月人曾邀月飲，看花客自愛花妍。莫辭勸酒十分醉，醉到三生石上眠。

武　義　克　復

　　登城猛士蹴危樓，將曙光輝照婺州。風急馬嘶兵益壯，月明鶴唳賊添愁。禽聲自樂壺山曲，魚夢相安熟水流。更願東南烽火息，凱歌唱出盛平謳。

武川詩鈔卷十四

附　　錄

湯佶昭字慎臺，□□人。光緒六年任邑令。

五十初度感賦

墮落塵寰年復年，白駒如駛失先鞭。平生骯髒幽燕氣，遲暮低回吳越天。萬里風濤誰得泊，五都金碧各争妍。不從鉅鹿高踪去，破甑翻餘未了緣。

初試淮濱製錦刀，三秋撫字□云勞。霜嚴勿惜鋤非種，桃源盜風甚熾，民不聊生。同治甲戌，余抵任，捕斬五十餘名，盜始稍戢。雨膏庸辭拔一毛。京餉過桃者，車役向責之民，頗相擾累。余改章，由縣發價，勒石立案。雖每歲官捐千數百金，而桃人永無差徭之苦矣。數仞宮牆鴉可集，文廟頹壞有年，余捐廉爲倡，紳民亦共出貲，修葺煥然。幾家牙角繭同繰。彈章歷歷論功罪，感泣當途法不撓。余以隣境命案褫職，沈文蕭彈章有：查湯某在桃源任內頗得民心，未便因其官聲尚好，稍與姑容云云。

改轍南游賦拍張，山城重與綰銅章。亢宗署考催科拙，仲子爲邦饑饉望。光緒六年宰武義，適承五年旱荒之後，而五年應蠲民賦前令已徵，乃爲之流抵者數千金，徵數因是以絀。迮石何心類江革，鑄金無術怨王陽。自武義旋杭州，資斧皆由借貸，任內虧空千百，四弟小秋償之。幸留文字淵源在，小惠終慚蔽芾棠。武義書院以無經費停課多年，余捐三百金與生童講求文字，後遂不復停課。

譸張晚近簿書煩，日坐堂皇愧片言。詰暴始能扶善類，愛生何以雪沉冤。法遵漢祖三章約，報謝于公駟馬門。六載吹竽從郡將，森森庭柏長霜痕。自戊寅來浙，先後在讞局者六年，局設杭府署之柏樹廳，庭中植柏十數株。

家聲抗疏溯烏臺，肇錫嘉名愧不才。道光十五年十月二十八日，先大夫官侍御，疏劾郡王載銓，改官户部。是日，佶生，故字之曰慎臺。四十萬言書未讀，先大夫箸《浮邱子》一書，分篇九十一，計字四十餘萬。上元梅伯峴先生爲先大夫墓志銘，曰："四十餘萬載厥字，魂雖埋幽靈不翳。"六州諸縣錯徒哀。兜鍪昔逐征夫去，冠蓋今隨下吏來。壯弗如人嗟老至，漫爭長孺復然灰。

從來知己即吾師，壯愍韜鈐勤惠詩。少時喜讀兵書，而未經戰伐。咸豐戊午，從長白伊壯愍軍於宿州，壯愍教以料敵馭將各機宜。故辛酉入盱眙吴勤惠軍，佐治清淮軍旅者六年。勤惠工詩，暇時吟咏，告余以讀杜爲本。睢水銜枚商勝算，淮壖刻燭選清辭。當時期許風雲上，轉盼存亡歲月馳。落拓天涯仍故我，芙蓉何處寄相思。

田家荆樹半凋傷，于越句吴又异方。難弟早稱千里足，愛兄更祝百齡强。豸衣鎮日謀軍國，小秋現辦金陵籌防局。雁翅頻年感稻粱。心力俱勞肩莫息，最憐鏡裏鬢毛蒼。

四十商瞿五丈夫，遲余半百得三雛。同治甲戌，余年四十長子生，光緒庚辰次子生，癸未第三子生。大兒任守張湯舍，餘子癡憐孟氏珠。豈願驊騮争道路，可能鶩鵠謹規模。文章德業今無及，來者難忘舐犢愚。

白　雉

白雉驚飛翡翠殘，越裳鐘簴夕陽寒。霸圖上策宜争鄭，義士孤

軍正報韓。陣勢如蛇兵法在，穴中鬭鼠將才難。相州一潰三邊震，
參肉何堪飽衆餐。

　　滇池寶藏冠諸州，萬壑群山蘊待搜。狡敵假途窺卧榻，重臣修
好裂金甌。從知互市宛西俗，誰破求成盟向謀。口血未乾晨壓陣，
不相玉帛又戈矛。英年詞翰步巒坡，對仗彈章帝不呵。共説台班
登汲黯，忽聞閫外使隨何。餘皇竟化蟲沙去，冶父空憐猿鶴多。太
息慶之名論在，奴耕婢織豈同科。巍巍開國仰宸謨，壺嶠波瀾入版
圖。險塞曾爭收蝸蜹，沃饒今復覬狼貙。兵連任使梁吳困，圍合應
知張許孤。多少樓船無下意，是誰慷慨佩軍符。

壬午秌于役台州途中雜咏

　　渡江買棹雨冥冥，柔櫓輕搖夜不停。卧聽人聲問舟子，蕭山已
過到柯亭。柯亭在紹興西北三十里。

　　山開平壤水盈盈，宜稻農疇歲有成。幾處樓臺臨水起，門前繫
纜畫船橫。紹興船皆采畫，謂之龍門船。

　　句踐當年此卧薪，至今於越有遺民。大都沉鷙能勤苦，蠻語參
軍亦可人。

　　舟隨水曲水環山，城市烟村山水間。更有林巒青斷處，紅牆一
角露禪關。

　　舍舟起陸束輕裝，赴台州自嵊縣起陸。昧爽中途續夢長。睡醒
山城是何處，半偏雲髻認新昌。嵊縣至新昌四十里許，婦女皆高髻，而髻
必偏於一旁。

　　黃葉搖風仍着枝，幾株紅葉賽胭脂。青青松柏還相間，秋晚山
容是畫師。

　　雨後看山山更靈，嵐光變滅未曾經。白雲深處疑天盡，忽現遥
峰一朵青。

　　窄徑懸巖石若隤，攀蘿猿挂幾徘徊。平居自命千金子，一墮風

塵叱馭來。新昌之東道毀於水，取徑山腰，隘不容步者里許。

危坡千仞與雲齊，緩步行人踏石梯。兵氣已銷餘戰壘，當關真箇一丸泥。未至班竹十餘里，有嶺極陡峻，嶺之半有石門，爲昔時禦髮逆處。

黃昏投止向茅庵，粗糲塵羹饑者甘。當世不需王景略，中宵捫蝨向誰談。山中客寓皆紅米飯，又多負蟹蟲。

夷吾款客此流風，門外琵琶倚袖紅。燕趙傾城渾見慣，南天蕉萃夢難同。班竹各店皆有土娼，與北方迕平要站相似。

眉黛當罏惹客憐，鳥樓屬天台，亦婦女應客。野花斜插鬢雲邊。天台仙子音塵杳，賸有南齊貼地蓮。天台至台州沿途所見婦女，極能纏足。

層峰嵼岮赴台州，秘訣長生不可求。惟有赤城天半峙，興公詞賦并千秋。

客舍依山不作牆，下臨大壑水湯湯。村醪獨酌不成寐，竟夜灘聲繞榻旁。自天台到台州，水陸必經之處曰中渡，有店臨河，夜靜聽灘聲亦佳。

分疆溪水各西東，台紹交界曰關嶺，嶺西屬新昌，水西北流。嶺東屬天台，水東南流。士氣民風迥不同。廿載中興仍列戍，擒渠何日奏膚公。金滿者，臨海人。同治間從張三闖口爲盜，戕黃巖總兵陳治。張旋伏法，惟金滿逸。近又戕官劫獄，是以台州至今駐軍緝之。

浙中大利擅蠶桑，互市金繒敵鬼方。誰效夷言工逐末，花開鶯粟號台漿。台漿者，台產之鴉片烟也，土人以致富。然吸食者多，游惰亦以此日衆。

羅家穚字稷臣，長沙人。光緒十二年任邑令。

六十自述 有序

甲申九月望日爲予六十初度之辰，粤稽杜老悲秋，把萸思

健;陶翁短世,采菊制頹。古人未免有情塵世,伊誰忘老? 藐
躬閱歷,蓄念滋多。人壽幾何,端合及時行樂。我辰安在,能
無觸緒興懷? 迺荷同寅,誼敦桑梓,謬緣數甲,蝦祝臺萊。維
慚感之交深,益縈紆則欲吐。爰擬五言一百韵,備述萍踪,並
成七律二十章,縷陳梗概。宿瘤難匿,聯爲醜婦傚顰;炯鑑漫
邀,惟冀明公點鐵。

北牖葵擎紫,東籬菊傲黃。客踪羈宦海,天氣感新霜。雪裏鴻
飛慣,蕉中鹿夢長。延庚差悅懌,問甲轉慚惶。憶昔先生達,期今
後起昌。熊占符四美,余兄弟四。鯉訓重三綱。豐水宗遺範,燕山
懷義方。藐諸承厚澤,何以報高堂。伯仲梯榮早,科名拾芥償。壬
辰初擷藻,伯兄芸皋入泮。丁酉次聯芳。仲兄劭農入泮。差慰成龍願,
還餘舐犢望。丱兮方總角,蠢爾曷撐腸。秋雨青燈側,春風碧柳
傍。授經勤古奧,制藝課新章。挈應長沙試,携歸短棹杭。食瓜纔
返舍,攀桂未聞香。忽抱終天恨,偏懷倚日愴。棘人剛舞象,鞠我
恐如狼。仰恃慈闈健,頻煩荻訓詳。斷機規後學,和膽備先嘗。外
傅防踰蕩,中才樂表坊。尊樓懸馬帳,就伯兄芸皋肄業。苹野奏鶯
簧。甲辰恩科,伯兄登賢書。室戀肱同被,宵慚轍對床。牛羊嚴牧又,
鴻鵠戒心將。劇喜家傳鉢,相期穎脫囊。導先踪踔厲,步後翼翱
翔。泮沼香同采,庚戌偕季弟稼卿補弟子員。莊田殖欲荒。戰鬭年比
及,仰屋客郎當。塞難俄揚祛,師行乃裹糧。哀鴻征肅肅,戎馬策
茫茫。申甫生衡嶽,辰猷壯沅湘。癸丑曾文正駐衡郡,創立水師。樓船
飛上將,舟楫擊中郎。橫陣千軍掃,張帆九面颺。上書邀齒録,効
命佐牙檣。奉委幫辦水師正前營,稟知慈親,不允,辭歸。遠志心懷謝,
當歸語寄姜。牽裾嗤斷袂,履坂企回繮。行緩班生起,望防賈母
傷。蘭馨相潔養,諼樹漫呈祥。未得三年艾,難茹七日漿。堊廬兄
及第,墨絰士勤王。乙卯春家忠節援江右,函招余兄弟共事,同伯兄率師

前往。共整章門旅，還飛柳岱義寧州山名。槍。伯兮嗟馬渴，叔也逐龍驤。血戰論勳伐，頭銜屬序庠。隨同克復弋陽、廣信、景德鎮、義寧州城，保擢訓導。豫章摧棟荨，旅襯返榆鄉。伯父病故省垣，余由義寧州來扶襯旋里。地下修文憾，人間翳武揚。明年蓮幕召，匝月柳營襄。江夏愁雲黯，城春毒霧殃。將軍天上殤，戰士陣前亡。丙辰三月二日忠節大戰武昌城外，賊突開大東門出，截回，頭受傷。素旌湘山返，丹忱楚水滄。同宗情最篤，遠送義難忘。報國尋知命，窮居合守常。徵書江右速，鼓枻漢東昂。丁巳夏李勇毅由江右率師援鄂，函招襄辦。鯨浪連天駭，狼烟拂地狂。旌旂紛鄂渚，荊棘蔓潯陽。愿愬同懷起，江山犄角匡。濫竽優鵷薦，縉綬荷龍光。隨同克復黃屬之下巴河、孫家嘴、黃梅、廣濟、麻城，並擊退九江之湖口、彭澤援賊，保升知縣，留鄂補用。後勁纔施設，前驅忽獮獢。三河遭蹂躪，大帥挫鋒鋩。馬革遺尸裹，龍城藉手障。李忠武殉難三河尖，月餘尋獲忠骸，仍倩送還里。頻行慘蒿里，斯役忌沙場。計從軍三次，三送靈襯，大為戒行忌。轉瞬枌鄉別，談心節旃商。牛刀操使割，鵾錦製堪量。庚申，李勇毅重邀出山，面商胡文忠，奉諭給咨，送部引見。部下歡聲動，囊中集腋將。龍顏瞻北闕，鷺羽振南疆。一鶴樓吹笛，雙梟舍憩棠。稻臺資利濟，委辦舟次行營支應。鄀邑許劻勷。委知光化縣事。篆甫琴堂擁，烽驚玉壘忙。蒞任甫七日，劇賊旁窺鄧州。攖城時岌岌，籌堵日皇皇。卣試掄才急，倉皇中舉行文武兩考。環攻却敵剛。八月賊臨城下，圍攻數日，合營併力堵剿，獲保無恙。聊伸知己報，詎料武夫強。時有由陝復楚偏將，養疴鎮上，屢索供給。不滿所欲，借端軍糈，起意辱之。供帳無情索，操戈有意戕。一封章孰辯，三字獄誰彰。敢恤捐軒冕，那堪辱鑊湯。公評昭自在，螢語聽何妨。南國歌如燬，東山賦缺斨。仗旄擁羊祜，使乘復王良。丙寅曾沅帥撫鄂，剿辦捻匪，招委隨營。羽扇神參贊，韜鈐妙主張。迴瀾障既倒，庇宇獲餘慶。奏凱馳江漢，書勳達廟廊。珠沈還合浦，金贖限虞唐。隨同克復雲夢、應城等城，保請開復原官，部議飭補，繳捐復銀。薄宦愁空橐，由房喜弄璋。節麾滇重鎮，棨戟笐趨蹌。乙亥劉靖臣制軍回滇任，邀同前赴。抵黔，贈金，援例呈繳捐復之需。仗策叨依幕，釀金忝辦裝。驂騑臨玉陛，改轍向錢塘。東海航青雀，西湖舍綠楊。曩曾矜搏虎，晚欲補亡羊。待兔經寒暑，趨羶恥熱涼。度支持榷稅，轉運備敖倉。覽鏡顏微赭，沖冠髮失蒼。六旬真蹭蹬，八載倍傍徨。漫想追騏驥，何堪嚇鳳凰。宦途分險易，世事幻滄桑。天理循環在，人心利劍藏。憑他熏富貴，賸我看彭殤。脂粉啼東郭，松楸滿北邙。是翁猶矍鑠，胡考或昌熾。閨閣擎鴻桉，雲霄盼雁行。頗欣兒戲綵，漫荷客稱觴。溫語中牟慰，巴詞下里倡。望風霏玉屑，同日咏霓裳。

少年豪想邁群倫，俯仰乾坤氣自春。五嶽酒澆胸塊壘，三江棹放膽輪囷。摩天鴻鵠翩翻舉，蟄地龍蛇騰躍伸。六十年來一彈指，婆娑此樹老風塵。

春蘭秋菊挺葳蕤，尚記趨庭鯉對時。稼穡命名雙穗秀，余兄弟皆禾旁命名。箕裘紹業一經遺。琪珪瓦璀期如玉，縝絳綜維繫以絲。孤負槐陰親手植，湘雲西望淚頻垂。

數椽茅屋夜窗虛，一是草堂一墓廬。此地白圭墓廬名。霜露履，當年黃甲古嶺名草堂，因名為別墅。晦明居。群依絳帳聯兄臂，共守青箱讀父書。回首可憐春月夜，芳園桃李半邱墟。

牙旗忽建楚江頭，十萬貔貅擁節樓。東海鷹揚師尚父，南陽龍起武鄉侯。敢關憂樂磨雙劍，也為安危展一籌。投筆欲追班定遠，書生戎馬幾經秋。

楊柳依依落照斜，陣聯漳水亙長蛇。頻年營壘春巢燕，到處棲林暮宿鴉。千里蠻烟催畫角，四山蜑雨咽悲笳。指揮白羽城俱下，收復江西廣信、弋陽、義寧州，進援湖北，又復崇陽、蒲圻、咸寧等縣城。掃盡狐狸活萬家。

建瓴乘勝踏江關，睥睨群凶鄂渚間。雉堞千尋環漢水，鵝軍百隊繞洪山。距省城大東門數里許。負隅虎應偷螻蟻，游釜魚還逞觸蠻。一戰垂成功未竟，丙辰三月二日，賊出小龜山搦戰，大敗。羅忠節率師尾擊，賊突開大東門橫截，忠節勒馬回戰，受傷。可堪星墜失歡顏。

攬槍尚指大江東，黃鵠磯頭入望中。故壘昨歸華表鶴，登壇今兆渭川熊。月明武漢犀然照，風靖湖彭蛟射雄。信是中流憑砥柱，倚樓王粲舊從戎。

一麾真似夢南柯，甫蒞雷封便枕戈。未問桑麻驚石虎，忍看荊棘臥銅駝。籌兵餉饋關中少，殺賊刀橫馬上多。贏得人民無恙在，那堪平地漫生波。

報國心存事竟違，翩然攬轡鹿門歸。官辭彭澤余來去，宦謫長沙孰是非。猿鶴山中醒春夢，蒪鱸江上飽秋肥。無端羽檄催星騎，仍向沙場試鐵衣。

平生那肯受人憐，一遇鍾期且撫絃。火樹崑崙驚午夜，雪花淮蔡記丁年。楚弓楚得功何預，趙璧趙還名幸全。更愧延之多厚意，辦裝持贈選青錢。

鷦鷯欲借一枝栖，楚北飄蓬又浙西。萬里星霜雙鬢改，九秋烟雨六橋迷。算緡但許蠅頭逐，飛挽徒憑鷁首齎。漫詫文淵雄顧盼，據鞍何地騁輪蹄。

僕僕風塵敢告勞，蒼生四野首重搔。蹄堂未盡牛羊獻，集澤頻聞鴻雁嗷。風勁茅簷誰拔茹，露濃花縣幾栽桃。八荒壽寓開虛計，鏡裏頭顱嘆二毛。未能壽民。

九重雨露沛朝端，錫類南陔荷寵難。愛日靈椿沉碧蔭，參天慈竹委青巒。金花莫慰鶯回望，玉樹空占鵲報歡。惆悵瀧岡阡畔表，廬陵遺憾白雲寒。未能壽親。

生未逢時晝掩門，名山風雨一編存。儒林傳盡人中傑，處士星看天上尊。羽翼傳經諸子在，扶持名教阿誰論。古來抗志千秋業，標榜何能到九原。未能壽世。

曠觀豪傑豁蘭襟，鳳在池頭鶴在陰。謝傅賭棋娛別墅，右軍分果掇修林。山中宰相幽居樂，門下郎官大隱欽。安得黃花香晚節，滿吾懷抱入長吟。未能壽身。

出處從教負凤盟，回頭萬感愧吾生。不茹瓜苦東陵種，要慕棠甘南國榮。汗馬功名歸畫餅，飛鴻心事等楸枰。縱然多聚六州鐵，一錯何曾鑄得成。

歸田二頃足耕耘，琴劍何妨返故枌。王館逍遙吟竹月，邵窩安樂臥松雲。詎須米少隣僧乞，非要金多客券焚。可奈年年總匏繫，送窮無計遣韓文。

七載孤棲此涮江，誰教別夢繞鄉邦。元稹翡翠樓懷兩，杜老芙蓉蒂愛雙。半榻春寒欺客枕，一爐秋爇伴殘缸。於今差共團圞語，却愧牛衣仍對窗。

百不如人壯已經，暮年心迹感飄零。馮唐自分頭空白，阮籍誰憐眼獨青。斗酒婦藏云待子，斑衣兒舞未成丁。名場一箇支離叟，敢望群公祝鶴齡。

江城風雨接重陽，乍喜晴暉照畫堂。安棗朔桃新景色，錦屏珠字大文章。波揚東海氛將靖，星聚西泠座有光。洛下耆英他日會，今朝且醉菊花觴。

和陳仲英文騄太守移守杭州留別原韻

三載賢良詔九天，高車移節望登仙。五花馬擁錢齎杖，一葉舟輕石載船。東婺西泠同托宇，去思來暮競懷鉛。黃堂太守玉堂吏，政績誰如冠世賢。

鄒律曾嘘黍谷溫，惠州霜雪亦銘恩。威揚聖訓宣慈訓，字撫黎元贊化元。風靖萑苻消草澤，日舒榆柳蔭花村。留侯未肯籌前箸，安見堯天衢設尊。

清芬遠欲紹常州，海內文宗擅博搜。萬選評錢水鏡譽，千間闊厦杜陵謳。宋元畫訪興來哲，朱呂堂新繼往籌。鄒魯遺風今猶昔，鴻猷非直百年謀。

　　午夜形忘案牘勞，何曾分夢到三刀。文翁雅化能移蜀，員老風流合守濠。遺愛棠陰栽荔樹，啣恩楓陛賜葡萄。皇仁更爲傾湖海，管領錢唐看暮濤。

　　燕語鶯啼萬象更，旌旗遥指武林城。青山兩岸戀行色，綠水前灘乞住聲。截鐙攀轅傾藿向，薄蔬具饌獻芹情。一麾漫逐江潮去，爭似元宗留別荆。

　　梅吟東閣快襟披，太息當年愛此時。元季聽論森玉立，平反博笑徹更遲。享隆鹿邑千家雨，寵賁鸞章五色絲。更看導輿榮視事，太常蝶至預陳辭。

　　絃歌曾記武城嗁，有腳春堪久鬱居。借寇難期一年駐，依劉願得幾行書。雙溪星駕烏飛擁，三竺風馳虎渡除。家世太邱原應長，細侯爭迓莫躊躇。

　　近托蚨蠓信有因，來依送別兩逢春。鶤鵬垂翼驚先壽，鶬鷺隨班謁後塵。三載蕭朱叨宦侶，千年蘇白得傳人。六橋花柳閒吟地，會看仙官寄此身。

和江茝馨芳原韵

　　漢上鳴琴罷，壺陽又一麾。荷戈懷往事，分繭及春祺。翼短王喬舄，書遺董子帷。生花雙管在，寫出畫中詩。

和郭子琳巒原韵

　　寶婺星分八，春陰月正三。驅車經嶺北，捧檄到城南。隊逐青雲步，歌翻白雪酣。題襟才吐鳳，下筆食聽蠶。愧我年空長，居官政未諳。溪橋懸水鑑，山市擁晴嵐。奚慰哀鴻庂，頻憂碩鼠貪。勛名崇召杜，清静法莊珊。草滿霜威減，花香露氣涵。標奇民望畏，褒德聖恩覃。斗室澹臺眄,升堂單父耽。泛舟江上過,翩若驚鴻嶄。

和湯馨山瑞椿原韵

派衍吞星慧,吟風比玉琅。蜂衙資傑搆,象魏倩平章。植梓儲楨榦,栽桃屬楚湘。琴餘開蔣徑,入宅挹芬芳。

和湯斗齋光耀原韵

有志終軍事不難,楚囚今已老南冠。仲淹懷抱關憂樂,子美心襟洽笑歡。漫許春風歸杖履,還期霖雨屬詞壇。明年快展鵬摶翼,簪帽花從虎榜攢。

袁子喬字□□□□人。拔貢。光緒□□年任訓導。

武成留別

兩度春風忽唱驪,壺山未許此身羈。天將木鐸容藏拙,吾豈匏瓜幸及期。浦溆波光明若練,階庭草色亂於絲。劇憐舊雨兼新雨,別後飄蓬最繫思。

傅汝賢字仲荃,□□人。舉人。光緒十二年任教諭。

和陳仲英太守移守杭州留別原韵

恩詔量移下九天,黄堂清秩玉堂仙。雙溪明月抛游屐,孤嶼梅花迓客船。宦海輕裝惟載石,書生積習祇懷鉛。一麾飛逐江潮去,猶記三年棠政賢。由來秋肅濟春温,生殺均叨撫字恩。未許清時容草澤,仰紓聖代軫黎元。蒙書手諭斜陽社,樓鼓宵懸皓月村。報答兩期心力盡,弱翁治行漢廷尊。

衣冠南渡數名州,荒草寒烟故迹搜。百代宗風殘壟拜,萬間廣厦士林謳。輪扶大雅資提唱，人墜斯文費運籌。一勺廉泉多溉潤，平生溫飽本非謀。

敢怨王途鞅掌勞，昨宵佳夢識懸刀。寇恂行部難留潁，萬福威名合刺濠。遺愛雙歧歌麥穗，換州一斛笑蒲萄。天教豪氣抒湖海，付與錢江看怒濤。

回首長安舊事更，六街花柳逐春城。簪豪夜聽朝天漏，獻賦晨鏘擲地聲。燕市悲歌游客句，瀟湘聽雨故鄉情。公楚人，僑居北平。自從五馬仙華駐，兩載荓蠓慰識荊。

暫釋勞形案牘披，牙旗風静放衙時。梅花東閣催詩早，春草西堂得夢遲。繞郭灘聲秋入畫，滿樓山色雨如絲。鄉關景物知何處，蘭畹金荃讀楚辭。

平反屢報博親啺，樂事偏多官舍居。五夜喜溫姜氏被，一篇敬誦范滂書。香凝燕寢輝銀燭，寵晉鸞章拜玉除。宦達聊因謀色養，毛生奉檄不踟躕。

風花聚散本前因，何日噓回黍谷春。聽鼓曾陪鵷序末，執鞭空望馬蹄塵。青山也帶留行色，白雪偏希屬和人。秋雨渡江重拜座，秋間應公幹晋省，公瀕行，許以後會。敢忘小草被恩身。

童紹彬字質齋，號蓮塘。□□□□歲貢。著有《龍門草》、《知不足齋稿》。

聽　琴　余避難於栝之西村，晤朱荇舫明府，座中客有彈琴者，作此志之。即用朱菊山《聽俞吉雲彈琴》原韻。

緬想羲皇上，萬象歸太清。蒼蒼違我願，偏值亂離生。出門恣蹀躞，忽聞太古聲。欣然寬俯仰，達士懷淵明。扣門揖見客，抱琴照瑩瑩。爲我彈一曲，慮澹物自輕。千山與萬水，指下齊奔迎。又似幽人語，知心不問名。中忽變噍急，豈有不平鳴。知君時在御，遑云業未精。我方逃劍戟，思鄉隔蓬瀛。毋乃聽者意，潛移彈者情。

山 中 苦 雨

惱我兼旬雨,問天天不語。愁雲帀山低,慘霧迷空隅。遥憐各村民,生受鋒鏑苦。夜靜響流泉,隱隱鳴鉦鼓。頓使夢魂驚,披衣起延佇。鬱鬱思故鄉,開窗待天曙。

文信國瑤琴搨本歌

冬青樹冷幾榮枯,趙家鼎社難終圖。人力回天天不扶,廬陵忠魄挾箕去。遺下五尺孤桐孤,斷紋漆色不敢瀆。龍唇鳳足容堪摹,不知誰割溪藤一片雪,心領神會手搨此本留寰區。琴鑴一詩廿八字,讀之急切吞心泪。想汝從公知公心,公亦賴汝鳴其志。青雲氣鬱千丈虹,碧血暗發雙腕風。公之相識汝應識,皋羽中甫王鼎翁。當日飲酒賦詩寫胸臆,譜入琴中歌愴惻。一旦變徵殺聲生,正氣浩然還太極。此時何處潛光輝,冰絃寂寂寒書幃。豈知精靈團結不可没,异代猶自傳芳徽。何必子房椎,何必秀實笏,安能如汝之一彈,再鼓可以作鳴雷之霹靂,可以寫忠肝之鐵石。今日此本成裝池,光謝玉軸何離離。試取撫摩挂在壁,焚香靜對神飛馳。我爲作歌還擊節,愧乏金聲表忠烈。夜半忽聽風雨搖窗楹,猶似當年零丁海外寒潮鳴,賣魚灣頭波濤驚。是氣磅礴存萬古,疑是瑤琴壁上語。

過胡蝶山詞

胡蝶山前石,突怒偃蹇多怪特。胡蝶山前水,逆流迴抱氣深鬱。當年孝子生此山,鍾靈金玉式。當年孝子死此山,殺仇曦天日。天生正氣本含和,時窮一一見其節。火忿舍生非所難,難於從容成激烈。父仇六載薪膽經,名立嗣承天爲恤。受粟封金早分明,胸中兵甲仇莫測。仇莫測,相逢此山山改色。立梟仇首刀光紅,仰天吐氣神閒逸。辭母囑妻甘九死，豈敢惜身違紀律。傷哉烈婦心，藐此呱呱延殘息。三年踐約從九泉，自矢神明言不食。嗚呼！古來孝子烈婦，何嘗無如茲？孝烈真罕得，青史標名萬古傳。陳言縷語何須述，但我曾經此山過，懍然令我思古迹。猶疑報仇之刀有餘芒，陡覺寒生風瑟瑟。

烈　婦　歌

烈婦何氏，祝海揚妻。避難大明巖，賊搜山，利氏色，欲犯之。氏不屈，賊以刀斫其手，氏罵益厲，遂臠割而死。

君不見明巖千丈凌蒼穹，節婦之節高與同。又不見烈風雷雨懸泉怒瀉滄海通，疑是烈婦血濺驚蛟龍。女生不遇承平日，賊氛四起探丸紅。縱火殺人天愁慘，搜牢及山山亦空。可憐女依有同伴，半觸鋒鋩慘魂膽。可憐女生有姿容，色能戰賊賊難犯。賊難犯，身已戕，此心懍懍嚴冰霜。噀血罵賊聲彌厲，賊聞轉怒交刀槍。受茲千剮苦，全我真烈女。天綱賴以扶，婦道賴以舉。死別翁姑恨綿綿，閨中破鏡長不圓。白虹一道沖天去，從此芳名萬古傳。我今作歌類巴音，鏤語難傳烈婦心。惟此烈婦心，遙照瓏瓏海上月，近逼巖巖山上石。

章烈婦歌 徽州人章焌妻沈氏

天柱賴以尊，地維因不裂，正氣歌中節婦節。一解。昔咏沈家絮，今織章家素。姑曰婦賢，夫曰婦助。二解。朝避狼烟，暮宿山巔。千辛萬苦，賴以安全。三解。千辛萬苦得安全，奈何一病夭所夭。四解。冰與雪，節以烈。日出當心，焚香矢天淚成血。五解。姑知之，姑曰毋。從汝志，兒與俱；從汝志，吾苦孤。六解。婦聽姑言，忍死朝昏。姑言猶在耳，姑病又沉淪。勞勞匍匐，兩賦招魂。七解。似續無人，婦肩未息。似續有人，婦事乃畢。吁嗟乎！蒼蒼斷腸復斷腸，從此絕饟糧。八解。可死而死，義盡於此。君不見鴛鴦之家連枝理，此情盤礴無窮已。我今作歌表閨貞，被之風謠續彤史。九解。

紀武城勇

征旗建起萬人連，向義成風豈偶然。鼓譟聲搖湖水立，我勇會於南湖阪。軍行氣遏驛橋前。我勇追賊至大橋頭。噬忘猛猘追何速，陣失長蛇勢未全。我勇作長蛇陣，而首尾不相應，故敗。堪羨書生能死勇，青衿肯爲報恩捐。指生員徐祖瑤等。

紀郭洞勇

寶泉山下陣雲開，擊鼓鳴鉦勢似雷。術便火攻殘鼴鼠，機由石發斃蛇虺。橋頭固守千人壘，有橋曰"回龍"，內營在此。塔頂觀兵一將臺。鰲峰塔下，外營在此。可笑賊徒空費力，此身遺臭委蒿萊。

選 義勇何老高

高，郭洞人。有膂力，與賊對，屢爲先鋒。辛酉七月廿三日，中賊鉛，傷之。觀其臨死數語，亦可悲其志矣。

爭先殺賊志何郎，塔下相持作戰場。中必疊雙稱絕技，勇堪冠百問誰當。輿尸已喪鯨吞志，塗腦何妨犬噬傷。憐爾孤身無物累，也知殉節重綱常。

義民徐老春

春，徐村人。七月中，賊至白巖，被擄。使引道，至嶺下，春罵賊不屈，昂昂數語，足令賊膽喪落，旋被戕。

鼕鼕戰鼓嶺上喧，嶺下遙傳徐子言。君且歸休頭可保，我能罵

賊舌猶存。雄談直破城狐膽，退敵方知勇士元。語抵千軍甘一死，
如今義魄鎮泉源。

蘭 江 即 事

春風幾度社山前，忽作司花上苑仙。彷彿水嬉來杜牧，一時博
得紫雲憐。

花 非 花

閨房隱約花非花，艷吐銀缸鬭絳紗。一寸芳心釵自卜，明朝喜
事到儂家。

光芒萬丈花非花，妙絕文章古大家。記得筆頭傳好夢，果然才
共謫仙誇。

莊嚴妙相花非花，瓔珞光生燭邐迤。萬朵金蓮開座下，手拈一
笑悟何差。

花非花是海門觀，彈指樓臺瑞氣攢。絕勝畫圖開五色，空中舞
鳳與翔鸞。

花非花是晬雲山，萬疊紅霞不可攀。孤鶩高飛回瑞靄，緗裙絳
服想仙寰。

花非花是耐秋風，霜葉遙看二月紅。一色花光容易勝，艷妝更
好雨烟籠。

山 中 病 作

無端病鬼瞰吾生，滿紙蕭騷寫不平。飲怯杯蛇愁弩影，臥聞戰
蟻起雷聲。秋風骨瘦嫌衣重，夜雨身寒覺被輕。困頓如斯眠不得，
青燈一枕故園情。

山 中 病 起

衾枕淒涼客思牽，霍然病起似登仙。喜辛未便椒薑徹，畏苦先

教藥餌捐。洗眼秋濤三峽水，催人曉爨一村烟。天開畫景朝霞擁，遙認鄉山望欲穿。

山中懷徐云亭

關心舊雨自依依，滿眼蕭涼壯志違。湖海才多耽霧隱，河山杳絕嘆蓬飛。竹林慣夢途終阻，詩社有人事已非。惓惓我懷徐孺子，何時把臂咏歌歸。

聞家中被掠已盡祇留空屋

憑高望遠斷雲遮，一夜沉吟手屢叉。莫笑相如徒有壁，可憐王粲已無家。情孤儌舍山俱寂，夢入鄉關路轉差。日日思歸歸不得，憂心未解亂成麻。

窗前鳴啄意何舒，自嘆流離鳥不如。辟穀未能厨欲冷，指金無術橐常虛。身同沈約偏多病，才乏虞翻自著書。此時貧況新嘗得，孤負陽山好舊廬。

薜蘿句滯未能還，夜夜思家夢不閒。背井實無乾净土，羈身尚在絕高山。禍連庭樹生機少，劫到籬花韵事删。骯髒一身何結局，逢人勉强斂愁顏。

一鶴哀鳴徹九皋，家如懸磬盡秋毫。每驚節至羈栖久，輒嘆途窮跋涉勞。遠戀家園愁結陣，生吞寇賊氣犇濤。未能雪憤提三尺，聊學行吟調自高。

別憶陽關故舊稀，東君情重自依依。一聲歸雁芳心碎，千里鳴駒素願違。渴解陶潛遥送酒，適西溪朱義茂送酒到寓。寒仍范叔罕分衣。時余冬衣盡失。萍踪久滯更寒暑，困殺巖栖畫掩扉。

自慚食粟一儒巾，計拙謀生累客身。羅漢無心悲落水，皇天有眼肯虧人。財如雲散拋休惜，璞待時藏守最真。否極泰來參妙理，何須鬱鬱憾雙鬐。

讀祝階三詩草題後

乍得君詩欲解愁，相思白髮輒搔頭。鄭公變雅知音少，阮氏生涯與屈謀。味到辛酸孤枕泪，吟來烟月一襟烁。關心舊雨傳毫素，往復錚錚互唱酬。

荷　錢　詞

雨過池塘五月天，參差碧影見新蓮。彼蒼有意工鑪冶，鑄出波心萬疊錢。

肉好分明古制真，紛紛亂疊雜芳蘋。何人拾得青蚨在，賣斷溪南一段春。

賺得行人按劍窺，方塘如鑑照鬚眉。癖生未肯心源濯，學士翻添逝水悲。

寶光聯絡照斜暉，未到花時此景稀。縱有名花稱富貴，收場早自伴春歸。

青銅換我一囊詩，無限游情遍海涯。買得清風明月好，西湖湖畔寄阿誰。

疑他沽酒酒泉渾，那得財生不竭源。却笑差成羅漢相，如何落水又銷魂。

隱約龜文葳似淹，誰知錯落又新添。者番銅臭渾堪洗，待看花時品最廉。

秘祝彭咸語盡傾，勸君司守莫斷斷。果然泉貨流通遍，世上應無切齒人。

漫誇海上可窮探，玉樹珊珊寶氣含。不若此錢真幻相，任人注視意無貪。

陌路逢人說孔方，無情流水自茫茫。空成畫餅新荷樣，喚醒貪夫一夢長。

與三四友賞菊拈題得問菊

寒籬疏落夢初醒，古艷幽香雨乍晴。我欲問花花問我，客中幾箇似淵明。

竹　夫　人

渭川盛族許求婚，一別春風憶故園。涼意似含秋色淡，莫歌桃葉與桃根。

竹床紙帳伴年年，香送荷風六月天。却怪卿卿非病熱，輒教奉倩擁身眠。

羅幃夜静更添香，賦性幽閒莫與方。始信武林風物好，有緣獨占合歡床。

蓮花月影稱天衣，兀兀橫陳態帶痴。縱道封侯好門第，鬢絲禪榻却相宜。

朱榻青燈夜夜心，江干曲妙聽彈琴。亭亭無限憐才意，謂我風流似竹林。

不與蠻楊鬪細腰，虛心是德豈孤標。爲君重舞竹如意，寂寞深閨永晝銷。

息嬀心事竟不言，幽幽夏日自承恩。數聲涼笛西窗月，無那湘妃又斷魂。

差比星娥七夕期，年年私誓會良時。婕好莫怨恩中絕，團扇秋風悵別離。

抱節含真盡可憐，人間附熱多棄捐。而今嫁得蕭郎後，相約騎龍白日仙。

詩家風格解人無，今古町畦不可誣。借説羅敷原韵友，多情供我咏歌娛。

武川詩鈔卷十五

附　　錄

王壬林 字□□ 號古愚。□□□□歲貢。

秋日感懷 錄四

年年秋雨復秋風，無限傷心永夜中。風景凄涼悲蟋蟀，雨聲哽咽泣梧桐。蟲吟似解相思苦，葉落還同一夢空。念死念生人不寐，隔窗殘月色朦朧。

暮雨才過霽景隨，疏林幾樹挂斜暉。遠聞砧杵聲何急，旋見虹霓影漸微。所在草蟲都唧唧，將歸燕子故飛飛。蒼茫碧落如秋水，頃刻紅霞變白衣。

欲買還丹駐黑髭，那堪鏡照滿頭絲。崚嶒病骨秋山瘦，憔悴形骸衰柳垂。無計送窮窮不去，安心待死死焉知。有時咄咄還獨語，却怪老妻笑我癡。

寒蟬嗚咽噪桑榆，太息人生過隙駒。不履不衫容我懶，爲牛爲馬任人呼。長懷柳惠居依柳，欲伴壺公身入壺。佗日若逢回道士，乞求背上一葫蘆。

喜　晴 閏五月九日

風流雲散夕陽明，仰首依然見太清。昨聽鳩鳴愁久雨，今聞雀

1548

噪喜新晴。曬簷蛛綱攲邪挂，向日葵心輾轉傾。傍晚聊從郊外眺，斷霞静與遠山橫。

即　景

階前有嘉植，香皂與梧桐。炎暑逢夏日，美蔭滿庭中。葉密光沃若，高枝引清風。蟬聲時斷續，俗慮悠然空。夜來明月照，穿漏影玲瓏。静坐看不厭，余心誰與同。

湯定之 字永安，號小園。諸生。

雪　裏　茶　花

茶花一樹雪中紅，應使寒梅拜下風。素質何如濃艷好，迎人都在不言中。

雜　詩

紛紛大雪滿山陬，翻壓竹枝入畫樓。漫道此君無勁節，太陽一見便昂頭。

冬日德星書屋即事

三間老屋傍山隈，敞得明窗面面開。知道先生寒素士，清晨却放太陽來。

戲柬葉荷溪①青錢

　　原注：黑芝蔴一名巨勝子，作糖最香美。荷溪岳家每歲晚必以此糖相餽，舊歲余客其家，食而甘之。今兹過訪，復索是物，因戲作此。

---

① “溪”原作“錢”，據同書“葉荷溪字青錢”，當爲“溪”。

老我猶爲口腹求，倩君歸向細君謀。若因屈膝無靈久，爲道饞人已白頭。

古 藤 歌

原注：大樹下徐祠旁古藤纏楎樹上，蓬叢如蓋。辛未余館祠中，愛其古茂，爲賦此。

古藤聯絡自何年，盤旋直上古樹巔。藤與古木爲一體，葉如張蓋根握拳。嗟哉此藤奇且特，何人携向道旁植。閱盡風霜年復年，至今長留蒼蒼色。我來作館在祠中，斯藤早在祠堂東。晨夕觀覽興勃發，爲作長歌吟春風。對藤作歌藤不語，臨風恍似暗推許。生長古道不記年，何幸知音得遇汝。汝之知音世所稀，發我幽光闡我微。從此吾生可無憾，願得朝夕相瞻依。依君相憐莫相棄，我亦因風呈百媚。伴君旅館慰寂寥，助君詩腸當鼓吹。

戲代酒答葉荷溪與酒決絕詞

讀君與酒決絕詞，代酒一言君聽之。酒非禍君君自取，胡爲於酒有怨辭。君不見天上酒星明歷歷，地下酒泉名四馳。宗廟灌用鬱鬯日，高堂慶有洗腆時。賓主一獻曾百拜，男女合卺捧雙巵。我本以禮兢自守，何曾狂蕩稱不羈。憶君結交垂髫歲，也曾極力相扶持。助君騷壇樹赤幟，使君文陣稱雄師。銷爾胸中之磊塊，發爾筆底之清奇。食天禄契文宗知，仗我爲君滌邪穢，沁心脾。有功於君非有過，致疾之由非關伊。且試爲君言其故，君曷反己一自思。長夏炎炎烘赤日，君方伏案學臨池。寒夜冰凝朔風急，猶續新詩作敲推。人生精力寧有幾，乃竟樂此不爲疲。心火既炎陰血動，得疾由來本諸斯。細把原由向君説，非故與君相詆諆。猶憶良朋宴會候，亦曾暗裏獻箴規。或跳君心赧君面，多方示警防傾危。今君相決絕，何事相羈縻。不如且尋君家宗人葉道士，與談元理暢天機。

同葉肯甫樹人上壺山

偶作壺山游,同心偕老友。携手出西門,言上壺山首。羊腸路曲盤,精神殊抖擻。偶然憩山阿,自取活火扣。小停又復行,足力真健否。俄登壺山亭,一笑逢開口。左顧望城中,鱗次如比耦。右顧盼原田,青黃間千畝。能生眼底光,能洗胸中垢。此景本天然,不落人窠臼。興盡思歸來,扶杖下山阜。途過水竹居,水竹居,徐君別墅。邈懷烟霞叟。登臨得大觀,此行真不負。

兄雨園偶得梅花詩,云"美人誰入夢,
空谷自生香"之句,命足成之

萬卉凋零日,伊君獨擅場。美人誰入夢,空谷自生香。求友邀松竹,耐寒傲雪霜。笑他紅與紫,隨物鬧春陽。

夏燃青字藜閣,永康人。歲貢。

挽范巨川錫欽

傾蓋相交洽故知,平和意氣是吾師。清臞貌比陶家菊,臭味芳同漢室芝。鶚薦當年推國士,鱸鄉此日失良醫。秋風竟遣梧桐落,夜半淒寒月上時。

何光漢字國輔,號約三。

過孝里謁茶山王孝子墓

西來佳氣滿鶯翔,古道荒畦照夕陽。天付斯人完孝烈,我懷此地重綱常。空林自古樵蘇禁,祠宇於今蘊藻香。況復遺編垂萬禩,孤燈夜雨映清光。《孝烈編》

倪祖寬 字□□，號月鋤。

孝　里

汨汨西溪水，狂瀾障倒流。孤踪尋蝶麓，雙表樹烏頭。屋老三間在，名高萬古留。至今鸞嶺畔，花鳥滿汀洲。《孝烈編》

錘萬榮 字春華，諸生。

采　蓮

蓮花似郎面，臨流更多姿。采之不能語，對花空相思。
湖上蓮花多，花開白如雪。雪消水易成，花香更芳潔。

采　菱

蕩槳采菱花，風飄一櫂斜。湖邊雙綠柳，記得是郎家。

周景熙 字□□號磻溪，別號青螺山人。附貢。

文王鼎詩 有序

光緒壬午冬，余行西山，見農家几上一鼎奇古可愛，心賞之。數數往詢其縣來，謂故宦物，亂後拋置南山，轉相售直，偶買以供家堂神耳。余乃以重貲購歸，洗剔塵垢，拂拭污坭，土花灑碧，光怪陸離，至寶也。適何君芰亭臨舍，摩抄良久，嘆曰：「噫嘻，此三代法物也。」余因求題咏，並懇代徵詩章，以光古玩。忘其謭陋，輒書數言，以瓦礫博□云爾。

魯公作尊彝，古文魯作鹵。祭器登廟堂，古製留元輔。底中七字銘，文畫沿商祖。雙蚨象蚺形，饕餮皤其肚。仲忽進炎皇，珍藏在天府。流傳千百年，劫灰皆塵土。毋乃豐鎬靈，鬼神常呵護。神奇顯有時，豈終晦村陬。倘然長埋没，未免辱傖父。猗歟三代物，何幸獲一睹。所愧余菲材，得此誠無補。竊願大雅詞，惠我成鼎譜。庶幾鼎與人，藉傳萬萬古。

阮宗沅字滄泉，□□人。郡經廳。

丙戌仲冬得觀武成青螺山人所藏文王鼎
於蘭江鄧孝廉子珣鍾玉處率成志喜

寶器常韜光，高名易致毁。空山偃蹇時，往往魑魅訾。瓦缶作雷鳴，黃金每見鄙。賤古而貴今，世俗類如此。大哉文王鼎，魯公作何美。我見宣和圖，銘識在腹底。四足象蜼形，祭器毋乃是。昔陳清廟中，貴重同簠簋。絲鼎未足誇，紀甗安能擬。留傳三千年，歷劫恒沙似。想爲豐鎬豐，呵護誠累累。輾轉入農家，棄之等敝屣。不遇好古人，終竟泥塗委。武成有周君，雙瞳翦秋水。重價不惜貲，携歸去塵滓。雷紋雲氣騰，夔躍龍翔起。摩挲千萬回，珍愛良有以。蘭江鄧孝廉，博雅世無比。殷勤借我觀，按圖無差耳。海內代徵詩，且請自隗始。愧余言不文，操觚況率爾。竊喜眼界開，嗚呼觀止矣。

陳文翰字西舲，義烏人。諸生。

咏文王尊彝

武成有客情何癖，手持一物誇神奇。高置吾師案頭上，云是魯公所作周代之尊彝。吾師嗜古夙成癖，回看一笑嘆奇絕。四足龍蹲不用舟，突兀兩耳撐其側。有文在腹深且明，尊底有"魯公作文王尊彝"七字。科斜蝸扁摹難成。青銅凹凸刻饕餮，雲譎波詭淆雙睛。

曾憶當年薦清廟，文子文孫共登眺。安排東序西序間，赤刀大訓同
焜燿。嗟乎三代多奇珍，滄桑幾變淪烟塵。商湯有盤禹有鼎，今存
其說亡其真。噫嘻！此物去周幾千載，還同日月爭光采。若非呵
護有神靈，而今流落知安在。

傅良弼字商巖，諸生，別號隱花山人。其祖自紹興來占籍於邑。商巖工書，
善寫蘭，著有《隱花山館詩草》。

觀 彈 木 棉

打起飛花滿地浮，輕輕集得絮雲稠。漫將瑣事看容易，儘日功
夫也白頭。

即 目

四五株松樹，二三間草屋。此中有高人，春風窗外綠。

秋 懷

梧桐葉落晚風涼，楊柳枝疏漏夕陽。惆悵箇中人不見，閒堦獨
自立昏黃。

偶 吟

硯石耕田藉養身，無何歲稔不療貧。也餘簞食支長日，却典寒
衣脫暮春。天地偏容名士懶，飢寒似與腐儒因。平生會得箇中意，
一任龍蛇自屈伸。

醉 後 口 占

滿斝綠醑醉春宵，十載風情尚未消。紅豆偷藏鸚鵡粒，青葱輕
按鳳皇簫。影移湘月重重幌，夢戀巫雲夜夜嬌。但冀銅龍添滴漏，

箇儂切莫説來朝。

周村途次

人家遙在犬聲中,竹徑回環歷幾重。便未停車思借問,誰家可買狀元紅。

漫　　興

如椽大筆掃千秋,光射霄漢撼斗牛。橫空盤硬排韓歐,拆却人間五鳳樓。著書立説空山邱,定教乾坤日夜愁。鬼哭神號一旦休,美人芳草任悠悠,豪情陡起凌滄洲。

讀桃花源記偶成

桃花亂落滿溪紅,始識仙源路可通。笑煞南陽劉子驥,當年指引藉漁翁。

灼灼花開三月初,桃源消息總模糊。若教早得漁翁信,豈但秦人入畫圖。

江　芳字芷馨。金華庠生。

李忠定公祠咏古 原注: 在武南泉溪,俗呼李王廟。

曲湖攬勝駐游踪,景仰叢祠謁相公。南渡定謀無出右,上方進策獨留中。狼吞料不饜三鎮,龍馭憑誰返兩宮。荒草斜陽何限恨,好將論古托微衷。

因緣香火復何如,勁簡巡邊飲恨餘。手勑一篇裴度傳,心傷二字許翰書。援京有策難爲力,却敵無人易見疏。主眷若教先後洽,燕雲恢復豈成虛。

大聲呼渡奈天何,誰遣成模罷兩河。沙漠未經風掃蕩,洞霄竟付日蹉跎。漫言去就徒全義,却恨權奸盡買和。幾度挺身紆國難,餘威奚翅壯巖阿。

青山依舊水長流,曠代中興運不侔。相業粗陳七十日,馨香已足萬千秋。雲歸遠浦連村護,夕照南屏半壁收。玉帶金魚如想見,靖康遺烈溯從頭。

紛紛俗論漫尊王,擬熱爐頭一炷香。留守簡能曾讓白,同朝見嫉復來王。未乾墨詔翻南幸,空抱丹忱逐北忙。畢竟忠誠常不没,至今猶奠太平鄉。

萬　載　巷

　　原注:鞏山堂故居,今訛爲馬宅巷。

湖瀕岸曲水回環,日淡林疏屋幾間。馬宅已訛今日巷,龍門空認舊時山。原注:龍門山去巷五里許,栗齋登眺處。

無窮歲月任長往,因陋簞瓢不等閒。一派流傳真萬載,好憑道氣護賢關。

訪鞏栗齋先生故居

爲訪先賢宅,林坰日半斜。曲湖一灣水,老屋幾人家。地闢池開鏡,園荒草自花。尋詩古井畔,未能作鳴蛙。

九日登天階景壁①樓

此地重陽適再臨,十朋益我句清新。當頭山色供吾輩,到眼秋光耐俗人。紅豆吟成藻思合,黃嬌試罷菊觴醇。同游莫遽談歸計,一醉抛除萬斛塵。

---

　　①　"壁"原作"璧",據《武川備考》改。

次武西後田阻雨

已非作客阻夔門，雨逐溪流入枕喧。碧嶂千尋迷黑暗，青燈一點淡黃昏。蛩餘寒氣聲猶咽，蝶有閒情夢不溫。吩咐飛廉須着力，浮雲掃盡見天根。

南 郭 春 望

一番春色醉春風，熟水橋頭東復東。遙指疏籬茅舍外，斜陽返照小橋紅。

隔 塢 炊 烟

炊烟遠起勢騰騰，半出平林半夕曛。忽被好風吹過去，霎時幻作隴頭雲。

巖坑龍湫上石徑一道相傳爲龍飛處

靈湫迸出巉巖脊，白雲飛度王喬舄。不見龍宮龍女回，石上空留龍行迹。

郭 鑒字子琳，金華人。監生。

采 茶

經過采茶浦，中天日正午。箇箇采茶娘，鬐兒都覆布。

佚 老 庵 故 址

佚老人何在，空尋佚老庵。草荒遺瓦盡，樹聳淡雲參。風物秦餘古，文章宋代南。借吟坡老句，山水足幽探。

南　湖

連朝情不適，隨意出南郊。春雨三竿漲，溪流兩道交。魚肥沉藻底，蝶小立花梢。乘興尋印友，相將泛水坳。

大樹下訪品花閑人

君住黃金塔，<small>大樹下水口名黃金塔。</small>余來白玉橋。<small>自金至武道北嶺，嶺曲有白玉橋。</small>古藤生道左，<small>徐祠前有古藤，品花因顏詩集曰《古藤山房草》。</small>大樹滿山腰。正好聯床話，何煩折簡招。巖隈成小築，且自絕塵囂。<small>時品花新成別墅。</small>

邵有穀<small>字貽善，金華庠生。</small>

重九偕友登壺山

孤亭突兀聳晴空，遠岫星羅一望中。飛翠依稀環嶺北，清流繚繞帶城東。花香晚節開黃菊，雁影高秋沒碧穹。誰是凌雲誇賦手，揮來健筆氣如虹。

重九偕友登北嶺和程子微韻

勝迹曾傳戲馬臺，當年屬賦羨群材。前人寥落自千古，我輩登臨復幾回。有酒不妨邀客醉，無詩未免被花猜。樓前畫閣真如畫，面面青山翠作堆。

重九會飲天階景壁樓步程子微韻

美酒一樽詩一篇，携來菊釀醉年年。伊人舊雨兼新雨，佳節因緣認夙緣。秋老遙驚紅葉樹，樓高平俯碧山烟。當筵咏罷登臨句，不向禪床去坐禪。

徐家驥字子良,別號品花閑人。諸生。著有《古藤山房詩草》。

開　　筆

除夕奚曾封妙筆,元辰開筆果開否。原無半日能離手,爲過一年欲出頭。畫竹先成如意事,咏梅早蓄作羹謀。楮生漫笑中書禿,屹起雲霄五鳳樓。

八咏樓懷古

攬勝偶登玄暢樓,詩遺八咏擅千秋。騷人到此垂青眼,宮女由他笑白頭。風景移人忙裏過,江山如畫望中收。而今若問齊梁事,半付清風半水流。

素　　蘭

直探太素問元功,芳草多情臭味同。九畹淡雲遮不住,一簾明月映成空。美人皎潔靚妝外,騷客風流本色中。我爲憐渠清到底,吟詩未敢寫箋紅。

簡　　儂

底事盧家説莫愁,韓郎生小擅風流。聞聲簾下香添夜,顧影燈前波轉秋。索我笑貽金約指,憐渠倩卸玉搔頭。春花的的春庭悄,歷亂三星月一鈎。

内子歸寧 四首

話　　別

昨夜依依話別離,春宵燈下兩心知。言儂此去歸當早,想到明朝夢愈遲。箱篋不緘憑檢點,飢寒最切自扶持。劉巖豈隔蓬山遠,嬌客頻游也展眉。

臨　別

臨去片時猶共餐，殷勤勸盡一杯歡。偷依簾畔行偏緩，故向人前淚不彈。却恨侍兒催駕速，那知此日別離難。阿娘若問婿家事，爲道平安頗可安。

送　別

楊柳依依碧綫挖，長亭無計緩驪歌。滿腔別緒垂青眼，一段春愁賦綠波。卿已低頭思後會，儂猶拭目望前坡。早知此日情難捨，悔把歸期許與佗。

憶　別

青燈一盞罩寒烟，獨坐房中只自憐。漏盡姑將開眼睡，宵深惟有枕書眠。斜拖襆被情彌懶，細認紅鞋意屢牽。畢竟相思成畫餅，何如飛夢到卿邊。

除 夕 感 懷

回憶去年此日時，舉家秩秩奏壎篪。如今各把屠蘇酌，獨缺荊花最少枝。

瞥見家家換舊符，强磨淡墨寫模糊。欲呼小謝今何在，筆硯都教淚汁濡。

清揚一幅挂庭前，香楮焚餘泣涕漣。至竟默然無答語，教儂何處問蒼天。

亡　羊

世路崎嶇未可知，可南可北動人悲。亡羊只向亡時覓，一入歧途去莫追。

事 半 園

詩箋滿壁盡名流，半爲解嘲半解憂。自愧無端還自喜，吟窩到處任句留。

重　陽 癸未

催租人敗吟詩興，善病醫多戒酒方。佳節都從忙裏過，年來辜
負幾重陽。

重陽前一日偶沽村釀不得戲作此 甲申

莫秋興味付蕭然，擬欲移家向酒泉。料得王宏將遣使，知情黃
菊報籬邊。

侍湯雨園師夜坐

默默無言總是真，靜中天趣坐涵春。更深忘却窗前雪，梅竹身
肩一樹銀。

魯公作文王尊彝篇 爲青螺山人周景熙作

生不解秦人何蔑古，六經焚燼亡淪胥。又不解宋人何好古，重
器皆入宣和圖。得非史籍多殘缺，證以金石良難誣。不然鼎肅歌
周頌，曷嘗定爲公旦乎。炎宋天子重文物，周鼎敠然果州出。兩耳
高擎虯爲蚨，腹方口哆刻饕餮。銘文類商蓋周初，詎數秦碑與晋
帖。溯昔元子分藩封，墟云少昊東山東。六尊六彝昭明備，雕簜
玉豆祀典隆。博古圖中傾心久，爭先快睹呼否否。何期今日眼
界開，三代法物儼入手。一那刹頃幾滄桑，青螺山人好珍藏。入
夢見公琴見王，願爲古鼎添辦香。嗚呼！我不見古人，得見古文
願已足。何況清廟詩未吟，明堂篇未錄，魯公作文王尊彝，能不
摩娑百回讀。

葉青錢字荷溪,別號探花仙史。諸生。著有《金鞍山房詩草》。

飲　酒

何必居廊廟,何必在山林。但願二三友,取酒相對斟。一飲陶然醉,胸中無古今。

漁 父 辭

好官非不貴,束帶折腰不勝疲。蘊利徒生孼,持籌握算將何為。獨不見苕溪之間有高士,垂綸把釣雲水裏。持竿不顧輕王侯,功名事業付流水。太虛作室月臨舟,浮家泛宅心悠悠。太守垂問笑不答,其釣非釣復何求? 吁嗟乎! 世上釣名釣利客,徒將此心為形役。何如鼓棹向東流,浪迹江湖任自適。朝朝暮暮江干居,拖網恰得尺半魚。得魚沽酒將酒進,有酒有魚樂何如。樂何如,人莫測。夜半無人獨坐時,江風江月參消息。

五 百 灘 謠

一灘未過一灘起,一灘一灘相邐迤。舟人云此五百灘,險阻艱難不可擬。沉者如伏蛟,滔滔水勢相混淆。浮者如結陣,磷磷沙石露鋒刃。或浮或沉各不同,我舟恰到石縫中。當頭攔阻不得進,舟人到此技亦窮。轆轤轉縛牽百丈,前推後挽波中蕩。我聞舟人號呼聲,船頭驚顧汗沾顙。嗚呼! 垂堂不坐古戒之,不履危險那得知。從今經過此灘後,始識平居安樂時。

寄 衣 曲

遠塞荒涼風蕭索,欲裁征衣翦難落。短長如舊儂自知,肥瘦近來儂莫度。一針刺,雙泪彈。涼宵耿耿難成夢,尋不君來作樣看。

梅　花

妝偏宜淡雅，性不喜繁華。獨報春前信，能開雪裏花。質將人比潔，品愛玉無瑕。不是逢高士，憑誰賞識加。

春　感

新桃紅著色，嫩柳綠成陰。白日留難住，青春恨不禁。芳菲千樹錦，培植百年深。忍看園花發，凄然滿舊林。

雨　夜

豈不防風雨，如何竟到斯。蘭香愁雨打，梅嫩受風欺。四壁蕭條甚，孤燈明滅時。長宵頻展轉，衷曲有誰知。

知否庭花濕，凄凄泪暗流。聽殘前半夜，難遣五更頭。計苦還求妙，情長轉解愁。一聲鐘破曉，雲霧尚沉樓。

咏　月

獨坐夜三更，中天片月明。雙扉關不住，萬籟寂無聲。外內皆澄徹，虛靈見性情。恨無同志客，暢飲對前楹。

讀文丞相集

義盡仁兼至，高文劫不磨。精忠求自盡，成敗奈天何。百折心彌烈，千篇氣轉和。指南遺集在，讀罷泪滂沱。

題浮園詩集

頻年滯迹邗江濱，一卷詩成泣鬼神。落落交游皆大老，翩翩公子竟長貧。劉羅自昔誰知己，李杜而今有替人。守缺抱殘吾輩事，肯將遺集任湮淪。

破浪難乘萬里風，才人命運古來窮。最宜啖蟹官何有，不喜吹竿氣自雄。隻眼洞穿三代物，一身飄泊九秋蓬。後生轉恨予生晚，未執吟鞭侍此公。

寄王子嘉 式賓

忍賦河梁送別詩，依依握手悵臨歧。欲留少住防天莫，相對無言恐淚垂。縱有閒愁難共訴，聊將後會預相期。芸窗兀從孤燈炮，正是離恨根觸時。

寄徐子良 家驥

驪駒一曲酒盈樽，強作歡顏忍淚痕。也欲贈君如許諾，別時偏覺默無言。

颯颯風聲入耳來，馬蹄似欲替人催。便催人去人偏住，且向中途立一回。

欲將後會細商量，絮語喃喃大道旁。分明一樣送君路，送君時短轉時長。

不　寐

空床展轉夜難眠，獨對殘燈思悄然。不識嫦娥緣底事，窺人故意到窗前。

春 日 雜 感

陣陣春風逗淺寒，間窗獨坐把詩看。捲簾忽訝清香到，一點芳心吐玉蘭。

纖纖嫩柳綠初勻，占斷風光報早春。寄語東皇莫吹散，好留眉樣付時人。

武川詩鈔卷十六

何紹遜字公蔭，金華人。諸生。

文　王　鼎

　　元公制作鬼神持，歷盡滄桑尚可稽。彝器昔登文室上，古香今發武城西。秦碑漢篆徒摹仿，禹鼎商盤重品題。珍貴摩抄三代物，阿蒙眼已刮金鎞。

徐玉森字敬甫，岱封子。郡庠生。

勵　　志

　　學荒貴也羞，道尊貧當賀。書生如易名，讀何萬卷破。我自求我安，立志窮不挫。雖在風塵間，經史日程課。勉勉詎云遲，早驚隙駒過。

效　玉　臺　體

　　黃鶯枝上啼，妾夢所歡至。開鏡掃雙眉，入厨酒先備。
登閣望所歡，情長思不已。林間影半明，心疑尚非是。
婢報所歡到，眉頭百媚生。殷勤來問訊，故故匿離情。

茶杯更酒杯，杯舉欣相向。呼婢問何時，且去理床帳。

梅

寒極花偏早，疏疏半樹開。清香流水郭，素影瘦雲限。鶴自依山守，人應踏雪來。欲賡東閣句，對此又低回。

游寶巖寺

古寺蕭條景已殘，荒荒草樹逼人寒。虛堂寂寞依山曲，亂竹橫生壓石闌。廚冷莫尋香積在，僧貧轉笑衲衣單。盛衰倚伏知何事，一碧孤烟繞遠巒。

寒　夜

清宵讀罷試烹茶，月色朦朧霧縠遮。不有青燈明一點，幾無人影伴梅花。

惆　悵

惆悵看花花已稀，無聊獨自坐魚磯。對花未把心腸訴，惟見鴛鴦兩處飛。

獨　坐

草色青青入畫堂，梅花開盡杏花香。齋中獨坐春心逗，懶聽嬌鶯囀夕陽。

夜　坐

挑燈欲作詩，忽覺清風起。吹得窗外松，濤聲萬壑裏。

千寶仁字杏山，爲傑子。諸生。

閒　步

風日晴和好，山邊獨自游。閒愁消不盡，花外聽鳴鳩。

培　風　精　舍

半畝方塘水，秋澄瀲灩時。天光共雲影，此意有誰知。

灌　園

携鋤向小園，汲水浪花翻。學圃非吾事，英雄暫閉門。

迎　薰　亭

平野蒼茫天四垂，花開亭畔拂征衣。半巖日落樵同伴，一路風輕客獨歸。樹密應招飛鳥集，山空不礙白雲飛。黃昏冷落行人少，只有松聲出翠微。

郭祖汾字續元，蘭溪庠生。

鞏　家　井

原注：在武義南鄉曲湖，鞏山堂先生所鑿，相傳呂東萊先生與鞏栗齋點《易》取水處，今井水尚起太極圖紋。

古井鑿何年，山堂舊有園。甃稜資淬厲，泉脈證淵源。綆待修來汲，銘難搨處存。常教清徹底，卦象一渾元。

城　南　雪　霽

熟溪橋畔駐行踪，畫意難摹雪後容。不雨清添三尺浪，無雲白

鑱一層峰。鴻泥踏去痕猶在,驢背尋來興未慵。好是春城留不夜,
梅花影落月溶溶。

王清臣字穆卿。諸生。

夏 夜 即 景

夜來暑氣清,披襟坐閒敞。拂拂清風來,纖纖新月上。疏影滿庭
階,芳蘭自秀爽。何必瓊樓居,即此愜幽賞。坐久山月斜,簷鈴時一響。

客 中 偶 感

村景宵來好,悠然愜素衷。輕雷曳雨後,孤月耿雲中。水遠村
田白,燈搖野店紅。幽人猶未睡,漏徹二更終。

夏 夜 即 景

向夜蟬聲斷,閒庭影綠槐。好風吹袂過,新月入簾來。對景雙
眸豁,乘涼一檻開。此中多逸趣,無語獨徘徊。

閑 　 居

門前無客長莓苔,曉日柴扉帶翠開。半畝種園花占去,一春啼
鳥樹招來。落紅滿地憑風掃,新綠過牆倩雨培。本是主人閑無事,
尋忙却又把詩裁。

舟 行 即 景

溪邊時雨過,夏木碧千章。中有人一箇,笠簑鋤夕陽。

清 明 即 事

行行又過綠楊堤,楊柳依依草色齊。絕好紅襟雙燕子,背人飛

過畫橋西。

胡　炳字莘園，歙縣人。監生。

別後寄吟花諸友

讀罷新詩感不禁，殘燈挑盡尚高吟。篷窗底事難成寐，別後離愁覺更深。

空江觸目已關情，況聽漁歌唱渭城。南望鄉山何處是，重重雲樹暮烟橫。

一路溪山似畫中，吟詩每獨倚孤篷。離懷好似長江水，盡日滔滔去不窮。

納　涼

小院湘簾四面開，綠陰深處儘徘徊。奚童抱得瑤琴至，自有薰風拂面來。

一天星斗篆烟微，策杖尋幽掩板扉。行到小橋楊柳岸，竹梢涼露滴人衣。

小有風來便覺涼，白荷花放水中央。無多詩思消難盡，數點流螢過粉牆。

無　題

一輪明月耿長空，寂靜階除淡蕩風。花影半移香半燼，和烟齊上繡簾櫳。

文　王　鼎

有鼎有鼎，在周之廷。小子旦所作，不類尊與鉶。用享文考，在天之靈。一解。鼎曰彝，銘非奇。魯作圂，文自古，倘非許叔重，我縱言之將何補。二解。寶鼎來自果州，防禦使，工搜求。元祐帝，敢作周匹休。貽孫子，宣和博古，繪圖見收。三解。儀徵阮公，籍古其中，金華樓更一，奇詞險韵，層見疊出。何以重兹？古香古色。四解。古色古香，黝然其光。今爲山人所藏，昔未免辱老儈。五解。噫嘻鼎兮，足以爲寶兮。匪鼎之寶，元聖之所造。器尚然，況周道。六解。

夏日書齋即事

搆得幽齋似野航，半安書架半琴床。庭多綠樹能消暑，窗捲湘簾好納涼。蘭帖乍臨欣入妙，茶爐初沸倍聞香。閒來讀盡離騷卷，信步高吟轉曲廊。

何須覓館避炎威，窗外琅玕碧四圍。雨過茅檐琴調潤，風來芸案篆烟微。新蟬唱徹含朝露，乳燕飛來帶夕暉。欲步前溪閒眺望，自携藤杖掩柴扉。

方倬圭字謹齋，別號九峰纈花逸客。諸生。

文　王　鼎

昔年我在青螺山中宿，飽看周鼎光奪目。今年我在烟月山房游，又見搨本鼎摹周。周家九鼎淪泗水，惟見文鼎尚在此。魯作鹵形鼎名彝，不獨文奇名更奇。名奇文古世莫用，清廟明堂彌珍重。不信但看闕里庭，亞形尊卣薦德馨。康瓠貴與雕篹等，瓦缶雷鳴鐘撞筵。噫吁嚱呼，文王鼎！

吊俞釣渭 士渭，宣平諸生。

不愧生前説丈夫，鴛鴦社啓影猶孤。而今賸有青青柏，爲問西陵擬得無。釣渭聘鄭氏，未娶而卒。鄭聞訃哀泣，誓不更適。媒妁至，鄭吞珠死,距釣渭卒僅百日。

書　懷

求名才力拙,不若早還山。俯仰天機暢,浮沉世事閒。看花香自在,嘯月樂相關。愧乏承先業,鑑湖徒仰攀。

王式賓字子嘉,別號摸花居士。諸生。

净巖寺賞花

春花無限好,結伴快同行。古徑三乂曲,山僧一笑迎。風前花解語,座上客飛觥。彼美來何處,拈香鐘鼓鳴。

程昌道字以仁,號子微,又號紫薇。歙人。

設　館

壼山有客賦閒居,招得童蒙伴讀書。手握毛錐情自適,盤堆苜蓿味何如。也期問字能傳業,未解言詩莫啓予。珍重韶華嚴督課,培成鳳鳥與鯤魚。

春 日 郊 行

花隨雨散遍城西,避踏殘紅上小堤。乍見堤邊雙燕子,驚飛隔水墜香泥。

徐增熙字爍夏,號敬亭。同治壬戌補行咸豐辛酉舉人,海寧州學正。
（下闕）

湯瑞瓊字廷暉，監生。

春 感

飛花舞絮問前因，蝶老鶯忙送晚春。敢望青雲能附我，可堪白髮欲侵人。一生險阻隨時了，萬種憂愁逐歲新。幸得荒園生苦筍，渭川千畝待霜筠。

湯瑞椿字馨山，附貢。

題羅稷臣明府六十自述詩冊後

政醇詩更美，金薤燦琳琅。細入森唐律，高瞻偉漢章。手仇稱六袠，額祝遍三湘。幸托栽花縣，終慚弱植芳。

李經田字書圃，別號十洲外史。諸生。著有《思鶴軒詩草》。

雜 詩

天上無日月，難分晦與明。地上無山川，難分險與平。草木無枝葉，難分枯與榮。人物無生死，難分古與今。秦皇漢武帝，侈想徒紛營。今日登嵩去，明日入海行。神仙果不死，何以無形聲。誠求終不至，毋乃非人情。人生千萬歲，只在留其名。苟能垂竹帛，底事求長生。

舟中望金華山

道書三十六洞天，其一云是金華巔。特立一萬八千丈，周回三百六十餘里相連綿。我來剛逢春景暮，扁舟一葉雙溪路。城外青峰插入雲，眾山見之欲犇赴。獨立船頭望遠峰，目中隱隱見芙蓉。半是白雲半煙雨，欲出不出常空濛。我初疑是青天傾，被山當住不能平。不然烟雲何作欲墮狀，壓着山頭不放晴。又疑山靈作游戲，萬怪千靈一齊至。不是海市作蜃樓，不是函關生紫氣。匡廬面目無真顏，只見雲霧不見山。東峰忽隱西峰現，隱現都歸轉瞬間。人云三洞最幽閒，神仙縹緲時往還。石几有塵風自掃，巖扉無主月常關。我意欲着游山屐，登臨一訪幽人宅。雨餘驅鹿可耕田，月下叱羊當化石。又恐赤松子，雲游不在家。空山寥寂鎖烟霞，誰人留我飯胡麻。不如付之夢游天姥作狂歌，好與青蓮之筆鬭生花。

故人招飲田家

自有田家樂，年豐起笑歌。徑荒松菊老，村冷雨風多。野碓春秋月，山橋卧晚波。故人無限意，招我倒香螺。

宿　禪　房

應使山靈訝，詩人竟我過。禪心澂水月，客夢落烟蘿。古木經霜慣，秋花着雨多。紅塵緣未了，愧爾聽經鵝。

月　夜　舟　中

良夜誠如此，吾生信若浮。星光沉水淡，山氣擁波流。艇小堪容月，江空早得秋。歸山緣底急，久客怕親愁。

尋蠟屐亭址遂謁阮遙集墓

富貴浮雲不好財，鴻泥曾向此間來。東南已限偏安局，今古無多曠達才。着屐一生當幾兩，解貂終日換千杯。荒亭古墓凄涼甚，松柏森森覆綠苔。

游　八　素　山

避秦同老白雲鄉，別有衣冠與世忘。賦比八公招隱早，心嗤四

皓出山忙。薇英自挹黃農秀,桃樹空留漢魏香。絕似仙源風景好,
問津容我作漁郎。

游 崇 教 寺

山勢千重水一灣,尋幽到此叩松關。雨隨屐影來花外,烟逐鐘
聲出樹間。寄迹風塵憐我瘦,怡情泉石羨僧閒。祇因地靜人稀到,
獨任孤雲自往還。

選　游石鷲巖

着屐徐行到翠微,洞天靜坐欲忘機。危崖枯樹猿猴戲,古佛殘
燈蝙蝠飛。半嶺夕陽催客去,滿山秋色送人歸。遙岑突兀撐空起,
嵐翠回頭尚撲衣。

王紹香字先芬,號蘭谷,柳堂之子,蓀畦之孫。諸生。
（下闕）

湯顯球字□□號杏舫,諸生。
（下闕）

湯光耀字斗齋,別號捎花副使。諸生。

宿朱吕講院

昔賢游賞處,景物付蒼涼。五夜栖書客,千秋一講堂。松高篩
月影,風細定燈光。懷古心未了,晨鐘報上方。

明 招 紀 游

水曲山彎一徑斜,傍山倚水有人家。前頭助我吟詩興,沿路兒

童拾落花。

　　石徑縈紆山復山，爲尋勝迹倍躋攀。愛佳山水先型在，安得茅廬住此間。

　　先賢曾此築柴關，我輩登臨幾往還。流水小橋無限思，斜陽一抹碧潺潺。

　　文筆峰高石作屏，當年蠟屐幾曾經。忽排一幅輞川畫，烟雨迷離佛髻青。

　　千田秧綠水盈盈，隔隖花開夕照明。今日玩珠山下過，空留古樹聽啼鶯。

題羅稷臣夫子六十自述詩冊後

　　緯武經文自古難，何期偉績建儒冠。月明湘水鯨波静，雲覆壺陽雀噪歡。菊酒香濃綿鶴算，花城靄滿映騷壇。門牆桃李新陰合，長庇甘棠瑞氣攢。

武川詩鈔卷十七

補　編

徐　暄

望東萊先生墓

先生墓木已成陰，霽月光風何處尋。只有遺言常炯炯，誓將白首契初心。

四海瞻依一偉人，邱封業業木森森。仰天慟哭悲風起，舉世中和孰嗣音。康熙邑志

明王弘誨

贈徐文材

建水弦歌廿載情，承家憐爾似徐卿。賓興天府登周俊，冠帶橋門別漢英。雙劍夜懸星斗燦，五湖春傍薜蘿清。明時待詔公車上，早詣甘泉獻賦名。

李　公　山

絕頂穿林薄，烟雲共往還。萬山看起伏，一水聽潺湲。大塊伸支臂，雄州只彈丸。登臨殊不極，直上太華巔。均見康熙邑志。

明**張　瀚**

贈　徐　平　胡

六軍早擅千城望，三略閑調細柳營。潮退海門春候汛，月明虎帳夜談兵。聲華南越東海重，意氣千金一諾輕。聞道漢廷頗牧在，燕山麟閣好題名。康熙邑志

明**陳大烈**已見外集

西　慈　尊　寺

曉發晴光朗，連峰雪是梅。五雲浮日麗，萬象徹明開。天近聞鸞鶴，春饒洽草萊。太平無一事，諷咏出書臺。康熙邑志，下同。

登　北　嶺

層巒浮靄晚氤氳，月白猶疑日未曛。穗野生香飄煖閣，松林聳秀亂晴雲。烟含紫氣禪關迥，池引清波澗水分。仙客追陪歡正洽，鳥聲頻向曲中聞。

又

送酒白衣郎，翩翩繞半嶺。懷人鳥道紆，倚檻天河耿。雨霽叢林新，宵深滴露冷。歸來興未闌，獨對蟾光影。

明**鄭汝璧**三邊總制。

和陳尹登北嶺原韵

岩嶤高閣眺氤氳，亭午移尊坐夕曛。負郭春陰開綠野，傍簷烟樹擁黃雲。扶藜人自柴桑入，倚劍天疑谷口分。醉著接羅歸路白，

絃歌偏向月中聞。<small>康熙邑志</small>

<small>明</small>**黃九鼎**

和陳尹登北嶺

白嶺重登秋色清，翩然雙舄集孤亭。雲移飛蓋來仙吏，月滿浮槎過客星。玉露乍零佳節老，金盤重醉故人惺。從教帽落茱萸遍，還踏高岡望駟駉。<small>康熙邑志</small>

<small>國朝</small>**金振甲**<small>見外集</small>

同王逸仲西關散步

百二重關峻石梯，西封信彼一丸泥。雲開碧落窺天近，照返虞淵見日低。妃水疊灣湍入韵，使星雙遇壁留題。阮劉果是仙山客，春遠花殘路不迷。<small>康熙邑志</small>

<small>國朝</small>**王士駿**<small>見外集</small>

和金霞嶼西關原韵

天塹東南懸一梯，蒼蒼樵徑不沾泥。照顏旭日山前落，回首寒烟樹杪低。百丈清規遲後約，<small>欲登壼山未果。</small>七言佳句讓先題。石梁若不逢劉阮，此路茫茫萬世迷。<small>康熙邑志</small>

<small>國朝</small>**金雲沛**<small>見外集</small>

和金霞嶼西關原韵

萬仞天關接石梯，西東懸望隔雲泥。牛驂候氣傳文遠，雁字書

空落影低。敢謂登臨能作賦，欣隨觴咏得分題。仙山藥徑難重問，指點休教再訪迷。康熙邑志

明**沈壽民**見外集

武義旱饑

寥落皇天不爲民，土龍觸盡更飛塵。窮途索玉驚游楚，古洞無秋難避秦。敢事桑林須翦髮，若非周粟且餘身。饑來會有陽城粥，多屑榆枝少過隣。康熙邑志

國朝**王　言**字綸美。咸豐間貢生。

寇亂雜咏 十首

四月時維夏，狂氛滿武城。袴寬裙作式，袖窄臂爲程。白雨淋頭濕，紅巾帓首明。良民當此際，何處可逃生。

難數狼心惡，非人所及籌。火焚天改色，血積水成流。有屋皆殘壞，無山不索搜。況居城市者，何地一紓憂。

封豕長蛇集，誅求日日來。嬌姿羞枕席，佳士屈輿臺。黨惡從如水，聲威震若雷。近城千載木，旦旦斧斤摧。

灾黎咸蓄髮，蓬首類猿猴。老病因時起，生人爲死愁。秋風吹大野，冷月暗荒邱。可惜繁華地，繁華一旦休。

寄迹深林裏，山居避虎狼。棲榛如蝟卷，處穴共猿藏。野味聊充腹，巖泉暫潤腸。何時逢泰運，返旆問家鄉。

家鄉何所在，舊在邑城東。梓里摧殘盡，茅廬結搆空。草荒堆破瓦，橡斷認焦桐。欲賦歸來曲，危途哭阮窮。

亦識桃源好，其如隔萬山。遂教狼在邑，頓使雁飛關。誨盜來逾捷，傷人往復還。巖花風落盡，對此泪潸潸。

僻壤薪如桂，荒村菜似芝。顔瓢幾絕飲，墨突竟無炊。薇蕨尋終盡，糟糠味始知。首陽窮餓後，誰得步齊夷。

李經田 見前附録

偶　成

中古治平時，賢聖後先列。及至秦漢間，與古未遥隔。西方有佛教，崇尚虚寂説。流傳入中國，賢愚皆喜説。非無上智儒，并力闢其拙。何以三千年，其勢卒難遏。況乎天地心，底事留其術。蓋因生齒繁，衣食將盡竭。特生此輩來，聊當小塵劫。世人愚不知，趨之若附熱。得姓三十年，無端先自絕。否則歷世長，天地將傾裂。先向局盛時，預爲收局計。十二萬年後，生氣已盡洩。人人學無生，倮蟲自然滅。人類既已除，萬物皆銷歇。

晚過慶雲庵

嶺盡逢蘭若，鐘敲向晚天。佛燈留客坐，山月照僧眠。夜色村樓火，秋聲石澗泉。何人歸去暮，細語隔溪烟。

山居秋暝

萬籟悠然寂，空山澹欲秋。人聲驚倦鳥，樵唱伴歸牛。竹響風侵榻，林疏月入樓。夕陽猶未盡，殘照半村幽。

過山家

春暮閒人少，尋詩我獨行。鹿過青草動，犬吠白雲生。地僻花無主，山空屐有聲。却多濠濮想，泉水此間清。

錦溪春行

曉雨添烟景，春風感歲華。山腰茅屋險，水面板橋斜。徑曲多栽竹，溪深半落花。柳陰逢野老，閒與話烟霞。

游 山 寺

步入筼簹谷，春風拂面涼。一峰青過雨，孤樹綠斜陽。寺到鐘先報，花深屐亦香。不知明月上，歸路共牛羊。

倚 樓

倚樓閒縱目，烟靄暮村遙。落日低平野，垂虹補斷橋。濕雲山戴笠，殘雨樹生潮。歸鳥彩霞外，楓葉紅葉飄。

題朱菊山先生遺集後

尋源直到浣溪濱，一卷新詩妙入神。故國竟懷游子恨，他鄉誰識寓公貧。能琴轉少知音客，好酒偏成獨醒人。有淚當爲才子哭，斯文何事竟沉淪。

可憐清白吏家風，避債無臺不送窮。千古難消惟筆墨，一名不沒即英雄。賈生懷抱空披褐，杜老生涯類轉蓬。寄語而今天下士，黃金還合鑄詩翁。

錢 塘 懷 古

虎踞龍蟠歷宋唐，潮頭也解避鋒鋩。山中樹老曾披錦，陌上花開尚送香。五代英雄誰伯仲，百年孫子半侯王。小名漫怪婆留喚，富貴何人到故鄉。

方 玄 英 故 宅

故宅荒涼夕照紅，富春江上碧林中。文堪報國官何愧，死尚成名鬼亦雄。詩在詎因科第重，遇奇偏占古今空。千秋除却張文蔚，幾箇憐才有此風。

謝 皋 羽 墓

　　許劍曾來問水濱，荒墳世重宋遺民。東西南北無歸客，虞夏黃農以上人。家國有時皆抱恨，乾坤何處可容身。登臺慟哭英雄淚，望斷崖山萬里春。

　　冬青樹冷六陵蕪，孤墓依然草自鋪。義士光芒爭日月，詩人踪迹老江湖。一生知己文丞相，千古同心屈大夫。晞髮吟成餘恨在，英靈自合伴狂奴。

拜于忠肅公墓 三十韵

　　憶昔艱危日，誰支大廈傾。邊書傳寇至，中旨許親征。周召刑餘作，臣民舉國驚。蛟龍失雲雨，猿鶴化公卿。垓下軍旋散，長平卒已坑。徽欽方北狩，晉宋欲南行。帝當奇居貨，人誰壯請纓。惟公堪鎖鑰，爲世築長城。心自堅金石，胸真富甲兵。將推元老重，師卜丈人貞。共進新君策，能窺敵虜情。金繒先罷款，銀幣肯要盟。復楚包胥重，和戎魏絳輕。堯封重鞏固，禹績再平成。鍊石回天力，揮戈返日誠。諸樊宜讓弟，叔武已迎兄。幸免青衣酒，欣回翠蹕旌。未聞遺劍去，旋啓奪門爭。刃不遷宮露，鐘偏復辟鳴。藏弓看鳥盡，破斧惑蠅營。冤獄同三字，奇勳負一生。劍刀酬伍種，鼎鑊報韓彭。日月皆昏色，風雷起怒聲。血從何處洒，心祇有天明。竟抱千秋恨，頻憐間世英。時危知學問，事後見忠精。壯氣山河作，荒墳草木榮。馨香隆俎豆，炳蔚慕功名。史筆無虛語，人心有定評。好援岳王例，鐵像鑄亨珵。

張東平王廟 在邑城隍廟側。

　　陸隨慚不武，絳灌愧無文。應運斯人出，奇才天下聞。江淮資保障，社稷著功勳。大器羅韜略，餘閒及典墳。碎牙吞國賊，斷指感將軍。安史鋒幾挫，南雷志不紛。胸羅兵甲富，身致國家勤。士氣熊羆勇，兵糧鼠雀薰。泪因元帝洒，憂共許君分。道濟長城固，萊公鎖鑰殷。見危先殺妻，臨難不忘君。厲鬼留遺憾，雄風獨出群。天教完大節，世自誦清芬。合畫凌烟閣，曾揮落日曛。賀蘭憐未滅，一箭尚穿雲。

謁岳忠武王墓

唾手燕雲奮着鞭，壯心不讓祖生光。將軍英武知誰似，建節中興最少年。

黃龍直抵總非難，十二金牌一日班。笑煞九哥心緒亂，寒天忘却寄金環。

懇辭營第賜繁華，未滅匈奴敢念家。可惜英君非漢武，胭脂難奪女兒花。

二字精忠手製旗，官家賜墨未乾時。如何一旦全忘却，三字深冤總不知。

半生威望鎮中原，慈聖他年入玉門。曾喫清齋曾苦問，九京知道也銷魂。

草木英靈也有情，春風懶向北枝榮。湖山却被求和耻，千古江濤洗不清。

風雨瀟瀟泣六陵，千秋何處認冬青。孤臣獨占西湖月，杜宇年年不忍聽。

山　　居

曉來春望倚簾旌，掠地東風似有聲。還是落花還是雨，模糊總覺不分明。

花滿門前草滿庭，空山風景夜來清。生憎一片微雲影，長向青天累月明。

咏　古

禍水傾城已沼吳，載將西子泛江湖。忠臣別有深心在，漫把巫臣比大夫。范蠡

身畫凌烟第一名，神仙不托赤松行。千秋幾箇英雄將，歌舞場中過一生。郭子儀

忠心耿耿冠麒麟，末座那知竟是君。宮裏幸無兒女在，不然幾作馬將軍。蘇武

牧　童

短笛聲聲隔水遙，隣童相約到芳郊。歸來只顧騎牛樂，忘却簑衣在樹梢。

溪　行

春風春雨日相催，一路聞香花亂開。料得隔溪茅店近，有人沽酒過橋來。

武 川 文 鈔

〔清〕何德潤　輯

崔小敬　校點

校點説明

崔小敬

　　《武川文鈔》是清何德潤編輯的一部武義歷代名人的文章總集。其編次始于光緒十二年丙戌（1886）冬，成于光緒十五年己丑（1889）春。卷前有何德潤題辭及凡例十二條，説明本書編纂宗旨及體例。全書共十七卷，分爲正集、外集、補編。正集六卷，輯武義籍人士文章，自宋鞏庭芝、鞏豐始，以爲"文，所以載道也。山堂先生左右吕成公，命諸孫受學，栗齋先生實爲吕門高足，又得朱子切磋琢磨，斯道大明，論者謂百里文獻昉自鞏氏"，至清童紹彬止；外集十卷，收"非本貫而文有關掌故者"，自宋朱熹、吕祖謙始，"以見學問淵源"，至清徐士龍止；補編爲正集外集之補充，僅收朱爾殿一人。

　　《武川文鈔》所輯文章自宋鞏庭芝始，正集收鞏庭芝、鞏豐、鄭良臣、徐邦憲、張淏等至清徐岱封、徐岳宗、王建中、童紹彬等共計四十六人；外集自宋朱熹、吕祖謙、吕祖儉、吕喬年、陳亮等至清施寅、周灝孫、羅子森、徐士龍等共計一百零四人（含失名者二人）；全書收文章三百五十餘篇。所收文章或鈔自舊志，或選自本集，或録自古碑，或輯自宗譜，皆注明出處，以備查核，用力既勤且慎。其輯自宗譜者甚衆，皆爲舊志或本集不存者，所涉及宗譜有真定鞏氏譜、宏閣鍾氏譜、巖下楊氏譜、草馬湖葉氏譜、雙泉何氏譜、橋亭伍氏譜、鳳林徐氏譜以及阮氏譜、金氏譜、朱氏譜、徐氏譜、韓氏譜、周氏譜等,可謂搜羅備至。其録自古碑者均實地踏訪,窮搜方得,如雙巖元碑、無礙寺碑等;有古碑文舊志已録者,則既從舊志鈔録,復綴碑本于後,以備對照。

凡例謂是鈔"以文繫人,不以人繫文,以時代爲序,不以文體爲次",然實則人文并存,每篇題前作者名下均以雙行小字簡介其名號事迹、仕歷著述等。所收文章自宋迄清,可謂武川歷代文獻之集成。其中尚有不少文章可補傳世文獻之闕,如宋代鞏庭芝爲武義文化教育第一人,明宋濂謂"武義人士知尚禮義之學亦自庭芝始",著有《山堂類稿》六十卷,然至何德潤時此書及其孫鞏豐之《東平集》均已"遍搜未獲",乃轉從鞏氏譜中録出。《武川文鈔》現存鞏庭芝文六篇,可補《全宋文》未收鞏庭芝之闕。外集中所收尹嗇《宋故山堂先生墓志銘》既可補充鞏庭芝生平家世,亦可補《全宋文》所收尹嗇文之闕;所收何恪《宋故太安人錢氏墓志銘》亦然。所收失名氏所作《宋故中奉大夫直龍圖閣提舉亳州明道宮須城縣開國男食邑三百户賜紫金魚袋鞏公采若行狀》乃鞏庭芝子、鞏豐伯父鞏湘之行狀,亦爲現存最詳細最完備的鞏湘資料。同卷收葉適《宋故中奉大夫直龍圖閣提舉亳州明道宮須城縣開國男食邑三百户賜紫金魚袋鞏公湘墓志銘》亦不見于葉適文集,據葉適與鞏豐的密切關係看,其爲鞏湘撰寫墓志銘是極有可能的。二文中所記鞏湘之姻親,其所繼娶之劉氏爲劉邦翰之女,其孫女中一人嫁東陽何述,一人嫁蘭溪時懋,皆爲當時理學之家,可爲研究南宋理學社會之一助;而關于其子鞏峴之記載,則可補《宋元學案》之闕,糾全祖望以鞏峴爲鞏法前夫人之子之謬。要之,《武川文鈔》的價值仍有待發現。

《武川文鈔》原爲稿本,現藏于浙江省金華市圖書館。《重修金華叢書》曾影印出版,本次整理,即以《重修金華叢書》版本爲底本,參考金華市圖書館藏稿本。整理以斷句標點爲主,不作注釋。原書有一些缺字處,可補者補之并出校記,無可補者一仍其舊。個別作者姓字里籍或有脱略空白，據他書補之。所收文章與《武川備考》藝文部分有重複，且二者時有异文，爲保存原貌，不作對校，明顯錯誤者徑改，其他改動之處均出校，單純异文者不出校，亦不求標點完全一致，請讀者自行對照。

因筆者水平所限，疏謬之處尚祈指正。

武川文鈔題辭

講堂謦欬，書臺誦聲。代有作者，宋、元及明。國初諸老，先民是程。摘華掞藻，騰茂蜚英。家傳墨寶，珉刻瑤瓊。云何殘缺，曰迭遭兵。網羅散逸，是責後生。綴而存之，絃歌武城。

　　　　　光緒十五年歲次己丑春月何德潤書
　　　　　　　於宋徐文忠公故花園之左舍

凡 例

一、武川文鈔，鈔武川先輩古文也。舊志不載宋以前文，殆不可考。自南宋迄國朝光緒戊子，得如干首，釐爲六卷，見存者一人附末。其非本貫而文有關掌故者，爲外集十卷。又慮有遺佚，爲補編一卷，空紙以俟。補編隨見隨鈔，不分土著流寓，惟於姓氏下注明。

一、文，所以載道也。山堂先生左右吕成公，命諸孫受學，栗齋先生實爲吕門高足，又得朱子切磋琢磨，斯道大明，論者謂百里文獻昉自鞏氏。是鈔托始於此，以見立德立言不朽有自，而非徒虛車之飾。

一、二鞏文集遍搜未獲，山堂文僅從鞏譜録出。譜自甲至癸凡十卷，標題前進士曾孫庭芝編。每篇皆載作者姓名，其一卷不載姓名者，殆山堂自撰也。然係前明成化年鈔本，霉爛不可卒讀。國朝康熙末永康某監修妄删去甲乙丙丁戊己六卷，惟刻四卷，致爲恨事。故自成化本采者又多闕，栗齋文吉光片羽而已。

一、武川古文散佚者，多考史乘。宋葉方叔介《表啓雜志》，徐文蕭邦憲《東軒集》、《周禮解》、《史記考》、《奏議》，張先生成招《標注東萊博議綱目》，張清源溟《武成志》，明程商城達《惠政集》，徐安世平胡《寧儉録》，朱少尹天德《毛詩古音考》、《水玉齋文集》，國朝楊駿公聲遠《惜陰集》，朱菊山慎《三代法物考》，何明經承欽《隱霧齋雜言》，徐拙庵斌《名臣録》，皆有録無書。存者惟張清源《雲谷雜記》，徐訒堂元搏《闇然齋偶拈》、《三刻孝烈集》而已。是鈔或采邑乘，或搨碑碣，或徵譜牒，或得諸友朋鈔藁，每於篇尾注明，不敢忘其所自。

一、姜邦傑，邑志以爲邑人，處州志以爲麗水人。按《宋史》，則麗水爲近，然邑鄉賢祠已有姜位，姑仍之。

一、鈔與選殊。選文取其可法可傳，寧精毋泛。鈔則或以文存人，或以人以事存文，采取似宜稍寬。然無關掌故與有乖體制者概不收，所以示慎重也。謂操選政則吾豈敢。

一、是鈔不錄壽文，懼其濫也。而其所壽之人有關節義、文章足以勵俗者，間亦采入。

一、是鈔以文繫人，不以人繫文。以時代爲序，不以文體爲次。惟外集之一二，先錄朱、呂，以見學問淵源，而鞏氏志傳合爲一卷，事以類從，不盡能次其時之先後。

一、外集之三，舛訛至多，一仍鞏譜之舊，不敢妄加改竄，俟得善本校正。

一、古碑兵燹風霜，存者寥寥。然長安堰宋碑尚在衙署，以校邑志，殊多异同。豈當年秉筆，近在城市，不爲采訪與？抑有所竄改與？金石足補志乘之缺，故既從邑志鈔，而復綴碑本於後，石泐字殘以“□”書之，仿《金石萃編》例也。

一、自嘉慶九年以前，碑記之文，邑志可考。餘則采訪得之。顧邑志頗多失收，僕區區欲存掌故，不憚窮搜，如雙巖元碑、無礙寺碑，都爲羅入。近又得明招呂墓朱子書殘碑、法蓮廢寺寶慶石幢，以其祇書姓字年月，無文可讀，擬別編金石録，是鈔未可登也。

一、僕於是鈔積十餘年，丙戌冬始編次，迄今粗就。間有所見，即爲采取。於時年未得一一依次，且淺見寡聞，姓氏履歷又未能致詳，疏陋之誚，知所不免。博雅君子匡所不逮，則幸甚。君慎又識

武川文鈔目録

卷十五　外集

武川文鈔卷一

宋

鞏庭芝 字德秀，號山堂。東平須城人。擢進士第，累官左承議郎，服五品。歷任監①南嶽廟②、嚴州建德縣尉，太平州録事參軍，知紹興府諸暨縣事，主管台州崇道觀。建炎間，自須城遷居邑南曲湖，著有《山堂類藁》六十卷，皆詩賦書疏序贊表啓論記之作，又有《易圖》、《春秋書法》、《群經説林》、《人物表》、《耳目志》、《詩話③》，又合百四十餘卷。卒，崇祀鄉賢。

選　封龍山隱君傳

繼明字不疑，天資明敏，博學强記，事親以孝著，識慮宏廓，志氣遠大。家富於財，歲飢，散贈親里，至乏餘資。因隱居封龍山，學者從之常數十人。

居數歲，契丹犯鎮州境，君以奇策見鎮帥，帥用奇策以退虜人。帥大喜，欲辟置幕中，又欲以千縑爲謝。鄉中豪傑欲斂錢置田山下，以供書費，君曰："吾所畫策者，正爲桑梓之邦不忍爲夷狄所侵耳，非要利也。生徒去來無常，吾豈區區以傳授爲業者？但其來不可却，姑與之閒處，隨所有而養。何用田爲？"竟不受。

---

① "監"原作"浙"，據《武川備考》改。
② "廟"原作"廣"，據《武川備考》改。
③ "話"原作"銘"，據《武川備考》改。

又二年，虜人再犯真定，君携三死士見府帥，定計策遣行。後三日，三人潛斬其亞將首來。追擊，適兵猝至，虜人駭北。府帥殿功，君爲第一，且曰："爲朝廷排難解紛，豈爲身謀哉？"府帥召，不肯詣，乃止。時有中使提督軍事，歸朝奏請其事，及之。即降詔書，召赴闕。辭以疾，不行。因慨然曰："隱居山穴，非有心於授徒，而學者從之；再却虜兵，非有心於功名，而君命及焉。詎吾本志哉？"於是散徒衆，入林泉佳處，嘯歌琴書，優游卒歲。人罕識其面，即尊官大吏來訪者，或累日不遇。寶元初以長子孝友陞朝，封大理評事。以慶曆三年九月四日卒，享年八十有二。葬封龍山下，以福昌縣君蘇氏祔。《真定鞏氏譜》之庚

選 太尉雁門府君傳

孝友字行先，自其爲兒時喜讀書，及壯，東入長白山，勵志勤學。祥符八年及第，調寧州安定縣主簿，深州司法參軍，慈州吉鄉縣令，遂州觀察推官。知州事職方郎中劉賽喜其才學，事悉委以辦。或譏劉不事事，劉曰："昔汲長孺擇丞吏而任以政，果隨稱治。余既得人，又何疑焉？"由是譽望蔚然。會轉運使扈稱被詔，舉幕職州縣官一員京官，時謂之大勅，士大夫高其選。扈表公應詔，衆推其當。改大理寺丞，知滄州清池縣。景祐初，旱、蝗，民大飢，君竭力營救，卒無流亡。棣州河決，徙厭次、商胡。號爲沃壤，豪貴侵噬產業，不移户口，而征税皆出貧下，有無田而輸税，民不勝其獘。都轉運使天章閣待制李紘上其事，委君往均之。君按比兩縣，得田一萬三千餘頃，歲入錢萬六十緡，穀足抵輸其額之賦，數且幾半，亡躅餘之擾。朝廷使知漳州清溪縣事，未行，以德化之效，復知州平縣事。遷太子中舍、縣令。五月，又通判代州。到官三月，感疾，以康定元年三月三十日卒，享年五十一。累階朝奉郎、勳都尉，葬封龍山中。其配京兆縣君田氏，先君而亡，遺命於其域，异墓不祔。

君事親孝,撫弟愛。扈稱之薦也,其狀云:"秉心廉苦,從政公平,議者謂盡其所長。"在清平時,縣瀕大河,宜環以堤防,逆備不虞。府具以聞,朝廷可之。堤成,河決商胡,水暴至,城中之人賴以無患,世服其遠識。平居嘗謂:"古人之言曰奉職循理,可以爲治,何用嚴威哉?"其存心如此。故所至稱治,有古良吏風。歷官二紀,臥內無幬幃,橐中無玩好。捐館之日,一室蕭然,吊客莫不嗟涕。其教子尤諄諄於儒術,故後之子孫以文行承家。以子彥輔、彥固、彥國貴,累贈太尉,夫人追封慶國太夫人。《真定鞏氏譜》之庚

選　山陽侯傳

彥輔字清臣,少聰悟明爽,有大志,務立奇節,以自表見於世。視科舉不足介懷。及太尉薨後,公勉二弟力學,己專治家事。因慶曆乙酉取士詔下,忽自悟,奮學業。絕人事,與二弟學,文不再閱。及赴壬戌科省試,與中奉君同登進士科第。釋褐,知趙州臨城縣主簿,歷磁州、邯鄲,改著作佐郎,知綿州巴西三縣令,又遷秘書丞,治課有最。清獻公爲轉運使,以威德重名爲世吏師,一語之重輕,足以爲榮辱於天下。威州瀕邊,控接西南夷,舊守多貪暴,征擾諸郡以開邊隙。趙公奏清明惠廉,遂移守焉。公至,一以仁慈撫之,諸夷感服,爭圖公像祀之。

代還,通判濠州。未行,受詔宣還朝,權判尚書都官,又判司勳,移知開封司錄參軍。專以抑強拯弱爲意,理不屈,雖甚貴且有勢,不少假借。會有小民詈宰相,府尹合欲置之重辟,公曰:"詈刺史縣令,即有專制,餘皆應以常法論。愚民無知,情可原也。儻枉法殺之,不獨有陰禍,且使宰相益負謗於天下。"尹不肯從,公請具其事以聞上,上嘉嘆,從之,一時稱其平反。尋遷都官郎中,擢三司鹽鐵官判,以職方郎中提點利州路刑獄。未赴,除知絳州,改遂州,移提點夔州路刑獄。渝州佛寺藏枯骨數百,歲久,暴露滋甚。公按

部見之，慨然興感，爲問親族，以私財厚贈，使葬之。不幸無後者，悉爲具衣衾，易棺槨，備禮遷瘞，且標識姓名，以俟异時有人來訪。畢，公夢所葬之人，老幼童穉甚衆，拜謝而去。於是適有大獄，遠捕人多，推治久不決。朝廷以公心明決，持法平允，乃遷太常少卿，徙梓州路，俾之究鞫。公平心聽察，未幾，情得，取無辜波係者數千百人破械遣去。因拜泣庭下，破顙面血而言曰：“死不忘府君恩。”於遠捕僅數十人耳，莫不甘心就刑，自謂情真罪當。後陞授朝議大夫。哲宗登極，進中散大夫，請佐理刑獄。恩赦，乃降章立治鉅鹿冤獄。公脱之，活數百人，時號神明。

初，公之計偕也，過州，夜與同行步月通衢，見郡治譙門内決刑，公曰：“使我异日擁節治此，亦可少快。”或謂：“吾儕覓官成敗未可知，何遽大言？”公曰：“大丈夫當以公輔自期，區區州縣，吾實小之，君反以爲大邪？”聞者愧服。至是果然。

公輔年且七十，思得閒退，乞散秩，得管句留京北御史臺。已而提舉亳州明道宫。未久，得沐歸休，以左中散大夫致仕。以子貴，進中散大夫。太上皇帝嗣位，遷太中大夫。

公既歸老，築室於安陽畫錦坊，藝花木，葺臺榭，日與中奉君游樂於其間，以詩酒自適，兄弟皆鶴髮鮐背，而子姪孫曾嬉戲於膝下者，詵詵也。士大夫榮之，以爲難及。如是者十五年，以建中靖國元年六月庚申卒於家，享年八十五。贈正議大夫，勳上柱國，爵山陽郡開國侯，封食邑千百户。有文集二十五卷。初配王氏，南康郡君；繼室徐氏，普寧君。

公常魘夢入太府，嚴甚，吏曰：“此治殺生獄也。”王雱嘗記之，言：“吾友吳居易盟公同官開封，言公：‘公性樸直，不苟於獄，以故數忤權勢者。’”夫夢寐所逢，誠不足爲重輕，但世以雱所贊語爲得公行己之實，故因卒及之。璘以下遂歸畫錦坊，今號安陽諸鞏云。
《真定鞏氏譜》之庚

選　安時子傳

彥固字故道,慶曆八年進士,釋褐,授冀州衡水縣主簿。屬歲不登,斗米直四千錢,君建言寄糴洹水,沿御河至冀,寬一時之患,部使者然之,倚君辦其事。道經甘陵,劉公渙戒粟出境,公責周官通財之義,劉愧服,即弛其禁,由是舟運遠及塞下,賴以全濟者甚衆。其見義輒爲無所回憚類此,故齟齬寡合,不能與世低昂。及其補越州新昌、永州祁陽二縣尉,江浙荊湖間放意悠然,有盛世風,自號安時子。不調者十餘年。會元豐中更三舍法,以作士類,四方學者交集郡下,而君之子皆長矣。於是調開封府封邱縣主簿,遣諸子授經太學。注解州聞喜縣令,出俸錢大新學舍,繪裴晉公像於前廡,以勵其人。及歸,縣民繪君像於學,歲時著禮去思。既罷民得還鄉里,語親舊曰:"吾爲貧而仕,今老矣,不能復屑也。"即求致仕,改通直郎,累恩遷承議郎,賜五品服。

君爲人寬厚,篤孝弟。母夫人之亡也,君未及冠,而父太尉捐館,君猶未第,以不得養爲憾齒之憾。於兄弟敦睦之情至有人所難能者。在衡水時,轉運使崔公嶧將薦於朝,君辭以兄方主臨城簿,願乞提掖。崔公嘆賞,爲如所請。是歲艱食,君悉召親黨居以養之。熙寧中,飢,君復賙給,不問中外老穉,幾百口仰以度歲。君素不殖利,至取家人簪珥以供粟米,恬處清約,終身室無羨財。

婦翁待制郭公元祐中按撫河北,問君事所急,君曰:"專使一道,當以人才爲先。"時知名士三十餘人,君悉竄名橐中,郭公嘉納。樞密蔣公之奇,治平間自御謫官營道,舟次祁陽,與君賞覽林泉,雅相結納。其次蔣公更要職,執國政,重舊不忘。君未嘗以私干請,蔣公益器重之。

君學有淵源,論古人成敗,貫徹書禮,著《論史》百篇,商確前代作史者是非。著《史斷》十五篇，歷代史皆手鈔録。善攝生，絶嗜好，潛心內養，春秋雖高，而視聽瞭聰，起居康安，燕處超然，初無衰老之態。崇寧二年十一月庚子，卒，享年八十五。娶宋氏，太常少卿孝孫之女，贈南華縣君；再娶郭氏，天章閣待制申錫之女，贈西華縣君。明年壬寅，葬封龍山下。以長子歷官，累恩中奉大夫。《真定羣氏譜》之庚

選　嵩山府君傳

鑒字辨叔，從伯父蔭補太廟齋郎，調雍州司李參軍，永興軍路管田司句當公事，改宣義郎，知霸州文安縣事、洺州鷄澤縣事，通判永州、淄州，知岳州，未行，提點西京崇福宮。秩滿，再任，累官至朝議大夫致仕。

初，公在雍，管讞獄仁恕。及歸，舟次烏葬江，盤渦浚淋，灘勢險惡，棹師皇懼。俄水石間有七人披櫩而下，佐舟以行，獲免驚虞。徐問其故，曰："我等皆繫郡獄，君活者也，以是相報。"

紹聖中，蔡京鎮京兆時，君爲管田官屬，甚知君才，雅相凝結。後蔡京秉國政，君未嘗以私請，故亦不復用，縉紳高其操。在永州，風稜峭整，宿奸巨蠹咸爲斂迹。會廣有舶商訟盜獄，胥吏弄法。久不決，部使者委君往直之。整折真僞，不踰月獄成，伏其辜。

君生平尚氣節敢爲，自登仕版，未嘗一日低頭於人，不苟干請，安於義分，居官恪勤，雖祈寒盛暑不少懈。在鄉黨，無問貴賤及老幼，待之以誠，人德之。宣和三年十一月二日，無疾而逝，享年七十五，娶宋氏。《真定羣氏譜》之庚

選　記家世瑣事

真定瀕塞，經唐季五代之亂，多習武治，諸生鮮知務學。隱居先生始於封龍築齋以自處，以披閱簡策爲事，鄉人共號爲讀書堂。

至慶曆中，安陽君、中奉君相繼擢科，更號雙桂堂。其後登科不絕，遂號叢桂堂。

隱居先生遺訓：异日子孫義居，許分受田租，不得析產業。每曰："祖先辛苦起家，爲子孫溫飽計，豈得聽婦妾之言，視同氣如同陌路？不肖子孫恣飲博，費十不得一二，輕以授於人，良可惜也。"故元氏歷亭資產至今共户，封龍同姓，由皆共昭穆也。伯祖少師別居相臺畫錦坊，是爲安陽鞏氏祖。先祖中奉別居大名鳳臺坊，是爲元城鞏氏之祖。

慶曆乙酉秋試，少師、中奉及三文學同榜高進，雋聲振於天下，當時號"真定三鞏"。

太尉捐館，少師居長，身蒞家事，厚資二弟，使一意學問。少師遂不復以舉子業爲心，頗寓意於飲博。有紀綱之僕名成贊者，久事太尉，及己酉詔下，以忠言發少師。以家有成贊之子孫，世爲山陽腹心，所以發憤攻苦，卒與二弟成名。

慶曆丙戌，春闈既鎖，垂引試矣。少師公忽患疾，瘍生於腰間，起居良苦。謂仲季："得疾不得入場，命也。二弟其勉之。"中奉、文學言："兄弟俱來，而兄及卧疾，義不可委，冒於一得也。姑且同居，俟後舉復來耳。"少師不獲已，就試，遂與中奉俱捷。

中奉事兄如父，晚年相對，不命之坐不敢坐，待之惟謹。

少師、中奉敦篤友愛，古人未必能及。

少師作詩，喜效白樂天平易。中奉則深得少陵句法，如賦水簾云："虛能容月白，密不礙風清。"蔣穎叔深愛之，謂不減老杜也。至與少師倡和，專用白太傅體。

有祖業在恩之歷亭，歲得絲六千兩。而中奉往督之，一夕盡爲偷兒竊去。不以告官，貿易衣衾如數買償，戒群僕婦勿泄也。久之賊敗，有司移檄來會，衆始駭嘆，且問代償之意。笑曰："兄弟必能相諒，妾婦豈免見疑也？"又問："不告官，何也？"曰："偷兒未必遂得，而隣伍先得，甚擾，不如默也。”

中奉當寒出外，見親知貧乏無衣者，輒解綿袴襦以衣之，忍凍戰栗而歸。家人苦請曰：“高年冒寒，易於生疾。爾後願索副衣，誰敢靳也？”笑曰：“非不知此，但汝曹見我寒戰，惟懼發笥之緩。若索以與人，將不免擇新揀舊，或使我意不舒耳。”

中奉實能黃白術，然未嘗爲之，雖子孫莫之知也。崇寧改元，八十有四矣。大安寺僧有戒行，平日相與頗厚，欲修塔廟，來求疏語，借重於鄉里。公曰：“所須幾何？”曰：“六十萬。”公曰：“不必作疏語，吾自奉施。”僧驚曰：“吾悉公之貧，安能辦此？公生平一語不妄，今其耄邪？”於是白金一兩，令僧致鐵六百兩，取枕匳草藥燒之，彌日成好銀。鬻之，爭售，其役遂舉。侍婢慍曰：“公一生忍窮，而有術不用，一何拙也？”笑不答。明年十月二十四日，公生朝也，忽探枕匳取餘藥焚之，後一日捐館。

中奉惟喜子孫讀書，纔説治生，即蹙頞曰：“吾祖以書詩起家，子孫須由科第進，乃爲不墜祖風也。”

安陽、鳳臺諸兄弟名皆連“康”字，真定翁名康遠字景略是也。□冶翁以所連已多，無嘉名，欲從別字，屢言之，中奉不從，意似嫌與安陽分彼此。

少師守刑臺，御僚屬吏卒甚嚴，往往厲聲色以對。退入私門，晝夜嬉笑，未嘗見怒容躁詞也。臧獲有過，於奧室密笞之，如恐人知。家人疑而問之，曰：“吾請便鄉郡，正爲與弟姪諸房同處之幸爾。使吾加譴斥於人，彼且生厭怠，有不安之意矣。”

吾家法：翁伯終身不與子婦、弟婦言，雖顛沛造次，男女不相授受，不雜坐。

吾家法：寒食、中元、冬朔、冬至、除夜享祀祖先。中奉既老，猶危坐，俟祭畢焚香乃退。

吾家法：兄弟不言借，以謂義不當異蓄也。頃見濟陽晁氏舊韓集,其末書云:某年月日請某叔某兄本校,某年月日借集舊本校。乃知前輩皆然也。比來見子姪輩於母兄亦言借[①],令人慚。

中奉與待制郭公弈棋,每舉一子必聲一喏。《真定鞏氏譜》之癸

鞏 豐字仲至,號栗齋。以太學上舍對策高第,授漢陽軍。代還,授江東提刑司幹辦公事,轉幹辦福建帥司公事,知臨安縣,提轄左藏庫。東萊呂成公弟子,崇祀鄉賢,著有《東平集》。

選 祭東萊先生文

吁嗟!先生問學之粹,允蹈古先。源委洞徹,聿觀厥全。挺然山立,續已斷絃。世無孔顏,孰知其賢。文章之卓,旋端轉倪。有正有奇,有峻有夷。開闔[②]縱閉,握其樞機。世無韓杜,孰窺其涯?先生之識,之才之美。傳經之餘,大事之記。始筆於周,具著倫紀。世無子長,孰迹其軌。先生之書,本紹後學。彼姝者子,牢緘固鑰。室邇人遐,終藉糟粕。世無侯芭,孰抱其璞?兼是眾有,靡矜寸長。如玉在櫝,抑鬱韞藏。發於持滿,道則大光。帝曰汝來,國之貞良。再入東觀,轉對文昌。造膝陳謨,古之遺直。將昌其言,以勵百辟。豈伊即潛,冊府是職。志未克究,末疾附體。善類所期,勿藥有喜。廢卧里閭,乃謝當世。培溉松菊,日有幽致。嗚呼哀哉!七月癸卯,人之憫凶。天不可問,遽殞宗工。疾不嚬呻,曾不斂容。樂天知命,恬以正終。

吁嗟先生!道有隱見。茹古涵今,隨寓則見。其在東南,户外屨滿。授業於婺,分魯之半。封殖後學,如苗之秧。爲洗蒙蔽,觀者堵牆。自昔聖賢,未有不亡。後得所付,庸復何傷。季氏孝友,尚克繼之。言念先業,警戒自持。經紀窆事,罔稽於時。哀稱其

---

① "借"原作"惜",何氏天眉批"疑借之誤",今從之。
② "闔"原作"闓",據《東萊呂太史文集》改。

服，行路所悲。矧惟峴等，幼侍几舄。飲食教誨，愛鈞子姪。父師之義，有死無易。庶幾夙夜，毋墜所獲。明招南麓，先壟是衬。野牧山樵，知敬此墓。霜風凄凄，丹旐斯舉。悲來填膺，涕泗如雨。尚享！嘉慶修《武義志》

鄭良臣字唐卿①。太常博士，史館校勘。

選　告東萊先生文

謂天生先生，其無意耶？則光明碩大之德，卓犖光偉之材，天下以爲宗主，朝廷以爲國器。謂天生先生，其必有意耶？則予以生知之質，而壽不究於中年；賦以開濟之業，而志不施於萬一。是則蒼蒼者固不可詰，而盛衰消長之理，先生平日之所素達，而學士大夫於焉痛恨者，蓋斯文將喪，而民之無禄也。先生之學，道統正傳，精粗本末，渾然大全。大明經旨，默契昔賢。諸老先生咸謂先生力追大雅，二典三謨，肯隨班馬？垂光簡編，燦如星夜。當代一人，孰繼其下？先生教人，化如時雨。務在躬行，匪專章句。有來好學，隨扣必吐。高明矜飭，愚柔警悟。先生在朝，匪躬盡瘁。愛君憂國，位則有制。申、許勳業，青氈盍繼？帝將用焉，風淫爲祟。嗚呼！先生平生，曷其没矣。木壞山頹，見無日矣。後生小子，將安述矣？慭遺之嘆，誰其恤矣！良臣等於今四世，膺門獲登。惟二三之小子，實教誨之大恩。奄一夕而莫追，痛涕泗之横零。遂輀車之夙駕，想英靈以如生。阮君之屐，增千載之令名；虎溪之水，流多士之哭聲。幸松檟之焉依，尚築室以躬耕。誓子孫之相傳，以毋替乎厥心。康熙修《武義志》

---

① "唐卿"二字原缺，據《武川備考》補。

徐邦憲字文子。紹熙四年，試禮部第一，登進士第二。由秘書省正字遷秘書郎，出知處州，除江西憲職，轉江東漕，又轉江東轉運判，以户部郎爲淮西，總領江東、淮西軍馬錢糧，除尚書郎中兼太子侍講，以寶謨閣待制致仕，謚文肅。著《東軒集》四卷、《周禮解》六卷、《奏議》三卷、《史記考》十卷、《論學繩尺》若干卷。崇祀鄉賢。

選　到任謁周濂溪先生祠祝文 原注：癸酉五月二十七日。

先生道闡不傳之秘，學明有用之實，高風幽韵，師表百世，天下之士相與講切，以成德美行者，先生之賜也。邦憲涖事云始，毋敢不敬，謹涓吉日，祗款祠下，尚冀有靈，實昭鑒之。《正誼堂全書》

選　上趙使君帖

邦憲已贊開藩之慶，兹不重叙彝儀。輒有拜禀：樅陽張監鎮，其先中華人，自其祖寓武義，邦憲與之隣，居有年矣。知其篤行好學，博讀古人之書，近世無與比者，真所謂後生可畏者也。邦憲心甚敬之，折行輩而與之交。比以貧甚急禄，不暇擇木，挈老母携諸弟以行。乃天假厚幸，得趨走於教令之下。敢望台慈借之，從容扣其所藴而眄睞之，必有取知者矣。其天姿恂恂謹畏，若怯懦無能發明者，然其中所藴殊非凡近。願年丈特垂昇顧，幸甚。《嘉慶武義志》

張　淏字清源，紹興二十七年進士，補將仕郎，主管尚書吏部架閣文字，監安慶府樅陽鎮，監轄倉庫兼烟火公事，監潭州永豐倉，舉備顧問，特授奉議郎，守大社令。著《雲谷雜記》、《武成志》、《續會稽志》、《艮嶽記》。

選　書徐待制上趙使君帖後

紹熙甲寅，予侍先大夫還自酉陽，居於婺之武義。故寶謨閣待制徐公，實里人也。尚氣節，重唯諾，不妄交於人。一日忽過予，一見之，如平生歡。予爲賦詩云："五花麟駒翩飛雲，鳴珂敲月曙色分。晨光炯炯照玉勒，華風熠熠生衡門。磊磊落落萬人英，氣射斗牛貫九精。筆扛龍文百斛鼎，鯨呿鼇擲風雨驚。英辭琳瑯潤金石，寒芒正色如明星。淫哇亂雅快一掃，英莖韶濩重鏗鏘。質高器大聲必廣，古來才士豈虛名。嗟我壯歲困五窮，終年齷齪文字中。絕編壞簡徒自苦，炊沙鏤冰初何功。志高意廣材不足，奴輩豈特笑孔融。龍潛蚖肆亦物理，草廬未必非英雄。天生我材必有用，誰能便與朽腐同。願得側翅附鴻鵠，追風掣電凌太空。"公曰："是篇置之李賀詩中，誰復能辨？君少年俊邁如此，我當退處一頭地矣。"因是遂爲忘年交。嘉定癸酉，予自龍舒歸，公已出守九江，而數數寄聲，問予還期。予時將以所記書傳疑事往質正焉，未果而公卒。予方痛悼，有以公貳冬官時與龍舒趙使君帖子示予，讀之益悲不自勝。趙使君中道易守新安，予不及識之，而楊敬之逢人說項斯之意似不可忘也。悲夫，天胡爲奪予良友之遽也！九原不可作，予之所疑者，誰與折衷之？昔季札以寶劍許徐君，未及獻而徐君死，乃以繫冢樹而去。從者曰："徐君已死，尚誰與乎？"季子曰："始吾已心許之，豈以死背吾心乎？"輒以公帖冠之卷首，是亦季子於徐君之意也。嘉定甲戌張淏書。《雲谷雜記》

選　雲谷雜記自跋

予自幼無他好，獨嗜書之癖根著膠固，與日加益。每獲一异書，則津津喜見眉宇，意世間所謂樂事無以易此。雖陰陽、方伎、種植、醫卜之法，輶軒、稗官、黃老、浮圖之書，可以娛閒暇而資見聞者，悉讀而不厭。至其牴牾訛謬處，輒隨所見爲辨正之。獨學孤陋，詎敢自以爲然，以故棄而弗録。他日，閱洪文敏公《容齋隨筆》，往往多予所欲言者，乃知理之所在，初何間於智愚哉？而公以戊爲武，謂司天之詔朱溫，以"秋寺雨聲"之句爲李頎所作，怪賞魚袋之

名不可曉，言玉藥花至彌亘山野，如此之類，亦疑公考之未詳，深恨
某生也晚，不得陪公談塵，勾一言以袪所惑。太息之餘，曩之積貯
於方寸間者，於是悉索言之。非敢以千慮一得爲誇，蓋將識其所
疑，而求諸博聞之士相與質正焉。凡同於《隨筆》者不録，又往歲嘗
紀所聞雜事數條，因取而合爲一編，雜然無復詮次，故目之曰雜記。
時嘉定歲在元黙涒灘仲春張淏識。《雲谷雜記》　上二篇亦見《嘉慶武
義志》。

揚　璪邁子。

進名賢墨迹表

皇上纘祚之三年，先臣邁以崇正殿説書入侍邇英。迺四月丙
戌晚講罷，上因語及御書大字木犀詩，有玉音曰：“先朝所藏名賢墨
迹，煩卿編次。”翼日，又出奎書以賜。越兩月，先臣邁下世。紹定
己丑十月丁未，中使陳洎益傳旨令臣璪裒類先臣所編繳進。臣璪
席藁私室，敢昧死百拜稽首而言曰：知人爲難，帝王同之。去凶聖
讒，以舜之明，猶必戒。顯忠遂良，以湯之聖，不敢忽。是知分辨憸
壬，嘉尚賢哲，自非聰明睿智不世出之君，未有能卓然不惑者。臣
恭維皇帝陛下，象天清明，若日照臨，萬幾餘間，游田聲色翫好之
娛，是屏是黜；詩書道德仁義之味，是樂是耽。迺於翰墨游戲之頃，
灼見材品忠佞之真，神新天造，諸奸發潛，指意昭明，聞者竦躍。臣
恭聞本朝立國，倚人才爲命脉，列世豐芑之澤，昭天漏泉，封植長
懋，莫盛於慶曆、元祐之時。剥蝕圮裂，莫甚於崇寧、大觀、政和、宣
和之際。以人興替，方策瞭如。今陛下因聞先代人品，而獨拳拳於
君子小人之間，帝王立治機括，無以易此。臣既以先臣邁所編第爲
十卷，其蔡京、卞、呂惠卿、王時雍、鄒柄可則自爲一卷，皆明著之，
以附春秋貶人之義。臣謹以雲章，刻之貞珉，用詔永久，併列瞽論

於下方，上以彰聖天子鑒古知人之哲，下以畢先臣報君未罄之忠云。紹定三年歲次庚寅三月甲子朔。嘉慶重修《武義志》

姜特立字邦傑。以父綬忠節蔭授承信郎，召試，除閤門舍人，官至寧遠節度使，贈開府儀同三司。著有《梅山正》、《續集》。

選　繭庵記

乙卯之秋，姜子得吉卜于寓居武川王澤山之麓。其岡負壬，闒然而止；其向巳丙，屹然而起；其流回環，既北而南，前遇峭峰，折而西去。四山如圍，氣聚勢合，造化鍾祥，別爲一區。於是即其左方爲屋二十楹，榜曰“繭庵”。夫倮蟲三百，而人[①]爲長，蠶特小而靈者也。傳曰“紅蠶以繭爲衣”，又曰“飢蠶作室”，衣與室所以析繭之義，孰謂蠶能繭而人不繭乎？雖然，愚者不預繭，窶者不暇繭，人而能繭，亦足尚已。繭有三義：善藏其身，似智；利被乎物，似仁；生生不窮，似道。一舉而三美具，以是名吾庵，不亦可乎？《梅山續集》卷七

書陸務觀寄題繭庵詩後

陸游寄《題繭庵詩》：“君不見贅翁退隱真皇時，繭室遺名星日垂。雖無豪士千車送，不愧高人一鋘隨。又不見貞觀故人有王顯，抵老摧頹不作繭。一時戲語今尚傳，世人窮達誰能免。繭庵知君出游戲，壽過期頤乃常事。青松手種三十本，會看半空翻鼓吹。人老則衰君不然，快瀉玉船鯨吸川。鈞璜遠祖應相似，八十方爲筮仕年。”

《兩朝國史》：王樵字肩望，號贅世翁。作繭室，銘曰：“天生王

---

① “人”原作“蠶”，據《武川備考》改。

樵,薄命寡智。才不濟時,道號贅世。生而爲室,以備不虞。死則藏形,不虞乃備。"樵,真廟、仁廟時人也。《太平廣記》:王顯,唐太宗故人。太宗微時,嘗戲之曰:"君抵老不作繭。"及帝登極而顯謁,因奏曰:"臣今日得作繭邪?"帝笑云云。放翁此詩用事精切,足以發明吾意,誠可仰也。以書來,曰:"《繭庵記》及《初營》、《落成》二詩,大老手筆,超然絶俗,明公富貴壽考皆未易測,於此可卜。"豈戲我乎? 併記之。同上

武川文鈔卷二

明

吳德基洪武時人，知濰州事。

選　書鹿皮子婺州武義縣雙巖石室禪庵記後

余嘗讀書武義山中，登雙巖之勝，空洞高豁，廓然天造，超出方外。門廡殿寢，禪堂幽室，各極其□。朝迎清曦，無幽不朗。俯挹平野，無遠不瞻。誠巖穴奇奧也。先是蔽於草莽榛棘，爲蟲蛇罔兩之所。及元吉一闢，建大雄氏道場其中，以授定公，山改觀而水增波，實闢前人之所未闢者也。定公嘗乞余言，乃爲致書鹿皮先生，以求前記。繼余被徵，馳驅南北，忘其記之成否。前年冬，以年老蒙恩賜歸，定公遂俾慧昱求書前記，且曰“吾師伺公之書十七年，今幸遂也。”余且喜且嘆。蓋鹿皮先生之歿久矣，念先哲之日遠，□來今之無窮，刻辭山石，昭示永古，庶爲於前者有聞而繼，於後者足徵也。洪武十三年歲在庚申三月廿八日前從事郎知青州府濰州事吳德基書。碑在雙巖。

選　無住定禪師塔銘 并序

師諱德定，號無住，族吳江全氏。十歲依千籟慶公於淨慈，十五受具。慶公遷化，遂從千巖長公於婺之聖壽山。適有痁疾，遇學佛人徐元吉治之而愈。元吉聞武義雙巖之勝，欲往居焉，而蟲蛇居之，民無所往。師遂師元吉，而相之驅蟲蛇，屏榴翳，建佛道場其中，以爲雙巖禪庵，雲衲之東西游者如歸焉。徐歿，葬巖下。師繼承之，遠近慕向。會選僧官，遂擢武義僧會。三年有逮，至京而疾，嘆曰："我有定業，當躬受之。"不食七日，而示寂於旅館，實洪武乙丑九月廿四日。其弟子慧昱艱險辛勤，侍於左右，用茶毗法，以骨歸葬雙巖徐塔之側。僧臘五十有二，壽七十有二。其爲行，丕勤誘導，上焉者語以空妙，下焉者語以禍福，故能厖合猥附，不夷其高，端愨勤求，以成至願。人負貨利委堂下者無虛日，故庵無頃畝之入。緇白衆之往來常二三十人，室無瓦甓之費。堂構之耽耽者，曲密悉備。及師示寂，無不哀悼。歸骨之日，諸剎懷之，旛香前導，杠蓋後隨，黧老壯齒，填道涕洟。其得於人如此。慧昱終始不離，既葬，又請銘。銘曰：

　　大巖之下，我居其中。高景無氛，朝陽晝融。前業有定，寧毒我躬。小大懷戢，惠心無窮。其來無迹，其去無踪。真見之體，白月在空。

　　前從仕郎知青州府濰州事里人吳德基撰并書。

徐希朱字志道。嘉靖間由例貢任廣東安定知縣，陞廣西潯州府通判，卒于官。崇祀鄉賢。

選　金氏族譜序

　　烏山之金產於仁山之鑛，紫熖赤光，輝分蘭水，價重天下久矣。婺屬八縣，無處無之，此仁山靈秀之所鍾歟？抑蘭水元氣所至而必聚歟？蓋仁山萬仞，蘭水千潯，而又山下出泉，接荆江麗水，故良金之冶，獨鑄此山，一本萬殊，而綽有耿光焉者。之山厚蔭，未可以言語盡也。武川西鄉曰長壽，有烏山金氏，粵自五宣義，趙宋末始遷，爲一世祖。

宣義諱瑞,娶吳氏,生子四人。諸孫克肖,務耕讀蔓衍,氏族日漸蕃盛。有諱春者,耆壽鄉飲。諱久銘者,富厚而豪俠好義,輸財賑荒,路總管薦剡旌義。諱道義者,以威武歸附,後爲千長。諱才者,公直,舉爲都判。諱士俊者,讀書好古,隱居教授,常創譜以收族,未備也。

今年春,族老俊四君暨姪禄氏、永盛氏、永成氏、華氏、昱氏、廣才氏,爰聘三衢伍君達,秉鈞增續,一倣司馬氏、歐、蘇三家之法,世經人緯,派聯系屬,且寓勸戒,統宗會元,譜以大備,謁文序之。嗚呼! 世不譜重久矣。富者知有金穀自奉,飽煖子孫而已。貧者救死不贍,奚及此哉? 故祖宗源流視爲不急,咸退然不爲容。或爲之,又病於無根。世俗無怪乎譜之不修,族之不屬也。金氏之族知重祖宗爲根本,知崇譜牒爲重器,知睦族屬爲一體,可謂彼以其富、我以其義者矣。涇渭不同,薰蕕异器,識者自能辨也。

仁山之金,良金也,不披沙何以見? 朱紫之光,不修譜何以辨? 流派之嫡,荊江長流,麗水聯合,八縣諸邦均被素風,共繩祖武。金氏子子孫孫,剛不可奪堅,輝不可改色,俾此金永煉於天壤之間,用世有無窮之責,斯譜亦有光矣。今長少皆能有見及此,斯良金之冶鑄出良金之後,後之興者豈無豪傑者乎? 予遂樂書而爲之序,且從孟父致仕松齋翁之命也。嘉靖十九年庚子清明日知廣東陵水縣事履坦徐希朱志道序。《金氏譜》

徐　浩 嘉靖間貢生,知永豐縣。

林侯去思碑記

林侯名一鶚,福清舉人,隆慶四年任。按,嘉慶修邑志作林邑侯德政記,又碑文中有异同,今分注于下。

國家郡縣宇内,近民莫如令。令之賢否,斯民休戚係焉。武届嘉慶邑志作"居"。萬山，不遭兵燹，我土著舊族，以門戶相高，齗齗不相下。縣官至有擊斷取敗者，求不仇令，難矣，況戚戚於其去乎？邑嘉慶邑志作"林"。侯由鄉進士典榆社學，榆人勒石以永其教。蒞武，威采凝重，動容以禮，益勵政治，夙夜磨淬不少懈。庶事練達，人莫能欺。侯亦不過刻，聽斷平允，訏俗漸革。邑中舊多逋負，督節相望。侯度其緩急而先後之，民賴以不擾。武科目式微，士習漸弛，嘉慶邑志脫"士習漸弛"四字。侯朔望蒞學，剖析經書疑義，復月課諸生，供具廩食，臨文別白純疵，不異嚴師，諸生率向風。邑無城守，惡少窟穴往來，侯悉於要害處盡設柵欄，以時開闔，親稽不怠，盜賊自是慴息。又舟賊殺人事露，捕逮甚急，合邑震動。竟核其最符輿論者遞上之，餘獲保全，境內安堵。邑有巨津，行旅素患之，侯建議興工，特捐己俸，尤多方勸誘，董其成役。他如修戟門以肅廟貌，築長堤以護民居，助建亭以興文運。建置沿革，悉關邑中大體。侯治卓有成績，公道方行，崇階峻秩，謂侯可立至者。世路嶮巇，嘉慶邑志脫"世路嶮巇"四字。乃以遷轉行。民如赤子忽去慈母，嘉慶邑志脫"民如"二字。安得不戚戚以思？因謀立石鐫侯德政，或者曰："侯教榆則榆人誦，治武則武人懷，所在聲施澤留。他日必有深知侯者，使見柄用，大澤天下蒼生，嘉慶邑志脫"大澤天下蒼生"六字。功業未可涯，嘉慶邑志作"功業正未有涯"。茲何足記？"曰："不然。古以循吏稱者，非必有殊絕非常之勳，如蜀郡以興學，南陽以漑田，渤海以弭盜，皆因時興治，載籍有稽，故至今膾炙人口。侯三年之內，善政卓犖，視古循吏不少讓，安得不備書，嘉慶邑志"書"字下添"之"字。以俟信史采擇？"遂爲之記。

侯諱一鵠，按，鵠當從官師志作"鶚"。字鳴臣，號志吾，福之福清人。家世文獻，蓋八閩鉅族。康熙修《武義志》

韓光濟字仲斗，號憔熙。萬曆間歲貢，孝子王世名師。著有《碧山居詩草》。

宏閣鍾氏家譜跋

家之有譜，所以紀世次，序昭穆，辨族屬也。世次有遠近，不紀則忘；昭穆有尊卑，不叙則紊；族屬有疏戚，不辨則淆。三者有一焉，人道乖矣。此君子之所懼而譜牒所以不可廢也。抑古人之於宗譜，統之以五宗之法，綴之以會食之恩，經之以冠笄喪祀之禮，紀之以孝弟睦友子愛之道，所以維持而總攝之者無不備焉，而猶懼其不免。後世數事盡廢，獨餘是法，可以使人少知本源派別之因革，不致於離散耳。復廢勿圖，則數世以後，恐死者不知其葬，而樵采莫之避；生者不諳其面，而俯揖不相加矣。此尤君子所不忍，而譜牒其可忽諸？

鍾氏家譜，始自裔孫揚州二守瑤公所倡，繼之續於四明陳君宗德，後修於裔孫廷貴，再修於葵軒徐君永和。今歲重輯於裔孫九垣，及侍郎鍾晹所撰宗支圖序，四明僉憲陸公、開封府尹沈伯所序，及右迪功郎思竹徐翁所序。簡端皆爲不朽，徒爲擊節興嘆，何其先世之多賢，而後昆之尤盛也。嗟夫！莫爲於前，雖盛而弗傳；莫爲於後，雖美而弗彰。鍾祠之續是譜也，統同於未來，辨异於已往，世次有紀，昭穆有序，族屬疏戚以辨。尊祖敬宗，援親親於一本；善繼善述，兆振振於千秋。舍斯牒，吾誰與歸？明萬曆甲辰歲季冬穀旦仰斗韓光濟撰。《鍾譜》

選　祭王生文 道光丙午重刻《碧山詩集》"生"字下多"時望"二字

人孰無生兮，孰如子之生，道光刻作"吾時望之生"。完光岳之精英。道光刻作"川"。人孰無死兮，孰如子之死，道光刻作"吾時望之死"。植天地之常經。六年嘗臥兮，顧檻李而悲鳴。一旦授首兮，笑姑蘇之行成。白刃飛霜兮，邁環柱之荆卿。道光刻"雄邁環柱於秦

廷"。碎首濺血兮，比剖心之殷仁。道光刻"慘比剖心之殷卿"。至大而
至剛兮，道光刻至上有"氣"字。浩然塞乎穹旻。道光刻"直浩然充塞乎蒼
冥"。仁至而義盡兮，道光刻至作"極"。亦何忝乎所生。猗綱常之攸
賴兮，道光刻猗作"維"。幸吾道之有承。展所學之無負兮，庶吾黨之
有人。道光刻有人作"蜚聲"。熟水溁溁兮，可使之竭；道光刻竭作"渟"。
壺山巍巍兮，可使之平。君子之英風赫赫兮，道光刻英作"流"，赫赫作
"千古"。孰可使淪？道光刻作"誰得使之沉淪而飄零"。試訪夷齊於首
陽兮，質文公於燕京。道光刻夷齊作"董黯"，首陽作"甬上"，公作"山"。
彼蓋深悼乎君父之仇，未必不羨吾子之愜情。道光刻仇字下多"兮"
字，子字改作"吾時望"，之字下添"同志而"。來食兮施施，子行兮道光刻
添"嗚呼來食"，句改"魂來兮其冉冉"，子行而作"魂去"。其忻忻。萬曆刻
《孝烈傳》

選　祭王生妻俞氏文 有序

> 道光丙午刻《碧山詩集》作"祭俞烈婦文"。德潤按：俞方
> 盡節，旌表命未下，應作"王生妻俞氏"爲合，未可遽書"烈"。

初王生死孝時，道光刻"生"下多"時望"二字。其妻俞氏甫十九，
道光刻"甫"上添"年"字。水漿不入，願殉王生。道光刻"願以身殉"。
陳侯哀之，道光刻"邑尊陳君"。率諸生吊焉。諭以姑老子幼，且王
生靈柩在，道光刻"王生"作"時望"。無可死理。方就食。道光刻"方"
上添"由是"字。迨三年服闋，出王柩於野，道光刻脫此五字。俞弗
忍，竟哭泣自傷以絕。時萬曆甲申正月十五日也。余辱王生之
托，迺以炙鷄絮酒祭之，道光刻"炙"作"隻"，"絮"作"戹"。併以告王
生。其文曰：

嗚呼！道光刻添"哀哉"二字。父子夫婦，人道之綱。子爲父
死，婦爲夫亡。一夫一婦，鼎峙天常。道光刻"夫"作"男"，婦作"女"。
夫復仇以六年，婦終制於三載。一朝相從於地下，何從容而慷

慨。道光刻"夫"改"子","年"、"載"互易,"從容"作"慷慨","慷慨"作"貞堅"。幼子呱呱,道光刻"幼子"作"弱息"。遶床而泣,胡不少延待其成立？豈哀傷以自煎,抑彼蒼之太疾。道光刻"疾"作"急"。誰無夫婦？誰如爾夫婦之苦？遭天倫之大變,俱夭折而先沮。人誰無死,誰如爾夫婦之死？於日月而有光,比瑾瑜而無疵。嗚呼尚饗！萬曆刻《孝烈傳》、徐元搏《三刻孝烈集》同。道光刻《碧山詩集》末段尤异。今坿鈔：嗚呼！誰無父子,誰如爾之父子？悲心肝其交摧,遭變難兮竟死。誰無夫婦,誰如爾之夫婦？與日月而並明,同天地以不朽。嗚呼哀哉,尚饗！

王世名字時望。諸生。萬曆四年九月三十日,父爲堂姪俊毆死,親伯�捺息。九年正月二十六日,誅仇自首。官欲檢父屍以全世名,世名自譙樓投下,敗面折肢。以五月十一日不食死。十六年閏六月二十三日旌表。

選　自首狀

告狀生員王世名,年二十三歲,告爲授死報仇事。君父之仇,不共戴天,成仁取義,孔孟明訓。冤父王良,四十三,于萬曆四年九月三十日活被凶堂姪王俊廿六争屋打死。具情告縣,凶懼典刑,拜央某獻產一百餘兩買和契,寫親伯某捺息,併買衆證,真贓可審。當欲首鳴求償,恐父屍之難全,蹈毀傷之不孝。欲舍死伸冤,上孝養之未盡,下繼後之無人,故此暫息。冤切海深,臥薪嘗膽,痛恨銘心。思今孝養少伸,繼後有賴,況蒙作養,愧入明倫。若致偷生畏死,含忍忘仇,天地不容,名教罪人。極情於今月二十六日,斧誅凶惡王俊廿六,隨首買求契書等贓。大冤大屈,瓦解冰消。世名願受典刑,父屍得全,父仇得報。生順死安,甘心不悔。孔曰成仁,孟曰取義,吾亦何愧？真情上告。萬曆刻《孝烈傳》、徐刻刪"孔曰"至"何愧"十二字。

選　請死狀

訴狀生員王世名，懇賜祭別赴死全屍事。世名原因不忍毀檢父屍，痛憤累年，始得親誅父仇王俊廿六，首縣投死，即刻延頸受誅，乃所甘心瞑目。仇妻駕稱謀殺等情，累及伯叔兄弟。蒙臺行取父屍檢驗，據法超生。痛思世名不願毀父以生，惟求全父而死。懇恩原情，容回故里，祭父別母，撫子囑妻，自刎墓前，獻屍臺下，國法無干，子情得盡，陰靈感德，枯骨沾恩。仰天號泣上訴。萬曆刻《孝烈傳》

選　遺韓師書

今死矣！吾師恩深難報，母親妻子煩爲顧之。子長，望教讀書，做好人。餘無言。受業王世名百拜書上。仝上。徐刻"拜"字下脫"書"字。

王世能孝子弟。

爭　死　狀

告狀人王世能，告爲代死全屍事。自恨年幼愚蠢，不能報仇，得罪天地，死有餘辜。有兄生員王世名，仗義復仇，首縣投死，無悔公論。在人尚且感激，手足兄弟豈不傷心？兄既肯死，獨敢偷生？況母聞兄祭別赴死，病臥不食；苦嫂痛夫，哀哭朝夕。不寧世能，願代兄死，刻即典刑，告乞原情。懇賜替死，免兄自盡。母命庶得保全，父屍不致殘毀，嫂姪不致痛喪。生者銜恩，死者感德。情極哀告。萬曆刻《孝烈傳》

劉希舜諸生。

選　通學祭王孝子文

嗟嗟王君，桓桓烈士。六年復仇，一死明志。古今完人，乾坤正氣。凡爲人子，誰不心企？古人云：死不受人憐，王君之謂乎？舜等義切同袍，音容不復。憑棺一奠，涕泗交瀝。尚饗！萬曆刻《孝烈傳》

徐世德 諸生。

祭王孝子文 有序

　　余與王君，道義友也。君垂歿時，以後事托余。余亦盡乃心力，期不負所托。今以女妻其子宗禹，因祭告焉。

　　嗚呼！君之正氣，充塞乾坤。君之芳韵，流垂古今。生前之許，君不愧我。死後之諾，我不負君。我有弱息，訓之以貞。配君之子，連爲契姻。用牲以告，神其來臨。尚饗！萬曆刻《孝烈傳》

何　　衡 字子平，號少川。萬曆歲貢，分水教諭，陞淮府教授。

贈明吾阮君序

　　阮君明吾，朱逸老之館甥也。余爲朱内戚，且交善，累歲課業於朱之精舍。明吾以稱觴禮至，余適相值，見其丰姿偉，襟度宏，言論風旨侃侃有古人遺意，業已可概生平矣。迨詢之輿論，考其履歷，則和煦若春日，嚴肅若秋霜。其經世務而剖決劇劇也，尤若風之疾而雷之迅也。大都畝澮多與崛强頑梗隣，雖邑之鉅族及士大夫家，間有遭其橫逆者。獨君接遇以禮，聚議以公，或處分，或貿遷，堅確不撓，卓有定識。而圓融爽朗之見，又未始不雜出於其間。蓋其先世嘗以威名震撼一方，此能善繼而述之，真所稱不茹柔、不吐剛者。以續乃祖考，而肇燕翼之詒謀，不深且遠哉。余莫逆友海巢君爲允子聯姻，故相與操瓠評之，而爲之贈。皆萬曆丙申仲春將仕郎少川何衡序。《阮譜》

武川文鈔卷三

國　朝

徐有佐字□□，明崇禎年選貢，浮梁知縣。

選　邑侯梁父母去思碑記

　　武陽隸婺，昔稱巖邑。論風土者，謂其民尚義而好氣。來撫茲土者，類以義服，而不可以力屈。而無如風氣之漸變也，一以寬柔馭之，則黠猾者深，而奸宄者百出。然則令茲土者，良亦難矣。

　　予邑父母梁公自辛卯初夏下車，迄今辛丑十餘載，乃高擢中翰以行。夫公何以歷任之久而武民翕然向化哉？公敏而練，明而①察，因乎民情②而不苛刻，待人接物寬恕而有容，未始爲已甚之行。先是蒞任二三載之間，時和年稔，邑稱小康。公亦以淡漠處之，庶幾仙仙乎令矣。迄夫③乙未，值大凶荒。丙申，飢民相聚爲盜。緣是鴻雁哀鳴，盧舍爲空。公多方安輯之，乃得寧謐。兼以戎馬之絡繹繽紛，客兵自閩來協濟稠叠，上檄之追呼如雨，斯時非有

---

① "而"字下原衍"不"字，據意删。
② "情"原作"清"，據《武川備考》改。
③ "夫"原作"今"，據《武川備考》改。

管晏①之才、良平之智，其不至束手無策者幾希。公一以恬静遇之，因時度勢，隨方合節，真所謂不遇盤錯無以別利器也。乃今武之得餘黎民，非公力哉？

公勵治之方寸了了如鏡，而御下最②嚴，數年中門之③内外無敢有借藜假虎者，猶乎雷霆迅發而雨雪消於見睍，輿論莫不頌神君焉。他如隆禮紳士，則免厥雜派差徭；軫恤民艱，則後完十七年逋負；詳豁隣邑扳夫，則加惠於百姓，更非一朝一夕。十餘年之公私度支煩冗，公皆以平等估值，未嘗稍虧損一市儈。種種善政，難以枚悉。其不得已而嚴於催科者，非不憫民疾苦，無如上命之人烈，中間亦有緣風氣之變使然者，公固哀矜而勿喜也。公餘退食則著書立言，寄情於歌咏，節物風光，則嘯傲於壺峰，游心物外，政聲藉甚。今喬遷於侍從清華之選，武之人將徵望其寵④光，借擁其車轂，今不可得矣。

夫人之情，聚則不思，離則思；離之久則思，離之未久則不思；既離且久，去後足以繫人之思則思，不足以繫人之思則不思。甘棠之芃藹也，當芃藹之時，則甘棠而已，不以爲召伯。召伯去，而蔽芾者不以爲甘棠，而以爲召伯也。吾於公亦云。

公中州鹿邑人，諱遂，號雪樵，順治丙戌進士。繫之詩曰：

下邑武義，百里提封。俗本尚氣，禮義則同。相時編民，孰牖其衷。孰善馭之？聿維我公。聿維我公，循良之吏。不猛不寬，政以無弊。慈愛所推，蒸黎蒙被。瞻言百里，率囿於治。民有逋負，誰其代之？民有轉輸，誰其恤之？今之士賤，誰其優之？凡民之蓄，公寔休之。公今去矣，孰保我人？我觀百年，如一秋春。遺愛

---

① 原作“葛”，據《武川備考》改。
② 原作“取”，據《武川備考》改。
③ 原作“以”，據《武川備考》改。
④ 原作“龍”，據《武川備考》改。

之存，曷其能泯？熟水之波，其清湜湜。壺峰之秀，其高翼翼。民之思公，允矣無斁。康熙《武義志》

朱爾殿 字七來。順治丁酉舉人，任江都令，廉潔有政聲。以不善事上官抱憤卒，宦橐蕭然，重以逋累。江都人感其德，斂金遺子慎，始克歸葬。且爲朱公神位，祀於其邑。

選　重修儒學記

州縣各得立學，自宋慶曆始。吾武故有學在縣東南陬，流水齧之。迨元至元五年始遷今址。建置久，土木敗蠹，棟宇陁靡，雖中間屢經修葺，大都補罅飭瑕，塗飾一時，不能大創而更新之爲堅久計。緣是屢壞屢修，亦復旋修旋壞，故事相沿，後先一轍。蓋自鼎革以至今日，迭經兵燹，中更闖變，學宮茂草，日以益甚，岌岌乎有傾頹之漸矣。

己未冬，秋濤賈公祖以藩幕簡署吾邑，甫下車，問民疾苦，芟薙宿弊，美政種種，更僕難名，大約以休養生息興起教化爲先。不踰月，利盡興，廢盡舉，瘖痪以起，逃亡以歸，風流而令行，刑清而奸止。凡厥庶民，亦既蒸蒸向化矣。而暇則進其邑之弟子而程角之，月朔望，謁奠文廟，周覽堂序，見其圮敗，怦然睠懷，嘆曰："是余之責也夫！夫孰爲政而使臻此？政而孰亟於此也？"其議新之，而難其費。於是悉索所携薪米之資，新生執贄之禮及罰鍰之就征者，凡若干緡，鳩工庀材。時不易節，民不加役，而規制增壯，廟貌增煥。邑弟子之講德而游斯者，文亦若增而絢，氣亦若增而揚。博士陳君、徐君率其諸弟子相與頌公之功，而屬予一言記之。

余思風俗係教化，教化係學校，學校之所關綦重矣。而曩之久吏茲土者，率皆傳舍其官，而甌脱吾學。今我公廥署理之任，枳棘暫棲，不過數月，一旦舉啓，聖宮聖廟，廡宇階阤，悉修而重新之，不需曠日，逼觀厥成。人之度量，相越豈止莛楹哉！雖然，公不惟宮廟之壞是葺，將亦近世士習之敝是新。吾鄉故晦庵、東萊二先生倡和之地，自宋季迄明初，文學科名冠於八邑。今之視昔，稍有間矣，得無篤學力行微不逮於前人乎？抑無有英絕領袖者主持而振作之乎？今公以當代大儒，負公輔之望，天假之緣，偶攝吾邑，仁爲己任，清畏人知，愷悌作人，譽髦斯士，洵朱呂二先生之流亞也。《詩》云"高山仰止，景行行止"，諸君子勉之，其務使吾庠之士風與今日之宮牆並新，庶無負公嘉惠至意歟！博士君及諸君子咸唯唯稱善。因勒貞珉，用垂不朽。康熙修邑志

劉 燧字木生。順治歲貢。

選 何益海先生宦迹紀略

瑞昌，江右之巖邑也，陳友諒苗裔實處焉。其俗好劫掠，多逋稅。益海先生仕其邑爲主簿，甫下車，即持風節，絕賄賂，專務以德化民，無晚近衙官習氣。履任四年，民若其化，皆樂輸安分，而又多著勞績①，挽輸南國者三，農部頻薦獎之。擢②陞廣東衛經歷，將離任，舉邑遮留者蔽道。已而致仕歸，宦橐擲地有聲，發視之，端石數方、詩文數卷，外此無一南中物。自是棲遲林下，敝衣糲食，種花植柳，人見之一灌園叟耳，不知曾爲吏也。有不言，言必合理。端方持己，正色不阿。里中有不率者憚見面，如王彥方故事焉。余謂先生居官不愛錢，居鄉不隨俗，洵今之古人也。雖當世賢豪無與表彰，其行誼，已堪不朽。昔柴桑不爲五斗米折腰，自謂羲皇上人，先生其流亞與？

---

① 原作"迹"，據《武川備考》改。
② 原作"推"，據《武川備考》改。

先生諱勳，字以謙，號益海，前明萬曆末由博士弟子肄業成均，選授主簿云。《清源宗譜》

朱　慎爾殿次子。康熙丁卯拔貢。字其恭，號菊山。著有《浮園集》。

選　八咏樓賦

維寶婺爲牛女之所憑，太白之所經。作栝甌之門户，通越閩之巖城。臨吳控睦，姑蔑藩屏。層巒拱繞，長川縱橫。其名列乎洞天，稱神仙之窟室；其靈鍾乎道德，挺鄒魯之精英。有樓巍然，渺若蓬瀛。邁清風而超明月，過平遠而勝雙溪。翠微不能與之抗，望火曷克與之齊。詢厥由來，則齊隆昌之所建也。誰爲易名，則宋馮公之所繕也。始題玄暢，後顔八咏。遞廢遞興，而歲月相衍也。紀其形勝，則面南阜，枕北岡，左龍鱗，右鳳凰，金盤玉女負其陰，沐塵罳值其陽。而且烟霞之所出没，則起靈岳而帶芙蓉。雲氣之所往來，則連白望而達赤松。翩翩乎五色鳥之翔乎仙嶺，杳杳乎丹井丹竈之藏乎山中。爾乃望初平之羊石，彷彿乎或起而或伏；瞻玉女之鹿田，依稀乎若游而若宿。孰爲劉孝標之講堂，孰爲何北山之書屋，孰爲宋學士之潛溪，孰爲邢山神之棲谷？爭奇蠶秀，森然在目。矧夫洪通二橋，恍龍形之並蹲；東南二港，似燕尾之中分。滔滔汩汩，澎湃西奔，其或天和景融，波恬日曛，風吹起瀫，月印生紋。則有漁歌共榜歌以送響，帆影並鳥影而穿雲。若夫陰風怒號，雨雪飄搖，四山晝晦，激浪翻濤，則可以觀魚龍之舒卷，而雷轟地吼，如駭聽乎浙江之潮。至於四時佳序，八節良辰，率冠蓋以從邁，開綺席以延賓，不難繼南樓之逸興，追快閣之芳塵。其爲壯麗也，雖不藉碧瓦朱甍，金窗珠箔，而崇梯照臨，巍基綽約，固已令風月入其襟懷，星雲聚乎帷幕。嗟乎！黄鶴傳乎崔灝，鸚鵡重以謫仙，飛翼本乎少伯，岳陽存以仲淹。彼非其人兮，雖有凌雲井幹之奇，盤龍儀鳳之妍，亦與飛塵而俱没，同海市而茫然。闕。丁世康之潔清，袁彦伯之仁厚，顏仲都之神明，誠皆兼長而媲美，合實而齊聲。沈侯之爲八咏也，不啻蘭亭之宴賞，豐樂之優游。吾知其高名與鶴巖而俱峻，愷澤並瀿水以長流。李英鈔本

徐侯召字君待。康熙癸酉舉人。著有《井汲集》。

選　禱雨壺山亭記事

　　邑侯江尹武之癸酉夏，大旱，流金爍石，率邑之士民步禱於城隍司之神。如是者浹旬，而姨仍不風伯仍不雨。侯重自責曰："是余之罪也夫。聞諸晏子謂：禱雨於山，山以草木爲髮膚，今髮將槁矣，獨不欲雨乎？禱雨於川，川以魚鼈爲民庶，今民將枯矣，獨不欲雨乎？是山川之憂旱也，必與余同。曷若擇其同心者而與之謀回天之道乎？"予應曰："諾。邑之西有壺山，相傳亭巔有雲布護於其上，天即雨。兹山之性，或若畢星之好雨邪，抑其靈爽或能操水旱之權邪？曷禱諸？"侯翼日遂率其僚屬若王君士駿、陳君永錫，及邑之紳士若劉子綿禧、沈子應時輩，謹盥沐，肅冠裳，鷄初鳴，偕予攀蘿躡磴，步禱於山之巔。見前令張公留題處，瓦盡落，榱盡淍，星君女像亦在荒榛腐草中。遂拜而祝曰："三日内若得雨，當修此亭以報。"是日不張蓋，不解衣，恪恭虔禱於烈日之下。

　　越三朝，日方午，忽有片雲自西來，若鬼驅，若神役，始罩亭頂，旋遍山川，雷聲隱隱砰砰，從山後應之，頃刻間雨如注。而向之相傳亭巔有雲即雨者，於此果驗矣。噫！雨珠耶？雨玉耶？雨粟耶？邑人莫不交相慶而歸其功於侯。侯不自以爲功，曰："此神賜也。敢不知所以報？"於是卜吉選材，不日而工告竣。是役也，一以報神恩，一以慶大有，豈曰禾盡起，歲大熟，不妨操靈運之斧，着東山之屐，而登高作賦，爲竟日之游乎哉？後之登是亭者，亦將有鑒於斯

文。康熙修邑志

選 謁呂東萊先生墓記

吾武山川秀麗，推明招爲最。距城東二十里，宋朱呂二夫子講學於此，東萊先生墓在焉。屢爲名流所寄迹，蓋天所鍾秀，不致落寞於人間也。予生長是鄉，向往有素。

康熙戊辰秋八月既望，訪先生古迹於明招山。是日也，碧天日朗，素岫雲輕。予呼山僧前導，攝衣行蹊徑間，見有華表表墓者數處，以爲夫子墓矣。僧曰："未也。"復披荊榛，歷崎嶇，遥指白雲深處，曰"是其墓也"。予偕同游侶攀崖履級而升，躋山半，始登穴，得拜於墓前。環望四山，群巒回抱，高與雲齊，恍然如置身太極中。仰視一幅青天而外，絶不知别有塵界也。憇息其下，有古碑四道，巍然聳列，字迹明没相半，大約朱夫子、陳同甫諸先儒所撰墓記，與宋理宗、明憲宗賜祭告勅也。覽之，不覺蕭然起敬，慨然有感焉。夫子墓自宋至今，爲樵夫牧豎所躑躅，幾五百年。間有騷人墨士登高作賦，撫今吊古，而流連景物，興會所寓，足點綴秋行一譜，其不同樵牧之閱歷者幾希。

予於是游，獨有所不能忘者。少嘗讀《博議》及長觀《大事記》、《古周易》、《書説》諸遺編，猶得於山高水長之下想見先生之爲人。高山仰止，景行行止，雖不能至，而私淑之思烏能已已。俯仰其際，其色凝以淡，其境邃以幽，曠然而高遠者與心謀，冲然而静虚者與神謀，而承拜師範，竟不知五百年之遥遥也。視昔之虚慕懸企何如？而謂予其能忘也邪？爰篝燈而記其略如此。康熙修邑志

選 寶泉説

泉之載於輿圖經甚多，有名廉者，有名甘者，穴出曰汱，瀵沸曰檻，遇寒而暖則爲温，遇熱而寒則爲冷。未聞有以寶名者。寶之

爲名，毋乃與貪若愚類乎？乃騷人逸士搜覽名勝，往往廬山之簾則
寶之，南劍之乳則寶之，惠山、中冷則寶之。彼貪者、愚者，方將懼
其昏吾智，汩吾明，而又何寶之有與？[①] 若寶泉則不然，旱不涸，潦
不溢，自山穴中出，驟視之則驟湧，緩視之則緩湧。予游其地，引瓢
飲之，味异甚。僧人旋汲而沸諸鐺，燒以紅葉，佐以秋芥。連啜數
杯，清香沁脾，不覺塵煩盡滌，形神俱爽，而恨陸鴻漸之品第不及
也。儻今而後遇桑苧翁輩，庸知寶泉之名不與簾、與乳、與惠山、中
冷並傳宇内哉？彼貪者、愚者，不必沃以八功德水，惟枕流其際，卧
烟霞，啜苦茗，將兩腋風生，飄飄其欲仙乎？ 雖珠玉在前，何讓焉！
則謂之寶也，固宜。康熙修邑志

選　貞婦鍾氏定娘傳

　　表壺範者，曰貞，曰節，曰烈。《易》曰："女子貞不字，十年乃
字"，則貞之謂矣。節，非共姜之"之死靡它"者邪？ 若夫從容就義，
慷慨畢命，則烈之爲烈，視貞與節似過之。予謂烈易而節難，貞則
又難。程嬰曰："子爲其易，我爲其難。"死於十五年之後，視死於十
五年之前何如哉？ 知此可與論鍾氏定娘之貞矣。

　　氏爲邑之宏閣人，幼許字族之崇勳。崇勳父學化授陝西都司
斷事官，盡室以往。浙與陝相距數千里，婪之宦關中者少。道路頗
梗塞，客商亦無歷數千里走長安者，以故音問耗絶數十年。氏將
笄，父欲謀改字，氏怫然曰："女無二夫，禮也。吾母在時，知納采者
爲徐矣，豈待結褵之日而始識其人哉？"有老嫗者，素工媒，伺氏方
績，嫗突入其室，雜以他言，徐以其父語密誘之。氏改容謝曰："逆
父不孝，背盟不義，吾報徐郎於地下足矣。"嫗不解所謂。是夜，月
色如晝，庭中荇藻可數，四壁蟲聲如織。氏緩步登樓，閉户投繯。

―――――――――

　　① "有與"原作"與有"，據《武川備考》乙。

叔母覺而救醒。父知不可奪，遂以禮歸於徐。忽一朝哭，語妯娌曰："妾夢不祥，有皤然白髮者猝撫妾曰'起，起，吾於某日逝矣'。吾疑吾舅也，其神相告耶？"慟幾絕。甲寅，環娑皆寇。氏攜其弟避山谷，寇相戒曰："此貞婦山，勿犯也。"同避難者獲免數百家。寇平回里，下簾深處，緶績自食，即親族罕見其面。時族之人割其祭田之餘以贈，氏却勿受。一日，有健僕數人持紅簡，報崇勳游京師得官，授甌寧巡檢，并其父之訃書至，適與所夢符。氏悲喜交集，哭畢，徐叩曰："徐郎在門乎？"曰："未也，便道之官矣。"迎至任所合巹，時年四十矣。閩浙人無不稱之曰貞婦貞婦云。

閱三年，崇勳死宦邸，氏頓足曰："吾今而知吾命之衰也。吾早疑徐郎之死，今巾櫛三年，猶夫前歲也，何偕老爲？"遂扶柩歸葬於邑之山麓。即以徐之木主與己之木主同送入祠，以誓靡佗。茹荼飲蘗，形影相隨，視四十年前爲更苦。夫律，必三十前者旌。今稱未亡人，則四十有三矣，是不然。即使氏而白首百齡，君子偕老，四十年前之貞不可以不揚也，四十年之貞、節與烈備焉。貞也，節也，烈也。特恨崇勳不天不壽耳。崇勳而早夭，氏豈不爲千古之奇女子，而彤管增輝者乎？崇勳不夭不壽，使操三尺者得以微文議其後。吾見一身備乎貞、節與烈，何論稱未亡人之歲爲？嗟乎！子卿冰窖一十九年，老母終堂，生妻去帷，爲千古恨。氏豈止一十九年哉？是以謹錄其事，以待采風者。康熙修邑志

修 縣 志 跋

修志於今日急矣，修志於今日抑又難矣。邑志創自明季，厥後修輯，代不乏人，而承訛襲故，文不雅馴，序多失次，是是非非，輿論亦多未合。修之顧不急歟？然而才非董狐，筆非左史，學非歐陽，處此囂囂之俗，能保多口之不隨其後乎？昔年退之不肯作史，誠難之也。江夫子涖武六年，政簡刑清，百廢具舉，猶念縣志一書爲考

鏡得失之林，修輯其可緩諸？因爲集其遺篇，綜其典故，而予亦得偕徐子遜之期瞻、周子纘宣分司節目，相與校讐，敢曰多言其無畏乎？第聞紀載之體貴博采，貴核實，貴持正。博采則事物無遺，核實則真贋難混，持正則請托不徇。日與諸同人共持此意爲兢兢，而取其缺者補之，亂者序之，訛者正之，略者詳之，是非失實者考而核之。俾十二款之條例燦若列眉，瞭如指掌，前可以考，後可以稽，是則此心可以告江公、對後人耳。雖然，世路崎嶇，多否少可，後之視今，庸知不如今之視昔？予又將何術以自解乎哉？是爲跋。康熙修邑志

朱若功 字日定，號學齋。少與武林沈闔齋、宋豫庵講學。康熙己丑成進士，任昆明令。寬明廉介，墊解逋負四千緡。以忤上官，調呈貢，民繪望雨、喜雨圖贈之。致仕。以壽終。

選　勝因寺施粥記

康熙甲午夏秋之交，不雨者六十餘日，禾盡槁，民皆采蕨求活，又繼之以三十六桶，要皆草木食也。今春蕨根已不可得。富室有好義者，出所餘以借貸，吾見其人矣，而殊不易得也。先是鞠父母憫武義旱，請蠲請賑，又垂念南鄉，五處施粥。此時賑米未至，力又不遑東顧。余乃謀之北隣陳君禹九等，約於勝因寺開場作粥。起三月十三日，迄四月初十日，遠近就食者四百餘家，約三千口，不復往時飢僨態矣。論者謂粥廠此爲第一，果然。蓋計口就食，有增無減，則諸君仗義慷慨爲之也。

竊思緩急人所時有，嘗讀《西銘》，至兄弟顛連，未嘗不惻然心動。至范文正公麥舟一事，心向往之。上歲之荒，目所僅見，宜今春之危急若此，而諸君毅然不私所有，以濟梓里之貧，此亦麥舟之遺意也。孟子曰："親親而仁民，仁民而愛物"，愛有差等，而理無異

同。充此心也，可以家，可以國，可以體聖賢保赤之意，可以廣天地好生之德。雖謂范文正事業於今發軔，可也。誰謂豆釜之義無當於胞與之仁哉？余重諸君之義，因記其大略，以詔後人。抑又聞余叔祖仲升盡出所有以賑飢者，至東皋徐兆吉倡率里人，給粥於其家之宗祠，救焚恤患，不約而同。先正云：「天下無好人，非有德者之言」，余以此觀之，尤信。時同事者，陳君而外，爲何湯臣、何允文、趙哲臣、翁以秀、龔介藩、龔元壽、韓景秀、韓舜玉、朱聿求暨吾叔祖疇若、叔沛臣、弟天衢等。在廠襄事者，爲倪廷旭、應光標，余兄日明、弟榮再、姪梓等，及寺僧懋化。嘉慶修邑志

選　巖下楊氏修譜序

邑之西巖下楊姓，望族也。自有宋諱大法、字元範者登淳熙二年進士，厤官侍御。當教授南康時，與晦庵夫子往來切究，時稱理學名臣。自此家聲愈大。厤明，簪纓相望，迄今人文雀起，郁郁彬彬。嗚呼，偉哉！

一日，重修譜牒，問序於余。余閱其前後源流，派於伯喬，數十傳至恭一公，始卜遷於巖下，與烏傷之赤岸同。其舊譜燬於兵火，世遠不可考，雜見於殘編斷簡與父老所傳聞者，猶歷歷有據。采輯成書，書成，屬余序之。余何言？余亦原夫族之所以大，與譜之所由作者，爲諸君子告焉。楊於漢有震、有雄，雄之文高於震，然視震之心術事功何如也？論古者不右雄而右震，震以清白吏貽子孫，豈在多乎哉？抑譜所以紀世系，別行次，錄賢以黜不肖，譜也，而亦史也。必也世系不誣，行次不紊，賢不肖不亂錄不妄黜，然後可，非董狐不勝其任也。於是乎經之緯之，進之退之，見有血胍聯貫，千枝萬派之別，總在木本水源之中，親親之仁不從此生乎？見有行第分明，貴賤弱強之異，不違伯叔兄弟之等，長長之義將油然興矣。而且褒有德，動景行之思；黜不肖，垂探湯之

戒。一舉而三善備焉，譜之有關於名教也豈淺鮮哉？楊固望族，誠因續修而達乎仁孝之全，父父子子，兄兄弟弟，雖謂元範公家法至今存，可也。楊之族不滋大乎？此諸君今日修譜之意，而余所區區欲効一得之愚者如此。至於導揚家聲，推崇前烈，昔之人有言之者，余何容贅？《楊譜》

選　祭告處州府金華府城隍文

維康熙五十年月日，朱若功等敢告於處州府城隍之神、金華府城隍之神曰：

維天地，萬物父母；惟人，萬物之靈。故以人制物，未聞以物制人；以物養人，未聞以人養物者也。粵自益焚山澤，禽獸逃匿，周公驅猛獸而百姓寧。迨至後世，虎負子渡河，鱷魚徙海，從古聖賢所以保護生靈，爲民除害者，於今稱頌勿衰。《傳》曰："夫民，神之主也。"《記》曰："有功烈於民，則祀之；能禦災捍患，則祀之"，民非神罔佑？神非民罔事？設使牲牷肥腯，粢盛豐備，而妖厲不恤，災疹不除，是何異食人之食而不忠人之事乎？豈有赫赫明神而或出此？

近者天災流行，飢饉薦臻，百姓嗸嗸，庶幾藉此山林材木以贍朝夕，延生活。雖有毒蟲猛獸，偶一逢之，亦往而無畏。猶之舟人涉江，非不知江之險也，利在故也。今緣山村民，衣食在山，一日不出，即墮溝渠。誰爲之恤？誰爲之救？幸不至攘奪焉，足矣。此其情，神知之乎？神不知乎？何乃復有惡虎橫行，出沒山藪，咆哮肆噬，食人無算，避之不能，觸之不可，田不敢耕，地不敢闢，樵蘇之利不敢取？噫！亦苦矣！有被其害者，父不能援，子不能救，兄弟夫婦不相保，殘骸誰掩，沉冤莫訴，此其痛尚忍言哉？更可異者，強弩捕之，弩不能中；挾礮擊之，礮不及發。毋亦有神助之乎？彼神而爲邪神也，則不敢知；其爲正神也，宜殛之惟恐不速耳，胡爲其助之虐也？且天地鬼神，亦安肯聽斯神之黨惡而害民，而不之罪也？則神之除此虎以安百姓，爲死者伸冤，決不可須臾緩也，明矣。況王法，殺人者死，今虎殺人多矣，而安然無事如此，其於王法安在？或謂爲虎食者爲倀鬼，導虎行，遇機則發之，此尤不達於理矣。世未有戕其生，食其肉，而反爲之用者也。萬一有之，吾願其翻然悔之也。引之機檻，納之礦火，搤其喉，而裂其腹，然後其冤得雪焉。倀其無甘爲鬼愚也！若功等通里齋戒，潔羞致祭，伏祈神體上天好生之心，盡爲民除害之職，鑒下民哀籲之誠，問此虎食人之罪，俾伏其辜，俯首受戮，剖心以祭亡魂，揚灰以正王法。萬代瞻仰，在此舉也。惟神實鑒臨之。尚饗！賀金門鈔本

選 又告邑城隍文

嗚呼！生民之苦，一至此乎？謂上帝之好生邪？則不當殺之而不恤。謂明神有知邪？則不當禱之而不靈。謂冤枉必雪邪？則不當聽其日食人肉而安然如故。豈神明之無知而上帝之好殺邪？城隍職並縣令，壇場而外，厥有專祠，高堂廣夏，享祀豐潔，趨奉不暇，奔走恐後，豈非聰明正直之神能爲民捍患禦災者哉？近者盜賊公行，惡虎食人，二害不除，民何以堪？功竊以爲盜賊公行，此非神之責也。惡虎食人，神不能不任其咎。功亦嘗禱之於里社，禱之於山林，率衆而驅除之，而此害終莫能息。雖功之誠不足以感孚乎神，然神之司此土，保此民，亦不待功之禱而後應也。今與神明約：三日之內，虎必死於鋒鏑之下。三日不能，至五日。五日不能，至七日。七日不能，是神終不肯除虎也，是黨虎也。功亦惟是請之省城隍，不應，又請之都城隍，又不應，則惟有登聞而告之天子。當今聖天子在上，伸冤雪枉，必有任其咎者。神猶能高堂廣夏享祀豐潔而晏然以如斯乎？神其聽之，毋貽後悔。賀金門鈔本

選　又告土地文

維天地好生爲心，維神體天地生人之心以爲心。振古如斯，於今爲烈。近有惡虎出没山林，捕食人肉，罪不容死。若功浙省高魁、武南烈士，當有生民之責，故常憂人之憂。猝聞斯變，寢不安枕，食不甘味。爾神實司此土，佑此民，當爲民禦灾捍患，不當聽民以生以死。伏祈大震神威，速賜殱滅，入於天羅地網之中，落於獵户虎師之手。馨香俎豆，寧有艾焉？不然，若功當上告之於聖聰，下會官司，縱暴不戢，厥罪惟鈞，其毋悔！賀金門鈔

徐永言 字□□。

選　合刻金許二先生文集序 代馬府尊作

昔朱子序書，謂吾道所寄，不越乎語言文字之間。是知文集者，聖賢之緒餘，即道統之淵源也。婺州仁山先生，居敬立志，繼王文憲之傳；分别理欲，接北山何文定之學。蓋二先生之得統於朱子者，金氏有以衍其脉，而孔孟之學賴以不墜，厥功懋哉！又再傳而得白雲許先生，本師説爲著述，與何王相表裏，爲能推明洙泗之心傳，故人稱爲紫陽世嫡。夫著書立説，以發明聖道者，前賢之功也；網羅遺文以傳之不朽者，後人之責也。在文定公已有文集三十卷，以及《學庸啓蒙》、《通書》、《近思録》諸編，皆有發揮。至若文憲所著之書，則有《讀易記》、《涵古易説》、《大象衍義》、《涵古圖書》、《文章指南》等，書凡數百卷，特其文多放佚，未能彙成全集，心甚惜之。

雍正己酉，文安公之後裔某出其家藏手録之書，得《大學論》、《孟疏義》及文集五卷，鐫板行世，而猶以未睹許文懿之書爲歉。因竭力搜羅，獲見《四書叢説》、《詩名物鈔》等集，凡四卷。質諸何、王、金氏之言，文異而道同，皆所以接紫陽之踵，演洙泗之派，如百

谷之朝宗於海，所謂滴滴歸源者也。因以兩先生之書彙成一集，以副聖天子崇儒重道之至意，以見配享兩廡之有由，且可以識正學之有宗，而朱陸异同之辨，亦瞭如指掌。异日者倘得並輯何王二先生之書，與此合爲一編，則又後學之所共幸，而余之所大快也夫。徐家驥鈔本

選　重修金氏譜序 代周學院作

積善之家必多賢子孫，况其爲道學之箕裘，名賢之後裔哉。仁山先生道宗孔孟，學接何王，史書志乘，詳哉其言之矣。今觀其子孫，乃知天之報施不爽，金氏克昌厥後者，由來久也。昔文安公見故人之子坐事，母子分配爲隸，傾貲營救，卒贖以還。即此與人同患之一端，亦足以昌其子孫，爲後人所繼述。故由宋及今，數百年而有應發者，以德行舉爲鄉飲賓。其生平設舟楫，修橋梁，賑貸及於飢寒，周恤及乎喪葬，莫非傾貲營救之遺意也。子兆秀繼先志，助義冢，設義田，舉乃翁所爲，好施不倦，積德累仁之事，皆纘承勿替。而其志之最切，又莫如修譜一事。自元季仁山先生之孫臨海創居藕湖，族姓蕃衍。至明，譜燬於火，以筆紀纂修未及鋟版。而崇禎末復遭兵燹，宗支之不紊者，幾希矣。

國朝雖加輯修，而子姓日繁，支分派遠，嫌名、二名之犯，在所不免；大宗、小宗之序，幾不可分。兆秀惻然不安，鳩厥族姓，稽厥行次，捐貲鏤版，俾道學家聲淵源可溯，厥功懋哉。余荒落不文，昨歲承宮保彭城李公之命，分修省志，凡先賢遺迹及一切幽芳潛德，樂爲揄揚，以垂不朽。因歷叙金氏之發祥與其後人之懿行，以見名賢食報之有由，而世德之流輝，益永永無既矣。仝上

選　雙溪大樹下學規序

丙辰正月，從游者館先生於雙溪大樹下。地界兩溪之間，人萃

四方之秀，好事者以爲雙溪兩館人文炳矣，更參以三，毋乃相炫乎？昔孔門諸子習禮於樹下，有惡而伐其樹者，今之大樹其有存焉者乎？恐不若南國之棠。先生笑而應之曰："溪之下也，樹之高也，識之相懸如是哉。試與子遨游於雙溪之內，水之自西自東，其支分，其派遠，及兩溪相合，則並流而同入於海。試與子徘徊於大樹之下，以彼干霄蔽日，壯風雲，妨農圃，及暴雨赤日則托庇，而有功於人。然則館介溪口，其殊途而同歸者乎？地名大樹，其作棟梁於王家者乎？"好事者微哂而退。先生悚然而懼，進從游而誓之曰："姑息妄想矣，君子不食言。"仝上

徐元搏字鵬遠，號訒堂。雍正己酉拔貢，乾隆丁卯舉人。少好學，晚益肆力古文，著有《闇然齋偶拈》、《三刻孝烈集》。

選　武城花園廟碑

花園廟神，不知其姓氏，以其年長而居於花園，因謂之花園翁。蓋余聞諸父老，翁自幼奇偉，稍壯，屈首受書，慷慨有大志。後以數奇，退息於花園，養真葆素，不求聞達。其居接城北，流俗敗壞，翁時諭以義，不悛，復婉言以導之。若是者再三，翁愀然曰："余涼德，無能爲也。"乃齋沐禱天，請以明威警衆，庶其有悔乎。一日，夢神詔以"此方惡德腥聞，帝命汝投丸井中，使汲飲者斃之。"翁驚寤，丸在其手。累嘆深念，撫丸而言曰："上天好生，豈忍毒死一方？得毋命余傳示，使生畏邪？"乃整衣冠，坐待旦，進里人而誡之曰："爾曹不受正言，今干天譴，奈何？"述神語，以丸示之。衆斥爲狂，翁懼天心之不白也，願以身試，吞丸暴卒。於是衆皆慟哭，曰："吾早從翁言，不及此。"忽聞空中語："爾曹知悔，姑免死。帝勅某主此方矣。"衆謹立廟，偶其相而尸祝之。

越百餘年，有客訪翁，狀其貌，無有識者。一日，過廟見像，且

愕且喜，入門再拜，出諸耆老，爲語像設緣起。客遂捐金建廟，仍其故居而尊其神曰"花園太祖"。蓋客曾販木大海，遭颶風，漂没殆盡。道遇翁，泣陳其事，贈以百金。客叩里居，翁曰："吾武義城北人也"。後客擁高貲，遠來尋謁，乃知向者爲神助也。嗚呼！記稱"法施於民則祀之，以死勤事則祀之"。翁之誨人不倦也，其所爲法施者與？翁之以身代衆也，其所謂勤事者與？韓子有言"鄉先生歿而祭於社"者，翁其人矣。

余徙居城北，見其風俗醇茂，畏威而率謹，翁之遺教猶有存者。爰拜手書其異迹而勒之石。《闇然齋偶拈》

選　節孝王氏傳

節孝王氏，溪南湯聯芳之配也。聯芳家貧，早失怙，母爲聘氏，自襁褓中撫以長成。生質温良，儀容端麗。年及笄，未昏，夫患癩風，且病尰。氏侍起居，維持調護，不少懈。閲四載，聯芳自知病不起，念氏青年，不如早爲之所。私諸母，母憐之，將擇配嫁焉。氏跽而請曰："夫病至此，何忍生離？氏嫁有日，願徐議之。"迨夫亡，哭之慟。姑慰之曰："毋過悲，吾爲汝所可也。"氏又跽而請曰："姑子在，氏尚不嫁。子亡，非氏誰奉？氏嫁有日，願更議之。"强顏承歡，藉女紅上佐甘旨，而氏惟啖鹽虀，時或忍餒，不令姑知也。如是者十餘年，姑老病歿，氏年未三十。族議嫁，理後事，氏泣而告曰："無庸。"褒出其苦積碎金若干供喪具。既殯且窆，外姓某覬爲繼室，族諾之。氏廉得其情，佯言曰："氏嫁有日，適我願矣。"乃沐浴更衣，闔户雉經死。於戲，可不謂難哉！孝節兼盡，而從容就義，巾幗中見亦罕矣。惜時無以其事上聞者，而旌典不與焉。雖然，氏亦惟盡其道，慊於心而已，於身後之名何有？獨計旌典原以示勸，顧節行卓卓，非有力則不獲旌，其獲旌者，或不副乎其實，所謂神於人心世教者安在哉？是則闡幽補逸，勵俗維風，士君子殆亦與有責也。事在

康熙某年。余聞之家文煥，文煥館於溪南，嘗聞之氏之隣嫗云。仝上

選　逸士記

　　著以傳著，疑以傳疑，春秋法也。明末邑有壯士，故老猶能述其梗槩，而姓名不可考矣，爰標其目曰"逸士"云。

　　逸士者，邑諸生也。魁閎倜儻，不可一世，而其大節歸於忠孝，有過人者。平素以勇力聞，喜談兵，爲文有奇氣，不拘繩尺。弱冠餼於庠，聲譽籍甚。時凶荒頻仍，流寇蠭起，爭折柬招之。生拒弗納，厲聲曰："大丈夫當爲朝廷効死力，肯從鼠輩游乎？"使者聞叱，惴惴不敢發一語。蓋其志不負國，群小懾服如此。後歲試，以文太奇被放，例裭廩。試院前兩石獅，十人舁不能起者，挾之置署門左右，題其額曰："文未諧世，武自驚人。"學使异之，趣召入，生進曰："生以文劣見黜，固當。但裁扣廩餼，家貧親老，奉養無資。頃者粗豪，蓋爲此耳"，並陳向拒僞召情事。學使大加獎勵，歲給貳膳，迄今猶曰"忠孝廩"，以爲异數云。

　　余嘗聞而壯之，竊謂以生抱不世之才，丁明季之會，獻忠、自成輩寇氛猖獗，假令廟堂之上推轂有人，名聞當宁，委以征剿，其所建立必大有可觀。而不幸沉淪以歿，吊古者能無三嘆哉？迺聞潛溪《秦士録》，慨然慕鄧弼之爲人，得太史而名益彰。如以生厠其間，列之合傳，又何多讓？而獨惜其時當衰晚，姓字缺軼，不能無遺憾於珥筆也。余是以紀之，或猶愈於無傳焉。仝上

選　書晉右僕射鄧攸遇難事後

　　余讀《晉史·良吏傳》，至鄧攸棄兒全姪事，竊以爲天厚鄧氏。胡人情不諒甚也，曰"天道無知，使鄧伯道無兒"。嗟乎！迹不奇不著，情不鬱不暢，事不憤不傳，使當日伯道有兒，誰復有唏歔感嘆於其事者？且閱千百世下，更誰知爲鄧氏後者？惟伯道無兒，而天下

後世莫不義而哀之，是痛伯道無兒者，咸快伯道有兒也。然則天不報伯道，以有兒而報伯道，以快伯道有兒之人心，其爲兒可勝既哉？人心之不死，天理之所以長存也。余請爲易一言，曰："天道有知，使鄧伯道無兒。"仝上

選　義狗田記

唐杜工部《義鶻行》，快於復讐之心，懍懍有生氣。近惟韓宗伯《義猿文》、王考功《義騾歌》，聲情激楚，堪與頡頏。余適有所聞，不揣固陋，爰記其事，未知視前人何如也？

武陵養齋公嘗蓄一狗，英鷙殊倫，俯仰皆如主人意，宋鵲、韓盧，故不與凡狗伍。一日往別業，忘管鑰，去城六七里許，戲嗾狗取。狗點頭馳歸，目懸鑰所，曲踊仰嘷。主母瘞，擲與之，輒銜以走，少選至。衆共稱异，公况以黃耳，益寵愛之。公同懷弟某病風，夜人定後，忽詣公卧室，叩門急。狗就榻側觢，伺公起，弭耳俯伏作搖尾乞憐狀，吠響常在喉間。公不省，走啓户，狗從褲襠下越立，某持利刃刺入狗胸，不得出。公驚逸，始免於難。與《南史·張彪傳》中狗救主事絕相類。

昔仲尼之畜狗死，使子貢埋之，曰："某也貧，無蓋，於其封也，亦予之席，毋令其首陷焉。"若茲狗義能救主，公當日具柙以窆，購田祀之，至今人耳狗坵之名，其庶幾乎亡於禮者之禮矣。嗟夫！狗且知有主，不愛其生，世乃有爲人臣僕食焉而辟其難者。仝上

選　訒堂箴

求仁之方，其言也訒。鮮矣巧言，木訥則近。爲之實難，不怍有吝。出好興戎，惟口爲政。白圭可磨，玷言敗行。躁人紛囂，吉人淡定。成德未能，恂恂時廑。先行後從，敢以辭勝。慎言寡尤，

守兹典訓。無易由言,心存理順。仝上

選 影銘

卬憩汝止,卬步汝移。卬直汝正,卬參汝差。卬生伊始,汝不卬離。卬顧而慚,實惟汝知。君子慎動,前規後隨。如臨如履,戰兢自持。是一是二,獨行何疑。卬於汝鑒,其將誰欺? 仝上

選 蜂房説

乙亥仲夏,見有黃蜂一匊集余庭院前檐,載飛載止,轉轉相屬。不數日,而有物如卵,著於椽。視之,其房也。童子欲毀之,余誡之曰:"吁! 子來前。夫燕巢於室,雀處於堂,蟻穴於庭,由來久矣。茲物也,將以生以養,聚族於斯,庸知非逆? 爾童子有仁心,而擇而處之邪? 而毀之邪?"俄而如椀然,又俄而如盂然。五越月而潰於成,則有如懸甕然。噫! 异矣! 吾見其遽集於此,落落可數,無何孳息蕃衍而盈盈無算焉,何昌而熾也;徹彼土膏,綢繆牖户,拮据塗傅,絡繹不絶,何勤且專也;刓中圓外,儷黃妃白,鱗次層折,螺紋緻密,何工以巧也。爰呼童子而語之:"昔人劍術草書,精由借鏡,子觀於此,而日就月將,學有緝熙于光明,取則其不遠矣。"抑余籠閑客於卧側,是房適踞其上,聞早衙而振翼以舞,幾與警枕同功,亦不無少助云。仝上

選 三刻孝烈集序

余鄉王孝子、俞烈婦,用心獨苦,委命至決,兩美雙奇,膾炙人口。閒嘗適孝里,尋孝子讀書、垂釣處,慨然想見其爲人。而過其門,則坊表猶存,旌書如故,不禁肅然起敬,恍遇孝烈焉。追維往事,流連宛轉者久之。及理《孝烈》一書,初刻於其師韓先生,名《正氣編》。萬曆己丑,郡丞周公更名《孝烈傳》,爲重刻之。今字畫漫

溰，板復殘缺。余懼孝烈之遺迹久而就湮也，爰校舊製，更入新篇，謬爲删訂，釐作三卷，顔之曰《孝烈集》，而付諸剞劂。於戲！此書已三易梨棗矣。而至性之行，懍懍如生，聞者莫不興起，於以見秉彝之有同好，而人之樹立，其不容以已也如是夫。《孝烈集》

武川文鈔卷四

國　朝

周尹珅字荆玉，號琢山。乾隆年府學貢。

選　張三太保傳略

太保不知何時人，姓張氏，行三，世居邑城東，歿而祀於東嶽廟楹西，故俗稱張三太保云。生平不載志乘，閒嘗聞諸父老所傳。太保生有夙骨，居家不事產業，治漆器爲生。性好善，得餘鈔，輒施人。一日，貿器至山間，迷失道。遇有老者，啖以棗粟，贈粦一升。時日方晡，亟令囊歸。中途見群鶩來索食，遂擲粦與之。及至家，井里已變遷，故人無一存。視所餘粦，燦如金。邑人咸來問訊，悵然者久之。驀見石礎一片，乃舊物也，抱之大笑，而寂於廟之楹間。人以爲太保仙去，爰設像祀之。或曰：東嶽行祠，實張氏所捨，故祀之。像故在西楹，後建門廡。人議遷像於楹東，三卜玟不吉，西乃吉，因仍祔西楹。嘉慶修邑志參周鳳詔鈔本。

徐法樂字□□。乾隆庚子舉人。

明經周公傳

公諱尹珅，字荆玉，號琢山。生有异姿，幼依外家，年十七猶隨

1654

群兒負薪。會伯兄游泮，即奮然就塾讀書，一過不忘，通經史及諸家言。補郡博士弟子員，旋食餼。爲文不加點，千言立就，尤長於詩歌，填詞有秦七、黃九之目，郡中翕然推爲名士。然數奇，屢躓場屋，晚乃設鐸於鄉塾，一時出其門者咸有所成就。公倜儻有大志，通時務。時修學宮，士大夫推公司其事。民不勞而工集，陳設皆如禮。邑侯勞之，公曰："分也，何力之有？"已而慨然曰："學爲風化之原，尚已。家廟，吾先人所妥，有寢無堂，謂守祧何？"因率族人經營之，底於成。公年逾古稀，不少衰，杖履逍遥，與人談節義文章，娓娓不休，每討論古今成敗興衰及古法沿革與時務宜急，然卒以明經終，人尤惜之。《周譜》

鍾德馨字懋修，號蓼泉，又號雪崖。乾隆年貢，任餘姚訓導。著有《周易本義翼》。

溪南築石堤記

湯氏族居熟溪之南，宗祠在焉。臨水數十步而近，前對武城，其上則爲誥山。山下有廟，山上建浮屠，其下累石爲橋，以通人馬往來。橋下通魚梁，或錯生金，以防怪物。橋上架屋，屋凡五十餘楹，若彩虹之駕長空，盤礴蜿蜒，而四下山川之勢爲之一束。溪狹而勢險巇，屈曲轉徙無定。雨自三日以往，山水滙注，波漲頓興，又時見有蛟龍出没，避橋下金，則擁水橫決，突冲祠後之路四五里，沙漂而去。村人時畚築焉，然此固患之小者。誥山而上，巖排峽束，水一綫自西而東下也。每當春夏，雷雨滿盈，四際奔騰泛溢，鼓而北則水石相激，城腳爲傾；鼓而南則誥山而下，湯氏一帶村居不能保無恙也。而祠適當其衝，爲患尤劇。近四五年間，祠前迫水僅數武矣。蓋縣城小南門多築石堤以衛城郭，則水漸北漲而南，其勢然也。余門人介純與同志者患之，募捐茸工，於祠上築兩石堤，所以爲防障，冀水之不南衝而安於中流也。其所以保安祖廟，以妥以侑，俾百年鞏固而惠及村落，皆可謂知本也已。其捐者名氏：富十五逸翽、子封成會、濟時聲遠、贊商、贊康、贊階、嘉德、廷佐、士傑、克受、介純各捐銀二十兩，餘貲置田三畝零，入祠給胙，以垂永遠。湯子介純屬余記之。嗟乎！以舊坊爲無用而壞之者，必有水敗，後之君子其鑒是哉。《湯譜》

重修金氏宗譜序

烏山金氏譜修於今上御極之五年，越今凡三十有七載。老者多逝，生者日繁，於是其族長老貴臣、余内兄夢會暨其族叔康泰、族兄鑑懼其久之汗漫而難紀也，率先倡議續修之，謀於其族衆旺臣、喜臣、元臣、雙榮、福之、文盛、天祝、文起、通有、宏祥、得禄、繼祥、國富、有禧，僉曰：“俞。”遂相與同心協力，迓東邑邵君仁愛司其事。始秋季，迄冬告竣，請余一言以弁其端。余曰：

家之有譜，所以奠世系，辨昭穆也。記曰：“尊祖故敬宗，敬宗故收族。”族之收也，微譜將焉取？是故昭穆已遠，已爲路人，淵明嘆之；同四世祖兄，六十始相識，涪翁悲之。後之君子懼其如此，於是班序統紀，舉支與流，旁行邪上，以反其所自生，使知注川爲溪，注溪爲谷，一皆源於岷山，庶幾念其始之者以敬宗而收族也。

考金之得姓，自金天氏，而其望出於渤海，尚矣。越之金，則又自楚而徙之金。南渡，以扈從家臨安。其後散徙之婺，之東甌，之山陰。居婺者，我文安仁山先生親受業於何、王二先生之門，得考亭真傳。家婺之蘭溪，本深末茂。其子孫有自蘭而徙居烏山之麓者，由烏山而前後金，五宣義公實爲邑西金氏始遷祖也。等而上之，以仁山先生爲繼別之宗，當有不誣者矣。顧嘗聞之，興與廢，不在其先，而在其子孫之賢不肖。爲善者必顯而傳。《傳》云：“欒伯之言可以滋，范叔之言可以大。"金氏世素儉樸，邇來詩書漸振，俊秀踵起，苟不懈於修善，而又能大於其志，醴泉無源，芝草無根，安在不可以光祖而耀宗？又況右河而南，有仁山先生導其積石也。諸君子其務所以勗其子若孫者歟！夫族而不收兹爲散，收而非族兹謂亂，諸君子蓋兢兢焉。抑又聞之，既其文者既其實，眉山蘇氏作《族譜亭記》，歲正月，既拜奠，則坐於其亭，其老者顧少者而申其勸戒。而古有花樹韋家宗會法，宋謝昌國取之，以謂族人遠來，當爲一會以會族。雖無事，亦當月爲之。諺云"數面成親舊"，況本族親熟，斗酒隻鷄，月招近局，使親者無失其爲親，則孝弟之心有不知其何以油然而自生者。禮所云"以故興物"也，敢因諸君子之屬序而諗之。

選　重輯宗譜序

　　鴻濛溟涬，觀大氣於泰初；孕育胚胎，肇萬形於伊始。蠕動胥一元之布濩，真静爲五行之鍾靈。夫百族之姓氏雖分，五代之祖宗本合。藐然中處，父以乾而母以坤；蕃然並生，兄者先而弟者後。

　　聖天子睿知聰明，固吾父母之宗子；遍海宇黑黄蒼赤，皆吾兄弟之同胞。統天下於一家，仰沐盛朝治化之隆，無此疆而爾界；涵群生於在宥，近維君子體仁之誼，豈區异而殼分。若夫物本乎天，人原於祖。古之大夫，生有宗，死有廟。下逮庶人，生無爵，死無謚。綴之以姓，統之以宗，固縷析而條分，亦絲牽而繩貫。若導河積石，千派同歸於一源；如分影扶桑，萬幹總根於一本。雖曰"大道之行，不獨親其親，不獨子其子"，不又曰"天下之平，人人親其親，長其長"哉？是以仁人孝子尤篤本宗，達士哲儒必明世系，家之有譜也，舊哉；譜之貴修也，尚已。緬惟鍾離食采，聿開得氏之先；密下授徒，乃表儒宗之望。迄夫宋高南渡，平章東游，子孫播越，遷徙靡常。畫鷁通官禄之門，屋名宏閣；彩虹落陳家之堰，橋號鍾居。至我萬公同子億公尋芳壺巘之西，築居楓山之麓，菊溪南繞，白水西縈。洎乎敬公，建祠堂，題福慶，亦越同知修譜。年溯明初，自仁率親，等而上之至於祖；自義率祖，順而下之，至於禰。四百許年，三十餘世，始由一人之身衍而爲千萬人，今從千萬人之身推而本諸一人。雖世遠而年湮，如耳聞而目見，昭穆井然不紊，孝弟油然而生。若夫維繫宗支，固賴宗功祖德；增光家乘，尤望子肖孫賢。事君以忠，事親以孝。廉以爲吏，學以立身。睦嫻任卹之懿，節烈貞芳之行。足維風而勵俗，實裕後而光前。九辟高賢碩德，則秀明堪溯；兩爲記室雄文，則嶸文堪追。瑾則慕古推賢，雅則殉身爲國。子期之知音難並，元常之草體誰階。儀操南音，建爲樂尹。靚乃河南之守，許則益州之牧。御史中丞，風傳伊父；中書進令，書號小鍾。鎮西將軍，惜哉兵死蜀國；鎮南節度，美矣郡錫潁川。門下有侍郎之官，尚書膺吏部之選，勳業爛矣，聲施赫然。思前代之芳徽，啓後昆之令緒。名無虛附，美不勝收。

歲在昭單，時維仲春。話我族長，聆兹英賢。僉曰："譜乎，修其亟矣。"予曰："俞哉，譚何易然？"諸公私族於謀，遂乃揖余而進："維昔輯修之重，專聘名儒；方今削藁之精，端資宿學。繼芳則天啓乙丑，九垣則萬曆甲辰。今藏乃成，非子誰與？"予惟蹄涔螢尾，有類刻楮鏤脂，固辭者三，推讓者再。難方尊嚴之命，妄有許可之詞。爰請舊籍之藏，聊試塗鴉之筆。目眦幾裂，心精用單。飲水不忘其源，必先河而後海；庇木惟思其本，亦自幹而及枝。上治則祖宗之脉絡，若瓜瓞兮綿綿；下治則孫子之毓鍾，如麟趾兮振振；旁治則族屬之聯繫，如螽斯兮蟄蟄。夫然而尊卑長幼秩然，有禮以相維；喪紀婚姻藹然，有情以相接。何至等先公於弁髦，詢彝器而莫對，視宗人若秦越，而肥瘠之不關乎哉？尤念譜法歐蘇，永垂模範，眉山之言宛爾，盧陵之訓昭然，是用博采遠稽，因之罄思畢慮。獲片言

於遺册，如握靈蛇之珠；聆緒論於先型，似奉崑山之璧。曰忠曰孝，
爲節爲廉。或雁塔題名，或藝林擷秀，或斾常書帛，或彤管垂箴。
行無隱而不彰，善雖微而必録。惟冀振芳聲於罔墜，延先緒於不
衰。且夫上天之厥賦維均，彼蒼之降才不殊。扶輿鬱積之奇，初不
區於疆域；聖世教化之廣，豈有限於方隅。倘英賢崛興，將後來而
居上。惟在澡身以浴德，行且黼國而黻家，必敦一本之恩，用擴同
仁之旨。程叔子學聖人於髫齡，非虛語也；范文正任天下於窮困，
豈徒然哉？躡月窟，探天根，孔孟之心源如印；攀龍鱗，附鳳翼，皋
夔之事業堪追。區區陳平之宰臠，遂誇相烈；沾沾叔孫之綿蕝，漫
許儒宗。雖有善者世爲述焉，或且卑之無高論矣。德馨樗櫟庸材，
非堪與甫徠競秀；駑駘下品，豈容與騏驥爭先？承群公之殷殷，寫
予懷之渺渺。知同齊客濫竽，尚待郢工運斧。用竭百慮於愚悃，聊
備一言於簡端。非敢附於先民，敬以俟夫來者。《鍾譜》

記壽八府君遺事

壽八府君諱永德，字淑仁。余少時聞父伯言府君事甚悉。距
村東三里許，有十一公祠，俗名四腳殿。其證也。稽家乘，顧不詳，
惟云氣宇軒昂，遇強梁而不畏，繫京獄一十有八載者，與父伯言頗
合，是以著而論之。

父伯言府君家殷富，尚義好施。父禄十二，明正統間捐粟一千
一百石助賑，勅爲義民者也。府君與石城徐某交善，某亦富，而好
倚聲勢，援引貴顯。來府君家，府君待甚厚。姄氏闇識其人之弗良
也，屢止府君，府君弗聽。晨起，命僕以金盤盛水使客沃盥，客見而
欲之。歸，使人來假。姄曰：“假而不與則失情，與而不還則失義。
以妾所見，某非好人，其勿與便。”府君不然其言，竟與之。某得金
盤，久無還意。府君亦不肯捨，將訟於官。某恐，乃以他事中傷，覘
知府君某日將往縣訟理而設計焉。余村至縣治有二道：一由舒宅

經燕山入永豐門，一過古竹經南湖入小南門。府君往縣多由燕山。某有莊在舒宅，前一夜，暗使其家梟丁傷殺守莊婦女數口，遂以誣府君，而訟諸官。府君有白馬，是日騎赴縣，將由燕山，馬不肯就道，乃易道古竹。古竹有廟，廟有土地神。府君過其旁時，天猶黎黑，林木蕭森，路無行人迹。忽聞空中下碁聲，府君停策眺之，則有二老人坐石手談，白髮蒼顏，都不類人間狀。見府君，老人欲起，府君曰："止，止。"由曲徑驅過。老人曰："天下有此好人，何以報？"其一曰："將有難。"府君心動。及至縣，則勾府君者紛如矣。府君理直，某雖狡，無能爲。然亦備受痛楚，卒不誣服。府君姪曰方一，爲府君訴府道憲司辨冤，府君繫京獄一十有八載，疑不能決也。夫以一人而能傷數人之命，其凶悍何如，豈可以厚誣府君？府君既非凶悍，則凶悍者當反坐誣揑之條。又況府君與某交厚，原情察隙，何待一十八年之久始克斷斯獄哉？亦足以見奸惡之計詭，而當時之折獄者可知矣。府君之在京獄也，日有老人携羹餌餉之，得不餒。及釋而歸，遇老人於道，疑其狀，叩之，則向所餉羹餌者也。問其名，則曰："行十一。"府君曰："叟不事是獄乎？"老人曰："向者憐君耳，余非司京獄者也。"府君向受羹餌，謂爲固然，及是感益深，思所以報之。問其鄉，曰："古竹。"府君喜甚，同行。且近家矣，邀老人同至家。老人堅不許，曰："而離家十八年，奈何使客間汝家人婦子歡？而但明日訪余，未晚也。"府君固強之，老人失足陷田，衣半濕，泥上及靴，蓋渡口分歧處也。府君歸家，終宵不寐，旦躬至古竹，遍訪十一，無識者。倦而憩古廟，見其旁有土地像，宛如老人。諦觀之，衣半濕，泥及於韡，驚而悟曰："十一者，土也，神乎，神乎？向余行路，告余以有難者，神也。宜乎其橐饘活我獄也。"焚香肅拜，誓建祠以報。神見夢，謂"但設位，勿立像"，府君遵之。迨今三百餘年，奉祀勿衰，府君之教也。

　　夫行通神明，其平日所爲，殆無不可對神明者。雖然，使府君知人如妣，而又能厚自斂飭，何致罹灾若是？嗚呼，可不慎歟？自古小人每害君子，君子卒不可害。害且及，而冥冥中護之，又以見紛紛者之適以自絕於天也已。府君之終得釋，云有京官訪察之力，而姪方一已卒於外。府君子二，次孟榮，以栝寇亂，率鄉勇赴戰死。石徐某蓋名孟傑。父伯云。《鍾譜》

選　以雲府君傳

族伯以雲府君諱一臺，先貧後富，其外則猶寠人也。與余同庚，以絳縣老人之數計之，蓋長余者，於四百四十五甲子中去七之一焉，而餘其四者强。余生時，府君婦劉已喪，次、幼兒皆亡，惟長男儒在，少余先君子一歲。余成童，府君已七八十，蒼顏皓首，與儒偫畚挶，負耒耜，出入於炎歊風雨中。時或不笠，大雨灑背，如荷上珠。炎蒸酷烈，人喘息不得，府君灑如也。衣嘗不蔽體，冬不領，稍溫即去之。然鄉隣告貸無不應，或童豎取稍遲，必叱以為不恤人艱苦。佃戶輸租，無燥濕皆收，必勞以酒食。糴與人，本分外必加少許。而自奉則食貧居賤，與傭作為伍，故曰“其外則猶寠人也”。府君壽九十乃終。當中年時，儒才扶床，襁負隨身，為人傭，其苦有非人所及知者，卒能自立若此，使其始之風霜備歷，不堪摧折，而遂自沮其志氣，豈能有後日之豐裕？有志竟成。嗚呼，獨田舍翁當自奮也哉！全上

選　貞烈貞娘、貞節定娘合傳

癸卯，余搜家乘，得太姑貞娘、族姊定娘者，偉其事，轉嫌其載之不詳，爰訪姻族，得見本傳及耆舊之言，為節録其巓末而附論焉。

貞娘，廷徹府君女，字俞源庠生俞翰。年十七，未嫁而翰卒。貞娘聞訃，即慟哭矢志。父母利其再嫁，禁閉之。貞娘志益堅，哭不絕口。宗族有仗義者，集數十人持械突入閉所，取而護歸俞家。

貞娘依夫靈幃，成服守制。諸生俞款等上其事於宣平學翟宗魯，翟申司府兵憲夏公俊，批曰："昔者曾子問於孔子曰：'婦死如之何？'曰'娶之'。又問曰：'夫死如之何？'曰'亦如之'。今觀鍾氏未面夫而聞訃慟哭，即奔翰靈所守制，是其天性激烈，不待强而後能，即始可以卜終矣。謂非數百年間氣所鍾者乎？仰本府備花紅段疋，擇純篤教官一員，躬造其廬禮之，仍刊'貞女門'三字於匾，以旌异焉。"府憲李公冕批曰："鍾氏未嫁而夫亡，慟誓奔守，固其天性，而風俗之醇厚，亦可見矣。仰縣折段價銀貳兩，白米二石，該學官親送翰靈所。仍集父老善慰，終其貞介。毋令父母翁姑改逼，豪强奪取也。"時縣備花紅羊酒，刊"貞女門"匾，令學博柴堅、高送鎬親送至貞娘所守靈幃禮之。及服闋，翁姑貪財信讒，復逼再嫁，誘其歸寧不得，遂減衣食。貞娘百折不回。時邑令入覲，署印郡幕王衞、幕董各送布米，遣吏戒諭翁姑，令給米與貞娘自爨，乃全其生。宗族好義者各少周之，以補其缺。及二公去任，邪人之計行矣。適新令不好節義，里老稟舉其事，反笑曰："此痴女也，未嫁何必爾？"翁姑聞之，謀益肆，百計逼逐，絕其饟，雖周助者亦拒之。貞娘乃泣曰："噫！終事舅姑不可得矣。"遂縊死於房，數日顔如生。里老聞之縣，縣曰："彼自死，何與爾？"貞娘之貞烈，遂泯滅不著矣。噫！可慨也已。

定娘，一貴府君女，井徐譜云："鍾氏，崇勳妻。"甫問名，崇勳隨父宦秦都，一往二十載。定娘既苦食貧，而徐家更無舅姑伯叔諸姆，亦無饘粥負郭之田，止餘一垂白煢煢八十歲之伯翁，內外無依。議者原其情，以為即改適，亦於婦道無虧也。定娘曰："不然，吾父既許徐，吾終徐婦矣。"遂歸徐，緶繡織紝以事伯翁。奉祭祀，歲時勿衰。伯翁卒，經紀喪事。而崇勳在秦都已娶妻生子矣。音耗聞，定娘無變志。厥後崇勳得一命，榮司巡檢閩中，乃迎而成禮焉。嗟乎！君子無所為而為善。鍾氏之家，內外飄零，藳砧遼遠，且已土著外郡，途窮望絕，若此果何所爲，而徒自苦若此？推定娘之志，即使夫婿不歸，親迎終缺，亦將顧影自憐，以没世而已矣，豈復有足以易其志哉？世之恒情，一念之拂，易操徙志，莫知所止，安有未字而寡，垂老而醮，毫無德色如定娘者哉？定娘成禮，年已四十。崇勳卒於任，定娘匍匐扶柩歸，以節終。康熙中，徐、鍾二族合呈其事於學憲宋公，宋公給區旌門。今學官丁祭，尚有給貞節鍾定娘胙。

論曰：余讀《柏舟》詩，共姜守義，父母奪之不可得，未嘗不撫卷興嘆曰："嗟乎，一與之齊，終身不改，何其貞也！"然亦已適而不再醮耳，猶或有恩愛結其心也。若夫結褵未屆，卒以死守；與夫隔絕他鄉，終於寡嫠，此其勁節尤駕古人。而所值又皆坎壈困頓，豈非貞静純一根於性哉？貞娘一厄於父母，再厄於舅姑，三厄於縣令，惟遭際窮，愈見素守定。有司之聞不聞此，自關主持風化之事，於貞娘何加損焉？定娘待禮四十年，若將終身垂老，合婚卒以孀居，前不以未識夫面而變志，後不以無承夫嗣而易操，可不謂難歟？嗚呼！貞娘以有父母舅姑之故，而不諒人只，甘爲捐軀。定娘以父母舅姑之恃，反得終其天年。易地則皆然，雖與日月争光可也。

仝上

節孝楊氏傳 張氏附

楊氏，君泰室也。仲滔生君泰，君泰之兄曰秉綱、秉紀、秉達。秉達早夭，仲滔爲君泰娶楊氏。楊氏逮事舅姑，克孝謹，舅姑卒，哀毀盡禮，尤和於姉娌。然居十餘年無所出，而秉綱、秉紀皆殁，皆無子。仲滔綿綿延延不絕如綫之脉，專屬於君泰夫婦矣。未幾，君泰亦病。楊氏卒無所出，而君泰又且病以死，仲滔綿綿延延不絕如綫之脉於是絕矣。楊氏無姑嫜之恃，無伯叔姊姒之依，寂寂空閨，孑焉對影。或諷以改適。楊氏泣且言曰："余姑生夫兄弟四人，皆未有以承宗祧。余復謀他適，是余姑無子而吾夫無婦也。吾夫無婦，是吾夫終無子也。余三伯皆無子而并無婦，吾夫雖無子，猶幸而有婦。余又不能終婦吾夫，則宗族之謀繼嗣者必將爲余長伯立後，是長伯無婦而有子，吾夫有婦而無子也。"言至此，放聲大哭，或亦爲灑淚。楊氏又言曰："不特此也。爲長伯子者又將無母，子既無父又無母，能保其終爲子邪？是吾夫有婦而無婦，長伯有子而無子也。予能終爲吾夫婦，即吾夫無子而有子，吾夫有子即長伯有子，而予舅予姑綿綿延延一綫之血脉可以有恃矣。況婦人之義，從一而終，又何他望焉？"或聞言，益肅然敬。於是宗族議以秉淑之子海星、秉文之子養時爲之後。雍正某年，邑令徐公亮祖贈匾額曰"松筠勁節"。嗟夫！末俗衰微，貞風罕覯，七子之母不安其室，《凱風》所以作也。楊氏身無所出，無姑嫜之恃，無伯叔妯娌之依，懷抱螟蛉，苦節以終，使君泰無子而有子，而仲滔綿綿延延不絕如綫之脉得以不墜，可不謂女行之足嘉歟！

張氏，楊氏媳也，配海星，生子男三。海星雍正癸丑年歿，張年二十九，抱遺孤相終始，義足稱也，惜未邀旌門耳。然自是而後，仲滔綿綿延延一綫之脉且有曾孫四、元孫十五、仍孫八矣。仝上

選　節孝徐氏傳

徐氏，郡庠生諱志振字玉律之繼室也。玉律初娶徐氏，生子周歲而卒。父蓄大爲玉律更聘徐爲繼室，甫問名而玉律病，醫勿效，然已委禽矣。徐氏笄及時，乃迎而成禮。徐氏之歸玉律也，年才二十，溫柔不愆於儀，事舅姑孝，撫先徐氏遺孤慈，舅姑喜曰："吾乃爲吾兒得佳婦，吾兒其宜無患。"未幾，玉律病劇。病多變，始病足，足愈；病喉，喉愈；又病驚癇，每頭眩而暈，兩眸子翻上白，手足拘攣，輒僵仆於地如死人狀，久而始甦。始則一年三四發，繼則月一發，其後日一發，或日數發。家人伴病者皆懈，氏維持調護，飲食寢處湯藥之屬，必躬必親，無倦容。卒不起，氏哀號絕粒欲死。舅姑曰：

“新婦，吾兒已死，今汝又如是，是重吾喪兒也。且先氏子幼，非汝無以生。其強爲我撫之。”氏聞命，乃少食，撫兒曰：“舅姑言是，吾雖不見良人，見良人所生兒，如見良人生也。吾非是兒，吾死矣。吾有是兒，吾何死？吾寢，惟是兒溫吾衾；吾食，惟是兒餕吾餘；吾鏡，惟是兒伴吾形；吾行，惟是兒隨吾影。吾何死爲？”兒九齡，將就塾，無何兒遭疾又折。氏曰：“向之不死者，以孤兒在也。今已矣，可以死矣。然舅姑老，非妾何賴？吾不死，吾爲鍾氏代子職可也。”舅姑憐其志，感其孝，以次子之子汝紳爲徐氏後。

余家少君曰：“始氏臨夫喪，哭之慟。余勸其當苦節以成夫名，今果克遂初願也。”氏今年四十有七。仝上

閒 閒 亭 記

有亭翼然臨於草堂之後山，不雕琢，無鉛華，從古制也。亭高而望遠，碧山遙峙，相向若屏風然。亭外廣各如亭，則築牆迤邐拖而下，自堂而陟於斯亭也。堂之後有雪居，雪居之後爲容膝軒，軒下置石桌，桌之外累石爲砌。砌凡四，高廣各五六尺許，菊、蘭、牡丹、芍藥諸嘉葩堪玩賞者皆植焉。砌有階二三級，由軒而左，歷階登砌，則右行。升階復左，則上斯亭。亭南有松，森森千尺。北有古梅，老幹蒼然。其下有雙桂，至秋則香氣馥馥迎人。竹數莖，嬋娟青翠可愛。其後有甘蕉十數，自春暨秋，綠色紛披，掩映牆外。昔人顏其上曰“閒閒”。

戊寅，余忝爲山長，時與二三童冠散步於亭中，因招呼之曰：“若知閒之爲樂乎？世之稱丈夫者，得志於時，從車塞途，前呼後擁，才俊滿座，此干彼謁，則不能閒。君待於上，民仰於下，則不可閒。惟士君子抱道不仕，隱居自樂，有閒之具，則又或寂處於窮巷蓬篳之中，未盡得夫山林泉石之美。世之得山林泉石之美者，又紛紛逐逐，雅不喜閒。然則古今之能閒者幾人哉？今吾與諸子

勤而藏修，倦而游息，日盤桓於其中，不亦優游而自適乎？夫草木之間，則亦有閒焉者矣。洛陽之種，維揚之葩，與群卉爭妍鬥艷，吾不謂之能閒。唯菊於花卉零落之秋，璇蕤圓秀，或或菲菲，故能閒者莫如菊。唯梅於雨雪紛飛之中，含英吐華，芬芬藹藹，故能閒者莫如梅。唯松，冬夏青青，桃李煥發，木槿敷榮，而不亂其心；勁風折其枝，霜雪集其幹，而不變其色。故能閒者莫如松。今吾與諸子無大丈夫之志，非隱居而樂，又與諸能閒之草木朝夕晤對，可不知所以自閒其閒乎？"諸子唯而退，於是遂書而爲之記。《清源宗譜》

王日泰字□□。乾隆年貢，新城訓導。

選　重建崇聖祠尊經閣記

自古帝王御宇，舉天下之郡縣莫不立學，所以明聖道也。故崇聖人之先，有崇聖祠，而又有尊經閣，則以聖人之籍藏焉。吾邑崇聖祠舊在聖廟之左，年久傾圮。每歲春秋上丁，奉神主於尊經閣中，行祭奠之禮，其體固已褻矣。而閣復爲風雨所剝蝕，棟折榱崩，漸不可支。余每過其下，輒悵然者久之。夫佛老，非吾聖人也，然而琳宮梵宇，金碧璀璨，並及土木之侈，偶有朽敗，而一二崇信佛老之流且不惜罄囊相捨，必使完整而後已。乃至崇聖人之先與藏聖人之籍者，反聽其蕪沒於荒烟蔓草中，而莫之或顧。昧宗旨而惑因果，寧不深有負聖天子崇儒重道之至意也哉？

歲丁未，揚君廷榜乃慨然謀重建之，合同志暨門下士二十餘人，鳩工庀材，甫一載而閣告成。既又念崇聖祠之不可不亟圖也，復相其故址而經營之，至庚戌而向之傾圮與剝蝕者咸煥然改觀焉。事既竣，屬余爲之記。余老矣，久荒筆墨，然以揚君之能知所重，閱數十年之廢而不興、壞而不舉者，殫心力以克底於成，爰不揣固陋，而爲志厥顚末若此。其同志者：徐君法樂、王君宗育、林君梧南、祝君菲池、徐君師潞、顧君文虎、徐君心望、顧君廷薰、湯君元祐暨倪兆峰、王廷彪，至徐錦勳、阮廷俊、倪成萱、王鴻業、徐應壎、湯學偉、湯開基、湯應奎、徐仁美、陳璉、顧廷葵、徐祖鑁、徐祖言皆其門下。嘉慶修邑志

揚廷榜字芳遠，號金山。乾隆丁酉舉人，臨海教諭。

家 訓 閣 跋

巨山季公，老成人也。搆書齋數楹，録文公家訓懸於講堂，額曰"家訓閣"。夫自小學以入大學，道備於一，以是課諸子，《顔氏家訓》、《陳紀門法》、《義門家規》不是過也。典型不遠，其在斯乎？乾隆甲辰武川金山揚廷榜書。李蔚鈔本

王　瓊字待成。乾隆間諸生，著有《清静草堂詩集》。

清静草堂自選詩序

古人謂詩人少達而多窮，歐陽永叔曰：世所傳詩者，多出於窮人之辭。非詩之能窮人，殆窮而後工也。夫所謂達者，蓋名列廟廊，身顯殿陛；所謂窮，則蘊其所有而不得見於世，抑於有司而不得奮於時者。於是以憂思感憤之鬱積，郊罷臣寡婦之嘆興，所以入人之深，感人之易也。余身不受一爵之榮，家不沾半斗之禄，四壁蕭然，俯仰不給。噫！予達也乎哉？乃居心淡泊，不慕名利，朝夕琴一張、酒一壺、碁一局、詩書幾卷，暇則自適於山峙水流之間，有所得則出一二俚言以寄意而寓情，逍遙之下，其樂陶陶。予窮也乎哉？惟其不窮，所以發於詩者感人不易，入人不深也。而且聲律音韻之細，多見未諧者，工於何有？夫詩貴於工，不工不足以問世。

予雖於朋友往來不無應酬之句，亦但盡當日情事，實非欲問世也。故集中之詩，止堪自選，而不敢質之於人，若曰此中人語，不足爲外人道也。本集

何元啓 字佑人。嘉慶丙辰恩貢。

草馬湖葉氏續修宗譜序

南陽葉氏，古稱我武四大姓之一。先世由松陽來，與石林葉夢得同出。高曾以上既族於斯，人文振振，最著則奉直公介，以學行典祀於鄉。邑有巷，發祥故址也。大宗之裔，更徙城南數里而近。其里上依燕山，熟溪之水縈其樊，烟雲古樹之中列屋環居，無阮氏南北道之分，無裴氏東西眷之別。

舊有譜以聯族姓，自明到今，凡屢葺之。所奉不遷之祖即奉直大夫，祖其可，知且始顯於武也。繼別之宗爲奇杰，譜再造也，不紀遠而紀近，則斷自奇杰公下始。皆如物在貫，前此支派既分，寧略弗詳，蓋其慎也。而以紀錫命，則前有勅録；以考典物，則載其豐碑；以垂家誡，則族有約言；其有才行高著者大書特書之，而教誨式穀之義寓焉。由是上考姓氏，詳遷徙，遞稽世系，條貫而支分之，冠以石林一序，遂皆若網之在綱。然其間有疑以傳疑者，譜言介六世祖遷武，介之六世，夢得九世也。其言具在，無所云上世遷武義者。葉獻臣始居武川，載於譜端，而系圖不有，則所云六世祖者，其人歟，非其人歟？抑下此世次復失，以秩皆稱奉直而訛歟？且奉直生南渡後，爲光、寧間人，上距真人法善幾五百歲，不應世數僅十。於夢得行視其曾祖，而奉直舉進士實後夢得八十餘年。凡此皆未盡核，豈無軼見於他可爲舊譜拾遺補缺者？而卒不聞贊一辭，非固也。人本乎祖，祖而誣，毋寧缺有間；同姓從宗，宗而紊，毋寧拘於墟。穀梁氏曰：“知其所不知，知也。”別祖以降，則遂班班可考焉，

而近更約之。今之役復踵甲午而增修之，以事則罔弗目見耳聞，以地則不出比閭族黨，以人則皆一祖之來耳雲仍。而始之終之以告成事者，裔孫光遠，予戚友也。敦本務實，言貌藹藹恂恂，非務誇舊族爲名高者。然而鼎彝法物，時經拂拭，則光景常新；俎豆几筵，親撫手澤，則音容如睹。《傳》曰"公侯之子孫復其始"，他日者，皂角遠揚，芷江繼盛，以其冗宗，蔚爲國華，使人俯仰壺山熟水，嘆想明德之有後者，必自草馬湖族無疑也。草馬湖者，葉氏今所居之里名也。嘉慶五載歲亞上章涒灘律中林鐘上旬吉旦雙泉戚末何元啓撰。《葉譜》

廻龍橋左右重建廟閣捐資引 乾隆丙申

吾里左右崇山，澗水曲折，迤北稍陷，昔人環兩山而橋之。橋旁有閣，閣後有庵，鼎相峙也。宗祠後座，祖塋左關，俱於是乎在。小春初，住持不戒，庵宇火焉。里老咸曰："是庵也，於橋爲輔車之依，革故則鼎新，盍建諸？矧神所憑依，爲香火情，亦云從也。"雖然，有說焉。

關公以忠義封帝，供奉佛閣之下，使諸天法象駕乎其上，非示尊也。佛氏空諸所有，既名庵院，而豚雞斗酒喧闐於不二門中，非昭潔也。雷澤周公惠此一方，而左个祔享，於俎豆弗祧之義有間，非銘恩也。失此三者，而沾沾焉曰"由舊"，曰"守先"，庸知始非關公特祠而餘皆踵事而增乎？且如庵建自前明，而雷澤祔在順治，其一徵已。然則必若何而可？曰："離而二之，參而三之。橋之西土塍亘山麓，有地一畦，募築一畝宮，而拓土塍以爲長廊傑閣，由是遷關公於西，右報恩而左奉佛，文昌祠徙廟故址焉，此一說也。或者關公不遷，後崇佛院，以新所築者位雷澤諸神，而於前之相爲鼎峙者高且大之，此又一說也。於彼於此，人情胥悦，顧謀益臧，工益聚，用亦益多，積素無備，若之何？"老者曰："衆志成城，千狐集腋。

吾里，孝敬之里也。載念爾祖，相其陰陽，有攘而呼，如倡斯和。其自始祖派下，同心共濟，財力兼輸，祀龝則剖其腴，社會則罄其積。《詩》曰：‘庶民攻之，不日成之’，眾也。"既與里中成謀，乃筮吉日，鳩工而庀材焉。爰志簿端，俾眾知所爲，踴躍百倍。將大書特書累書不一書，庶董是役者可先定其規模，以從事也夫。何閏棻鈔本

重建廻龍庵記 改名海麟院

庵於廻龍橋側，名之即以其名，不問而知爲橋築也。爲橋築，而橋之初則曰"石虹"，又不問而知其築於隆慶後也。顧廻龍，狀其地耳，以橋名庵歟？則不可得而知。不可知，則曷爲以隆慶後斷？曰：臆斷也。

故老相傳，以爲庵未建，橋蓋屢圮，夫六年再圮，此隆慶間事耳。碑記猶存，而舊譜《荆山公傳》又有"興造水口，築護龍岸"之稱。迄今審觀地勢，左山右隰，其形俯仰，岸不築，則水潴於西而西壞；庵不建，則東且墳起而東壞。夾而鎮之，固其所也。而碑文不言，則橋先而庵後歟？丙申冬，里人以庵燬，故謀所以復之，而徵余言以告同里且募焉。既署捐，鳩工搆造，易其前之爲層樓者，建廟三楹，而徙佛閣於後山之麓。山皆穀詒堂世業，不待別募，因又拓其東爲面壁之舍，其西香積之厨則仍舊貫。回廊遶蹬，曲徑通幽，凡諸改爲，議具前引。特其餘力未能逮，先惟立其大者如此。

此一役也，余家伯氏終始其事，基鑿經營，則皆堂叔方濂尸之。經始於十一月某日，底來年五月某日。凡攻木之工四百幾十有奇，土之工四百幾十有奇，礲石之工殺其三之一。復於其秋塑繪諸像，工又以百計。共費白金若干。事既竣，里人慶祝而樂其成焉。相與謀曰："名庵而祀關公，未協也。然竟以廟易之，又失西來之意，且沒先人之爲橋而築者，若之何？"余曰："述作相承，意在心知，不在名也。橋之先不曰‘石虹’乎？如不以是爲沾沾也者，則愚有説

焉。關公志在麟經，大士化身南海，制則離而二之，名則合而一之，易庵而院，可乎不可？”僉曰：“然。盍記諸？”余惟《傳》曰：“疑以傳疑，信以傳信”，後視今，猶今視昔，無以信之，豈惟“莫知我勛”？ 正恐謂我作古，大廢前人成烈也。況雷澤公仍姑祔祀，前所云興特祠、修文昌閣諸事，後有作者，正期踵而成之。凡此皆不可不書。於是退而紀其月日之于役者，登其財力之並輸者。歲乾隆丁酉一陽月下澣里人元啓。仝上

重修文昌閣引

迴龍橋畔，瀕溪有閣，舊名“憑虛”，溪山之秀萃於斯，昔之人蓋爲游觀作也。譜載：前丁丑歲，里人設位肇祀文昌，於是始易以今名題額。考《太史公書》，斗魁戴筐六星爲文昌，有上將、貴相、司命、司禄之名。而上將鎮威武，貴相理文緒，互見《晋書·天文志》者，語益加詳。故世之崇奉者有三，一資武，一祈男，而一掌桂籍，顯天下文章之士。夫生男子，能文章，奮迹科名，此人生所大願也。倚靈秀之區，上妥英靈，嵯峩紺殿，元宮掩映，香雲桂月，邀文福於宗主，增輝媚於山川，二而一之，其以烝髦士、興文教也固宜。昔人以身喻國，凡齒舌耳目手足，言之各肖，獨於眉無所屬，槎上老人乃以文章當之。山水者，天地自然之文章也。其鍾於人，則蔚爲國華，蓋無用而有大用者存，猶眉列於面，若無與於五官，而去眉則不復成人貌也。

閣之初建，年代無稽，續而勤修者三，各有記。其一題匾懸於楹間，則康熙庚申也。天運卅年一變，於是運歷四終矣。迭更興廢，棟宇凋殘，幸脱劫灰，久且崩圮，失今不葺，隳前功而埋手澤，能弗念諸？前歲同里諸公曾商盛舉，將舍舊而新是圖，道謀不集，於今三年。《語》曰“仍舊貫，何必改作？”匪謂省橻而用之也，匪以小謀敗大作也。有基不可壞，踵事且增華，敢告同人，要約梓里。舉

前歲之既署捐者斟酌輸之，馨社貯，剖祀腴，匠木計其需，塑繪贍於
用，毋墨守成規，毋務侈觀美，毋口惠而實不至，毋始立而卒不成，
財粟兼輸，勞費偕任，於以栽種於文章之府，培根於陰隲之由。則
此一役也，昭天之章，孕地之靈，振人之文，一舉而三善者備，其以
光前緒，耀里閭，視諸此矣。爰以召匠筮吉之初，略存始末，以冀共
斯役者之黽勉同心焉。嘉慶己未九月。《清源宗譜》

修 譜 緣 起

　　吾宗之譜，譜吾宗人之生婚卒葬也，有之百數十歲矣。若作梓
材，六勤樸斲，以時考之，皆三十而嬴，三十而縮，其季於今未遠也。
族人悔壬午之役，思以更張而速之。速之誠是也，人於先世所遺衣
服杯棬且世守焉，歲時啓視，使無失墜而後即安，何況即其肢骸之
所分而析乎！我宗人之勤勤於此也，水源木本之思也。思其艱以
圖其易，可不慎與？

　　歲己亥，浦陽陳鶴年適來吾里，族叔音玉以爲言。比至辛丑，
遂屬修焉。方興事，陳子商所以珥筆者，余曰："先生著作手也，光
我宗祐，與有榮施，而何教玉人彫琢玉爲？抑以云我祖也我知之，
則願有述。前吾不聞，其在壬午，耳而目之矣。記言記事，莫適爲
主。聚訟盈庭，憎沓背憎，其惟不協，以及此憂，則末之消也。然世
譜之失，往往枝峰蔓壑，轉相鈎牽，甚者貂有尾而狐帶令，悉滋姍
笑。而今固無是，如肉貫弗，不及膚腴。異苔同岑，皆吾臭味。是
則源之清也，瀹之使導，澄之使潔，繕之使完，以庶幾於上下省而昭
穆明，旁行視而長幼序，循首訖尾而勸戒備。緊非先生，孰能之？"
陳子諾焉。造端五月之朔，訂舊錄新，早夜孜孜，閱三旬而已具大
略。嗣以事去，於今三年，宗族俾余輩成之。余惟譜之難，難於信，
抑難於公？詳吾所自出，概略旁枝，尊吾所自出，遂名諸父。雖蘇
氏法不可謂公，不公則不可以信，將焉用？譜書曰："其難其慎，惟

和惟一”，吾取以爲志焉。既盟於心，遂稽於衆。省成編而參驗之，聚散帙而甲乙之，凡諸屬筆一稟吾師隸渠夫子而後定藁。書成計若干卷，會時已冬暮，授梓改卜來年。嗚呼！此一役也，至於三而始告竣焉，難可知也。蓋其慎也，前後云云，願以告勤事者，共矢和一，以不忘前車之戒。是則我祖宗實式憑之者，遂書以志緣起。乾隆四十九年季冬。仝上

宗　譜　跋

《雙泉宗譜》十二卷，余與同族諸公基之，且内之鑒之以蔵陳事者，數年於兹，其役亦云勤矣。雖所學不廣，言未雅馴，要皆質以紀言，實以紀事，統期無負公信與慎之義焉。嗚呼！觀於此者，亦可以識孝謹之心矣。人情祗以一己爲親疏，雖近若其兄之子，視之必不逮其子，然試以父視之，有以异乎？無以异也。推而上之，大父之孫爲從父昆弟，曾大父之曾孫爲從祖昆弟。又推而上之，以至於無服，莫不皆然，一以祖若父愛其子孫之心爲心。故曰“譜以惇族”。陶靖節詩云：“同源分流，人易世疏。慨然晤嘆，念兹厥初。”旨哉斯言！蓋本論也。役既竣，附書卷末以志鄭重。併諗後有作者，共喻此心，以繩繩繼繼於無窮。仝上

穀詒堂灾記

己丑歳朝，日幾晡，坐承德堂之南樓，聞有聲囍囍出出。推窗視之，火起比隣。遂相與號呼，則勢已熾，闖東北風。穀詒堂在其西，鬱攸從之，不一時堂與左右厢屋皆燬。舊例，元旦堂懸祖先像，自房始祖下，各以昭穆分配。其上世間歳輪流，又上世則輪流或四歳或六歳。方是時，人有號顧府者，有謀濟濡蒙茸者，有援屋下上或塗或撤者，不肖之徒有貌急難攫取人財物者。堂中執事人駿犇拾供具，方惴惴焉，顧此失彼。俄見懸像拔壁間，若有物焉掀之下

者，捲而出，幸皆保全無恙。

噫嘻，先靈其猶在歟？或曰："果爾，何如祐之以不灾邪？"是則不然。蓋斯堂之設，奉祀典，會時事，訓風俗，凡我子孫，吉凶禮行歌哭於斯者匪一，而且中霤神靈正棲其陰之上樓，所宜以時輯修而日洒掃也。比十數年來，器具雜陳，鷄豚糜至，甚者穢惡填於砌，祖衣暴於庭。或斥之，白眼相向。嗚呼，人之不率至此！想我祖宗魂魄戀此，方眦裂焉，假手祝融氏之一炬，以掃除而更張之，其在《書》曰："乃祖乃父，乃斷棄汝，不救乃死"，又曰"作丕刑於我孫"。嗚呼，棄之刑之云爾，尚何祐哉！且安知示變之餘，恐懼修省，儻若聰聽彝訓，禍兮不即爲福所倚？是乃不祐之祐也。疑者意解。

是灾也，計廳事三間，即所謂穀詒堂也。東西廂樓屋八，附西廂之北，爲火始攸灼。叙而南者樓屋五，其他以不可嚮邇，可撲滅？毀瓦撤椽者，數之倍三。其年十月，某等以肯堂爲急，從昆明劫灰後，鳩衆復之，踰月告成事。前此堂既燬，門內脊脊多故，停柩中堂無虛日。余悼亡亦於是年，即造廳之前五日。其餘病者纍纍，堂建而後定。嗚呼！此吾家一劫運也。記之以爲後來鑒。乾隆四十六年辛丑秋七夕。 _{仝上}

孝 標 公 傳

伯祖諱孚式，字孝標。先曾祖訓導公長子也。家世務儒，且多壽。伯祖年踰耆，尚逮事先曾祖。一生稟承家學，每日問視而退，即閉戶展卷，雖遇兼鄧攸、劉蕡，絃誦自如，到今以好學不倦名鄉邑。漢臣叔祖嘗親炙之者也，其言曰："世之務讀書，未有如吾兄孝標之專者。居嘯竹齋中，經史子集排列滿前，無晝夜寒暑，披吟不輟。有所得，濡毫詮其額。自予從之游，年六十餘矣，蒐羅群典，精力未嘗少衰。暇則汲泉掃籜，以供著具；賦茅拾橡，以給晡餐。皆躬親之。"所著科舉文不多，其初，尚甫先生擊節賞之，族兄爾行承欽亦時贈詩相敦勉。後以命蹇，屢困棘闈，不色沮，謂無以和氏淚滴老萊衣也。其於艱抱子亦然。年視二季三十以長，家中巨細事悉委之。後雖析箸，負郭田不知其畝之南東也。與里中鼎元承甲爲文字交，以世誼相好。震潛兄弟、中雷、中垣。鼎元亦務學，震潛力於農，皆古道君子也。既久試場屋，不中，食餼需次當貢闕廷，值連丁內外艱，旋以歿，故不及。寢疾時，伏枕猶手書，眈眈視字。家人詰之，則笑述《再來詩》讖事以解。《再來詩》者，侯官老儒賚志以歿，再世早宦於閩，以悟夙因者也。

　　啓自幼習聞叔祖言，每懍想之。比長，從舊笥中得遺文讀焉，古味盎然，吉光片羽，彌可矜貴。所讀書丹墨淋漓，時又寓其陟屺之痛，知年之懼於《青烏》、《素問》諸編。嗚呼！是不言而躬行矣。雖不遇，其庸多矣。元配徐氏，賢而無子，納副室沈，以女弟字之。沈氏，杭之羊市街人。以康熙辛亥三月六日戌時生，以庚辰五月十五日卒。從叔奉遺命設祭，因例不入傳，附注於此。繼室氏陸。承祧之姪曰文英，雅尚儒術，人稱孝標先生無子而有子。乾隆九年葬公於左溪東陽，旁有地曰"書堂基"，墳丁舍焉。樂哉！斯邱蓋以是始，以是終云。

　　贊曰：水至清無魚，人至清無徒。或言伯祖以清故無後，是不然。伯祖非無後者也，《詩》不云乎："教誨爾子，式穀似之"，夫惟似之，是以有之。生之膝下，以長以教，而性情行事無一肖者，彼其鬼庸非若敖氏乎？且鄧伯道哀籲人口，而狄梁公以景暉廢祀魏州，果孰有而孰無也者？今伯祖之爲人，吾聞之；吾叔之爲人，吾見之；後吾叔以後吾伯祖者，吾望之。雖然，豈一家之私哉？覽其餘暉，坐其故居，讀其遺書。嗚呼！雖去千載兮其來歸！同上

永 堂 公 傳

　　嗚呼！吾叔之亡，於茲三年矣。始吾先君鮮兄弟，視從昆季如同胞。然所稱素心莫逆相應若左若右者，叔爲最。啓生三歲而孤，

不及事吾先君，見吾先君相親厚者如見吾先君焉。嗚呼！今已矣，於茲三年矣。

按公諱文英，字漢傑，永堂其別號也。以伯祖協中公仲子嗣其嫡伯孝標先生爲大宗後，所考，吾家讀書種子也，易簀，命公。彼時公方舞勺，居喪執禮如成人。嗣是讀父書，持門戶，孝養孀母，垂四十年無間言。爲人伉爽有大志，攄胸臆爲文，數十百言可立就。後會內外事牽率，不能專精下帷，竟罷進取，以諸生老，非其志也。顧雅善談文，老弗倦。教其子，家中毛髮事不以相溷，而又選賢與俊課，拔其尤，津津贊譽之，出則逢人說項。吾里故多文社，東山羽竹間，凡館課其有履聲橐橐者，必公也。其生平尤有不可及者。乾隆初有客自永以山來質，即今葉絲阮祖壟也。時則偕吾先君揭貲應之，而後告於家宅，兆厇歲。已事而竣，又葬所後父，瘞其亡叔，各營吉壤，皆與吾先君基之、鑿之且內之。不數年間，諸事井井。好施與，其性也。族大宗子零丁孤苦，無以自存，公撫之，生賑死殯，并倡募宗黨以爲其子娶，時周恤之弗替。又里有多兄弟而窘且彫敝者，其一壯未有室，輸資慫之委禽。未幾，子生身故，遺孤今成立。其他細不勝書。而公行所無事，迄無德色，有稱道者，反頻蹙，亂以他語。德配徐氏，舉男女子五，早逝。側室男女各一。公悼亡年甫三十餘，或爲請繼室，聽弗熒也，終不續弦。公強飯善飲，衣無紈袴，出必徒行，下上高山，少壯者且弗及。年餘古稀，無疾而卒。墓草未宿，冢嗣迭喪，二年中吾哭其三世焉。嗟乎！作善降祥，天道也。報其人之天如是邪？然君子道常光遠而自他有耀，安知今必异於古所云哉？公猶子視余，余故道其卓卓可傳者，以待既定之天，亦因以志吾先君之所以與公相得者，非偶然也。同上

敬 承 公 傳

自入小學，偕里兒受書，以至弱冠，聯筆硯同事一先生，爲穉齒

之交者，若而人，從叔敬承其一也。

叔諱與予同，初生時，吾先君適挈家爲會稽之游，兩不相聞，故從同。已，予既孤，遂不改。叔之考，漢臣先生也，行誼見浦陽陳選拔所爲傳中，不復贅。叔生有异稟，童時便咄咄逼人。既學爲文，多奇致，蓁渠李師深器重之。顧性內剛，英氣未免早露。考爲人樸質純固，人以其古處獨敦，或揶揄之，不與校，往往含垢忍尤。叔則忿甚，居常發見顔色間。嘗向予鳴其不平，予勸解之，願姑養晦以俟。居無何，而叔竟以疾卒。越至今，墓木拱矣。回思羽竹夜話抵掌，他年必自樹立，豈圖而今至此？修短不足悲，吾於吾叔獨慨之深也。

前卒之三年，嫡母陳太君病，親視湯藥。迨歿，匍匐喪次。既鮮兄弟，并乏三服以降之親，內外一身，心悲事劇，積至於血不榮膚，瘡痏遍體。或乃藥餌雜投，攻其五內。既病，又不欲自言疾苦，以貽老人憂。此其所以劇也。向使當大故時，兄弟子姪或有一人以犇走先後其間，身雖勞，不困。即困矣，或尚有真相知及爲父執者，預進曲突徙薪之計，以早爲之所，雖病或亦可治。乃勞瘁之，攻伐之，并從而摧抑之。嗚呼，其何能久於世哉！方其在疚，余數披幃視之。比將屬纊，猶惓惓問近習，并及同館某某良佳。時余猶以爲有生機可望活也，然卒不起。遺孤曰松茂，幸有大父，齒雖垂暮，得長養之，至十有三年。今克家且有子，頗體其母丸熊畫荻之志，讀書嘯竹齋中。嗚呼！吾乃友其二世矣。維習知其前後遭迍之故，進松茂而語之，以志氣蓬勃者學其父，以德量淵涵者學其祖，則庶乎其善繼善述也。松茂因名犯外祖諱，奉母命改以松濤應試。《傳》曰"不於其身，在其子孫"，吾叔之謂矣。後死者將終爲之破涕以笑云。同上

選　從兄紹庭傳

兄諱汝纘，字紹庭。余從叔漢傑公長子也。上代以儒業顯，叔

尤篤嗜，尋常告教，儒家言津津不去口，以故兄偕其弟承郁交修弗息，比蓴游庠，文名競爽。弟較豪邁，兄乃專務自得，長年一榻，密咏恬吟。尤好手鈔以代誦，日録傳文一二，經歲則裦成數編，見今散佚。里中凡舊徒案上有端楷鈔本厚以寸計者，皆其手迹也。爲人謹厚誠慤，言不苟且，欿然自視，輒謂手筆平庸，非逢時利器，遂不沾沾於名場得失。策勵其弟從學名師，己則携諸幼弟及其七八歲兒誦習齋頭，日孜孜焉，無時或間。年踰壯，本生胞伯引爲童子師，開館超然家塾。塾瀕溪，水瀺瀺循階除，時與户内誦聲悠揚若相和。處此數年。厥後兄弟分關，乃移館舊居，課徒如故。然攖心門户，不耐煩，漸以致疾。每發嘔吐，終日夜水漿不入於口。始猶曠月，繼且旬時，延而至於椿庭見背，冡嗣云亡，輾轉於悲哀愁痛之場，而疾不可爲矣。其年九月，余省試畢，返棹蘭江，假寐舟中。恍聽吾兄聲口，推篷招之，矐然而醒。歸至家，乘夜訪之，已口不能言，越一宿而逝。嗚呼！此即吾向撰《漢傑公傳》所云“哭其三世者”。迄今追念，曷勝悵懷。乃不寧惟是，且滋甚焉。淑配氏趙，生男子四，次子早折，餘俱成立。無何，長先厥考卒，幼則不能終制。趙嫠居十載，以病亡。仲子隨之。遺兩寡媳依母黨而居者，後死僅十餘年。嗚呼！一門老少幾二十人，廿餘年間摧折芟夷，掃地以盡，何辜於天，乃降以鞠凶至於此極也？

　　庚午之冬，承郁修兄墓并集兒媳六喪族葬於左右，且各爲立嗣，乃郁兄又謝世矣。事涉參商，終占悔吝，匪鴒之呼而鴉之取，茫茫墜緒，爲鼎折足，爲離中虚，可勝慨哉！祠譜將成，回溯吾兄前後遭屯之遭，淚墨導哀，以發同氣不昧之天良，庶或仁至義盡，俾幽明兩無所憾，則區區所深望者。同上

濟美還金記

　　通一百五十九公諱中煦者，爲人端慤樸誠，於人絲毫無妄取。

康熙某年臘月，貿易到縣城，偶於店肆拾一捲袱，發視之，白金燦然，計錠八九。心知爲交易者所遺，潛袖而出，倚市門眈眈視外，自禺中至日晡杳如。店主人訝而問焉，則對以他辭。將夜，始有貿貿然來者，倉皇入戶，目左右望。叩之，以情告。公毅然曰：“若金固在，然來何暮也？”其人曰：“予住馬昂，今晨携貲來償宿逋，倂市度歲物，猝覓弗得，急反索於家，往返五十里程。勞君久待，請以半酬。”公曰：“余利而金者，何終待乎？”力却之，黃夜而歸。公時尚未抱子，後連舉丈夫子四、女一，人言爲善獲報，於此始基。然公卒不以此自多。越三十餘年，又有其子永功一事。永功狷介如其父，其年行麥隴上，獲遺金一束。審視標記，知其人在前途，定還尋覓。速奔迓之，果遇於數百步外，質之符合，出諸懷與之，彼此推讓，一如乃父故事。

　　嗚呼！鋤園弗視，千古美談；續苧終還，山林亮節。以學士大夫所難能而可貴者，今乃得之耕氓野叟，抑且世其家風，後先一轍，謂非善氣之特鍾於一家歟！今中煦公久作古人矣，孫枝漸繁，永功又獲吉壤以葬，天心福善，洵不誣也。其後必昌，方來未艾。書此以爲爲善者勸。同上

誄蕉圃文 有序

　　蕉圃，余從兄子，漢傑先生嫡孫也。性端愨，質秀而文，如玉在璞，如冰在壺。讀書雨半軒中，圖史橫陳，花香撲面，致灑如也。邇年佐父課徒，父患疽，每發，揩摩終夜，與諸弟更番，不少息。比乃祖疾，日夜侍左右，并冀以安其父也。先意竭力，辛苦倍他人，諸父昆弟嘖嘖稱譽之。余沐漢傑先生視猶子，姪遂猶父視吾，晨夕齋頭遇悲戚，輒爲蒐羅典故，問奇字不解之解，時以忘憂。顧其身歷坎坷，較余滋甚。弱冠餘病魔纏身，刀圭繫肘。後既就試，連擯有司，一曾幾得而又失之。乙未之夏，賀有子矣，已而冰絃乍斷，阿抱仍

虛。以茲二憾，沉鬱無聊，追求皇再鼓，幾於一曲廣陵散矣。而大父漢傑先生實捐館於此年，喪次後家門多故，輿脱其輹，鬼張其弧，暑月奔波風雨中，坐此遂病。然猶勉自支架，以無貽親憂，故日以病重。越庚子三月癸巳，竟賫志以殁。吁，可痛哉！卒之日，遠近嗟悼，惟余則尤所謂休戚如實在己者。靈輀將發，誄以餞幽，亦言有盡而情不可終也。銜哀繕斯，俾焚告焉。其辭曰：

　　嗚呼汝臨，九世冢孫。本派自方塘公下世爲長支，至姪凡九世。慘傷凶逝，月黑天昏。惟汝初生，無菑無害。聰明夙慧，親從咸愛。束髮之初，講習親予。朝吟夜讀，不輟匡居。冀汝令聞，摩天巨刃。乃厄童場，一衿偏靳。中更无妄，墮落千丈。福兮禍倚，鱷魚明喪。去歲之春，缺月重輪。爲歡幾何，祖也殞身。祖時寢疾，信竭其力。率先諸弟，孫兼子職。汝命耶非，奔走無時。矧此雞筋，堪爾忘疲。溯汝秋初，前知汝疾。危言不諱，膚言匪急。綿歷冬春，藥石不靈。哀哉死別，頓隔幽明。嗟予蹇屯，動輒窘步。憂來傷人，曰惟汝故。叫天無辜，竟奪汝速。琴窗晝掩，書鬼夜哭。嗚呼噫嘻！余懷之悲。後來先逝，生且何爲。知余之弱，不撫汝尸。貽汝以安，不奠一卮。夙重吾文，爲文哭汝。魂兮歸來，夢寐余語。凶短何因，憂茲折磨。豈伊天道，毀璧摧柯。縈縈東塢，祖墓山名。一抔黃土。容體長歸，依於而祖。嗚呼哀哉，湘竹痕斑。琴焚不彈，蜀鵑縱鶴。揮泪藍關，嗚呼哀哉！同上

武川文鈔卷五

國　朝

揚世英字冠群，號春圃。乾隆甲寅舉人，任西安教諭①。

鍾希賢七十壽序

　　儉，德之共也。慎乃儉德，惟懷永圖，斂浮華而歸渾樸，一種純厚敦龐之氣，凝結於一身，而無所耗散，其人往往多享大年。若無懷、葛天之民，《康衢》《擊壤》之叟，壽皆數百歲，崇儉之所爲可久也，善乎！終南隱者《化書》有云："純儉之道，於己無所與，於人無所取。我耕我食，我蠶我衣。人不怨之，神不罪之。奢者多憂，儉者能福。奢者好親人，所以多過。儉者能遠人，所以无咎。"予嘗持此以爲座右之箴，而一家非之，一國非之，欲求一合志同方率履不越者，恒不數數覯。宏閣鍾希賢翁，其庶幾與！

　　翁爲人端厚謹飭，篤於孝友。性儉約，衣不羅紈，食無兼味，無宴樂聲色博弈之好。足迹罕至城市，常守老氏不出户之戒。家本小康，勿事經營貨殖，餘一餘三，惟務節省。不數年而良田日置，堂搆聿新，遂成殷富。凡遇鼠牙雀角，勿屑屑與人校曲直，有婁師德風。其他細行，亦無不可稱述也。世風不古，勤生而嗇施，薄義而

―――――――――

①　"西安教諭"四字原缺，據《武川備考》補。

喜争，儉之流於鄙陋褊急者多矣。翁則睦婣任邮，一切利濟之事，知無不爲。郡城通濟橋輸白金五百，郡伯吳殿撰嘉之，贈匾額曰"尚義好施"，獎之也。世謂行義者，其好名也；勤施者，其干福也。語云："避好名之嫌，則絶爲善之路矣。"予亦曰："避干福之嫌，則絶濟物之路矣。"夫行立者名彰，德茂者壽永。翁今年躋杖國，視聽不衰，丈夫子四、孫十一、曾孫一，一堂四世，觸目琳琅，天之報施善人何其厚歟！益信儉之爲德，以之治家而家其豐亨，以之治身而身其康吉也。

先是，翁仲子大勳從予游，予設鐸於衢，大勳又負笈來署。歸之日，告予曰："歲在乙亥首夏，爲家嚴七旬之慶，願夫子一言以錫難老。"余稔知翁之儉德，淡泊明志，必不願製錦幛設綺筵，重費里黨親朋。第即所述梗概如斯，持歸以進爾翁，度必喜動顏色，滿進一卮也。抑予不獲登堂拜祝，復不能采方朔之桃，覓安期之棗，金玉其音，已覺腹之儉，而所以介壽者，蕪詞之外，別無長物以侑觴，得毋轉笑予之儉不中禮也與？《鍾譜》

稡 擷 引 言

學尚修辭，多成糟粕。文非載道，用誚虛車。儒家者流固博也，而不知其要；綴文之士亦擇焉，而不盡其精。《永嘉八面鋒》，祇事揣摩之術；《錦繡萬花谷》，不無冗雜之譏。曹丕享敝帚以千金，總皆皮相；董威得殘編而百結，更屬浪傳矣。英自六齡就學，粗知《論語》《孝經》，至十歲學文，即好《周官》《爾雅》。奈生於僻邑，异書莫借於中郎；況質本中人，積石任藏於曹氏。隨時購買，籍愈閱而愈多；觸處鑽研，卷每開而每掩。削朽株而成枯竹，夢未生花；啓夕秀而謝朝華，愚同捫籥。百回讀罷，五既或忘其三；一覽遺來，一又不知夫二。稡而擷之，烏能已也？由是單詞隻字，恒自錄於蠅頭；因之片羽吉光，聊用充乎楉腹。一可合十，千可合萬，成奇膳於五鯖;十而當百,百而當千,納須彌於一芥。譬如瀛海,飲半滴而知其鹹;有若鼎烹,嘗一臠而知其味。陳言務去,洵爲戞戞難哉;要語不煩,差勝多多許耳。積四十餘年之力,得三百多種之書。大經中經小經,虎不妨以文見;史部子部集部,豹亦可以管窺。比於海録,紀原勿嫌乎少;較之稗編,肆考未見其多。摘艷薰香,蜂釀花而作蜜;裁雲縫霧,狐集腋以成裘。蟲則欲雕,不管中書之禿;獺如可祭,寧辭手腕之疲。束規矩於制科,記虞夫醜;爍精神於時藝,句取其佳。網羅以爲覓舉之資,十居八九;漁獵而作應酬之用,百止二三。遺册當存,間采自蛛絲馬尾;新編是附,竊備夫馬勃牛溲。嗟乎!專攻八股,屢蹙雙眉。換骨顧虛,莫試鉛刀之割;掣鈴心窘,坐忘木榻之穿。白蠟何爲,惟作胥鈔以度日;青氊無事,時將選句以移情。茹古涵今,祇有心於小技;督繩引墨,必貽笑於大方。都無用處,詎空冀北之群;見亦同然,諒是遼東之豕。故藏諸秘枕,僅可授徒;即携在行囊,那堪問世?溯方流以窮玉水,尚貴累丸;沿圓折而討璇源,此爲嚆矢云爾。《粹撷諸經》

恭頌太上皇帝紀元周甲授受禮成 重排周興嗣《千字文》

聖人御宇,甲子壹周。福洪萬祀,業駕千秋。想歸厥政,勉攝其猷。唐虞比禪,禮樂並修。時維九月,曰哉生明。金枝幹茂,玉葉條榮。早懷實意,默寓真情。親王弱弟,宗叔伯兄。并諸師佐,且及公卿。璿階奉勑,華殿定名。東宮陟建,南面持平。靡推往牒,都效歡聲。丙辰上日,嘉慶元年。嗣皇即位,帝命沛宣。初登大寶,祗受薪傳。基承夙夜,離照當天。身游仁世,途歷讓淵。善蒸邈邇,祜永連綿。我朝振起,長白流光。飛龍鱗躍,神女果嘗。圖收河洛,歲會陰陽。傅巖助相,磻父扶匡。儌稱吊伐,拱布冠裳。巨軍傍魄,高義騰驤。叛皆誅逐,惡殆黜藏。捕幾冥滅,斬者骸傷。庸夫邛積,盜賊虢亡。豈容霸據,務主約章。宰臨五土,奄有遐荒。

踐盟故戚，勒策廟廊。　妾臣漠塞，輦轂西羌。　縻廣禹貢，委竟職方。
丁男滿宙，籍隸盈箱。　漢秦晉魏，湯發羲黃。　察於盛典，杳得抗量。
惟君造夏，率莫與京。　篤恭罔息，敬止甚誠。　執中而出，操要乃精。
動求合的，間省秉衡。　笑嚬獨重，食戾勿輕。　恬虛坐理，正直適成。
困顛必濟，志慮寡營。　引賢交切，去弊等驚。　蘉來晏好，訓惠弁纓。
箴辨內史，藝富尋城。　首稽取士，賓啓四門。　節廉根植，孝友本敦。
川澄學海，宿蓋德園。　阜橫雁字，宅列蘭言。　冬寒窗短，暑清不煩。
嚴霜靦覆，晦雨莊論。　阮稽審答，鳥火通溫。　甘鹹已守，才俊彼尊。
皐伊忠感，孔孟性存。　珠璣射目，劍氣凌崐。　逍焉駒谷，朗此珍垣。
梧岡徘鳳，漆水翔鷗。　任多璧府，李咏翠房。　步徊樓寂，逸遺亭涼。
頗耽琴肆，巧對墨床。　佳眠致誚，假寐駭惶。　箋矜銀帳，舍俠草堂。
仕誰進隱，物帶熱腸。　劭農被利，納稼問詩。　稷馨可達，稽事易知。
服田始獲，終畝匪疲。　竹杷斯力，莽翦攸宜。　糠安敢厭，飢則惑悲。
沙薑翳鬱，素奈矯姿。　赤圓籃寔，青筍林垂。　場抽淡芥，魚釣深池。
騾車飽載，驢背歌隨。　糟杯晚舉，黍飯畫爲。　庶飧具□，夕膳弗虧。
享羊養老，驅犢使兒。　下緣稅薄，賤賴囊資。　瑟非楚奏，笙信靈吹。
二糧累散，兩賞每施。　更蒙餘足，願謝轉移。　織推嫡婦，處慕良工。
染殊麗色，絜似孤桐。　少姑勞竭，軻母居同。　淑妍紡勸，衣組用充。
行遵履道，倫盡地官。　刻增石鼓，彩接興桓。　羔陛尺枇，爵映寸丹。
矩懸郡縣，綺結羅紈。　經筵疏解，祭酒貌端。　入牆自謂，釋菜悚觀。
楹陳古器，銘近商盤。　壁絲聆妙，帷席說難。　呂慎罪刑，韓疑偪束。
法律指詳，髮毛洞燭。　令尹毀譏，庭堅傾屬。　禍畏改過，恥能化俗。
垢埶克磨，潔如巾浴。　立木懼卑，設機恐辱。　鑒別渭涇，棠聽阿曲。
惻體以心，恃從所欲。　簡兵誠密，習武運遙。　張遼右顧，趙牧左招。
威猶遠岫，將號沉寥。　輄迴矢落，絃熟手調。　仙禽丸聚，曠獸露颷。
昆戎潛伏，鳴嘯荷凋。　溪渠路靜，嶽岱景飆。　功書鍾雅，形畫杜霄。
幸因鉅制，次是舊文。　既新口耳，貴集見聞。　又常超特，迹最空群。

侈談碑碣，异讀索墳。筆摩槐市，紙寫松雲。鞠躬思語，頓顙何云。
閭欣再旦，曜亦陪暉。星環絳闕，鷄唱紫微。邑封户給，家睦國肥。
浮觴領拜，侍陛益輝。陶鈞愛續，兹育譽馳。仰瞻治象，俯眺羽儀。
黎民悦也，州野念之。紛投美贊，競作英辭。煌乎嫌吉，優若寵綏。
貞恒無外，康豫在兹。八音和扇，百禄後貽。分忘愚陋，謹表極規。

《重編千字文》刻本

項秉謙字六吉，號坤山。嘉慶辛酉拔貢，任宣平教諭。

選　洞主廟碑

　　社廟無村無之，釀貲置産，莫不專奉一神，以祈黄茂而祝烏邪。
俞源洞主廟則祀清源妙道真君，與我邑二郎廟同，亦即二郎也。世
俗不察其詳，猥以小説家所謂二郎神者當之，誤矣。案，秦李冰爲
灌令，開灌口堰，蜀人受其惠，罔不祀二郎者。冰行二，故曰“二
郎”。或曰堰之成，冰次子實以死勤事，故祀之。當時稱通濟王，至
宋封真君，而其祀遍天下。

　　俞源之廟祀即始南宋，迄今六百有餘歲矣。廟曾有産與否，世
遠年湮，無碑記可考。今之田實由三班香會，曰“永諧”，曰“永隆”，
曰“長發”，會長李嵩萃等乾隆癸巳共捐置若干畝，永諧會又自置若
干畝。道光甲辰，村中有願以善價鬻是田者，守廟道人請各會友相
商，售田得價，別置田畝，田增而租亦增，廟中經費遂覺裕如。將以
田之坵段勒石，而屬余爲記。予既樂其始之捐助，繼之變置，均於
廟祀大有裨益，又以神之由來人傳多訛，幾似浣花之奉十姨也，爰
贅數語，垂示後來云。光緒《宣平志》

重建洞主廟碑

　　俞源近吾武，而隸栝之宣平。俞、李、董三姓夾澗而居，其勝不
减桃花源。上游有地曰“龍宫”，三姓先世建洞主廟，奉清源妙道真

君爲社主，宋以來，廟凡屢修而世世崇祀弗替。每歲正月朔旦三日，祈夢者踵相接，其事不知起何時。

嘉慶初，予方弱冠，曾一至焉。今來爲邑廣文，歲星已四周天矣。道光甲辰，闔村相與議曰："吾邑舊多著姓，近則指首屈即及吾村，惟我真君實陰相焉。乃華屋遍村，而神所棲數椽如故，我輩安乎？且他村社廟，惟村中人歲時報賽耳，若我真君之靈，遐邇莫不瞻仰。廟貌不崇，其何以肅觀瞻而昭靈爽？"於是人人樂輸，經費遂集。經始於甲辰之四月，迄乙巳之冬而竣役。廟五楹，大展其基址而改石柱，中奉真君，左方合祀文昌、關帝、大士，右方專祀土地。像設由舊，而規模之宏敞，煥然一新。又以住廟道人向居右旁，苦陰濕，特於左旁拓土崇基，搆齋堂靜室。此一役也，廟之崇倍華於村之屋，諸君子宴飲以落之，亦將咏《斯干》之鬒飛鳥革，而可爰求吉夢矣。抑予之始至也，見前廳事甫落成，茲復得濡毫以記更建之歲月，彈指光陰，不啻黃粱一夢，异日將再至而續前夢焉。得諸君子引我入勝，當不致如武陵漁父之悵迷途也，何快如之！ 仝上

鄭母項節婦壽序

夫河舟自泛，燁管播其芳蕤；井水不波，中閨揚其馨烈。矯矯傲霜之操，昭昭矢日之忱，莫不流懿前編，垂型來葉。然而警齊姜之杅，在貴能勤；築巴婦之臺，有財自衛。方諸捋茶茹苦，晝荻含辛，報死者以待盡之年，撫藐孤於未亡之手。菀枯异境，豐嗇殊途，綜論厥風，未堪同日。

鄭節母項太孺人者，謙之從姑，及門之蘭之生母也。生稟柔嘉，衰宗早欽其寶；性成淑慎，鄰邑交稔其賢。爰際笄年，言歸鼎族。時則佳兒得耦，快慰二人；祥女入門，歡生三黨。入室有鳴雞之警，登堂無吠狗之聲。姑丈惟卿先生守先鄭之遺經，負小同之偉望，資其勖學，益用耽書。謂一出將冠其群，而再獻仍懷其璞。卒

以資志，遽赴修文。一索得男，甫解枰釘之戲；五年爲婦，條罹鬒髻之灾。鏡已破而不圓，笋屢磨而輒止。蓋婦將兼子，母且代師，一髮繫其千鈞，獨木支夫大廈。龍真出骨，犀不鎮心，春何日以非秋，夜長昏而不旦。洎乎寒梅凍破，諫果甘回。空冀北之群，子則一夔已足；振河東之采，孫且三鳳齊飛。仁卜顯揚，用昭聖善，而吾姑之年已六十有四矣。逞經輴史，備采興言，擬以松筠，榮之翰藻。客入當時之座，見即瞹眙；人過通德之門，歸猶嘆羨。梓里于焉增重，蓬門亦與生輝。

謙與之蘭，少違乾蔭，長稟坤貞，雖表廬各煥袞華，而綽楔尚遲綸錫。一門姑嫂，勵操相方；兩姓弟昆，懷私未遂。而一則草心含感，永悵春暉；一則樹萱忘憂，長娛愛日。屬當授簡，彌切撫卷，顧學僅識丁，敢漫矜夫塗乙？而分居猶子，竊能道其苦辛。爰前席以紀徽音，俟後賢之陳先德。《鄭譜》

惜 字 會 序

蓋聞結繩始易，體重象形；削簡代繁，書隆鳥迹。天曾雨粟，筆乃生花。故聖王範世以詩書，而士子進身惟文字。六書堪寶，何需玉鐍金題；片紙宜珍，豈必銀鈎鐵畫。乃或尋章摘句，一任蠧魚；嚼字咬文，都憑點鼠。蝌文斷爛，共飛絮以沾泥；兔册摧殘，若落花之依草。睹焉皆裂，言則心傷。況我輩目解識丁，手嫻塗乙，雖披葦其未絶，抑畫荻而能知。字是珠璣，那可輕抛不惜；言皆布帛，詎宜決裂難堪。所願拾瀋紅塵，投灰碧澗，始見墨同金惜，字擬珠編也。學子清高爾堂輩，約彼同人，成兹嘉會。乘繙經之暇，結惜字之緣，且於文昌閣上設茆絶焉。乞予弩末，弁彼簡端。予用忻然，輒忘率爾。此日曲咏霓裳，共列衆仙之譜；他年名書淡墨，竚看千佛之經。歲在柔兆困敦律中應鐘吉旦坤山項秉謙叙。坤山手迹

重修城隍廟後宮記

城隍之祀遍天下。其廟制，前有廳事，後必有寢宮。蓋以人道事神，謂是爲神退息之所也。而若我武之城隍後宮則更有説。

宋宣和間，邑人以項侯捍禦源賊有大功，繪像於廟祀之，後乃相傳侯已受代爲城隍，故廟以內不復爲侯置像。予聞侯之功德在民，其即爲治幽之民牧，容或有之。要其往迹，必不容没，當據《宋史》，即以後宮爲侯影堂，用追當日祀侯之舊。斯亦事之不煩更置，而遺烈常昭者矣。顧是説也，予於道光三年修廟之日發之，而非同年范君式庵，則後宮且不得修，更何有于崇祀後宮之説？

方廟之修也，諸同人拉予籌經費、定章程，於是向爲各祠捐建者，若修若造，各後人自任之。儀門及東西二廡，更而用樓；正殿增高其基者，尺有六寸；大殿各柱頭加拱者，八寸；簷端裁去椽者，五寸；臺基退六尺，上與儀門合；簷制加修廣。匠役如鱗，日縻金粟。諸同人以力難更及後宮爲虞，予曰："姑緩之，當有大善人加捐以玉於成。"無何，式庵來循廊周覽，謂頗調度得宜，及見後宮，訝曰："奈何置此？"予以力竭辭。曰："是烏可緩？第速爲之。君職其勞，我任其費。材必精良，工必緻密，勿縮瑟泉刀，使我與諸君及身須更修。"予曰："諾"，遂即日鳩工。中楹易柱一，易樑一，棟與桁凡三，東楹易棟、桁各一，西楹易桁、椽，更其半瓦，增其半，丹漆榱題、磨礱堦礋，黝堊垣墉，一如前殿。不四旬，役乃告竣，計支青蚨百緡以上。諸同人咸曰："一邑勝舉，得范君聿慶厥成，君家鵷子聲靈，乃彌有赫矣。顧君何若預知有范君其人者，而曰可姑緩焉，以拱而竢也？"予曰："范式庵家世積善，其祖若考皆慷慨好施。式庵承先志，見義必爲，故勸踰告乏者趾日錯於門，皆有以饜其意而去。君輩第見其辛未、庚申間兩出巨金活窮黎與夫倡造八素橋，謂直樂善不倦，而不知其庚申歷劫以還，凡事之有關先世如建宗祠、謀夕笔諸大端,皆以一身兼其勞費,傾囊集事,動輒盈千。其於斯役,特弩末耳!而謂肯如傾身障簏之徒,熟視而若無睹乎?"僉曰:"義田贍族,麥舟助喪,千古稱盛德焉。若范君者,乃真不愧文正後人矣。君盍爲記,以諗將來?"予以修廟規制未勒貞珉,因自忘其覶縷,連類詳之,用俟後之修志乘者采焉。碑在城隍廟。

王惟絃字□□。諸生。

節孝何母金太孺人七十徵詩引

大姑西來,矗出望夫之石;菊妃南下,滙成益壽之泉。蓬壺島中,芝不獨秀;寶玉巖畔,水恒雙清。恭惟何母金太孺人者,我友鶴岑先生之壽母,即前旌節邵太夫人之孫媳也。孺人珥貂上姓,畫荻名閨。嫵婉明經,無煩姆教;柔嘉習禮,不忝女宗。荊可成釵,絕無綺紈之習;椎還甘髻,大有裙布之風。溯自見廟以還,迨乎降祚而後,誼多惇固,身極分明。蓋太孺人挽鹿之年,正敬承公騎箕之歲。呱呱在抱,黃口未乾;盈盈滿頭,白髮彌短。痛存亡之异路,奚以生爲;憐老稚之無依,豈容死塞。青天歷歷,泣血慘杜鵑之魂;碧瀣茫茫,含冤填精衛之石。然或者從容井臼,黽勉齏鹽。瑯瑯夫人,徒工握算;清臺寡婦,祇事持籌。雖云操作之勞,未見艱貞之德。豈意貞松慣凌朔雪,勁草頻來疾風。丙子旦中,火赭參元之舍;壬午風甚,烟黔靡竺之家。時則孺人厝火不驚,墮甑奚懼?女而不婦,嗤伯姬之自戕;人也勝天,呼小女而旋息。至於認烏衣之舊壘,不少悲涼;若夫眺紅荔之頹垣,能無傷感?卒之櫝還遺珥,篋復亡書。孟氏遷徙之餘,惟愁斷杼;歐母仳離之際,祇想和熊。髦以當門,子焉持户。然而蛇蟠笥裏,知爲集慶之符;雀投懷中,識是發祥之自。此所以一枝玉樹,早蜚英於藝林;雙握驪珠,競燦光於玄圃者也。茲以三陽韶景,適逢七秩華筵。竹葉傳杯,海上湧麻姑之宅;椒花作頌,人間高天姥之峰。詎必齊年?願識周瑜之母;深知此日,競稱陶侃之賓。伏望惠以琳琅,編之翡翠,庶使赤城霞起,盈砌開貞女之花;絳縣春生,四座鼓皇娥之瑟。

顧倬槱原名成憲,字信因[①],號鹿畦。嘉慶癸酉[②]進士,任浮梁知縣。

湯研齋傳

湯君研齋爲介純先生之令子,先生以修德行義聞於鄉,君克承家學,早游庠序,食廩餼,貢入太學。屏絶外務,專肆力於古今文字。雖屢躓名場,不挫壯志。顧好爲詩,善言情,尤長於隸事。嘗謂人曰:"世以獺祭譏李義山,遂爲空疏人藉口。詩如義山,談何容易?讀破萬卷,杜子美之言可師。勿效胡鉸釘、張打油也。"其所見如此。

荔村王先生以詩道提掖後進,君從而受業。年甫弱冠,有"春水如雲緑到門"句,先生贊賞之,因授以詩法,詩日益工。先生詩宗王韋,君好温李,面目不同,波瀾莫二。是時門下士學詩者甚衆,君與董君芳洲其翹楚也。

君天真爛漫,胸無城府,喜怒率其天性。與人交,意所合,傾吐肺腑,如其家人。意所不合,顔發赤,徑去之,勿顧也。平生不問産業,獨好收藏書籍。闢家園數畝,亭閣參錯回環,隨意蒔花木。濬池引水,種魚數百頭,乘小船釣之,與客烹魚飲酒爲樂。傍園屋數楹,貯書千百卷。自課其子若孫,且飲且讀,興至則又爲詩。性懶詣人,而恒喜友至,不至則折柬招之。時與陳先生薌泉、王君仲垣、項君六吉、趙君辛齋諸同志尊酒論文,或至夜分乃散去。余年齒最

① "信因"二字原缺,據《武川備考》補。
② "嘉慶癸酉"四字原缺,據《武川備考》補。

晚，亦以小友厠其末座焉。

歲月不居，倏成隔世，蓋君歸道山，閱今四載矣。每至雲園，不勝今昔之感。所幸謝家玉樹，茁砌盈堦，咸知述祖德，讀父書，守其世業，以全令名。君雖才不偶命，其亦可以少慰矣。君詩集若干卷，未付梓，他日必有論定之者。《湯譜》

冥 壽 序

蓋聞春秋紀以八千，運會成於六十。圖披納甲，按周甲之輪回；神憶生申，倣守申而頂禮。擷蟠桃於瑤島，曼倩何嗔；獻火棗於珠林，安期所願。身與群仙之會，氣原帶以恒春；諦詮衆妙之玄，形自成爲不老。豈其花餐蒼蒥，猶難久駐紅顏；果證菩提，且復時嗟皓首也乎？恭維某翁，簪纓衍胄，書帶承庥。學士風清，尚書澤遠。少懷异質，穎不露於處囊；長負英姿，器遂成於貢玉。擁圜橋而被儒服，資式穀而整縹緗。企棣萼之聯輝，恩深愛日；幸椿榮之互蔭，念切循陔。以養志爲承歡，不待馮生責券；用紹先而裕後，無煩陸氏分金。觴豆無嫌，式義門之合食；圖書猶取，嗤曇首之析炊。分棗分梨，家人波及；薦桃薦韭，祀事聿修。創別廟而振小宗，肯搆肯堂，侈鳥革翬飛之盛；建輿梁而襄善舉，輸金輸粟，鞏鐵硍石砌之堅。雖名流眼獨垂青，當世眉惟重白。而效服勞於長者，善必歸親；懷奉命於先生，敬以事上。固已深人景仰，勤我寤思矣。矧夫幼安置器而忘爭，雍伯勸糜而待飽。攘雞不怒，反成飲酒之歡；失馬無憂，不入忘機之慮。鎮日惟論書畫，時約戴逵；終年共賞山泉，每偕支遁。斯即西京奉爲仲舉，東洛推以彥方。誰曰非宜？亦固其所。無何，在昔黃華影外，跨玄鶴以南飛；於今紫氣雲間，引青牛而東度。月際壽星臨座，日符妙果誕生。堂開六客，仿聆仙客之音；石過千人，即望真人之氣。擁旌幢而入室，階前玉樹臨風；授几杖以乞言，席上瑤笙侑畢。步虛聲徹，訣悟長生；控景神完，天昇自在。從此希踪句漏，將添算於北垣；授籙集靈，可注齡於南斗。又豈獨以管子之策，表見一時；計然之書，炳煌千載也哉？倬榷暫辭縶組，愧無鏤鼎之宏文；夙負題旌，且效稱觥之盛事。顧金仙而捧笈，毋須問玄雪之丹；命玉女以行觴，聊爲進黃脂之酒。《鄭譜》

八素橋碑

八素橋，源出武義八素山。龍湫之水，沿山西流十餘里，折而北，又折而西，入金華界，邐迤三十餘里，滙於麗、熟合流之大溪。未至大溪里許，有村曰橫店，其北則金、武往來之通衢也。水經是地，已合上流諸小水爲一，故其勢甚張。方春夏間，雷雨暴作，瀰漫洶湧，與大溪埒。里人束竹爲筏以渡行人，危險殊甚。肩輿、負販、徒行之衆，日無慮千餘輩，皆咨嗟患苦之。舊有石梁，今臥沙磧。蓋溪流轉徙，數十年來又別出一道矣。

嘉慶己卯歲，金武兩邑紳耆議建新橋，請諸邑宰。當事者金邑陳侯、武邑崔侯，概捐廉俸，爲士民捐輸踴躍，計金邑捐白金壹千叁百叁拾兩，武邑捐白金貳千壹百柒拾兩。橋崇貳丈伍尺，廣六尺，修叁拾貳丈貳尺有奇，爲垛拾，有壹垛下積合抱木爲底，累巨石者拾六層，橋端建石亭壹所。凡購石、庀材、鳩工，總費白金叁千伍百兩。始於嘉慶己卯冬，迄道光壬午十月工竣。《夏書》曰“十月成梁”，稱斯役矣。烏虖！以數十年往來病涉之區，思有以利濟之，而所費如是不貲，可不謂艱者？乃不出四年間，而黿負黿架，下視驚流，如履衽席。天下事有志竟成，且以見兩邑人士之急公好義者，而董事之心勤力確爲不可及也。舊橋名“龍宮橋”，或盧姓者所建，實名“盧公”，其曰“龍宮”，蓋音之訛也。今建新橋距舊橋十丈餘，定名“八素”，循水源也。碑見存。

何雪耘先生家傳

先生姓何氏，諱元啓，字牖承，亦曰佑人，號筠湄，晚號雪耘，邑南鄉雙泉里人也。何氏，清源郡王裔，宋末自栝蒼遷。明初諱貴者以賢良舉，仕長沙太守，挂冠歸。會靖難師起，遂隱寶泉山。山下又有漳泉，故以雙泉名其里。迄本朝代有聞人，而經明行修，藉藉稱人口者，惟先生最。生三齡，厥考方韓公即世，母氏湯勤苦撫育。纔能言，篝燈授以書，暇則與談古義，皆能通曉。性穎異，既就傅，精進淵詣，下筆驚其長老。髫年游庠，旋食餼。學使者按試，必高等。應鄉試，闈文一出，朋儕驚服，識者謂有前明嘉、隆遺軌，可式多士。凡十應舉不售，僅貢入成均。是時太夫人已辭世，先生以爲不遂捧檄之養，雖得第不足榮，遂絕意進取。

先世藏書最富，先生益購其所未備，積而逾多。朝夕寢饋其中，未嘗釋卷。自經史而下，百氏稗說及近代詩文集盡繙閱而能記憶。後生有疑問，輒覼縷首尾，應答無滯。自制義外，尤篤好古文，然不苟作，作必詣絕，璞玉渾金，望而知爲希世之寶也。居家以孝友稱，經祠事，興社學，葺亭障，修橋梁，不惜重貲。鄰里親戚有貧乏者時周之，不少吝。家故饒，後漸支絀，然遇善舉，雖破産勿恤，蓋其至性如此。

初娶朱氏，繼娶徐，三娶湯。子二，長應蒙，太學生；幼應豪，歲貢生。先生年四十外始舉子云。嗟夫！累德之厚，博洽之才，世難兼有。先生文行卓卓如此，儒林、文苑何多讓焉？孫某修家乘以傳屬余，因書其大略，俾付手民云。《清源家譜》

王殿耀字□□，號蓀畦。諸生。

盤根錯節集自序

原夫噓煦之氣，肇始東方；甲乙之精，潔齊巽次。位應蒼龍，乘鼓盪於風撓雷震；令頒青帝，劝蕃昌於露潤日暄。實結華敷，五行特盛，莖披葉蔚，雨大蔓延。巨細競顯材良，榮悴各分品彙。以故梗□締名邦之植，樲杞攸存；柟檀流絕域之馨，拼櫚勿棄。類難罄也，名孰數之。獨有窮山蠹本，曠野遺株，形癯貌古，經百折而盤屈莫回；蒂固根深，閱千齡而斧斤忘操。處憐非所，生嘆不辰。想剝蝕於風霜，科其槁矣；侵燒殘於兵燹，驪復啅之。材謝棟梁，羞稱惟工則度；賤隣樗櫟，遑問利器之臨。竊維僻壤陳荄，屢念寒林棄植。夕曛晨旭，托傴塞於幽荒；積薛蒼苔，致塵封以落寞。縱作酸棗曲直之性，而工緻妨節目之多。遂爾望倚崖巖，面空羽仙之想；幾番眠來松下，腸斷木客之吟。爰有巖棲逸叟，谷隱騷流，喜象形以惟肖，一顧空群。若由蘗於既顛，千班玉汝，擢出泥中，焦同琴尾之爨；珍諸席上，產等鴨欄之升。嗟夫！貞緻內含，用豈無用？腫瘦外廢，材竟不材。價懸欲待，桃李自匪瓊瑤；賈恨難售，榛荊終隨草莽。撫黃楊之既厄，悵白板兮誰過。於是幽怨題成，縱橫怨留葉上；《秋聲賦》罷，激切聲在樹間。斲每代傷，雕亦慮朽。排礌砢之私心，言中引繩削墨；戞琳琅於樂府，夙欽古調獨彈。緬彼雲璈，遙傳仙響；愧茲壞擊，浪叶韶音。萬一槎堪試載，程抵星源；或者楓獲含靈，奇覘寶相。清光來而渣滓脫，夜竟輝輝，陽和復而句萌蘇，春回勃勃。因斯摩抄勿置，玩賞滋深；匠門恥入，不忍翦裁。小厮輪困，繪事無庸。祇令骨相，仍其梗概云爾。邵炳鑾家藏鈔稿

趙務從 字□□，號辛齋。諸生。

演連珠十二首

　　僕聞鳳翔千仞，不阻斥鷃之嗤；鵬奮萬程，不管鶯鳩之笑。是以當仁不讓，俗論無被其所牽；尚儉則從，庸佼不屑以自耀。

　　僕聞海學以川，濫觴於汨汨；石穿以溜，肇始自絲絲。是以非

復吳蒙，止在志能帥氣；竟以魯得，惟憑學克尋思。　　右勵志氣

　　僕聞欲毀瑾瑜，瑕疵難免；欲殘梅栗，尋斧難逃。是以尺寸相繩，痛於蠆尾；鋒鋩含笑，毒於鸞刀。

　　僕聞仁普慈祥，宋能退惑；忌生氣餤，鄭則興妖。故美欲於成和，每以祥召；善不能阻乖，徒以异招。是以君子耻獨爲，絶覷面於鬼蜮；聖人好公善，偕揖讓於簫韶。　　右懲忌刻

　　僕聞折柳以樊，狂夫猶阻；坐蒲於舍，禪意猶扃。是以延士則開徑以迎益，潛修則閉户而窮經。

　　僕聞榮辱視此樞機，經曲關於梱閾。是以告面必嚴，見賓必飭，無忘禮義於君子之門，勿負箴銘於文王之則。　　右謹出入

　　僕聞蛇影壁弓，無猶搆訟；豕塗鬼車，涉則張弧。是以人或坦懷，非盡辛螫之有毒；己必嚴潔，無爲川澤之納污。

　　僕聞履不納於瓜田，冠不整於李下。何則？迹隣於似，疑起皆真。幾介於明，正持亦假。是以孝以自信，恭世子不能不縊於蜜蜂；智謂無傷，臧大夫不能不奔於徒馬。　　右避嫌疑

　　僕聞疾視惡敢，當小即無是；一朝忘所，及惑絶所非。是以孝子脱雄冠之劍，大勇憚寬博之衣。

　　僕聞福謙在於純約，行恕可以終身。故三讓雍容，暉占吉而心泰；一團和氣，睢盱泯而物春。是以善射爲死藝之媒，楚莊以針養叔；彈琴妙解圍之策，孔子以化匡人。　　右戒争鬭

　　僕聞猶賢爲飽食之箴，非慕其目；小數爲分心之鑑，非艷彼秋。何則機心惡生機械，注瓦禍兆注鈎。是以牙必預防夫獱豕，角宜早牿夫童牛。

　　僕聞物玩樗蒲，志每荒於魚水；心昏金注，家多敗於雉盧。是以意等防城，必效堅壁之將士；思無越畔，務同去草之農夫。　　右禁局戲。邵炳鑾家藏鈔本

徐承勣字□□,號□□。道光己酉拔貢。

宏閣鍾氏續修宗譜序

昔蘇氏老泉自序其族譜曰:"分而至於塗人者,勢也。勢,吾無如之何也。幸其未至於塗人也,使無至於忽忘焉可也。"斯言也,可謂深得作譜之意矣。顧蘇氏譜爲老泉所自作,故詳其所自出,而他則略焉。若後世名家巨族,或聚居,或散處,各以其總祠祔主而立爲譜,其支分派別之詳有不得援蘇譜以爲例者,而無忘一本之義,要於蘇氏爲近。

宏閣鍾氏,武之望族也。道光丁酉冬,其族人有續修宗譜之役。既告竣,以余爲鍾氏姻婭,來徵余言。余非能文者,且嘗慨序譜之失,攀榮攘美,揜張失實。若縷述世系,則譜中所已詳,似無庸贅。特余於鍾氏世德爲尤詳,今讀其譜而不能無言也。鍾氏自春秋時以食采鍾離得姓,至宋南渡平章公從駕至浙,屢遷而居於武,子姓漸繁衍。乾隆間所修譜,條例井然。今數十年,食舊德,服先疇,堂構克紹,雲礽日盛,今之續修猶前志也。吾武山居俗樸,民安土重遷,不去其鄉。然而故家大族,往往盛於此而衰於彼,固其循環往復之理,抑亦詒謀之未善有以致之。求其守孝弟力田之訓,數百年而益大者,蓋不多得。若鍾氏者,豈無積累而能然乎?夫本根勿傷,枝葉乃茂,鍾氏之人能勤於修譜,以無忘蘇氏之言,其敦本之意已可想見。由是義而各守之,其垂裕正無窮也已。余故不敢以不文辭,而書其語以質諸知言者。道光十有七年月日。《鍾譜》

王

雪隝先生傳

先生諱岐,字岳柱,號雪隝,余之族兄也。自少好吟咏,爲人豪放,不矜細行,然有至性。兄以樗蒱失業,推産與之。既復罄其貲,家遂落,處之豁如也,未嘗有怨憤之意。補邑諸生,屢試輒冠軍。未四十,忽患足痿。先生故磊落有志,至是棄舉子業,坐臥一室,專以詩酒自娛。年五十一卒。其爲詩不自收拾,多爲人持去。晚乃錄成一帙,僅數十首,自題曰《病呻集》。

於乎! 先生之誼可謂高矣,而先生之困亦可謂極矣。阨於貧,又阨於病,雖古來之稱牢騷者,未有若先生之甚者也。今讀其詩,抑鬱無聊中而孝友之心往往流露,豈非至性有過人者乎? 彼爭財攘産,視同胞不啻仇敵,是又先生之所深羞也。噫!《病呻集》鈔本

武川文鈔卷六

千爲傑字□□，號樂齋。道光己[①]酉拔貢。

上林軍門請兵稟帖

爲懇請迅速進兵事。竊惟武邑自去年四月廿三日失守，四鄉百姓恨切同仇，與賊鏖戰城下者累日，不克而敗。賊忿無所逞，西南二鄉焚燒十居八九，殺掠不可勝計。猶幸蘇陽、郭洞、雙坑、王占、清溪、白革、夏川、嶺下、橃樹各山村依險築砦，誓同死守，已逾一年，屢戰屢勝，殺賊無算。賊合金華、永康各偽隊，死力攻擊，於今年二月各砦潰敗，賊益無忌憚。谷雖深而必入，山無峻而不登，今日開門牌，明日征錢糧，百計搜牢，人不聊生。群黎百姓，延頸舉踵，望兵如望歲焉。

近聞大人統帶福建、臺灣精兵，揚旂東浙，業已連復栝蒼一郡數邑，邊境肅清，閭閻安和。戰勝之功，近今罕有。武邑西南二鄉，與處州之縉雲、麗水、宣平面面相隣，聞風之下，人人踴躍稱快，日盼大人速振雷霆之威，早慰雲霓之望，蘇息窮黎，亟時爲幸。且夫進兵之道，其利有五：一曰識天時。逆賊逆天侮神，十有餘載，雖

---

① "己"字原缺，據《武川備考》補。

屬運數使然，然而天運循環，剝極則復，否極則泰，理之常也。當萬寶告成之日，正三軍行戮之時。天清氣爽，山淨水平，士卒堪屯於高曠，車馬可放乎平原，此進兵之利一也。一曰察地利。賊竄金郡，地勢前逼後空，名曰死絕之鄉，兵家所忌。我軍扼勝衢州，實踞上游之地。先復處州，亦稱險阻之區。相機進剿，隨宜布陣，此進兵之利二也。一曰審人事。逆賊貪黷為心，自相殘害，去歲以來，賊勢大亂，覆沒於台州，敗亡於溫州，失利於寧波，半死於衢州，幾滅於處州，黃巖殺賊而靡遺，浦江擊賊而難數，諸暨興戎去其元惡，永康奮勇殲厥渠魁。況在武邑，蟻聚蜂屯，不過數千之眾，半屬擄掠之人。加之十有九病，黃羸飢疲，不堪爭鬥，以此類推，可知他邑。我軍將嚴士和，上下相睦，以新勝之銳氣，破疲敝之惡氛，何難一鼓蕩平？此進兵之利三也。一曰振兵勢。田單下燕七十餘城，謝玄破秦八十萬眾，以少勝多，轉弱為強，勢也。逆賊焚殺為事，天怒人怨。我軍蓄銳養精，所向無敵，如風偃草，無不披靡，以十擊百，以百擊千，以千擊萬，如身之使臂，臂之使指，無乎不宜，此進兵之利四也。一曰厲兵器。我軍水戰、陸戰、車戰、馬戰俱有成規。坐作進退，擊刺步伐，皆有定法。旌旗整齊，器械精良，一切火器，素所諳練。逆賊所用長槍短刀，半不完全，又不學習。利鈍燦然，巧拙判焉，此進兵之利五也。有此五利，以之制敵，何敵不摧？以之圖功，何功不克？伏祈大人愛民如子，嫉惡如仇，先克小邑，後攻大郡，恢復全浙。如操左券，名勒旂常，勳銘竹帛，誰不歌豐功偉烈者？此知己知彼，百戰百勝之方也。兵貴神速，民解倒懸，國家幸甚，小邑幸甚。同治元年八月日。

　　林軍門批：現已調集各軍接防處郡，本鎮親統大兵，指日直搗武義，該紳士等務先率領團丁，備辦軍糧，俟本鎮到地，相機進攻也。

◎ 武川文鈔

王庭揚字際可,號柳堂,蓀畦之子。補咸豐辛酉並同治壬戌科副貢。

討 蚊 檄

鳳凰元年六月甲子,伏簷國大將軍蝙蝠言:蓋聞智者順時而動,仁人愛物爲懷。蜂稱釀蜜之能,而釜鬻資其利;蠶擅吐絲之巧,而筐筐貢其材。世道攸關,民生所賴,固已竝生竝育,無菑無害矣。迺有夏黍民者,出身澤國,肆虐炎天,本蚩蚩之稱,妄誇雲集;作營營之計,幾致雷同。暮欲市成,昏便門叩,似地下之歌泣,效壁間之絲桐。不義多行,謬爲謙讓。刺人而殺,反用哀矜。王僚衷甲六七層,終能鑽入;石崇步障五十里,難免飛來。爾乃腹挂櫻桃,身裝金粟,錦衾角枕,時驚鶯燕之眠;月下花陰,偷視鴛鴦之宿。引類而昕宵行劫,呼朋則千百爲群。腴膏吮脂,恨深刺骨;焦頭爛額,詞吊露筋。縱云斑狗汗牛,撲殺何妨,而暗害我書生,應憐面白;即或野狐封豕,襲取猶可,而受傷伊小婦,將褪顏紅。猶復載飛載鳴,不生不滅,逞負山之力,充入幕之賓。附螟爲巢,自詡藏身之固。止蠅集棘,莫逃長喙之來。可嘆文身,成雀斑於點點;以茲利口,惑蟲飛之薨薨。適從何來,避之無所。馨湘南之蒲菜,徹夜飄零;傾塞北之狼烟,通宵難息。

於戲! 赤丈人之不作,綠衣使之已亡。夜明之砂,良有以也;丹鳥之養,亶其然乎? 是用氣憤房闈,志安床第,指揮羽扇,命娘子軍;手炙火攻,率孩兒隊。靖鷗張之勢,執以甘心;奮燕頷之威,飛而食肉。蠆尾誰施其毒,螫辛莫集於林,而況么麼敢爾,陸梁放肆。殄茲醜類,不許晨夕喧譁,大兵已到,如律令。

徐 錦字奪標。布衣。

記 義 伶 事

義伶,不知何許人。年可十六七,白而矑,丰致嫣然。爲賊所

1700

得,賊慶僞酋生日,使伶登場,伶不從。衆伶慫恿之,乃女裝度曲,音宛轉如鶯簧。賊方屬耳目,伶突躍下,奪械擊上坐賊,傷。群賊格縛之,不卸妝,囚密室。時咸豐十一年十二月二十一日也。明日,余陷賊,與伶同囚,驚爲美婦人。比詢其詳,知爲伶,姓李名菲。又明日,伶自經死。嗚呼,義哉!越十許日,余脫賊出,爲書其事,以俟廉訪者。

徐岱封字雲亭①,號靜園。諸生。

溫貞女傳

貞女姓溫氏,小名珠鳳,先代爲章安農戶。乾隆甲辰,甫七歲,歲祲,章安飢,父不能養,携以來武,求鬻於大族。時茂才鍾尊賢見而憐之,導以見室人王氏。王愛其韶秀,欲購爲茂才妾,女聞言,悲喜交集。王因謂之曰:"若願留邪?"女曰:"吾母食草實木皮者累月矣,果吾父得價以養吾母,吾事主人亦可得衣食,又何憾?"王遂決意爲茂才定券。女出送父曰:"父善養吾母,兒不能報父母恩矣,命也。"言未已,放聲大號。王與茂才皆泣下。女收泪入門,請事事。甚得王心,一時見者,皆嘖嘖稱奇。家人以女視女,無以妾視者。將及笄,王置酒請茂才,茂才以年大不忍玷女,議遣爲良家婦,女不可。一日有名門子喪偶求續弦,茂才喜謂王曰:"此可以托女身矣。"女指天誓曰:"吾受主恩厚,終身爲鍾氏矣。且處此無所苦,雖死不去也。"茂才不得已,寢其事。丙午,茂才卒,王曰:"今可以行矣。"女曰:"主父雖逝,主母在也。天命吾爲鍾氏妾,吾妄意爲他氏妻,是違天也。違天不祥,請守前言,以成下志。"王曰:"嗚呼!女果爾,吾不奪女志矣。"女佐王料量米鹽,籌燈紡織,雖至親罕睹其

① "雲亭"二字原缺,據《武川備考》補。

面。嘉慶戊辰，女年三十有一矣，王亦卒，女哀毀骨立。家人慰勸
數四，推以主內政。女出納勤敏，部署整齊，少年有懈怠者，必引茂
才及王之教以董之。內外咸肅，悉奉之如母。年五十九，無病
而卒。

亭亭山人曰：吾初至宏閣，聞故老艷稱貞女，輒識之不忘。歲
戊申，古麗家秋泉孝廉來與談貞女軼事，孝廉屬傳之，以俟采風。
因未得其詳，不果作。今以事復造其里，乃知貞女固書田姻丈先大
父之姬人也。爰亟詢其始末，次之如右。夫貞女不因文而重，吾文
又不足重貞女，而貞女之精神面目則已千載如生矣。慨自世風之
衰，嫡媵之間爲妬爲讒，不一而足。即嫡或不妬，而媵則妝嬌希寵，
一至主人作古，輒復求去不已者，又比比皆然。王孺人固賢，如貞
女者，亦有幾人哉？《鍾譜》

徐嶽宗字香巖。咸豐庚申[①]歲貢。

節婦何程氏小傳

程氏，邑諸生何爾堂妻。年十八于歸，奉舅姑盡歡。夫病，侍
湯藥，不辭艱苦，祈天籲泣。夫亡，哀號誓死，親隣勸以撫孤，乃止。
勤內事，無惰窳。家聲勿替，氏維之也。子游庠，長孫載昌亦賦采
芹。同治八年，戚族請於縣，申詳邀旌。香巖鈔本

烈婦徐陳氏小傳

陳氏，永康吳村名門女。事父母以孝聞，性貞靜，不喜妝飾。
適武邑湖塘沿徐漢清，生一女，甫三歲。咸豐辛酉四月，粵賊陷邑，
陳隨夫避母家，六月舉一子。八月四日，賊驟至，婦女不良於行，多

---

① "咸豐庚申"四字原缺，據《武川備考》補。

爲所及。陳罵賊,賊不顧,驅之行。陳懷子携女,求死不得,罵聲益厲。同伴虞其害及子女,勸少忍,陳哭曰:"焉有忍辱而兩全者?"適遇伯姒,姒老且病,陳取懷中兒付之,曰:"此徐氏一塊肉也。幸撫之。"回顧賊已蜂擁,遂携幼女自沉於道旁塘水,死。賊稍却,家人獲其屍,面如生,手執幼女,不可解云。同治二年,王邑令申請當道待旌。漢清昇平後游邑庠。仝上

節婦林陳氏小傳

陳氏,林國熙妻。年二十四,林卒,陳茹荼含辛,撫二子成立。林家故貧,陳紡織忍苦,積銖累寸,六十餘年,頗小康。年八十有四卒。道光年間宋邑令詳請旌如例。仝上

王建中字薪齋。諸生。著有《閒雜録》。

闢 邪 教 策

凡事皆當窮其源而後遏其流。若闢邪教,要必先遏其流,而後絶其源。非後其所先也,流不絶,源將引而益長矣。且亦思邪教之源於何起乎?地力扶正,天心嫉邪,故不邪於中國而邪於外邦。厥形詭怪,厥奸异常,厥種類亦迥殊,僻處海外遐荒山島之側,出没於烟波浩淼之區,人迹所不到,舟楫所難通。自古迄今,其不能遽出而誑世害民也。不特理有以制之,即勢亦有以限之也。乃自海防疏而不密,津政懈而多弛,奸商行險,邪惡乘機,輾轉相引,而邪緣既結,邪市成焉。邪教之聚,非若輩階之厲哉?甚至濱其地者,見利忘義,棄本逐末,食其食而衣其衣,受其驅使,不知羞愧。又或趨邪之利,關河跋涉,不辭其勞也;慕邪之勢,風俗敗壞,不職其咎也。而且一以傳十,十以傳百,呼朋引類,招親挈友,結爲生徒,聚成黨惡。若輩之不誅,直使廓清乾坤忽焉而爲霾霧充塞,光明日月頃刻

而爲掩蝕蔽虧。其漸染亦將伊於胡底也？昔韓文公之《原道》有曰："道其所道，非吾所謂道；德其所德，非吾所謂德。"此猶有道德之可名也。彼乃并無其道其德之可名，而群然附之，以聚爲一教，此在有心世道者所當急起而誅之，使歸於無何有之鄉而後已。或者曰："其黨，邪尾也，擊其尾則首應，如常山率然之勢何？"不知其尾既斷，其邪魁萬不敢回首矣。蓋彼之所以得肆行於中國者，以有中國之有勢力者爲之卵翼也。所謂必先遏其流而後絕其源者，此耳。《聞雜録》

書董大夫事

董大夫，有姓無名，出自何代無從考，故老相傳邑西緵山人。近山數里有三斷龍湫，董好獵，每往游焉。一日，至山坡，見女子坐石上梳妝，驚艷之，以爲神，不敢諦視。女子覺有人，振衣起，頃之雲并霧合，晦如夜，覓歸路不得。倉皇間，若有人引至其處。雙扉洞啓，宮殿軒敞，華鐙銀燭，煒煌照耀。中有白髮叟披王者服，坐堂上問："客何來？適所見，吾息也，未字人。念君身有仙骨，且夙因，其婿吾家，毋辭。"董再拜受命，自是贅龍宮矣。此亦如劉阮入天台、柳毅傳書故事，惜不聞其出，而一傳之也。然所云大夫果何朝封典？抑亦龍宮嬌客，斷無白望，自應爵秩光寵館甥邪？

緵山下多董姓人，天旱禱雨必有應驗，因之無問水旱，每歲六月朔必備物禱三斷龍湫，謂之開潭。仝上

橋亭伍氏譜序

邑西都十有二圖，距治三十有五里，地曰橋亭。蓋因地隣雙玉，路隔一溪，建亭以爲憩息之所，架木以通往來之便，此橋亭所由名也。居斯者不一姓，惟安定伍氏，自宋寧宗時由婺州尖峰山下來。尖峰山，即芙蓉峰也，晴翠如滴，毓秀其未央乎！

咸豐辛酉，粵寇入邑，伍氏居半燬於兵。厥譜賴典守者隨身藏避，尚獲完本。然自道光己亥修後，越今三十餘年矣。族之髦永泉、李炎二君倡議修訂，適余祠譜事，竢就便延外史氏聯成全帙，丏余序簡端。夫橋者，喬也，喬然而上竦，吾以瞻祖德焉。亭者，停也，亭亭靜直，吾以觀孫枝焉。安定諸子姓，顧名思義，發敦睦之思，以亢厥宗，雲礽之興，豈有艾哉？仝上

廖氏纂修譜序

昔劉氏棲隱之所名劉巖。劉爲卯金刀，故又名曰金公巖。宅幽勢阻，隱士之區也。巖下有地曰巖坑，廖氏居之。厥祖捷先公自宜黃游浙，第三子侍焉，始寓栝之遂昌，已而徙金公巖下。當是時，世運承平，不見兵革，山林之淡泊，誠不如城市之華麗，筍蕨之清芬，又豈勝稻粱之蘮美？而廖公生子，子又生孫，安之若素，無他慕焉。迨粵寇陷邑，遍地皆兵，惟金公巖無恙，而他族之避秦者如歸市，豈其先公預爲謀邪？抑何幸也？廖氏既免於兵革，惟家書未具。歲辛未，余祠續修譜牒，余忝列校正。廖裔李森兄弟來局，出所鈔本，係柏溪坊家乘，實捷先公手澤。數遭回祿，殘編猶存；幾經蠹魚，字迹如故。美哉！始基之矣。爲之彙次成帙，并弁其端。金公巖，前明栝寇避而免者，人以萬計。數百年來，今又遭粵寇，避而免者，亦以萬計。桃源邪？天台邪？吾不得而知。要其山棲之樂，則余當年親嘗之矣。廖氏子姓上亢厥宗，下詒厥後，光大門閭，即以此譜爲嚆矢也可。仝上

上下湯重建寢室暨修譜序

湯氏，邑著姓。棗巖其遷始也，溪南其析派也。去吾家五里許，有上下湯者，亦地以姓傳。考其系，與棗巖、溪南同出於默庵處士，行始一者始居於此。

國朝熙雍間始創宗祠，綴宗牒，蓋自是祠與譜與棗巖、溪南別。咸豐辛酉，粵賊陷邑，宗祐燬，譜亦亡佚過半。既承平，父老經營祖產之所入，而子孫之殷富者，捐之未已也。錢以丁，穀以竈，釀爲鳩工庀材，計一歲而寢成。復念譜之殘缺，延外史校正部帙，五閱月而書成，丐余序。余按棗巖近山，溪南近城，近山之居，抗守而罹鋒鏑；近城之居，邏騎游徼，交錯旁午，其蹂躪更不待言。惟上下湯距城稍遠，而金巖、玉洞相距咫尺，一舉趾則山深林密，便有桃花源之勝。然則山棲之志，亦當年默庵處士顧而樂之歟？奉烝嘗而光簡册，與棗巖、溪南鼎峙也固宜。仝上

金 氏 譜 序

鷺溪之湄，烏山之麓，金氏居焉。村分爲二，而宗祐則一。望出彭城，從灝水而來，仁山先生之苗裔也。仁山先生，吾婺四賢之一，與北山何先生、吾魯齋先生、許白雲先生倡道東南，爲紫陽嫡派。然則金之爲族望也，又何待言？譜原本灝水，歷修不一。咸豐末議續修，而邑罹兵革，遂寢其事。承平後，始復校理成書，時同治乙丑秋月也。金之父老謬以余承乏其事，因序其簡端。

夫理學之裔，非徒綿其似續，必有以紹其書香。明德達人，有以垂之於前，必思所以無負於後。則金氏之子孫宜如何勉之，抑余亦魯齋先生之別派末裔也，是又宜偕金氏之子孫而何如勉之矣。仝上

徐氏重建寢廟并修譜序

鳳林，徐氏世居焉。府下先人締造經營，由寢而堂而階而門，實實枚枚，所以爲祠者，數十世於茲。載覽華乘，源流支衍，或十數年而一修，或二十餘年而一修，綿綿延延，所以爲譜者，又數十世於茲。

馬府下邑西孔道，咸豐辛酉，賊陷邑，邑鄉團不屈於賊，築山砦與抗。賊分營村落禦鄉團，而鳳林徐祠遂爲狐兔之窟。蕨陽村亦以鄉團抗賊者也。同治壬戌正月雪夜，逐賊於馬府下，誅賊酋龔美，群賊鬥戰，勇懼不克，舉火焚之。賊燼，而鳳林徐祠竟及池魚之殃。此固投鼠者不知忌器，而徐之子姓以爲賊據吾祠，有祠與無祠等，賊退而祠存，固爲祠幸，然賊退而放火者，比比然矣，又安知不爲燎原乎？總付之時數而已。既昇平，鳩工建寢室及門，繚以垣，因綴輯宗譜。經始同治乙丑，越丁卯落成，其堂廡尚有待也。余忝姻末，倩序其事。竊謂茲一役也，有三善焉：燬而復成，知其本也，孝也。污而不屈，抗其志也，義也。焚而不怨，原其心也，恕也。孝以基之，義以行之，恕以推之。其敦宗也，在於斯；其亢宗也，亦在於斯矣。仝上

祭被難幽魂文

維大清同治二年歲次癸亥三月三十日，王建中等謹以香醪楮幣，祭告於被難幽魂之靈。曰：蓋聞經大兵而必凶，固老氏之明訓；有所歸不爲厲，亦鄭相之遺言。是以聖王有泰厲之壇，後世循由弔之，祭莫不藉茲普淖，用慰冤魂。況乎黃巾赤眉，雖禍胎乎人事，而紅羊白雁，亦數應乎天行。自西寇之囂騰，致南邦之蹂躪，覤茲一邑，擾及三年。或因病而身亡，或受傷而命殞，或見擄而自縊，或緣逼而投河，凡死後之湮淪，皆生前之黎庶。軀殼既殞，精魄何依？嗚呼！新鬼煩冤，還隨故鬼。浮生若夢，不如無生。命也何如？天兮莫問！遙遙紫塞，奚望挈骨以歸；蕭蕭白楊，誰爲招魂之葬？茲幸賊氛漸退，兵氣頓銷。中等掩骼埋胔，哀亡郵往。敬陳粢豆，散給楮泉。爾其覺悟本來，速回故里。毋茲墟之久滯，致疫癘之攸行。嗟嗟漢寢唐陵，於今尚無麥飯。青燐白骨，自古憑弔戰場。通以幽明，得大解脫。我亦未死人也，幸免沉災。魂則無不之

焉，往生極樂。尚饗！仝上

童紹彬字質齋，號蓮塘。咸豐庚申①歲貢，著有《龍門草》、《知不足齋稿》。

武成寇難記一

咸豐戊午四月十六日，粵賊竄邑城。時團丁已散，民俱脅從，後總兵周天授分撥都司吳德明進攻，賊於七月初六夕放火遁。

越三年，辛酉四月二十三日，賊目周春率賊自北門入。先一賊馳馬至，口呼官軍來守武者。城中人袖手觀望，無何，一馬繼之，一馬又繼之，旋刃一人於馬前。於是望者始驚爲賊，譁而遁，倉猝間城中數千人蜂擁自南門出，自相踐踏者，爭渡而溺死者無算。邑令惠世揚先一日已在鄉矣。

時余依表弟賀長建家，見奔者塞途，紛紛如織，里人鬨然。俄一人踉蹌至，呼曰："我殺得一賊來！"問之，曰："賊拿我，我即奪刃刃之。"出視其刀，血如濡。俄又一人呼曰："賊掠至鄉，血濺南湖矣。"人心益驚。建乃聚里人而告之曰："偵知此賊屢窺蘭溪，蘭紳諸葛壽桃激集里人數萬，堅壘以守。賊計阻，欲先割蘭之右以危其守，而湯溪可由仄徑越嶺至婺，甚邇，由是先陷湯溪，繼据郡城。郡守王同棄城走，總戎張玉梁揚言援救，見賊亦走。嗚呼！婺城固如金湯，而竟拱手去之。即郡中紳士平日張喙談仁講義，皦如白日，及事至，則又銷聲匿迹，自謂明哲，良可浩嘆。今賊既分竄我邑，勢甚凶惡，與爾等計，留則甘心受刃，去則室廬爲燼。奈何？"里人曰："然則先生奈何？"建曰："不如守。"言未已，衆聲鼎沸，大呼曰："不如戰，賊縱猛梟，亦止一頭耳。偏我頭便愁斷却邪？"時爲首者，胥吏管君金有、監生吳君加强、職員包君恒足也。是夕，建義旗馳檄

① "咸豐庚申"四字原缺，據《武川備考》補。

四鄉，建乃發粟備餉，盟於宗祠。翼日，四方慕義，不期而會數千人。又翼日，大會於南湖阪溪里。勇先遇賊二人於途，加强等擒之，梟其首以齊斧。人心益奮，鼓譟前趨，忽見賊數十人從山背下。我勇急施槍礮，賊即走。金有大呼力追，衆蟬聯繼之。至城邊大橋頭，賊伏起斷我後隊，前隊不耐戰，遂大敗。金有急擲西瓜礮，誤中水，賊刺以矛，金有揮刃折矛，反殺賊，別賊自後刺之，仆。未幾，西南勇繼至，又邀戰。建乃阻之曰：“賊多譎智，今且弗與敵。當主一善謀者，畫策破之。”奈衆憤莫解，急欲殺賊爲快，維吳加强、包恒足韙建言，而亦終不能阻也。乃復戰，賊退如前，衆又追之。時天暝如晦，風雨交下，數百鳥槍濕不發，因又潰。殿者吳加强，賊追及，刀斫其帶，帶中裂。加强反擊賊，賊死。是役也，陷陣死者數百，而包恒足殺賊最多，死亦最慘。建乃率衆仰面大哭曰：“天乎！天乎！斯人何辜，罹此灾乎？”衆俱哭。

先是西鄉勇數百擁至城下，斧劈西門，城中虛無應者，不敢遽入。登高望之，見南勇敗，因退。至是人心瓦解，不能復振，而賊焰愈熾。戰之明日，焚南湖。又明日，焚泉溪。數日間，卅里無人烟。各村民俱避於山中之有隘口可守者，樹栅自固。維東鄉白溪人獨創進貢議，備物獻賊，賊大嘉賞。由是童廬、邵宅、後陳等處皆傚尤焉。至有受僞爵者，僞師帥白溪監生徐佳，僞司馬白溪監生徐封，僞旅帥後陳生員陳大、陳老三，僞百長童廬、童來自相慶賀，恃爲安全之計。溪里人自敗仗後，賊出僞示紿之曰：“爾等既非我敵，當早進貢以安爾居，保爾身。不然，兵火立至，悔已晚矣。”越日侵晨，賊數千圍溪里，掠壯者，屠老弱。建從數十人自後逸。賊追之，冲散。建力踰山數重，聞呼斬妖聲甚逼，股栗不能行，視山下黑如深澗，急墜下，潛匿於山半之荆棘中。聞山上呼曰：“脫去一妖酋矣。”蓋賊已知前日之戰，建倡之也。猶以長槊遍搗山凹，然竟幸免。俄聞刀斧搏擊聲，男婦號救聲，小兒啼哭聲，繼而數處火起，牆屋崩裂聲，一時天地幾爲之動搖。建對余述是日殆有神助，不則入枯魚之肆矣。自溪里入塘塍頭、賀上門、王金塔、金村，廬舍皆化爲瓦礫。王□塔爲雙坑外砦，賊猝至，招勇不及，遂破。勇据雙坑内營禦賊，内營在回龍廟，守者銃礮齊發，賊不敢近。時五月十一日也。《龍門草》

武成寇難記二

邑南距治二十里之郭洞，聚族居者數百竈。外有重山環繞，利於守。團目增生何雲標聚族人，自十六歲以上六十歲以下約以千數，於隘口築壘樹柵，外設竹釘梅花樁，以資防禦。山頂有鼇峰塔，可望數十里，令設棚，派人輪守。

七月十七日侵晨，賊逕至柵外，力拔其柵。時守者十數人，舉鳥槍伏柵内，賊不遽進，佯退以誘我。而塔頂號礮連施，我勇齊至，賊亦蜂擁。勇燃槍殛一賊，連發數槍，中賊皆傷。賊知不可破，始鳴金收隊去。

二十三日，賊傾城出，塔頂守者遙望之如螻蟻集，急號招丁勇，分三隊，中隊守隘口柵内，前後隊分守二山，張左右翼以待。賊至，衆口齊呼，聲如鬼嘯，或如羊鳴。又先焚隣村沈店、方宅等處，火焰飛天，轟折之聲雷動，意欲脅驚我軍心。又疊施大小礮，鉛子雨飛。我勇潛伏無影，賊大駴，遂舍中隊，攻左右翼。一賊衣短黃衣，揮紅旗先登，我先鋒何老高手燃鳥槍，立見紅旗倒傾，已中黃衣者。又疊貫二賊，皆斃。賊奪屍，裹以旗，負而去。高方回身納火藥，賊暗燃大礮，中高顙。賊又如前作嘯，我勇急扶老高，代發槍，又斃燃大礮賊。賊方驚疑。我左右翼奮力齊拒，烟塵蔽野，礮聲震耳。自辰至申，殺賊數十人，斬衣黃衣者二人，傷賊無算。賊始退入城。我勇亦有傷者，均醫痊。惟老高傷重不治，彌留時，衆問之，曰：“我一孤身，無妻子累，夫復何言？且我已殺賊數人，死亦何恨？但願爾等齊心防守，勿降勿降，以保我民，以俟我官軍耳。勿降也！"衆哭曰："兄死必有知，望兄陰靈助我殺賊雪恨。"高亦揮泪，奄然而逝。是日賊敗回，分掠溪里、下徐、下蘇步，復燒其餘燼，至南湖竟成赤地。仝上

武成寇難記三

菊妃嶺下栅亦有勇數千，圍首湯顯書善爲虛張，而團規守法均不及郭洞。先是，賊掠南鄉，一路焚殺，古竹、宏閣等處已遭劫矣。

七月朔，賊屠徐村。徐村距嶺下十許里，執徐老春引道。春曰："嶺下勇數萬，衆皆懷義憤，誓必滅賊。爾去，徒送死耳。"賊怒，以刃磨其頸，老春大呼曰："等死耳！我獨不畏嶺下勇醢邪？"賊遂截其首去，亦不敢遽入嶺下。嶺下守者聞賊至徐村，已驚惶失措，至有倒持戈而手顫者，乃知退賊者皆老春片言之力也。俠哉，老春！昔宋胡忠毅公奏斬秦檜一劄，金人聞之皆喪魄。論者謂其片紙可抵千萬軍。事雖有大小，人雖有貴賤，而忠勇實同之矣。

湯顯書等又議築土城，益張聲勢，連日出各村求助錢穀，以資工費，又以盤查爲名，凡有擔負出入，均視其多寡而税之。然猶延時玩日，幾月餘而工未竣，雖物議群起，亦置若罔聞，衆心遂離，不能如前之淪浹矣。賊偵知其無備，八月初七日驟至，守者皆風雨走。顯書等猶鳴鉦號於村中，謂"賊將敗，不宜我輩先逃"，於是去者半，留者半，而顯書早已不知所之。賊乘懈直入，圍山而搜之，焚掠一晝夜，男女殺死者不計。後賊退，或入村見婦女有裸而立於途者，竟成鼎足形。視之，則以長木貫其末於腹中，掘地樹之，其奇慘如是。

三日間，賊搜至下楊石穀鬧，近地有兩山曰大明巖，曰九峰，皆壁石無路。山後有仄徑如綫，上寬平可容千萬人。賊得引道者，恣意窮搜，靡有孑遺。余友廩生祝太平挈眷避大明巖，被戕者五人。子婦何氏，郭洞村女，有殊色，罵賊不屈，賊支解之。嗚呼，烈哉！

夫亦可哀也已。仝上

烈婦李朱氏傳

氏，邑南十三莊郭村人，名懿娟，諸生朱守和女。幼嫻姆教，長習女箴，質本柔嘉，性原幽静。母氏徐病瘻，羸如半枯之樹，繞膝依依；慘無消疾之珠，恃幃鬱鬱。廁牏褻具，亦自躬親；羞膳潔登，無非手治。獨堪盡瘁，苦乏友于；差足慰情，自憐弱質。是以孝比緹縈之女，情同反哺之烏矣。然而《詩》首《關雎》，禮嚴内則，誰云不字，展也于歸。年十八，適夏川李作孚。修禮於桓室，名重少君；結褵於陰家，望重荀采。俄三朝而洗手，中饋甫修；何一痛以應心，庭萱遽委。當其嘗藥自甘，纔離膝下；豈是登天有夢，幾欲身隨。銷爾形神，立崢嶸之瘦骨；慘人肺腑，聽杜宇之悲啼。孝行久著於門楣，閨儀復昭於里黨。誠爲青閨所罕覯，彤管所必揚也。

而乃運不丁辰，遇尤辛苦。不數年，適有豨突鴟張之事；曾幾時，正值狐憑鼠跳之秋。烽火燎原，已成焦土；狼野肆毒，遍及璇閨。而氏則齒劍爲期，方成潔行；磨笄自矢，昔有成言。遣夫婿以去休，忍使鴛鴦飛散；奉翁姑而却走，更憐鳩鵠形勞。恨竹千條，想難兔脱；愁波萬斛，走遍羊腸。顧途中之伯姊相呼，藏身何所；而庚氏之荀娘在抱，窘步爲艱。遂觸藩籬，乃投羅網。女須宿陼，貫索星連。斯時也，難覓羊子之刀，刎身無自；非登宋王之閣，擲體何由。舌存必非舌長，遂抗身以罵賊；臂斷何如頭斷，思激怒以縻軀。甘鼎鑊而如飴，千軍弗却；赴刀環之舊誓，九死何辭。怨嶺經過，愁江忽遇。有如白水，將求結伴之湘妃；言及黄泉，旋復嬰戈於蠻賊。罵言未絶，頭邊之鵑血横飛；冤憤誰昭，海上之鳥魂欲化。而豈知賊能重節，自夷其類，何啻天誅；靈可殲仇，假手之刀，得毋冥譴。既自完軀於白璧，可無飲泣於青燐矣！氏實殉節於同治壬戌夏五月十日也。彼有脱網之魚，即是同村之嫗，事由目擊，曩實親隨。

小女風前喜揚柏操，夫人城下樂道松貞。於是白樂天之哭女無時，荀奉倩之悼亡有自。記其栗里，迹厥芳踪。覆尸於綠水之邊，居然全璧；收骨於青山之下，遂爾埋香。嗚呼！赴義如歸，捐軀不惜，尚難責備於詩書之士，乃能傳芳於巾幗之中。厥有明徵，應列於秦碑漢篆；非無實錄，當傳之國史家書。而僕也愧無裂石之音，發茲潛德，願錄吞針之烈，永振頹風云爾。《知不足齋稿》

重成東渡會序

　　熟水之東，陽山之勝，雖非巨鎮，亦號通衢。柳岸斜陽，人呼渡口；蓉溪烟水，指點津頭。原夫東渡會者，先人利濟爲懷，何啻佛家寶筏；我輩成規克守，應增釋氏福田。十三人香火前因，結如蓮社；百餘載慈航善果，會似蘭盆。創之有自來，行之可勿替也。毋何滄桑之變，塵劫何常？慨自狐鼠相憑，諸人均值跳梁之害；遂使馬牛不及，作事多生鬭角之艱。散我同人，割茲舊產，幾斬先人之澤，誰燒已斷之香？然而有其舉之，莫敢廢也；中有識者，起而商焉。彼或馬首欲東，既去莫能羈其足；此則鷗盟再結，相留以共贊其詞。設使璧合無由，瓦分難禁，將涉水則嘆其頭淋脛滿，幾類愁江問津，則等於橋斷舟焚，安登彼岸？心乎安否，理亦背諸。幸而事可玉成，人堪畫諾。重訂同心之譜，星聚瑤池；仍歸隴上之田，珠還合浦。更可喜者，事再舉而猜嫌互釋，名以刪而情誼益親。座上留香，應解蘭言蕙語；堂前玉立，無非荆樹竹林。蓋以雅係同心，謀尤合志者也。自今指揮甚便，經紀何勞，名以蟬聯，次其鷺序。禱馮夷於白水，共泛金觴；呼持櫂之黃郎，自橫野渡。於茲普濟重開，覺路三千；就此銘功莫紀，恒河沙數。行見田疇日廓，昭來許以循規；福澤相綿，符途人之秘祝。況聞高人偶過，東坡曾□□渡之亭；法駕堪迎，瞿雲不作浮杯之相矣。嗟乎！非無故册，其書已等絕交於山濤；更訂新編，此序猶爲仍舊之閔子。仝上

課 耕 亭 記

人必寄其心目於深山絕壑中，離群孤立，此枯槁者流，生趣全失，離乎人事而言也。然徒囿其心目[①]於城中之利窟貨藪，紛紛不已，而生趣亦遏[②]而不暢。

巨川陳君，知道者也。家於城北，離家數百步，於城隅之寬曠處累石成阜，建一亭於其上，高數十丈，巋然之勢望之如摘星樓，憑空插霄漢，游玩甚[③]衆。其始從竹林中入，幽篁新籜，深以密，繚而曲，竹林甫出，而亭已[④]迎面而立矣。拾級登其上，四面衆山環繞，若屏，若几，若簾額。雖遠至二三十里外，皆若立於目前。負郭田數千頃，界畫分明，縱橫如繡，老者、少者、擔負者、提携者，紛然雜作於其間。陳君於是乎有見夫天之道焉。天以四時運其氣化，於寒暑往來之中未嘗偶息[⑤]其生機，而於是乎時而耕，時而種，時而收，時而藏。人事亦與天同運不息之機，而不敢自圖暇逸。而且人類不一，各居其職者，當思各盡其事也。則斯亭不以他名而必以"課耕"名者，陳君微特課人，即所以自課耳，豈徒以是游觀適性云爾哉？余觀於此，不禁有怵於心，遂樂而爲之記。仝上

---

① "目"原字挖去，據《武川備考》補。
② "遏"原字挖去，據《武川備考》補。
③ "甚"原字挖去，據《武川備考》補。
④ "已"原字挖去，據《武川備考》補。
⑤ "息"原字挖去，據《武川備考》補。

武川文鈔卷七

外　集

宋

朱　熹字元晦，號晦庵。新安人。諡文。

答楊元範大法書

承示及新著《易説》，開卷一讀，啓發已多。屬此數日，諸處書問萃集，撥置不下，未及詳細。但所略看過處，其不能無疑者已兩三條。如"元亨利貞"，文王本意只是大亨而利於正耳。至《象傳》、《文言》乃有四德之説。今若依而釋之，則此乾卦只合且以陽氣推説，不應於"利"字遽以陰氣佐陽爲言。且以一木言之，萌芽則元，華葉則亨，枝幹堅疆則利，子實成熟則貞，貞則所成之實，又可種而爲元，循環蓋無窮也。若但謂歸根復命，則亦不見貞字之意矣。此須更於天地大化，通體觀察其曲折，未易以尺紙言也。又"大明終始，乃言聖人"，大明，乾道之終始，程先生説本如此。但《傳》中言之簡略，却是語録中有此意。若云乾道自能大明其終始，殊費言語，卒不成文義也。大有卦"亨亨"二字，據《説文》本是一字，故《易》中多互用，如"王用亨于岐山"亦當爲"享"，如"王用享于帝云"也。字畫音韻是經中淺事，故先儒得其大者多不留意。然不知此等處不理會，却枉費了無限辭説牽補，而卒不得其本義，亦甚害事也。非但《易》學，凡經之説無不如此，獨恨早衰，無精力整頓得耳。大抵陰陽只是一氣，陰氣流行即爲陽，陽氣凝聚即爲陰，非直有二物相對也。此理甚明，周先生於《太極圖》中已言之矣。《朱子大全·文集》卷五十

答鞏仲至豐書

聞名願見，爲日久矣。兹辱枉顧，乃遂夙心，慰幸可量。別後又承惠問，并示武夷佳句。獲聞于役之暇，不廢山水之娱，賦咏從容，曲盡佳致，尤以爲喜。比想已還官次久矣。霜寒之後，繼以暄暖，諒惟幕府有相，起處多福。

熹衰病益甚，最苦拘攣，不能信訛，起居動作皆有所妨。樞帥經由，以此不得敬謁。然聞其寬和盡下，想於賢佐必知所敬禮也。昌父入城未歸，計必還此度歲矣。偶便寓此，病軀憚於憑几，口舌不謹，幸深原照。《朱子大全文集》卷六十四　下同

又

掌丞轉致近問，獲聞比日春序浸暄，幕府優游，起處佳福，足以爲慰。熹衰病拘攣，日甚一日，死生長短，本所不計，但未死之前，轉動不得，亦令人無況耳。告老之章州郡未肯騰奏，雖荷其見憐，不欲使觸禍機。然鄙意已決，無所復顧，爲此宿留，令人腹煩耳。樞帥經由，不及一見，荷其答書之意甚勤，繼此未敢爲問。往來多能道其政事之美，而來書之所發明，尤足起人意也。子約子弟近得書，云歲前明招大火，其柩幾不免，幸而獲全，却不知其厚葬之説。但得汪時發書，似頗有所不快意，不知曲折如何也。叔昌老不長進，亦是前日向外意多，脚根不牢實耳。“輕棄簞瓢”之句，令人深省。顧未知真樂所在，則雖欲不棄而不可得。此須別有箇著力處

乃足恃耳。武夷續詩，讀之無非向來經行所歷，景物宛然，益嘆摹寫之妙。詩序縱橫放肆，多出前人未發之祕。但詆江西而進宛陵，不能不駭俗聽耳。少時嘗讀梅詩，亦知愛之，而於一時諸公所稱道如《河豚》等篇，有所未喻，用此頗疑張、徐之論亦未爲過。至於《寂寥》短章，閒暇蕭散，猶有魏晉以前高風餘韵。而不極力於當世之軌轍者，則恐論者有未盡察也。不審賢者雅意謂何？所録《警策》二卷，亦可使得一見耶？此人還日，幸望録寄，千萬之望。貴眷郎娘，一一佳裕。兒輩蒙問，感感。昌父昨日得書，已到家矣。寄詩甚富，孤瘦亦益甚矣。憲臺王幹前日過此，嘗托致區區。今有一書與之，煩爲轉達。書中囑渠一二事，幸爲扣其可否，以語直卿也。

又

稍不聞問，已劇馳情。昨日遞中奉告之辱，獲審比日春和，蕃府多餘，體履佳適，良以爲慰。録寄舊詩，得以快讀，雅麗精切，嘆服深矣。簞瓢之句得其全篇，又深感慨也。但梅詩之評，未能盡解，當俟得所集録，始敢扣也。張巨山乃學魏晉六朝之作，非宗江西者。其詩閑澹高遠，恐亦未可謂不深於詩者也。坡公病李杜而推韋柳，蓋亦自悔其平時之作而未能自拔者。其言似亦有味，不審明者視之，以爲何如也？無由面論，臨風快想，因來更望切磋。究之老病久已無復此夢，亦聊以暇日銷憂耳。告老之章已上，但已差晚爲可恨。故舊諸賢，不得不任其責也。留、徐方脱囚拘，彭、曾幾墮補處，世途艱險，吁，可畏哉！然亦何可避也？

又

病中兩辱惠書，并有詩筒之况，荷意勤矣。又知小姪、劉親，皆以垂念之故，得以竊食，益深感愧。信後清和，恭惟幕府有相，起處佳福。所需惡語，尤荷不鄙，此於吾人豈有所愛？但近年此等一切廢置，向①已許爲放翁作《老學齋銘》，後亦不復敢著語。高明應已默解，不待縷縷自辨數也。抑又聞之，古之聖賢所以教人，不過使之講明天下之義理，以開發其心之知識，然後力行固守，以終其身。而凡其見之言論，措之事業者，莫不由是以出，初非此外別有歧路可施功力以致文字之華靡、事業之恢宏也。故《易》之《文言》於乾九三，實明學之始終，而其所謂"忠信所以進德"者，欲吾之心實明是理而真好惡之，若其好好色而惡惡臭也。所謂修辭立誠以居業者，欲吾之謹夫所發以致其實，而尤先於言語之易放而難收也。其曰"修辭"，豈作文之謂哉？今或者以修辭名左右之齋，吾固未知其所謂然。設若盡如《文言》之本指，則猶恐此事當在忠信進德之後，而未可以遽及。若如或者賦詩之所咏嘆，則恐其於"乾乾""夕惕"之意又益遠而不相似也，鄙意於此深有所不能無疑者。今雖不敢承命以爲記，然念此事於人所關不細，有不可以不講之者，故敢私以爲請，幸試思之，而還以一言判其是非焉。

至於佳篇之貺，則意益厚矣。顧惟頓拙於此，豈敢有所與？三復以還，但知贊嘆而已。然因此偶記頃年學道未能專一之時，亦嘗間考詩之原委，因知古今之詩凡有三變。蓋自《書》《傳》所記，虞夏以來，下及魏晋，自爲一等；自晋宋間顔、謝以後，下及唐初，自爲一等；自沈、宋以後，定著律詩，下及今日，又爲一等。然自初唐以前，其爲詩者固有高下，而法猶未變。至律詩出，而後詩之與法始皆大變。以至今日，益巧益密，而無復古人之風矣。故嘗妄欲抄取經史諸書所載韵語，下及文選、漢魏古詞，以盡乎郭景純、陶淵明之所作，自爲一編，而附於三百篇、楚辭之後，以爲詩之根本準則。又於其下二等之中，擇其近於古者，各爲一編，以爲之羽翼輿衛。且以李杜言之，則如李之《古風》五十首，杜之秦蜀紀行、《遣興》、《出塞》、

---

① "向"字原缺，據《朱子全書》補。

《潼關》、《石壕》、《夏日》、《夏夜》諸篇，律詩則如王維、韋應物輩亦自有蕭散之趣，未至如今日之細碎卑冗無餘味也。其不合者則悉去之，不使其接於吾之耳目，而入於吾之胸次。要使方寸之中無一字世俗言語意思，則其爲詩不期於高遠而自高遠矣。然顧爲學之務有急於此者，亦復自知材力短弱，決不能追古人而與之並，遂悉棄去，不能復爲。況今老病，百念休歇，寧尚復語此乎？然感左右見顧之重，若以爲可語此者。故聊復言之，恐或可以少助百尺竿頭更進一步之勢也。

來諭所云“漱六藝之芳潤以求真澹”，此誠極至之論。然恐亦須先識得古今體製，雅俗鄉背，仍更洗滌得盡腸胃間夙生葷血脂膏，然後此語方有所措。如其未然，竊恐穢濁爲主，芳潤入不得也。近世詩人，正緣不曾透得此關，而規規於近局，故其所就皆不滿人意，無足深論。然既就其中而論之，則又互有短長，不可一槩抑此伸彼。況權度未審，其所去取又或未能盡合天下之公也。此説甚長，非書可究，他時或得面論，庶幾可盡。但恐彼時且要結修辭公案，無暇可及此耳。記文甚健，説盡事理，但恐亦當更考歐、曾遺法，料簡刮摩，使其清明峻潔之中自有雍容俯仰之態，則其傳當愈遠，而使人愈無遺憾矣。僭易并反，愧悚之深。不審明者於意云何？亦幸有以反覆之也。

長溪王君之詩竟如何？此間有一黄子厚者，其詩自楚漢諸作中來，絶不類世人語，人亦少能知之。近以社倉出内譏察不謹，狼狽憂鬱，以至於死，甚可傷也。放翁詩書録寄幸甚，此亦得其近書，筆力愈精健，頃嘗憂其迹太近，能太高，或爲有力者所牽挽，不得全此晚節，計今決可免矣。此亦非細事也。仙游之政，無人肯爲推出，此理勢之常，無足怪者。況在渠家法，又自不當計此邪。偶得浙漕去秋策問，謾録去，不知曾見之否。清議固知不可泯滅，然能出此，亦不易也。

熹病益甚，跬步不能自致，而神昏氣痞，支體酸痛，殆非久作人間客者矣。休致之請，前月初間附便以行，至今寂然，未聞可報，恐所附人遲滯不達。設更淹留，當自有臺劾施行，不待催督矣。

<h1 style="text-align:center">又</h1>

久不聞問，良以鄉往。前日便中特承惠書，具聞近況，足以爲慰。訊後劇暑，恭惟幕府有相，尊履佳福。熹衰病沉痼，日甚一日，告老之章且幸得請，將謂世已相忘，然猶未脫誰何之憾。尸居餘氣，何足加念？彼亦正自過慮也。遠承垂問，深感愛念。賤敬固非所敢當者，然亦恨異時不得托名文集中耳。修辭齋名，本意乃如此，然《易》之本旨自有先後，前書固已言之矣。"栗"字再見《虞書》，皆莊敬謹嚴之意，以是名齋，非徒有取於木也。扁榜便欲爲書，偶數日臂痛，不能運筆，且當少須也。

說詩之繆，甚愧率爾。然後來細讀前後所示諸篇，始能深味雋永之趣，蓋已自成一家之言矣。豈當復有所措說於其間哉？但來書所論"平淡"二字，誤盡天下詩人，恐非至當之言，而明者亦復不以爲非，是則熹之所深不識也。夫古人之詩，本豈有意於平淡哉？但對今之狂恠雕鎪、神頭鬼面，則見其平；對今之肥膩腥臊、酸醎苦澀，則見其淡耳。自有《詩》之初以及魏晉，作者非一，而其高處無不出此。左右固自以爲亦嘗從頭看得一過，而諳其升降沿革矣，則豈不察如此者？但恐如李漢所謂，謂《易》以下爲古文，固以爲無所用於今世，不若近體之可以悅人之觀聽，以是不免有是今非古之意，遂不復有意於古人之高風遠韵耳。又謂"有意於平淡者，即非純古"。然則有意於今之不平淡者，得爲純古乎？又謂"水落石出，自歸此路"，則吾未見終身習於鄭衛之淫哇，而能卒自歸於《英》《莖》《韶》《濩》之雅正者也。鄙見如此，幸試思之，以爲如何也？荆公《唐選》本非其用意處，乃就宋次道家所有而因爲點定耳。觀其序引有"費日力於此，良可惜也"之嘆，則可以見此老之用心矣。夫豈以區區掇拾唐人一言半句爲述作，而必欲其無所遺哉？且自今觀之，其所集録亦只前數卷爲可觀，若使老僕任此筆削，恐當更去其半，乃厭人意耳。不知此説明者又以爲如何也？

放翁近報亦已挂冠，蓋自不得不爾。近有人自日邊來，云今春議者欲起洪景盧與此老，付以史筆，置局湖山，以就閒曠。已而當路有忌之者，其事遂寢。今日此等好事亦做不得，然在此翁，却且免得一番拖出，亦非細事。前書蓋已慮此，乃知人之所見有略同者。或云張伯子實唱其説，此亦甚不易也。得江西書，孫從之亦已物故。人物眇然，令人短氣，此亦非人力所能爲也。留衛公一書，恐有的便，煩爲遣去。似聞樞帥已有奉祠之命，不知然否？果爾，必送來，因得過留爲數日之款，幸甚。

又

遞中辱書，獲聞比日盛暑，幕府優游，起居超勝，良以爲慰。新詩見寄，尤荷不鄙，讀之便覺烏石、靈源去人不遠。當此炎燠，洒然如扣寒門而濯清風也。記文更定，莊重詳實，足以傳遠，悟老真不朽矣。放翁筆力愈健，但恨無故被天津橋上胡孫擾亂，却爲大耳三藏覷見。柳州《南澗》等詩，最是放不下者，但其氣格高遠，旨趣幽深，故讀之者若不甚覺。此亦古今文字言語得失利病之所由，可不審哉！景迂志文謾令録示亦幸，渠文要自不可曉也。氣侯不佳，故舊中時復塌了一兩人，令人鬱鬱。仲止不謂乃能自立如此，深可愛敬。尤喜南澗之有後，足强人意也。黃巖老中間過此，亦嘗相訪，惠詩一篇，甚佳。亦見其刊行小集，冠以誠齋之詩，稱其似蕭東夫，且謂東夫似陳後山，而平生未見東夫詩也。此事至爲淺末，然看却魏晉以前諸作，便覺無開口處，甚可笑耳。

焦山瘞鶴銘下有《冬日泛舟》詩一篇，句法既高，字體亦勝，與銘文意象大略相似，必是一手。作者自題王姓而名逸，近世好事者亦少稱之。獨趙德夫金石錄題識頗詳，而以作者爲王瓚，必是當時所傳本其名尚完也。今選詩中有此名字，而此詩體製只似唐人，恐又或非一人，不知亦曾見之否？中間托陳安行子弟問之，云從來無問及者，獨張機仲臨鎮時嘗遣人摹之，因得數本。今往一通，幸試考之，以爲如何也。

熹病日益侵，無足言者，承欲冬間①謁告還浙，千萬迁彎爲數日之留，當得款晤，以盡所欲言者。

又

熹以氣痞益甚，不能親布前幅。來書在遞角中，而詩卷乃似有折動處，不知何故。以此知遠書亦難多談也。向說簡齋詩有合改定處，如能爲之料理，幸爲印一本來，只用粗紙，庶得就册塗改，附回改正易爲力。呂書奏議近方得見印本，因得詳考當日規模機會，深可嘆息，但其間亦不免有漏落。此間人有寫本，與此互有詳略，其間擊人者，恐其子弟避讐删去。如密奏條畫誅范瓊計策，後卒施行其語，亦是一大公案，不知何故亦不載也。

前書方報黃子厚之死，今有方伯謨者亦死矣。其詩比子厚更溫潤可觀，方進未已，乃年甫五十而逝，尤足傷惜也。

此間有劉叔通者亦能詩，今日得其兩篇，謾以寄呈，不識高明以爲何如也。熹又上。

又

比日秋冷，恭惟幕府燕閑，起處佳福。此間數日前一水非常，今幸無他，聞下流頗有所損，不知果如何。但雨意未已，早稻十分

---

① "間"原作"問"，據《朱子全書》改。

成熟，而不得以時收割，此爲可慮耳。近日得昌父、斯遠書，附到書一角，今附往。中有大卷，意必是詩。累年不見斯遠一字，欲發封觀之，又不欲破戒。或看畢，幸轉以見示也。但斯遠省闈不偶，家無內助，嗣續之計，亦復茫然。急欲爲謀婚之計，而未有其處，不知親舊間亦有可爲物色處否？想二公書中亦須說及此事，渠來見囑，此間無處可致力，只得并奉凂也。

又

前蔡君歸，辱書及此，專人亦奉手告，欣審比日秋暑，尊候萬福。一水遠近多罹其害，此間亦然，所不及門者三五尺耳。簡齋詩已領，但得閩本就校，即刊脩覆校尤易爲力。旦夕稍暇，或取此間所有者塗改寄呈也。呂公奏議恨未見鄭武子所校本，鄭乃其客，必無舛繆也。王瓚詩誠如所喻。劉詩得經題品幸甚，旦夕當令錄數篇奉寄也。所論自刊詩文，此風極可笑，又可嘆也。樓記、姊銘，筆力甚勁，嘆仰無已。尹少稷文近世誠不易得，晚節狼狽，殊可惜也。晁銘不可曉，亦不但此篇，不知當時何以得重名於世也。日鑄之惠，感領厚意，來使立俟，未有以爲報也。

又

前日人還，草草附報，殊不盡意。比秋益涼，恭惟起處多勝。陳詩誤字，今別用紙錄去，須逐字分付，修了看過，就此勾消了，方再付一字，乃可無誤。此雖細事，然亦須經歷，方見自然成法也。樓記不知已入石未？細看尚有二三處可疑，具之別紙，幸更詳之也。匆匆附遞，不暇他及，末由承晤，千萬自愛。

又

武夷非建山之全體，不待辨而知。且於此上下文無所屬，似成剩語。若欲破蘇公茶圃之説，則語又大略，兼亦[1]本不相關也。漕司所領茶事，止爲土貢玉食之一端耳，非如他路與鹽法並行而領於一司也。今云鹽爲大，而茶次之，似非事實。又車運之策，此殊不聞，不知其説果何如也。"夫爲政者，材可以勝乎事，事不可以勝乎材"，此兩句頗類舉子文，然亦謂"欲其材之勝乎事，不欲事之勝乎材"則可。今此語勢，似未妥帖，深味之可見。"可以"二字，正富公碑中"趙濟能搖"之類也。熹上呈。

答鞏仲至書

置中奉告，欣審比日秋清，尊履佳福。兩詩三記，併領嘉惠，尤增慰懌。但鄭君之爲人，不復記憶。有如來示，誠不易得也。宗司刻石，簡嚴得體，書亦清婉可愛。安濟則似太詳，雖云合有許多説話，然亦當有所取舍，觀前輩所作可見也。率易及此，如何如何？帥官稱蓋欲以見廟堂之舊，然不知於古亦有初否？似不若只書職名之爲正也。

昌父得書，欲來相訪，而病復大作，但能口占一紙，及寄未病時手寫詩一編，清苦寒瘦如其爲人。其間亦有斯遠、仲止數詩，皆有思致，足以慰離索。但未知訊後病已差未耳。直卿久不得書，聞有徙家之興，此固所欲，但於渠聚徒之計，則恐失之便無以爲生，亦須細商量耳。論作官，則誠不如聚徒之爲安也。偶與應辰過門，云欲請見，亟附此紙，不能究懷抱。衰病中間嘗小愈，今復大作，拘攣痞滿，有甚於前矣。

放翁得近書，甚健，謾知之。《蓍卦考誤》無別本，當於番易求之。但恐題跋者恐其累己，已遭投削耳。

---

① "亦"原作"一"，據《朱子全書》改。

又

稍不聞問，積有馳情。比日冬溫，恭惟幕府多暇，動履有休，眷集郎娘，一一佳慶。熹老病衰朽，有加無瘳，置之不足道也。但書課未畢，而不能俯躬伏几以究其業，此爲悵恨耳。

適聞帥司行下，廢諸舉子倉租米變糶買銀，赴司送納，不省何謂？前政辛勤規畫，爲此活人之計，其心甚仁，其惠甚遠。何忍一旦遽破壞之邪？今之從政者固不可以此望之，特賢者適從事其間，則似不宜有此耳。不審文書所下，亦嘗關由參署而後行，抑吏輩徑下之而初不以白也？州縣得之，直便行下，無復商量。所幸今非糶變之時，且得宿留，故爲奉扣，幸更審之。若無急切之用，不知亦可且與行下，仍舊收支否？況此一縣所有不多，不過八百餘斛，糶之得千緡耳。帥司不待此而後富，而徒使自是以往，生子之家失救接之助，且將復起故時殺棄之風，則作俑之過，將於誰責而可邪？設若必有急切，須至移用，則向時後山千緡之米，似却可以抽回。蓋彼處已有社倉，市民村戶一例請貸，初無間隔，不必爲此偏惠，以厚游手。而又初無收貯之地，又無專掌之人，以今夏私糶之事驗之，亦可見其無用而有害矣。若不收回，將來不過又只如此，或別更生大害，負累後人。不若及今行下，令其收拾椿管，俟來春以後得價之時，發糶解赴使司之爲便也。兼此事今年行得非常乖繆，追呼驚擾，數月不定。及至胥吏乞覓飽足之後，有罪者不坐而無辜者枉費。從旁觀之，令人扼腕。但以未決之時嫌於請囑，不欲言之。今事已過，乃敢說耳。若欲收回，便可行下，徑自指定，專委一二人爲首，及早收拾。蔡姓者，極富且畏事，似可托也。即鄉時去相見名六瑞者之族。衰退之人，不當與此。若非幕府有吾人在，則亦不能復啓口矣。然其可否，當自以盛意財之，勿使外間人知拙者嘗有言，以重其咎也。亟作此，托任慰附便，或發遞以行，匆匆不暇他及。

直卿一書，幸指揮送達。向見說冬間欲謁告暫歸浙中，計必取道於此，倘得左顧，庶幾少款。

<h2 style="text-align:center">又</h2>

前日方以尺書附遞，不審已達未也？便中獲書，得聞比日冬溫，幕府從容，起處佳福，足以爲慰。水西之游，甚恨不得陪杖履。然細讀詩文，已如身歷而目見之矣。舊聞此處頗佳，亦未嘗得到也。

昌父後來不得書，只得彼中知識報來，云病未能出戶，不知後來復如何，良可念也。《世本》舊聞先人說，家間亦嘗有之，以兵火失去。然則世間亦須尚有本，但今見於諸經注疏者，恐亦或出附會假托，未必可憑據，正亦不必苦求耳。謝鳳之文，不知果何如？近日廬陵人來，說紹興間有大府丞長樂陳剛中彥柔者，坐以啓賀胡澹庵謫安遠宰而死，周益公尚識其人。因爲檢《長樂志》，則但云終於江陰簽判，都不及所歷官及謫死事。方此爲扣其鄉人，使尋訪之。此其不幸又有甚於謝鳳者，尤可嘆也。前書所論廩粟事，不知已爲料理否？切勿令外間知僕嘗有言也。福州舊有《楚詞》白本，不知印板今尚在否？字書板樣頗佳，歲久計或漫滅，然讐校亦不至精，不知能爲區處，因其舊本再校重刻，以貽好事否？如能作此，即幸報及，待爲略看過結緣也。近讀伯恭所集《文鑑》，極有可商量處。前輩要亦多浪得名者，不知後世公論竟如何爾。

<h2 style="text-align:center">又</h2>

熹近以兩書附遞，知皆達否？李教授過門甚遽，欲作書而不暇。《蓍卦說》今日方得之，因以附納，幸視至。

江西諸郡如《元城語錄》之類，雖免雜燒，然皆束之高閣。此獨幸免，豈非種樹醫藥之儔皆所不禁也邪？可發一笑。

又

昨日吳應辰來，辱書，今日又得遞中答字，獲審比日冬寒，尊履佳福，深用慰感。火後佳句，曲盡事情，引而伸之，有足爲長太息者，豈止此而已哉？示喻米事已悉，其人前日亦録得縣中所被倅廳公文來①看，云奉帥司之命。本欲呈封，猝尋不見也。度今自不能已，須別得一文字，説破前日之誤乃可止耳。須早行下爲佳，不可更待報矣。後山之人不待別儲而飽，收還乃爲上策，幸更審之。此却須俟見報，萬一必以前人已行，不欲廢罷，即俟丞歸，當如所論也。但富家深懲往事，亦自畏其累己，未必敢承當耳。

又

昨日遞中辱書，且審比日幕府優游，所履佳福，良以爲慰。痔疾想已平復，此疾人多有之，僕亦嘗爲所苦。然見人用刀仗毒藥攻之者，或至反爲大害，因只服黃連、枳殼等藥，及用馬藍菜煎湯薰，似覺有效，不審曾用之否？熹足弱氣痞，遇寒益甚，此兩日來則用兩人扶掖，亦行不得。長至前後，因感冒伏枕，幾不能起。衰老自應如此，亦不足深怔也。

《楚詞》版既漫滅，雖修得亦不濟事。然欲重刊，又不可整理，使其可以，就加讐校。若修得了，可就彼中先校一番，却以一净本見示，當爲參校，改定商量。若別刊得一本，亦佳事也。近得古田一士人所著《補音》一卷，亦甚有功，異時當併以奉寄也。

陳寺丞事，巖老之兄尚未報來。年歲未遠，亦須尚可詢問。但當時作地志之人亦太草草耳。《文鑑》誠如所論，李文叔前此亦但見其論文數篇，頗有可觀，今亦不能記憶。但如《戰國策序》，則恐

---

① "來"字原缺，據《朱子全書》補。

文健意弱，太作爲，傷正氣耳。要之，文章正統在唐及本朝，各不過兩三人，其餘大率多不滿人意，止可爲知者道耳。直卿尚未到此，初意其來可以久遠相聚，不謂又爲諸生所留，亦其食貧，不得不爲此耳。

　　三詩皆佳作，但首篇用韵，多所未曉。前此所示諸篇，亦多有類此者。屢欲奉扣而輒忘之，古韵雖有此例，如《大明》詩"林"與"興"叶之類。然在今日，却恐不無訛謬之嫌耳。然"林"與"興"叶亦是秦語，以"興"爲韵，乃其方言，終非音韵之正。今蜀人語猶如此，蓋多用鼻音也。

　　名畫想多有之，性甚愛此，而無由多見。他時經由，得盡携以見顧，使獲與寓目焉，千萬幸也。彼中亦有畫手，能以意作古人事迹否？此間門前，衆人作一小亭，舊名"聚星"，今欲於照壁上畫陳太邱見荀朗陵事，而無可屬筆者，甚以爲撓。今録其事之本文去，幸試爲尋訪能畫者，令作一草卷寄及爲幸。但以兩幅紙爲之，此間却自可添展也。又有一事，鄉見聖泉寺有李邕碑，龜趺螭首，鎸刻甚精。六螭糾紾，既异今製，而龜狀逼真，雖稍破析，然猶有生意也。幸爲尋一木工巧於雕鏤者，以木寫之，用寸折尺，不過高尺餘，便中寄示爲望。

　　放翁老筆尤健，在今當推爲第一流。近聞復有載筆之招，不知果否？方欲往求一文字，誠恐以此疑賤迹之爲累，未必肯作耳。悟老化去，甚可傷。血疾渠舊有之，未必服藥之誤也。意公恨未之識見。劉叔通説向在三山見一老僧，自云客石林家甚久，頗能道其餘論，不知便是此人否？如其不然，亦可因令尋訪。計其年事，亦當是七十以上矣。"雖無老成人，尚有典刑"，此語深可念也。前懷安尉楊岳從事，乃龜山先生之孫，鄉來在官，不幸盲廢。稼軒憐之，爲之呼醫治療，竟不能視。後來鄭樞特爲請祠，今在彼城中寓居，因其便還，匆匆附此。渠必不能出謁，以其賢者之後，時遣人存問之，少有乏無，力可周郵，計亦所不憚也。病中迫不得已，不免作一文字，精力不逮，殊覺辛苦。此間窮陋，無人商量，甚恨相去之遠，不得就來訂正也。

<h1 style="text-align:center">又</h1>

　　春寒多病，不能奉一字以爲新歲之慶。遞中忽辱惠問，獲聞比日幕中多暇，起處寧適，足慰馳情。熹病益衰，無足云者。示喻所苦亦已向安，甚善。此疾最忌飲酒，若能痛節，當不藥而愈也。

　　《楚詞》脩未？旋了旋寄數板，節次發來爲幸。古田《補音》此間無人寫得，今寄一書與蘇君，幸轉托縣官，差人賫去鄉下尋之，就其傳録尤便。亦聞渠寫本頗經删節，已囑令爲全録去矣。然此嘗編得《音考》一卷。“音”謂集古今正音協韵通而爲一，“考”謂考諸本同异并附其間，只欲別爲一卷，附之書後，不必攙入正文之下，礙人眼目，妨人吟諷。但亦未甚詳密。正文有异同，但擇一穩者爲定可也。又可附此古田全書，俟旦夕稍暇，一面修寫寄呈。彼中不知已能下手未？亦望隨得已了者，節次寄來也。若已詳善，即此中本更不須寄去矣。

　　劉侍讀書，氣平文緩，乃自經術中來。比之蘇公，誠有高古之趣，但亦覺詞多理寡，苦無甚發明耳。大抵古人文字，要當隨其所長取之，難以一時所見遽足品目也。李文叔論文諸説，向見林擇之有之，不曾寫得，已書報令録去，或可并移書古田就取也。畫筩許觀，甚幸。倘得附名，尤所願也。聚星閣，此亦已令草草爲之，市工俗筆，殊不能起人意。亦當輒爲之贊，今謾録去，幸勿示人也。余君之作竟能否？便中并望早寄及也。石林胡僧頃亦見之，蓋葉公自有鑒賞，其所使臨摹者，必當時之善工也。要之年來事事漸低，此等人物，亦自日少一日，爲可嘆耳。龜趺恐須作全者，向見所隕之元故亦在側也。吳生玄武信爲奇筆，但龜背之文，正脊之甲五，應五行；次甲八，應八卦；又次甲廿四，應節氣，亦自然之理。此却不足，亦欠子細。然九方皋之相馬，又不當以此論耳。社記頃未之見，世間此等遺落不遇知者，可勝數哉！放翁久不得書，欲往從覓一文字，所繫頗重，又恐賤迹累其升騰，未敢啓口也。楊君荷枉顧，此其不易得，又有甚於前二公矣。滎陽公始亦甚趑趄，令汪季路百計脇之，乃肯聽耳。此君殊可念，有可垂手處，幸曲爲拯拔也。長樂劉君一書，煩爲轉達，直卿云渠有知識在城中，已令批在書背，幸令人問之。恐未有便，却告專介爲送至縣中，托縣官遣人達之。蓋所編禮書在渠處，欲亟取來，趁此疾病少間之際，并力了之，故不可緩，切幸垂念也。欲言甚衆，書不能盡，唯冀以時自愛，千萬之禱。悟老聞欲爲志其塔，果爾，亦甚幸也。

又

陳太邱詣荀朗陵，貧儉無僕役，《陳寔傳》曰：寔字仲弓，潁川陳昌人。爲聞喜令、太邱長，風化宣流。《先賢行狀》曰：荀淑字季和，潁川潁陰人也。所拔韋褐芻牧之中，執案刀筆之吏，皆爲英彦。舉方正，補朗陵侯相，所在流化。乃使元方將車，《先賢行狀》曰：陳紀字元方，寔長子也。至德絶俗，與寔高名並著。而弟諶又配之，每宰府辟召，羔雁成群，世號三君。百城皆圖畫。季方持杖從後，長文尚小，載著車中。既至，荀使叔慈應門，慈明行酒，六龍下食。張璠《漢紀》曰：淑有八子，儉、緄、靖、燾、汪、爽、肅、敷。淑①居西豪里，縣令范康曰：昔高陽氏有才子八人，遂署其里曰高陽里，時人號曰"八龍"。文若亦小，坐著䣛前。于時太史奏真人東行。檀道鸞《續晉陽秋》曰：陳仲弓從諸子姪造荀父子，于時德星聚，太史奏五百里賢人聚。

所畫陳荀聚星事，若作兩段，即前段當畫太邱乘牛車在塗，而元方等侍行；後段當畫叔慈應門，朗陵對客，七龍侍食。又當重畫

---

① "淑"原作"肅"，據《朱子全書》改。

太邱與朗陵相對，而二子一孫侍立。又叔慈本在門外迎客，客既入燕，則又不當久立門外，亦須畫其侍立於朗陵之側。此皆似涉重複，兩段之間又須更作山石林麓分隔前後，皆費注解。若只畫作一段，則但爲太邱乘車到門之象，而叔慈在門外迎客，七龍扶侍朗陵出至庭中，而文若在其後，即免重複，亦有遺意。但却不見對飲、行食及坐文若於郗前事，有不備耳。凡此未能自決，不知盛意如何，更望相度，及與畫者商量，取令穩當乃佳耳。

更考後漢處士冠服敎之。

又

兩承惠書，良慰馳想。比日春深，寒暄尚未定。恭惟幕府有相，所履佳福。

葉帥昨日已過此。聞張書當來，不及計賢者必護印至境上，若得早來，便可宿留爲一兩日款，深所望也。《楚詞》當俟面議，元本字亦不小，可便以小竹紙草印一本，携以見示。此間匠者工於剪貼，若只就此訂正，將來便可上板，不須再寫，又生一重脫誤，亦省事也。蘇君處所寫《補音》如已到，幸亦携來此間。所有本子不全，恐將來闕略，却不滿人意也。聚星圖此間已先令人畫，今詳所寄，大槩不甚相遠，但此間者車中堂上有兩太邱，心頗疑之。今得所示，却差穩當，此必嘗經明者較量也。但閩中人不好事，畫筆幾絕，爲可嘆耳。《禮書》半藁略可寫凈，旦夕寄直卿處，仍就使廳借筆吏數人抄過一本。王元石亦要抄一本，仍更爲寫一本，當俟彼中寫了，却寄莆中也。時論少寬，但置籍事予奪不同而同出一手。要路諸人有忽從外補者，亦非意料所及，不知彼中所聞果如何也。放翁且喜結局，不是小事，尚未得以書賀之。熹衰病益甚，苦楚之態，亦非言語所能形容者，不能復縷縷也。會面有期，預以爲喜。

書王臣家璧

　　脱凡近以游高明，勿爲嬰兒之態，而有大人之志。勿爲終身之謀，而有天下之慮。不求人知而求天知，不求同俗而求同理。《金華雜識》

武川文鈔卷八

外　集

宋

吕祖謙 字伯恭，金華人。宋紹興七年二月十七日生，登隆興元年進士第。又中博學宏詞科，仕至秘書郎兼國史院編修、實錄院檢討，遷著作郎、除直秘閣、添差兩浙東路安撫司參議官，皆不就。淳熙八年七月二十九日卒，年四十五，謚曰成。學者稱東萊先生。理宗追封"開封伯"，從祀孔子廟庭。東萊祖三世皆葬邑之明招山，丁母艱，居明招寺講學。又居金柱山，朱熹、陳亮、葉適時往來講學，邑人士多從之游。明招山今有朱吕講院，金柱山有水簾磨崖刻，詩詞尚存。

與鞏大監書 采若

某屏居，久不貢寒溫之問，第有傾向。側聞出守吳興，雖於雅志甚愜，然善類所期，政宜從容論思之地，以紓賢蘊，此殆未足以久淹遐矚也。某屏處衡門，隨分頑健，終日蕭然無它事，得以一意繙閱。但無由時扣誨益，嚮風每切依依。

某少稟：同年歸安丞張體仁，志士也。襁褓中失怙，祖母鞠育之，以至成立。到官未幾，聞訃奔歸，自陳欲解官，而郡以法令却之。後來復乞尋醫，而前政亦未之許。某竊謂此事以迹觀之，誠似未得中行；以實論之，則其鞠育恩義异於他人，哀恫發中，欲自伸其情，非出於矯飾，蓋仁人君子之所哀也。竊惟布政之初，方將恢崇風教，若許其從欲以敦薄俗，其益大矣。張丞恐其情不能自達，力以見屬。某十年來作親故書，未嘗挂口及時事，兹以其意懇惻，且求退异於進，故爲破戒一言之。《東萊集》

與鞏仲至書

秋闈垂翅，乃所以進德修業。如吾友之文，用於課試蓋無餘憾矣，不必更費心神。惟留意實學，持之以厚而守之以默，則所願望。令伯有還轅之問否？他惟以時自愛。康熙修邑志

佚老庵記

橫山吳君珉治別室之西偏，榜以"佚老"。休工歸役，斤斧收聲，輯杖立於前楹，聞竊語於階者曰："萁隴繩畦，坻粟京稼，籌算挂壁，萬貨四凑，此吾主人翁所以佚其老也。"少進至於門，聞行語於途者曰："豐林遼宇，尊俎静嘉，鷗鷺不驚，風月相答，此吾豪長者所以佚其老也。"又進至於郊，聞語於塾者曰："培嗣以學，既楸既舁；秩壺以禮，既序既飭。此吾鄉丈人所以佚其老也。"

他日，吳君爲予道之，予曰："夫三者之言何如？"吳君曰："階得吾粕，塗得吾醨，塾得吾醇。出浸遠而説浸近，吾名吾室義，其究於此乎？"予曰："未既也。畏嶠登輿，身閒心慄；厭市築埔，目静耳喧。君雖善自佚，踰閒以往，肩頰腹枒者踵相接。歲或不升，尪瘵困憊，呻吟交於大逵。專一室之佚，樂乎哉？君，里中望也，盍勸相族黨，愒勞賑乏，已責紓逋，同其佚於是鄉，則盡橫山表裏皆君佚老庵也，其視尺椽半席，廣狭何若？"吳君謝曰："厚矣，子之拓吾境也。"顧僮奴陷其説於壁間以爲券。康熙修邑志

洪無競字序

武川佛廟領於祠官者四十有二，曰明招，則余松楸所托也。率三歲科詔下，邑士相與爲曹，依僧房以專肄習。明招林麓閔邃，樓研席其間者視旁寺爲多。雞一鳴，弦誦之聲與鐘梵交於户庭。日旰休帙，岸巾曳屨，相追於松陰。予時往參焉，問以後進之秀，或枚數以對，屈其指，未三四而得洪裒然名，予固私竊識之。

他日，童奴持謁入，望其刺端，若洪其姓者，取而視之，乃疇昔松陰所談者也。予亟迎之門，興俯酬酢，惇懿淳靖，雖中朝故家名子弟，生長禮法中，足未嘗涉外閫者，猶不能過焉。出其文，甚澤而暢，充其科者也，既數而稍泱。予試開之學，洪子慨然有志，浸喜從予游。語次，顧視几上前日刺猶未漫，因舉以諗洪子曰："子志古而科目是羨，非名也，盍歸而謁諸親？"無何，洪子復於予曰："吾親命以無競，更故名而虛其字以待，敢請。"予嘆曰："群童相呼而趨果餌，攫挐者既屬厭，而袖手者猶未沾齒。自垂髫之時，競者固已居其右矣。束髮而冠，其競愈大，睊指聲利之標而輩逐之。退縮不競者，閭巷至相傳以爲諱。子之親獨取彼之所諱者爲子名，意者患苦囂競，將還子於無求之地乎？世路日狹，一有所求，四向荆棘。然尚有一途平寬廣博，游之無禁，行之不窮，驅馳疾徐，惟意所適，舉世莫與競，子往而求之，孰禦焉？敬以'求仲'副子名。"并序其語，以問發軔之期。道逢策馬競進，尤子之多求者，其與俱來。嘉慶修邑志

梧州刺史劉叔翰墓志銘

梧州刺史劉公食祠官之禄於里中。暇日子孫侍左右，公命之曰："大夫七十而致仕，禮也。吾賴先人餘澤，服王事者五十年，以爵以齒，幸濟登兹。若免於官謗，以朝大夫秩老於家，豈小子實能？

吾先祖先父其嘉相之，汝趣爲我具章。"皆頓首曰："諾，如大夫命。"章上，詔報可，賜一子官，以寵其歸。同邑若旁邑之姻連世舊，舟於水，車於陸，湊門趨賀，樂飲旬日乃罷。自是遂深居不出，静養恬適。又數年乃卒，壽七十有四，實淳熙二年正月晦日。其年九月丙午，葬於婺州武義縣泉溪西山學士原。其孤以公之閥閲①行治來速銘。

謹按泉溪劉氏，系出温之荆溪，其徙於武義，距公蓋八世矣。公諱塘，字叔翰。曾祖仲思。祖升，承事郎，贈中奉大夫。考濤，朝請郎、知建昌軍，贈光禄大夫。妣湯氏，贈齊安郡夫人。公早以光禄郵典入官，歷官温州、樂清縣尉，監潭州南嶽廟，福州録事參軍，知徽州歙縣，通判蘄州軍州事，主管台州崇道觀。除知梧州，未上，復請還崇道觀，積官至朝請大夫。其在樂清，每行部，興衛胥吏，輓履糗糧，一主辦於己，不以煩里正，邑人紀之。福大而獄繁，歙小而民瘠，公書獄"予生而拊民，必依惠"，職用不墮。佐蘄兩攝黄守，始至，老校旅拜庭下曰："旄稺旦暮餒死，惟公哀之。"际其券，不盼者且菁。公蹙然不安，亟發庫金，益以私帑，尫瘵以蘇。歸自蘄春，無復當世意。比告老，領祠官者四焉。少嗜書，晚歲猶展玩不置。每得名章俊語，輒欣然忘食。天姿和厚，不與物忤，居鄉無貴賤皆得其歡心。没之日，吊客及門，哭之必哀。初娶胡氏。繼室王氏，朝議大夫昇之女，封宜人。三子：長綽，迪功郎、紹興府上虞縣主簿，先卒；次紹，迪功郎、處州府青田縣主簿；次續，將仕郎。一女，適朝散郎、通判婺州林信厚。孫男三人：成孫、傳孫、豹孫。銘曰：

前望不跛，後顧不痹。平進之轍，未驅而止。其止曷以？以其樂易。風於後人，勿墜勿替。邑志

---

① "閲"原作"閲"，據《東萊集》改。

沅州通判劉公國華墓志銘

淳熙二年秋七月甲辰，朝奉郎、通判沅州軍州事、賜緋魚袋劉公及其夫人趙氏合葬於婺州武義太平鄉之清溪源。其孤剛中先期請曰："吾父吾母携持小子至於湖水之北，沅水之旁，而大棄之。嬰然孤身，東望故鄉數千里，乃負乃載，乃陟乃降，更一寒暑而匶克達於家。躬鍤肩畚，披除榛翳，乃規乃墾，乃塗乃墍，又一寒暑而葬克安於兆。惟是識竁之銘，苟有辭以置諸幽，剛中死且不朽。"予游公父子間舊矣，其何可辭？

公諱邦光，字國華。曾祖政。祖仲申，將作監主簿。考繪，贈通議大夫。妣何氏，累贈太碩人。公常少舉進士，一上不第。妻父廣陵侯任以官，主邵武之光澤簿。土俗多盜，枹鼓鳴，尉、巡檢悉所部奔命，邑虛無備，奸俠睥睨。公與令議，籍材勇觸其徭役，縣兵或盡出，俾之扞防，居者始得奠枕。徙處之遂昌令。始視事，閱楊氏訟，母子兄弟更忿鬩，更數政不能決。公親以酒酌其母，喻以天性之愛，皆感悟，數年之訟一朝而平。用薦者改秩，知湖州長興縣。歲惡，發圭田之粟為民先。趙夫人亦脫簪珥為粥以食餓者，邑人紀之。終事沅州，安靜不擾，歿而有餘思焉。其卒實乾道九年十月二日。趙夫人蓋懷王宗暄之曾孫，濟國公仲訧之孫，而廣陵侯士礑之女也。雖出公族，能自屈卑服婦事，族婭無違言。母文安郡章夫人嫠居旁郡，夫人奏芳鮮，奉寒燠，凡可娛其老者，無不用其極。以郊恩封孺人，前公一歲正月二十日卒。一男，剛中；一女，適奉議郎、新通判無為軍梁梲。孫男一，女四。銘曰：

劉為溫人，其徙則婺。八世其昌，迎天之祜。駢青聯紫，覃延厥宗。公居其間，別駕治中。沅江之殂，民夷罷市。清溪之會，里人是紀。維襧相望，儷實同藏。於窆有石，款詩在傍。康熙修邑志胡刻《東萊集》"正月二十日"作"十二"，"殂"誤作"祖"。

郭宜人墓志銘

泉溪劉氏兆域有別卜清溪之原者，是爲户部公之配郭宜人墓。既葬二年，户部以書來諗曰："邦翰老而哭妻，墓草再易矣。見故奩塵簏，依然有餘思，是非若小兒曹戚戚歔欷也。吾妻無恙時，自闑以内，裘葛釜鬲，醪醴鬵醢，㸌水而凍，㸌火而燔，㸌社而釀，㸌臘而儲，吾未嘗過而問焉。飢至知食，寒至知衣，客至知獻酬而已。視己出若妾媵所出，拊育惟一，族黨無纖介薄厚之議。授室以來，袖手旁觀，每謂家政直差易耳。及失吾妻，治官文書，腕脱入户，將少休，問米謁鹽者旁午，喟然而嘆，始知其難，益念吾妻四十年代予勞之，不可忘也。故過時而哀未衰。予嘗有意銘其藏，幸卒成之。"

某先壠實在婺之武義，於泉溪蓋同縣，與户部游再世矣。歲時往來，占壼職於杯盤，固得其略。諸子相從講學，履屐裝齋之屬，皆宜人均一之德所形見也。銘敢不諾？宜人卒以乾道六年十一月七日，享年六十有四。時户部知常德府，歸葬以乾道八年十月某日。曾祖宗元，贈少傅。祖璪，贈太師。考三益，左中大夫、同知樞密院事，贈光禄大夫。妣孟氏，齊安郡夫人。子男子八人：粹中，迪功郎、新衢州龍游縣尉；敏中，迪功郎、新衢州江山縣主簿；允中、時中，應進士舉；居中、虛中，皆夭；餘未名。子女子六人，長適從事郎、永州軍事推官應材；次適朝請郎、尚書司封郎中鞏湘；次適承議郎周櫂；次適太學生凌顯；次適進士黄閌；次未行。於是户部方爲朝散大夫、尚書户部員外郎，總領湖廣京西財賦。銘曰：

维斗之樞，系隆地高。婦于素門，乃鋤其驕。《風》有《芣苢》，捋之擷之。我心和平，諸御是綏。子舍連甍，女車交道。歲時晨昏，來面來告。並耦而耕，穫失其一。里人作詩，颺於媚戚。《東萊集》

處士徐意元先生墓志銘

明招，婺之名山，予家三世葬焉。負山之民氣俗敦愨，樂田畝而畏官府，傲嬉侈麗之習獨不入其鄉。予歲時上冢，過其父老，或旬月忘返，稍稍遣子弟從予游。未幾，方領矩步，儼然出與郡邑之士齒。蓋將繼進而薰沐，則於其親之喪，亟問亟吊，而又爲之銘，有所不得已也。

君諱宗盛，字意元，以厚樸稱於里閭。淳熙元年五月十五日卒，享年三十有八。明年十二月五日葬於鄉之下車塘。君無恙時，實命其子一夔來請業。及是，復來請銘。文斃甚矣，幸是鄉之未凋也。申之孝弟之義，引翼充養，於古之學者或庶幾焉。苟自厭其質而文華是嗜，外觀日勝，中實日銷，則豈父兄所以屬子之意哉？遂并書於君之壙①，以識其初。銘曰：

父蓄子播兮，將求其實。考祖且修兮，無辱斯石。邑志

祔韓氏志

乾道七年夏六月庚申，左從政郎、太學博士、兼國史院編修官、兼實錄院檢討官呂某，祔其繼室於元配之兆。始某踰冠授室，蓋今尚書左司郎中韓元吉長女，既五年而夭，左司公實識其葬。後七年復女焉，越二年又夭，壽二十有七。改月而葬，與長姊同域异穴，惟內外辨位。而司家政者，名不出壼，雖敬戒以祗婦道，猶其常也。茲用不書，以附《春秋》之義。土姓世繫列於前志者，亦不再見。二女。長曰復，幼曰螺。《東萊集》

祔芮氏志

夫人芮氏，吳興先生之季女，東萊呂某之繼室也。生十有一年

---

① "壙"原作"塘"，據《東萊集》改。

而先生殁，及長，澹静馴飭。母王夫人隆愛之，嚴於擇對，不輕諾。某少獲事諸公長者，而海内知心，則實維先生之門，夙夜念無以酬。適中饋乏主，聞夫人之賢，乃委幣以請。既廟見，慨然曰："吾他日有以拜先生墓矣。"歸之明年。某病癈，夫人護視劬瘁，得羸疾以卒。曾祖寧。祖彦輔，贈朝議大夫。先生諱燁，終右文殿修撰。夫人生以紹興三十二年九月五日，卒以淳熙六年七月二十八日。是年九月十五日祔於婺州武義縣明招山先君兆域之左。《東萊集》

吕祖儉<small>字子約，號大愚，謚忠。</small>

吕東萊先生壙記

宋故朝請郎、直秘閣、主管亳州明道宫吕公諱祖謙，字伯恭。其先河東人，後徙[①]壽春，六世祖申國文清《成公集》作"靖"。公自壽春徙開封，遂爲開封人。曾祖諱好問，資政殿學士、大中大夫，贈太師；妣王氏，贈秦國夫人。祖諱弸中，右朝請郎，贈右正議大夫；妣章氏、文氏，皆贈碩人[②]。考諱大器，右朝散郎，贈朝請大夫；妣曾氏，贈宜人。公紹興七年二月十七日生，以祖致仕恩補將仕郎，監潭州南嶽廟、嚴州桐廬縣尉。未上，登隆興元年進士第，又中博學宏詞科，改授南外敦宗院宗學教授。丁先妣憂，免喪，除太學博士。有旨，中都官待次者補外，添差嚴州州學教授。踰年復除太學博士，兼國史院編修官、實録院檢討官。召試館職，除秘書省正字。丁先考憂，免喪，主管台州崇道觀。召爲秘書郎，兼國史院編修官、實録院檢討官，遷著作佐郎、著作郎，兼權禮部官。淳熙五年冬得疾，請去職。先是奉詔編類《皇朝文鑑》，至是成書，除直秘閣、主管

---

① "徙"。原作"涉"，據《東萊集》改。
② "人"原作"氏"，據《東萊集》改。

建寧府武夷山冲佑觀。病少間，除著作郎兼國史院編修官，不就。添差兩浙東路安撫司參議官，亦不就。主管亳州明道宮。八年七月二十九日以疾終於家，享年四十有五。兩娶韓氏，今龍圖閣學士元吉之女。又娶芮氏，故國子祭酒華①之女。皆先卒。子男三人，岳孫、齊孫早夭，延年甫三歲。女二人，華年適進士潘景良，媛女亦早夭。吕氏世葬鄭州新鄭縣懷志②鄉。建炎南渡，太師而下皆葬婺州武義鄉明招山，遂以是年十一月三日葬於祖塋之右麓。

公之問學術業本於天資，習於家庭，稽諸中原文獻之所傳，博諸四方師友之所講，參貫融液，無所偏滯。晚雖卧疾，其任重道遠之意，達於家政，纖悉委曲，皆可爲後法。葬日薄，未能深考公之言行，求正於有道之君子，以詔來世。姑舉其可得而形容者，以志悲思焉。

公所爲書，有《吕氏家塾讀詩記》三十卷，參取毛、鄭衆氏之説，而間出己意，其後更加刊定，迄於《公劉》之首章。《大事記》起春秋後，終於五季。書法視太史公，所録不盡用策書凡例，其條綱端緒，概見於《通釋解題》。之二書，雖絶筆於政和之三年，亦未脱稿。其他餘《文略》作"遺"。文及所纂輯者尚衆，以未倫次，皆藏於家。弟吕祖儉泣書。邑志

按，政和，當從《東萊外録》作"征和"爲是。政和，宋徽宗年號；征和，漢武帝年號。

吕喬年巽伯，祖儉子。

金貂亭記

金貂亭者，晋鎮南將軍阮公之墓亭也。公名孚，字遥集，始仕

---

① 何批：《東萊外録》：祭酒華，華作"燁"。
② 何批：《東萊外録》：懷志鄉，志作"忠"。

東晉爲散騎常侍，嘗以金貂換酒，爲有司所劾。轉吏部尚書，辭疾不拜。後恐廢才，就家用之。溫嶠之受顧托，要公與俱，公固不肯。及咸和初，庾亮用事，公爲丹陽尹，求出尤苦，得廣州刺史，去之明招山下，終焉。山下故有蠟屐亭，右名金貂亭，曰金貂與蠟屐對，以識公之故事也。

始余讀《晉史》，見解貂事，謂直達士之爲耳。晚而往來先隴，周旋此山，心乃怪，以爲晉之達，雖若酣縱不事事，然猶往往著城市，顧名爵。甚或用違其才，狼狽兵間，爲奸雄所嗤侮，未有深藏不售，而甘心於寂寞之濱者。明招窮僻，至晚唐爲浮屠氏苦心修行之地，山深林密，目斷無行人。以今準古，略可知已。非若謝公之東山，逸少之蘭亭，皆居都會，以山水顯名於文詞間，爲世所尋求者也。想公珥貂時，固以睹斯世之艱險，知大策之不易建，其欲高舉遠引，與世相忘，不特爲京尹時也。有司不知公，公固自知之矣。蓋自江左立國，固已倒持太阿，政在大臣，猶推誠心引大體以聯絡斯世爲事，德信未孚而任法裁物，茲豈其時乎？時論所歸，操持不置，而被以非才之名，公固忻得之，其又何辭？臺城失守，縉紳塗炭，而公乃獲知幾之稱。焦鷯已翔於寥廓，而羅者猶視藪澤，豈不悲哉？

嘉定己巳之秋，余始考録遺迹，以爲明招故事，且爲文哀金以作斯亭。庚午歲二月，亭成，老木回環，長松羅列，前臨清池，池旁植翠竹，爲山中佳趣。凡陳留之族，實來助祭。既又相與賦詩以落之，清飈蕭然，未覺千載之遠。風馬雲車，神游斯亭之上，亦欣然而獨笑也歟！邑志

陳　亮字同甫，號龍川，永康人。紹熙四年進士。

贈武川陳童子序

童子以記誦爲能，少壯以學識爲本，老成以德業爲重。年運而

往,則所該愈廣,所求愈衆,窮天地之運,極古今之變,無非吾身不可闕之事也。故君子之道,不以其所已能者爲足,而常以未能者爲歉。一日課一日之功,月異而歲不同,孜孜矻矻,死而後已。自古聖人,及後世之賢智君子、騷人墨客,凡所以告語童子者,雖各出其所長,而大槩不過此矣。若余少而昏蒙,長不知勉,未老而頹惰如七八十歲人者,此天地之棄物,而何以語童子哉?

童子之資稟特異,而尤記疇昔之所聞所見其略可言者。蓋闕黨童子,聖人既與之周旋矣,其以求速自見,而有疑於異時之遠到,故孺悲則辭而不見,將以警策之也。後世諸賢,其於童子豈能有此裁成輔相之道哉,而況若余者乎!

童子行矣!奇妙英發,不極其所到,未可止也。落華收實,异時相與誦之。邑志

袁　燮字和叔,鄞縣人。[1]

居士阮君墓志銘

東萊呂君子約,某之畏友也。長子喬年巽伯,克肖厥父,議論勁正不阿。一日訪余,具言居士阮君持身律家,信於鄉黨,有古君子風。又旬日,與阮君之子泰發偕過我。泰發出其先居士行實一編,泣且言曰:"先君篤志爲善,鄉評所推也。惟是窀穸有期,而德銘未立,無以昭示來世。不肖孤大懼泯沒,不遠數百里徒步重趼,敬以爲請,幸哀而許之。"閱其行實,則巽伯之辭也,盛有所推許,而皆著其實,可信不誣。余不敢辭,乃叙而銘之。

君諱葵,字元向,婺州武義人也。昔阮氏有名孚者,仕晋爲鎮南將軍,葬是邑明招山。有名瑤者,隱居不仕,廟食白陽,與明招相

---

① "和叔鄞縣人"五字原缺,據《武川備考》補。

望。厥今諸阮皆其族類。而君之祖考，人咸稱爲長者。曾祖良，杭州助教。祖端彥，承信郎。父鴻，修武郎，監行在豐儲倉。君天姿純茂，故中書舍人汪公涓嘗與豐儲府君俱官武昌，器君於童幼中，使與子弟共學，曰："得良友矣。"長，補初品官，試計臺不利。既終父喪，年幾四十，慨然有感於陶公"富貴非吾願"之語，遂厭科舉業。閉門不出，刻意讀書，不爲章句辭藻之學，取古格言筆諸屋壁，觀以自省。嚴於義利之辨，嘗曰："世人之所謂利者，非吾所利也。"家世衣食田疇，乃於舍旁修堤防，闢曠土，植桑千本，曰："昔人稱齊魯千畝桑，與千户侯等，非吾力所及，顧此豈不足耶？"人有乞假，惻然與之。或負不償，亦不以綴意。宅負山近村，樵焉不忍禁也，故雖材木叢茂，而日益稀。負租者習其寬厚，督賦者狃於循良，俱弗深較。故雖名田數頃，而用之不足。津梁道路不便往來者，倡率鄉間，協力修治。貧有疾者與藥，或珍异不可得者，遍閱方書，參之本草，取其易辦者，亦足以愈疾。里中生女或不舉，委曲開譬之，周其乏絕，全活者衆。或以私憤鬪閧，必爲平之，以故同里無深相讐隙者。每言："世道如砥，非有艱深迴曲，古人所謂'作善，降之百祥；作不善，降之百殃'。作者，所以著其脩爲之實。'積善之家，必有餘慶；積不善之家，必有餘殃。'必者，所以表其決定之辭。積善有餘慶，毋以小善爲無益而不爲也；積不善有餘殃，毋以小惡爲無傷而不去也。"凡與人語，必推廣此義。雖田夫野老，亦因事訓告，亹亹不倦。嘗自言："教人以善謂之忠，吾其庶乎？"然非徒頰舌，必本躬行，尤篤於閨門之内。八歲喪母夫人汪氏，事繼母劉謹，甚得其歡心。伯兄既歿，友其季弟，歡若童孺，未嘗一日暫舍。弟幼，官金陵，勿忍訣別，與之俱行。歿，護其喪以歸，哀感行路。天倫之愛，如此可謂有本矣。

晚節擺脱塵累，專以治圃爲娛。名花奇果，儼然成列，凭闌穿徑，竟日忘歸，時時見於篇咏。長於攝生，鬢髮有復生而黑者。儀觀豐碩，襟度坦夷，薰然以和，無所怨惡，人皆愛敬之，神亦歆焉。邑有支大士祠，每遇旱暵，鄉人勉君致禱，無不響答。此皆巽伯所稱述，其賢可知矣。昔者成周盛時，鄉大夫賓興賢能，出長入治，無不爲當世用。古今殊制，故以君之抱負，終身沉淪，不見於施設，可爲慨嘆。然積善在躬，私淑諸人，玉在山而木潤，淵生珠而崖不枯，有助於風教，不既多矣乎？君之疾篤也，精爽不亂，盡屏左右，曰："毋使婦人近我。"以嘉定十二年七月十八日卒，享年七十有七。娶劉氏，繼母之姪也，先二十一年卒，葬於東皋之唐山。子男五人，長即泰發也，以嘗預修曆，特旨免解；次修；次洵，鄉貢進士；次康；次奉符。女一人，嫁邑子葉綬，餘一女一男皆夭。孫男七人，女十人。明年某月某日，葬君於清溪石佛山之麓，而遷唐山之窆以祔焉。泰發深於古文學，世人所不能通者多能通，蓋師事子約，源流有自。士友咸曰："阮氏之昌，殆未艾也。"此亦足以觀君積善之報矣。銘曰：

　　善人，天地之紀，三綱五常，不闕不壞，翳善人是賴。賢哉阮君！一夫之微，隱約田里，炳乎光輝。雖藏器兮不用，而公論兮攸歸。有補世道，從古所希。我偉斯人，茲焉發揮。邑志

真德秀字希元，號西山，福建浦城人。慶元五年進士，累官徽猷閣待制、翰林學士、戶部尚書、拜參政，進資政殿學士，提舉萬壽觀，贈銀青大夫，謚文忠。明正統二年從祀文廟。

東萊大愚兩先生祠記

　　東萊呂成公淳熙中講道於婺之明招山，其季大愚實從學者，入則受業於長公，退即少公而切磋焉。四方之士，賴以淑艾者甚衆。二先生歿，又皆窆穸於此，而故未有祠，祠之自旴江處士吳定夫始。

　　紹定初，予屏居粵山之麓，定夫布衣芒屩，惠然見臨。問其所

從來，曰："吾東訪漫塘劉聘君，南過趙傁章泉上，遂以見君也。"呷進與語，命酒而觴之，曰："吾不飲。"爲設羹菜，曰："吾不肉食者累年矣。"眂其色，一無所求。獨曰："吾爲二先生祠，幸既就，而無文以記，君倘有意乎？"予曰："嘻！子不趨權門，騖勢塗，而歷游於寂寞之濱，不媚示鬼，不諂老佛，而汲汲於兩先生之祠，何其好惡與俗異也？且子亦知二先生之所以當祀者乎？成公所傳，中原之文獻也；其所闡繹，河洛之微言也。扶持絕學，有千載之功；教育英才①，有數世之澤。及慶元初，孽臣始竊大柄，大愚以一太府丞，抗疏顯斥其奸，孤忠懍然，之死不悔。迨其晚年，義精仁熟，有成公之風焉。二先生所立如此，其祠之固宜然。自定夫言之，非有平生師友之恩，又非居官任風教之責，而貿衣營之，若不可已者，何邪？吁！此其謂無所爲而爲之者也。無所爲而爲之者，義也。吾子以義請，予不②敢不從。"居數年，未及爲而定夫卒。垂絕猶語其子曰："明招祠未記，吾死不瞑目。"祥老奉遺命以來，爲之慼然，曰："此予之罪也。"乃次其本末而書之。

　　定夫名應賢，不深於學而能知天下之正理，飢寒窮厄弗自恤，而以當世善士失職爲己憂。方別予時，將北之渠陽省遷客，未果而王去非守樵州，豺虎滿道，無敢從行者，定夫獨負一布囊與俱。予嘗評其人，蓋古所謂特立獨行者，近世巢無修之徒未足多也。始定夫將立祠，住山森公實左右之，又序以贈其歸。味其詞，磊磊不凡，豈昌黎所謂魁奇忠信没溺者邪？故併著之。《正誼堂全書·真西山集》

①　"才"，《西山文集》作"材"。
②　"不"，《西山文集》無。

武川文鈔卷九

外　　集

宋

尹　穡《建炎以來繫年要錄》：尹穡，河南人。紹興三十二年三月甲寅，右迪功郎尹穡引對。十月，賜樞密院編修官。尹穡進士出身。《萬姓統譜》：穡，兖州人。建炎間自北歸南，徙居懷玉山。後徙上饒。博學有文，累官殿中侍御史，遷至右諫議大夫。

宋故山堂先生墓志銘

右通直郎右諫議大夫尹穡譔

左宣教郎秘書省校書郎范端臣書

　　山堂先生姓鞏氏，諱庭芝，字德秀，東平須城人。父奉議郎諱燾，贈左通直大夫，配梁氏太夫人。祖彥固，奉議郎，配郭氏太夫人，先配宋氏太夫人，南華縣君；郭氏，西華縣君①。皆贈令人。先生乃太尉孝友之曾孫也，自太尉、通奉、奉議，不愧人子孫。

　　始紹興壬辰，穡客信州，聞有山堂自須城於建炎間寓武義，著錄歲數百人，多舉進士得官，未知先生誰氏也。久焉，問之自先生

---

① "君"原作"官"，據何德潤批語改（下簡稱"何改"）。

所來者，皆踽踽不敢名，或僅以姓字稱。稽驚曰："乃吾同里人，同所自出，同舉進士，犖德秀者耶？"先生又與稽同去鄉避地，同絕音問，生死相忘幾時矣。先生方以所學推重異鄉，成就後學，宜稽愈以不即見爲恨。歲戊寅，先生待紹興諸暨闕，其子湘教授信州學，既逆以來，得朝夕相遇。作詩飲酒，爭道耳目更嘗之事；至易兩歲如未盡。先生官諸暨，稽亦召至臨安，若將問訊，而先生乃以病告矣。已而得食崇道觀祿，便醫藥，還武義。還未一月，當隆興癸未三月九日疾，竟卒於是。凡其學者往哭之，如古師弟子之禮。雖他不相識者，亦聞其卒如故舊。今湘與弟沅，姪豐、嵘，具以狀來告，將以十月二十八日葬武義太平鄉福聖院①寺西山，葬必當銘。稽謂："幼相從，老相會，且親且友，何待請爲？"乃使問其世出與其行事，而與銘。

先生處性有操執，與人周旋喜談笑。既幼孤，乃以不獲孝於父者盡之於母，不得承父之學者從於兄，由是繼三世擢進士第，累官左承議郎，服五品，歷任監②南嶽廟③、嚴州建德縣尉、太平州錄事參軍、知紹興府諸暨縣事、主管台州崇道觀，卒年六十五。娶錢氏，封碩人。長子湘，官④朝奉郎，兩浙東路提舉茶鹽幹辦公事；少子沅，舉進士，擢承議郎；次子法，鄉貢進士，省試不利，疾卒；生一女，久已卒。孫四人，曰峴，曰嵩，曰豐，曰嵘，廬于墓，朝夕奠祭。

爾時先生錄事參軍，寇盜揭爲幟，期相會聚，肆劫掠嚇，遠近擾懼。先生設奇，用伏兵埋數十里，至則稍已叫呼四出矣，乘所不料，擒其魁，斬之，衆駭散。即矯爲郡令，寬不問，且使有穀者，官與立券，隨多寡貸，曰"閉而家覆，不如發而家全"，卒得接續無事。而相

---

① "聖院"原作"勝寺"，據何改。
② "監"原作"浙"，據何改。
③ "廟"原作"廣"，據何改。
④ "官"原作"封"，據何改。

隣州縣萌櫱未翦,至遺所在兵猶未即獲,竟招以官,而臣亦以罪去。諸暨縣富民何氏僕畏笞竄去,其家誣爲殺之。部使者疑有力必赇①吏,趣吏具獄即上,何亦甘自引伏。先生取其牘束封之,趣愈急;故不報,果耳目得僕,執以來。人不以脱何爲先生恩,乃以不知信先生爲使者深耻。世於儒者爲政,嘗探輕而默之,乃如先生建德之勇决,諸暨之明審,儒者之政果何如?故其學於先生者,初試吏亦輒見稱許,是豈徒學爲應舉取官之資耶?

先生卒且葬,以貧故,故凡葬取須若不克具,而索其囊,乃有《山堂類藁》六十卷,皆詩賦書疏序贊表啓論記之作;又有《易圖》、《春秋書法》、《群經説林》、《人物表》、《耳目志》、《詩話②》又合一百四十餘卷,著作之富如此。先生生不獲於用,死不充於葬,然以山堂先生之傳,而視某卿某大夫之稱又何如?銘曰:

吁嗟先生,學成于身,又成于人。自學而吏,時勇時智,活死不疑,敵死不畏。吁嗟先生,有學之通,無學之弊。吾固知其更數千百年,有過于其墓之前者,猶且曰"此昔有宋大儒山堂先生之隧③"也。《鞏譜》

何 恪

宋故太安人錢氏墓志銘

右文林郎何恪撰　單父張寧祖書　忠州文學李毓篆

有宋名儒山堂先生鞏公庭芝之夫人曰太安人錢氏,葬得吉。其子左朝奉郎管官誥院湘問銘於先生之役南湖何恪曰:"惟師友婣黨實詳吾先,銘孰逾子?"恪不敢辭,又無以辭,敬諾而銘。

---

① 原作"救",據何改。
② 原作"銘",據何改。
③ 原作"墓",據何改。

　　山堂先生以德業文章名一世,寧忍窮老死州縣間,不肯一立要
人門以期進。山堂嘗曰:"凡使我甘貧賤如飴者,繫夫人能安之
也。"湘賢嗣而有文,夫人晚從其仕,筮仕,夫人詔以清白,俸入隨輒
散盡,曰"自而祖而父爲吏時,家故無贏餘也"。故湘居官可紀。郡
群公方盛稱之,謂山堂位不稱其德,其大在湘,而夫人死矣。夫人
既不累其夫,又成其子,俱得令名如此,宜夫人亦隨以不腐也。

　　夫人忠懿王俶七世孫,越州法曹椽捷之中女。淵静和裕,寡言
笑,其舉動端詳而有則。年十九,歸於山堂。錢氏翟氏,世爲吳魯
大家,内外尊顯,所與通家者又多貴侈。夫人介以儉素,處於文駬
雕軒象服瑤佩間,不羨不歉,澹然自足,人謂其資性潔美。於①姑
太碩人梁,故大家女,躬自以禮度持其家甚整,於婦孺多所假借。
夫人則洞洞屬屬,善承其志,獨得歡心。山堂幼孤,事其兄如父,夫
人亦不敢以妯娌行視伯姒也。山堂先生自東平須城渡而南,卜居
於婺之武義,今三世之墳墓在焉。湘占邑之曲湖,居護國寺,東西
二傍,中奉太夫人版輿,其間甚適。夫人即以家事傳其冢婦,戒一
毋得以關我,燕坐炷香,讀書以終日。病却藥,無戀嫪,語不亂,遂
以乾道三年二月朔終於曲湖之正寢。以明年三月壬子祔於福
聖②院西山山堂先生之塋,春秌六十有八③。長即湘;次法,一試禮
部不第而夭;季沅,今爲名進士。一女適施烜,早卒。孫男五人,曰
峴,曰嵩,曰豐,曰嶸,曰嶂,俱善學,稱其家。孫④女四人,曾孫女
二人,常幼。按,"常"恐"尚"之訛。

　　恪昔年十六時,從山堂學,始得拜夫人於堂。因與湘兄弟游,
久益相親,晚遂有連。其後六年,首哭夫人之仲子,又十二年而哭

---

① 　據《武川備考》,"於"字當衍。
② 　"聖"原作"勝",據《武川備考》改。
③ 　"八"原作"五",據何改。
④ 　"孫"原作"兒",據《武川備考》改。

山堂，又五年而哭夫人。二十餘年之間，於五人之中而哭其三矣。重傷師友之零落，而予亦窮且老，於山堂之道，竟如何也？銘曰：

婦無外事，德難以議。視子若夫，識其彷彿。變彼夫人，聞胡不已。山堂其夫，曲湖則子。嗣亢以文，命服薦錫。死而得銘，又夫之役。《聾譜》

失名氏

宋故中奉大夫直龍圖閣提舉亳州明道宮須城縣開國男食邑三百户賜紫金魚袋鞏公采若行狀

本貫東平府須城縣仁孝鄉旌義里

曾祖考彦固奉議郎

妣令人郭氏太夫人

祖考熹賜左通直大夫

妣贈宜人梁氏

考庭芝故左承議郎

妣碩人錢氏

公諱湘，字采若，一字伯清。父號曲湖。紹興十二年進士出身，爲婺州永康縣尉，臨安府録事參軍，改宣教郎信州學校疑"教"字之訛。授，差充浙東提舉茶鹽司幹辦公事。覃恩進中奉郎，賜緋衣銀魚，除主管官誥院，又除將作監主簿，添差通判撫州，除臨安縣推官，陞司封員外郎，兼司勳，又遷吏部郎中，兼詳定一史勑令所刪定官。進書，轉朝奉大夫，遷軍器監。乞補外知湖州。既二歲，拜明州長史，直敷文閣。踰半歲，除浙東提點刑獄公事，除廣東經略按撫使，再任直龍圖閣。既歸，食有司之禄者四，淳熙十五年用郊恩進爵須城縣開國男，食邑三百户，錫服金紫。十六年覃恩轉中奉大夫。紹熙二年秋八月上章告老，得報。十二月丙申，終於曲湖正寢，享年七十有三。元配王氏，清節居王野之女，贈令人。繼室劉氏，戶部侍郎集英殿參撰邦翰之仲女，封令人。子男三人：嵸，文林郎，新臨安府觀察推官；峴，修職郎，前任撫州金溪縣主簿；嶠，奏補從政郎。女一人，適進士何大有。而嶠則劉氏出也。孫男四人：蒙亨，苦學早卒；謙亨，闕四字。孫女八人，長適劉三肅；次適劉惠卿；皆進士。餘未行。三子遵治命，以紹熙四年十二月庚申卜葬公於婺州武義縣護國寺東西兩傍曲湖舊居之麓，以元配王氏、繼配劉氏祔。

　維鞏氏世系，始於春秋時，"時"字下闕十六字。有晉武子五子，朔最幼，世爲晉卿，受地，"地"下闕十九字。或云鞏伯，或云士莊伯，其派於真定，"定"下闕六字。晉卿朔之後，周卿士鞏簡公。周安王二十六年，三晉強梁瓜分晉土，鞏氏或居魏之元氏，或居趙之山陽。漢唐代綿綿不絕。國朝慶曆初封龍山隱君，御寇有功。朝廷屢徵不起，隱居教授，儒風丕振，科甲繼世。五世孫無頗公號攖寧子，官左承議郎，婺東平莊肅陳國梁公之孫，是爲特進彥通之女。因自真定徙家東平，當宣靖間，太中、山堂府君兄弟御母而南，轉徙數地，卜吉寓於婺之武義，今三世墳墓在焉。

　公天姿穎悟競爽，垂髫日已記數千百言。至年十五，有能賦聲詩。課試，數魁婺庠。流寓解試，復魁其選，遂繼數世擢第。初尉永康，當兵火搶攘之後，尉率以戎服迓使者，朱公希按其部，公獨以縉笏進，朱公一見而异之曰："此我輩流。"亟薦之。十三年，逆神御於海上，道出於永康，公葺橋梁，整郵遞，不擾而事集，而使者謂公能闕邀闕過闕，而復大异之，擬荐於朝。會罷，不果。治臨安府獄，歲無滯囚。時和議始成，虜使者至，必有意於要求，百須之具，府尹必委公，公隨其事奏畫，而不失大體。昔年，諸公交薦其才，改秩遷信州教授。公乃講論經藝，太中以道德文章爲東平學者所宗，人皆尊之曰"山堂先生"。方選紹興諸暨縣需次，公迎侍甚謹。是時渡江名流多寓上饒，公內奉甘旨，外接賓客，山堂日有飲酒賦詩之樂，取養於在官之俸，不見其爲不足。一邦之學者日接公父子間，得中原故老學問之源委。及應試之文，講畫刪潤爲尤多，有自遠負笈而至者。先是養士百二十人，至是倍至，凡千五百人。時部使者鄧公根、太守侍郎徐公林皆薦公可爲弟子學者之所宗。及山堂先生卒，公居憂。免喪，除主管官誥院。致禄，養母數年，丁母憂。憶昔渡江流寓，適見村落平衍環水磬折，名曰“曲湖”。卜居，守貧承志色養。本有花竹閒曠之適，連遭家禍，毀瘠形容。既葬，朝夕奠饋，訖喪未嘗一日廢禮。□□以婚嫁，未暇干禄。□□□□□□陳丞相俊卿最嘉之，恨相見晚也。得公所著《乾道芻議》三十篇上之，除將作監主簿。未幾，有旨，待闕職事官員外添差釐務，通判撫州。□□十一郡，凡有訟者，大半乞就公求直。會筠守缺，以歲事大飢，監司合奏乞委公賑江西一十五郡。公勸諭難糴，條其利病，賴以接熟無饑。各郡奏公功第一，召赴行在，具奏大略，曰：“去歲數十州郡旱荒，救荒之策，不過二端而已。已以下闕十數行。”上可其奏，加秩陞遷。以下皆闕。

葉　適字正則，號水心。永嘉人。

宋故中奉大夫直龍圖閣提舉亳州明道宮須城縣開國男食邑三百户賜紫金魚袋鞏公湘墓志銘

公諱湘，字采若，紹興壬戌科進士。官任永康縣尉，臨安府録事參軍，改宣教郎信州學教授，差充兩浙提舉茶鹽司幹辦公事，覃恩封朝奉郎，賜緋衣銀魚，主管官誥院，又除將作監主簿，添差通判撫州，除臨安府推官，遷員外郎兼司勳，又遷吏部郎中，兼詳定一司勅令所刪定官進書，轉朝奉郎，知湖州。既二歲，拜明州長史，直敷文閣。踰半載，除浙東提點刑獄公事，除廣東經略安撫使，再任直龍圖閣。既歸，食有司之祿。淳熙十五年，蒙恩進爵須城開國男，食邑三百戶，賜金紫。十六年，覃恩轉中奉大夫。紹熙二年上章告老，歸武義。至十二月丙申日，終於曲湖正寢，享年七十有三。元配王氏，清節居王野之女，贈令人；繼室劉氏，戶部侍郎集英殿邦翰之女。子男三人：嵩，文林郎，知臨安觀察推官；峴，修職郎，任撫州金溪縣主簿；嶠，奏補文林郎。一女，適進士婺州何大有。孫男六人：蒙亨，苦學早卒。孫女八人，長，劉三蕭；次，劉惠卿；三，楊綱；四，徐棣；五，東陽何述；皆進士。六，袁州趙汝梅，文學；七，時懋；八，王紹；皆太學生。衆子遵治命，以紹熙四年十二月庚申迎公同夫人王氏、劉氏合葬於婺州武義縣護國寺，并祔弟法及楊氏於東西兩旁曲湖舊居之麓，是爲志焉。《鞏譜》

楊夫人墓表①

楊氏，婺州武義人。嫁東平鞏法。鞏君死，夫人年二十六。子長曰豐，三歲，幼嶸也始生。鞏氏畏兵南徙，以貧教授，不自業。人謂夫人當奈何，夫人曰："吾義寡鞏氏矣，復何顧？"二子稍長，盡賣房中物，買小宅，爲娶婦立家室。時婺有大儒呂公，夫人告二子曰："爾學不成，無庸歸也。"二子或經年不得見夫人。既而先後登進士第，皆爲時所知。豐尤有文名。

夫人卒年六十八，豐爲從事郎、幹辦江東提刑司公事，嶸爲奉義郎、知徽州歙縣事。孫男四人，女七人。紹熙五年十一月九日葬長壽鄉大慈寺東塢，與其夫之域相望云。余每記義烏何懋恭言：鞏氏之子豐弱冠爾，論周秦以前事，語言如冰玉，不可塵垢也。然欲其少自屈，嘗勸之曰："子三歲而孤，太夫人不行以俟子，子亦從科舉乎？"於時余尚未識豐而知有夫人矣。

---

① 原文鈔于底本頁眉處，字多不清，據《水心集》補。

去年冬，豐墨衰絰旅于江上民舍甚久，余間往唁之，問所以來。豐泣曰："吾謀葬吾母，冢上之表，子爲則宜。"余曰："無學術之傳，無文字之教，而分義自明者，婦人之大德也。故能左右教子而家道成。世或爛焉華藻，欲如《關雎》、《鵲巢》則失之矣。夫人未三十喪其夫，不嫁終身，訓二子，使有立。鞏氏再振於東南，繇夫人啓之也。里巷之女子，能爲夫人所爲，則微可使興，辱可使榮，而死生之道不愧矣。"紹熙五年閏十月日，朝請郎、守國子司業兼實録院檢討官龍泉葉某述。

楊氏節婦傳

鞏法，字采章，山堂先生之仲子也。娶武義在城楊仲卿之女，幽閒貞靜，四德克全。既歸鞏氏，生長子豐，甫三歲；嶸，始懷孕二月。赴科試不第而成疾，卒年二十六歲。楊氏撫孤守節，其舅登鞏氏之門，欲轉柏舟之誓，顧謂楊氏曰："家貧子幼，汝當奈何？"楊氏曰："鞏生家世儒業，吾義寡鞏氏矣。"一與之醮，誓無他志。乃勤事桑麻，操守孀節。二子稍長，遣從大儒呂東萊學，且謂曰："學不成，無容歸。"二子經年或不得見母。後二子皆登甲第，俱爲顯宦。卒年六十有八，同夫合葬護國寺西園之阜。鞏譜

臨安知縣鞏公墓志銘 《水心文鈔》作《鞏仲至墓志銘》

余友仲至，鞏氏，諱作"名"。豐，號栗齋無此三字。時新迪義理之學，草茅士震於見聞，多矜露汰《水心文鈔》作"狀"。狃，至他文史言論儒之藝業，又昧陋顛倒，莫知幅程。獨仲至抑縱開闔，條疏作流。品彙，應變不迫，富若素有。余本拙疏，又不能自達，而仲至廣導曲引，出幽入眇，蓋爲之黽勉追隨《水心文鈔》作"追逐"。於荒原斷澗之側。數年，仲至日益有名。不幸不得用，然有以自負，眠作"命"。雲侶月，跨越汗漫，浩乎不可涗。而余畏懼怯劣，常痼留一

榻，不敢越户限，然後知人之稟分高下絕殊，固非切磋誘掖所能增長矣。异日，仲至謂余："吾登芙蓉上峰，因以過子，將又發藥也。"而不遂，竟死，悲夫！

初，仲至以太學上舍對策高第，教授漢陽軍，代還。舊例，皆自學入館。有不喜者，讒授江東提刑司幹辦公事，母喪免。人曰："不復外補矣。"又授浙東，會改法，本路人不許爲監司屬官。人又曰："再易地而不果，其當徑來也。"然則令幹辦福建帥司公事。以格知臨安縣，政尚寬簡，民吏信化，刑罰衰息。人謂："仲至極不應在州縣，令作"今"。蹉跎滿秩矣，尚何誘？"會其所善爲學官，仲至勸使拔滯淹士，发作"反"。坐此食宮觀禄。久之，始提轄左藏庫。于是衆意益不厭，遂妄稱"且夕居要職矣"，不知語何所從，仲至亦不自知也，竟復以宮觀罷。士皆失氣悒悒，曰："窮至此耶，今當何爲？其員外通判乎？"或曰："不能。然則正任而待其闕乎？"猶不與，復授宮觀，而仲至死矣。嘉定十年正月晦日《水心文鈔》無"日"字。也。

其家鄆州須城，渡江而南，即所寓土，斷爲婺州武義人。曾祖燾，祖庭芝，皆左承議郎。庭芝，所謂山堂先生者也。父法，鄉貢進士。前此科目相傳七世矣。仲至學敏而早成，自童丱時，前輩源緒、古今音節、事之因革總統，如注水千丈之壑，迎前隨後，宿艾駭服，以爲積數十年燈火勤力，聚數十家師友講明，猶不能到也。其文無險怪華巧，而以理屈人，片詞半牘，皆清朗得言外趣。尤工爲詩，多至三千餘首，自舉賢尚德之義廢，而進人一出於課試之虛文，苟有其一，則清資顯秩，輒操券《水心文鈔》作"執契"。而取，仲至不多有乎？剛者折而不行，柔者流而不止，惟正己不傷物，於用世爲宜，仲至不宜乎？又曰："顏回、賈誼短命，惜哉！非時不用子，子不待時也。"仲至壽不七十乎？自上世有金匱石室之藏，或達書命，諭意指，皆選文學博雅之士，下至鴻都翰林，詞賦篆刻，猶各專其官。出内之吝，非不欲參其間，技不能兩也。故蒼槐翠竹，必植於庭宇，仲至可爲帑吏乎？凡此皆疑誤之難通者也。

性質易，無岸谷。暇日，載一瓢獨行田野，不問歧路，抵暮而返。去家二里許，無許字。有龍門峽，登眺徘徊，慨然曰："此可以止矣。"是足以無此一句。見其超曠。

初，阮夫人卒，殯於大慈寺東塢。是年十一月壬寅，二子積、耕迎而合葬焉。五女子，婿曰：右監門衛大將軍善轎，進士高槐，上饒知縣張友，常山縣尉周維新，幼未嫁也。孫二：曰左，曰弼。孫女二。余既爲銘，而季弟作氏。仲同自溫州移使江西，遂持以歸，曰："讀於墓而哀吾兄，然十句必九慟，不成聲也。"銘曰：

聞於程子云無此字。：天地之生材，甚愛甚惜，必有愲固之心。蔽賢者違天地所愲固，使之氣奪志沮，怫然而怒，聚爲陰陽之罰，則其人雖大必折，雖炎必撲，荒落而類，圮敗而族。激哉是言也！天地雖甚愛惜乎無"惜"字，乎作"于"賢才，君子初何心於用舍！仲至之靈，果上愬於天耶？吾謂必且爲祥風慶雲，醴泉甘露，以瑞斯人，使其富貴壽考，蕃永而無極也，何荒類圮族之有？於虖！《羣譜》參邑志，校《水心文鈔》。

題雲谷雜記

張清源，篤志苦學，出入群書，援據彌洽。欲於周丞相、洪內翰中間更展一席地，非凡材也。余素以寡陋自愧，垂盡殘年，僅得親近其論，日聞所未聞，不亦快哉！《泊宅編》載張安道花書名事，恐誤，當更考正。邑志，校《水心文鈔》。

祭徐文子侍郎文[1]

嗚呼！昔者諸友，以業授人。隨枝逐條，各自秋春。于時侍

---

[1] 原文以小字鈔于上文後，字多不清，據《水心集》補。

郎,卓爾靈根。有光厥師,兼華衆門。凡眼未刮,視如等倫。我獨
嗟異,望之日新。意大非豪,心小非貧。信立于朝,勤成於民。不
止俎豆,從容簪紳。可用軍旅,有嚴有仁。何必裕蠱,愈削愈腴。
可用解悖,能彌能綸。我老且病,戀影惜身。坐觀侍郎,拯溺扶屯。
忽舍我去,姑熟之垠。兩梁摧峰,大江揚塵。駿嘯熊號,送子於墳。
悲夫!《水心文鈔》卷十

洪咨夔字舜俞,於潛人。嘉定初進士,歷官監察御史,進刑部尚書、翰林
學士。

直秘閣郎鞏嶸公墓志銘
門人降授宣教郎洪咨夔撰
朝請郎行秘書省著作郎李宗勉篆額

　　靖康、建炎間,中原學士多避地南游,鞏山堂始至武義曲湖之
傍。呂東萊愛其溪山之秀,輒命駕來游。山堂實左右之。因以北
方之學授徒,著録者數百人,世稱山堂先生。東萊講道明招精舍,
負笈坋集,聲氣薰浹,類爲名人。

　　公諱嶸,字仲同,號峒子。山堂先生季孫,東萊呂成公門弟子
也。幼神氣明粹,丰骨凝重,山堂愛其似北人,曰:"必昌吾宗。"長
偕兄豐執業明招,鉤邃探幽,神會心領,出論輒破的,同舍斂衽避其
鋒。宋淳熙二年登進士第,授嚴州建德縣尉,調淮西總領差遣,以
格知徽州歙縣。丁憂免,起知處州麗水縣,當路交稱其材。入提轄
掌貨務都茶場幹辦諸軍審計司,遷太學博士,進大理寺丞,出知嚴
州,擢嘉太提點坑冶鑄錢司,職事修舉,入直秘閣,即其①任,七十
餘年曠典也。除左侍郎官,以煩言領俾武夷祠。起家知溫州,擢江

---

① "其"原作"具",據《平齋集》改。

西轉運判官。比年丏歸，未行，除司封郎中，罷奉祠。春秋浸高，浩然也忘世，故垂暮得請老，杖履溪山間，弄花瀧月，徉徜忘返，曰："佚我以老，上恩深矣。"寶慶丁亥三月庚申，終於武義太平鄉昭化里曲湖之居，享年八十有七。積階至太中大夫，爵須城縣開國男，食邑三百戶。

初尉建德，世其官，拯溺字荒，不遺餘力，父老謂有乃祖風。淮西總臣被命築寨栝蒼，修采石戰艦及體訪沿江軍政，舉以委公。公條畫詳明，悉當上意。一日大軍庫延燎，公拔幟登屋，周麾而呼曰："熸士力者重賞。"衆奮撲火，觀者紛紜。歙有十大鄉，移諜叢夥，公日聽判，詳而能允，庭空如水。麗水以撫字寓之，催科如治歙。前積負郡賦逋數萬，郡胥吏栝蒼麗水縣賦，乘勢需索，以重民擾。公曰："此無補於國，而屬民以飫吏，可乎？"力白州守，判免其藉，編戶以役，破家者相踵，公爲去其所以蠹役者，民爭應恐後。東南仰茶鹽爲國計，三榷務總於轄者，公探討源委，如理家事。胥吏莫敢欺，歲入數倍。富商木柂之訟，府尹掣於人請，改屬於大理，公當承鞫，慨然曰："天獄臨安府可乞送耶？避嫌當遷隣路。"白於朝，從之。審召計對，公論催科筦榷之弊甚力。暨爲學官，適有詔以火災求直言，公謂學校公論所出，不可徒應故事，上書陳時政闕失，多所指切。大略謂兵端不可開。權奸忤意。未幾，予郡，陛辭論外攘當先內修，復寓兵不可輕用之意。自信不撓，朝譽籍甚。江左劇賊方熾，邵①與溪洞接，蠻徭性狙易動，公至即增繕成郭，濬隍，肆射繕甲，以遏奸萌，發儲勸分，置六十四場，一郡帖然。冶司，孝宗朝鑄額歲十五萬緡，積久寖虧，六不及一。公推原弊端，知楮輕銅重，售不酬費，故人少而錢虧。乃使楮與銅各時其直，輕重足以相權，坑丁競勸，錢務倍入。先是冶卒宂惰，多遺銅泥滓中，有司莫之察。

---

① "邵"原作"紹"，據《平齋集》改。

公置局淘洗，所得皆精良，遂盡還故額。俄兼憲節，積潦浸淫，民廬半没，乘舟掀舞。公家訪戶到，歷歷周郵之，見者舉首加額。永嘉始至，訪名儒，以閭閻宜先，以海瀕逐末者衆，首勸民務本業。適歲大比，增闢貢闈，以受貢士。士狃積習以逞。試之日，警護於棘垣，有貴游子挾醉號呶道上，莫敢誰何。公械於市曰："士不自愛者，視此。"訖事無敢譁。榜揭，校藝官例亟行，緩則群譟譟遮境上，生可否。公故宴留累日乃去，前所未有也。時嚴海道之防，得旨當造蒙衝二十艘。掾屬請下諸邑，公不可。捐利誘海商二十人，人造一艘，按期辦集，符不及民。澧台以官軍討捕劇賊，日費供億，公私告匱。公綜理綱條，補窒罅漏，澧計裕而民不知。和糴至百二十萬斛，皆商賈願出於心，盡革敷配之弊。十一州上供歲團茶，有無相影，數多虧。公區别窠名，使不相紊，卒復其舊。豫章一再攝闑，歲和物阜，政平訟簡。時往來東湖書院，與諸生以義理之學相講磨，士風爲起。時兵戈擾攘，學宫必露刃以衛，公曰："此何爲者?"却之。士服其知體。去之日，邦人揭幟追送，擁車先後，有經昔不能舍去者。

性静正博夷，官未嘗擇，辭色和緩。先以謀道，而儒術吏能每爲時不舍。與人不植崖岸，周旋委曲，惟恐失一士之心。至不爲利回義疚，雖議其介，不顧也。平居細謹，動中繩墨，及倉卒應變，多出度外。邵陽、番汭、江右，凡三斬跛卒，弭患未萌，其識權變類如此。爲政務因其俗，未嘗容心，終身之愛利，民多繪像祠之。始生踰月而孤，與兄相依爲命，白首無間言。母楊夫人通《孝經》、《毛詩》、《論語》大義，所至奉版興行，日請所以爲政如往日口授章句時，鄉里稱其孝愛。書一過目，終身不遺忘。作文期節文適用，非精粹不輕出，有《厚齋文集》八十卷藏於家。

其先出晋士莊伯，世居真定，後徙鄆。曾祖燾，左奉議郎，贈通奉大夫。祖庭芝，左承議郎，贈太中大夫。父法，鄉貢進士。公贈正奉大夫，娶何氏，繼高氏，先卒，皆贈令人。子友聞，儒林郎，台州司理參軍；賁亨，早卒；友說，從事郎，温州司戶參軍。孫端祖，從事郎，江州瑞昌縣尉。孫女一，曾孫男女五。紹定己丑正月庚午朔，諸孤葬公金華壽溪清福寺之原。友聞以咨夔辱公知最早，重跰請銘。嗚呼！柳下惠，聖之和者也，而三公不易其介，卒窮於三黜。公遭時且鄉用矣，雲出未還，不施其光，其囿於命也耶！銘曰：

可欲之善，莫難於有。中庸之德，莫難於久。何以有之，典刑世守。何以久之，源流師友。公祖山堂，而師東萊。學貫體用，根幹條枚。氣定心夷，求福不回。參麾再節，用不盡材。執虖執成，蜕和委順。易簀琅①然，忠孝其訓。有菀彼阡，山暉水潤。過者式之，我耇後俊。

宋紹定己丑歲正月庚午朔門生洪咨夔撰
勒石碑於金華壽溪清福院後鞏公之墓前《鞏譜》

---

① "琅"字原缺，據《平齋文集》補。

武川文鈔卷十

外　集

宋

姚　偲<small>慶元四年爲邑丞。</small>

重修長安堰記　<small>按：康熙邑志題曰"熟溪堰"，固誤。嘉慶邑志謂
　　據《通志》改作"長安"，亦仍未見碑文。今碑在縣署前左，
　　雖剥蝕，尚可辨，篆額"長安"字尤明，因竝録於後。</small>

　　武之溪名熟，蓋取常豐之義也。天時不能常豐，或可求之地利，而是溪之𣲖爲澮者四十有二，其發源之地曰熟溪，其末則長安堰也。利最溥，出書臺山之南，至法雲之東，支分派別，溉田萬頃，綿延十餘里。而機緘翕張，全係一堤。或雨驟水溢，則屢奔衝決，補治少不及時，又將暴天之澤，農民歲以爲苦者數四。予相視其堤，尚可施以人力，而卤莽滅裂，焉能經久？及謀諸士民，得高氏世脩、葉氏之茂，與之商確，井井悉有條理，慨然自任，且謂址不深則易罅漏，石不巨則易頹圮，防障既固，而旁無洩其漲，則易潰突，是皆深究於利害之旨者也。與予意適相合，一切定其規模，而後從事，乃號召有衆，畚鍤櫌鋤，無敢後，時數豪右亦樂輸材以爲助。予自往臨其役，爲勞來飲食之。越二月而堤成，石齒鱗鱗，如塘如櫛，

1762

虹臥雲橫者幾八十丈，是堰之固，實自今始。長安之民得安然，而享永利，詎可不知高、葉二氏之功耶？吾將揭起以勉諸鄉之爲義者，爰叙之，以記其實。而主張綱維之例，則列於碑陰。慶元四年二月望日書。邑志

碑

篆額

重□長安堰記

碑文①

武義之□名熟溪蓋取其常豐之義也天□□□豐或□□之地利□是溪之□□爲畎爲□者四十□□□□□□□□□□□長安堰也□□□最溥出□□□□□□□□□□□□至法雲精舍之東支分派□□□□□□□晦綿延十餘里而機緘翕張則係之堤□□□□□□□□屢犫以壞補治小不及時則又將□天之□□□□□□□□四予相視其堤尚可施以人力□鹵□□□□□□謀諸士民而得高君世脩葉君之茂與之商□□□□□□慨然自任其責且謂□不深則易以罅漏□□□□□□既□而□□□□□□又將□□衝突□□□□□定其規模而後從事□號召於□□□□□無敢後□數豪右亦樂輸財食以爲□□□□□□□□□予自往臨其役□□勞來飲食□□□□□□兩月而堤成石□□□如塘如櫛虹臥雲□□□□□□□□□□□□□□□是堰之□實自今□□□□□□□□堰之民得安然而饗永利詎可不知葉□□□□□吾將□以激□於諸鄉姑□數語以記其實而□□維□□□則□碑陰慶元四年二月望□儒林郎婺州武義縣丞姚偲□

---

① 編者按：此碑文殘缺過甚，故不加標點，姑存其原貌。

張嗣古

特薦張淏奏狀

朝議大夫、直龍圖閣、權知安慶軍府兼管內勸農營田屯田事臣張嗣古。臣猥以迂愚，繆當郡寄，補苴罅漏，粗竭瑣材。退念簿書泄沓，不足仰圖報稱，惟有搜采人材，上備選擇，庶幾不負公朝甄錄之意。臣伏睹迪功郎、監安慶府樅陽監轄倉庫兼烟火公事張淏，資稟粹明，學問該洽，當官而行，惟義之適，廉介公勤，不激不隨。莅事三年，備罄勞能。凡本府委送，剖決民訟，毫分縷析，多得其情。而退然無營，不自表暴。前守楊楫、漕臣錢文子皆器遇之。稍加識拔，必有可觀。臣愚欲望睿慈特賜旌擢，如後不稱所舉，臣甘坐繆舉之罰。須至奏聞者，右謹錄奏聞，伏候敕旨。嘉定六年正月日奏狀。嘉慶邑志

章　穎 字茂獻。新喻人。以兼經中鄉薦，官至刑部侍郎，諡文肅。

舉充學問該博可備顧問科奏狀

寶謨閣學士、太中大夫、提舉隆興府玉隆萬壽宮、建安郡開國侯、食邑一千二百戶臣章穎，準格節文，職自觀文殿大學士至待制，每歲聽於十科內舉三人者。右，臣伏睹迪功郎、監潭州永豐倉張淏，學術該通，記問宏博，今保舉堪充學問該博可備顧問科。如蒙朝廷擢用，後不如所舉，臣甘伏繆舉之罪。臣契勘嘉定十年分未曾舉人，所舉張淏係是嘉定十年，合舉第一員之數。本官見在任。謹錄奏聞，伏候敕旨。嘉定十年正月十一日奏狀。嘉慶邑志

雲谷雜記序

春秋之世，諸國交聘之際，莫不觀應對於言辭之間，覘賢否於

威儀之頃，問事以不知爲恥，歌詩以不類爲非。絳縣老人甲子之疑，吏走問諸朝，師曠知其爲狄伐魯之年。史趙以亥有二首六身爲言，而士文伯知其爲二萬六千六百有六旬。晉之諸賢，各致其所聞，而鄰國之諸侯皆知晉之有人。噫，學識於人不可無也如此！

　　金華張君清源，年方盛而學愈進，如百川之方至而不可禦。郎中楊公通老，篤學力行之士也，一見而器之，爲識其《雲谷》之編，其所以期望於清源者，豈止此哉？穎嘗謂自伏羲始畫八卦，由是文籍生焉。夫子屋壁之藏，固已多於河洛之圖畫；諸子鼓吹之作，尤盛於洙泗之簡編。自科斗而爲隸，古猶傳授而失本真。字畫之差殊，篇章之殽亂，與夫方言南北之殊，地志古今之异，鳥獸草木之夥，器用名物之瑣細，記錄之紛紜，傳寫之脱略，或一物而异名，或一事而互見，或一書成而糾繆繼之，或一説出而辯誤隨之，史籍所載不同於金石，耳目所接或殊於簡牘，清源悉從而纂輯之，加訂正焉，其爲書亦博矣。穎自志學以來，年少氣鋭之時，涉獵閎博，浩無津涯，蓋晚而後悔其日力之可惜也。清源以爲學之餘力致意如此，他日之所編，當且十倍於今。雖然清源方策足榮途，官無崇卑，皆有職業。君子思不出其位，則吾之所職者皆在所深長思也。研覈事情之隱頤而握其機，審稽利害之源委而求其實，清源必優爲之，穎蓋以此書而占之矣。嘉定甲戌臘月。嘉慶邑志

蕭　遼字景伯①。新喻人。淳熙間進士。

舉充學問該博可備顧問科奏狀

　　寶文閣直學士、正議大夫、提舉隆興府玉隆萬壽宮臣蕭遼，準格節文，職自觀文殿大學士至待制，每歲許於十科內舉三人。右，

---

① "伯"字原缺，據《南宋館閣續録》補。

臣伏睹迪功郎、監潭州永豐倉張渶，性姿恬靜，學問該深，博考群書，多所是正，尚淹常調，未決公言。臣今保舉堪充學問該博可備顧問科。如蒙朝廷擢用，後犯正入己贓，臣甘伏朝典。其人在朝，無人食祿。臣照得嘉定十年分合於十科內舉三人，已舉過一員外，今來舉張渶係第二員，合舉之數，謹錄奏聞。伏候敕旨。嘉定十年十二月十四日奏狀。

趙善堅宋宗室。家於袁州。乾道間進士，嘗通判婺州，朱熹爲常平使者，深器重之。時旱，善堅奉行荒政，全活甚衆。官至戶部尚書。

舉充學問該博可備顧問科奏狀

宣奉大夫、天水郡開國侯、食邑一千四百戶、食實封一百戶臣趙善堅，準慶元令格節文，應寄祿官自特進至太中大夫，每歲許於十科內舉三人者。右，臣伏睹迪功郎、前監潭州永豐倉張渶，學問淵深，操履端潔，俾居獻納，必有可觀。今保舉充學問該博可備顧問科。照得張渶前任監潭州永豐倉，三考滿罷。如蒙朝廷擢用，後不如所舉，及犯正入己贓，臣甘伏朝典。伏候敕旨。嘉定十一年五月十七日奏狀。邑志

楊　楫字通老，長溪人。朱子弟子。官至湖南提刑、江西通判。著有《奏議》、《悅堂文集》。

雲谷雜記序

昔王原叔辯婁碑，劉原父言入閣儀，雖歐陽公亦嘆服之。則知博物洽聞之士，世不易得，而自昔以爲重也。

嘉定庚午，予假守龍舒，始識張君清源，一見知其非碌碌餘子比。時愧倥傯，不暇與之款曲。他日以職事之郡，試與之言。凡余

平生所得而未嘗與人言者，清源悉能道之。其與書傳間辯正譌謬，旁證遠引，博而且確，非胸中有萬卷書未易至此。予既嘉其爲人，且慮其溺心於是，反緩其所當行者，因謂之曰："士之於學，非徒曰聞見博而已。今既從仕，要當究心政事，以行其所學，毋專於誦説，可乎？"清源曰："唯。"會旁郡有訟析貲者，幾二十年不決。部使者下之郡，予因以屬之，清源一閲文牘曰："得之矣。"即呼二人者叩之，甲曰："某三衢人也，紹興十三年從兄嘗鬻祖産，得銀帛楮券若干，悉齎而商，且書約期佗日復置如初。兄後以其貲買田於淮，不復歸。今兄雖亡，元約固存，於法當析。"乙曰："父存而叔未嘗及此，父死之後，忽稱爲約，實爲不可。"清源曰："此固然也，抑豈足以折其奸而服其心哉？"復呼甲至，謂之曰："按國史，紹興三十年後方用楮幣，不應十三年汝家已預有若干。汝約僞矣。"甲不能對，其訟遂決。又有訟田者餘五十年，屢置對而不得其理。清源驗其券，乃政和五年龍舒民與陶龍圖者爲市。因訊之曰："此呼龍圖者，謂何人？"曰："祖父也。"清源曰："政和三年五甲登第，於法不過簿尉耳，不應越二年已呼龍圖。此券紹興間僞爲以誣人，尚何言哉？"其人遂俯服，衆皆駭嘆。其他類此者甚多。雖其敏識過人，亦平時記問爲之助。予始愧前之知清源者猶淺也。會予持憲湘南，欲請於朝，以清源自隨，清源以不便親爲辭，予亦不敢强。相別於宿松道中，清源有詩云："今朝執手難言處，此去傾懷更有誰。"讀之殊不勝懷。因取其所著《雜記》識於後，庶知予與清源非苟相知者也。嘉定五年三月。邑志

馬光祖

吏部郎中梁膺傳

梁膺字景李，同里人。屋影相枕，故朝夕相游以塾。景李坦厚

平實，滿腔子無圭撮僞，待朋友如同氣，睦隣里如家人，未嘗有疾遽色。雖佩美負奇，不自炳烺，冲然若不能言者。及臨大事，則精神諤諤，勇猛直前，如策馬入陣，人不可遏。自余出當任，景李亦持節湖右，方望其出所抱負，次第行之，而景李死矣。

其先曾某者，南渡勤王，載在國史。祖、父俱大顯。家故東平，宣奉公婿於婺之顏氏，爲武義人。景李官歷甚多，功績甚著，惜碑殘不可讀，聊記其略如此。康熙邑志

許　謙

送逯公平赴武義教序

武川居金華上游，地狹而土肥，有高山茂林，所產者棟梁之奇材，東南之美箭，故其民富庶而風俗勁急。舊爲東萊先生講業之地，其流風餘教猶有存者。士大夫能道《詩》《書》通古今者，往往有之。頖宮承前代之舊，歷年既久，幾不能蔽風雨。前後掌教者雖欲經營葺理之，而屢不果。昔者吾友掌教是邑，歷歷爲余道者如此。

今逯君公平往而繼茲職也，當講明道義，以紹東萊先生之遺風；興起學校，以光前人之舊業。尚勉之哉！逯君年富而志廣，好學而有文，以大材而居小任，其德業必有足聽聞者，某當洗耳以俟。邑志

黃　溍

記徐倉部遺事

唐故倉部侍郎徐鎰者，婺之武川人。倉部之在告也，嘗建崇元觀於武之太平鄉，余少時嘗游其地，縱觀廟廡間碑碣，有具載家世顛末者，因竊嘆吾婺有前聞人，真不愧官守者。唐當末路，上無明

天子大加擢用，俾竟若設施也。後二十年，復以事過觀，則觀圮而碑没矣。詢其自，謂豪右僭侈者，以碑在，緩急不可卒得志，因相與推仆沉水内。唐歷五季，迄兹且六百年，中間權貴人所在伐石紀勳績，迨其久也，剥落不可尋舊迹者，寧獨一人？余獨恨倉部之泯然，無以自見於天下後世也。

倉部自爲兒時，誓清天下。年十九，游鄉校。二十，以才識兼茂，起爲倉部員外郎。一年，遷郎中。唐之亂也，節度使擅權，軍食調用復取給部中，使者需索，冠蓋相望於道。典守者即少靳，卒中以危禍，尚書而下率唯唯從命，不敢可否。倉部憤然曰：“如此尚可爲吏耶？稍俟數年，吾官不遷，吾歸林下矣。”五年果用薦者言，遷侍郎。鳳翔節度使李茂貞以軍功受朝廷异知，四方賂遺不可勝紀。時適以事使人過部，索數百緝爲獻。倉部辭以“部方虚乏，無以應使者求”，使者怒曰：“前後爲部者，吾所閱無慮數輩，君獨强項如是，不欲復爲吏耶？”倉部曰：“惟不欲爲吏，故敢如此。”使者憤然去，然亦竟莫能爲也。故事，部事惟尚書一人司啟閉，侍郎而下供簽署而已。倉部獨曰：“朝廷設官分長佐，意在同寅底績，誠一聽長官所爲，吾輩又奚必徒束手爲太倉蠹，使後世稱伴食曹屬邪？”尚書以姻婭爲堂吏，減尅軍餉者，事覺逮繫，長官初不知倉部欲一日掠殺之，懲後不法者。會金部郎以事至廳事力救，公猶怒不已。少頃，郎去，卒置之於法。明日堂白，具文書求尚書簽，尚書難之，則瞠目視曰：“君欲黨惡自反中邪？”尚書不得已簽。公前後在部十餘年，行事大率類此。

余嘗閱《唐六典》，權德輿劾奏司農少卿裴延齡，謂“部司錢穀盈縮，不與他有司同，延齡工於文學，拙於度支，乞命他官領之”。辭甚愷切，讀其疏，想見其爲人，賁育之勇，渠真不減，如倉部者，殆其人非邪！余故著其遺事一二，以附柳宗元《段太尉》之義。延祐六年甲子仲夏撰。邑志

楊 本

武義縣尹許公重修儒學記

　　武義，婺屬邑，其民剛悍不相下，故其俗獷猛，號難治。至正甲申，天台許公以進士尹是邑，即日下教，芟薙宿弊，思變其素。事一案章程，人不敢欺。禁吏胥持牒走鄉都以追呼病民，凡以強凌弱、以衆暴寡，治之弗少貸。不期月，決滯無留獄，直信屈讒，誣誣不行。公嘗戴笠儒服視事，民相語曰：“許大笠是可犯邪？”威望峻整，一境讋服。於是大修庠序，增廣六齋弟子員，聘名士分教焉。復設榻講堂東，公退輒至學，延儒論道，出入經史，竟日乃已。論第優劣，其在選者，致禮幣及門，以勸獎之，聞者思奮。春秋尤嚴祭祀，鑄禮器以銅，繪兩廡從祀像，護以欄楯，戟門崇嚴，丹臒炳煥，規模至是完美矣。會浙東憲使墨黑公、婺長九十公，以倚郭金華弗治，檄許公往攝其縣。公悉裁諸法，治以清簡，如武義，人不知勞，百廢具興。武之民相率詣憲部曰：“許公，我令也。金華胡得而奪之？”金華之民曰：“許公，今令我矣。於武義何有焉？”至擁馬首不得行，遂以公還武義。父老迎拜境上，如子之於慈父。縣以大治。未幾，許公以母憂解職，衆悵悵然無所依，皆流涕不忍其去。

　　初，縣市歲洪水衝激，許公勸民疊石爲防。縱三百餘丈，衡衺六尺有奇，以遏水患。民懷其德，名曰“許公堤”。後八年，教諭鮑仁榮捐帑將刻石，以公治狀，且致其父老意，請記於本，義不獲辭。嗟乎！教之在，人未易晦也。向使許公爲縣時以刑威欺迫人，雖民趨附一時，亦安能化服弗二？彼其政，首以興學道民，可謂知所本矣。去之日，民不能忘，非善政及人如此哉？《詩》云：“樂只君子，民之父母。”許公之謂與！公名廣大，字具瞻，官以能稱。教諭字強仁，尚德好學，永嘉人也。至正十一年辛卯秋八月記。邑志

張　樞字子長，金華人。聰慧爽朗，無書不讀。《後漢書》七十三卷，是非予奪，咸有論著，名曰《訓志》。詔取藏於宣文閣，累辟不起，士論高之。

重修儒學記

武義故有學，在縣東西隅。其地瀕溪，流水齧之。宋紹興十四年，縣令陳一鶚遷之縣西，寖久弗治。慶元五年縣令周峻作新學，垂九十年復壞。至元二十四年丁亥歲，按察判官麻公巡行至縣，教官呂采之以爲言，命有司加繕理。縣監達魯花赤豈台、蒙古縣尹成德暨主簿高禎相協厥議，遷學於縣南。僅五十年，水又壞之。至元重紀之五年己卯歲，縣令韓昌因陳令舊基作今學。至正三年癸未歲，縣尹隋守中作明倫堂，以正講席。五年乙酉，達魯花赤廉五麟八塔、縣尹許廣大、主簿三寶相踵視政，職思其舊，迺作祭器，迺新廊廡。邑之秀民，咸造在宇，是訓是儀，秩秩其序。行之期年，而許侯以憂去。翁侯景成實繼成之，像設位次，皆應圖式，幄帘嚴，階陛有級，齋廬靚清，爰及庖厨。法所宜有，莫不備飭。厥既告功，教官呂立方奉其事來請記。乃考其廢興，次其年歲，序其成績，而記之曰：

今之縣，古子男之邦也。夫十室之邑，必有連屬之法，禮樂之文，刑罰之禁，懲賦之事，況乎地大物衆，有民人社稷而爲長，因其時而布其政教？學校者，政教之源，治道之所自出，爲政之先務，不可一日忘也。武義爲婺屬邑，蕃藉者萬餘户，七十年間國家之所休養生息，編齒日繁，政令日充，有司之事，視古爲劇。總總而生，林林而群，非有學校之教，正長之治，將何以遂其性而成其政哉？縣故有學，以教學弟子員，爲政者不敢爲易，屢償而屢興之，爲之廟以報祀孔子，使民不忘其初；爲之學以教育俊秀，使民日趨於正。可謂知所先務矣。佗日治化之成，風俗之美，而振興之者，舍令長，其安歸？邑志

蘇 塏眉山人。慶元路儒學教授。

無 礙 寺 碑

　　武義西大家山之陽無礙寺,舊名善誓寺。昔有石佛,禱雨輒應,故又曰白佛道場。先是寺僧允秀再築殿基,得石磨,鐫字其上,迺唐咸通七年造,至今猶存,則知在昔已有是寺矣。石佛則歲月寖遠,無所稽考。按圖志所載,周顯德五年建,豈傳之失其實歟?夫佛自西方入中國,以清净爲教,以慈悲爲心,以大圓通無障礙爲法,大率誘人爲善,而又能以禍福動人,故人之信向者衆,而寺之興廢亦惟信向者之盛衰焉依。嘗考寺之顛末,知吳氏爲一鄉善士巨室舊矣,自宋慶元四年戊午迪功郎昕之子曰澔、曰倫等建大佛殿,自是創造,代不乏人。天朝至大二年己酉,則山長曉倡衆聞於官,轉申僧錄司,寺因元名,復爲徒弟以甲乙奉香火,募緣大爲營建。以皇慶元年十二月二十九日經始,時有出力任事者,願以田自隨爲僧,誓不毫髮侵常住,其亦聞風興起者乎?由是經之營之,殿堂門廡,庫廳鐘樓,燦然一新矣。

　　粵自宋慶元,距今百十有五年,是寺依吳氏而興者不一,何其子孫好善捐財者之多也?昔韓文公與僧大顛游,稱其胸中無滯礙;吾祖文忠公爲懷連大師作《宸奎閣記》,稱其禪律竝行,不相留礙;皆得佛法大意。寺之始建有劉鐵磨禪師主焉,行業精進,名聞四方,歸者翕然,故老猶能言之。今之住是山者,豈徒方袍而衣,加趺而食,謂之僧哉?必學足以入佛,德足以服衆,不愧於前人,庶上無負聖天子崇敬佛教之心,下無負鄉善士興起寺門之意。寺成屬記於余,余游山長公伯仲間也久,且嘗一再到是寺,知寺之事爲甚悉,故不敢以筆墨荒落辭。若夫寺之舊存新入之租畝、官之改正、寺額文移、善士之倡率、幹緣之姓字,則附載之碑陰云。時皇慶二年歲在癸丑孟夏既望前慶元路儒學教授眉山蘇塏記。碑在無礙寺。

劉　慶①將仕佐郎。饒州路照磨。

雙巖永鎮庵記

穢迹如來迺釋迦化身，聞其咒，諸魔妖精無不降伏，載于藏經。乾道乙酉，壽咒師持穢迹真言五伯萬遍，如來入王晉體，與師携手付囑，爲三界咒師，有酬答卷存焉。婺州金華蓮宗導師識本原患喉疽，醫禱弗瘥，囑妻子備後事。因親探問，指其女曰："浦川華藏莊師佩奉嵩尊者大法，濟人利物，神驗不可具述。"得旨急迎莊師，叩求感應，不日如故。本源捐金，起華藏，堂閣粧鑾，佛像煥然。其孚子㽵傳此法，授祐之徐君。持此咒，水湧印飛，報應靈异，不可枚舉。割愛持戒，誓濟群靈。

一日，武川縣西大慈寺僧義然患足瘡，不能行止，呻吟有年，醫禱無効。忽□士徐大夫與其徒弟，遠迎到山，叩尊者禱，師將感應入體，謂雙巖妖精作禜，救治平妥。巖下楊學士孫并鳳林徐君女孫俱染患，各移壇，立愈，皆謂雙巖精祟興妖。次日，登其巖，屏邪踪，立香火，但有祈叩，無不感應。三方檀越樂施己財，粧塑佛萇聖像，捨田崇奉，香燈悠遠，祝聖人壽，報檀度恩，遂鐫之于石。銘曰：

雙巖高聳，蔚然蒼蒼。歷山前聳，僊岩後□。三簡左翊，一金右翔。如來應現，穢迹金剛。大悲尊者，金相堂堂。雷霆猛吏，誓稟天章。如谷答響，祈叩昭彰。石室妙如，方廣道場。三民樂業，妖魅遠藏。綿綿香火，世世流芳。

至正五年三月吉日記。碑在雙岩。

許廣大字具瞻，天台人。進士。爲縣尹，祀名宦。

觀　音　堂　記

我聞曰："人而□教則近於禽獸，固知教之功□□□□□□□

其道雖殊，而其格惡進善之意□□也。是以釋氏立教，大要欲人本慈□□□□發善心也。所謂爲善不同，同歸於治。我同類莫不皈依。而成聚之區，必立精舍，以闡其教，猶學校然。武成西二十五里有地曰"香渠"，乃吳氏之世居，子孫蕃演□□□地間。有善女蔣氏、程氏、杜氏，一日同語善□倪法演等曰："人不爲善，必受惡報。吾里幸□既庶且富，而進善之心未專也；經訓相仍，而色空之道未悟也；去寺頗遠，而□□□奉未虔也；飢饉荐臻，而雨暘之禱未應也。吾即欲傍建一道場，上以祝延聖壽，下以感化人心，汝其圖之。"於是倪法演等歡喜听從，即□基渠□義□之中，背負岩□，面□渠澗，既寬且平，近囂而静，經營□何而匠石已奏功矣。蓋爲之者力而□之□□□佛像□□次第畢備，遐迩之民各發善心，共捨到美田若干□□□辛卯□凡□□□□□有□僧支道興□□□樓數間以爲房□□□□□□□□□□□□□未□一切□□獨未有爲之記者。會馬德逢者，師善友也。懼其□時□□也，重以爲請，予辭不獲命，謾書以授之。而刻諸石，使後人知之，立教之功於此尤大焉。太歲丙戌至正六年八月吉日，幹緣程道安立石，賜進士文林郎婺州路武義縣尹兼勸農事許廣大記併書。碑見在無礙寺。

陳　樵號鹿皮子，東陽人。

婺州武義縣雙巖石室禪庵記

大哉聖人之道，天地百億，不足以容，道愈大，憂愈大矣。父愛子以德，而子弗喻，是謂悖德。聖人憂天下之憂，諸菩薩循環刹海之間，更出迭入，而民弗知。經綸著明，而毁聖人者弗察，非悖德也，可欲奪之也。燭入，蛾赴之，麾之弗却，以死於暴；蝜蝂重負，傾之而旋復，卒死於夷；兼愛者哀之。凡民出入於鼎鬲之中，失身於惡趣之伍，而卒莫之脱，聖人哀之。萬方黎庶一日用其力，解粘脱縛，發真歸元，則百億佛身不崇朝而滅盡，此無他焉。大雄氏之門猶江漢也，蒙不潔者解衣而入，則汗巇廢矣。夫何患焉？不若是則憂未歇也，如生死何？昔者佛世尊涉入百億天下，拯民於生死之交，而□天下之疾癘猶是□□□□赤然出於口舌之間，説咒三十三章，傳之天下後世。

金華徐君元吉，早夜禪誦以治民疾苦，周游四方，至武義縣，得雙巖石室以授其徒定公。使脩禪居，衆署其榜曰"石室禪庵"，徵余言以爲記。余喟然嘆曰："天地萬物同生乎一氣之中，萬物蓋同體也，況法身乎？天地如沙，人繁地大，□積劫累萬，卒莫知。聖人作興，佛世尊分一身爲百億佛身，散入百億天下，屈己從衆，而菩薩從之，非得已也。佛入般涅槃，則百億佛身同時寂滅，百億普賢同聲説偈。無邊刹海如隔紗縠，親聞其言，則無邊身猶一身也。至菩薩宴處，百億天下爲一蓮華，菩薩侍坐，普賢近佛外地，菩薩深入無邊刹海而後見之，則一身充滿法界，蓋佛菩薩之故常也。君子謂道大無外者，日月之不可踰；憂民疵癘者，容光必照也。學聖人者，蘊空識謝，發真歸元，猶可冀也。其布四體於百億天下，非意生身，烏足以分居畢處瀰滿法界耶？吁！發真歸元，非他道也。今巖穴之士，視己如人，則空中無色，毘盧遮那復與人同體，性與佛合，則穢迹消滅①，日月益彰，清净域中不容一髮。極無而有，極有而無者，聖人妙心也，舍是何知焉？出入人境者，見四方黎庶亦以是告之，知其説者洗心去智，溯流而上，復歸受命之前，非心非佛，非垢非净，不增不減，不滅不生，則生民大患一旦消隕，灾祥疾癘，民何憂焉？"斲石書丹，余疏其説以爲記，土田之目，則刻之石陰。甲辰歲秋八月望同郡鹿皮子陳樵製。碑在雙岩。

---

① "穢迹消滅"，原作"穢消迹滅"，據《武川備考》改。

武川文鈔卷十一

外　　集

明

宋　濂字景濂，浦江人。

知建昌軍劉滂傳

劉滂，字德霖，武義人。滂自少誦説，能屈其師。與浦江梅執禮同游學，人士多傾下之，號"東梅西劉"。中大觀己丑進士第，調新昌縣令。縣在豫章山中，俗嗜鬭，令到官輒移病去，以他吏攝之。滂臨以誠，未幾稱治。雖傍邑訟不能决者，乞從滂决之。豪鄒氏橫里中，挾貴媚，誣人死。滂捕致械治之，部使者爲請，不聽。卒付以法，投豪於湘州。蔡京與滂祖爲布衣交，滂至都，京曰："吾故人有孫邪！"除詳定勅令所删定官，欲挽滂爲黨。會常璩書詩屏間，京疑其訕己，屬滂求其迹，且遷官。滂笑曰："此何爲及我哉？"京聞之不悦，滂亦拂衣去。坐是不調者十餘年。靖康初，詔除太常博士，不拜。建炎中，上問人才於近臣，學士詹乂、給事中汪藻、舍人李公彦皆言滂可用。用滂知建昌軍，舊守多懦夫，威權不立，兵習悍驕，邀求亡度。滂至，一以法繩之，兵不勝其忿，持戟入市掠人物，即拒者刺傷之。滂捕繫追償，兵遂爲變，滂及母妻皆死。時紹興甲寅七月三日也。滂卒時年四十六,其妻湯氏侍姑側,兵及身猶不去,竟遇害。建昌人聞滂死,皆慟哭失聲。踰期,父老猶會佛祠哭之,有欲絕者,且千里以書吊其孤。朝廷既誅始亂者,復用御史言,褒滂爲朝請大夫,官其一子墉。

滂好學,善屬文。與人交,始終如一,聞有急,傾財赴之。居官嫉惡如讐,毅然不可回奪,以及於難云。

贊曰:劉氏初居七閩,五代之季有汝明者,遷永嘉之荊溪,生四子焉。孟與仲隨父居;季移三衢;幼曰器,來徙武義,滂之六世祖也。荊溪之顯者則太常少卿安節、給事中安上,入河南從伊川程頤游,其於學甚粹,人稱二劉先生。武義之顯者,世有其人,登進士第則自滂始,而通判楚州嘉成甄寧宰,三傑繼之,後來復接踵而起,多以善政聞。歲時燕享,軒蓋繽紛,青紫間錯,當時以爲盛事。然君子之論,則在彼而不在此也。邑志

提轄左藏庫鞏豐傳

鞏豐,字仲至,其家鄆之須城。渡江即所寓土,斷爲武義人。曾祖熹、祖庭芝皆左承議郎,庭芝,世號山堂先生者也。父法,鄉貢進士。前此科目相傳七世矣。豐學敏而早成,自童丱時,前輩源緒、古今音節、事之因革總統,如注水千丈之壑,迎前隨後,宿艾駭服,以爲積數十年燈火勤力,聚數十家師友講明,猶不能到也。時新迪義理之學,草茅士震於見聞,多矜露怢狙,至他文史言論,儒之藝業,又昧陋顛倒,莫知幅程。獨豐抑縱開闔,條疏品彙,應變不迫,富若素有。著之於文,無險怪華巧,而以理屈人,片辭半牘,皆清朗得言外趣。尤工爲詩,多至三千餘首。淳熙辛丑,以太學上舍對策高第,教授漢陽軍。代還,舊例皆自學入館,有不善之者讒授江東提刑司幹辦公事,遭母喪,免。又授浙東,會改法,本路人不許爲監司屬官,遷幹辦福建帥司公事。以格知臨安縣,政尚寬簡,吏

民信化，刑罰衰息。會其友爲學官，豐勸拔滯淹士，坐此食宮觀祿。久之，始提轄左藏庫，復以宮觀罷。既而又授宮觀，而豐死矣。嘉定丁丑正月晦日也，年七十。

豐既挾奇才，人謂宜居館閣中秘，不應徘徊下列，日望其升，益顛仆不起。故聞其死，多傷之，而龍泉葉適痛之尤深。豐性質易，無岸谷。然有以自負，命雲侶月，跨越汗漫，浩乎不可浣。暇日輒載一壺，獨行田野，不問歧路，抵暮而返。去家二里許有龍門峽，登眺徜徉，慨然曰："此可以止矣。"仕雖不顯，無幾微見於顏面云。子二人：積、耕，皆爲儒。

贊曰：武義之有鞏氏，自庭芝始。初，庭芝登元城劉安世之門，以道學爲東平倡，弟子受業者恒數百人。及其來遷也，以所學化導如東平，故武義人士知尚義理之學，亦自庭芝始。至豐又從東萊呂祖謙游，於是中原文獻、麗澤淵源萃於一門矣。於虖懿哉！邑志

桑仁卿傳

桑惠，字仁卿，婺之武義人。其先居麗水桑溪，南渡後有景昭者始遷婺，歷四世皆不墜書詩。仁卿幼喪父，獨奉母居，不能與人浮沉，介然自守，遇人則翼然恭，未嘗往扣富兒門。惟日夕訓諸子弟，雞初號輒起，懸燈誦書，食時使往從師。或值雨潦，親持蓋候之還。人笑其愚，勸曰："子貧若是，甑將生塵矣，何不學他技藝？朝出門，暮可即得錢。讀書固佳，其效乃如捕風耳。"仁卿笑曰："信如子言，吾家學將絕吾手矣。寧餓而死，不能從也。"乃召其子以時謂曰："此妄人耳，其慎毋聽！吾之貧由天，於讀書何預哉？"策勵比前爲尤急。及見以時明經能文辭，鄉校迎爲學者師，仁卿撫几自慶曰："吾將有以見祖宗地下矣。"仁卿無所食，質田於里翁，已而失其券，乃以計紿仁卿至家，使重書之。或履其跗曰："慎弗言，翁券失

矣。"仁卿嘆曰:"吾實得錢,言猶在耳,而因失券負之,爲計固得矣,如内愧何?"一里嘩然,稱曰:"桑仁卿其誠愨人哉!"未幾,卒。貧不能殮,手足、鄉人惜其賢,衷錢以葬。

仁卿娶同縣人項寄瑗,甚賢絶。仁卿固安貧終日,樵蘇不爨,項無纖介見於容色,澹然能相歡。凍餒日不自免,聞有佳書,必掇所織布帛,貿之使讀。自時厥後,以時以賢良徵,主袁分宜之簿。州里携酒漿來賀,曰:"仁卿夫婦不負教子,今得官歸矣。"項曰:"得官不足榮,能不負官,斯爲榮耳。"以時在分宜,數督運萬里外,兢兢自持,無所遺失。再轉爲温州判官,遣候人迎養,將及門而卒。今以三轉爲夔州府通判,陞至某郎,益用政事,聞於時。論者謂父母之善教云。

贊曰:子弟不患無俊良,非父母竭力教之,終不能有成也。有如仁卿,忍貧教子,至樵蘇不爨,一不變其志,淡如也。卒能奮發,有耀於前人,則吾所謂父母不力教子,子未必有成,誰不謂然?因作小傳,以爲世勸焉。邑志

胡 翰

何 太 守 傳

金華胡子曰:"大丈夫之生,抱濟世才華,不得志,功業無所表見於時,得志矣,進而不止,聲名或隳於末路,均堪惜也。壯年奉檄,未老投簪,千古以爲美談。奇偉之資,恬淡之性,要亦其孕毓者固殊與。"余是以有深感焉,作《長沙太守傳》。

長沙太守者,武義之太平鄉郭洞人也,名貴,字叔瑛,姓何氏宋集賢院修撰明仲之後。曾大父淵,勝國時舉進士,仕終廣東按察司副使。始爲諸生時,嘗與郭洞趙參軍爲麗澤交,驩相得也。及居官,奏績京師,適趙亦輸將北上,偶註誤失期,當事者欲置之法憲,

副公以鄉友故，力為解援。趙德之，結為姻親，以女妻其次子中昱。生子諱壽之，穎异不凡，卓有知識。自幼往來外家，見其山川盤結，民物豐阜，深羨慕之，因有卜居之念。逮年漸富，識益宏，乃請命於其父。父然之，復為求婚於郭洞吳氏，隨置產築室，徙而居焉。先是土著於此者不下十數姓，倚山而居，丁產不甚蕃殖。公第面南向陽，水滙其後，時有術者過而訝曰："是誰創此居第？當生貴子，子孫蕃盛，綿遠無極。然餘姓自此不競矣。"已而連舉偉男子六人，太守其第五子也。門户遂翹然而大。其先所居諸姓，漸見陵替。術者之言於此果驗云。

太守生而魁梧奇偉，讀書明大誼，居常不褻，威儀懍然。且練達世故，析理精明，雖老成勿及。然性恬退，不求聞達。我太祖高皇帝龍興二十餘年，屢詔舉天下賢才，郡邑薦公，遂以明經召至京師，用平津侯故事，待詔金馬門，歷試諸艱，知公有理繁治劇才，可以獨當一面，授福建汀州府知府。福建古閩夷地，在周為七聚，漢嘗徙其民於江淮，吳時以處遷謫人，唐常袞始興學校。然山區海聚，舊俗未盡革。上杭為汀屬邑，善反側，溪南有負固不服，往往觸法抵禁，易動難安，號為難治。公柔來安輯，不啻龔遂渤海、祝良九真、張綱廣陵也。蒞政兩期，循良報最。上以公游刃有餘，調守湖廣長沙。長沙居江漢上游，南國風化猶有存者。公出其所以治汀者治之，輕車熟路，恰當使君周旋，不聞長沙地狹也。朝紳方擬擢公内廷，以資化理，公乃以桑梓久違，松楸在念，浩然有歸志。一日，攬鏡嘆曰："蚓寒則穴，鳥倦而還，物尚知時也。余仕至二千石，布衣之極願足矣。猶瞿瞿恤恤，鞅掌簿書間，為子孫作牛馬邪？"遂引疾上疏，得請歸。歸而益韜晦，足不入城市，創亭庵於寶泉山上，日與里中長老怡情詩酒，揚榷古今，有栗里、柴桑風焉。於虖！余嘗俯仰千古，如二疏之見幾解組，若水之急流勇退，以為世難其人矣。今公之盛德，善政彰彰，方見大用，乃爾決志引退，賦《遂初》，全令名，古云"知足不辱"，公其有焉。余以同鄉友誼，偕應賢良之選，習知其家世始末，并嘆服其遺榮遠引，爰攝其生平，以備國史之采云。《清源宗譜》

錢 悌 字舜夫，臨安人。

無礙寺碑

天下佳山水，爲浮屠所占者實多。余嘗尋名勝，歷吳會，過栝婺，所見皆雄偉奇麗，極其瑰勝，莫不爲其徒羨。茲訪舊武川，抵雙渠義士吳君仕敬家，及候其季世寶於青龍山，走數十步，麗山之木叢菀敷布，巒嶂行坑，冲然有聚靈挾秀之地。道迴其前，盡其歧，露其甍宇之紺然，櫺户之燁然。問焉，信爲寺之無礙也。不二日，自青龍迴，偶世寶，邀余尋其勝，造其宮。獻酌之次，以重修之文來徵。

按地志云：周顯德五年置，得石鑱，云唐咸通七年創，宋慶元戊午鄉之迪功郎吳君昕之二子曰瀟、曰淪者建佛殿。至元時皇慶、泰定間皆再建，復以吳氏諸孫曰珂等助也。我朝洪武間，住持遜庵以法堂之右首創方丈若干楹，及大彰長老崇建華嚴門，荊山和尚植上房并圖矣，新命其徒曰儼然，爲塑佛像於講經之堂，後荊山相繼化去。至永樂間，以賦役事峻，其徒竄潰，寺之殿宇飄撓，廊壁摧毀。迨宣德間，修葺之事益不可緩，於是儼然頒荊山之命，慨然思紹，經營已非一日。復置田四十餘畝，以贍其不足。聚工募匠，次第而興。自殿堂、鐘樓、兩廡、藏庫、庖湢、客舍，皆漸完美。以貲來助者，則又迪功之裔仕敬、世寶、仕敏也。茲當畢力，而儼然以爲遜庵、大彰及我荊山之規建重整，其功甚浩，苟無不朽之計，則後何以爲勸？願執事無悆。夫西方之教，以禍爲懼，以福爲勸，未嘗無裨於聖人之教。苟得其人，則教可行，而言亦可以無害於吾儒。今儼然以孳孳傳教之事爲講，則所爲自不凡矣。遂爲記其事，以勒之。若田之租畝，則書於碑陰云。峕正統九年龍集甲子二月中浣臨安錢悌舜夫譔。武川鄭昱書，住持僧文威字儼然。

潘　府

正德武義縣志序

　　武義縣，浙名邑。志者，識其事也。邑之有志，猶國之有史，古今不可無者，而武義獨無焉，是誠一缺典也。興敝舉墜，其在人乎？若今莆之林君以永，舊侍御是已。君宦南臺，嘗因切諫取拂，謫遷武義丞。丞，貳邑者也。適是邑闕令者三載，而天假視篆之獨久，則丞之權猶令也。君以德學之清望，臺諫之先聲，而治斯邑。百廢具舉之日，睊睊以修志爲事，可謂知先務而達治體者矣。然猶不自任，乃請之董君道卿相與參校，而以序屬余，嗚謙也。

　　志凡五卷，曰輿地、曰官制、曰人物、詩文、雜志。事有害於道者弗書，涉於疑怪者弗書，而於呂東萊、二聾、徐、楊諸公家世履歷更加詳識，以見武義古今文獻禮教尚存之有所自，且以垂勸懲之典於將來也。正德庚辰副使潘府譔。康熙邑志

董　遵字道卿，蘭溪人。貢生。

正德武義志跋

　　右志一編，爲類五，爲目五十有五，大書以提其綱，分注以詳其事，冠以四圖，釐爲五卷，某所述也。某學識疏陋，無所聞知，詎足與此？莆田林君以永自御史謫丞斯邑，以風化爲首務，乃請於前提學劉公、今提學盛公、郡守王公，以其事屬某，不得辭，强爲執筆。

妄作之譏,不敢自逭。顧采録或遺,傳聞或誤,則以文獻莫徵故也。遺不能爲之拾,誤不能爲之證,則竊取闕文之義也。草創之,某也。討論之,修飾之,潤色之,則皆林君也。夫邑之有志,猶國之有史。曹、滕小國,邾、莒則又小矣。史氏之職,不以小廢,故記載通於魯史,筆削附於孔氏之經。武義一邑雖小,絶長補短,比古侯國。人才之盛衰,政事之興廢,世道之治忽,風俗之隆污,今無所徵,追咎於古,不爲之圖,則來者將歸咎於今矣。借曰未備,不愈於無乎?正其誤,補其遺,況有待也邪!由是而論世,可以擴多識之資;由是而觀民,可以究更化之故;未必無小補云。正德庚辰蘭江董遵道卿甫識。嘉慶邑志

潘　棠辰州人,進士。正德十一年任邑丞。

鳴陽門樓記

樓在縣東里許,正德丙子冬,縣丞潘棠建也。縣舊未有昏曉鐘,訪取於法雲寺,懸之斯樓。編以丁役,以謹昏曉,以授民時,以警衆惰。名之者誰?棠也。厥義何居?曰"進君子也"。《易》曰:"立天之道,惟陰與陽。立人之道,惟仁與義。"陽主生、主進、主文,仁之道也。仁道立,而義禮智咸具矣。扶陽抑陰,聖人之教也。東則陽方,以道以教以方,皆陽也。鐘器之善鳴也,一鳴而群聽傾耳焉。鳴之正且大也,斯善鳴者也。陽一鳴焉,則邑之生道進矣,君子升矣,文教盛矣,丈夫之道立矣。爲斯邑,官行陽之道於上,民勤陽之道於下,而人文昭,斯邑其唐虞矣,此吾輩所以受朝命而當致之民者也。爲吾民者,聞鐘焉,宜思所以務善、務生、務文,而保尒身、尒家、尒族也。思爲君子,以不負盛朝之治化可也。康熙修邑志

黄　春字伯元，弋陽人。弘治甲子舉人，嘉靖二年任邑令。

重 修 儒 學 記

聖人之道，不可一日無者也。道以聖人爲至，聖以孔子爲至。自漢以來，有廟以崇其祀，有學以育其才，有師儒以闡其教，又有有司以責其成。猶必先爲之所而後有所事，否則亦文之虛也已矣。夫世降道衰，職教者官以冷嫌，而往往不屑就，不聞所謂教也。學之者不過媒此以拾青紫、窺利祿、釣聲華，而於學也何有？至於有司簿書期會之間，每以告疲，能留心教事者亦鮮矣。卒至人材放失，儒效疏闊，其可懼也。

嘉靖癸未夏，予來宰武義。明日視學，睹學廟重新，規制宏廠。詢之諸生，僉謂御史吳公華始其謀，先令胡公琇成其事。若二公者，可謂留心於此，而見超尋常。未幾，吳以王命上復，而胡亦代還，無有紀其事而頌其美者，良可慨也。予方欲勉於所務，今幸有成，而先我之勞，遺之以逸也，寧容默默已邪！昔僖公修頖宮於魯，詩人頌之；文翁興儒學於蜀，史筆贊之。今吳公職清戎，而尤文教之重；胡公職有司，而知政務之先。吾於二公，咏而贊之雖所未敢，然不可無一言以爲盛美之記也。且風俗係人才，人才係教化，教化係學校，學校以明倫。倫明於上，俗美於下。學校不修，有司責也。今日之事，在有司者告終矣。吾知修學匪難，教學爲難。職教者率之以身而不以令，務學者體之以心而不以言，則人才廣、教化敦、風俗厚，而有司之責亦塞矣。否則，天之所生，君之所養，己之所負，職之所司，皆荒矣。噫！爲治之道，善政不如善教；事君之忠，以己不若以人。予故申喙於此，用以昭勸來學，抑以弻教輸忠云。嘉慶邑志

名 宦 祠 記

武義縣儒學明倫堂東偏有名宦祠，以宦於此者功澤及於當時，

聲施光於今日,民思以報,而報以祀也。今之邑,古諸侯之邦,一邑之命懸於一人,其責亦重大矣。夫何黷於貨者巧漁獵,深於法者嚴鍛鍊,買譽矯情,要功背德,大都自恤其私,而於民之疾痛疴癢略無所與,此固未可謂宦,而又可謂宦之名者邪?方其在位,民恨其不去;既去,又恨其不亟。奚望其去而思,思而祠之乎?武義名宦,前令如元之劉元、許廣大,丞如我朝之石彥誠,因考縣志,仰思三公,是宜武民生而戴,没而思,祠以報也。

予宰邑之明年,視學舍傾壞,祠宇陋樸,乃加修葺。既竣事,諸生王用顏等告予曰:"我朝名宦,可追三公者,不無其人。如汪公寬恕平易,民皆愛之;湯公以僉憲左遷,端勤廉介,民不敢犯;胡公誅鋤奸宄,才幹可稱。此皆令之名宦也。潘公謫以給舍而發奸摘伏,民稱如神;林公謫以御史而鋤强扶弱,風節清著。此皆丞之名宦也。盍併祀之。"於是稽之以志,徵之於民,口碑墨刻若符合而劉契焉者。既申白當道,爰命立木主,飾祠宇而居之。奠置有案,祝告有文。歲二月既望,春祀,諸公得與而士慶成。蓋諸公政有嘉範,實有遺愛,宜士懷其德,而民懷其恩也。但歲時二祭,每需給於縣,而縣猶不免斂於民。於是捐己之俸,及他財之餘,置田若干而佃之以民,籍之於官。俾學官長之,歲入其租,以供常祀,庶幾神安其享而民長其思也。自愧才力綿弱,不能厚腆,以隆其禮。後之君子登拜其祠,常思諸公所以立政者立其政,愛民者愛其民,聞風慕義,胥殫厥力,共成令典,則邑人深被諸公之德,而諸公久享邑人之報矣。雖然,在我者自修其職,至於他日之去,民之思與否,祀與否,非所論也。汪公名亨,徽州人;湯公名沐,江陰人;胡公名琇,道州人;潘公名棠,辰州人;林公名有年,莆田人。今之協濟其美,則僚友縣丞湯舜臣、邑博李廷茂、單旻、錢愷。嘉慶邑志

鄉 賢 祠 記

武義縣儒學明倫堂之右有鄉賢祠,以此鄉前輩人物之賢而後

人賢之，故祠以祀，而崇其德也。金華舊號小鄒魯，而武義爲名屬邑，深山邃谷，磅礴深窈，故長才傑士，陶和育粹，蔚然而特起者，在宋爲尤盛。如工部亞卿徐公邦憲、龍圖學士楊公邁、大理寺卿徐公道隆、録事参軍鞏公庭芝、守禦姜公綬、通判葉公介、知縣鞏公豐、開府儀同三司姜公特立之數公者，或以勳庸著，或以忠節聞，或以文章重，或以戎事顯，或以政事名，皆足耀當時，裕後世，重一鄉而光一邑者也。

嘉靖癸未夏，春奉命來職此土，周視祠宇，殊樸且陋。爲之蹙然，遂捐俸，命揚公之後名義和者董修之。復念春祆歲祀需必取於縣，縣取於里，里取於甲，上下交征，諸公之心寧是忍乎？靈其如在，必不享矣！在我有司不得辭其責也。嘉慶修邑志脫“靈其”至“責也”一十八字。乃積楮植之餘，與他財之羨，欲爲置立祀田。適有告清寧觀道田典鬻民家者，久假不歸，嘉慶修邑志脫此四字。從而追贖，以歸於祠，籍之以官，佃之以民，嘉慶修邑志脫此八字。掌之以邑博。歲入其租，計公輸畢，餘悉以供祭祀。則上無事於科斂，下不至於漁獵，而幽明咸順，神人胥慶矣。況武邑僧道之産，往往蕩廢於游食，侵佔於豪右。與其爲無稽之資，孰若爲有名之費；與其爲异端之奉，孰若爲正道之崇；嘉慶修邑志脫此二句。與其爲强暴之利，孰若爲鄉賢之祀；與其頻年交征之無藝，孰若一舉費出之有經。長慮却顧，博訪咨謀，於義亦審。尋以其事申達上司，嘉慶修邑志脫“長慮”至“亦審”十二字。厥田畝數，厥祭品儀，勒於碑陰，著爲定額。予因嘆曰：莫爲之前，雖美弗彰；莫爲之後，雖盛弗傳。武之鄉賢先輩，固莫尚矣！嘉慶修邑志此句下“後之來者，恪守夫典型，涵濡於治化，吾知龍蟠”云云，與此大异。後此發科登仕者，指不多屈，況望其如前輩之卓犖者邪？雖然，祖宗治化之所涵濡，今日有司之所督責，師之所教，弟子之所學，蓋非一日。均是鄉也，均是人也，古今不异。吾知龍蟠鳳逸之士，鴻漸豹變之期，而勳庸，而忠節，而文章、政事罔俾。嘉慶修邑志"罔俾"作"安見"。諸公專美於前，後之視今，猶今之視昔，安知後之賢者不復賢其賢乎？嘉慶修邑志脫"後之"至"賢乎"二十一字。人之言曰："誰謂華高，企其齊。"而吾於武之後賢，深有望焉。康熙修邑志

武義縣治德政堂記

余承命來涖茲土，登堂仰視，見其扁以"德政"。詢之，謂前二尹林公寒谷先生親書。余聞公以名御史忤權奸，左遷於此，望重於時，必其政本於德，德孚於民，而尤欲嗣之者同其善政，故大書特書於此。真古人恥獨爲君子之心，亦仁矣哉！思齊之念默動於感慨之餘，因謬記之以自警。堂以"德政"名，或取"爲政以德"之義。德者，治之本；政者，治之法。堂名德政，固其所也。

蓋今之縣，古子男之邦。《白虎通》謂："張官設府，皆爲民也。"民爲邦本，本固邦寧，而位斯安。吾知坐一堂之上，司百里之命，修於家者，欲試於國，思上之所委，下之所仰，己之所學，期以無負，非直拾青紫、媒富貴，以詫於一時而已。要惟履公平正直之道以爲民視，勵剛介冰蘗之操以爲自守，存慈祥愷悌之心以爲職司。體之以身，不違道以干譽；視民如子，不咈民以從欲。而又好惡謹嚴，賞罰必信。凡政之經緯區畫，皆本於實意躬行。教有未敷，德以宣之；澤有未施，德以溥之；化有未孚，德以致之。訟者未平，息之以德；賦者未均，公之以德；瘝痍未安，瘳之以德；猾詐未平，化之以德；風俗未淳，先之以德。毋媚若狐，毋貪若鼠，毋猛若虎，凡報德於上而宣德於下，無所不用其誠，而後無愧於堂之名。否則，飽鮮醉醲以盈其欲，囊金匱帛以肥其家，優游歲月以待其序遷，尚雷同而奸諛長，趨權勢而苟苴行，避豺狼而志氣沮。若此，固非所以自正，而況可以正人邪？不可謂政，而又烏可以語語德耶？抑豈御史林公扁斯堂之意歟？邑志

武義縣令題名記

昔先王疆理天下,詔爵五等,自子男而上,列土封之,皆有民社之寄,號爲諸侯。嬴秦變古,郡縣天下,嗣是因而不革。奉宣天子之德,安守土宇,惠澤生靈,鼓鑄人才,釀成治化,而府、而州、而邑,一而已矣。然而親民莫如令,一邑民命皆懸其手,責甚重焉。自昔有土,有官,有氏,有名,有記。今武義爲金華名邑,邑治起唐天授間,更官名氏不知凡幾。

嘉靖癸未六月之望,予奉命來宰,詢及前令於左右,舉其近者以對餘,或有舉其官而失其氏,有舉其氏而失其名者。竊自嘆謂:"古自一命以上,皆有聽事之所;一院之地,例有題名之記。今武川若此,得非缺典邪?"於是公暇考縣志,稽我朝之先我者,爲題名氏,命義民徐紳傑勒諸堅珉,用以昭往勸來,自勉於今日。昔司馬公記題名於諫院,有謂人將歷指其名而議之曰:"某也忠,某也詐,某也直,某也曲。"至今讀之者皆斂衽起敬,惕然深省,是可以不懼哉?且予做秀才時,知令之難爲,患令之不能爲。不能爲者,知才德之不若人也。而其難爲者,亦以時與勢言之。夫令爲一邑屬望,百責叢委,擊奸鋤梗,以其剛翼良樹弱,以其惠嘘枯潤槁,以其仁去偏剔蠹,以其明理煩應卒。以其敏而又慎以持法,勤以涖事,清以自潔,如宋紫薇呂舍人所謂"當官之法,庶幾可以保位,可以遠恥,可以見知於上而致援於下也"。予歉於才德,而疏於當官,固自知其不能令爲也。若夫以秩下大夫上應列宿,望塵而奔,恐干後至之誅。每瞷上之顏色,以占禍福,唯唯厥命,不敢可否。或少吐其氣,慮恐不免,甚至胥吏、僕隸之徒,馳片紙以號召,或亦不能不爲之折腰,何者?畏其有所假借而來鑠金之口,訾毀至於骨之銷,況彼此相制,大小相承,固其體統有在,而亦時勢之宜,使皆出於義,而不背於法,亦奚有於不可?奈何其參之以私,故致齟齬於時,扞格以勢,動皆有掣肘之患,令之難爲者,蓋又以此。雖然,高明之士不怵於勢而不與時浮沉,義法之所在,職分之所當,爲惟盡其在我者而已。此外而或有非意之虞,是固有命而委之於天,我之心無愧而志亦已行。不得其職則去,脫塵鞅,謝馳驚,而不以得失榮辱介於懷,古人出處進退之節,其庶幾乎? 後之人亦將指其名而議之,不曰"某也古之君子",則曰"某也古之豪傑",蓋毀譽出於一人之私情,是非定於萬世之公論,可不慎與! 爰書以自警,并以告後之嗣我者。邑志

嘉靖甲申修武義志序

古者列國皆有史官掌記時事,今天下一統,惟國有史,而郡邑無史,乃有志焉。志亦記事之書。漢孔安國謂土地所產,風氣所宜,皆聚於此,脩史者亦不能不因之以采擇,是志爲郡邑之史,而史爲天下之志。志之缺略,猶史之不備也。

《武義縣志》舊毀於兵燹,近脩於邑丞林公寒谷之手。志成鋟梓,公以陟守三衢去矣。而掌守乏人,書既渙散,板亦遺失。嘉靖癸未歲仲夏,適初視篆,用是稽考,無復全書可觀。顧時職事未暇,百廢蝟集,幾圖脩補而屢輟。官幾一年,漸舉庶務,思不一補其缺,寧無異時之遺憾乎? 春固不得辭其責者。一日,邑博單君旻乃亦以是請,於是謀諸僚佐,舉謂今日治體之宜,遂搜全集,得之楊氏之家。每日退食,借隙批閱,訛者以訂,遺者以拾,缺者以補。而余所注,教民一牓,諭俗諸事,武川雜咏,有補於風教之一言者,僚友又強爲集之使附。余何人斯,顧敢立言以永傳邪? 然思補其缺略,不自知其僭妄,敢叙。

春膺擢茲土,過臨安,渡錢塘,抵金華,入疆境,旁觀聳視,第見群峰疊嶂,若雲擁而氣浮,一水朝宗向東逝,而環抱靈秀所鍾,殆非紛葩環麗所可得而擅也。其最靈秀者爲人物,若東萊呂氏

之過化，二羣諸公之盛德，忠義節廉者素稱於夙昔，登名科甲者聯秀於國初，是知其志爲尤重，而其缺略不可以不備。況濫司民牧，而無一字一言以相勸告，恐非體國奉公之眞情，畏治子民之至意。雖有事於今，抑末矣。故膚見鄙語，輒敢末附，豈鬭靡云乎哉？抑俟後之君子或者采取一得之愚，而留心於政教，釀成治化，甄陶人材，敦厚風俗，則山川所鍾，祖宗所育，烝黎所賴，端爲不負。他日觀風者，亦得考圖經，稽理道，諏人物風土之詳，庶幾有徵而信，不缺以疑，則單辭片語，補缺拾遺，良爲一助。否則，尺璧而寸有未完，萬間而一有不備，寧無闕文之憾乎？余故捐俸，命工鋟梓以傳。全帙慶成，贅言以俟。嘉靖甲申縣令黃春譔。康熙邑志

新建譙樓記

縣有麗譙，非古也，而古之意寓焉。亶父爲治，樹表皐門；子產立政，用彰都鄙。或者謂是爲時刻漏，鳴鼓角以警昏曉，而內患外虞，須是防偵。一邑環衛，百姓具瞻，政令於是乎出，有關治體，豈小補哉！蓋縣之義有取於懸，民心所懸，屬以瞻視者也。麗譙者，縣屬瞻視之具。古之爲治者，懸屬其民而章表之，悉不能外，是以有爲，則今日之事不容少緩矣。武之譙樓歲久而圮，措治者傳視而莫顧，惜費者因循於無爲，不知職土之官不可以過客自處。勞民傷財，君子非不恤焉，特以事不可已，又當酌之以義，不忍後人之復累後人也。

嘉靖癸未夏，予職斯土，旁觀諦視，大都漫漶，不可人意，故於學宮、驛亭、吏舍、公廨等處廢墜既已修舉，顧茲譙樓方圖改作，而費鉅力艱，不果。義民何壽、吳昇、徐魁、徐緒傑等若干人，聞而倡義，各捐貲以襄厥事。壞者以撤，顚者以支，上雨旁風，闤闠之表。其下爲門，軒豁洞開，牙戟拱衛。其上漏刻孔時，鼓角惟警。所以

示之章表,而懸屬斯民之有具。至於内患外虞,亦足以防偵之無遺。且其前不數武而東西列有兩亭,爲"申明",爲"旌善",以循故事。左右樹有兩坊,既題"古婺男封"、"明時司牧"以壯邑觀,復表"玉堂學士"、"水部司空"以啓後進。一邑之治,偉然改觀,而精神頓爲加倍,是樓於此抑可少哉? 愚故雖犯不韙不恤也,有位之君子,同志之士,蓋亦采而圖之。邑志

陳　善錢塘進士,雲南布政使司左布政使。

熟 溪 橋 記

君子有長民之責者,豈在威嚴繩下,使之奔走服役,以畏其上哉? 其道在政以率人,端軌範以信之而已。武猛之吏,鷹擊毛摯,以馭其下如束濕,然使人不怡;異懦之吏,法斃於因循,威狎於左右,雖加意振刷,而民不用命。是二者,績效殊,其不得乎民一也。有能砥礪廉隅,謹守矩矱,以方嚴持法紀,以慈惠煦群黎,使民有父之尊,有母之親焉。由是凡有興作,民皆奉令承教,不必徵發期會,而功可立睹矣。吁! 武義之民,固三代之所以直道而行者也。譚侯爲令,其猶行古之道與! 縣故有熟溪橋,民病涉久矣。侯之始至,有以建橋之役爲言矣。侯曰:"此邑令責也,但令長未信於民而先以勞之,不可。"居三年,侯政教修明,百廢具舉,堅砥貞白,皭然無疵。縣父老習服其教令,而默化其粗頑者什九。民再申前意,會年大祲,侯曰:"民艱於食,而時詘舉嬴,不可。"父老子弟聞之,皆曰:"甚矣,侯之愛我也! 而惟恐其屬我也。使時有可爲,吾何愛其力,不終賢父母義舉哉?"萬曆四年五月,侯三年考最,政通人和,年穀順成,家有蓋藏。侯度其時,曰:"可矣!"乃捐俸爲倡,好義者翕然應之。又益以罰贖之金五十鍰、米五十石,踰兩月告成。侯以書來請予紀其事。

按：宋開禧三年，主簿石公宗玉創建此橋，邑人德之，遂名石公橋。歲久傾圮。至嘉靖二十五年，縣尹趙奇倡議募勸，造六墩而中止。隆慶二年，縣尹胡應軫圖修未就。踰一年，太學生湯執中、耆民項吉、何崙銳意興復，而前此六墩之石蕩竊殆盡。縣尹林一鵲捐俸助之，先後爲墩者十，架木爲梁。民未病涉，然無屋以蔽風雨，梁亦隨壞。譚侯用好義之民，聚材鳩工，畫地建豎，其民爭先趨事，不日奏功。壯一邑之偉觀，垂百世之渥澤。明興以來，僅一睹也。向使侯恩信未孚於民，而先以勞之，則何以雲合響應，成功若是其速哉！夫能繼石公已壞之業，成前尹未就之功，使一邑之人歸心焉，非賢者不能也。柳宗元曰："賢者之興，而不肖者之廢，故必有賢者而後能復興之也。"譚侯之興此役，不賢而能若是乎？故予特表而書之，以風今之爲令者。

武義號稱難治，其令長不終三年，旋即報罷。論者皆以其民頑梗咎之，不知吏或貪殘，則民不堪命；吏或巽懦，則左右爲奸。此皆一日不可使居民上，而民以頑梗應之，非過也。使賢如譚侯，民皆從乂，則化頑梗爲馴良，豈待易民而治哉？予又表而書之，以詔後之爲令者。侯爲此橋經久之計，上流宜補石岸，下流宜築石堤，以俟後之君子。夫圖難於始而深思其終，賢者用意固如此，君子當不廢斯言矣！

侯名音，字希伯，南雄始興人，由歲貢擢陞今職。父次川公，名大初，戊戌進士，官至大司徒。宏名鉅望，朝野推重。侯筮仕之始，其象賢繩武之迹，章章如是，誠能不隳其家聲者。武義自正德八年吳珍發科以來，至今六十二年矣。今陳生繼祖裒然登選，橋成而適與事會，斯亦奇矣。嗣後科第駿發，謂非侯作人之功邪？橋長凡五十丈，橫一丈七尺，爲石墩者十，爲屋者四十九楹。好義助工者，皆得書刊之碑陰。康熙修邑志

碑　文

武義縣熟溪橋記

　　君子有長民之責者，豈在威嚴繩□，□之奔走服役以畏其上哉？其道在正己帥人，端軌範以信之而已。武猛之吏，鷹擊毛摯，以馭其下如束濕，然使人不怡；巽愞之吏，法弊於因循，威□□左右，雖加意振刷而民不用命。是二者，績效殊致，其不得乎民一也。有能砥礪廉隅，謹守矩矱，以方嚴持法紀，以慈惠煦群黎，使民有父之尊□□之親焉。由是凡有興作，民皆奉令承教，不必發徵期會，而功可立睹矣。吁！武義之民固三代之所以直道而行者也。譚侯爲令，其猶行古之道與？□□有熟溪橋，民病涉久矣。侯之始至，有以建橋之役爲言者，侯曰：“此令長責也。但令長未信於民，而先以勞之，不可。”居三年，侯政教修明，百廢具□，□□貞白皭然無疵。縣父老子弟服習其教令，而默化其粗頑者什九。民再申前意，會年方大稔，侯曰：“民艱於食，而時詘舉贏，不可。”父老子弟聞之□□□矣，侯之愛我也！而惟恐其屬我也，使時有可爲，吾何愛其力，不終賢父母義舉哉？”萬曆四年五月，侯三年考最，政通人和，年穀順成，家有藏蓋。□□其時曰：“可矣。”乃捐俸爲倡，好義者翕然應之。又益以罰贖之金伍拾鍰、米伍拾石。踰兩月告成，侯以書來請予紀□事。

　　按：宋開禧三年主簿石公□□創建此橋，邑人德之，遂名曰石公橋。歲久傾圮。至嘉靖念有五年，縣尹趙奇倡議募勸，造六墩而中止。隆慶二年，□尹胡應軫圖修未就，踰一年□□生湯執中、耆民項吉、何崙銳意興復，而前此六墩之石蕩竊殆盡。縣尹林一鵠捐俸助之，先後爲石墩者十，架木□樑。民未病涉，然無屋以蔽風□，梁亦隨壞。譚侯用好義之民，聚材鳩工，畫地建竪，其民爭先趨事。

◎ 武川文鈔

不日奏功。壯一邑之偉觀，垂百世之渥澤。明興以來，□一睹也。向使侯□□未孚於民而先以勞之，則何以雲合響應，成功若是其速哉？夫能繼石公已壞之業，成前尹未就之功，使一邑之□□心焉，非賢者不能也。柳宗□曰："賢者之興，而不肖者之廢，故必有賢者而後能復興之也。"譚侯之興此役，不賢而能若是乎？故予特表而書之，以□□之爲令者。武義昔稱難治，□令長，不終三年旋即報罷，論者皆以其民頑梗咎之。不知令或貪殘，則民不堪命；吏或異慄，則左右爲奸。此皆一日不可使居民上，而民以頑梗應之，非過也。使賢如譚侯，民皆從义，則化頑梗爲馴良，豈待易民而化哉？吾又表而書之，以詔後之爲令者。侯爲此橋經久之計，上流宜補石岸，下流□築石堤。以俟後之君子。夫圖難於始而深計其終，賢者用意固如此。後有君子，當不廢斯言矣。

譚侯名音，字希伯，南雄府□興縣人，由歲貢推陞今□。父次川公，名大初，起家戊戌進士，官至大司徒。名德鉅望，朝野推重。侯筮仕之始，其象賢繩武之迹，章章如是。誠能不隕□家聲者。武義自正德□□吳珍發科以來，至今六十二年矣。今陳生繼祖裵然登選，橋成而適與事會，斯亦奇矣。嗣後科第駿發，謂非侯作人之功□橋長凡五十丈，橫一□七尺，爲石墩者十，爲屋者四十九楹。好義助工者皆得書列之碑陰。

賜進士第□□大夫、雲南等處承宣布政使司左布政使致仕、詔階正治卿、前兩奉勅提督雲南、廣西學政錢塘陳善撰，萬曆四年九月望日。武義縣知縣譚音，主簿葛在，典□劉京，儒學教諭王惠，訓導黄一莊、蕭鳳翔，鄉官徐文瀚、王銘、徐禮、徐伯慶、王鉞、徐堯咨、徐鷹、邵芝、范鶚、顧應臣、湯執中、徐尚綱、徐堯華、徐一德、周希朱、徐文㳘、徐濟、徐安、何其仁、楊棟、徐平胡、王鎧、舉人陳繼祖、監生邵紳、李維時、楊珂、徐夏、邵浙、陶鎔、楊樑、徐文材、徐一松、楊校、伍鑑。碑在縣署儀門左。

陳師仲石城人。恩貢。萬曆五年任邑令。萬曆刻《孝烈傳》、康熙修邑志作"師"，嘉慶邑志"師"作"思"。

重修譙樓記

武邑舊有譙樓，其所創始及重修之自，先任黃君述之備矣。歲丁丑，予奉命來官。始入，見其棟楹傾折，墻壁傾圮，每出入，甚危之。顧謂僚佐諸君曰："邑庭爲黎元宗望，而門制又觀瞻之最者。雖爲政在人，無事觀美，然目擊其顛朽而莫之恤，事將焉屬？"乃令工者籌厥費，曰："非百金不可"，奈何公無所措，民不可斂，竟置之。

戊寅冬，有民朱伯浩者，以兄弟失睦而訟，既責以義，諭以恩。潸然泪，惕然悔，曰："浩自是知手足之親不可戕也。願出所爭者，以需公費。"予命修鼓樓，欣然唯諾。且曰："工無事鳩，費無事叢，當身任其勞，用厥成功以爲報。"予許之。未三月，乃告成。縉紳大夫偕諸庠俊揖而慶曰："武民在昔稱鄙，兹父母有命，殫精竭神，斷也，一木必求其精，一力無貸於衆，樓成矣，竟莫知其所費幾何，如此者，民其真鄙哉？武民在昔稱悍，兹父母有教，氣下心怡，悔也，惕然懲厥衷，慨然任厥事，費出矣，猶自謂其所酬無幾。如此者，民其真悍哉？是樓之煥然新也，武民所染之舊，其一洗矣乎？"

余乃相與登而眺焉，見其北枕湖山，南賓麗嶽，西接宣源之秀，東帶白陽之濱，四面環拱，嵬然大觀備焉。因而期曰："諸君謂是樓之作，特可新其既往者邪？猗歟休哉，其啓厥將來者非小也。蓋樓成則邑益壯麗，輝映日月，高表山川，熟溪龍遶，白嶺雲擁，相爲前後。自兹豪傑疊生，氣運日泰矣。且民昔曰鄙，今易而慷慨；昔曰悍，今易而淳懿。瞻斯樓者，揆厥自，將曰：'是成於兄弟既翕者也。'觀而感，感而興起，父子而親，君臣而義，夫婦而別，朋友而信，浙之俗將於武川稱美矣。斯樓也，其和氣攸鍾之地歟？但所以引之，俾無失今日之期者，諸君責也。"因相議而名曰"保和樓"，乃歡然揖謝，請予記之，以志不忘。樓之制，大易其舊。門外二亭，亦卑而折，因出公帑，命義民徐一棠督闕而新之。功成一時，上通下廠，軒豁改觀。厥工經始於戊寅孟冬，而落成於己卯之孟春。予喜是樓之成不偶，因善諸君之請，而爲之記。康熙邑志

親祭王孝子文

孰不爲子，能子者誰？人孰無死，死孝者誰？哀哀王生，不愧典彜。爾圖有形，爾劍有銘。默籌朝夕，一旦快心。慷慨激烈，以死殉之。綱常之柄，惟子克持。英聲四達，振懦起靡。神游宇宙，精貫日星。哀子真誠，來格來歆。《孝烈編》

劉養中郡丞，署縣事，萬曆辛亥年任。

重修儒學記

聖人之道，與天地相畢。嘗聞之，通天地人曰儒，孔子爲萬世儒宗，其與天地鼎而立也。惟道萬世無弊，廟則時廢時興，因其弊而新之，謂修廟亦即修道，意固可也。修道者，神而明之，存乎人；修廟者，規而創之，存乎制。神無形而制有象，借形而下者載形而上者，廟不修則制幾湮矣。《易》曰："觀乎人文，以化成天下。"都人士欲則而象之，其何觀焉？如謂聖道不待廟而存，學聖人之道，何必廟之修？則圜丘、方澤可以無設，蒼璧、黃琮可以不陳，直將以澤宮爲傳舍，俎豆之煌煌爲已陳之芻狗。若然，則仁義亦先王之蘧廬也已矣。亦將托宿焉，逆旅焉，不居不由不修歟？夫聖人之道，人之神明也；聖人之廟，其軀殼也。軀殼非神明，而神明載於軀殼。去其載者，併其所以載者亦無寄矣。故夫廟者，寓也，寄也。物寄而存，寄去而亡，則形神原相附，道器不相離也。故曰：修廟亦以修道之郛郭，此物此志也。

　　武義故有學，在縣東南陬。其地瀕溪，流水嚙之，後數遷徙。至元間，邑令韓昌因陳令舊址作今學，在縣治西。歲久殿廡傾頹，鞠爲茂草。予謁廟廡，憮然低回之。申請當道，捐歲俸，鳩工庀材。會郡尊斗垣周侯敦學右文，樂助成之。十閱月而竣役。學廣文屬予爲記。

　　予按婺郡，古稱小鄒魯，武爲屬邑，染學陶化，代有聞人。且明招爲東萊藏蛻，中原文獻在焉。豈曰邑之人武而義，文事非所媚也？往者道學之傳，開自山堂先生，而徐亞卿、楊大理，而葉，而姜，雲蒸龍變，鬱爲望邑。今者庠猶是庠也，聖域賢關偶爲阨塞，山川靈氣委而不振，必有起而振之者。偉人鵲起，神物復耀，吾以屬之後賢。夫人者，天地之心也。陽明子曰：“人心自有仲尼”，是訓是行，是聖人之貌，併得聖人之神，因而登聖人之堂，入聖人之室。所謂存乎其人，其在斯人歟！其在斯人歟！康熙修邑志

重修熟溪橋記

　　婺州據浙上游，所控制栝蒼以西、姑蔑以東。其最當孔道，旁午輻張，曰華川，曰雙溪，曰瀫水，次莫如武川。武環自衛，獨開一境，無大關津。然而首於永，趾於金，於蘭，與三邑相錯，溪山道里相綴屬。間道走溫、處，下達嚴灘、錢塘，其要津則熟溪橋。溪而名熟，取常豐之義也。自書臺山之南至法雲寺之東，綿亘十餘里，溉田萬頃，而機緘翕張，惟藉一堤。春淋夏潦，址不深則易罅，石不巨則易圮，旁無洩則易潰突。三資者備，而爲畎爲澮，火耕水耨，則畞可二十鍾，獲秔稻之利鉅萬計。夫是溪非獨利涉，蓋亦利溉云。爲人牧者，將民利是務興，乃聽其日就蠹壞而不議葺，何也？上擁其橐而苦不出，下私其橐而苦不入，胥役潤其橐而苦不知檢也。故樂助則不匱於出，善募則不匱於入，能句稽則不疏於檢。此三策者，十世利也。

橋創自開禧，六墩始於明嘉靖，梁於隆慶，屋於萬曆。距今三十年來，罅者、圮者、潰者、突者，寖不可支矣。舊令吳君一再議舉事，募之富民，間有應者，然名應耳，而實不赴。予攝茲土，乃捐歲俸倡之，民咸喜，釀金鳩工庀材，閱半載告成事焉。橋在邑治東，於形家稱善地。自正德來，士無領賢書者，乃譚侯議建四十九楹，而陳生繼祖遂舉於鄉，再一紀胡生惟忠繼之，今日者，亦都人士雲蒸龍變之一會矣。夫利涉利溉，并利科目，一舉而三善備焉。爲人牧者，以人事參氣化，莫大於此。

予按：宋姚令之言曰："天時不能常豐，則求之地利；地利不能無歉，則求之人事。"夫人事，參天地而居其會者也。故鍊清氣以補天，陞洪荒以刊地，此大經綸手。而天不足則修救，地不滿則修備，此亦小補刊手。僑也，人之母也。計不出，徒杠輿梁而惠乃窮於溱洧，彼輿人之誦，何以解乘輿人之嘲哉？予政拙司嶮，惠慚脫輈，然而平政之說嘗奉教於君子矣。因橋成而廣其說，以告後之令茲土者。仝上

游　雙　巖　記

歲辛亥，予自婺往攝武邑。武山川周遭如環，風氣龐厚，而民頗好訟，善逋賦。先是爲長吏者，鞅掌簿書，苦無間日。予捧檄則咨咨嘆曰："涖茲土也，顧安得爲醉翁游乎？"已而操牘以理，二三月來，訟漸息，歲額亦漸完。齋頭無事，聞雙巖之勝，慢然神往。會楊君廷詔至自貴竹，解君六德至自濠梁，蔡君振光至自清漳，二三友生不期而集，堪與名山作緣，而諸山亦似黛染翠滴，媚予游者。

初夏下浣，始携濟勝之具，與諸君往觀焉。時彌月不雨，桔槔林立，爾日朝烟縵舉，雲物縱橫，出郭則大雨如注，濕透衣裾。少頃，山氣寒翠，侵人肌骨。諸君間有欲中止者，予笑迎之曰："人生走名利場，不憚濡首塗足爲之，至選勝窮幽，便爾縮瑟，山靈不笑人

邪?"遂强拉與俱。肩輿躑躅,行泥塗中,至王孝子故居,低徊久之。日亭午,少霽,諸君色喜,命僕夫戒途。日晡,抵巖下楊村。主人治供帳,作竟夕飲。詰朝,循山麓行五六里許,徑陟其嶺。雙峰對立,如割鴻濛,影柱劃然,洞天梵宇半頹,金容甚古。凭闌望之,烟嶼雲林,翛翛然有世外遐思,恨無謝朓驚人語。叫撼天門,游目騁懷,自有宇宙來,積炁包積水,積水包積地,大千界浮沉白浪中,而莽男兒奔走紅塵裏。禪家所稱六賊,寧獨功名一路? 即今日者,雲嶠雙屐,風磴一尊,未幾何化爲烏有。後之視今,猶今之視昔。夫廬陵醉翁能留當年醉態邪? 則流連光景,意亦有賊焉,盜吾天機者,獨此差勝一籌耳。卑矣牛山之涕,寧渠不爲山靈笑也? 然吾猶笑山靈爲精物所攝,乃藉手禪伯持穢迹金剛呪伏之。夫名山一席間,固須物外一種閒人乎? 雖然,予願楊枝水一灑大地清涼,令諸人天共作如是觀,作如是游。仝上

武川文鈔卷十二

外　　集

明

王世貞

孝子王世名傳略

　　王世名者，金華之武義諸生也。父曰某，業南畝自給。愿而弱，與族子之悍者醉狎而口語相失也，族子倚之牆，築其顙，傷，困臥且死，撫世名曰："死奈何？"時世名猶在稚也，泣曰："直之官，不則死之。"父曰："不然，直之官，必檢；檢則骨析我，是重僇我也。且若彼錢神何？汝孱，有汝母，胡以死哉？"父死，而諸宗人之長者以好會請捐族子之胈五十畝償世名，曰："以爲若死生資，不則，吾曹力能屈若也。"飲泣而見母，以父之遺命告，母曰："秘之，其姑受田而葬汝父。"世名既受田，復白母曰："家幸給饘粥，毋食讎遺也。"田之入以供賦役外，手籍其數，市金而封之，扃之固，歲以爲常。世名自是口不及父時事，而晝夜讀書。入試有司，補博士弟子，以至婚娶，舉一子。教弱弟，使亦有成立，而其於族子以兄禮禮之亡間，每有召宴，則亦往，飲食談笑如恒時。然歸必識其數，曰脯菜若干，漿粥、醢醬若干，爲鏹幾何。族子意世名且忘之，即母亦意且忘之，冀共養沒齒而已。然世名每歲旦即謁家祠之父主前，而以兩筳簪卜之。不吉，則掩泣而退。至辛巳，卜得吉。乃走冶工所，鑄一利刃，已厭其薄，不任，棄之。復爲剛斧，鑴姓名於背而匿焉，日伺族子所之。一日，族子之它山之姻家飲，大醉，童子挾而歸。至無人所，世名前揖曰："兄何自醉若此？"族子曰："吾飲某氏，甚樂也。弟何之？"世名指其旁山僻凹曰："母老矣，先隴陿，不受歸，而茲山有當於青烏子書者，兄試爲我銓之。"族子蓋素挾稱其術者也，世名謂童子："而遲我山之趾而，吾掖兄上。"既上，袖斧而揮之，中項踣。族子呼，晉曰："殺我邪？"世名哭曰："疇令若死吾父，吾腐心者十年矣，而今得反。若姑往，吾亦隨若矣。"族子不能對，再斧其脅，立死，囊其首而下。俄童子尋聲至，世名叱曰："吾所以不偕汝上者，恐邂逅傷汝。報而家，吾身赴獄矣。"歸，至首於家祠之父主前，曰："幸不辱也。"拜辭其母，曰："弟今壯，可養。有孫，不鬼餒矣。"疾趨至縣令所，出袖中牘，誦而授之，且出其藏金如干，曰："此讎畝所出也。"又出其他鏹如干，曰："此飲讎費也，願併畝悉以還之。"令詰曰："死者不汝兄邪？"世名恚曰："彼讎也，殺父安得兄之？且囚所以來償死，非蘄脫也。"於是世名之母來請代，曰："妾所使也。"其弟亦來代，曰："某實爲之，兄不與也。"世名曰："手刃讎者，世名也；能撫世名孤者，母也；代世名養母者，弟也。何代爲？"令義之，俾俘係於麗譙之上，飲食之。具其事以請監司，檄他邑令某，與令會勘。他邑令謂：世名所殺族子，毆世名父死者也。法：毆從父死者，斬。世名殺應斬之人，當減徒，然必檢父屍而後獄可成。檢有日矣，世名聞之，自譙投下，敗面折肢，久之乃蘇。嘆曰："吾爲父復讎事已畢，償死，法也。且吾往者獨不能聞之官，懼暴我父骨，以牽率至今。今乃爲我而暴我父骨也？吾杜吾口矣。"自是絕不食。令使其所厚力強之，不應，積十日，翛然而逝。他邑令愧跳去。御史聞而嗟賞久之，下邑令爲祠世名。令請以世名所歸田金爲材費，御史曰：“讐金也，而資之以祠，孝子安乎？”乃議發他贖鍰。

嗟乎！報讐，快心事耳。即使烈男子能之，然未有純恆不息，因時處中，從容之死如世名者！其在倫常，不亦中行之聖乎哉！即堯孔所稱奕讓焉？

友人曹昌先自金華歸，談其事，時漏三刻，微燈忽明，毛骨爲悚。退而繹其事，欲爲作一傳，而質之曹，不能舉其父與讐、二令及弟名，母何氏，聊紀其略，以待异日。《弇州山人藳》

張鳳翼 字伯起，吳郡人。舉人。

孝子王世名傳

孝子諱世名，婺之武義人。年十七時，父良爲族姪俊以爭屋毆死。孝子恐殘父屍，不忍就理，乃佯聽其輸田議和。凡田所入，輒易價封識。俊有所餽，亦佯受之，雖錙銖罔有不計值封識者。私繪父像，自像帶劍侍，懸密室，朝夕泣拜。購一刃，銘之“報讐”字，母妻不知也。服闋游庠，不專事舉子業，惟手書忠孝格言一册佩之。已而生子，甫數月，撫之，謂母妻曰：“吾已有後，可以死矣。”一日，俊飲於其隣，醉歸，孝子乃俟於僻處，以所購刃立碎其首。故號於衆，歸以白其母，遂出向所封識租價、餽值及宿搆首狀赴邑請死。時萬曆九年正月也，去父死之日六年矣。邑陳令驗所封識，訪之士民，知報父讐是實，乃曰：“此孝子也，不可令對獄卒。”別館之，上其事當道。當道委金華汪令往訊之，孝子曰：“復何言？吾事畢矣，只欠一死。”汪曰：“檢若父屍有傷，子未應得死。”孝子曰：“吾忍痛六年始發者，爲不忍殘父屍也。以吾命抵讐命，奚檢爲？”遂具呈懇乞放歸，辭母囑妻，絶吭柩前，獻屍臺下。汪憐之，遂移文請於郡，言：“世名宿抱父冤，潛懷壯志，强顔與讐同室，矢志終不共天，封買和之貨，不遺錙銖；鑄報讐之刃，懸之繪像。就理恐殘父屍，即死慮絶親後。歲序屢遷，剛腸愈烈。及甫生男一歲，謂可從父九原，遂揮刃於讐人，甘投身於法吏。驗父若果有傷，擅殺應從末減。但世名誓不毀父屍以生，惟求即父柩而死。一檢則世名且自盡，是世名不檢固死，檢亦死也。捐生慷慨，既難卒保其身，而就義從容。是宜曲從其志，合無放歸故里，聽其自裁。"當道可其議，孝子遂得歸。歸之日，汪囑之曰："子行，吾且來，子無即死。吾終不惜爾父既朽之骨，而不以全爾。"孝子仍以死自誓，求免父檢。汪喟然曰："浮生有涯，令名無已。"孝子正色曰："豈爲名哉？理固當如是。"其母迎而泣，語之曰："身固父之遺也，以父之遺爲父死，雖離母，得從父矣，復何憾？"孝子謂妻曰："善事若姑，善撫若子，餘無言。"見陳令，陳仍館之前館，囑守者曰："無令孝子死。"迨汪至，邑人迎而直孝子者千人。汪遂令舁其父棺至，孝子聞之大慟，遂以頭觸地。守者持之，不得死。明日，邑諸生翼而見汪，孝子望見父柩，即以頭觸階石，血噴如雨，地爲之赤。諸生相持大號，陳、汪二令亦不忍視，爲之泣數行下。諸生請從孝子志，汪乃舁其父棺去，遺文而弔之。孝子少甦，即求至棺所，挽父棺爲一再慟，望弟扶棺登舟，久之乃返汪所，而汪去矣。讀所遺文曰："汪君知我哉！"陳令又欲白於上，免檢其父以全孝子。孝子曰："此非法也。非法無君，何以生爲？"遂不食而死。死之日，雲霧昏慘，烈風迅雷，大雨如注。迎屍歸，始開霽焉。遠近奔哭者載道。

　　嗟乎！殺人者死，律也。人命是虛，行財是實，亦律也。彼買和契贓具在，可以坐俊殺良之罪，可以挽世名抵命之條，何必檢厥父屍以傷孝子心哉？豈當事諸賢急於全孝子，反亂其方寸，而慮不及此哉？抑天意不惜孝子一死以遂其志，以教民孝也？夫襄公復九世之讐，《春秋》大之。人有殺夏侯惇師者，惇殺之以報讐，而卒免於罪。報師讐尚爾，況報父讐乎？故徐元慶之復父讐而自囚詣官也，議者以陳子昂之議爲非，而以柳宗元之駁爲是，良有以也。

且孝子身抱父痛，日接父讐，含忍六年而圭角不露，是荆軻之不能忍於易水，留侯之不能忍於博浪，孝子能忍之，其志足多也。至手刃父讐，視死如歸，雖聶政死韓，程嬰死趙，何以加此？可不謂勇乎？而又不欲以一死易三尺法，假令當官守法，雖憂國奉公之祭遵亦不過如此，蓋孝而能忠矣。使其不死而登之清朝，必能爲鐵方伯，爲景中丞，爲于忠肅，豈獨一郡一邑之所表見已哉？予不惜孝子之死，而獨惜諸賢不能盡其生孝子之心，是爲之傳。《孝烈編》

陳堯言 餘杭人。萬曆十七年任教諭。

俞烈婦傳

烈婦俞氏，武川之俞源里人，衣冠族也。父聰，有隱德。母韓氏，早卒，鞠於後母。俞生而修容婉順，不御鉛華，亭亭壼内，望之者知爲賢女子。年十七，歸王生世名。生方飲父仇，待時而發，其悲憤壯烈之氣，雖外自抑晦乎，而時露於睚眦間。俞甫侍巾櫛，以己獲驚也，惴惴不自寧，數請之。生曰：“吾自有恨耳，非兒女子所知也。”生不御肉，俞以其苦心鉛槧，非所宜，謬之曰：“丈夫亦奉禪乎？”生曰：“然。”俞亦爲之不食。一日見生懸父像於密室，拜而飲泣。俞心知其爲父，潸然泪灑不收。自後時見之，不復敢請矣。明年而生子，生喜甚，謂俞曰：“此兒之寄非他人比，善撫之。”命名宗禹，趣呼酒。生素豪飲，俞二年來未見其一沾唇也，至是飲徹旦，至醉。是歲補博士弟子員，具衣冠，謁家廟，後即入室謂俞曰：“是可以見吾父乎？”俞黯然者久之。乃懸父像，拜泣如常。時親朋闐門而賀，仇亦與焉。比出延，則泪光瑩瑩然猶在面也。居無何，斬其仇俊廿六頭於胡蝶山下，揮刃而歸。生與仇連楹而居，兩家鼎沸，哭聲震天。生從容祭其父畢，拜其母曰：“兒不肖，不能長侍膝下。二弟差長，足娛晚景。寸草春暉，尚期來世。”謂妻曰：“母之不保，何有於汝？不得復相顧矣。奉姑鞠子，此汝分內事，復何言？"遂取向所封識贓券等物，及所鑄報仇刀、父小像，投之官。

邑侯陳君上其事於當道，當道屬金華令汪君勘之，汪君諦知生奇男子也，有意生之。欲檢得父屍，傷則坐以報仇律。生聞之，曰："噫嘻！予惟不欲殘父骸以至此也。"乃投狀求歸，一別母囑妻而死。故事，殺人者，嬰金鐵就狴犴，家屬禁不能通。生之歸也，邑侯陳君憐其孝。舍之別室，以故其母妻皆得見焉。俞持生慟曰："君爲父死，妾寧不爲君死邪？"生笑曰："兒女子何言之易？"俞攬涕正色曰："有不然者，非王生婦矣。請先君死，可乎？"生曰："何死之易？姑老子幼，將焉賴之？"曰："請以三年爲期，可乎？"生默然不應，泪數行承睫下。次日汪君至，將檢父屍，而生師友韓光濟等力爭之，曰："檢則生即死矣。殺人者生且六年，而報仇者死不一月，是可忍也？願公直坐以殺人律，緩其數年死。"且哭且頓首，至引其帶不放行。令曰："君且休矣！吾亦欲生王生耳。"是時其父棺已發，勢且不可已。乃遺書韓生，明日遂死之。俞慟幾絕，水漿不入口者累日。邑侯陳君率韓生等造其廬而吊焉，韓生與生故師弟，而其媼又俞所視爲母者也。虞其死，往慰之，因指其子曰："王生遲死六年，只爲此一塊肉耳，忍棄之邪？"俞憮然曰："是誠不可死，然又不可不死，吾與王生約矣。"後亦稍就食，置王生柩於臥榻前，起居飲食一稟如生時，哀毀骨立，無復生人趣，恨不及其子之稍長而即死也。屬姑病，乃爲止哭，侍湯藥慰藉，不解帶者月餘。初父與生讀書田若干畝，王生死，母均之衆子，已則大感悟，復與之，曰："使而子孫世世守之，以爲節孝勸。"俞族故盛，嫁時瑱珥衣履頗充溢，盡鬻之爲田以業其子，亦若干畝。三年服將闋，其姑與叔議遷生之柩於外廡，俞不忍，慟哭如初喪，乃略料理其家事，集家人輩再拜而別曰："吾從生於地下，無恨矣！"囑其子於韓媼曰："爲我謝韓先生，善教之。"絕粒而死。時萬曆甲申正月十五日也。俞十七而歸王，十九而王生死，二十二而以身殉之，其子宗禹五歲矣。死之日，天地晦冥，雨雪交零，鄉人無少長奔走悲號，聲震山谷，遠方來祭弔者如王生之死焉。

先是王生之死，孝也。直指帥君上其事於朝，時江陵方奪情柄國，惡聞此議，寢不行。至俞死節，理刑徐君適視縣事，弔其死而撫其孤。因併上其事於直指馬君，馬君聞之天子，報曰："可。"乃賜銀三十兩，勑有司建祠立坊，牓曰"孝烈之門"云。康熙修邑志

詹　萊字範川，常山人。湖廣按察使僉事。

王孝子復仇議

武義孝子王世名報父仇，不食死，遠近見聞者盡哀之。撫按官具聞，將旌其閭。或有阻之者曰："俊廿六，於王生為從兄，是所殺者兄也。於律為干名犯義，不中旌。"予聞而私議曰：

於虖！含冤忍辱以俟可死之時，又決以必死，父仇雪而國法全，嗣人無絕，不疚於利，不怠於過時，又不為浮言所奪，報仇若王生可矣。而以橫議訾之，其非人之子與？今夫報仇者，但問其仇，不問其誰仇，故《公羊傳》論伍員之事曰：父不受誅，子復仇可也。蓋原伍員之心矣。夫楚平，君也；伍奢，臣也。以君殺臣，非其罪，其子尚得而仇之，而報之，而況從兄乎？《周禮》："調人凡過而殺傷人者，以民成之。"又必使父之仇辟諸海外，兄弟之仇辟諸千里之外，從父兄弟之仇不同國，蓋謂於理雖在所不仇，而人子之心必將時觸而動於中也，故使辟之。今既理所當仇而居復同室，必其非人而後不知報也。且從兄者，父之堂姪也，下手之日無姪之義，即已絕兄之親矣。凡律，尊長凌卑幼，如等而減；卑幼犯尊長，如等而加。以姪毆叔而至於死，則不得以常人比，而欲使其子不仇，是何理邪？苟以犯兄為非義，則手刃之與告官等死耳。不得手刃，亦不

得告官，則將聽其父之冤死而不較乎？率天下之人而爲貪利懟怨、賣父忘仇者必。或之言："夫不聞王生年雖小，志甚大，言必稱聖賢，或迂之。"答曰："聖賢非天上人做，以其能盡吾人道理耳。王生素以義理養其心，故能剚刃仇腹，其心即安。不恤其身，尚何名之爲顧哉？旌者，名也。王生求白其心，而阻者欲汙之以名。鴻鵠已翔於寥廓，而譽斯尚於蓬蒿中嗤之，祇見其不知量已。乃在朝廷，則當以虛名而修實行，磨鄙而厲鈍，昭此義也，然後賢孝勸而亂賊懼。"《孝烈編》

鄭　鍾常山人，萬曆八年任邑教諭。

正　氣　編　引

正氣者何指？王生之捐軀以報父仇也。編之者誰？其師韓子錄諸賢之哀詞以昭孝也。夫孝匪難，孝而捐軀爲難；捐軀非難，捐而從容協義爲難。甚矣，王生之不可能也！父仇誓以必報，而不敢輕於驟報，二字之勒銘者，實勒之於心。而一編之時誦者，匪直誦以言已也，俟有後而即爲一擊之舉，全父屍而甘於致己之命，求仁而得仁，守死而善道。甚矣，王生之不可能也！諸賢之哀詞，哀而慟矣，非夫人之爲慟而誰爲？先正謂桐江一絲，有以養成後來許多名節之士，若王生之一劍，其桐江一絲乎？是編也，可以風矣。《孝烈編》

熊秋芳新昌人。舉人，萬曆十二年任邑令。

正　氣　編　序

余視篆武義，進諸生，考圖籍，得《正氣》一編焉。皆諸名公先生所傳著，載王生死孝事甚悉。讀之令人淒惋不成聲，然其間冗雜參錯，大都造次所集，似失之野。公暇手自校裁，刻諸梨棗。夫孝莫大於報仇，統莫大於傳子，士莫大於廣業。如王生者，佯與仇和，娶妻生子，身游庠序，卒也一擊誅仇，以身殉父，固熟思而詳慮之矣。嗚呼！人固有一死，或輕於鴻毛，或重於泰山。王生之死，非重於泰山乎？於以表章彝倫，崇正風教焉，刻可已哉？刻可已哉？《孝烈編》

萬曆修武義志序

武義隸金華，其西南接溫、處，其東北達杭、嚴。山谷盤結，勢嶙嶙起，固巖邑也。宋大儒呂成公聚生徒講學於斯，偕朱元晦、張敬夫往來於斯，沒而祖父兄弟竝葬於斯，所謂金華之學是已。邑顧不重哉？邑有志久矣。歲乙酉春，不佞承乏於茲，大懼不稱塞，輒思曰："不習爲吏，視已成事，盍鏡諸志乎？"間取志閱之，率多蕪缺，嘉、隆以來不及登載矣。夫以不習爲吏，無如不佞者而已，事又莫之鏡，將何所據以宜其俗，柔和其民哉？亟謀與士大夫共新之，乃秋入簾，冬入覲，悾悾未能也。其明年自覲旋邑，事稍就理，士民頗相信，可志矣。顧不佞政謝循良，才慳著述，既不能以文章飾吏治，又何能以吏治兼文章？於是禮聘耆碩之士，佐以青衿之輩，肆意編摩，凡幾閱月而志成焉。

或者曰："茲志也，雖非君侯之手，而固君侯之意也，安得無一言？"不佞何能言？獨惟昔朱司農不忘桐鄉，桐鄉亦不忘朱司農，何則？始仕而精神注也。而不佞鬻熊氏之先有鬭子文者，舊令尹之政必告新令尹，不佞之於武義何得當桐鄉？顧始仕同也。其政何得當子文？顧後之視今，當爲舊尹同也。如是，是安得無言？夫武義之民，不患其不剛也，患其剛之過而客氣勝也；不患其不文也，患其文之過而流風靡也。其剛也，忠孝節義往往可錄；而其客氣勝也，告訐爭競浸以成風矣。其文也，詩書弦誦，洋洋盈耳；而其流風麼也，婚嫁慶弔，鮮克由禮矣。不者邑之富庶，許公記之；邑之敦愨，呂成公記之。今奚而困，奚而悍邪？甦其困，還之富；馴其悍，歸之敦愨；是在良有司加之意焉。不佞間嘗持二三教令，與父老約，一時即或有勉從，恐久而終莫之救也，故因志之成，敢告後之尹茲土者，亦用識不忘云。縣令熊秋芳譔。康熙邑志

張朝瑞□□人，金華府知府。

孝烈編二刻序

余視事婺城，婺之環郡而邑者凡八，其命名各有所紀。如金華以紀星，東陽以紀日，蘭溪、浦江、湯溪以紀勝，永康以紀祥，獨義烏用烏紀，而武川無所紀，亦以“義”隸之，嘗深維之未睹其旨也。因暇披圖史，訪故實，求古人所以義二邑之意，蓋深有味乎其名之也。秦顏烏之葬其親也，群烏銜土助之，至傷其喙。烏之稱義，厥由於此。夫孝，德之本也。感及飛鳥，假以名邑，自秦至今歷二千餘年，郡縣可改，城郭可遷，而此名必不可滅。倘所稱地以人重者，非邪？雖然，猶借之乎异代也。不若王生之孝，近在六年之間；俞婦之烈，共劾於一門之內。方人之殺其父也，王方髫年，誰不易之？乃封金鑄劍，入泮圖嗣，遲以六年而卒奮於一擊。何其審而決也！真為奇男子已。生之死其仇也，俞亦幼娘，誰不易之？乃忍死終喪，撫孤存後，比及三載，而相從於九原。何其貞而烈也！不愧女丈夫已。一時雙節，千古完名。武而有此，可不謂之義乎？夫邑名勝母，曾子回車，惡其名也。以其所惡推其所好，藉令生於今日而聞此名乎，雖武下邑，可邀大賢之駕矣。

僚友周君視篆武川，恐孝子、烈婦之名久焉湮没，將不與烏傷竝傳，乃取舊刻《正氣編》，校定二傳，并諸君子哀詞而重梓之，以質於余，余不文，聊序其編首者如此。《孝烈編》

周尚禮府丞。萬曆間署邑令。

武川王生之死孝，與其娘俞之死節，諸名公論之備矣。余讀其傳而愴然心悲焉，夫周平也而申之戍，魯莊也而齊之狩，楚襄也而秦之事，宋高也而金之臣。吁嗟王生，彼何人哉？彼以王侯，此以書生。誰難孰易？誰怯孰勇？博浪之擊誤於副車，橋下之伏敗於驚馬，積慮雖同，奏功則异矣。乃王生丈夫也，讀聖賢書，所學何事？如俞氏者，其女娘而丈夫哉！俞娘之撫孤也，王生之圖嗣也；俞娘之殉夫也，王生之全父也。身死於六年、三年之後，心死於六年、三年之前。同明相照，雙義一門。開闢以來，未之嘗聞也。殺人者死其一，無辜者、孝者、烈者死其三。白首窮鳌，一怀長慟；黃口弱息，兩壘悲號。當斯時也，鬼神含痛，天地爲慘，東海可旱，燕臺可霜。而或者有犯義干名之議。

於虖！讀《陳情表》而不泪，非孝子；讀《出師表》而不泪，非忠臣。若而人者，其前四君之忠臣孝子邪！余懼《春秋》之義不明於天下萬世，獸食人，人相食也，輒爲次第諸作，載付之剞劂氏。昔韓昌黎、柳子厚竝有《復仇議》，評者謂柳勝於韓。如生者，則正有當於柳之議也。而從容慷慨，合璧齊芳，又有難焉。司風教者，可采而聞之朝矣。《孝烈編》

張守約金華知府。

入府鄉賢祠告王孝子文

維萬曆十有一年，歲次癸未正月乙卯朔，越二十有八日壬午，金華府知府張守約、通判楊萬言、推官王任重，謹以牲醴致祭於孝子王先生之靈，曰：於維先生，復仇慷慨。正氣浩然，綱常攸賴。列祀鄉賢，風勸斯在。始事告虔，肅瞻下拜。尚饗！《孝烈編》

徐萬仞_{府節推。}

王孝子祠祭文

孰維宇宙，曰維三綱。於乎王生，一身親當。父讐君法，捐軀以償。刑于閫内，孝烈竝芳。後世攸賴，宜祀於鄉。於萬斯年，允矣烝嘗。《孝烈編》

鄭汝璧_{字崑巖。}

萬曆庚寅修武義志序

唐天授時，析婺永康之東西偏而爲武義縣，保介山谷間，稱巖邑焉。壤地褊小，居是邑者，往往鄙夷之，掌故以是缺焉無補。即間一修輯，隨復湮滅。蓋至萬曆間，熊公秋芳始謀爲志，而會以事去，未成書。粵南陳君大烈至而喟然曰："是惟一方文獻之缺，責在余。"乃以屬博士陳君堯言，偕司訓高君寵，進諸生，就編摩事取裁於陳君。六彌月而志成，走使百里，請余序其端。

夫志猶之國之史也，而家之乘也，籌國者舉其國之有而籍之，督家者舉其家之有而籍之。要在萃百物而徵諸故實，往之有鏡而來之有所規也，美之足以法而刺之足以創也，匪以誇靡而飾觀也。然史以文勝質，而世多青黄於耳目，類侈其所可書，而不徵其所可信，故名城多藝林而下邑無惇史，則武義之亡以志也有由然哉！嗟夫！如以文而已，則《禹貢》奚取於赤埴白壤之纖列，而《職方》可無戎要荒服之陳也。倘必在於鏡往而察來，皁生而辨族，則篠簜箘簵不得以瑣屑遺，而況於一邑之有乎？即識大識小，文獻不可一日無也，而況上下百十年間之缺乎？陳君能毋褊小武義而亟亟於志，即志而不遺米鹽零雜之書，斯所稱知務者矣。客則語余曰："武義之有志也，洵美且備矣。然直無諱俗，詳無隱瑕，則何居？"余曰："嗟夫！茲所以志也，《春秋》信史，祥不踰災；太史采《詩》，刺恆先美。則昭鑒材成之道居焉耳。"武義初以"武成"名邑，卒仍今稱，夫武生於俗之鷙也，不可成也。使之以義，則馴其道在上矣。古不有武城乎？偃也學道而聞弦歌，夫子志喜焉。武義故樸茂，亡靡習，呂成公嘗與朱文公諸君子講學其間，流風宜有存者，乃挽近以武鷙聞，寧詎風氣然哉？觀風者考古而崇化，不鄙夷其民，帥之以道而歸於義，將駸駸易志而向風，豈富庶是爲？即人材世風庶幾進之古焉，不復以武稱。藉令夫子聞之，不將莞爾乎哉？則陳君其人也。不然，即臚列榮觀，焞煌於魯史，又奚取焉？夫居上位而任土者，繹陳君今日所志者思之，武邑幸矣！

　　志凡分門者八，爲目者五十有九，合之得八卷云。萬曆庚寅三邊統制郭汝璧譔。康熙邑志

陳大烈 瓊山人。舉人，萬曆十六年任邑令。

萬曆庚寅修武義志序

　　夫邑之有志也，豈非令若邑者之責哉？而邑志之缺略，往往有歷數十年而不加輯者，何以故？譚者曰："令甫蒞邑，期會簿書，百責攸萃，邑之掌故概未暇爲之圖。比持久而政通人和，則又以宦成而怠。邑志之往往缺略，厥有由哉！"余不佞，則以爲此未悉令之意指也。令甫離文史而修吏治，則撰述易而措注獨難。區區惟文獻是先，上之人罕不以爲博浮名而鮮實政。且邑志一經輯綴，諸凡令之建置興革，稍可永傳者，靡不備載之，則又虞上之人以爲而令漫自表見也。邑志之往往缺略，職是故耳。

　　《武義縣志》纂修在正德間，抵今七十餘載矣。陵谷變遷，人物興替，規制沿革，諸所稱缺略者，豈直一二哉？余始蒞縣而中竊慨之，既浹朞而謀所以爲修輯計，則重以中情之兩不自得者而懼，承

督過業，未有定籌也。因以謀之邑博陳君堯言，陳君爲言：“古者以文學飾吏治。邑之有志也，豈非用以緣飾吏事而治之哉？此鉅典也，不可缺也。如以爲浮名之博乎？則彼寰宇有志畿省，有志列郡，有志補其缺略者，皆將避浮謗而不之裁輯邪？此非世所指名也。如以爲表見之嫌乎？則志以徵往鏡來，娓娓曲謹而遺數十百年之故實，將建置興革，後之視今者，抑何所考信也？此鉅典也，不可缺已。”遂爲之具請。俱得報命，罔以吏議律之。於是乃舉前令熊君秋芳未就之稿，屬之陳君，暨司訓高君寵，聚弟子員胡大信輩，分局校讐，增廣門類。舉其未備，删其太繁，條議諸篇，間亦附輯，不數月而告成。諸君子謂余不可以無序。念惟邑志已辱崑巖鄭公叙諸簡端，諸所稱説備矣，余復何言？自惟寡昧而濫茲鉅役，實不自揣分而重干愆戾也，爰掇拾數語以自紀其罪狀云。萬曆庚寅縣令陳大烈譔。康熙邑志

祭王孝子俞烈婦文

維萬曆戊子年二月十六日，知縣事陳大烈致祭孝子王先生、烈婦俞氏之靈。

嗟哉！先生之孝，千古之所希覯，而孝爲獨奇。方其屈首議和也，豈世之輕奮於一擊而不得以議其遲？方其封金藏識也，豈世之忘父以事仇而不得以議其隨？迨其子生名就，佩劍殲仇也，此奚啻寢戈枕塊？蓋不懈於志而有待乎時。已而巨仇授首，當道者求所以生之也，乃竟全屍保父，從容就死，又疇不爲之哽咽而凄其。嗟哉！先生之孝，固不可尚已，而變彼淑姬，又飲泣乎素帷，撫孤三載，身從九原，豈非彼蒼報先生之義，而賢孝又見其雙持烈也。

忝莅茲土，睹茲旌典，愈切遐思，是用牲醪而告虔，復抒微忱而侑詞。神其不爽，庶鑒吾私。《孝烈編》

孝 烈 編 跋

往余博士栝蒼，王生之死孝，雅習聞之矣。比承乏縣事，而厥
配俞氏又以死節著。嗚呼！男爲奇男子，女作女丈夫，千古以來未
之或先也。諸縉紳先生、文人學士爲之傳志詩歌者，不下數十家。
郡貳周公屬邑博陳君編彙成帙，褒成一家言，請之郡長張公序其簡
端。張公復命余重壽之梓，余竊惟任事王生之里，不可無一言以附
於後也，乃敬跋云。峕萬曆庚寅春王正月。《孝烈編》

施守官字懋伯，吳興人。

碧 山 詩 集 序

詩必本性情，無性情不可以言詩也。其情和厚者，其詩醇雅；
其情慷慨者，其詩悲壯。吾友武義韓子，深於情者，平日居心正大，
品行端方。其涵蘊既深，其發論亦正，雖未嘗沾沾於繪詞琢句，而
時有會心，詠笑咳唾皆成篇什。要之，有性情而後有言，故議靡弗
邕，響靡弗逸。披讀一過，如嚼茗茹芝，餘香津津齒頰間，而清飇生
兩腋也。神流意透，躁釋矜平。以之寤寐柴桑，頡頏輞川，誠有卓
卓足傳者。至其哭門人王孝子詩，激壯淋漓，嗚咽感憤，殆亦有不
能自已者邪？蓋又合悲壯、醇雅而一之矣。讀韓子之詩，不益可以
見韓子之性情乎哉！《碧山詩集》

張國裳晉江人，舉人，萬曆三十二年任邑令。字乾伯。

萬曆己酉修武義志序

四方之志，外史氏掌之，則郡邑之有志也，蓋昉自《周官》哉？
余以郡國之乘，地廣事繁，收之而不勝收也。一同之紀，地狹事稀，

欲收之而無可收也。以無可收也，忽而不收，則遺佚愈多矣。

武義故有志，始輯於正德林公有年，繼修於陳公大烈，既詳且備。乃余任事茲土，時網舊聞，僅以因俗爲治，輒不能無挂漏之疑者。武邑理義之學，始於東平，豈宋紹興以前盡樸蠢而蚩蚩者乎？自晉以來，僅紀一阮遙集，又寓賢也，豈經唐二千年勳伐節義一無可稱者乎？劉女好山水，以竹林七賢之女錄之，豈貞嫠懿婦餘無可表者乎？且無暇遠引。學田，庠養所關，何以不載？寺田，國課是賦，何以無徵？寓賢不志其故地，何以稱寓？吊遺問訊之書，何關邑事？而濫收官名，不詳世代，何以取信？而冒稱蓋多，有不可解者。且山川無恙，時事非昨，百代之事，若存若亡，前志疑其有遺佚也。邇時之事，遞更遞開，懼其遂泯而無所傳也。

余竊不自揣，因取前志所闕漏者，而再詮次增飾之，以野獲則詢諸嗇夫鄉長老之口，以博議則咨訪掌故士大夫之言，以稽往事則博搜之故牒及當代名公文人之筆。凡有關於邑事者，莫不分門別類，種種臚列，爲綱者十，爲目者六十有三。凡夫習俗之美惡，風氣之儇忠，沿革之損益，莫不正其舛錯，核其名實，蓋徵往詔來，於是乎在。昔司馬子長作《史記》，不敢自比於《春秋》，猶曰"予所傳整齊世傳，非所謂作也"，余不文，何敢望子長，而乃贊一辭以掩前人乎？無亦述舊而整齊之已耳。且微獨以文也，徵文者徒采其風，考事者必維其俗。民故獷悍，何以揉之？文明猶湮，何以闢之？則壞宿蠹，何以刷之？風氣未完，何以補之？前於此者爲甫試之畫，後於此者爲可循之因；前於此者爲初吐之識，後於此者爲可竟之議。一以爲垂舊，一以爲告新。按籍而列，不必巡閭；披圖而瞭，不必更駕。用以張瑟調治，酌時更變，以追文翁化蜀之治，意在斯乎？若以搦管紀實，即藻振雕龍，一博士家能事乎，何關余有司責也？余故博采前事，且以爲治資云。萬曆己酉封功前月吉縣令張國裳乾伯甫譔。康熙邑志

重修啓聖祠記

啓聖祠之設，前此未有也。其議蓋起於世廟時釐先師孔子祀典，相臣張文忠公請以主易像，以廟易殿，以至聖易大成，稱師而不王，制從之。文忠因復上言祀孔子而不及叔梁大夫，於尊崇之道未至，且進顏、曾、思、孟於堂上配享孔子，而退其父、伯魚、顏路、曾點於兩廡，於父子之倫未安。上竝可之。詔天下郡邑庠，各設祠廟，左祀叔梁大夫，而以四賢父配。子雖齊聖，不先父食，於禮備，於倫協矣。

蓋因是竊論之，夫子之道，其大如天地，其明如日月，其行如四時，則叔梁大夫乃所以生天生地、孕日月而胎四時者也。天不生仲尼，萬古如長夜。不有叔梁大夫，鄹人安所稱子？當萬古亦不旦矣。然孟僖子稱聖人之後，其祖弗父何以有宋而授厲公，及正考父佐戴、武、宣公，一命而僂，再命而傴，三命滋益恭，循牆而走，其後當有達人。若是乎生聖人者，淵源之遠也。周人之法，追王及季，大祫及稷，禘祀及嚳，仲尼非帝非王，其道則帝王之所未備。但祀叔梁大夫而不逮正考父以上祖何？仲尼，師也，儒也，禮如是止矣，此正所謂不以天子非分之禮行之者也。禮之中，義之正也。獨怪夫天生聖人爲萬世宗，宜篤天倫之幸，乃孔孟何以少孤？顏淵有父無恙，而自蚤世；伯魚之殁，仮尚少。聊曼父之問，踴前喪之感，聖賢之心恫乎有餘悲矣。顏路請子之車，夫子以才不才告之。夫非謂鯉之才當不若顏氏子邪，此亦聖人之自語其子，不欲質言之云耳。鯉故未可少也。顏子由博文約禮，卓於能立，夫子以爲進矣。乃其教伯魚亦曰："不學禮，無以立。"鯉於聖人之立，殆庶幾與！夫子平日詔諸子學《詩》，至謂伯魚，直舉《召南》授之，欲其師文王也。夫子自居於"文王没而文在兹"，但以望其子而不以予他門人，豈非才者而盡若是？伯魚之言不多見，即其對異聞數言，所重在學，而不貴聞，渾而不露，誠哉聖人子也！曾點言志，夫子與之。充斯言也，順天因人之政不過如此，夫子之所謂"爲國以禮"也。喟然之嘆，豈與其放浪物表者哉？世儒以是謂曾子父子相反，非然矣。嗟夫！聖人之父子，其用情與人不异，令孔孟生而得其父一日之養，豈非終身之大幸？惟其不然，故孔子不免致嘆於事父之未能，而孟氏亦不恔心於不可爲悦之際。此聖人之真衷，非謙言也。夫子與曾子言孝道，謂其可幾於孝。參事父，問徹問與，未嘗離父食之側，即一羊棗之嗜，有不忍違者矣。然則父子分祀，豈盡聖賢意歟？大抵聖人之門最大。夫子猶言天大，日月星辰盡是焉；猶言地大，山嶽河海盡是焉。其所以祠而有斯舉，亦魯人事泰山先配林，齊人先河而後海之意。禮本自始，樂本自生，所以尊師重道，隆其所自，不僅以家人父子之禮論矣。禮曰："同堂以爲樂，异膳以爲尊。"惟其於夫子而尊之，所以別而祀之之道也。

　　廟故有啟聖宮，歲傾圮，折其東隅之半，几案在風日中。余始至，瞻之憮然，安得吾夫子天覆萬世而令叔梁大夫露處乎？捐俸重修，閱月告成。侑而妥之，而記之以斯詞。此文嘉慶志多删節，今從康熙志。

王孝子復讎議

　　余讀《王弇州先生集》，見其所紀王孝子世名爲父報仇事，心駭异之。讀竟，爲欷歔泣下。及余來令，入婺謁孝子祠，并取其遺傳讀之，大都與王先生載不刺謬。但王先生謂父被仇傷且死，孝子猶受遺命"無直之官而骨析我"。傳稱孝子游學外郡，聞訃歸，則父殞數日矣，略有不同耳。

　　嗟夫！孝子之死善矣，獨惜當時無一人破拘攣之見，其所以貽孝子於死者，尚未盡善也。謂孝子所手刃者兄，從而欲被之以干犯之名，此忘父之言也。夫人既殺孝子父矣，孝子且仇之，安知兄乎？

但是時孝子自誅仇人,束身請死矣。爲其殺吾父而誅之,又以爲吾殺而欲死之,孝子以是爲可快於志,而吾身之死生可以無問。則孝子之欲死乃其本心也,豈復有忍濡不肯決之意者?當事諸人,惟不圖所以生之則已,亦知高其義而欲生之,乃猶拘拘執子孫擅殺行凶人之律,檢其父之屍以從末減,而卒以速孝子於死,則雖欲生之而反死之矣。吾以爲孝子議父檢固死,不議父檢亦死,孝子處心積慮,何嘗須臾忘仇?其所以隱忍不即快於一擊,亦謂其仇報而身必死,後顧未有踪耳。不然,袖中之劍不待胡蝶山之下而後揮矣。故五六年間,孝子但陰自飲泣,以未得死所爲恨。一旦有以衝仇人之胸而碎其首,孝子且朝殪仇,夕報父於地下。而未有以暴此心於人,人以寒仇家之膽,是以疾入獄而自請繫耳。誰謂孝子來而不欲死也?則何必檢父屍以生之?且欲生孝子者,亦無庸檢父屍爲也。律曰:"若祖父母、父母爲人所殺,而子孫擅殺行凶人者,杖六十",此待檢而釋者也?又曰:"其即時殺死者勿論",則不待檢而釋矣。孝子雖非即時殺,而可與即殺者同日語。凡人命用財者真,人非殺人父,安肯割五十畝而以畀十五六歲之孤乎?則孝子今日殺,雖謂之即殺也亦可。矧藉仇遺而還之金,必非卒辦。若宗長老之與和者可問,又盡章章若是。假令予而訊斯獄,吾且爲之請曰:"夫夫也,非殺人,乃爲父報仇,孝也;謀人於同室而不使人知,智也;陽受和而陰却之,不利其有,廉也;蓄之數年間,矢志不渝,信也;顧父不畏死,勇也。此必綱常之衛,非游俠之行也。豈其無故而妄殺人者哉?宜釋之無問。"雖然,孝子必不以吾釋而遽已也。孝子死則爲天地間之完子,不死,但可免於扞罔之罪人,孝子之死必矣。吾故曰:"父檢亦死,不父檢亦死,生孝子者,可無庸檢父爲也。孝子不死,不共戴天之義不明;孝子之妻不死孝子,亦必不旌。夫死孝旌,妻死烈旌,夫妻之死,可哉!死而可旌,生亦不當以末減處之矣。此柳宗元所以駁徐元慶之議也。"乃不揣而追議之如此。《孝烈編》

新建熟溪橋庵記

邑治之東南有水曰熟溪，可里許。而溯其源，南自平昌，西南自麗水，西自邑之老姥、雙坑二山，會流經繞於縣前，迤東與永康水會而縮轂於是溪之津。春淋夏潦，溯洄迅駛，下注瀫水，達富春，入錢塘江，波浪拍天。其地爲温、處舟車孔道，行者病涉。宋開禧間始建橋以濟，久且傾頹。先是諸邑大夫吏是土者，蒿目興梁之政，遞興遞備，爲墩者十，爲屋者四十九楹。棼橑雲疏，欄楯陰映，若黿浮，若虹亘，往來者步若康莊。更相地於橋之南，奉大士莊嚴寶相，其中爲廳事二，翼以夾室，繞以兩廡，居以緇黃，充以畝田，令之時其逿巡，衛其崩齧，以爲永計。蓋前諸大夫之擘畫，斯宏廓深遠。

余初縮紱茲土，邑三老以庵記爲請，而諸文學及太學諸生聞之，則又相率以橋記請。因歷詢橋事始末，蓋更葺之前大夫者四矣。政舉司嶮，惠非脱輅，顧未有名公一言勒之貞珉，以光昭邑大夫烈者。余自惟至最後，何敢掠前人美以爲己勞，亦何能僭有所論著？然時步熟溪津上，睹壩坂之鬬空，喟前績之閟閟，乃諗於衆曰："橋事已竣矣，昔爲瘠典，今爲利津。"顧議起於嘉、隆，經始於萬曆，初服抵於今三十餘載，而後得畢工，以有百世之利。不知其思非常之原，興澤晢之謠，以齟齬其上之畫筴者，初何洶洶也。故以前則諸大夫之慮始難，以今則今之善後難。始之難，不在專而在衆。工必醵金，辦非咄嗟。取之公則虞露肘，斂之民則涉吮膏，操之急則苟於瓦注，逗之緩則蠧於沃焦，故衆之難也，難於順流。今之難不在衆而在專，事徵結局，患闇針芒，略蟻穴則漸潰堤，怠綢繆則疏負薪，衆爲政則牧羊爲推諉，財不蓄則洗釜爲徒炊，故專之難也，難於經久。難豫之於今日，而後可無始日之難；難溯之於始日，而必先筴今日之難。通濟藉於橋，鎮護藉於庵，創建時有先後，倡義同圖經遠，互維緯繡，共襄盛舉，而安得衡分之曰一彼一此也。

余按史，杜元凱作橋於富平津，不過一舟梁耳，橋成，至動天子從百官臨觀，釃酒爲賀。然且不免有殷周未作之譏，若是乎囂之難定。婺州三洞之勝，以初平、玉女顯，至嵌宇瓊宮，竭金錢數十萬以供奉之。然幽渡筏津，何言彼岸？則於民義又無當矣。此橋之成，經營於諸大夫，協贊於諸父老子弟，無煩苦不欲也已。庵之建則不以崇神，而以呵護，有杜富平之功而功尤鉅，無怪誕媚神之舉而力於民，是胡可以無紀也？

橋始葺於隆慶二年，竣於萬曆三年。庵始建於辛丑九月，竣於乙巳八月。趙侯名奇，高安人；胡侯名應軫，吳縣人；林侯名一鶚，福清人；譚侯名音，始興人；陳侯名大烈，瓊山人；范侯名岱，丹陽人。而捐貲首倡則太學生湯執中，耆民項吉、何崙，協助則徐元、徐晟、徐榮、湯華三、王良、洪十六、項源，助田則湯九章、九奇，募化則僧如量。例得並書。邑志

天階景壁樓記 "壁"，嘉慶志誤作"璧"。

白嶺當武義縣治之北，臺山居左，誥山居右。兩峰翼峙，嶺間穿複道以出，如褒斜谷口，懸高臨下，陡峭鳥絕，頻矙邑屋，廛聲市烟，可收一望。其麓坦夷，畮畦相錯，車馬絡繹，羽檄交馳。由斯地上下，誠婺州西南一要區也。舊設有婺星樓，以壯武成之觀。癸卯燬於回祿，金碧煨燼，但故址猶存耳，未有議興復者。余初至道嶺上，四顧興嗟，斯樓繫一方之保障，安令付烈焰中？已往來郡城，登眺愈頻，徘徊久之。山僧埜老咸向予言："緣金可募，載造層樓，增武川佳氣之勝。"言與余意合。余乃捐金以倡，士大夫百姓輸金佐之，於是仍故址築基，計工程度費，不煩公帑，踰年而樓遂成。塑內階帝君像祠其上，余因額之曰"天階景壁"。是日也，余率諸博士官弟子及諸父老在役者，束衣冠瞻拜。五色卿雲從日下來，其光燭

天，爲章如錦，文明之象麗矣，觀者莫不舉手加額。時至事起，天運人從，兹一時也。屬余記之。

余按郡乘，婺地古揚州域，於星屬牛女，於分野屬越。婺星在女星北，有宋時金星與婺星爭華，因以名郡。樓之名婺，蓋昉此。郡分次當元枵之居，北方七宿，壁爲文明，掌天上圖書之府。内階六星在文昌北、北斗魁之前，景見於壁。邑以北爲尊，治以文爲尚，白嶺宸北而覲南，縣治應其鶉首，於壁適合，樓與其名"婺"，不如名"壁"，此余有"天階景壁"之稱也。《天文志》云：北斗爲帝車，運於中央。斗魁匡戴六星，曰文昌宫。今天下學宫多祠文昌以此。文者，精所聚也；昌者，揚天紀也。至問其所謂文昌，則以歸之梓潼君之神。考之《化書》，梓潼君有七十二化，或化爲蛇，或化爲卭池龍，又或爲漢帝子，爲雪山神，又或出迎唐宗於梓潼。顧其事多誣妄不經，倘有之，亦未必能掌天上文章事，爲近帝魁之宿。又考之，文昌宫六星：一曰上將，二曰次將，三曰貴相，四曰司禄，五曰司命，六曰司寇。其所主類皆建威武、正左右、賞功進、左理寶之事，於斯文之廢興無關焉。無亦世人沿文昌之名，而以其前於斗，爲斗魁之所匡戴，故遂以文明象之與？《星志》云：内階六星在文昌東北，天皇幸文館之内階也，是謂弘文帝君。疑世所圖縞衣素烏、青童白馬而相傳謂文昌君即此，其神指爲梓潼君者，謬也。傳者又疑之，以懸象著明列宿之次，乃能下而與人通其言語文字，聽其鐘鼓管籥，饗其牲牢酒醴，遂以其事出耳目之外，訕而勿敢道。然則《大易》有"帝出震見離"之説，與記所稱"騎箕尾而返仙籍"皆非歟？天之有帝也，星之君也，所從來矣。越躔牛女之墟，天階臨焉，所鍾多文人畸士。栝蒼、於越篤生兩文成，爲帝者師，爲聖人徒，此其徵也。武邑亦牛女野，邇來寥落，人文獨缺，豈天光不臨，地利少與？余登斯樓，仰而觀，俯而睇，於形象合矣。《易》不云乎："觀乎天文以察時變，觀乎人文以化成天下。"天文則景壁是已。游精八極，取材百代，居掞天藻，出勇國華，以上應奎壁之宿，無遜兩文成先生學，爲世名臣，此謂人文。故願與多士勗之，不但區區談天官家星宿之神，而以決千古之惑也。故黜諸菩薩皆不祠，獨祠弘文，余意爲攸屬矣。邑志

建天階景壁樓疏

武山龍首自白姥、燕山而來，突起爲壺山幹，建縣治，屹然西蠹。其北支轉爲中峰，迤白嶺橫亘蜿蜒，而盡於金安。其南支轉爲書臺，會誥山，雙峰對峙，而盡於馬村。燕山之水繞壺夾誥，從熟溪，屬白陽。大抵壺山爲宗，白陽爲輔，嶺峰作屏，臺誥張翼，香山履坦，浮圖重耀，蓋婺州西南一都會也。白嶺居武北埔，當婺孔道，羽檄交馳，車馬絡繹，罔弗穿複道而出。背巘面原，陡峭鳥絶，穎瞰邑雉，烟火萬户，畦疇青綠，菓置繡錯，近岡遠巒，林立陣列，若劃若戲，或隱或見。余往來郡城，登頂遠眺，山光野色，廛聲井烟，盡收一望，徘徊久之。舊有婺星樓，高聳巑岏，癸卯燬於回禄，金碧已燼，故址未墟。四顧興懷，喟然太息。山僧三老咸謂余言：圖募金施，載肇香城，補天造地，增高益下，庶以全武川佳氣之勝，亦竊附眉州遠景之樓。遂捐俸建之，而爲之疏曰：

光明鐘聲，復故刹於段宅；靈應磚影，顯舊宮於杜家。要以空中生樹，曷維火内披蓮。瑞園淨土，遞流空空有有；祇洹相輪，自具去去來來。起滅不停，成虧有數。睠兹北嶺，實崇崝嶂，諸稱巋峙。西來一乘，聳鼎屏於壯觀；南嚮上階，莊離星於景壁。方爲化城無色外，倏爾火宅非想中。大力負趨，盡付赤龍藏壑；微臺常樂，那堪白馬悲鳴。爰復舊以搆新；合植因而證果。叶贊四部，總資十方。豈無發提布黃金之梵宇，亦有依夢捨檀那之精藍。化忉利天，修燄慧地。七寶飛陞，共羡摩霄縵迴；六載旋樞，庚肇應星璀璨。漢來漢現，恍惚成一鶯之峰；世出世間，依稀造五鳳之手。從容笑語在

天上，緩步行人舉眼看。一日圓明，爾乃有王謝法施；雙林紀勝，吾且闡張宋風懷。康熙邑志

龍門坑橋渡疏

蓋聞架海維河，利涉橫亘長霓；驅石伐木，結搆同成彩虹。是以晋凱造梁富平，動九天之酌；秦冰建橋青白，應七星之占。維兹龍門之坑，舊有鳳橋之趾。源自雙嶺涯涘，牛馬候波；石絶烏溪咫尺，轆轤天限。悒悒窮步兵之路，綏綏迴夸父之車。建方百年，圮已廿載。截梁陷於衆淖，亂石隨於奔流。一葦可航，幾度驚鸚躍馬；略勺未就，誰能役鵲浮黿。昉楊智心樹發提，爾僧妙福田因種。伐檀伐輻，不勞東海之鞭；非閣非船，勿亟皁江之竹。顧非一虘之氣所貫，須有六鰲之背共肩。如是四果千花，閔恒河之沙聚；即從七燈五净，捨祇園之寶施。渡元津八水彼岸，濟慈航三露真途。委迤天竦，跨連地軸。石橋一斷無消息，木杓再渡有合歡。惟用斯以濟川，且過此而題柱。康熙邑志

建漢壽亭侯廟引

今天下之祀漢壽亭侯者，所在相望，幾遍神州。而兹邑故多祀夏王禹、胡公則，禹以巡狩至會稽，陵在於越，而胡公則當宋時奏免婺丁身錢，有德於民，致今竝祠於鄉。雖幾於僭瀆不經，然相沿爲俗，曷足怪云？漢壽亭侯則獨建祠廟於白陽之江滸。侯聲名在吳楚，勳伐不越；崛起在晋、梁，桑梓不越。獨侯之威扼孫、曹，震疊華夏，其武足以動人魄，從先主於間關崎嶇之中，却曹爵，絶權昏，坐鎮荊州，百折不渝，其義足以壓人心。故雖兹地無湯沐之踪，無壁壘之遺，武人且群然尊之奉之，重之祠之。相與建碧宇紺宮於江津，而戲時禱祀勿衰也。

武邑俗懁怢好氣，動至喑嗚咄嗟，眦裂髮衝，疑於武有合者。

然而不用之公義，發憤矯厲，秉節操以立，僅招搖齒行於市魁，則於侯之義邈乎無聞矣。今且入侯之宮，瞻侯之像，以其信機畏祥之心，漸揉藩決桀驁之氣，以其烈蒿凄愴之衷，潛開倡義忘利之俗，則此地之祠侯，實迷川之覺水，普濟之慈航也。矧廟當栝蒼東嘉，縮轂孔道，諸士大夫、賈商、旅客由此地上下，頓彎理棹，徘徊低留，咨嗟嘆息於其中。所爲鼓義趨證彼岸者，不止吾武人也。夫亦猶愈於祀夏王、胡公之僭也。今廟且就圮矣，釀金叶力，飾故增新，具在僧人募疏中，是爾都人士志意也。余故申侯之義，爲諸君子、三老勖之。康熙修邑志

游雙玉巖記

雙玉巖在邑治西，邑人盛稱奇覽之勝，至與三洞齊名。余閱邑乘，頗異之，而以簿蝟鞅掌，不能爲蠟屐興。適黃司理公以行部至，既竣公事，載酒移樽，請茲巖游。

詰朝，相將出綠野門外，屏諸騶從，野服聯轡，沿澗流而西。間從雙嶺源出，行可二十餘里，過孝子王世名門，綽楔寶善，徘徊咨嗟者久之。又十餘里，抵山麓，憩於楊氏宗祠。筍車繞委，徑紆折歷數十峰，怪石林立，磊磊離離，蒼峭劃稜，踞若豹蹲，怒如虎鬬，如揖如舞，將竦將翔，應接不遑，奇偉莫可名狀。五六里始至雙巖，俯瞰所歷諸勝，伏在趾踵。巖外觀之，二盤石亘袤崚嶒，廣可坐二百人，崔嵬欲墮。先是蔽於榛莽，國初金華徐元吉選勝修元，篳路啓山，就石鬭爲禪室者二。不榱不桷，不瓦不甓，莊嚴諸相。其中千峰競秀，靉霏吞吐，巋然一洞天也。石有聲如鼓，逢逢鼟鼟，擊不用蜀中桐，從人以石觸之，隱隱成響。旁有小竇，窄僅容身，進可里許。復深入，更倜仉不可測，而羊豕常從罅中自山後轉出。右有石穴，即元吉蛻骨之所，里人飾其櫝藏之，司理取視，頂禮以爲異。因布席酌醑，爲率真談。道謠俗之媺惡，問時政之是非，以洄山靈，而時揮

元麈，雜以詩咏。司理公誦唐詩"碧水遠從千澗落，玉山高竝兩峰寒"，命顏之曰"雙玉巖"。余謂巖石自奇，惟客重耳，因吟岑嘉州《登眺》一咏以和曰："巖高分石出，客到與雲齊"。司理公相睞逌然，遂舉白共浮。甫盡一斗，俄而黑雲瀯合，急雨驟至，四際溟濛，青螺掩黛，泠泠寥寥，淅淅浮浮，乾坤不知上下，恍然在鴻濛世界中。亟呼酒引滿賞之，命歌人按梁州，儓人擊石鼓，鼓合《桑林》，歌遏行雲，與簷溜瀝淅激注聲交切相和，烟景大爲奇絶。余笑曰："昔有御史雨，有隨車雨，公平獄雪冤，天其爲公雨邪？"公曰："唯唯，否否。吾二人初困吏鞿，日皇皇案牘間，化工有意，洗沐山容，載增眸景，以恣吾儕忻賞也。"爲胡盧者久之。倏而雨霽，微雲點綴，遙岑遠岫，迴抹柔藍，驟生濕翠，視雨前景尤爲靚冶，欲染人衣袂，興復不淺。夕陽欲曛，魯戈難駐，逡巡不可復留也。因相與大嚼巖門外而歸，循故道，抵山陰，則行潦蕩濔，向所褰涉，今爲漸流，侵輿人骭，不可逕渡矣。

异哉斯游乎！一日之候，乍陰乍旭；寸晷之頃，乍雨乍晴；澗壑之澒，乍涸乍漲；山光野色之變，乍淡乍濃。樽前聽雨，雨後觀雲，雲外數峰，景致日移，神廓致豪，即不足當冥搜奇探，而游中震盪翻幻之態，收此半日矣。康熙志

髮寶象龍塔記

浮圖之設，蓋本之釋氏，初但梵林有之，其後盛行東土，郡國巍峷之處往往多是。余按貝葉諸經，如來七級乃人身七寶之喻，舍利子則色身中放光流燿，不垢不净，不生不滅。經云"舍利子，是諸法空相"是也，非若後世遍求佛子舍利於天下，得而後爲崇塔以藏之。藏舍利之事，昉於吳孫仲謀，後乃有阿育王塔光起層中，掘而獲銀鐵函，盛三舍利。浮圖愈益熾然，佛教於是無外矣。大抵藏經法舛窺入堪輿，崇臺七級之瑉，精不妙於空相，粗不皈於佛土，而爲鎮風

護國之用，增山川域邑之勝。揆之相陰陽、觀流泉之法，無甚刺謬。
故神道設教之君子亦以其前民用，不擯斥而廢之。而經生、學士、
文人之宅，望而睹其峻嶒，有彩筆干雲之象，人傑地靈，或借資焉。
形家遂以此爲育材興文之所關券之事，後多有驗者。是以儒家、博
士家深信之，則後世之建塔又不但爲沙門廣福利也。

　　邑東北金安山有香山寺，故無塔，邑人聞堪輿言，募緣建之。
余始至三月而塔成，諸生項世良輩請予名，余題之曰"髮寶象龍"，
仍著其說，猶用佛家偈釋之，而以證諸山水源流之滙。諸生請記未
已，余笑曰："吾鄉者言佛，佛，鄒魯所不道也，試以儒解。"諸生爭先
問，余笑曰："多士學《易》乎？《易》亦言髮，言寶，言象龍。"諸生曰：
"何居？"余笑曰："《易》道甚大，但有合耳。"余試與諸生一從塔上俯
觀之，邑治伏趾踵，於地西南位，自巽而之坤。巽言寡髮，有髮之
義；言近利市三倍，有寶之義。邑中具四民，黔黎蒼赤，皤首班白，
比閭而居，非髮屬乎？ 魚鹽果米，刀布機貝，列肆而市，非寶屬乎？
又坤爲聚，亦髮也；爲布爲釜，亦寶也。西南平易，厚德載物，君子
有焉。余承乏茲土，令而棼縷烹鮮，簡髮以櫛，余不能；又令而頭會
箕斂，析毫以徵，余不敢；余所寶者民，願戶口滋多，於是余非敢自
謂廉，但不貪是寶焉耳。諸生加額曰："信然哉！請竟象龍之義。"
余笑曰："此諸生任也。"余復與諸生從塔下仰觀之，安山巍若頂上，
於地東北位，自艮而之震。艮盡首四象，爻乘六龍，象則陰陽老少
是矣。生出者爲大業，龍則潛、見、易、惕、躍、飛、亢是矣。發揮者
爲君子，故象變象化，遂成天地之文；於見於飛，可徵聲氣之應。又
震亦龍也，東北得朋，雲蒸雷奮，多士有焉。今邑中風氣漸開，人文
欲啓，士有凌雲干霄之氣，兀然擎天，可謂非符者歟？ 人以地傑，地
繇人勝，慈恩雁塔，流艷至今，則亦以題名，故願諸生無遜。諸生膝
席曰："主臣。"余笑曰："士猶龍也，亦國寶也。昔有不寶璠璵而寶
善人，不好真龍而好畫龍者。余惟兢兢樹人禮士是急，惟多士自愛

其寶，無俾予失所好，可幸亡罪。語有之‘作事者始於西南，收功實者常於東北’，塔之西南，予爲政。東北以往，神京在焉。余且藉多士寶，入報政於天子矣。余與諸生竝勗之哉！”塔始於壬寅年九月，竣於乙巳年五月，高十五丈，廣十二丈，內外磚砌，轉虛其中。轉級拾階，若梯而上，故亦以漢陌丹梯稱之。余觀厥成，乃爲之記。康熙邑志

髮寶象龍塔説

邑東北金安山有香山寺，邑人建塔。余至三月而塔成，諸生項世良輩謁請名塔。余題之曰“髮寶象龍”，項生問曰：“塔若飛鴛，若浮鰲，古有名之謂雁，志之謂鹿，四義何居？”余笑曰：“我聞如來舍利光瑩堅固，散百千億萬，阿育役沙界，造浮圖八萬四千藏之，分播衆刹庸奠。震旦四明得十九之一，余猶具爍羅焉。故髮塔喜園，流名天上；七寶千花，爐遍恒河。金繩之所開覺，紺宇之所放光，舍利之藏無髮，而螺髮珠光之現，不寶而多寶。何以故？檀林支提有大神力，是金精髮，是纓絡寶，是花象火龍。象，力大於陸；龍，力大於水。波羅，法中象龍；髮寶，刹中象龍。邑山發自白姥，止於金安。獻奇競秀，嵱嵸峻岪而麗，塔爲正象。水源自雙坑，滙於白陽，臨抵注壑，砰磅匒磕而湧，塔爲翔龍。諸君試從塔上諦觀，揚露山，渡金海，婺星彌天，珊瑚落地，氣象萬千，貝葉珠麗。誦白法，調狂象，玄言問老龍之句，當有味於余言。”邑志

王在鎬字耻庵，寧海人。崇禎中宣平知縣。

雙 巖 游 記

渠渠夏屋，洞亦天成，不事枘鑿而大可數十楹。《離騒》云“曾不知夏之爲邱”，又誰知邱之爲夏哉？降望金武，聚綠浮青，浮白沉

黑,點點籬落間物。詢之爲徐真人修行地,即本村人,其遺蛻猶在巖側。吾直欲吹洞簫,喚起眠者矣。宣之士女,秋時傾邑燒香至此,題聯有云"石碣平開聲谷應,天花半落影檀香"。婺志載此山產冬蘭,香遍幽谷,而洞石足蹋有聲,若坎坎伐鼓者。要之,蘭所未見,而鼓則俗論空中響應多如是耳。又聯題岑參句云"巖高分石出,客到與雲齊",此則爲巖寫真也,惜前後無餘地。上下山多老松雜木,竹則布滿山阿,似渭川千畝,亦一佳景。其旁支客山,高低皆圓勁露骨,可觀。《宣平志》

金 公 巖 記

纔到山麓,便引人著勝地。碧潯外注,岑森交陰,似桃花洞口水流到人間。步步尋入,鏡石夾激,盈縮於且蓄且洩間,隨坎緩急滙窪,或淺或深,或大或小,或平或反,上下數之,穿潭可八九許。至玉膏清泉,每從平於掌之黛石盤上瀉之,益復可愛,當是鮫人曬綃而織女鬭素也。《列子》曰:"止水之審爲淵,流水之審爲淵。"淵有九,此已漏泄過半矣。予咏吾鄉九龍池句云:"到頭嗔洗許由耳,徹底堪清孺子纓",此水正可頡頏。

行里許,皆原田側盼,山陰鬱鬱,叢起處烟竹數畝,繞燎岑巒下,遙遙如百間屋。不二里而青靄四塞,西南半壁,東北半壁倍之,俱若百堵城,插天開排,無纖毫縫裂,嵬峩拒人,似入天國。過天關之險,堅壁固壘,而其中旌旗隱隱伏列者,唐人所謂"熊羆元氣間",真善名狀。緣援而上,摩石膚以過,側容足不能以寸。逼至上界,齒齒石梯,斗上斗下,幾百尺,人天蓋從此隔也。上復平曠,僧禿帶溫飽相,多茶多筍,頗著名於近邑。佛舍後一巖洞,上滴水如簷溜,比之雙巖微遜,至其甃庭種蒔則優矣。相傳爲光武避地,然未可據。僧寮破竹引澗入釜,依稀子美所謂"竹竿褭褭細泉分"也。俯視來時之所謂西南半壁者,不方而削,玉筍千丈,旁復抽出一條,與前筍亞。詢之僧，大者爲香鑪峰，小者爲净瓶，亦俗標耳。大峰上蒼木萬章，攢點頂戴，倍覺奇峭欲絶，而安頓精舍則向之所謂東北半壁也。至於夕陽回互，乍明乍滅，宋之問不云乎"此中意無限，要與開士説"。《宣平志》

沈壽民字眉生，號耕巖，宣城人。諸生。崇禎九年行保舉法，巡撫張國維以壽民應詔。入都，抗疏論楊嗣昌、熊文燦，不報。移疾歸隱邑之巖塢。

與武川湯五先書

某每讀《詩》，至《風》之《葛藟》三章，謂夫"世衰民散，去彼鄉里。雖父母他人，而曾莫我顧"，未嘗不傷兄弟之不可遠，异土之情阻叫呼也。至《雅》之《黃鳥》三章，謂夫"民適异國，失所懷歸。此邦之人，難明難處"，未嘗不感故族之足戀，而復我之計宜決以豫也。夫周宣之世，號稱中興，平王遷洛，王室遂替。度其時道縱極降，事縱極棘，人縱極流離，洵"我生之逢罹"，亦斷不如後世之勢之劇也。抑其時先澤猶敦，遺俗猶醇，流風猶固，即人心之弗淑，亦斷不如後世之靡之甚也。乃宣之末、平之後，所在慨嘆，條歡播爲歌吟，始若憾舊國之不可一日居而去之。既則動見捐背，莫肯收邮，又切切眷念其閭井而欲返之。豈《詩》之深於怨也？怨深則失其平，遇不必其然，情已然與？豈習有澆良，地有險易，人有愿懘，投足之不擇，而有合有弗合歟？豈古人之當厄更逾今兹，而其求且責於人也亦遽急且過與？

顧僕自沂江東徙，俄閱兩年；由蘭而武，已近一年。中間鋒刃之所臨，禁罔之所觸，機發穧集，搖手忧迫，如震風凌雨之驟驅而猛赴，不有大厦，將孰爲之骿幪也？如垂天之罦，竟墊之罞，以荷以張，麋雉與兔而咸麗也。方之古人，今大增其憂辱；比之同難，僕尤倍其孤危。向使匪賢渭陽覆持之，密介於左右而芘翼之，曷秋之孟，不躓以殆？迺足下之於僕也，遠無平生之素，邇無邂逅之歡，一言爲容，義耿夷險。或先所往，或備所患，或授之餐，或解之榻，鉅細周切，不一而足。非婚姻而我畜，等死喪其孔懷。舉詩人之所爲望而投，投而冀，冀而不可必者，槩於我乎？其有獲也。舉詩人之所爲拂而懟，懟而憤，憤而誓，棄此言旋者，毫於我乎？未有遭也。孑此餘生，食乃大德。躬不識有逆旅，灾忽弭於剝床，斯焉可忘，誰爲弗忘者哉？伏承遠翰勤勤，詢以近狀委悉，且忻且怍，僕何近狀足言？前此七月之九日入逆溪，八月之四日反巖鵾，足下所睹也。後三十五日兒洙遣還里矣，後六十三日兒洙還里之報亦至矣。後念有四日，二舍弟一自木沈，一自宛上，相率以來矣。後五日，來者復悵然云別矣。大略故園無恙，惟是先君子春秋窀穸，曠焉未襄。客居亦無恙，惟是年穀不登，朝饘慕酏，十口之謫方急，三秋之穫何時？鷄巘在望，龍門莫攀。傾晤遙遙，臨風惘怛。邑志

武川文鈔卷十三

外　　集

國　　朝

傅維鱗

王 世 名 傳

　　王世名，婺武義人也。年十七時，父良爲族姪俊以争屋毆死。孝子恐殘父屍，不忍就理，乃佯聽其輸田議和。凡田所入，輒易價封識。俊有所餽，亦佯受之，雖錙銖罔有不計值封識者。私繪父像，自像帶劍侍，懸密室，朝夕泣拜。購利刃，銘"報讎"二字，母妻不知也。服闋，游邑庠，不專事舉子業，惟手書忠孝格言一編佩之。已而生子，甫數月，撫之謂母妻曰："吾已有後，可以死矣。"母妻亦不知所謂也。一日，俊飲於其隣，醉歸。孝子乃迎而揮其所購刃，立碎其首以報讎，故號於衆，歸以白其母，遂出其所向封識租價餽值，及宿購自首狀，按："購"，疑當作"搆"。赴邑請死。邑令欲白於上，曲宥以全孝子。孝子曰："此非法也。非法①無君，何以生爲？"

---

　　①　"法"字原脱，據《明書》補。

1831

遂不食而死。死之日，雲霧昏慘，烈①風迅雷，大雨如注。迎屍歸，始開霽焉。遠近奔哭者載道。《明書》第一百三十六卷，列傳四《孝義傳》一。

王鴻緒

王 世 名 傳

　　王世名，字時望，武義人。父良與族子俊同居，爭屋毆死。世名年十七，恐殘父屍，不忍就理，迺佯聽其輸田議和。凡田所入，輒易價封識。俊有所餽，亦佯受之。而潛繪父像，懸密室，繪己像於旁，帶刀侍側，朝夕泣拜。且購一刃，銘"報讎"二字，母妻不知也。服闋，爲諸生。及生子數月，謂母妻曰："吾已有後，可以死矣。"一日，俊自外醉歸，世名挺刃迎擊之，立斃。出號於衆，入白母，即取前封識者，詣吏請死。時萬曆九年正月，去父死六年矣。知縣陳某曰："此孝子也，不可置獄。"別館之。而上其事於府，府檄金華知縣汪可受來訊。世名請死，可受曰："檢屍有傷，爾可無死。"曰："吾惟不忍殘父屍，故至今日。不然，何待六年？"乞放歸辭母，乃就死。許之歸，母迎而泣曰："身者，父之遺也。以父之遺爲父死，雖離母，得從父矣。何憾？"頃之，可受至縣，人奔告直世名者以千計。可受迺令人舁致父柩，將開視之。世名大慟，以頭觸階石，血流殷地。可受及旁觀者咸爲隕涕，乃令舁柩去。將白上官，免檢屍以全孝子。世名曰："此非法也。非法無君，何以生爲？"遂不食而死。妻俞氏，撫孤三載，自縊以殉。旌其門曰"孝烈"。《明史》

---

　　① 　原衍一"烈"字，據《明書》刪。

張內有<small>臨汾人。舉人，順治三年任邑令。</small>

順治丙戌修武義志序

　　邑之修志也，成於明之己酉，前令張董其事。閱今上丙戌之七月，蓋將四十年矣。適余來是邑，干戈載道，荒旱頻仍，凡撫字奠安之者，無餘力。未幾而分閫歸，取前志讀之，雖綱目俱備，纖悉靡遺，而中之升沉顯晦，沿革變遷，不無少異。況當宇內鼎革之後，可無增修以成一代之鉅典乎？然當地方彫敝，百凡維艱，何暇爲？何能爲？然不爲則缺者終無以補。爰蒐未備，佐以新制，大約仍舊者什九，增新者什一，而官制、人物無不悉備其中。客有嘲之者曰："既修矣，胡不大創，草草了事？"余曰："何時也？能增大費以恣妄作？知與罪聽之而已。"順治丙戌十二月之吉，邑令晉寧張內有題。
<small>康熙邑志</small>

梁　遂<small>河南鹿邑人。進士，順治八年任邑令。</small>

王　孝　子　論

　　孝，庸惪也。孝昌全其庸惪，何足奇？故處其常而全者，孝不足奇；處其變而全者，孝奇矣。處其變而出之以徑直而能全者，孝猶不足奇；處其變而出之以深沉而能全者，孝獨奇矣。蓋孝，率於性而深沉之致，則識與力兼至焉。性之盡即惪之盡，奇之至實庸之至也，而其事莫著於復仇。夫復仇之類不一，有生而能復者則生之，有死而能復者則死之，有不遽死而卒昌死復者則卒死之。生而能復者，楚伍員之類是也；死而能復者，唐張琇、徐元慶之類是也；不遽死而卒昌死復者，明王生世名是也。吾昌爲斯三者皆可謂孝，而惟王生爲難。

　　方人之殺其父也，在佗人奮不共戴天之恥，斬仇立死，血氣用

事，亦優爲之。顧仇死而欲理故父之冤，則必殘父體，仇死而甘就
殺人之律，則又絕父祀。殘父體非孝，絕父祀非孝，無一可者。而
生能陽與仇和，不動聲色也。此其難者一。洎其仇之授昌田畮也，
在佗人必却之，却之則疑，夫欲報仇而使仇疑之，非計也。孰有如
生之徑受無辭，而一一封識，昌爲异日左證地乎？此其難者二。
當其繪像銘刃，啼泣呼號，天日慘動，使一洩其聲於母若妻，則母
若妻必勸阻。時或屬垣有人，保毋漏言於彼？事未發而先聞，鮮
克濟矣。此其難者三。及其補弟子員也，戚里備物致賀，仇亦備
物致賀，而生款之無异，若毫不芥蒂也。此其難者四。已而取妻
生子也，他人或以時移而漸弛，否則牽於子女之愛而濡忍不決者
有之，而生能飲泣吞聲，久而不渝也。此其難者五。至於斬仇者
於胡蝶山下，尤難矣。博浪誤副車之椎，咸陽窘環柱之匕，千古
報仇之舉，迄少成功。而生以柔脆書生，揮刃碎仇人之首，其烈
爲何如哉！若夫仇已報而決於一死者，依然不忍殘父體，體之初
心也。然必俟有妻奉母，有子紹祀而後死者，此其計智深長，膽
量勇決，飲血於數年之前，而酬志於邂逅之際，非有大識大力者，
能如是鎮定，如是奮激乎？在《禮》，父母之仇，遇諸市朝，不反兵
而鬭。《公羊傳》曰：“父不受誅，子復仇，可也。”當日處王生者，
原可以無死，而王生之議不反顧者，實有得於取義成仁，不欲負
所學也。夫世多靦面偷生之人，故忠臣孝子百不一遇。使王生
而策名天府，不幸而遇公家之難，捐軀死節，必如文、陸諸臣，何
多讓焉！抑聞之蘇長公曰：“仁者必有後”，死孝如王生，宜子孫
振繩，必有高大門閭者，而後人式微殊甚，天之報施善人，果安在
哉？吾昌爲孝率於性，處變不异於處常，雖報仇雪恥，祗以盡吾
性之當然，豈遑邀後世高大之報哉？王生未嘗責報於天，而天亦
不驟昌高大報之，正昌曲全孝子而昌爲性量如是已盡也。故曰
孝，庸惠也。《孝烈編》

俞烈婦論

王生世名既目刃父仇而死，妻俞氏慟欲絶，勉撫藐孤，啜泣暫生，越三年迺絶粒而死。君子既書之於邑乘，而又别箸爲傳者何？不欲死之也。媍人死節多矣，舍此無不欲死者乎？曰“有”。有則此何目書韙之也？何韙乎俞氏？韙其能爲孝子之媍也。俞氏可謂不死其夫矣。其不死其夫，奈何？王生斬仇者於胡蝶山下，將就吏議，告其妻曰：“余今死矣。”俞氏泣曰：“君爲父死，妾豈不爲君死邪？”生曰：“如姑耄子幼何？”氏曰：“請目三年爲期，可乎？有不然者，非君媍矣。”生壯其言而未敢信也。已而，果如期死。夫死者，生人之所大惡也。偷生而毀節，士大夫不免，況巾幗而事人者？使俞氏一有死其夫之心，則俞氏必不死，俞氏不死，而生猶死矣。天下後世豈知有俞氏哉？惟視其夫之死而未嘗死也，知已之生而猶之乎死也，故慨然以死殉之耳。王生既目死成其孝，俞氏亦以死成其烈，是以死而得其不死者。子長所謂“死有重於泰山”者，其此類與？當是時，姑與韓媪曾論沮之矣，而氏曰：“妾既目死許生，今食言而肥，天下後世謂妾何如？”婦竟不聽。若俞氏者，誠可謂不死其夫矣。《孝烈編》

詳請蠲糧文 順治十三年

武義巖城斗邑，土瘠民貧，頻年水旱，苦不聊生，固已萇楚之嘆盈衢，羵羊之歌載道矣。然餬口尚可苟延歲月，維正猶可勉應輪將，未有奇荒异灾餓莩遍野如今日之甚者。蓋自去年大旱，山川滌滌，顆粒無收。九月繁霜，殺盡菽蕎。百姓嗸嗸，無所復計，既不免於死亡之懼矣。不意秌冬之間，隣寇竊發，飢民嘯聚爲盜，草野絶鷄犬之聲，廬舍成狐兔之窟。官兵來而賊去，官兵去而賊復來，出没無常，飄若風雨。職晝夜登陴，與民死守，募勇敢以振軍威，設銃碾以資剿禦,造木城以堅防守,置兵械以備敵愾。半載瘵瘁,餐風臥霜,仰惟國家之福,孤城保全無恙。職復推廣憲慈,開誠布公,遍示招撫,寇孼漸次投誠,地方可冀寧謐矣。然始而民窮爲盜,既苦於半菽之不飽;今則盜歸爲民,仍苦於枵腹之待斃。當此之時,十室十空。始猶啖糠以充飢,今則并糠無可啖矣;始猶茹草以代食,今則有草不能茹矣。顑頷難支,道殣相望。職忝司民牧,疾首痛心。見雖捐俸煮粥,深嗟術詘點金;即請開倉賑貸,亦同滄海一滴。當此萬分危急之秋,即極力撫字,尚難保全,何堪催解錢糧之紛紛如驟雨,急如迅雷邪?職殫力催科,多方勸諭,無奈鳩形鵠面之衆,涕泣求蠲;剜肉醫瘡之餘,誅求莫應。即欲嚴加追比,而皮毛已盡,敲扑安施?且恐不肯坐而待斃,或梃而走險,聊避追呼,則南山之南,北山之北,將不可復問矣。究之,民逃而田荒,田荒則賦無所出,必欲取盈於一時,無由竭澤於將來,雖甘受參罰,復何益邪?故爲今日計,與其嚴徵而驅民爲盜,日後徵兵請餉,又將費無限之金錢,孰若緩徵而息盜安民,使之得延殘喘,可以銷無窮之隱禍。

武雖小邑,上通溫、處,下達嚴、杭,山阜河流,接連數郡。一有伏莽,勢必燎原。早賜安撫,可望寧貼。伏乞憲臺爲民請命,立賜特題"盡蠲本年額賦",一面發帑賑飢,庶老弱不至盡填溝壑,遺民不使相率流亡。他年生聚,猶是朝廷赤子;此日培養,孰非國家本根?非不知軍興旁午,糧餉急若燃眉。職懍遵功令,何敢妄請蠲免?但蠲則無賦猶有民,不蠲則無民終亦無賦。民命存亡,關於蠲不蠲之間。伏惟破格,俯如所請,武民幸甚!職幸甚! 邑志

重修蠟屐亭記

山水之勝,非人無以傳。山水非待人以爲勝,人傳而山水亦傳矣。高人之名,非迹無以存。人亦非待迹以爲名,迹存而名并存矣。故從古名勝往往興於盛時而廢於衰晚,不幸衰無其人,迹蔑攸

存矣。數百年後一人出而恢復之,則復興,故生乎後之人不能辭也。

武邑彈丸,頗多佳山水,間有先賢遺迹如八素故事,皆不可考。明招山舊有晋阮公孚金貂、蠟屐兩亭,蹲麓面池,盡林壑之美,廢而復興者屢矣。公以鎮南將軍負曠達之性,多所放棄,猶寄趣於酒。而公旋以金貂换酒,爲有司所彈,説者謂公以酒累,而不知酒足爲公官之累,而不足爲公心之累,蓋公之心在山與水。當其時,晋事日非,公知官之足以累心也,欲祛心之累,不得不嗜夫累官者,故得酒可以脱官之累,得山水併可以脱累官之累。公自陳留蒞越,卜居武邑,固終其身於山與水也,而他何知哉?然則蠟屐之好,公意何居?此正難爲俗人道也。人惟適性於己者能鍾情於物,亦惟與世無著者能與物相縈,是故以有意求之,而陳迹非公所戀;以無意求之,而曠逸又公所喜。有意無意之間,曉人不當如是邪!嵇康癖鍛,武子癖馬,陸羽癖茶,元章癖石,各成一家。而公獨以蠟屐得名,名以亭而不朽,是亭存即公存也。百餘年來,惟寒烟夕照而已。昔爲高賢之所留連,今爲麏鼯之所竄伏,山水有知,不笑人不韵邪?適公後人阮時賓、諸生阮尚忠等詣余請曰:"二亭今圮久矣。有行補者,閩高僧也,挂錫於明招山之陽,憑吊遺踪,毅然欲新之。鳩工庀材,不數月而蠟屐亭先告成焉。行補不忍湮没先始祖之勝迹,而予忍湮没行補之盛舉邪?乞公一言以記之。"余曰:"山水之興有其時,名人之迹其興亦有其時。今之自廢而興也,時乎時乎!昔公嘗捨宅爲寺矣,明招寺即其故址。夫公已捨宅爲寺,而後人復沾沾欲修其亭,思以存公,毋乃非公意乎?而不然也。公達人也,以天地爲蘧廬,萬物爲逆旅,捨之可也。後人因寺建亭,因亭而存金貂、蠟屐,因金貂、蠟屐而存公,併因公而存山水,則脩之亦胡不可?暑負涼勝之際,興懷遺韵,將巾車往觀覽焉。松風晚嘯,山雨欲來,余當披襟當之,且掬鳴泉一勺,洗我千斛塵土胸也。"言及此,逸興欲飛,

不覺振腕直書，不自知其言之俚云。邑志

八 仙 潭 記

　　出茭道而東北山行二十五里許，抵八仙潭。潭在萬山之中，有龍蟠焉。潭之靈，龍爲之也。潭以龍而靈，即以龍而名。然而非得深山以爲之擁護，示人以不可測，則不足以闖厥幽勝，而發造物之異觀。若是龍將奚居哉？故知龍必藉潭，而潭又藉山，以成其靈者也。靈斯怪，怪斯奇矣。山之奇在峰，杳而銳，入其中天地皆失，惟恐萬山併兼而人化爲石矣。壓山之趾而崩莽頹垣風雨不蔽者，金仙寺也。由寺而進之，磴益危，天益狹，大抵無巖不怒，無木不惡，無水不狂，無禽不怪。攀藤葛魚貫而上，狀若粘壁之蝸，升木之狖。仰視諸峰，岌岌欲墜，從者皆無人色。久之及潭，而潭之奇更出矣。潭深不可測，上下四旁皆山也。水從山腰噴出，望若疋縞，聲如風雨驟至，晝夜不息。其上有二潭，石壁危峻，非捷於猱、巧於鼯者不能到。

　　壬辰夏大旱，武民徬徨欲乞靈於龍，余從之往請焉。先是至茭道，天便雨。至金仙寺，深山邃谷，涼氣吹袂，酷吏之威不知逃匿何所。明日寺僧導行，巳刻及潭。余偕邑紳徐賓門、徐彝孟，暨諸生項如源、徐光允等拜禱於潭之側。投疏於潭，疏便沉水底。須臾有物出，如蛇蜿蜒水面，巫者以盆挹之，不去，乃貯諸甕，舁而歸。翼日雨，三日復大雨，然後士民稱慶，皆加額而歸功於龍，益信潭之靈龍爲之也，故曰奇也。雖然，龍，神物也。其飛在天，豈隱鱗潛身於一潭哉？然變化莫測之謂龍，無乎不在，無乎在者也。可高而際於天，亦可下而蟠諸淵，可巨而八十一鱗，亦可細而纖芥。高下巨細，倏忽莫定，故稱靈耳。世間鬼神之事往往不乏，所謂發造物之異觀，而示人以不可測。靈斯怪，怪斯奇者也。有龍而潭之奇不沒，有潭而山之奇不沒，有記而潭與山之奇併不沒，是烏可以勿記哉？康熙邑志

順治甲午修武義志序

自《武功志》出而天下之操觚者遂不敢妄作，以爲必如《武功》而後志可存也。夫必如《武功》而後志可存，則稍不同焉，即不足存矣。《武功》效《史記》之顰，而天下邑志又效《武功》之顰，不甚鄙乎？然則凡邑皆有志，而志皆可修正，不必沾沾執一《武功》繩天下也。夫如是，而武義之志出矣。由今觀之，若立定、哀以指隱、桓，所見異辭，所聞異辭，所傳聞又異辭，志雖犁然在乎，然莫爲之先。志亡矣，莫爲之後。有志等於亡矣，毋亦牧斯土者之羞。興修之者，前令張權興其事，迄今纔五六年許，何待修？然邑乘與國史同，一時弗補，則一時有未備，久之將漸佚矣，非信史也。且修志如修室，然初則度址搆材，其道爲創，創宜博而贍；繼則繕頹補漏，其道爲葺，葺宜密而固；卒則改棟易榱，其道爲更，更宜通而變。大綱細目，前人之述作備矣。余不敢用更而用葺，沿厥舊帙，訂補一二，不益王濟之略，不删謝艾之繁。恐稍參竟見陷水可脱，陷文不活，且將點金成鐵，而貽笑後之君子也。

余因之而有感焉，國史以志天下之事，邑志以志一邑之事，其間得失美惡，直書不諱，讀國史與邑志，其感發人心一也。挨藻摛華，直學士訓詁之文哉！蓋裨益吏治爲獨切。戶口凋敝，何以復之？賦役繁困，何以甦之？風俗敝矣，則思轉而之淳；人物靡矣，則思扶而之盛。治不逮古人則恥之，民不逮古人則恥之，文獻禮教不逮古人則恥之。若是則志非邑志，乃吏志也。抑非志吏治，乃志吏訓也。志顧可忽乎哉？昔揚子評《周官》曰立事，左氏曰品藻，《太史遷》曰實録，各因其不同而立名。兹志之修也，綱無不舉，目無不張，苟得史之遺意，即以武義名可也。順治甲午三月之吉邑令中州梁遂題。康熙邑志

徐炳雲海鹽人。舉人，順治間任邑教諭。

武陽三友傳

　　人有五倫，友居其一，世之克盡乎友之實者，甚難其人。余於武陽而見三友焉，有湯姓名有悌者，字敬仲；劉姓名燧，字木生；徐姓名世椿者，字大年。茲三人相友善，共欣戚，忘爾我，不啻同懷。合志營道，行誼一轍。孝友見稱族黨，其敦倫同；食貧絕迹公庭，其操守同；言行不苟，其祇慎同；處世與物無競，其寬恕同；經史百家罔不淹貫，其好古同；誨人不倦，武庠皆其門弟子，其教育同；上自守令，以至兒童走卒無不知其名，其見重於人同；試每連名，輒冠多士，後僅以明經顯，其德豐而遇嗇同。

　　余順治庚子司鐸茲土，得親炙三君子，未幾而皆溘焉逝矣。恐滅沒懿行，謹述所知。俾後人知三君子之德行如此，交道之篤如此，當日為人所欣慕如此。庶餘韵不泯，後之敦友誼者或有感於斯。康熙邑志

李經邦字看庵，遼陽人。蔭生，康熙四年任邑令。

康熙癸丑修武義志序

　　志之修也，緊我皇清順治之初年張公內有，於兵燹洊加之秋，能起而搜集纂輯之，語云"不習為吏，視已成事"，若張公者，可謂仕學兼優者矣。未數載，梁公遂惠臨茲土，克承厥事。然爾時寇猶未靖也，孚猶未起也，而梁公撫循，得諸風雅，勞勸備於綢繆，蓋稽古之力居多焉。余不敏，復承乏於茲，荷蒙憲檄纂修，祈以煥文揚獻，釐成一統，全書一切時政之興廢，風俗之淳漓，考古訂今，刪其繁蕪，補其殘缺，以彙報當仁。余不敏，亦何能，顧乃膺茲鉅典，信今傳後，敢繼《左》、《史》之後塵也哉？但史氏之筆削，寓夫刑賞以為

忠厚之至者，匪刑與賞有二也。《易》之《大有》不云乎："遏惡揚善，以順天休命。"惟惡者遏於未萌，善者揚於幽陋，斯蚩蚩者罔弗競勸，以是宜民，乃謂神化。匪忠厚之至者，曷以加茲？邇者天行人事，聿臻昌熾之域，將見隆隆國運，泰階漸平，民氣漸舒，武邑之民亦漸風動矣。然自朱、呂諸先生講學倡化以來，風尚習俗猶有未醇者，豈前賢之嘉言懿行或未曾一聾而鼓之邪？則此志所纂節義文章，炳炳烺烺，流芳百代，默有以匡直輔翼於來茲。以不負聖天子維新之化，端有賴焉。然而余未敢專也，實萃官師子弟而謀之，其相與夙夜參稽者，則有學博徐君孟湖；劼据分校者，則有明經項子光諫、倪子應卿、周子于德其人；邑弟子員湯生有斐、項生復祥，皆其黽勉從事，不敢告勞者也。帙成，聊爲叙其端末，實愧竭蹶，有所未遑焉爾。康熙十二年邑令三韓李經邦有庵譔。康熙邑志

武義建城記

《易》稱設險，《詩》咏實墉，城隍之設，所以戒不虞，備無患，從來然矣。

武義僻處山陬，舊無城郭。明季崇禎十三年，邑令被論，願戴罪造城。未覆一簣，遽報城工三分。次年西蜀馮公諱坪者來令是邑，經營創始，度地計丈，令里户分築，選邑之賢能者倪君明、王秉志等二十餘人共董其事。及朞告成，當時皆謂城可不設，以捄度爲多事。迄明季師旅繹絡於道，四境靡寧，惟縣賴城以安。順治戊子歲，飢寇起，屢偪城隅，不得入，衆方以建城爲功。但當日急於奏竣，實以沙石，每遇春漲，傾圮靡常。余承乏茲土，環視城墉，曾無完阹，慨然興脩築之懷。鳩工運石，易其所屢壞者，以爲久遠計。垣堵峻峭，雉堞峻聳，可以懾寇攘而樓季[①]不妄跳梁，可以安黔黎

---

① "樓季"二字原缺，據《武川備考》補。

而陶朱不虞侵掠，今而後武民其安枕乎！工竣，湯生有斐、項生復祥來謁，曰："昔韓昌黎有言：'莫爲之前，雖美不彰；莫爲之後，雖盛不傳。'創建脩築，其功一也。盍記其事，以垂不朽？"余於是勉徇所請，俾志歲月，俾百世之下知城所由建，則保障之功不泯；知城所由脩，則完繕之功難緩。後之令茲邑者，歲加脩葺而無俾城壞，是容民畜眾之要務也。遂忘其固陋，而爲之記。

康熙邑志

史大受晉江人，舉人。康熙二十二年任邑令。

重修縣治記

康熙二十二年，歲在癸亥，六月，武義縣堂始告成。曷言乎始成也？考武義置縣於吳赤烏八年，割烏傷地，□□□□□唐天授二年，析永康西南隅爲□□□□□□□□□□而縣堂之制，想亦隨時□□□□□□□□月□□來涖茲土。其堂宇廞廡，規模弘廠，亦一巖邑偉觀。不期上棟下濕，榱桷雖存，腐朽殆盡。每一坐堂，輒同露處，且懷棟橈之懼。於是銳志興修，以蔽風雨。爰詢耆老，前任張令三畏已有百金之議，再問，銀兩已落奸胥之手。嚴爲追比，左右支吾，稱係前任抵庫，竟成烏有。余想武邑壺山聳翠，熟水環流，山明水秀，林總環居。區區此縣堂，何至頹敗若是？因捐薄俸，毅然修舉。適邑民吳姓啓引者，將己木三十株籲請樂輸，於是卜日鳩工，邑民俱踴躍從事，老少荷鋤者、持畚者，共効子來。不旬日間，昔之頹者，如鳥斯革矣；昔之圮者，如翬斯飛矣。簷楹整飭，棟宇輝煌，凡倉貯、賓館、公廨、廊廡，次第以成。興工於四月之杪，落成於六月之終。仝事者，尉史申君也，品行端方、董率勤敏者，耆民俞懋善暨沈希秀也。康熙邑志

毛際可字會侯，遂安人。

浮園詩集序

　　曩者嘗以維舟之便，訪同年朱公七來於武川，其次子慎字其恭者，甫總角，拜起周旋有儀，余已心异之。後舟車南北，每聞其恭以制義冠儔輩，而又工於詩。今年冬，余偶過廣陵，朱公已歿窀邸，遘負糾纏，不能扶襯南歸，家以食指爲累。余與其恭相見抆泪，後即索其詩集讀之。有清真如王孟者，有沈雄如少陵者，有高秀如錢劉者，其風格悉本李唐，不作宋以下之調，洵可尚也。夫宋詩至今日流漫極矣，始於錢虞山推尊眉山、劍南，風氣斯啓。然虞山所作，皆沐浴於漢魏六朝、初、盛，偶參互於宋，以見詩之取材甚廣，爲途甚奢，不當死古人句下。而今之學宋詩者，不知漢魏六朝、初、盛爲何物，僅取宋人數卷之集，朝夕尸祝焉。譬若未嘗溯源崑崙，而泛瀾於入海之一曲，以爲河之端委已盡，豈不爲河伯所笑哉？論其恭詩者，亦當憬然悟矣。計余丁酉舉於鄉，屈指將四十年，同譜諸君幾如晨星落落，見後來之秀能讀父書者，爲之欣然色喜，而其恭所作超邁流輩若此，午夜篝燈，不禁丹鉛之雜沓也。其恭自詩文外，尤好辨三代法物。余因思善學宋詩者固難其人，而世之學唐者或徒規橅形似，豈贗爲古玩，薰塗斑駁，遂可命爲周彝商鼎邪？是又其恭之所嗤也已。《浮園詩集》

吳肅公字晴岩①，宣城人。

浮園詩集序

　　歲己巳，予因居停吳懋叔羈維揚，是時蔣前民、吳薗次、宗子

---

　　①　"晴岩"二字原缺，據《武川備考》補。

發、王武徵、朱西柯、張山來、吳雲逸諸君詩酒唱和，驪甚。而朱子其恭，故廉吏子，僑寓不自得，吟咏頡頏爲豪。余頑迂累俗，而皆與之善。其恭不以予爲社櫟，而謬以爲碩果，癖予尤在文詞之外。

越六年乙亥，予復來此，薗次、懋叔已前逝矣。訪前民，病不能出；問子發，亦久臥焦山之麓；雲逸則尚滯新安里中。爰不禁今昔離合之感。獨武徵輩健無恙，顧不時見山來，鼓吹風雅，差强人意。其恭才益老，詩益富，醇樸高亮，兼襄陽、少陵之致。甫卒讀，忽以遠游告，而屬序以行。嗟乎！逝者已矣，顧離者不即合，合者復遽離乎？會予亦束裝，且返宛溪，其能無慨然也哉？其恭詩在今世第一流，行且奏之廊廟，播諸都邑，不似山中老朽著述蠹魚也。《浮園詩集》

王仲儒

浮園詩集序

昔爲劍浦之游，宿留湖上，聞武川朱子名籍甚，念欲交之而未能。戊辰冬，始識於孔博士東塘所，見其酒間賦詩，意甚持擇，而於坐中諸君作，不謬爲稱許，多所裁定，予心傾焉。盛名之下，果無虛士也。遂歡然投分，及今七八年，爲忘形之友。

朱子字其恭，今稱菊山，武川有菊妃山云。余於菊山尤敬其爲人，家庭之內既孝以恭，於友朋輸心吐誠，無私愛憎，諸行誼文章弗當，常盡直言，無少徇避。或厄窮莫告，周全保持之，若自爲謀。武川，於越名區也，山川靈秀，人文甲一郡，若阮遥集、呂東萊竝居其地、長子孫以至於今。菊山早歲工制舉業，貢於其鄉，而復淹通古學，詩尤挺拔。此無足异，何則？孔翠離支，世之所珍，其在閩粵，固物産也。所慮者，樸喪於雕，而文過乎質，乃菊山之爲人又如彼，蓋其先公七來先生，名孝廉也，來宰江都，處脂膏中，不能自潤。聞公初至，即指心矢天，以約束子弟，然卒以耿介去官。而母楊夫人讀書曉大義，恒以古昔聖賢守身善世之道訓勉諸子，孩提諄諄，及壯靡倦，家人有嚴君焉，亦有嚴師，雖微菊山之純明，而弗克類者亦寡矣。菊山失怙後，貧弗能歸。久羈吾郡，修敬致養，以娛老母，如獨子然。以故人益重之，四方之士來廣陵，莫不希慕造訪。菊山黽勉爲北道主人，坐是益困而交游亦愈以廣。古人詩文多得江山之助，司馬子長、杜子美、蘇子瞻輩類然。菊山南北舟車，江楚燕趙，浮游萬里，所睹崒嵂洶涌，崇宏廣莫之觀，感於中而發爲詩，宕往流連，一唱三嘆，有味哉其言之也。

　　海內詩大盛，而作者或殊指，要以取則古先，務得其真，而毋徒形似。蓋真則剛柔正變，奇平濃淡，無不可者。誠如菊山之爲人，本質樸之衷，運以靈秀之氣，詩其有弗美者乎？菊山說詩與余合，而其爲人多余所不及者。孟襄陽《宿武川》詩云：“雞鳴問何處，人物是秦餘”，言其風俗之純樸也。余叙菊山詩，而并約舉其生平，幾幾於古人中遇之，亦猶襄陽之意也夫。《浮園詩集》

王方岐 字武徵，江都人。

浮園詩集序

　　菊山少喜爲詩，於古之作者往往能窮其所詣，而歸於己之自得。未及盛年，聲名已籍甚矣。丙寅夏，尊大人七來先生來宰吾邑，謝秩後留寓江城，菊山始與余輩訂交。一時知名之士咸從之游，每於酒闌燈炧之會，賦詩言志。菊山一揮滿紙，酣歌淋漓，旁觀者咸驚嘆，以爲不可及也。

　　菊山論詩，楷式李唐，尤以少陵爲宗。其言曰：“杜之海涵地負，獨立千古，善學者不當肖其皮毛，而在得其性情。”故其所爲詩，既絕恒蹊，更裁偽體，由其沐浴於古人者厚，而發於性情者真也。

生平雅不欲輕示人，而人亟欲得其詩，甫脫藁即競相傳寫，又不自矜惜，興會所至，揮吟纏纏，復隨手散佚。往時豐南吳薗次、曲阜孔東塘、遂安毛會侯皆欲彙其集而傳之，菊山顧摩挲縮瑟而不之許。久之，所作益富，自念柴積篋衍中，正宜一加芟薙，乃別體而第錄之。凡一切牽率應酬、骫骳繁蜩之作，悉從刊落，於是菊山之作哀然成集矣。余時一披讀，第覺孤情絕照，真意盎然，無綺靡之習，無噍殺之音，位置於劉隨州、錢考功之前不爲過也。至其所與爲唱和者，非清狂之酒人，即偃蹇之窮子，豈若今之什伯爲群，以邸鈔爲腹笥，以除目爲登汰，塵容俗狀，囂囂然自號爲詩人者哉？抑余觀菊山之爲人，倜儻瑰偉，蕩佚群倫。不務家人生產，以故長貧。又性愛游覽，嘗南泛彭蠡，北瞻泰岱，數往來於齊、楚、燕、趙之間，以寄其憑吊。當其孤館挑燈，長途襆被，皆其資以爲詩者也。嗚呼！此其所以爲菊山之人與？此其所以爲菊山之詩與？《浮園詩集》

吳　綺字薗次。

浮園詩集後序

余與七來大令講同譜之歡，因與其恭世兄敦忘年之好。共素心而對序，地若南村；拭青眼以臨觴，座如北海。而其恭才多英妙，令人恒嘆仲謀；氣更深醇，使客時欽公瑾。亭亭直上，有如孝伯當年；落落高騫，不減元龍往日。登車憑軾，長多嶽瀆之游；拂塵揮毫，每得江山之助。嘗歷燕齊而訪古人之迹，多留吳楚而問傑士之踪。吊遺迹於六朝，尋離宮於八代。登高望遠，送往迎來，莫不杖策徘徊，臨書慷慨。懷昔人而不見，念後世其安之。況夫浮梗漂零，靈椿凋謝。天長高而莫問，空讀《離騷》；路欲斷而將窮，頻登廣武。吹簫橋上，同爲待月之人；選賦樓前，共作停雲之客。擊楊惲之缶，祇自唱其烏烏；叩處仲之壺，更欲嘆其鹿鹿。於是發爲歌咏，寫以篇章，逸興遄飛，深情獨往。揮鏤青之管，如飼春蠶；倚小紅而歌，似吟露鶴。自是千秋之豪士，實亦一代之才人。使高皇帝而見飛將軍，封侯亦何足道；若馬長卿而遇漢孝武，負弩必自可期。而器也如斯，時哉未遇。知者爲當世惜，不爲若人嗟也。予既服其才，復欽其品，終不敢以渾金璞玉定山巨源之所成，而早則識龍泉太阿爲張茂先之所寶矣。豐南吳綺蘭次書後。《浮園詩集》

王熹儒字歙州，興化人。

浮園詩集序

古之人尚友，頌其詩，想見其人，人與詩未可以分也。然而後之合焉者難矣，其人是，其詩非，猶可言也；其人非，其詩是，烏可取也？故繆盭之人能爲忠孝之詩，鄙污之人能爲貞白之詩，疲茶之人能爲剛果之詩，苟不交其人而徒頌其詩，安在不與詩如其人者共嘉賞也？

菊山朱子，純孝人也。少承家學，其尊人孝廉公古文今文妙天下，督之甚嚴。菊山素羸弱，重違庭訓，刻厲不敢弛，或累日廢食寢，用是以癯。而學亦日以粹，工帖括，試輒高等。無何，拔萃升於鄉，文之流傳四方者可成集。余數於坊牘稔之，心異其人，而久未得見。一日，余在吳公蘭次所，有自外闖入者，揖客就坐，落落意致出塵外。旋索煨芋啖之，酒數行，取紙寫近詩，颯颯可吟，不類今人作。詢之吳公，乃知固曩之以能文冠其儔輩之朱生也，而詩又若此哉！因與把臂傾吐，各道夙昔相慕，歲寒之交，一夕已訂云。嗣是，余入郡必疾走訪菊山，家居不數旬，菊山必以札寄。札必兼詩，或莊或諧，繾綣綿聯，往復層疊，倦可起，愁可歡，老可壯，鬱可達。蓋其流於性情，源於風雅，不激不詭，不劖削，不怒罵，詩人溫柔敦厚之意，其尚有存者乎！所以然者，菊山，純孝人也。孝廉公令江都，解任下世,貧未能遽以喪歸。菊山羇客館,侍養母夫人,竭志承顔,所以娛其親者無弗至。内行無缺,而益以是取重交游間,四方賓客之至於此者,無不顧識其人。菊山與之交際,張燈設幕,名酒方饌,絡繹狼藉,雖囊無積金,而意興豪上,不爲寒儉,臨觴賦詩,時出驚人語,天下之士烏得不爲之心醉也!余見菊山詩最多,而未成集,迫令搜全藁,則敝簏塵積,亂如春草。隨意擘而覽之,字畫漫漶,丹黃磨滅,或缺數行,或落幾字。余怪且呵之,菊山笑曰:“吾斯之未能信耳。”嗟乎!今之略知聲律粗解對仗者即爲詩,詩成即侈於同人,同人即加嘆賞,嘆賞畢即付剞劂。肥馬輕裘之側,往往夾輔而行,菊山之詩烏得不庋之高閣邪?然而玉淵珠照,光氣自不可掩,今且燦然成書矣。其所言多至性大義,娓娓感人。至於友朋固結,江山憑吊,與夫古今興廢之故,則尤其神凝興發不能自禁者。余偶不見菊山,吟其一句二句,輒如縮地攝魂,怳與談謔。今得其全集讀之,直可千里一室,數載一夕矣。何其幸歟!吾輩之遇合不可知,詩即非致身之具,而以菊山之人合之,菊山之詩必有登薦諸朝,使賚颺明盛者。吾知榮親可旦夕期也,菊山勉乎哉!謂菊山爲詩人可,僅謂菊山爲詩人則不可也。《浮園詩集》

宗元鼎字定九,號小香居士。江都人。

書朱菊山詩後

　　朱子菊山,負才名於海内者二十餘載。早歲精制舉業,貢於其鄉,坊牘流傳,鷄林紙貴。尤工於詩,溯源漢魏,取則三唐,每出一語,不肯拾人牙慧,遠邇傾慕,名流投紵者無虛日。吳公薗次目爲千秋豪士,一代才人。毛公會侯評其詩集清真雄肆,兼襄陽、少陵之長,世以爲知言。其尊大人七來先生以丁酉名孝廉令吾江都,邑居水陸之衝,舟車絡繹,酬應紛繁,而刁訟成風,弱肉强食,若非循良精斷,鮮有能治。先生涖任兩年,本理學爲經濟,扶善鋤奸,不遺餘力,民皆蒸蒸向道。嗣以勞瘁卒於官,百姓如喪考妣,至今家祀朱公神位。蓋自定鼎以來,未有如令君如此之賢者也。今菊山以純粹之品,具卓犖之才,行將大用於世,知其得於庭訓者深。而朱公之積德昌後,於菊山有明徵矣。所著作甚富,錄其最者若干首,與天下共賞焉。《名家詩成》

李　漁^{號笠翁,蘭溪人。}

與朱其恭書

屢褻如椽爲拙稿文其固陋,辱此榮彼,情何以堪? 謝謝。拙刻之攜來者送盡無遺,未來者印而未至,故無以報命。惟以新劇二種奉太夫人展閱,以助承懽,可代足下數十次斑斕之舞。至索聯不與,非吝也,知放榜後必來,補贈未晚。此時下筆,恐落措大家風,與新貴人不侔耳。《一家言》

徐孟湖^{海寧貢生,邑訓導。}

重修熟溪橋記

天下事有創始者,有葺治者,均未足爲難。獨其所難者在既創而尋隳,既隳而復創,且有艱於創,不憚於創,而更恢宏於創者。自非英略邁倫,未獲與於斯也。如武邑熟溪橋之建,肇於宋之淳熙間,增修於前朝萬曆之四年,以迄於大清康熙之七年,已百歲。相傳有造六墩者,有架石梁者,有草創四十九楹者,百年以來,傾圮殆盡,僅存故址而已矣。

自邑父李侯來涖兹土,念此春雨夏潦之際,水勢冲決,望渡者驚濁浪之排空,病涉者苦褰裳之胥溺,而不爲溱洧之濟也。使當事

者或左書而右息，或十羊而九牧，橋曷由成哉？維李侯仁心道濟，
蠲俸義舉，奮然於一簣，不以前之有作而遜其精勤，不以後之難繼
而辭其拮据，夫然後橋之成也。不煩乞勇於五丁，而子來若鶩；弗
俟責勞於精衛，而天作疑神。墩雖仍其十，而圮者以立矣；楹雖仍
四十有九，而毀者以建矣。凡夫行者、負者、壯者、羸者、馳者、逐
者、轂者、蹕者，莫不舉手加額而相慶於道曰：「匪我李父之功不及
此。」遙而望之，不知其爲橋也，鞭石成渠，不啻夏屋之帡幪；近而即
之，亦不知其爲橋也，驅山以鐸，無異長虹之連蜷。溥矣哉！侯之
澤萬世永賴也，直利涉已哉！計侯之下車也，於康熙之四年，今已
七年於茲，則七年之民免厲揭之患。使得侯百年於茲，則百年之民
享莞簟之安。推而及之，廣而通之，凡侯之可以濟民者，靡弗類是。
是侯之恩靡所弗屆，侯之德又曷可忘哉？維時佐侯率作者，則有屠
君定遠，職在迪功，夙夜襄事，以奏厥成焉。例得並書，以志不朽
云。康熙邑志

翁嵩年字康飴，杭州人。舉人，康熙二十二年任邑教諭。

重建明招大殿朱呂講堂記

從來名山勝地，必得人以共爲不朽。古之賢人君子，非生長斯
地，則托迹游覽，傳之無窮，使後之人陟山而思，登高而望，而其遺
迹往往而在，況乎講學著書以昭示來茲者乎！然而與時消息，代有
盛衰，不得振興繼起之人，固未易接續而光大之也。

余向年守一匳於武川，有山水之癖，常窮極巖洞。而其地多頑
瘠，不以爲快。一日，獨行東郭外二十餘里，見其山勢變動，攀躋登
頓而入。峰回路轉，中有寺，殿宇一新，廊廡完整，面清池，對盂鉢
峰，而青松挺秀，修篁蓁密，靈异天成，絶非恒境。寺僧秋濤告予
曰：「此明招山也。」爲余言茲山興廢之迹甚詳，且歷陳其經營艱苦

之狀。嗚呼！如秋濤者，可謂獨行有志之士矣。晉時先賢阮孚公舍宅建刹，名惠安寺。至六朝毀壞，後唐德謙禪師開山聚徒，乃復其舊。宋淳熙間，呂東萊先生、朱晦庵夫子講學茲山，爲東南之倡。是時陳同甫、葉水心、鞏栗齋諸君子往來辨難，四方學者雲集響應，稱極盛焉。至元明間，主持無人，淪於荆榛蔓草，而講堂舊址亦湮沒無存，風流歇絶，不可復識矣。秋濤曰："講堂固道學之宗，而有關世教者也，非先生之責，而誰責與？"余曰："唯唯。雖不敏，其何敢辭？"因偕邑侯史虚亭，按其故籍，量度弓口而立之界，將鳩工焉。時適赴公車，得捷南宮，而抱此志者又三年矣。以康熙庚午之九月，秋濤復來請。余深恨其事之未成也，因捐貲倡義，上告郡伯王公等，共成此舉，并刻石以記之，非年敢以風勵爲己任也[①]康熙邑志

碑　　文

篆額　重建明招大殿講堂碑記

從來名山勝地，必得人以共爲不朽。古之賢人君子，非生長斯地，則托迹游覽，傳之無窮，使後之人陟山而思，登高而望，而其遺迹往往而在，况乎講學著書以昭示來茲者乎！然而與時消息，代有盛衰，不得振興繼起之人，固未易接續而光大之也。余向年守一麾於武川，有山水之癖，常窮極巖洞。而其地多頑癀，不以爲快。一日，偶獨行東郭外二十餘里，見其山勢變動，攀躋登頓而入。峰迴路轉，中有寺，殿宇一新，廊廡完整，面清池，對鉢盂峰，而青松挺秀，修篁蕞密，靈异天成，絶非恒境。寺僧告余曰："此明招山也。"問其創造之由，則曰："和尚秋濤之所建也。"揖秋濤而進之，爲余言茲山興廢之迹甚詳，且歷陳其經營艱苦之狀。嗚呼！如秋濤者，可

---

　①　未完，參碑文。

謂獨行有志之士矣。晉時先賢阮孚公舍宅建刹,名惠安寺。至六朝毀壞後,唐德謙禪師開山聚徒,乃復其舊。宋淳祐潤按:"祐"字誤,當作"熙"。間,呂東萊先生、朱晦庵夫子講學茲山,爲東南之倡。是時陳同甫、葉水心、鞏栗齋諸君子往來辨難,四方學者雲集響應,稱極盛焉。至元明間,主持無人,淪於荆榛蔓草,而講堂舊址亦湮没無存,風流歇絶,不可復認識矣。秋濤曰:"余之來也,日啖粥糜,咬菜根,以經始於此,今已勉成之矣。講堂固道學之宗,而有關世教者也,非先生之責而誰責歟?"余曰:"唯唯。雖不敏,其何敢辭?"因偕邑侯史虛亭,按其故籍,量度弓口而立之界,將鳩工焉。時適赴公車,得捷南宫,而抱此志者又三年矣。以康熙庚午之九月,秋濤復來請。余深恨其事之未成也,因捐資并馳書告郡伯王公、司馬常公、永康邑侯謝君、學博王君,以共成此舉,并刻石以記之。非敢以風勵爲己任也,蓋不敢忘秋濤志行之苦,亦欲少爲接續之,以待於後之振興而光大之也。今上崇尚實學,加意文教,白鹿洞、紫陽書院皆以次更新。按興圖而考勝迹,茲山其漸及矣。同志捐造者:婺郡太守王公諱無忝,郡丞常公諱光裕,邑侯史公諱大受,永康邑侯謝公諱雲從,本邑學博王公諱士駿,江都令本邑孝廉朱公諱爾殿也。捐資樂輸者:邑人陳泮士、江幼存也。共爲落成者:本邑紳衿并沈、陳、金三姓,皆爲將伯之助也。例得並書,以傳不朽。賜進士出身、浙西後學翁嵩年頓首拜譔。皇清康熙二十九年十一月之朔立石。碑見存明招山朱呂講院中。

興舉義學引

竊維玉待琢而始貴,金以鍊而方精,苟工冶未得其良,雖美質終難自致。故四門設學,不殊黨庠;十室有師,勿恃忠信。婺州夙多文獻,武義尤悦詩書。呂成公之講堂,流風未泯;王時望之孝里。懿德如新。固山水之陬區,亦禮樂之善地。所以雙巖毓秀,科名代産文人；八素鍾英，理學時來宿老。允稱靈傑，可廢陶鎔。某忝據皋比，顒望人文克振，每思儒雅，須藉訓迪多方。用設肄業之書堂，爲選儒生於講肄。費出寒氊之薄俸，地由城郭及鄉間。若寒畯緣家計之蕭條，尚維艱乎束脯；或英流負天姿之韶穎，竟未遂夫擔簦。使鼓篋以偕來，定聞風而興起。勤嬉必飭，淬勵宜加。惟此日兔園挾策之功，即他年雁塔題名之地。要令通今博古，比屋可封；勿使術學面牆，當機自棄。矧躬逢右文之盛世，童齔胥知；爰生值尚禮之宏區，師資是賴。某拭目以俟，樂觀厥成。爾奮志而行，毋忘所自云。康熙邑志

武川文鈔卷十四

外　　集

國　　朝

江留篇字念予，饒平人。舉人，康熙三十一年任邑令。

書王孝子傳後

　　予少時讀《弇州四部稿》，見有《王孝子世名傳》，想見其爲人，而惜其死，安得如柳宗元、韓愈其人者以伸法外意哉？繼讀張伯起《傳》，其載事益詳，扼腕者久之。迨涖任，謁孝子祠，里之人談孝子事，嘖嘖不衰。嗟乎！繩墨之士其毒人甚矣哉！

　　當時陳令館孝子，不令對獄，而汪令者必欲舁其父柩以檢之，而孝子遂至譙樓之墮，是急欲孝子之生，反急成孝子之死。亦獨何哉？孝子枕戈飲血，鑄劍畫像，無絲毫露，隱忍以成其志，非烈丈夫孰能至此？一旦衝仇人之胸，使血濡吾刃，得藉手以報死父。既報死父於地下，則必伸國法於生前，惟忠無孝，孝子豈敢有缺？視死如歸，其甘如飴，固其所也。伍員之走吳也，行乞於市；蘇不韋穴地千里，入仇人之寢：可謂勞矣。其志或伸，或不伸，以視孝子，遠不逮矣。千古報仇，固未有快心如孝子者也。使二令而欲生孝子，則曷不且緩其獄，列其事於當事，舉柳宗元駁陳子昂之議，以微動之。

是時元美先生輩方任事，必能破拘攣之見，以生孝子者。孝子生而鞠躬盡瘁，成仁取義，兩丞相之業固優爲之。孝子死而不竟其用，不蒙其澤，惜哉！故陳令失之迂而懦，汪令失之偏而執，當事諸公失之忍而愚，繩墨之毒人甚矣哉！《孝烈編》

修 學 宮 記

自周建辟雍頖宮而溯之，前則上庠、下庠、東序、西序，在虞夏已然，匪獨周始也。秦棄古不學，漢武表章六經，允公孫弘請立太常博士弟子員。東漢蔡邕書石經於太學。自貞觀後，上舍、下舍之法詳。慶曆來，則遐陬僻壤之必設學之制，蓋歷世而始備哉。

余涖武邑，甫下車，謁先聖，見其棟楹毀折，廊廡傾頹。蓋自甲寅兵燹後，物力維艱，而前之令是邑者，軍興旁午，案牘支離，未暇及也。余捐俸市材鳩工，起頹補廢。司諭程公撲復捐俸，時佐其不及。司訓金公振甲與孝廉徐子俟召實襄其事。不閱月而廟皃再新，門墻重飭。邑之人士効子來之義，趨事勤故成功速。於是春秋釋奠，朔望行禮，月季之課謷髦，鄉飲之尚有德，彬彬乎成一邑之觀矣。程君、金君請余爲記。夫列言於聖人宮牆，余則何敢？而二公曰：“例也，可以示來兹。”夫學，所以儲材也，士習端斯民風淳，民風淳斯天心格，而雨暘無忒，年穀順成，以襄聖朝之雅化，於是蘊爲理學，發爲經綸，黼黻皇猷，霖雨蒼生，有不以學爲權輿哉？載籍所以資探討也，二酉之藏，五車之富，豈學者所能遍及？毋亦非聖之書不讀，則當遵功令，如《四書》、《五經》、《性理大全》、《十三經注疏》、杜佑《通志》、馬端臨《通考》、《綱目》、《通鑑》及唐宋大家之集，皆當搜羅而畢致之，藏之學宮。則多士絃誦有資，而春秋《禮》《樂》，冬夏《詩》《書》矣。學所以正心術、禁旁趨，自朱子、東萊講學於明招山，何、王、金、許私淑其遺風，爲考亭的派，而楓山起而光大之，故婺之學爲東南冠。文成倡良知之説於姚江，婺爲接壤，獨不浸淫其

説，蓋其心術端哉！兹皆爾武邑隣邦前達之典型也。然則修學者，
務學之實而已矣，豈僅焕其廟兒，葺其門墉而已哉？二公曰："善。"
康熙修邑志　下同

武義縣新建義學助置義田記

國家設學宫以儲材士之俊异，試前列者則廩餼之，意甚厚，
法甚詳也。然自十五入大學，後事也，八歲入小學，則聽其家之
父兄而爲之。父兄者則不過教之騖利達、拾青紫，而遐陬僻壤、
荒村窮塢，天之生材，夫豈擇地？風教固殊焉。班固曰："十歲以
下，上所長也；十歲以上，上所强也；七十以上，上所養也。"古之
人取孩提之教育，與養老之典並行，謂蒙養之事，非上人責也，豈
古之道然哉？

八婺爲人文淵藪，武邑居東南，與永康接壤。永康陳狀元亮有
《贈武川童子序》，贈童子之文，自昌黎贈九歲張童子後寥寥，數百
年再見於同甫，而同甫所贈之童子則武川童子也。武川童子固能
迥异尋常哉？乃武邑自百年來，科第相望如晨星，於是人不勸於
學。而邇來兵燹雨暘相繼，爲父兄者不暇率子弟以學。夫學無驗
而因不勸於學，不勸於學而無有勸之學者，則天生材之意謂何？前
武林翁公嵩年天才駿發，倜儻不群，以賢書秉鐸兹邑，慨然倡興，買
尊經閣傍民地建立義學，復捐俸置田若干，收其租入，延蒙師於塾，
爲之館穀，而人争嚮學矣。今公成進士，爲顯宦。新安程公揆繼
之，公名家後裔，工文章，長於經濟，豪邁磊落人也。以爲提封百
里，及近而不及遠，非制也。於是復捐俸，增置其田若干。予涖是
邑，以爲二公擁廣文之席，矻矻窮年，手不停批，教士之在庠者，已
恪盡其職，乃復留心於養正之功，代其父兄以教其子弟。予有父母
斯民之責，復何辭？於是亦捐俸置田若干，租入益多，規制益備，入
武之間，聽其家絃而户誦矣。余因念昔高鳳其父驅之視麥，鳳讀書

不輟，麥爲大雨所漂，而鳳不知。童子如鳳者豈少？大都爲視麥累耳。武今無慮矣。必有俊异之資出而動名公鉅卿之聽，與昌黎、同甫相繼而三，爲千古美談，是在今日武川之童子哉！是爲記。

武義新建聚奎塔記

凡山川形勝，其雄壯者則必爲之增其宏麗，其平衍者則必爲之聳其觀瞻。閣於洪都，樓於江夏，凌雲、銅雀臺於冀豫之郊，皆此物此志也。余自粵過閩，渡錢塘，溯江淮，走齊魯之郊，抵薊門之北，見崇宏巍煥，所謂浮屠氏之藏舍利者，百里之間相望也。而大都在山陵平衍間，信乎增其宏麗，動其觀瞻，爲不誣矣。

余受簡書，莅武邑。武爲八婺之一，婺山水爲浙左冠，意必有崇山峻嶺，擅一方之勝。孰知壺山西峙，熟水經流，華溪東來，明招暗拱，此外則平原綠野，無所謂奔流關鏁之勢。而武之人以爲科第人文，自嘉、隆後，若六月息矣。豈山川之靈鮮振興之者乎？夫山之有餘不足，爲增爲補，有職於斯土者責也。康熙丙子，擇地於治南之山麓，爲學宮巽峰，鳩工庀材，不以煩民。閱五月而塔成，名曰"聚奎"。爾邑之人士，亦顧名而思義乎？宋建隆初，五星聚於奎，而濂、洛、關、閩之理學，歐、曾、蘇、王之文章相繼而起，高邁漢唐，婺之何、王、金、許、景濂之文，子充之節，爲千古美談。皆以奎爲文明之兆。聚之義，取諸《易·序》卦曰："聚而上者謂之升"，蓋善言聚哉！則必有聚於下而後足以上動天。星，五行之精，本乎地，在天爲五緯，經行於二十八宿之分野。人者，陰陽之會，五行之秀，人能聚其一心之五行，則精凝於地，象徵於天，三才之理，有感必通。然則爾邑之人士亦聚其在心之五常而已矣。懍三月之不違則仁聚，嚴一介之取與則義聚，動容周旋之無忒則禮聚，正誼明道之必辨則智聚。人心聚則人文聚，而天應之，聚奎可，聚婺亦可。萬曆甲戌，五星聚婺，迄今百餘年無應，安知不爲今日之左券哉？

夫人之心，必有感而興，無觸弗動。登斯塔也，當其春日載陽，和風慶雲，秋雨梧桐，微雲河漢，以至夏景之繁華，冬嶺之孤秀，罔勿觸吾目，則罔勿動吾心，而仁義禮智有不油然生、勃然起乎？則斯塔之建，其有補於人心與人文不少，而非僅爲山川增壯觀也。豈與江夏之樓、洪都之閣，供騷人墨客之登臨寄慨哉？

司教程君揆，司訓金君振甲，孝廉徐子俟召，及董事湯衷吉、俞鼎公、徐韜甫、徐千英有事兹役，例得並書。

重建壺山亭記

余歷覽名山，凡所以控扼形勝、庇蔭生民者，必有靈爽憑依。其吐霧興雲，足以課晴問雨，與天地相感通往往然也。武城西北，密邇壺山，有亭其巔，爲婺女星君香火，歲久傾頹。雖非遏日穿雲，岩嶢萬仞，而峰巒崒嵂，自西而來，儼然屏障，爲縣之主山。倘所謂扼形勝而庇生民者，非邪？居民常驗朝夕，山容澄碧必晴，雲霧瀰漫即雨。非與天地相感通，其能雨暘不愆若是乎？

歲之癸酉，天道亢暘，四月至六月不雨，火雲烈日，爍石流金，禾盡槁矣。夫無禾則無歲，無歲則無民，司牧之謂何？忍聽其顛連莫告邪？因憶壺山之靈，平時既可占晴候雨，今際此鞠凶，豈遂叩之不應乎？乃刻日設壇，齋戒沐浴，同司教、縣尉、紳衿、耆老，捫蘿陟險，步禱於壺山之巔。見亭圮，蔓草糾織荊榛，因告："三日得雨，當重建斯亭"，擬答靈貺於必得也。遂環坐溽暑酷日中，抵暮而下。禱之三日，電作雲生，甘霖大霈，雖驟冒滂沱，淋漓盡濕，然四郊霑足，邑遂有年，殊足樂也。噫！求之而輒得雨，得雨而適三日，如相期會，時日不爽，果誰爲爲之乎？於是捐俸庀材，建亭山巔。不日而工告成，謂供奉星君也可，謂施雨蒼生報德酬功也亦可。後之令斯邑者，重民事而感山靈，必且相繼踵修，翼然輪奐，將與壺山並勝，亭當不朽矣。是爲記。

北嶺建魁星閣記

環武皆山也。山自西南飛騰奔舞，結爲縣治，其幹爲壺山，位於亥，應紫微之垣。其支迤邐而北，位於坎，則爲北嶺。蓋邑治之屏障，而爲之鑱鑰者也。前朝邑令張公建天階景壁樓，祀文星於上，以爲一邑輝煌文治之所，誠鉅觀哉！文昌者，世之所謂梓潼神也。張公獨易之以弘文帝君，其論誠創乎，亦可謂守經而不詭，得禮之意矣。

余承乏武邑之壬申，復建魁星閣於山之巔，與樓相輝映。魁星者，北斗自天樞以至天權四星爲魁，玉衡、開陽、搖光三星爲杓，主世之文衡，天之喉舌，包括元始，吐納萬化，二氣五行所由宣布者也。春秋之世，天將開萬古文明之治，以夫子爲木鐸，代天喉舌之司，在天爲斗，在人爲聖，同一道也。則魁之司文衡，懸象著明，莫大於是。今之爲儒者，天星臨於上，聖經詔於前，必自謹其喉舌之在我者，而後可以吐言爲經，藏之名山。神方出其人，以當修明紹述、霖雨經綸之任。否則，沉吟非聖之書，出入异端之學，縱橫捭闔，月露風雲，而欲神之佑也，得乎？內階六星在文昌東北，是謂弘文，今與魁閣相照映，俱建於北，可謂得天之位矣。若以爲邑之人士善頌善禱之所，則非予意之所敢出也。斗柄隨月建所指，而極星不動，謂之樞，樞機之發，榮辱之主也，士亦深思其榮辱之所自哉！若夫山川俯仰之勝，流連光景之詞，爲星君閣記，略而勿陳，懼褻也。時前任學博武林王君士駿捐俸若干，孝廉徐君俟召捐貲若干，邑庠生王廷義、王賜履、徐勳光、周維新、陳文瑞、王元俊共襄是役，例得並書。

關帝廟記

余蓋於帝神明感兆，而益仰聲靈赫濯也。帝以絕群超倫之槃，志懍《春秋》,分漢賊於群奸竊據、龍蛇莫辨之日,天下無不共格精誠。若魏若吳,在帝翦滅征討之中,亦讋懾英風,而歸漢不追,赴吳不犯,其聲靈所感,如日在天中,無遠不照。當臨歧一札,已揭示曹瞞千載之下,有不照臨在上哉!

余弱冠索寐鷄窗,忽至一庿,帝起立呼前,囑有事相仗。余不敢仰視,見戰履金裝,炫然耀目。及寤,無不記憶,特以帝之尊極天際地,豈復有事假手孺子哉? 後筮仕廣靈,再令武義,年來人事相遭,宦途鞅掌,幾忘之矣。適故宦不肖子何坦,既蕩其家,浸賣父置祀帝田二十畝,將售廟而剗像金,因照值捐贖,庿像不移,祀田亦歸與國學。陳元麟、徐伯彪、邵之端、湯鼎諤等,每於誕日奉牲薦帛,肅如也。一日詣案行禮,見金履燦然,怳符昔夢,更瞻庿皃,神威悉如夢中無異。嗟乎! 神明相杖之言,非即捐金贖庿之事與? 兆示數十年之前,忽徵應一日,帝聲靈所感,何其昭然不爽若是哉! 且今崇祀俎豆,獸棟飛甍,庿額遍天下,乃藐焉數楹,不令蕩子包藏禍心,妄相覬竊,况帝室之胄,纘承漢統,豈容魏、吳弄兵,並驅逐鹿耶? 則夫帝之遵《春秋》而志滅魏、吳之大節,更可於所夢徵之矣。是爲記。

重建城隍廟後殿碑記

邑有城隍,治幽之牧宰也,有父母之誼焉。先王之設長吏也,顯爵厚糈,畀之寵榮,而必爲之建公庭以聽政,又爲之建私署以休居。蓋體諸人情,凡爲子事父母者必如是而後即安,意至渥也。若神則視無形矣,聽無聲矣,乃亦爲之莊其廟,而更爲之閟其宮,若曰:吾以人情推之,即其所謂治幽者顯之,使明令天下,知神道設教,初非矯誣也云爾。

武之城隍有廟而無寢,神座後即爲荒墟。余下車時齋宿,見而异之,詢諸父老,父老言:"向時有之,戊辰歲廟忽無端自燬,民間室

廬概不延及。其秋，鄰邑皆赤地，而武獨稔。識者謂神爲民請命而
災，則寧丁我躬，靈迹昭彰，不可没也。具其狀，白當事，爲募資營
搆，廟斯作焉。因財賦不繼，故荒於此。"余聞而嘆曰："有是哉？神
寄冥職，猶宰涖斯邦，苟長吏退集自公，而藉塊寢苫，行道之人有感
愴隕涕者。而位次朋僚，顧能晏然已乎？"然欲事箕斂，慮傷民財；
欲鳴鼙鼓，又慮勞民力；姑徐徐焉。薄蠲俸薪，銖累寸積，貯諸後
府，歲杪一計會焉。未及舉行，則又累之積之，迄今五閱歲而志始
獲展。於焉除其蕪穢，奠其址基，詔棟楹以庭額，詔磚石以端良，詔
簷阿以軒朗，詔垣牆以完整。而梓人、匠人、陶者、冶者，鱗集奏功，
至仲冬爰告落成。乃詔父老而語之曰："爾各有父母，皆知所以事
之乎？"曰："公每月朔望宣講聖訓，首即及斯。五載諄諄，聞之熟
矣。"余曰："不寧惟是。夫神者，古今之大父母也。凡父母無不愛
其子，課其子，然有姑息而敗其德者矣，有掩護而遂其非者矣。至
於神，則有善者，即予之福；爲慝者，即降之殃。其爲德不卒也，則
福轉爲殃；其爲慝知悔也，則殃旋爲福：幾微不少貸焉。是爾之父
母，不如神之愛爾課爾者之切且至也。而所以事之之道，要不外此
十六條。誠能一一行之，循循習之，而盡子職者在是，即底豫者在
是，而遠殃至福者，亦即在是矣。又奚待入廟而愾乎思，僾乎悽，焚
香頂禮，然後懍其如在也哉！是先王所謂幽而明之者也。爾曹其
志之。"父老再拜，謝曰："始吾以爲公之爲此役也，以安神也。而今
乃知以設教也，以敷正也，蓋一舉而三善備焉。煌煌公言，如轟雷
鼓，敢不敬守此訓。特是小民至愚耳，提則思之，過此或忽焉；目擊
則惕之，後此或遺焉。曷若貞諸石以永志不忘？"時在坐者皆曰：
"然。"遂從父老之請，於是乎書。

康熙戊寅修武義志序

古者左史記言，右史記動；言爲《尚書》，事爲《春秋》。書有《禹

貢》，則山川貢賦，志所自昉也。漢制，郡國計偕，先上太史①，副在丞相，司馬遷因之成《史記》，散見於《紀》、《傳》、《河渠》、《貨殖》等書，蓋其慎哉！班固創爲《地理志》，先列漢郡，繼以十五國之風，補遷所未備也。後世作史者因之。郡國之有志，所從來遠矣。史則編年、列傳，意兼懲勸，美惡不遺；志則山川、人物，事在闡揚，匪美不錄：體稍有不同耳。

　　婺爲浙名郡，置邑八，武居郡東南。舊有志，散缺者多。本朝定鼎以來，修之者三，亦前之任是邑者，勤於文獻之傳。自甲寅兵燹，版復散失，書之存者什一。余承乏兹土，邑乘之有缺，司牧者責也。乃搜其逸簡，次其殘編，與邑之諳於故事、不謬所聞者徐子俟召、之成、鼎軾、周子維新、考訂采訪，矢慎矢公，閱四月而書成。諸子請余序，余不敏，爲之述其意於簡端。曰：

　　武，巖邑也。東距栝蒼不二百里，西距三衢亦如之。栝有警則武必當之，則封疆慎哉！作《輿地志》第一。武又僻壤也，星軺不至，賓館不設焉。教士禮神必虔必戒乎，常平社倉猶急急焉。作《建置志》第二。食爲民天，懋遷有無，《康衢》所以歌也。有租有庸有調，百姓足，誰與不足？作《食貨志》第三。尚其高年，以風有德，故家遺俗，非謂有喬木之謂也。戒其不虞，以保善類，惟保甲乎？作《保息志》第四。君子之德風，久道化成，俗之所以美也。瘠土思義，其武之人乎！作《風俗志》第五。善言天者，必有以驗於人，《春秋》不著事應，五行志所以舛也。作《徵若志》第六。必如中牟之化乎，桐鄉之思乎，佩服儒者，望而知爲胡瑗之學乎。作《官師志》第七。人材奮庸，所以觀國之光也。作《選舉志》第八。山川鍾靈，生甫及申，忠孝節義，趾相接也。維楚有材，維晉用之。作《人物志》第九。作爲文章，其書滿家，藏之名山，副在京師，皆所以爲邑乘

---

　　① "史"下原衍"公"字，刪。

光。作《藝文志》第十。儒，游方之内者也；二氏，游方之外者也。然縱嶺姑射，千古美焉。作《綜幽志》第十一。考古所以鏡今也，莫爲之前，雖美勿彰。以《觀成志》終焉第十二。創所未有，補所未備，瞭若指掌，燦若列眉矣。或以爲古之人治縣之有譜也，是志成可以譜矣，則余豈敢？皆康熙三十七年歲次戊寅八月文林郎知武義縣事古榕江留篇譔。

城南築堤記

茌茲土而捍患禦灾，使灾息而患平，爲一勞永逸、久安長治之計，固職守之所難辭。而余承乏武邑，山高而水駛，誠不虞此地而猶煩澹菑而馭患也。乃季秋霖雨，山潰水湧，白姥、下楊、銅山、菊溪陡發而合注，若河決焉。波臣之虐，没田園，漂廬舍，直衝城郭，小南門至來遠門土疏波蕩，幾不足以當巨浸，而衢巷水深數尺。噫，亦已危矣！夫蕩析浸没，既傷心於莫可如何，而思患預防。獨以一城當波濤之險，則城必壞；城壞而里居無所憑依，則人民之家壞。圖之不早，其何以濟？於是聚紳士長老而謀之，僉曰：“築堤障之便，顧費用巨而措置艱也。城爲國事，宜請帑；堤爲民事，宜勸輸。”茲二者，竊疑籲呼不靈，司農告匱，箕斂滋弊，功令有干，均不足恃。予乃首捐清俸三百兩以爲倡始，而士庶之急公好義者，復踴躍從事，輸財効力。不數月而堤告成，雖不敢自附於古子來之義，或亦所謂“百堵皆興，薨鼓弗勝”者歟？

余既樂武之勇於從事，而武之士庶亦諒予之誠拙也，予亦藉手以告守土之責爾矣。雖然，一日成之，百年安之。後之人享其成而樂溯其事，僅得諸父老所傳聞，亦烏知今日之勞心焦思，士庶襄事之孔棘也？是安可以無記？因記其時，始事於戊寅之秋，訖於冬月也。記其地，長千尺，高七尺，廣倍且差也。記其人，倡始者，予也；落成者，武之士庶；而任事者，公正俞鼎公、程公選，徐族之浩生、韜

甫、千英、哲乂也。後之君子將藉是以綜其本末，以爲後規，故
記之。

張希良

康熙戊寅修武義志序

余客秋校，歷徑武邑之境。輿中無事，披閱邑志，至王孝子俞
貞娥復讎徇夫紀咏，毛髮爲之森豎，以數字屬邑令江子表其閭，恨
不能迂軫一眺其山川城郭，拜孝子貞媛之墓也。顧其舊志，字多漶
滅，事迹闕而未備者歷有年所矣。踰年復以校士至，江子之新志
成，屬予序。語曰：“不習爲吏，視已成事”，昔傅①翾之世皆作宰有
聲，人疑其有理縣譜，秘不傳。今之邑志，是宰之理縣譜也，戶口之
登耗，財賦之饒乏，土田之增減，人物之衰盛，風俗之醇澆，按成事
而節宣補救之請，視諸故府，誠莫如志，江子可謂知所務矣。江子
爲政，清净和惠，亦浙東之良吏也。其爲志也，質而核，簡而文，視
舊書殆覺後來者上矣。江子當行報最，入踐承明著作之庭，留是以
爲武邑後人之師，即謂江子之理縣譜可也。予因樂觀其成，而爲之
序。康熙三十七年歲在戊寅十一月楚黄張希良拜題。康熙邑志

程　揆字□三，錢塘人。貢生，康熙三十四年任邑教諭。

康熙戊寅修武義志序

天下名山大川，人文秀偉，都邑關梁之勝，財貨珍奇之所出，灾
祥怪异之變幻，莫詳於《一統志》。《一統志》者，彙郡邑之志而成，
故詳也。思夫一邑之忠孝節烈不傳，文章道德不錄，沿革不明，山

---

① “傅”原作“傳”，誤，據《南史》改。

澤陵谷之古迹幽奇不著，官師循良勞勩不述，物產不載，則無以垂典型，考文獻，徵憲搜奇，耀德辨材。而野乘稗史從而參誣造異，不可考信，而《一統志》亦何所據以爲詳也？故分符而膺民社者，莫重於志書。

武川，八婺名區，代有邑乘，前之修者屢矣。經兵燹之餘，版籍殘缺，簡編失次。古榕江公蒞兹土，以著述之材，宏博之學，於民安物阜、政洽化深之餘，慨然以志書纂修爲己任。其所以搜遺證缺，綱舉而目張者，皆有深意存焉。詳輿圖，慎封疆也；詳建置，敦典禮也；詳食貨，保息厚生也；詳風俗，正德也；詳徵若，敬天時也；詳官師，昭政績於不朽且風勵也；詳選舉、人物、藝文，勉多士立德、立功、立言也；詳綜幽，節取不遺也。於是而觀成有志，誠纂序之大觀也。予不敏，分校武邑，樂從襄事之後，博采旁搜，贊詞集美，以觀明備之成。異日聖天子搜羅郡邑志，以志一統，以此書之精詳，上之蘭臺鳳閣，昭然一代著作之材，而予亦獲附名於簡端也，於是乎序。峕康熙三十七年歲次戊寅八月武義縣學教諭程揆譔。康熙修邑志　下同

重修啓聖祠記

啓聖祠專祀叔梁大夫，配之以四賢先人顏路、曾晳、伯魚、孟公宜，而濂洛諸儒之父得與焉。子雖齊聖，不先父食。先河後海，水源木本，禮之至正，萬世不易。蓋自明世廟時始也，時張永嘉議禮，釐正祀典，有功名教匪小。

武之祠向居聖廟東偏，視他學最爲得制。嗣以兵燹，鞠爲茂草。前翁康飴先生以賢書秉鐸，闢址重建，會成進士去。余忝承乏，敢同膜視，爰捐俸庀材，塈茨而丹艧之。凡從祀諸木主，及春秋祭祀俎豆盃盂之具，前所未有，今所新缺者，無勿備具。獨是祠之圮也易，圮而復修也難，而況祠建東偏，勿若聖廟之朔望行禮也。

世多以傳舍視之,安保其建於前而不頹於後乎?是故謹其啓閉,嚴
其出入,燥濕之勿時,風雨之驟至,無敢或弛,則今日之修葺,或可
一勞永逸,多歷年所乎?夫子作《孝經》,以揚名顯親爲孝之始,孝
莫大於嚴父,嚴父莫大於配聖,則濂洛其人也。士而過是祠者,其
有立身行道之思哉!襄其事,時出鍰以佐不及者,則邑之諸生徐逢
吉,例得並書。

游壺山慈雲庵記

凡山川之得名宇内也,亦有幸不幸哉!余往年舟過京口,望金、
焦、北固出入於暮濤曉霧中,竟似海外三山,意甚壯之。千古騷人墨客
登臨奇慨,固其所也。然亦當南北孔道,便於瞻眺耳。假使移置之閩、
廣、甌越萬山中,則亦一墩阜也。然則洞天福地,固視其所遭逢哉!

余課士之暇,偶步城西郭外,有壺山焉。携酒榼與客游其庵,
且登其山巓之亭,見熟溪經於前,北嶺峙於右,東望明招,見元晦、
東萊諸先生講學之所也。而大溪南來,則又會永康溪,經白陽山奔
放而入金華,豈非一邑之勝觀哉?客曰:"使移置是山於名都大邑
之旁,則珠宮琳宇,花榭歌樓,山之真面目鑿矣,豈能長有此清奇歷
落哉?"余曰:"不然。余不暇遠論,即據浙之山,自漢以前寂寂也。
靈鷲飛來,非自晋始乎?山陰之千巖萬壑,非右軍孰知爭流競秀
乎?謝靈運伐山開道於萬山盤互中,搜雁宕而出之,世始知有永嘉
之异;孫綽擲地金聲,而赤城霞起,遂冠寰區;林和靖植梅放鶴,而
孤山爲西陵之最。然則天造地設之奇,亦人之爲焉耳。吾恐游屐
之日至也,爲我敬謝山靈,今而後,花鳥添愁,無虞寂寞矣!"

游 明 招 山 記

予秉鐸武川,邑之士屈指境内之山,必以明招爲最。則以阮遥
集金貂换酒,建亭其上。而宋以來,呂成公得中原文獻之傳,與元

晦、同甫諸先生往來講學其間。嗟乎！地豈不以人重哉？予前曾望其峰，則竊疑其不然。即使蠟屐不亭，講堂無幄，而明招山終爲武邑之第一。

歲戊寅仲夏，積雨彌旬，友人語余曰："若非明招豁其胸襟，廣文席，豈悶人至是乎？"遂於課士之暇，偕諸子登焉。初過沈家村口，有僧戴笠立道左。余曰："平田遠近？"僧愕不知所謂。見有若老人欬且笑於樹之巔者，則僧樵也，挾一沙彌方汲水，見余，遽乂手拜。余曰："石頭路滑麼？"僧瞪目者良久。竟抵其寺，則日方午，客飢甚，出果餌之屬分餉從者。僧治齋具，余曰："無庸，趙州、雲門不作久矣，豈以吾儕能買金增三十二相之一哉？"僧大笑不止。因解衣磅礴，盤桓坐石上歇息者久之。遂捫蘿歷險，陟其巔，萬山羅列如兒孫矣。見有雲氣瀰漫，從谷中上，銀濤卷舒，日光所透，絢爛萬狀。玩珠山突兀其前，龍蹲獅伏，左右環峙如屏障。因思宋時伯恭、元晦往來講學，惜其語不多傳。余生也晚，不獲聞其梗槩矣。抑又思竹林諸賢，惟步兵爲最慎，遙集爲阿咸次子，親見步兵浮沉魏晉之苦，一旦挂冠歸隱，敝蹝富貴，山川之靈固有以招之矣。士生太平，又安知前賢之見幾明決、處心積慮一至是哉？時夕陽滿山，冰輪將湧，山鼠嚙古藤，如鋸耺耳，急乘肩輿歸。漏下二更，叙次其語如右。刪百許字。

明陶忠烈公傳略

公名成，廣西之鬱林人。弱冠舉於鄉，屢上南宮不第。以例入太學，教授外邑。敦實學，士論翕然稱之。當事者惡其鯁直，中以法，謫交趾典史。時宣德初，交趾尚內屬也。後以操守屢膺薦牘，拜浙江按察司僉事。時盜起，渠魁陳鑑湖率衆四出焚掠。公奉命統旅，築栅蘭溪，分過衢婺。寇至，用計略擒賊數百人，大挫賊鋒。鑑湖等亦以次就擒，而餘孽尚遁據山谷。景泰改元，少保謙爲本

兵。時北事方棘，又屬意東南，每慎擇方面官爲拊循計，毋令朝廷
有內顧憂。遂擢公臬副，專剿梏寇。陶得二，處之素爲礦寇者，鼓
衆出，攻掠城野，婺大震。公單騎赴武義，扼其西偏，命指揮脫綱從
間道搗其巢。得二畏公威名，降者三千餘人，生擒百餘人，可計日
平其巢穴。時有沮其成功者，令公緩師，以待我師之集。得二遂舉
衆復反，五月十七日猝至城下。公聞變，即率所部扼其衝。而武素
無城郭，四面皆木柵。賊先期遣間穴柵，因風舉火，火光起，烟塵障
天，咫尺莫能辨，衆大潰。公即策馬赴之，馬蹶，遂遇害。百姓哀痛
如考妣。事聞，贈左參政，諡忠烈，配享越國公胡大海祠。蔭一子
入監讀書，後授廣東新會縣丞。

　　嗚呼！公以重臣死於一草竊之手，惜哉！然亦可謂見危授命
者矣。武之人至今尸而祝之，有以也。予司教暇，懼其湮沒，故編
次如右。

書俞烈婦傳後

　　爲孝子難，爲烈婦更難。孝子隱忍密室，揮劍山前，以報父仇，
其一死，分也，亦心也，三尺法不得而死之者也。三尺法不得而死
之，當事諸公，汪、陳二令又烏得而生之？不生於汪、陳二令之手，
孝子所以獨生於千秋也。若烈婦則不然，烈婦之瀕於死者數矣，而
不死者，非死之難，處死爲難。如烈婦者，可謂從容而中道哉！燕
太子丹語田光曰：“此國之大事，願先生勿洩也。”鑄劍畫像，非孝子
之大事乎？方其理香擎跽時，婦偶見之，泣數行下，曰：“君固惡其
謀及婦人耳？”夫慮其謀洩，則當早伏田光之劍以滅口矣。而不死
者，婦固不欲以俠死也。豫讓漆身吞炭，用心良苦，然其妻不識也。
孝子以談笑代涕泣，視豫讓更苦，妻何以偶見之？非偶也，必其同
心相照也。則其賢於豫讓之妻遠矣！然母不知，弟不知，而婦獨知
之，將疑孝子於婦人厚、於長者薄乎？若公父文伯之母之責文伯

也，可若何？婦之慧性豈不慮此？而不死者，婦固不欲以嫌疑形迹間死也。迨孝子負劍柩前，獻屍臺下，風雲爲慘，日月爲昏，望譙樓而身墮，流碧血於中階。夫爲父死，婦爲夫死，豈不雙美？而不死者，婦固不欲以情死，以激死也。迨至事姑三載，撫子五齡，事畢矣，可從夫於地下矣。遂哭而慟，慟而餓，餓而死，今而後一死而泰山矣。

嗚呼！非死爲難，處死爲難，若婦者可謂從容而中道哉！從來死忠死節，指不勝屈，惟文山先生因燕吞腦，歷三載而取義成仁，爲千古死忠之聖。若婦者，雖文山何以加兹？即與日月争光可也。

章鶴鳴仁和人。舉人。

楊孝子瑞鍾傳

余游武川，讀楊孝子瑞鍾事實，灑然异之。古今史册載孝子事者多矣，然皆有爲者也，若楊孝子則無爲矣。無爲則誠，誠則天。史之記舜曰："欲殺不可得，求之則在側"，求之在側，安知不命爲井廩之役哉？舜固不以生死安危之見事其親也，舜尚求之在側，楊孝子不求亦在側。不求亦在側，誠也，誠者，天也。孝至於天，斯亦無愧於孝矣。孝子爲椎魯農夫，安可與舜同論？然孝，庸德也。在聖不增，在凡不減。舜不增分毫，故求之在側；孝子不減分毫，故不求亦在側。

按：孝子瑞鍾爲邑之廿四都人，少喪父，獨與母居。母性嗜甘脆，孝子遂竭其資以供母。母亦忘所自，屢以水陸味命孝子，孝子必竭力以奉，無難色。母歡甚，忘其爲寠人母也。母老，得瘓疾，常臥榻，孝子不離榻。孝子爲餬口計，恒入山樵，樵亦在側。畊父遺田數畝，田亦在側。人愈神孝子。一日，孝子方爲其母洗沐，隣之人見其烟蒸蒸起，若有羹盡櫟釜聲，微窺其牖，見有長面赤髯者爲之炊。人皆异之，翕然稱"孝子，孝子"。毋何，母以天年終，孝子亦隨死。孝子誠可謂求之必在側哉！今人爲立身揚名計，恒走數千里外立功如温太真，能免絕裾之痛哉？若就冰而臥，望竹而泪，皆有爲者也。孝子則無爲矣，無爲則誠，誠則天。康熙邑志

金振甲山陰人。歲貢，康熙三十三年任訓導。

新建聚奎塔記

江侯之莅武也，先教而後令，尚惠而絀威，凡興利除弊、矯俗勵民諸大政，一以寬仁惇大爲歸。故士若民奉之如師，依之如父。始而悅，繼而安。五載循循稱良牧者，以侯爲最。顧侯不自爲已足也。甲嘗從游屐後，登眺舉觴，至歡洽也。侯則四顧長懷，愀然歎曰："山川繡錯，閭井閫殷，而科目用希，遺糧時告，無乃吏治實多泯闕與？何五載以來猶未能更新也？"座客有精堪輿者，曰："初非關乎人事，抑亦地脈使然。武固山環水帶，無險仄形，特誥山爲邑近案，位處離，陽勢宜峻聳。今玄武高臨，而朱雀卑伏，此文運所由不昌也。熟水駛流，無迴沙重抱，僅恃香山一塔，力孤不能控砥，此財賦所由不贍也。爲武熟籌，惟誥巔增建一塔乎？"侯曰："吾之責也。當亟爲之。"即捐俸若干，爲置石磚墁諸物，計日而辦，召梓匠陶鈞，合作鳩工，五閱月厥績告成。又搆精舍於西麓，俾燈火映照，鐘磬諧音。由是慕善者皈依，憶懟者頂禮，蓋向也一荒垞，今也儼爲化城。侯之功也、德也，咸於經濟寓之，有如此塔矣。

塔高十二尋，周四十步，上下五層，層皆有級，縱橫六面，面皆穴窗。陟其巔，百里豁爾在眸；瞰其旁，四郊瞭如指掌。邑之勝游者嘆觀止焉。且也陵陸盤基，若惠文文冠而翹簪則直；臺萊席蔭，若橫青玉而卓筆斯端：非文明之象乎？岐岡矗峙，則鳳懷梧井而巢阿；衡柱回飛，則雁睇蘆洲而集澤：非康阜之休乎？堪輿家言信

矣！邑之父老子弟聞予言也，相與羅拜而謝侯曰："异時甲第聯翩，室廬盈溢，皆我侯之賜。願有所題，以志不朽。"侯笑曰："吾豈有立名之見邪？苟利民物，竭蹶以往，盡吾心力而已。無庸屑屑爲也。"猗歟大哉！功高而不有，德盛而不居，推斯志也，即宰天下裕如矣。遂偕司鐸程君、少尹陳君、孝廉徐君及董事人等合書之，僉以士統乎民，後起梯雲接武者得題名其上，故表額爲"聚奎"云。康熙邑志

武川文鈔卷十五

外　　集

國　　朝

張人崧字滄亭，號涵翁，堂邑人。進士，雍正十三年任邑令。

文林郎知昆明縣事學齋朱公墓志銘

朱公學齋先生，武邑之有道君子也。余耳其名久矣，蒞武後，時修館餐之好，益心儀之。方欲推公祭酒以矜式其鄉，而公溘然逝矣。人之云亡，邦國之瘁也。已而其嗣光洛以狀來，請志其隧中石。余固稔知公，不獲辭。

公諱若功，字日定，號學齋，姓朱氏。始祖輝三卜居白革，因家焉，是謂白革朱氏。數傳至六世祖諱嶠者，益發其祥。嶠生伯能，伯能生宗達，世濟隱德，當事表其閭。宗達生仲煥，仲煥生家輔，家輔生長祚，以子貴，贈文林郎、昆明知縣，所稱純庵公者是也。純庵公娶徐氏，贈孺人。舉丈夫子二，公其仲也。生而歧嶷不群，少從其世父春圻公學，春圻公器重之。爲文章有奇氣，甫冠，名噪諸生間。從之游者，戶外屨常滿也。己卯登賢書，冠一經焉。己丑成進士，筮仕滇之昆明。邑向置五塘租稅，以資公費，而所收之數與維正等。公至，力汰之，凡六載不名一錢。民有夙逋數千金，公設法導之，不鞭一人，輸納皆如期。又嘗搆三綱祠，捐田置費，以供俎豆，悉宮中出之，無吝色。滇俗廟祀孔子，而以釋迦、老子配之。公恚曰："侮聖慢師，罪莫大焉！"遽毀之。且聞於上憲，永著爲令，自是邊荒始重文教矣。鄉大夫有歿而求祀於學者，以暮金進，公嚴却之。一時閴然，目爲關節不到云。蓋滇南初隸國版，民醇俗樸，惟布德緩刑，與民休息，暇則從都人士吟詩論文，以興教化，而滇之士若民皆德之。乃當時大僚方以刻覈課群吏，公獨穆穆落落，飾以經術，以故輒相齟齬，而有呈貢之調焉。呈貢彈丸山陬，去會城不百里，城郭廟祀皆就圮，公一一葺之如新。又搜輯舊聞，編是邑志，付之梓，而邑志登梓自公始也。數年來政成民和，時康物阜，治貢一如其治昆云。雍正四年，例得引見，遂引年歸。公自懸車後，杜門課讀，足迹不入城市。鄉黨間惟以好行其德爲汲汲，閱十餘年如一日。丙辰春，余晤公於城南佛寺，喜其矍鑠如壯時，而訃音忽至。悲夫！抑何奪我老成之速邪？

嗚呼！公生平以忠孝爲大節，而根抵尤邃於性理之學，兩尊人喪祭皆如禮，通籍後已永感，恒以禄養不逮爲恨，言之聲與泪俱。伯氏歿燕京，數千里返櫬葬之，經紀其子如所生。感春圻公高誼，於我乎館，於我乎殯也。至他戚屬，亦多所存恤，里中倚之如外府。捐館之日，皆哀思焉。當其少也，與武林沈閽齋、宋豫庵、項性存諸君子以理學相切磋，久而不替。公之言曰："吾於此中自有神味。"又其詩曰："真樂多從苦裏出，道心嘗向靜中全"，非深造有得者能及之乎？夫學人出處一致，而天德王道要在慎獨。昔賢如元公之治晋陵，文公之治太平，以真儒爲循吏，若合符焉。數百年來，瓣香者其公乎？

公生康熙丁未十二月二十七日辰時，卒乾隆丙辰四月十一日辰時，享年七十。配徐氏，封孺人。子光洛，女二，孫以恕、以寬、以發、以大、以讓、以孝、以悌、以惠。婚嫁皆名族，見狀中。葬明招之陽，是爲銘曰：

斷斷紫陽，生而敦厖。爲儒則通，吏治不尨。公來天末，不振不攙。邵埭束雨，鷄嶺鹿江。治則本經，與俗异腔。截彼明招，厥珉如矼。公德斯崇，宜表於瀧。《朱譜》

朱吕講院記

古今來心學淵源，荷理道之傳者，莫盛於宋，而集其成於子朱子。當吕成公之奮興於東南也，與朱子講貫之功切磋恒深，故其爲學也，與金溪之冥悟、永康之粗迹毫無所染，而粹然獨出於正，抑可謂傑出者矣。

武邑東去十餘里，曰明招山。其下爲惠安寺，晋尚書阮孚捨宅以建者也。其旁則吕成公肄業之地。朱子提舉西路時，于役之便，與成公講學不輟，而歌咏鐘簴，邑人傳之，祠所由建也。余蒞武時，蕭其地，則一椽片瓦無存者。詢其故，蓋向有僧某者，招致吕氏裔同居，皆不能修，尚輕薄蕩擲。居無何，而寺之儲峙殆盡，既而不勝追呼，遂各逋去，寺與祠俱頹爾廢矣。余因急謀於都人士某某，釀金創始，復廣募之。凡五載，搆前堂三楹，後室三楹，結亭一椽，曰"金貂"，志舊迹也。丁巳秋，學使鄧悔廬先生行釋奠禮，而余所搆之亭甫落成，先生因以"傳薪"命之。當此之時，堂宇亭樹焕然一新，皆得之敗榛殘燼之中，亦可謂苟完矣。余乃詳請於憲，設主陳几，進邑之先儒翚山堂、栗齋兩先生合祀焉。復依向例，取寺田二十三畝爲祠堂祭田，命公正某掌之。凡二丁之俎豆與墓道之掃除，取之寺中。餘田若干畝，命僧某掌之，以贍徒衆而備修葺，庶寺與祠相持於不替。後之學者，登其堂，覽其山川，瞻其車服禮器，溯理學之淵源，而景行仰止之心庶油然以興與！

余既蕆事，例得書其顛末於珉端，而寺之田地山塘與公正之姓氏備著之以示勸，且以告後之司土者，俾有所考焉。旹歲在庚申乾隆五年三月下浣之吉邑使者發干張人崧題。碑在明招。

鄧鍾岳號悔廬。山左狀元，禮部左侍郎。

朱呂講院傳薪亭跋

余外弟發干張君滄亭，以名進士爲清白吏，所至有循聲。武川明招書院，呂成公與朱子講學處也。湮没已久，特爲葺之。而作亭於其旁，所以嘉惠來學，意甚至。余校士栝蒼，過祠，不勝仰止之思，因以名其亭云。聊攝鄧鍾岳。匾額在明招山。

姚遠翶字素山，錢塘人。副貢，雍正十三年任教諭。

四書融注全解序

四書者，孔孟之文章，理學之統宗也。聖人之道，大而能博，凡學人不能遍觀而盡識者，明乎此可以通六經之旨，而接三代之傳，故其書爲天子、庶人所共學。慨自秦火之後，晦而不彰。漢唐以還，雖有述者，厥旨未暢。宋儒朱子振起一時，萃群儒之論而折衷其説，微言大義，炳若日星。有明以制科取士，國朝因之，命題樹意皆以紫陽傳注爲宗，故曰："四書熟，秀才足。"夫所謂熟者，非僅熟覆其句讀已也，必聚精會神體貼注意，得其理解，盡其精微，而後以會之於心者注之於手，則其所謂制義者，皆聖賢萃精之語，不可以時藝目之。蓋四書熟則理學明，理學明則文章成，而士品貴矣。自彼超脱之子謂六經爲道之注脚，似經解注疏可以不作。顧悠然自得，而其説不長，又何以昭示來茲乎？

乙卯春，余承乏武庠，揚生監文惠然來謁，出其手輯《四書融注》一編，問序於余。余細按之，實與《大全》、《蒙引》、《淺説》諸書相爲表裏，知生之潛心於理學者深矣。夫當世所稱文章之士，大抵皆高瞻遠矚，磊落不羈，若非讀五車之富，搜二酉之奇，不足以稱淹雅者。及見曲謹之子俎豆一編，則相與目笑存之，以爲高頭講章之學，豈足以越我豪傑也？生胡不避其譏，而竟以是卒業乎哉？生之志，可謂篤於自守矣。武陽素號名區，在昔朱呂講學，都人之子皆得親聆教言，傳爲庭訓。雲礽相繼，以至於今。故知揚生之學，淵源有自也。方今業舉家所奉講章，自陸稼書先生所集《大全》、《困勉錄》而外，若仇滄柱之《說約》、萬九沙之《合參》，均有裨於後學。范氏《體注》，論者猶有純、駁之譏，生之所注，未嘗別有奇解。余正喜其無奇解，所以得正解也。將見是書一出，洵孔孟之功臣，豈小補哉？乾隆五年歲在上章涒灘之夏季錢塘素山氏姚遠翮題於武成學舍。《四書融注全解》，鈔本。

馮士宏字仁山，歸安人。歲貢，雍正四年任訓導。

四書融注全解序

夫四子書，若日月之經天，江河之行地，固歷萬世而不磨者也。然微言奧旨，邃理精義，非由講解，無以啓來學而定折衷。昔漢儒注疏，已開講解之端，至宋儒論說，紛紜聚訟，自紫陽先生起，作爲傳注，章解句釋，如撥雲霧而睹青天。故有明試士，咸遵朱注爲正宗。永樂中，頒行《大全》，後有蔡虛齋之《蒙引》，林次崖之《存疑》，陳紫登之《淺說》，以及楊子常、顧麟士之《說約》，莫不有功於《集注》焉。迨范紫登《體注》一書，已盛行於世。朱念時以積學未售，鍵戶著《四書衍注》，挈其綱要，而大旨已昭；探其精奧，而至理以出；綴以微詞，而神情如睹；聯以虛語，而胍絡相通：可云美矣。然文而簡、渾而淡，每爲淺學所忽。余嘗思就此《衍注》於順口吻外，擴以昌明之詞，加以證據之詳，再附解數行於後，使覽者瞭如指掌，豈不盡善盡美耶？嗣後游京師，恭遇聖祖仁皇帝特命儒臣開《古今

《圖書集成》館，忝與纂修，無間寒暑，歷十歲方獲告竣，奚暇及此？

承乏司訓武成，竊幸課士之餘可遂厥志，究碌碌無寧晷，徒成畫餅。茲揚生崇謨青年游庠，初晉謁時恂恂儒雅，穆然有靜致，意必篤學之士。越數年，庚申上元，袖卷而請序，名《四書融注全解》。余展卷驚喜，誠爲篤學之士，不出我意中也。閱數過，凡疑者晰之，難者解之，約者廣之，紛紜者從而斷決之，引述者考據而詳明之，融其意不離乎注，在初學得其指歸而可無歧惑，即宿學鑒其明悉而亦知苦心。當今聖天子崇正學，廣文教，新頒御纂《日講四書解義》，到省鐫梓，令士子刷印，務各講習通曉。仰見皇上闡明聖道至意，乃有《融注》而注無不明，因經而經無不解，固爲集注之功臣，即爲經學之功臣也。將是書出，風行海内，達於上聞，采訪下逮，不日即陳經筵矣。更有進者，四子書中一語一默，一動一靜，皆聖賢實踐躬行，於至理不差累黍。故言發爲經，行出成矩，範圍天地而不過，曲成萬物而不遺，豈作制義標題已哉？余謂："子既咀嚼一編，其性命精微之原，子臣弟友之道，齊治均平之理，了了心中。由是體諸身，見諸事，希聖希賢，不徒與《存疑》、《淺説》諸書止作講説而已。處爲名儒，出爲名臣，顧不偉歟？《詩》云'溫溫恭人，維德之基'，吾子有焉。尚其勗諸！"乾隆五年庚申如月中浣歸安馮士宏仁山氏漫題。《四書融注全解》，鈔本。

彭啓豐

重建文昌閣碑記

金華屬邑武義，唐天授年置。余嘗按其圖志，東距栝蒼，西通太末，亦婺奧區也。宋淳熙間，吕東萊先生講學於明招寺，（宋）〔朱〕元晦、張敬夫時相往來，而金華之理學以著，流風漸被，鼓篋庠序者類多樸茂好修士。其城西向有文昌閣，明萬曆間邑令熊秋芳建，舊址蕪沒久矣。錢塘姚遠翻既來秉鐸，考課訓迪，具有法度。暇時，顧邑之士言曰："某以振興人材爲務，考邑《選舉志》，洪、永、成、正間，駼軌皇路，代有聞人。沿及國朝，己卯科亦有應獻書而興者。今何以寥落若斯邪？地靈則人傑，文昌閣爲學宮之望，標一邑之勝，或者傾圮廢壞，故至此邪？況修舉廢墜，亦某之職也。"迺捐俸二百金以倡，諸生顧學峻等共率私錢爲助。建閣三楹於學宮之旁，層基固址，樸斲完密，櫺扉四照於雲衢之上。閣中神像几筵，丹粉一新，請余文以記。

余按：壁宿爲文明，掌天上圖書之府，故天下學宮多祀文昌。文者，精英所聚也；昌者，揚天紀也。《化書》所載"梓潼君有七十二化"，世所圖縞衣素烏、青童白馬者，謂即梓潼君君之神。以其出於道家之言，世不盡信。然考之《天官書》，文昌之宮厥有六星，懸象著明，昭昭不爽。則捄天藻以敷國華，其必有以上應奎壁之宿，宜斌斌乎多文學之士也。爰爲文以記，復綴以詩曰：

蔚矣文昌，帝車之次。斗杓並崇，戴匡是侶。翼翼孔廟，殖殖其庭。爲廣文化，秩祭有經。廣開天門，司命陰騭。仙錄有書，好修獲吉。閣道飛虹，帝晬其容。佑我髦士，起鳳騰龍。梓潼之山，玉驄遥睹。星象聯珠，神絃載鼓。

乾隆九年甲子月日。嘉慶邑志

任文翼字□□，遂寧人。進士。乾隆二十一年任邑令。

重修學宮碑記

昔文翁治蜀，立學校，興教化，治行爲古今冠。余生長是邦，愧未有以效也。比成進士，丙子秋奉命出宰武邑。下車之始，首謁聖廟。旁風上雨，漸就傾頹，因思我國家廣勵學宮，作養人材，海澨山陬，罔不率化。武爲金郡名邑，朱呂曾講學於斯焉。其間理學忠孝及文章之士，載在邑乘者指不勝屈，而學宮顧不足壯觀瞻，可乎？雖然，學宮之修，誠急矣。而今之修，則修而兼造者也。修不難，修而兼造則難，非有力者不克肩其任，非有才者不克贊其成也。因商之於邑人士，多同心者，經始於辛巳之秋，落成於甲申之春。於是向之漸傾頹於風雨中者，今則煥然改觀矣。其楯檻插天，欞星門也。門以內則泮池，礱以文石，亘以飛虹。爲之者誰？貢生朱文棟也。池以內則戟門，三門洞啓，朱戶雕甍。爲之者誰？貢生范希純、希堯兄弟也。門以內爲大成殿，鴟吻高張，螭陛森列，其旁爲兩廡，其中爲壇墠，其外爲宮牆，爲各祠，爲大門、左右角門，規制俱簇然秩然，則通邑之捐助也，其名別有石刻。董事者誰？紳衿顧君學峻、徐君元搏、周君尹玿、徐君志朝、王君日泰、徐君斌、顧君覲來、倪君世弦、揚君廷榜也。始議者誰？余與前司教錢塘諸君克紹、武康馮君學海及邑首事也。督成者誰？今司教蕭山陶君士麟、臨安盛君世玢也。自戟門以內皆修，門以外皆造，合緡錢壹千，有奇美哉！洋洋乎大觀也哉！夫尊崇先聖、倡興後學者，士人之事也。而率先勸諭、珥筆記盛者，守土之責也。武學之修者如此，造者如彼，是烏可以無記？抑余更有爲多士勗者。武爲朱呂講學之地，流風餘韵至今未艾，士生其間，睹宮牆之巍煥，仰賢哲之風徽，必有克自振拔、卓然堪爲學校光者。他若明倫勵行，讀經習業，諸法前訓具在，諒無容贅。是役也，邑人士之力居多，余則因人成事而已。回思曩者之愧，將不一而足也。是爲記。嘉慶邑志 下同

書 院 田 記

越故稱材藪，而武爲婺之望邑，當時朱、呂二公講學於此，鞏氏祖孫復後先崛起其間，固理學之區也。數百年來，文人科第，殊不數數見，豈天地之生材不若與？抑人之育材無素與？余剖符是邑，甫下車，周攬城郭，巡省宮牆，見有壺峰書院者列於西序，言言翼

翼，而誦弦之聲何闃焉未有聞也？他日，詔諸生問故，蓋肇於前任餘干汪君。汪爲余同年友，莅治之日，加意作人，振興文教，實創是役。惜其甫經落成，奄然長逝。雖堂寢庖湢略具，而脩脯膏火無資，山長一席，往往空懸。余不禁慨然曰：“是余之責也夫。”遂爲捐俸延師，誘進來學。閱今四稔，思爲經久之計，而紳士徐元搏、周尹珅、王日泰、顧覬來等以育嬰堂田并存留租息，呈請改撥。余即申詳列憲，爲遴選董事，續置膏腴，按其舊遺，覈以成數，秉公經理，從實報銷，毋致隱冒侵虧。斯真善後之良圖也。

抑余於多士有厚望者，韓子云：“業患不能精，無患有司之不明；行患不能成，無患有司之不公”，又曰：“用功深者，其收名也遠”，諸生肄業於斯，仰前賢之芳躅，體樂育之深心，濯磨奮厲，砥行立名，物華而天寶，乃呈地靈而人傑。斯轉將見三年小成，九年大成，從此桂杏聯翩，膠庠增色，即於越人文何多讓焉？余忝襄是役，以育材而廣化，於繼事或不無小補。而我友汪君之首庸，邑人士尤宜永矢勿諼也。因爲識其緣起，鑱石以詒來者。

張尅申鞏縣舉人，乾隆三十八年任邑令。

演連珠四首 題《金華詩錄》後

蓋聞金曜騰華，久分暉於婺宿；洞玄扃秘，盫鍾秀於山巒。是以繼濂洛關閩之傳，探源理窟；編風雨月泉之集，拔幟詞壇。

蓋聞寓賢有山棲之志，遺唱猶存；宦游題元暢之樓，流芬未墜。是以駱臨海初唐稱傑，原本風騷；方韶卿南宋開宗，特標清麗。

蓋聞太師之采風謠教，即宣於木鐸；王者之覘土俗聽，不廢夫臚言。是以吳清翁之令義烏，徵詩社起；阮元聲之官司理，選粹詩傳。

蓋聞灑甘隨五馬之輿，澤無不被；布和啓八門之鑰，情無不周。

是以發舊藏於名山，海珊羅而入網；證遺文於碩彥，狐腋聚而成裘。
《金華詩録》

文 塔 碑 記

　　武城爲婺州奧區，有講堂、明招、書臺、金柱諸山，拇駢角峙，繚
青擢翠於雲霞之表。自古金阮名流游屐所經，東萊、仲至諸君子所
棲息，由來尚矣。麻陽右一支蜿蜒曲折而來，直抵縣東南隅，是爲
誥山，其方於學位巽。熟溪環流，壺峰對峙，爲學宮之聳秀，洵一邑
文明地也。昔人以巽位宜峻，曾建設浮圖焉。嗣年久頹圮，屢議興
復而未果。

　　癸巳秋，余莅此土，竊覽習尚猶有古風，而數十年來人文不甚
盛，毋乃地利有興衰與？夫形象風氣之説，儒者諱言。而卜土正
龜，亦古所不廢，況育才興文，承乏者敢不懍爲先務乎？因値公餘，
歷誥山之巔，訪昔所建塔處，將集都人士以續其舉。適紳士王日
泰、徐斌、徐師潞、揚廷榜、顧文虎等環請重建。余欣然捐俸百金以
爲倡，一時鼓舞樂輸，庀材鳩工，踰二年功竣。自此風俗蒸蒸日上，
不獨增斯邑形域人材之盛，且以鳴國家涵濡教澤之休，余又何能無
厚望也？因遂礱石而爲之記。乾隆丙申冬月日。嘉慶邑志

紀 昀

四庫館校上雲谷雜記表

　　臣等謹案：《雲谷雜記》四卷，宋張淏撰。淏字清源，婺之武義
人，其里貫見於《金華志》。而陳振孫《書録解題》又稱爲梁國張淏，
蓋本開封人，而僑於婺者也。舉紹興二十七年進士，初補將仕郎，
主管吏部架閣文字，舉備顧問。紹定元年，以奉議郎致仕。當時稱
其學術淹通，紀問該洽。著述甚富，今所續施宿《會稽志》鈔帙尚

存，而此書宋《藝文志》、《文獻通考》皆不著錄，惟《文淵閣書目》載有一冊，其本亦久佚，世已無傳。今從《永樂大典》中采撮得一百數十條，別有徐邦憲《書帖》一首及淏"識語"一則，乃當時冠於首者。又有楊楫、韋穎、葉適後序三篇及淏自跋一篇，尚皆完善無缺。謹依類排次，釐爲四卷，而取《書帖》、序跋分載首末，以略還原本之舊。宋人説部著錄紛繁，大都撝異矜新，無關典據。惟洪邁《容齋隨筆》辨證名義，極稱精核，爲稽古者所資。淏此書實踵邁書而作，蓋專能爲考据之學者，其大旨見於自跋中。故其折衷精審，考訂詳明，於諸名家著述流傳，皆能析其疑而糾其謬。如論蕙之非零陵香，而駁邵博《聞見錄》之舛；論王羲之換鵝實有《黄庭》、《道德》二經，而斥蔡絛《西清詩話》之非；引董德元言，證蘇軾詩"虎頭城"之爲虔州；引曾慥《百家詞》證"虎兒"爲米友仁字，而摘施宿、任淵二家所注之誤。其釐訂是正，確有據依，實足爲學者殫見洽聞之助，宜當時極重其書。而葉適後跋以淏所論《泊宅編》花書名一條，義有未安，別存商確之語，淏併存諸卷中。其一時朋友質疑問難、切磋相長之意，足以相見。是皆有可取也。乾隆三十九年十月恭校上。《雲谷雜記》

韓席珍霍州人。舉人，乾隆四十九年任邑令。

重建熟溪橋記

甲辰之秋，余來宰武義。甫下車，週視城郭，見邑南門外溪水環流，木石聚於斯，匠築聚於斯。詢諸父老，知溪以熟名，而橋方更建也。翼日，紳士進謁，余詳問其顛末。告余曰："是橋燬不通，徒行者五閱年矣。前邑侯鄧憫民之病涉也，議成梁，捐俸百金爲倡率。適錢塘姚君濬來武，慨然以二百金助，遂得藉手。卜吉起工，邑士民各輸將若干如簿。今鄧侯去，捐繳寥寥，不給於用，功虧一簣，竊滋懼耳。"余曰："此司牧責也。方今幸際太平，士遵王道，民頌康衢，而聖天子子惠元元，凡道路橋梁，詔以時修葺。微鄧侯，予當與諸君子謀始，況有其舉之，而敢或廢乎？"於時他務未遑，即稽募簿成數，延請首事，諄切勸繳。我士民咸踴躍賁赴，由是蟼鼓弗勝，踰數月橋成。爲墩者十，架木爲梁，鋪以板，上建橋屋。爲楹者五十有一，衛以壁欄。中升奎閣，文昌位焉，願地靈而人傑也；慈航大士居乎左，願普濟無窮也；魯班之神及司橋之神居乎右，報其功兼祈其庇也。若鱗次，若虹飛，橫亙者五十餘丈，統費三千五百餘金。告成之日，予偕衆紳士游宴其上，民樂其樂，樂民之樂，誠甚盛事。

乙巳將勒石，請記於余。余稽邑乘，考遺碑，是橋始宋開禧三年，主簿石公宗玉創建，邑人德之，名爲石公橋，歲久傾圮。前明嘉靖時縣令趙奇募勸，僅造六墩而中止。隆慶二年縣令胡應軫圖修未就，林一鵠繼之，成十墩，始爲屋以蔽風雨。我朝康熙年間，橋遭回祿，縣令徐亮祖勸諭而更新之，制增於舊。乾隆四十三年戊戌，復不戒於火，梁屋盡隨烟焰，石墩止留十之二三，蓋重建之功較前更難。遠近募捐，固藉衆擎以舉，而首事諸君子拮据張皇，席不暇煖，亦大費經營辛苦矣。夫君子修德，非以望報。此橋近連永邑，遠接甌、處，爲往來孔道。每逢春夏水漲，望洋者或竟日不得渡。自兹以後，履坦貞吉，則濟人利物之爲澤，何其久且遠哉！總其成者，孝廉徐法樂、揚廷榜、顧文虎、衿士徐師潞、王廷彪等。至分募襄事及捐五兩以上者，壽諸石，餘則書區，均垂不朽。是爲記。嘉慶邑志

嚴 榮號少峰，吳縣人。乙卯進士，金華府知府。

嘉慶修武義志序

武義志書昉自明正德庚辰之歲，我朝順治、康熙間屢經重修，迄今百有餘年。其間應續應增之處，時逾事積，久則易忘，誠不可

緩於修輯矣。夫武於金郡，雖稱僻邑，然自唐代建縣以來，理學如鞏東平、揚元範，武功如葉方叔、江德濟，忠孝如徐伯謙、王時望，文學如張清源、姜邦傑，昭垂史策，後先彪炳，代不乏人。以視他邑，又何多讓焉！

去年冬，余以公事至武，邑令張君與學博朱君及紳士輩有志重輯，同請於余。余欣然諾之，因集邑中文學之士共襄斯役，而以吳寧周生總其成。自今春初開局，閱十月而蕆事。先是蘭溪、義烏兩志相繼成書，皆請余言弁其首，茲張君復呈書請序。披閱之下，凡山川、土田、官師、人物與夫名流著述，軼事瑣聞，或增或刪，咸有條理。他日重修郡志，不俟采訪，亦備遺之一助也。抑余更有勗焉者。武義亦稱武城，宰斯邑者，誠能以武城之治治之，使秀者澤以詩書，樸者力於原野，將士食舊德，農服先疇，絃歌之化，不難再見於今日。而東平、元範、清源、邦傑諸先正，亦弗至專美於前，則是書之作，不徒以供掌記，而且有裨於政教，是又予之所厚望也。夫嘉慶九年歲次甲子季冬上浣，賜進士出身朝議大夫知浙江金華府事前翰林院編修兼撰文充實錄館纂修官吳縣嚴榮撰。嘉慶邑志

張營堞字子望，號趨雲，黔西州人。辛卯舉人，嘉慶七年任邑令。

嘉慶修武義縣志序

余以壬戌歲杪蒞武，甫入春，即有泛舟之役，案牘旁午，形神交憊。洎是年秋，民慶盈寧，士懷利見，未及期月而景象异矣。於是邑人士數輩進議於余，為修志之舉，並縷述從前將修不果修之故。蓋自嘉慶戊午，前郡伯玉欲修府志，飭屬采訪，識者謂縣志不圖而府志是急，殊非先河後海之意。矧武志自康熙己卯，迄今百餘年，待修良殷，業請前邑宰袁將成議矣，祗以頻遭水旱而止。今不可以

再緩，固請余主其事。余自惟學殖荒落，性復重遲謇拙，削槧之舉無能爲役，是用請命於郡伯嚴，禮聘東陽周日千先生來訂是稿，復延思亭朱學博與邑之績學能文者開局協修。其體例悉請郡伯裁正，余亦間至局中，時與商榷，至於廣摭掇、稽檔册、任繕書、司校讎，以及經費盈縮，莫不量能效功，各殫厥勞；楮墨分程，剞劂並舉。以仲春始事，迨季冬而告竣。披閱之下，山川、土田、典章、故實，與夫風尚之澆淳，人物之衰盛，瞭然如指諸掌。雖起事太驟，未能以整以暇，或不無失之簡率。然而慎增删，嚴去取，於徵信存疑之道，未爲無當。他日者憲檄下縣，徵修府志，徵修通志，胥以是編上之矣。因叙其緣起，識於簡端。嵩嘉慶九年歲次甲子臘月上浣知武義縣事黔陽張營堠撰。嘉慶邑志

朱　奎號思亭，遂昌人。拔貢，乾隆五十五年任教諭。

嘉慶修武義志序

予自庚戌冬秉鐸武城，十餘年矣，每稽今昔，驗廢興，披閱志乘，怪其疏漏。及觀府志，於武事亦獨略，一切典章規制、井疆里社不具論，其最足動人觀感，係人留連者，莫如人物、藝文，武邑何寥寥也？武自有唐建縣以來，賢達輩出，其間事業功名，文章志行，焜耀當時，膾炙後世，流聲餘思，聞風者猶想見其人。而舊志或逸而不載，載而不詳，若張淏之文學，阮葵之高蹈，紀載闕如。項德捍城，其弟與焉，徐道隆殉國，其子與焉；而志傳亦援據失實。若乃公式异程，民物易觀，參互相印，迺見精覈。苟因沿仍襲，即是非易蒙，事迹日湮，考證日難矣。

按：武志修於康熙戊寅，迄今百餘年。近百年中，已不免所見异辭，所聞异辭，矧遠在百年以前者乎？雖業已修續，而中多傳疑，其軼時時見於他説，蓋武志之待修亟矣。一二留心考鏡、嗜學好古

之士，早見及此，及屢謀修輯，輒沮群議。予因力加慫恿，鼓其勇決，協衆興修，贊議明府黔陽張公請於郡，尊延名宿以訂其藁。至於搜遺補闕，正譌辨似，或增或删，或收或不收，予從諸君後，同事丹鉛，每不憚三四易稿，必歸徵信，蓋言慎也。夫錄遠而棄同即异，穿鑿旁説；記近而吹霜煦露，寒暑筆端。昔人所譏，曷敢出此？雖善善從長，而恒慮溢美；銓評昭整，期於苛溢不作。特以典籍不備，采摭不廣，期日太迫，剞劂太邃，往往草率徑遂，不愜於意。然而今昔廢興之縣，所以汲引後進，鞭策庶類，較之舊志，差爲完備矣。工既竣，并志其端委。附著簡末，後之覽者足以相諒云。嘉慶九年，歲在甲子冬十二月既望，武義縣學教諭平昌朱奎并書。嘉慶邑志，下同。

復建節孀祠暨捐祀田碑記

凡祀典之附在學宫者爲名宦，爲鄉賢，爲忠臣、孝子、義士、節婦，皆所以扶綱常、翼名教，其典良鉅。然余以爲，賢宦忠孝，類多士君子得志於時者所爲。即或外遇時艱，内丁家難，而困頓窮愁，猶能發攄其激昂悲憤之志。至於節婦，幽憂鬱悒，形單影隻，一生歲月盡消磨於泣血飲泪，無所告語。蓋此中苦，惟此中人自喻之，自吊之耳。故祀事之修，尤不可緩。而武獨闕焉，其何以慰貞魂、獎勁節？

余來武之初，即商所以補其祠而復其祀，不得其當。壬子春，有故儒童項興梁妻徐氏請捐奩資以建祠，曰："第架三椽足奠，龕室無取華焕爲也。"既而故太學生李孚烈妻朱氏請捐膳田以將祀事，曰："春露秋霜，足供蘋藻，無取豐備爲也。"余樂觀厥成，亟令設木主，稽節婦之已入志者，比其時世而備列焉。其未續入志者，悉心采訪，凡名實相符，衆所允協者，並附於後。數十年凄風苦雨，一旦爲霽日祥雲，則信乎節婦之苦，惟守節者能喻之，惟守節者能吊之也。稽舊志，武故有祠，廢於雍正壬子，祀事亦寢。至於今始復，紀年仍以壬子，亦一奇也。余嘉兩節婦之能自嘗其苦，因以喻人之苦，而吊人之苦也，苦節之貞爲甘節之亨矣，不可不勒名以志。所捐銀數田畝刊於碑陰，後有繼者益可補鐫云。乾隆六十年歲次乙卯十一月朔旦。

重修黄鋪基關帝廟記

黄鋪基當茭道、内白之間，相距各五里許。舊有關帝廟，建始趙宋，不知幾番興壞，以迄於今。往來行言，息肩駐足，而攲斜支拄，莫爲修治，將有覆壓虞。甲寅冬，處州鎮臺韓公正國閱武來婺，道經此，愓然企仰，肅衣再拜。顧謂防守寶君文元曰："有其舉之，莫敢廢也。"亟謀新之。首輸兼金二鎰，俾寶君董其事，與里人章生國峰等廣募以竟其役。計木植若干，甄甓若干，金石黝堊、工匠雜役之費又若干。以乙卯二月舉事，迄歲杪而竣工。正中奉關帝像，後仍爲大士閣。復於正殿前建路亭三間，俾行人有所憩息。庭宇整潔，丹碧輝煌。於是韓公親至用牲，以落其成，而屬奎爲文以記之。

嗟乎！公可謂知當務之急者矣！夫人情能見所見，不能見所不見，當夫群居雜處，狃常昵故，夷踞相對，泄泄自若。見有峩冠博帶、琴書劍佩而至者，則悚然起見；有設鹵簿、嚴頭踏、鳴騶訶殿、高車駟馬而過者，則怵然易慮，惶然屏息，逡巡退縮而不敢正視。矧赫赫明明，光景遲燭，如河嶽，如日星，常昭萬古，烜爍於耳目者乎！夫神之聲靈熋熾，著迹於肹蠁恍惚間者，固歷千數百年無間。至其翼我皇朝，聿昭助順，翕張鼓盪，尤非思議所能周。聖天子崇德報功，肇禋秩祀，有加無已。去年春，復錫綸音，改勅封爲供奉，蓋孔子而後一人而已。在天之靈彌綸布濩，無所不在，何擇於黄鋪基？而韓公觸目警心，不少遲緩如此，豈非神之靈爽自有以維繫人心，俾之振靡舉萎,轉頹俗而起頑懦者乎?且余聞諸故老,斯廟舊著靈感,蔓茅莛尊,如親告語,其足以震懾愚迷,消弭釁隙,窮鄉下里與通都要會無異也。奎譾陋無文,不能挨藻摘華,奮詞攄頌,不敢負韓公意,爲記其大略,俾後來有所考云。

重建鳴陽樓記

《易》曰:"帝出乎震",又曰:"萬物出乎震"。震,動也。天以陽生萬物,震得乾之初,以震動於東方,而有開必先,青陽於是畢達焉。前明贊府潘公有見於此,徹八素門,創鳴陽樓,縣鐘以徹昏曉,而地靈人傑,科名仕宦後先相望。下至扶犁荷鋤、牽車服賈之儔,亦莫不各勤爾業,以長於厥居。震之時義大矣哉!迨歷時既久,勝迹就湮,人往風微,因循至於喪貝遂泥,索索矍矍,而不知返。

丁巳冬年伯王培和先生士興銳意斯舉,同志林君德澄與某某等分任其事。釀資者若躋九陵,期七日之得;鳩工者不辭來屬,符有事之占。金粟交輸,木石駢至。基鑿於嘉慶戊午九月,至己未十一月門成。載歲庚申十二月,復搆層樓於上,仍肖文昌像,設鐘簴以宣暢其聲。丹碧焜耀,鏗鯨響答,巍然焕然,爲邑改觀。予親至其地,與董事諸君登樓眺望,舉酒相屬,以慶其成焉。夫善因者行所無事,而是舉之勞乃倍於常,役費亦屢浮所議,何也?昔潘贊府因門爲樓,而舊志稱其創,創猶因也。今則故址僅存,迹似因而全乎創矣!且昔之役,豎石於外而實土其中,故不久。今中外皆削石礱,錯無罅縫,廣長咸準,可俾勿壞。計木石工匠費及千緡,另籍可覆也。抑又考《月令》所載,古者啓閉皆出郭迎,今令惟迎春東郊,而武之迎春實將事於此。斯樓之成,不僅爲布德和,令平秩東作者驗俯和也。鳳鳴高岡,梧生朝陽,朋來之徵,茅茹之彙,胥於是樓啓之矣。斯時培和先生方銓訓羅陽,明年春以書來屬奎爲志顛末。憶近十餘年,先生數爲奎言斯樓之不可緩。蓋先生於是役,每飯不

忘，震來虩虩，而後笑言啞啞也。然非諸君協力，未易臻此，因不辭
讕陋而爲之記。嘉慶六年春三月望日。

王宇清

三刻孝烈編跋

歲乙酉，本邑何主調任甌之永嘉，路寄名簡於敝齋。閱之，則
同郡何明府簡也。初不解其由來，檢閱縉紳，乃知明府係山西靈石
人，以某曾代庖斯土，因寄候耳。某以臘盡，未及趨報，遂於丙戌春
仲親往武川答之，主同年徐訒堂家。訒堂出示《孝烈集》底稿一冊，
輯增訂删，頗費苦心。讀竟，淒惋之餘不勝敬仰。訒堂曰："肯留名
以光是集乎？盍爲我跋之？"余愧不文，況本傳詩叙皆名公巨手，既
詳且核，余鄙人耳，何敢復贅一詞哉？訒堂固請之，不得辭，爰走筆
書此以應。《孝烈編》

滿秋石字碧山，號若谷，滕人。舉人，嘉慶間任邑令。

斷蔗山房詩集序

斷蔗山人滿秋石，字碧山，號若谷，世居滕。以甲午鄉舉，來宰
武義。未仕以前嘗學爲詩，僻處鄉村，所交識不過山林寒畯，鮮就
正，故多不入格調。然一生心血不忍没也，梓以問世，高明君子幸
垂教焉。嘉慶甲戌三月，時年六十有六。《斷蔗山房詩集》

何綸錦山陰人。

節孝何母金安人七十徵詩序

己巳冬十有一月，武川家謖聞秀才携其所徵母夫人節壽詩謁

予，再拜而言曰："松濤十月始孩，慈父見背，母氏金辛勤教育，至於今日，而母氏年七十矣。松濤不肖，不能顯親揚名，敬乞當代名公鉅儒作爲歌詩，以彰母德。而首簡未有序之者，敢請。"予卒讀而言曰："節母之德，諸君子相與長者咏歌而嗟嘆之，炳炳烺烺，亦既爛然盈帙矣。予復何言？"雖然，第觀節母之行，而未察節母之心；第知節母之節之貞，而未審節母之孝之尤深且至也。吾嘗讀《易》而知節之義矣。《易‧節卦》曰："節，亨。苦節不可貞"，其四爻曰："安節，亨"，其五爻曰："甘節，吉"。節之甘苦，不繫之境而繫之心。心以爲甘，縱極貧賤，甘也；心以爲苦，縱極富貴，苦也。夫至極富貴而心以爲苦，其可貞乎？其不可貞乎？節母之歸我敬承先生也，年甫十有九，閱四載而生謨聞，踰年而敬承先生即世。節母孱然弱質，早喪所天，仰事俯育，備嘗艱苦。而節母則曰："未亡人，吾命也；之死靡佗，吾志也；事尊章，鞠藐孤，吾分也；啜菽飲水，吾素也。吾行吾心之所安，佗非所知也。"安之則甘之矣，而又何苦焉？迨其後謨聞爲名秀才，以能文辭謀鄉里，而中落之產亦駸駸日興。邑官師上母之節孝於朝，以綽楔表其閭，茲復以孫貴貤封節母爲安人。天寵所加，重輝疊耀，而節母身其康疆，子孫其逢吉，如食蔗然，老而愈甘；如食諫果然，味美於回甘。此則安節之所以亨，而甘節之所以吉也。且夫國家敦叙彝倫，風勵末俗，凡孝子順孫、義夫節婦，一善可録，咸予旌嘉，而獨於節婦則兼褒節孝，蓋懷在三之義，守從一之經，使父母有不失節之女，非孝乎？翁姑有不失節之婦，非孝乎？以婦道而兼子職，生事葬祭無違禮，非孝乎？若夫撫遺孤，衍似續，以存繼繼承承之宗祀於無窮，則尤孝之大者。而節母之孝，不寧惟是。敬承先生側出也，節母之事生姑如其嫡，擎拳曲謹無弗至。生姑歿，將祔其主於廟，武川之俗，庶母不入祠，格於衆議。時謨聞甫十四歲，節母泣謂之曰："汝家數世單傳，微汝生祖母，則自汝曾大父以下皆爲若敖氏鬼矣。此而不報,是忘本也。忘本何以立?他日必別建祠,祀爾曾大父以下,而以爾生祖母祔焉。爾世世子孫以昭穆從,則予之願也。"比長,益以是日相告勉。謖聞恪奉母訓,毋敢怠違。祠成,恐顯違衆議,且以曾大母邵之節孝與節母後先輝映也,名之曰"雙節"。諏吉,奉三世栗主入祠。節母曰:"可以告無罪矣。"是非其孝有大過人者乎?

　　夫序所以序作者之意也,今予所言,皆諸君子所未及。然推節母之心,紀節母之孝,發潛闡幽,可以厚人倫、美教化、移風俗,有詩人之遺意焉。序而揭之,不亦可乎?若諸君子所已言,又何贅爲?用弁簡首而歸之,即以爲節母壽。《節壽集》

金希范 永康人。

節孝何母金安人七十壽詩跋

　　今夫誦霜筠之集,高風雅托儒林;感彤管之編,好事歡騰戚里。以故懿徽允著,識瑜不必齊年;珠玉遙臨,賓倪同深愛日。如孟春既望,爲大姊七旬設帨之辰,而一時親朋諸名公各奮如椽之筆,或大書孝節,字挾風霜;或詳述仁慈,義昭日月;或明揚淑德,句欲生香;或細紀母儀,言堪重鼎:莫不共顯柏舟之節,縷錦裁雲;樂揚冰蘗之心,鏤金戛玉者也。范緣親弟,生平久悉徽音;姊是女兄,此日欣逢壽旦。晉堂中之爵,群誇子又生孫;稱庭下之觥,敢謂甥原似舅。況仰瞻鸞誥,一門久沐榮施;而捧讀鴻詞,九族咸沾光寵。琳琅滿目,惟思酒挹雙泉;裙屐盈門,更喜尊浮寶玉。嗚呼!獻椒花之頌,萬言莫罄形容;揚萱草之輝,奕禩爭傳實錄。深懷附驥,敬綴駢言。勉事續貂,恭成狼跋。《節壽集》

熊如洵

捐置店屋充科舉路費碑記

　　蓋義勇爲善俗之符，而賓興乃策名之始，二者似不相及，而善用之適以相成。此長民者所日廑於懷，而不可必得者也。官衙之右曰朝京坊，南臨大街有里長亭一區舊址，深廣不及半畝，而地居市心，久成曠土，人咸惜之。嘉慶十二年冬，有東鄉民陳德風者，潛謀居奇，乘夜建豎店屋三間，由是見者鵲喧，爭者蠭起。初發難於何生松濤，繼之者徐生秉孝，及徐惟市、徐李元等，紛呈疊愬，幾盈案牘。及細爲辨質，所執皆殘楮廢墨，依稀彷彿，舉無足爲左券者。乃悉抹去之，斷以所建歸公。念陳氏雖藉田影射，估計工料業費緡錢百二十千，蹴田奪牛，不已甚乎？準給店賃六年，以償其數，未能愜也。于是有職員程君士林聞風慕義，前席陳詞，願捐己錢如所斷之數，以給陳氏。店歸官賃，積貯以資赴科舉子舟車之費。並懇裁定章程，詳明立案，由前臨海學博揚君廷榜等代爲請命。

　　嗟乎！程君勇于義，足以助賓興之盛，善俗與策名交相利賴矣。余深爲嘉獎，因略定規條，詳明府憲，奉準立案，一一載之簿籍，俾董事者藏而遵行之。至於地之畝分，事之原委，有案可覆，毋庸贅也。司事者以泐石垂後，請爲敘其緣起，書以畀之。碑在縣署大堂左。

武川文鈔卷十六

外　集

國　朝

朱緒曾_{邑令。}

武川先覺跋

　　東萊呂成公三世葬明招山。乾道三年，成公持母服，居山中，著《左氏博議》，紫陽朱文公亦來講學焉。武川鞏山堂寔左右之，鞏之孫栗齋及洪無競、徐一夔、張成招皆受學於玆山。洪、徐見《東萊文集》，張著有《標注博議綱目》，見《宋史·藝文志》，可據也。緒曾敬謁講堂，惟祀文公、成公、二鞏先生，餘皆闕如。謹以成公之弟、太府寺丞諱祖儉及洪、徐、張三先生增祔焉，額曰"武川先覺"，志仰止也。時永康陳同甫、東甌葉水心皆暫游，其餘弟子非武川人，故不及祀云。道光辛丑仲夏，署武義縣事、金陵後學朱緒曾謹書并跋。_{額在明招講院。}

萬承蔭_{文林郎，署邑令，調署縉雲縣。}

何雪耘元啓七十壽序

　　今使南山獻頌詞，夸度索之桃；北海開尊銘，製酈泉之菊。逞曼文而修襮，鏤月琱霞；飾奇字以捄張，諛松贊柏。非不筆徵鸞聳，籌助鶴添，藉申薦祉之忱，遂佐稱觴之樂。然而支言不滌，潛德未彰，縱竭鴻詞，難描芳躅。則如雪耘先生者，豈惟是侈眉壽之文，遂足進手仉之爵乎？先生髫齡嗜學，英歲蜚聲，早賡樂泮之歌，旋入明經之選。奇姿嶽嶽，繼水部之家聲；大才槃槃，推襄陽之耆舊。即論腰腳，還勝後生；但仰鬚眉，應逾大董。於今年九月爲先生七十壽辰，上重申之新祝，展周甲之舊筵，禮也。特是雲邊雅奏，詩雜仙心；日下名流，文馳天口。若非闡其仁義之徽，曷以驗其龐洪之福？請舉三善，敬侑一尊。

今夫原伯不學，竟貽閔子之譏；絳灌無文，難免賈生之慨。以彼身膺夫將相，猶難心悅乎詩書。他若學究三家，藝林十載，即或操觚自詡，擘紙恒勤，又皆珍册子於兔園，未必獲神針於鴛譜。而先生幼孤力學，長益窮經。一燈黯黯，奉畫荻於歐幃；卅載悠悠，肄韋編於馬帳。袠羅萬卷，盡是娵嬛；吟出一篇，聲成韶濩。才堪作志，畏難不襲乎江花；動即成文，嬉笑直侔乎蘇海。衰起八代，業足千秋，其不可及者一也。然而胸羅星宿，腕挾風霜，不難奪座上之錦袍，拾腰間之紫綬。使終朝兀兀，心常縈千佛之經；短案孜孜，手自刻三年之楮。名心尚銳，達士云何。而先生再膺申薦，十躓秋闈。卒以萱樹長彫，遂絕槐花小課。解天弢而自樂，謝人爵而彌榮。莊衿老帶，籍隸群仙；阮嘯嵇琴，名高六逸。酒傾新碧，柳圍栗里之門；花折小紅，芝譜商山之曲。以名山之著述，作平地之神仙，其不可及者二也。若乃財雄猗頓，利擅陶朱，苟雉膏之偶屯，亦鴻儀之難奉。而先生萬間廣廈，願等杜陵；十丈長裘，覆同白傅。青鴛繡佛，獨布祇樹之金；黃雀銜環，每致羂桑之犒。焚薛邑之券，歡動一鄉；築倉嶺之亭，蔭垂百里。山形兔缺，五光騰煉石之爐；水面龍回，七寶費修輪之斧。功難指屈，德是耳鳴。其不可及者三也。夫任天者必獲天佑，好生者始克生延，自古爲昭，于今益信。先生備立言、立功、立德之全，獲通人、高人、善人之慶。以故戚屢同於騎省，膠更續乎名門，警協雞鳴，舉仍鴻按。而且庭前玉樹，奕奕臨風；膝下珠光，輝輝映月。名高三舍，已冠弟子之班；望壓一鶚，早定詞林之器。今者紅萸吐芳，黃花耀節，蟺醇介壽，鳩杖隨身。詞擲孫綽之金，杯奉容成之玉。福誰如之？喜可知已。承蔭鳧趨舊至，雀躍彌殷。知音在昔，曾聽伯牙海上之琴；獻祝方新，擬吹李委腰間之笛。數上壽之歲月，定逾絳縣老人；陳下里之歌詞，慚無黃絹幼婦。《清源宗譜》

金雲門字□□□□人。進士，道光十四年邑令。仕至黃州府知府。咸豐三年，粵賊入黃，罵賊死之。

百歲冥壽序

　　壽文非古也。古者三多九如，皆平時頌禱之詞，而非用於懸弧設帨之日。後之君子，不忍其親之嘉言懿行湮沒無聞，於介壽之日，藉親知諸人敷其行事，作爲文詞。故自有明以來，名人集中往往有之。至冥壽之稱，則未之前聞。然孝子之心，事死如生，則亦亡於禮者之禮也。

　　余攝篆武成，與渭川湯君爲同僚，相得甚歡。以茲七月既望，爲其尊人贈君幹翁者百歲冥壽，請余爲文。余交渭川，見其真摯無少僞，爲近今所罕有。及睹所述贈君序，略知其得於庭訓者多也。贈君世爲武成望族，以孝友聞於鄉，持躬儉約，而遇事慷慨無少吝。其胸次坦白，見人有善則贊成之不遺餘力，過則規勸之，必使改之而後已。蓋自處家庭以及鄉里，交游無不一本於誠，故人亦咸相感乎，宜乎至今猶稱道不衰。淑配徐太夫人，能型先生之化，孝其所先，敬其所尊，睦其妯娌，誨其子弟，一門之內曾無間言。子二，長渭濱，邑庠生，貤封武略騎尉；渭川其次也。皆能有贈君之遺風，非僅以功名自見者也。孔子曰：“人之生也直”，直即誠之謂也。世有享期頤，登上壽，而生理不存，雖壽猶不壽也。若贈君之誠，孚於一家，孚於一鄉，歿後猶令人有足稱者，雖百歲如一日也。則不壽於其身，而壽於其名，其壽又烏可量？夫身，有盡者也；名，無盡者也。豈僅百歲云爾哉？《湯譜》

茗雅堂跋

情之所鍾，即可以知其性之所近，而於結納往來，品誼尤於是關焉。雲嵐湯兆龍大兄，當吾卸篆武陽，曾主其家。見其爲人，篤嗜古玩，酷愛字畫，慷慨締納，磊落英多，疊興營造，並寓奇趣，令人遙思其品，真不愧爲芳茗之可馨而近，有雅人深致者也。吾嘗以“立誠”額其書室，兹聞其堂落成，復藉鴻便，題“茗雅”二字以顏之，聊以儀其生平云爾。海陽金雲門。茗雅堂匾額

武城書院清釐田畝修葺院宇碑記[①]

取寺觀羨田入書院，以養育人材，擇邑人士之公慎者董其事，不以寄吏胥，此前令君美意良法也。法不能不敝，敝而聽之，可乎？道光癸未歲，余攝篆兹邑，晉書院禮謁先賢，起視庭廡，多莠漫勿治。爲捐俸修葺之，乃進邑人士而告之以清釐學田事，久之未有應者，蓋積重難返，其勢然矣。

甲申春，爰復選董事劉君垣、顧君倬櫚、祝君志韶、王君人榮、項君秉謙、徐君長清、顧君振雲、陳君大濟、顧君蓮、徐君啓法相與詣各鄉，按籍繪圖覈田，得若干畝。視田之厚薄，以上下其租賦。鄉民廛至受□佃，即以是年租入之半爲添修後院屋舍費，建倉於其西偏，而以東偏居守院者。凡山長束脩、諸生膏火各經費，皆爲詳

---

① 據《武川備考》，此文作者爲“知縣畢華珍”。

定程品，歲以爲常。邑人士咸以斯舉爲不謬前令君意也。雖然，此猶其法耳，法不能不敝，存乎其人。若作室家，既勤垣墉，惟其塗塈茨。若稽田，既勤敷菑，爲厥疆畎。始之終之，永永無斁。夫非董事諸君之責與？碑在書院。

失 名

盤 根 集 序

古人云："士惟俗不可醫"，士之俗者，不煩言矣。物之俗，人多未及知，試舉一端爲例。世謂器之美者，曰金玉；工之巧者，曰雕幾。夫必金玉始爲美，必雕幾始爲巧，將非金玉與雕幾者即不得稱美巧乎？物有何情？不過隨人臆爲軒輊耳。但其間有一點凡俗未能擺脱處，蓋物之華美見重，與人之貴顯見重，不相類而正相類也。顧予又聞之：珍錯之羹曰骨董，古玩之肆亦以此稱伊，豈玉石與肉合，語音相仿而借名與？彼其窮奢極麗，羅集精英，人稱之不勝一二指數者？請以二語蔽之，形不離金玉，工不出刻雕，此外無取焉。

武川王君蓀畦善吟詩，其集獨以"盤根"名。夫盤根者，乃擁腫拳曲，不中棟梁之采者。當其淪没，窮山幽壑，微特見棄工師，即樵夫牧豎亦且藐視之，得毋儗非其倫？不知一種天造地設之概，大有雅人深致，爲名流逸客所稱賞。武則嶂抱而峰回，或則龍蟠而虎踞，或則人馬之奔走，或則花鳥之低昂，以及蟲魚木石，殊形怪像，殆有鬼斧神斤所不到者。一遇嗜奇之士，丹青無事，剞劂不施，不過小加拂拭，略倩安排，縱未得與篚瑚圭璋同升朝廟，而置諸蕭齋，蔑不生懂喜容，作把玩想，以視金玉、雕幾，人巧天工，俗與不俗，相去奚翅千里哉？予飄蓬斷梗，落拓江湖久矣。見王君詩，因嘅乎其言。王君敦内行，重然諾，以予流寓武川，途窮日暮，將伯誰呼？君獨留款齋頭,恩視有加。陶潛冥報之語,眷眷未忘。君之平素,予尚未深究,他著作亦尚未見,而詩卷則裒然成冊。嗚呼！以古董擬盤根,盤根之爲盤根見矣。盤根見,而盤根之詩見矣;盤根之詩見,而王君之爲人亦因之以畢見矣。按:《盤根集》經寇難已佚,此序係邵炳鑾鈔本,惜不著名氏。玩序中語,必异地人寓邑者。

李道融字檢齋,號紅亭,河南人。進士,道光間邑令。

古愚子文集序

天地之生才一也,而才之所遇不同。士有登科第、受爵禄,大而秉鈞當軸,補袞調梅;小而出宰百里,爲保障,稱父母,皆膏澤被於人,功名顯於世:此才而遇於時者之所爲也。至若誦詩讀書,循分守志,不役役於紛華,不營營於名利,詩文自愉,用以發胸中之瑰奇,使人稱爲典型,而閭里鄉黨皆薰其德而善良,此才而不遇於時者之所爲也。遇者不可倖邀,而不遇者積學之士往往有之。

武成古愚子,年逾八旬,敦行不怠,好學不倦,隱居林泉,著詩文數十百篇。一本其心之所得,言皆近人而合道,所稱積學之士非與?雖未通仕籍,膏澤功名無所見,而其品足述矣。予覽所著詩文,既嘆其不遇,無以展其才,又欽其學老而益篤,特序之以爲爲士者勸。道光丙申孟冬,紅亭李道融題。《夢餘集》

宋賓王字鷺洲。山東進士,道光間邑令。

守靖處跋語

女亦知閒居之樂乎?雖武成縣尊,未可與易也。守靖處匾額。按:大令少無宦情,屢告病不允,故其語如此。

李　芬字香谷，彭城人。進士，道光間邑令。

捐黃船頭石橋序

乙巳之炑，余承乏武義。明年夏，因公赴鄉，道經西十三莊黃船頭地方，時梅雨初晴，新漲驟發，輿夫患徒涉，幾欲臨流而返。村之父老揖余而言曰："是舊有鹿和橋，今圮近百年矣。此途上通宣、處，下達金、蘭，行人絡繹，往往當水漲之時，過涉滅頂，不無性命之憂。其間沙石相錯，消長無常，又不能設舟楫。前年秋曾淹沒二人，去年夏又淹沒三人，自橋壞而民之病涉久矣。"余聞之惻然於心，而不能去。越數日，諸父老以勸捐請購石，以重建斯橋。余曰："是善舉也，豈徒爲我武一邑造福乎哉？諸君樂爲是舉，合邑士庶以及隣邑殷厚之家，自無不樂爲是舉焉。"因先捐薄俸，以爲之倡。所望歲月之間，聿觀厥成，則仁人君子濟民利物之功，孰有大於是者哉？王建中鈔本

施　寅字廉泉，烏程人。舉人，咸豐初邑訓導。

重修二郎廟記

古之生爲循吏，沒爲明神者，代不數人，蓋建功立德若是之難也。謹按：真君系出隴西，事實詳於《華陽志》，嘗爲蜀守，有惠政，歿後封爲神。自明迄今，各郡縣皆立廟祀。惟武邑崇奉日益虔，威靈亦日以著。粵稽乾隆嘉慶時，屢加修葺，越今數十年，漸次傾圮。邑紳士謀所以重建之，商於衆，則樂輸者多。於是舉謹厚者董其事，鳩工庀材，擇其朽敗者因而新焉。而規模之未備者，又爲之創其制而大其觀。工始於道光己酉年二月初一日，成於咸豐辛亥年十月初一日。成之日，囑余記其事。余曰："是役也，豈以誇輪奐美觀瞻云爾哉？蓋天地之氣一也，凝於人爲人，凝於神爲神。武邑人

愿,不慣機巧,合千萬人淳龐之氣,夙夜虩虩,惟神是凝。神因得所
憑依,而昭著其靈爽,以庥庇乎民,洵足以垂久遠,而邀神貺於無窮
矣。司事者以捐助芳名泐之於石,俾後之人有所考云。"是爲記。
碑在二郎廟。

周灝孫楚軍刑審。

<h2 style="text-align:center">題孝子祠壁</h2>

咸豐戊午,粤匪寇武。秋八月,余從大軍復武邑,進剿宣平。
道經孝里,因謁孝祠,率題鄙句,庸志景仰。師行有程,笳鼓競催。
不及終篇爲恨。

鷥嶺嶽嶽,孝子是育。六載忍仇,卒殲圯族。撫棺長辭,崩城
一哭。千古杯酒,君飲最酷。當其笑談,視賊如肉。羊塘澄清,烈
婦斯生。三年俯仰,事畢終殉。《孝烈編》

羅子森字雨樵,南海人。舉人,同治二年署邑令。

<h2 style="text-align:center">懷阮亭記</h2>

(下關)

徐士龍字頡雲,常山人。舉人,同治十年任邑教諭。

<h2 style="text-align:center">四刻孝烈編序</h2>

辛未,予獲選武川儒學。屢承諸老先生稱道邑西鄉前有王孝
子、俞烈婦,事載傳說,編已蠹殘。予屢索其傳,恨未及見。癸酉
春,吾賢友芰亭以鈔本《孝烈編》詣學,謂予曰:"是編三易梨棗,仍
致散佚,采訪遺簡,逐一校對。訛者正之,遺者補之,録成六卷。"擬
爲重刻,問序於予。予敬讀《孝烈編》,不勝愴然,曰:"自明迄今,歷

有傳序，巓末至詳，坊表猶存，國乘常著。賜入鄉賢之祀，旌以孝烈之門，是孝子、烈婦空前絶後者也。予何容復贅一辭？但以數百年來，殘編斷簡，芰亭復采而輯之，正訛補遺，重付剞劂，永垂千載。可知芰亭之有補於前人者，即孝烈之精靈不泯，直與天地同流、日月爭光也。"夫謹序數言於編右。甚同治十有二年春月，武義縣學教諭常山球川徐士龍頡雲拜譔。《四刻孝烈編》·

武川文鈔卷十七

補　　編

國　　朝

朱爾殿 見前。

孝子湯伯瑜傳

　　湯伯瑜，字如玉，明季冠帶孝子也。先世扈蹕南渡，由汴梁遷栝蒼，代有顯達。始祖晙與姪元宰公志趨不相投，乃隱居於邑棗岩，自號默庵，以良醫濟世。世祖覺，登乾道進士，累官至九江太守，惠澤及民，爲南宋有名賢刺史。丁父艱歸，遂卜居溪南，杜門不出。孝子父文奇公，質性惇樸，守清白之遺，不屑屑治生產，家遂窘。娶宣平大萊王氏，舉丈夫子四，孝子其季也。

　　孝子生有異稟，沉靜淵默，方總角便已絕异常兒。九歲至大萊讀書，授以句讀，略詁文辭，輒辦推類，塾師大奇之。越一年失怙，時方十歲。偕諸兄居喪次，毀瘠過禮，哀感行路。緣貧不能葬，晨昏撫棺號切，跣足負土以營窀穸。母與兄初未之知也，及知而憐之，勸以弗亟，則墓已成矣。母竊私心自喜，有子如此，不難成立，乃益誓靡它。諸兄或就傅，或經營四方，孝子獨依依膝下，奉養惟謹，雖受室而孺慕勿衰。母嘗病癰，外茄中瓜，痛楚無聊，醫者謂非針不潰。孝子弗忍，以口吮之，赤黃迸流，毒盡而愈。又嘗暑痢，晝夜頻急，掖起藉眠，親嘗湯藥，躬滌溺器，衣不解帶者月餘。由是子孝母節，一時藉藉，隣族學校交相表狀。署縣同知劉上其事，守道堵、學道周咸表節孝，歲給粟帛，以示獎焉。孝子自痛少孤失學，厥子六人皆令務讀，及母壽八十有七以歿，已親見次孫敬仲、季孫果齋進步黌宮云。果齋，余同窗友，勤學爲同堂莫及，而定省晨昏必躬親，雖風雨不敢廢。嗚呼！誰非人子？如孝子者，真可謂"永言孝思，孝思維則"者矣。《湯譜》

湯果齋七十壽序

歲甲子八月，爲余友果齋七旬覽揆辰，其門人徐長公、倪掄彥，姪元圭、上珍暨諸親友將以是日舉爵焉。屬余言爲侑，以余與翁相知心也。雖不敏，誼不敢辭，因進諸君子而謂之曰：

"余不文，無詞以壽翁也。抑翁教育群英，高年不倦，今爲諸君子壽其師，請即以'師說'，可乎？稽古爲師者，多碩大昌茂，有難老之慶。周初鬻子、呂望爲師，鬻子九十，望八十，始顯名於上。降而傳經之師，漢時申培公、伏生皆經義老師也，迨其業傳，而申公八十，伏生九十餘矣。後漢又有伏恭、桓榮，亦咸以耄耋之歲，人主北面問道，尊爲老，更何其盛哉！豈道積而著，教久始光，非壽考蔑以見與？抑其道德之所韜韞，理義之所膏灌，有以澤其身心，而導其天和有壽道與？不然，何古之爲師者多老壽也？夫道之不可以不明而教之不可以不傳也久矣。古已謝而後未至，中縮之維師，其人非有强固康豫之質，與黃髮兒齒之壽，則道固不可以易明，而學固不可以易傳也。天而愛道，則其人者豈非所擁護保佑，偏厚而私騭者哉？於今則有余友湯果翁，生有异稟，讀書常兼數人，自其少時，試輒冠曹耦，文章翰墨之譽已流天下。數奇不第，囊錐相疑。然益務攻苦，於書無所不讀，旁蒐冥探，地負海涵，吾婺稱博物洽聞者莫翁若。身益困，名益顯，教亦日益博。遠近執贄者數百人，經其指授，莫不粲然成文章，有規矩，一時言師門之盛無與比。而翁風格峻整，襟懷恬淡，邑大夫以下多慕交翁，翁悉介辭之，終未嘗一言爲干請。其方嚴修潔大抵然也。以故翁之爲教，不言而肅，師道之尊，亦無如我翁者。今春秋七十矣，體充而兒澤，德和而教循，終日與其及門講解古人嘉言懿行，娓娓無所倦，洵所言碩大昌茂，有難老之慶者也。雖遇合未可期，要其耄而好學，經明行修，不堪與桓榮、伏生諸賢輝映千古哉？吾聞翁之太翁近坡翁至孝格天，壽躋耄期，名垂青史。翁能繼其志而推廣之，作爲《勸孝歌》、《日省類編》、《醒世俚言》諸書，纍纍數萬言，大旨皆歸本於孝弟，可謂錫類不匱者矣。今屆懸車之年，長君孟厲蜚聲膠庠，指日騰驤；次君、季君並有才名，克繩祖武。諸孫茗髮穎豎，亭亭如珠林玉筍。翁環顧而樂，何如也？繼今以往，如日始升，如川方至，尤願翁三復《抑戒》之詩，以益壯其志氣而彌宏其教澤，以壽一身者壽一世，庶不負天所以與我之意乎！"諸君子唯唯稱善，遂授簡祝史而侑翁一觴。

附　　録

附録一　相關傳記

陳玉蘭輯校

何獻瑞、簫山傳　王建中撰

何鳳呈字獻瑞，弟鳳臺字簫山，志趣不同而生平無稍嫌隙，怡如也。初，獻瑞讀書於家塾，簫山則就學外家。既長，皆不赴試，業農。獻瑞性豪華，善飲酒，醉或罵其座人。簫山亦善飲，而恂恂然言不出其口，醉則鼾卧而已。簫山力稽事，見星出，見星入，獻瑞必置酒以俟，弟未歸，雖渴弗沾吻也。花朝月夕，載酒訪翠，揮金如土，飲博呼盧，意氣不可一世，悉以家事付簫山。簫山每蓄金，充乃兄丈頭需。厥後得咯血疾，獻瑞代禱延醫，疾增劇，喉間痛不下咽，每發則呼蕡。獻瑞以指掐掌代弟痛，泪涔涔下。簫山卒，獻瑞一慟仆地，絶而甦，甦而復哭，髮盡白。自是不爲狎游，勤家務，延名士教子姪，姪就試赴科，獻瑞必身往督之。

咸豐辛酉，粵賊陷邑，獻瑞偕小南勇攻城，爲賊所掠，以計紿之，得不死。陷賊中二月，縋城出。明年同治壬戌冬卒。

獻瑞娶孝里王氏：子一，德銓，篷室出；女二。簫山娶邵氏，無出。繼室童氏，子二：長德潤，今廩生；季德澤。

疏疏氏曰：兄弟其初，一人之身也。分形賦性，志向攸殊，嫌隙既開，相尤從此肇矣。獻瑞豪俠，簫山醇謹，何其式好也！豈天資固美邪？抑學以變化其氣質邪？余總角時與二人交狎，中年以後各守家事，間一相見，必以友恭爲勗。迄今憶之，如目前事，輒忘其鄙陋，爲之傳，以箴世之角弓翩反者。

——王建中撰，《石城何氏宗譜》卷之庚《閭書録·傳》

童孺人傳　王建中撰

孺人姓童氏，余友何簫山君之配，而明經德潤之母也。勤操作，工紝織，自爲兒時已然。簫山君初娶邵氏，周歲卒。邵故富家，珠翠盈笥，裙釵盈篋。而孺人生宴室，續弦時，人莫不爲孺人幸，孺人如故也。簫山君二世同居，食指繁，賓額盛，中厨之炊無已時。孺人有姑有長姒，有媪有婢，然必身任其勞。秋稼登場，曬粟於圃，寒夜籌火，紡織無少懈。比簫山君不永年，遺孤藐然，人莫不爲孺人憂，孺人如故也。孺人四旬初度，適德潤入泮，彩衣襴衫，輝舞膝下，人又爲孺人慶，孺人如故也。辛酉寇難，孺人奉姑犇萬山中，與家人相失，夜走二三十里，卒免於難。迨昇平，家中落，疫癘死喪相繼，逋負如山，索租者無虛日，炊或中輟，人又轉爲孺人憂，孺人卒如故，惟勉其子讀書而已。同治壬申，德潤拔萃於鄉，而孺人卒矣。孺人有婢，感孺人恩，終身弗去。嗟夫！寵辱不驚，大丈夫難事也！孺人苦而甘，甘而苦，不以夷險動其心，可不謂賢乎哉？光緒丁丑知金華府事趙曾向采孺人節孝上聞請旌。余與簫山君爲總角交，余內子又與孺人姑嫂行，又辱德潤之請也，於是乎爲之傳。

——《石城何氏宗譜》卷之庚《閭書録·傳》

何德潤

德潤，字君慎，號芝亭（行熙三百七十五）。咸豐乙卯吳學憲科考附生，丙辰周學憲歲考增生。同治丁卯吳學憲科考廩生，癸酉科丁學憲選拔，尋丁內艱。光緒乙酉科瞿學憲補會考，丙戌試禮部，取八旗官學教習第四十名。己丑四月，禮部傳到不赴。所著有《烟月山房詩集》十卷、《烟月山房文集》十一卷、《外集》四卷、《武川寇難詩草》一卷、《吟花館詩》一卷，所編輯有《易學引悟》十二卷、《武川備考》十二卷、《武川文鈔》十六卷、《武川詩鈔》十五卷、《武川叢書正續編》百十三卷、《尊聖錄》二十卷、《天地元音》六卷、《東平僅存集》一卷、《孝烈編》六卷、《木訥山居雜錄》六卷、《紅羊小劫》二卷、《樵餘客話》六卷。

——《石城何氏宗譜》卷之己《亢宗录》（民國丙戌年重修本）

芰亭先生傳　何詔撰

芰亭先生諱德潤，字君慎，別號浣花子，武義南湖人，蓋與詔同出廬江之系也。先生生有异禀，甫周月，每啼哭時，家人輒抱而示以楹聯之字，即轉而爲笑，且欲牙牙作語狀。白樂天生七月能識"之無"二字，先生殆同此穎悟歟！七歲入塾讀書，過目不忘，塾師甚奇之。十二歲父卒，哀毁逾恒，其伯慰之曰："爾毋過哀，當電勉讀書以繼父志而慰母心。"先生乃節哀焉。十八歲補博士弟子員，時咸豐乙卯也。越二年，粵寇陷武義，其伯率先生及合家十餘口避亂郭洞、白溪等處，三年始歸，債臺高築，索逋者無虛日，炊或中輟。其伯曰："吾生平不失信於人，今將奈何？"一嘆而卒。先生哀之痛不欲生，舉家勸慰乃止。於是盡質其母奩、田償之，不足則期以舌耕。同治丁卯食廩餼。癸酉以拔萃貢成均，旋丁内艱，故未與廷試。光緒丙戌考取八旗官學教習，又以家務繁重不赴。先生幼失怙，其伯撫視甚至，故先生待諸弟誠摯肫篤，一如其伯之於先生焉。諸弟姪亦能仰體先生之用心，奉命維謹。一門之内，怡怡如也。

前清以制義取士，士之聰穎而特出者，類皆專精帖括爲博取功名計。先生誘掖後進，必勖其潛心經史子集以植其根抵。暇復集里中子弟結詩社，俾之揚風抾雅，陶寫其活潑之性靈。華實兼施，而邑人士始知崇尚樸學，實先生提倡之力居多。

　　蓋先生自壬午以還，諸弟相繼病卒。先生遂絶意進取，操理家政，督姪輩耕讀。非公事，經年足不入城市。鄉之人有爭辨者，必質之於先生，先生悉爲排解之。上下六十年間，無一人涉訟公庭者，咸號爲太平鄉。德化感人，先生其有康成之遺範耶！

　　先生性儉樸，生平別無嗜好，惟以書自娛。鉛槧之餘，留意鄉邦文獻。今檢其遺篋，得其所著者有《烟月山房詩集》十卷、《文集》十一卷、《外集》四卷、《武川寇難詩草》一卷，其所輯者有《武川備考》十二卷、《武川文鈔》十六卷、《武川詩鈔》十五卷、《武川叢書》正續編百十三卷、《尊聖録》二十卷、《天地元音》六卷、《東平僅存集》一卷、《孝烈編》六卷、《木訥山居雜録》六卷、《紅羊小劫》二卷、《樵餘客話》六卷、《易學引悟》十二卷，其餘《武川恒言》、《南湖讀書雜録》諸書尚夥。嗟乎！先生之著述可謂宏富矣。

　　韶於先生獲交已久，固友而兼師者也。陳思王曰："後世誰復相定吾文者耶？"韶之學，雖不足以測先生之高深，而謬托知心，屢欲梓先生之書而公之於世。所惜頻年奔走，私願未償，翹企道山，愴懷曷極？

　　先生生於道光戊戌十一月十一日亥時，卒於宣統辛亥三月十六子時，享壽七十有四。以胞弟長子爾清、繼次子爾槐兼祧。女二：長適副車王庭揚長子、庠生名紹香；次適水碓後徐昌期。孫五：康棪、康球、康彬、康仁、康金。曾孫三：慶堂、若基、若明。

　　甲子五月上浣宗晚生韶謹撰。

——《石城何氏宗譜》卷之庚《閻書録·傳》

熙三百七十五苵亭公像贊　何葆仁撰

　　其學也專，無書不讀。其交也和，無人不服。文則韓蘇，詩則皮陸。於鄉黨則恂如，於室家則敦睦。著作等身，手鈔盈幅，門徒遍梓鄉，咸沾膏而丐馥。蓋其所通者經史，所友者豪英。春容大

雅，悉化矜爭。畏炎曦而頭童足跣，守寒素而雪白冰清。具曼倩之
詼諧，兼允南之樸誠。所以無少無長、無近無遠，群稱先生而不名。

——《石城何氏宗譜》卷之庚《閭書録・贊》

熙三百七十五茇亭公壽序　俞錦雲撰

　　粵稽洪範九疇，福徵皆備；華封三祝，壽算宜多。此則尋常頌
禱詞也，以是爲夫子壽，尚未盡天所以永年之意與吾儕所以祝嘏之
情。千秋德業，百歲光陰，其關係有大焉者也矣。自宋以來，聖學
昌明。郡播小鄒魯之風，名儒輩出；宰沿古武城之治，雅化非遙。
類多長者，人有老成。然而徵文考獻，求如朱、呂二公開明招之講
席、綿伊洛之薪傳者，亦未可多得。仰望壺山，遙瞻熟水，木鐸餘
音，伊誰嗣響？惟我夫子，東婺承家，南湖沿德。孝友性成，婚姻宜
篤。懷明珠之一顆，樹群玉於兩階。幼而拾芹如芥，長則拔萃蜚
英。學溯淵源，槐堂之春風久坐；教泯畛域，榆院之化日舒長。時
有餘暇，手不停披，閉戶著述，積成若干册。百家諸子，所筆録者盈
篋盈箱。觀其事事，非飽數千卷之詩書，瀝數十年之心血，曷克臻
此？而其更番易稿，精益求精者，尤無盡期也。聲律漸細，纂輯彌
殷。夙偕同志，賦詩吟壇。首列兹爲遺編，續傳孝里增光。生等受
業有年，稱觴奚後？迴思向之昆仲坦甥，隨而共學者，皆已成名；而
吾黨之從游，蓋亦有三世矣。恭維西席，敬祝南山。伏願門墻廣
啟，培植繼起英才，更老尊崇，長作熙朝人瑞也。則夫子榮甚，學生
幸甚。謹序。

——《石城何氏宗譜》卷之庚《閭書録・序》

　　注：俞錦雲，宣平拔貢，何德潤門生。

附録二　相關序跋

陳玉蘭輯校

烟月山房詩集序　李端遇

　　或問：詩與文一道乎？曰：唯唯，否否，不然。曰：若何？曰：文之爲道，察時變，開來哲，蟠天際地，統古該今，究其極而在茲一嘆，非聖人不敢居，文固若是之難也。若夫詩，自三百篇而降，代有作者，其間忠臣孝子莫不以詩寫其胸臆。蓋詩道性情，世無無性情之人，即無不可言詩之人。然則匹夫匹婦其於詩，似皆與知與能矣。顧世之能文者，往往與之論詩，鑿枘而不相入。即如望溪先生文雄一代，及以詩質查初白，初白謂宜專治文，不必治詩，望溪遂終身不復作詩。是匹夫匹婦所知能者，大人先生轉或不敢道焉。則詩又處其難矣。詩與文信乎非一道也！

　　何君芰亭介其侄、門下士公蔭孝廉，以所著《烟月山房詩》見質，余卒讀一過，益嘆君爲能爲其似易而實難者，所詣爲最邃也。君當咸同辛壬之間，髮逆猖獗，瑣尾流離，備諸艱苦，而蒿目時局，輒形之於詩，而憂時愛君之忱悃恒流露於言表，其他率表彰義烈貞節之什爲多。每令讀之者忽而色飛，忽而涕零，忽而把酒問天，向碧翁而踟躕搔首，蓋即古忠臣孝子勞人思婦之遺音。而誦是詩者，當無不一唱三嘆而爲之感慨奮發也。余與君素未識荆，一編展誦，如對故人，豈非因緣千里牽以一綫？公蔭其繫赤繩人乎！還以質

1912

之莐君,以鄙説爲何如?

光緒丙申嘉平月上澣安徽督學使者安丘李端遇識於姑熟試院。

——《石城何氏宗譜》卷之庚《閒書録·序》

武川詩鈔序　錢保壽

婺州古稱小鄒魯。而武川自朱文公、吕成公講學以來,邑人深明義理之學,故風俗之敦厚,尤冠一郡,初不僅以歌咏稱也。余之邑之二年,門下士有以浮園、荔村等詩集進者,諷誦之下,性情識力所造不同,要皆駸駸乎登於古作者之堂,意其地必多能文之士,不盡於斯也。檢閱志乘,載亦不多,嘗以不克快睹爲恨。何明經君慎者,邑之名宿也,學問行誼,久重於鄉。出其餘力以工詩,而又深於掌故之學,凡邑中鄉先生名著巨篇,耳目所及,無不搜輯,今年六十餘矣,口吟手録,孜孜不倦。一日以所編《武川詩録》見示,自宋迄明,作者輩出,而國朝猶獨盛,其詩皆本古人言志之意,得其性情之真。讀是編者,觀其風土之古樸,與夫人情之純正,可知朱、吕二公之教之入人深也。然非有何君掇而述之,彙爲一編,則國朝數十家之作,經數百載後,安知不如前者之散佚乎!然則是舉也,何君之功不至鉅歟?而余於此又有望者。邑志修自嘉慶朝,今已百餘年,加以干戈之後,故籍大半不存,存者獨賴何君之力。方今國家無事,民物滋豐,設有有力者倡修志之議,以何君襄事其間,其抱殘守缺之功,當更有可觀,而即以是編爲嚆矢也夫。

光緒二十二年二月下澣武義縣儒學教諭庚寅舉人愚弟錢保壽謹序。

——《石城何氏宗譜》卷之庚《閒書録·序》

武川文鈔序　朱寶珍

文運開於天,文才産於地,而文學則成於人。顧有文學之人而無人爲之傳，則其文將歷久而就湮。武成爲人文淵藪，宋明間人才輩出，宜其發爲文章，鬱鬱乎可觀。乃考諸志乘，寥寥不多覯閱者，不能無遺珠之憾。芰亭何君，余同年友也。學問淵博，其平日留心典故，家搜戶訪，積二十餘年之功，得遺文若干篇；其非本貫而有關武邑掌故者，編爲外集，總額曰《武川文鈔》。壬辰秋，余忝授是邑學篆，何君持是編以相示。余取而讀之，見其搜羅宏富，去取精嚴，且其文皆有關於世道人心，非苟爲炳炳烺烺者，不特可以表章前哲，亦可以感發後人。將來如有燕許手筆，選輯古文，采而登之，則武邑爲之生色矣。其功詎不偉乎？余故於披覽之餘，樂書數語於簡端，若以言序，則吾豈敢？

時光緒十八年歲在元黓執徐壯月下澣，武義（縣）學教諭辛酉拔貢鑲白旗漢教習年愚弟須江朱寶珍星槎甫謹識。

——《石城何氏宗譜》卷之庚《閒書錄·序》

公存武川備考記　何葆仁

《武川備考》，先從伯芰翁所輯書也。芰翁諱德潤，清選拔貢生。生平邃於學，著述甚富，皆手鈔成帙，未付梓，歸道山。民國初，浙省長屈公映光徵書，傾篋送省，僅存者，祇《武川備考》底稿一部而已。事後由金華門生何孝廉公蔭領還，遂什襲藏於家。芰翁孫康棪屢赴郡城索取，云欲爲先夫子刊行，靳不發還，蓋以康棪負債彼家，暗示將此書作抵，故假辭以拒之也。歷歲壬午，倭寇掠金華，閤城人鳥獸散，是書亦杳如黃鶴矣。

近杭垣設局纂修《浙江通志》，本邑采訪員王明經慕召知芰翁孫尚存有《武川備考》一書，價購之，業有成言。我族人聞訊，僉謂宗人版權所關，屬之异姓，殊爲憾事。時適值修輯家乘，爰公議將俊八公名下收入租穀，以一千市斤代價獎給，收存祠內。因通知王君訂約納息，送局備選，得選，仍書何德潤姓名，俟藏事，即歸趙。

此舉爲荑翁留少許遺績及手澤，藉以存吉光片羽已耳。嗟乎！東倭入境，文淵散亡；祝融臨駕，絳雲灰燼。書籍之劫，半由忌才。荑翁以嘔心鏤肝成此宏篇鉅著，子若孫不能長保所以所有，致一生精力付諸流水，湮没無傳，惜哉！

時民國三十六年歲次丁亥農曆正月穀旦，從侄葆仁謹書。

——《石城何氏宗譜》卷之庚《聞書録·記》